水木知行绩效管理实务丛书

薪酬设计与绩效考核全案

第4版

赵国军 著

化学工业出版社

·北京·

图书在版编目（CIP）数据

薪酬设计与绩效考核全案 / 赵国军著. -- 4版. 北京 : 化学工业出版社, 2025. 7. --（水木知行绩效管理实务丛书）. -- ISBN 978-7-122-48057-6

Ⅰ. F272.92

中国国家版本馆CIP数据核字第202566PL12号

责任编辑：张焕强　　装帧设计：韩　飞
责任校对：杜杏然

出版发行：化学工业出版社（北京市东城区青年湖南街13号　邮政编码100011）
印　　装：三河市双峰印刷装订有限公司
787mm×1092mm　1/16　印张28　字数571千字　　2025年9月北京第4版第1次印刷

购书咨询：010-64518888　　售后服务：010-64518899
网　　址：http://www.cip.com.cn
凡购买本书，如有缺损质量问题，本社销售中心负责调换。

定　　价：98.00元　

修订版推荐序

在人力资源管理领域，绩效和薪酬是两个被高度重视的模块。与其他人力资源管理模块相比，组织在试图改变自身的人力资源管理体系时，往往选择从这两个模块入手；在进行其他更大范围的组织变革时，这两个模块也往往承担着变革先锋的角色。而在实践中，绩效和薪酬更是密不可分的一个整体。多数企业谈论绩效的时候，其实是在讨论薪酬组成部分中与绩效挂钩的部分（或者更宽泛地说是浮动的部分）。这种说法虽然不严谨，但也佐证了两者的密切关系。因此，聚焦于讨论这两个主题的本书就具备了第一个特点：重点突出。

绩效和薪酬管理不仅是人力资源管理体系中的重要模块，也是难点、焦点集散地。我经常在课堂上跟学生说，绩效管理是人力资源管理中最难的模块，而薪酬管理是人力资源管理中最敏感的模块。前者的难在于被考核者的弱势心态使得绝大多数人对绩效管理的结果有一种自然的不舒适感，工作内容和目标的多样性又使得绩效管理体系的设计要在针对性和同一性之间不断寻找均衡点，这对管理艺术中“度”的把握要求非常之高；而薪酬管理的敏感则在于它与人们的收入直接关联，这不仅仅是一个收入高低与生活水平之间的关联关系问题，更重要的是多数个体在社会中被标注的价值衡量问题。这也对讨论绩效和薪酬问题的书籍提出了很大的挑战，能否对解决这些难点和敏感问题真正有所启发和助益，对写作者的实战水平提出了很高的要求。本书作者赵国军先生将其在多年咨询工作中的经验进行了系统化的整理，并在各章节都描述了实际咨询过的企业实例，使得本书的实操性很强。虽然每个企业都有自己的特点，即使遇到的问题相似，也不能全盘复制其他企业的具体管理制度，但是许多问题的解决思路还是可以借鉴的。

这本书在写作上也有可圈可点的地方，作者在章节结构搭建中很花心思，在各个章节中有一些很灵活的栏目布局，“管理小案例”的启发思考，“专家提示”

的言简意赅，都是助益阅读的好方式。在内容上，本书和其他一些来自咨询机构编写的书籍不同的地方是，作者系统介绍了与薪酬和绩效管理相关的一些理论、模型、工具和方法，而不仅仅是介绍自己的咨询实例和模型。经典理论与模型工具的介绍，与自己实际操作的咨询项目结合起来，也使得这本书可以为读者提供更全面系统的背景信息，是一个更加客观的写作视角。

赵国军先生曾经就读于清华大学经济管理学院，毕业后专注于人力资源管理领域的咨询培训服务，不仅为企业遇到的实际问题提供解决方案，还在近几年开始了薪酬和绩效管理的实战训练营的新服务方式。在咨询实践和培训分享中总结的大量经验和认知转化为本书中的一些精辟观点和想法，希望读者能从中获得启发。

世上无难事，只怕有心人。这句话既可以作为描述本书作者辛勤写作的写照，同样也是我提给在绩效和薪酬管理中感到困惑的管理者的建议——莫要工具化、技术化绩效和薪酬管理的核心，切记，人、人心、人的认知，才是人力资源管理的真正核心。

美好的祝福和祝愿送给赵国军先生，也送给本书的所有读者。

王雪莉

王雪莉老师简介

清华大学经济管理学院领导力与组织管理系长聘副教授，清华大学管理学博士。研究领域为中国式企业管理、战略人力资源管理、组织变革、企业文化，对中国企业管理实践有深入研究。主要讲授管理思维、组织行为学、战略人力资源管理、企业文化建设等课程。曾负责或作为主要参与者参与近三十项企业横向课题研究，主要内容为企业组织结构变革、人力资源管理和企业文化建设等。出版有《企业组织革命》《战略人力资源管理》《组织行为学案例》等专著。

推荐序

影响绩效的主要因素有员工技能、外部环境、内部条件以及激励效应。在这四个因素中，只有激励效应是最具有主动性、能动性的因素。绩效管理就是通过适当的激励机制激发人的主动性、积极性，争取内部条件的改善，提升技能水平进而提升个人和组织绩效。

“激励人做事”是非常复杂的管理活动。首先，激励人做事涉及管理者和被管理者的充分互动，需要管理者充分了解和把握被管理者的需求特性并采取适当的激励方式激励后者达成目标。在这个过程中，被管理者的性格特征是非常重要的影响因素。正是因为东西方文化与民族性格特征存在着巨大的差异，因此“激励人做事”应具有权变性和适应性，在绩效管理实践中必须充分考虑经济社会历史发展阶段以及民族性格特征等因素。唯有这样，才能真正激励员工提高积极性，促进企业绩效的提升。其次，在“激励人做事”过程中，不能忽略必要的监督和控制。反思 2008 年的金融危机，对有关金融产品及有关高管人员监督管理不力是其根源之一。这次危机启示我们：将一个企业的命运寄希望于人们的自律是不可行的，因此在激励人做事的过程中，一定要做到激励与约束控制的平衡。

北京水木知行管理咨询有限公司成立以来，专门从事人力资源管理咨询、企业管理培训业务，积累了很多适合现今中国发展阶段以及东方人性格特征的薪酬绩效管理模型、工具和方法。

本书最主要的特点就是理论与实践的结合。一方面，有关薪酬绩效的模型、工具和方法都是西方经典管理理论与东方人性格特征以及社会发展阶段的结合；另一方面，本书将系统地介绍有关工具、模型和方法，与大量的实际案例相结合，大大增强了实用性。

预祝水木知行获得更大发展，衷心祝愿本书能为企业中高层管理者、广大人力资源工作者提供有效的、切合企业实际的绩效管理解决方案。

清华大学经济管理学院教授、博士生导师

第4版前言

不知不觉中，本书的出版早已跨越了10个年头。10余年来，本书先后两次改版，累计印刷32次。这说明本书对企业薪酬设计以及绩效考核工作有非常强的指导作用，才能得到业界和广大读者的认可。水木知行3PM薪酬体系及TP绩效体系中所涉及的方法以及所倡导的管理理念也被众多企业所采用。

我们知道，传统经济时代，人力资源管理以岗位为基础，工作分析、目标管理、薪酬激励、绩效考核是核心；知识经济时代，人成为决定企业发展的最关键的要素，人力资源管理将由以岗位为基础转变为以能力为基础，能力分析、能力发展、能力工资、能力评定等变得越来越重要，成为人力资源管理的关键。

对人进行管理的核心问题是激励、开发人的潜能，因此员工激励非常重要。员工努力工作的理由很大程度上是薪酬（含经济性薪酬和非经济性薪酬），做好员工激励是企业发展的原动力。从另外一个角度来讲，决定企业发展的是业绩：只有业绩逐步提升，企业才会稳步发展；只有业绩超越同行，才能最终成为卓越企业。企业业绩提升的所有努力都是绩效，做好绩效管理是企业发展的推动力。无论是对于成长中的企业，还是对于进入成熟期的企业，员工激励与业绩提升都极为关键。

薪酬设计和绩效考核，正是应对员工激励与业绩提升难题的重要抓手。薪酬设计有三个核心问题需要解决：内部一致性和薪酬结构、外部竞争性和薪酬水平、员工贡献度和薪酬构成。薪酬体系应能适应企业发展战略，具有激励效应，实现内部公平性，具有一定外部竞争性，同时有利于人工成本控制。绩效考核，则面临两个核心问题：一是绩效考核要公平公正，绩效管理能真正提高个人、部门和组织的绩效；二是绩效考核能得到切实推进，绩效管理能使企业战略目标落地。绩效管理体系应适应企业实际情况，具有可操作性，以战略为导向和以人为本，提高个人和组织绩效，同时有利于团队协作。

本书以薪酬和绩效为主线，从实践的视角，阐述如何做好企业的薪酬设计与绩效管理。本书介绍的职位晋升体系、工资晋级体系、绩效考核体系，兼顾了岗位性质以及能力特征要素，用简单适用的方法解决岗位分析与评价、能力识别与评定等问题，系统性、实用性、操作性都获得了众多企业的认可。水木知行3PM薪酬体系及TP绩效体系可以作为解决“如何切实发挥薪酬的激励效应”和“如何促进企业、部门、个人业绩的全面提升”问题的极佳工具。

北京水木知行管理咨询有限公司多年来一直从事绩效和薪酬管理的实践，积累了丰富的实战经验，包含超过百家企业薪酬绩效变革的成功案例。笔者也对从事多年的薪酬、绩效管理咨询和管理培训进行了总结与思考，正是这些经验和思考的结晶构成了本书的主要内容。

案例时时在更新，而笔者对管理的思考却从未停止。基于此，本书推出了第4版。本版在上一版的基础上，在保持系统性、完整性、实用性的同时，增加了大量新的案例。

希望本书继续得到企业人力资源管理者和企业中高层管理者的关注、认可，继续将3PM薪酬体系和TP绩效体系应用到企业管理实践中；希望得到越来越多的高校教师、学生的关注与研究，并热情传播。想了解更多内容的读者可以关注笔者的视频号“赵国军说管理”。

最后，感谢广大读者，感谢水木知行新老客户，你们一如既往的支持和鼓励，是笔者和水木知行前进的动力。

赵国军

目录

第一章

企业薪酬管理剖析

传统的人力资源管理是以岗位为基础的人力资源管理，岗位分析、岗位目标、岗位工资、岗位考核等是关键，确定性是其本质特征。知识经济时代，人力资源管理转变为以能力为基础，能力分析、能力发展、能力工资、能力评定等变得越来越重要，成为人力资源管理的关键，不确定性是人力资源管理面临的最大挑战。

薪酬是最具激励性质的因素，在企业吸引人才、培养人才、保留人才方面发挥着巨大的作用。目前企业员工激励遇到的难题，依然只能通过薪酬激励来解决，只不过由过去以经济性薪酬激励为主转变为经济性薪酬激励和非经济性薪酬激励并重而已。

薪酬是企业战略落地最有效的工具，很多企业都没用好这个工具，用好这个工具的关键是对岗位价值大、能力强、业绩卓越，对企业发展目标实现做出突出贡献的员工给予更多的薪酬，有效的职位晋升体系、薪酬福利体系、绩效考核体系极为关键。

薪酬管理包括薪酬体系设计、薪酬日常管理两个方面，薪酬体系设计主要包括薪酬水平设计、薪酬结构设计和薪酬构成设计，薪酬日常管理是由薪酬预算、薪酬支付、薪酬调整组成的循环。薪酬管理目标是基于人力资源战略设定的，而人力资源战略服从于企业的发展战略，因此薪酬管理应符合企业发展战略需要。

水木知行 3PM 薪酬体系是以岗位因素、个人因素、业绩因素以及人力资源市场价格为依据进行分配的薪酬体系，综合考虑了岗位价值与个人能力因素，将员工报酬与组织及个人业绩紧密联系，使员工薪酬水平与市场薪酬保持一致。水木知行 3PM 薪酬体系彻底解决了员工有效激励问题，能促进企业发展，支撑公司发展战略真正落地。

一、薪酬的几个基本问题

（一）薪酬的含义

薪酬是员工向其所在单位提供劳动后所获得的各种形式的补偿，是单位支付给员工的劳动报酬。薪酬包括经济性薪酬和非经济性薪酬两大类，其中经济性薪酬又分为直接经济性薪酬和间接经济性薪酬。有关薪酬的构成参见图 1-1。

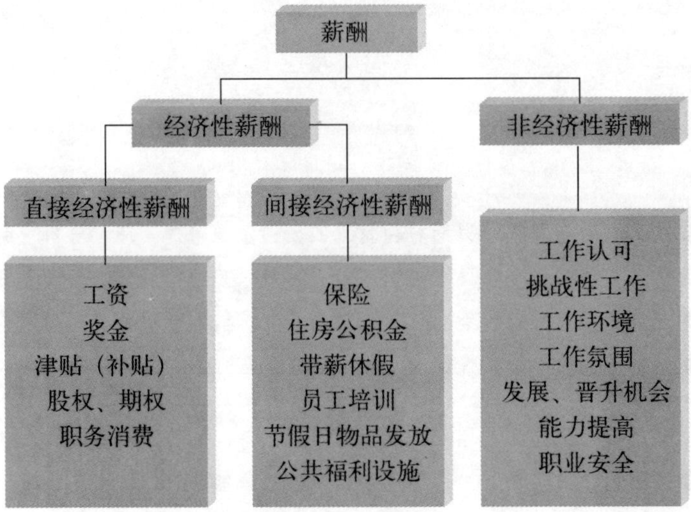

图 1-1　薪酬构成

1. 直接经济性薪酬

直接经济性薪酬是单位按照一定标准以货币形式向员工支付的薪酬。

对于普通员工而言，直接经济性薪酬主要是工资、奖金、津贴（补贴）等；对于企业中高层管理者而言，除上述形式的薪酬之外，股权期权、职务消费等也是经常采用的形式，在经济性薪酬中往往也占有比较大的比例。

（1）工资

工资是薪酬的主要形式，是单位依据国家法律规定和劳动合同，以货币形式直接支付给员工的劳动报酬。

工资的具体构成和称谓很多，在企业的管理实践中，基本工资、岗位工资、技能工资、绩效工资、薪级工资、激励工资、职务工资、工龄工资、加班工资、计件工资以及计时工资等，都是经常采用的工资形式。

需要说明的是，上述各种称谓是站在不同角度提出的，很多概念有交叉和重叠，但所有工资形式都可以归为两类，即固定工资和浮动工资。

固定工资是在一定期限内数额相对固定的工资，如基本工资、技能工资、工龄工资等。

浮动工资是根据业绩等有关因素上下变动的工资，如绩效工资、激励工资、计件工资、加班工资等。

专家提示

绩效工资是具有激励作用的薪酬项目。如果绩效考核流于形式，绩效工资将不会有激励作用；如果绩效工资设计合理，绩效考核能做到准确识别和有效区分，绩效工资就会比奖金更能实现激励作用。因为绩效考核能做到注重结果的同时关注过程，绩效工资更能应对不确定性问题；而奖金一般只看结果，适用于面临稳定的外部环境及比较确定的问题的工作。

（2）奖金

奖金是单位对员工超额劳动部分或业绩突出部分所支付的激励性报酬，是组织为鼓励员工提高劳动效率和工作质量而给予员工的货币奖励。奖金的形式灵活多样，奖励的对象、性质、数额大小等也都可灵活确定。奖金具有不确定性，能否得到奖金取决于业绩完成情况，因此奖金是激励性质的报酬。

专家提示

奖金是具有激励作用的薪酬项目，在提高员工积极性方面具有重要的作用。奖金的制定、计算、发放如果存在问题，就达不到激励员工的效果，甚至会带来一些严重的负面问题。奖金应尽量公开透明，发放及时，避免绝对平均主义。

（3）津贴（补贴）

津贴是对员工在非正常情况下工作所付出的额外劳动消耗、生活费用以及身心健康受到损害时，单位所给予的补偿。其中与员工生活相关的称为补贴。

非正常工作环境包括高温高空作业、矿下水下作业、有毒有害环境下作业等。

专家提示

津贴（补贴）项目对实现薪酬公平目标有重要作用，适度的补贴项目是必要的，但存在过多的补贴项目对实现薪酬的公平目标、激励作用是不利的。

（4）股权期权

股权期权激励是通过经营者持有公司股票或股票期权，将经营者个人利益和股东利益紧密联系，激励经营者致力于企业长期价值提升的一种激励方式。

专家提示

建立中高层管理者以及业务骨干人员长期激励机制非常重要。股权期权激励是重要手段，应用不当会带来严重问题。股权激励本身往往是保健因素，期权激励具有激励机制，设计好期权激励机制极为关键。

2. 间接经济性薪酬

间接经济性薪酬通常称为福利，包括各种保险、住房公积金、带薪休假、员工培训、节假日物品发放以及公共福利设施等。

间接经济性薪酬不直接以货币形式发放给员工，但通常可以给员工带来生活上的便利，减少员工额外开支或者免除员工的后顾之忧。比如各种保险、住房公积金可以免除员工的后顾之忧，带薪休假、员工培训可以减少员工的额外开支，公共福利设施可以为员工的生活带来便利等。

3. 非经济性薪酬

非经济性薪酬是指无法用货币等手段来衡量，但会给员工带来心理愉悦效用的一些因素。非经济性薪酬包括工作本身的因素、价值实现因素以及工作条件等方面。

✧ 工作本身的因素包括有兴趣的工作、参与企业管理、挑战性工作、工作认可、培训机会、职业安全等；

✧ 价值实现因素包括社会地位、个人发展、提拔晋升、个人价值实现等；

✧ 工作条件等方面的因素包括良好的工作氛围、舒适的工作环境和便利的生活条件等。

非经济性薪酬之所以也被划分为薪酬的一种，是因为这些非经济因素的心理效用会对职业选择和激励效果产生重要的影响，是单位吸引人才、留住人才的重要手段，因此应该充分重视非经济性薪酬的激励作用。

专家提示

薪酬是最具激励性质的因素，在企业吸引人才、培养人才、保留人才方面发挥着巨大的作用。企业要发展，必须要有激励机制。目前企业员工激励遇到的难题，依然只能通过薪酬激励来解决，只不过由过去以经济性薪酬激励为主转变为经济性薪酬激励和非经济性薪酬激励并重而已。

管理小案例：为什么留不住优秀员工？

ZJ公司是某集团公司的下属公司，公司薪酬福利机制沿袭了母公司的基本框架。依托集团公司强大的资源优势，ZJ公司近年获得了快速发展，但公司这两年业务骨干离职现象越来越普遍。问题的症结在哪里呢？

我们来看看ZJ公司的薪酬福利安排：公司实行岗位绩效工资制，除了基本工资、绩效工资外，奖金也占了一定的比例，但相对于工资收入，奖金并不算多，只相当于2个月的工资而已；公司福利非常好，员工除了享受国家法定基本养老保险、医疗保险、住房公积金外，还享有企业补充养老保险、企业补充医疗保险等福利，每逢春节、中秋等重大节假日，每人还能得到数额不小的节日礼金。

以小唐为例，3年前大学毕业来公司的时候，月工资只有8000元，国庆、中秋能得到10000元，加上相当于2个月工资的奖金收入，全年月平均收入近1万元，当时小唐很满意。除了满意的经济收入外，小唐在工作中也逐渐得到锻炼和成长。3年后，情况发生了变化，虽然小唐晋升过两次，月工资已经达到9000元，全年总收入达到13万多元，但这时小唐已是业务骨干，不仅业务压力很大，还承担着培养新入职员工的任务。相对于刚入职时的总体收入，小唐感到不满意。在一个同行业民营企业的高薪诱惑下，小唐向公司递交了辞呈。

小唐的离职不是偶然的，其根本原因就在于公司的薪酬福利制度安排出现了较严重的问题。建立系统的职位晋升体系和工资晋级体系，使员工的能力、贡献与其个人收入相匹配是非常关键的。一些央企、国企新入职员工以及骨干员工的薪酬没有体现岗位差别，工资晋级机制、职位晋升体系不健全，没有系统地推进绩效考核等，就会出现这样的问题。

（二）薪酬的作用和支付依据

1. 薪酬的作用

薪酬的作用主要体现在以下几个方面。

（1）薪酬具有维持和保障作用

劳动是价值创造的源泉，员工通过脑力或体力劳动的付出，为组织创造价值，组织给员工支付报酬作为相应回报。员工之所以会为组织工作，就在于获得这些回报对员工来说很重要。薪酬对于员工而言，是非常必要的，意味着保障；薪酬对于组织而言，也是必要的，通过薪酬这个手段，能使员工乐于为组织服务，维持劳动力的生产和再生产。

从另一个角度来讲，薪酬对于维持组织的稳定非常重要，如果出现严重不公平问题，会对员工积极性产生严重影响，甚至会引起组织震荡和冲突，因此只有解决好公平问题，才能维持组织的稳定。

（2）薪酬具有激励作用

维持稳定并不是企业的最终目的，有良好的业绩、企业有所发展更重要。对业绩而言，系统的绩效管理非常必要。激励机制在绩效管理中发挥着重要的作用，薪酬是激励机制建设中最重要的手段和方式，因此科学合理的薪酬激励体系对企业发展而言非常重要。

通过适当激励使个人满意，产生激励效应，从而提高个人和组织的业绩，这是绩效管理的目标之一，而薪酬激励在这个方面起着决定性作用。

（3）薪酬具有优化人力资源配置的作用

不同区域、不同行业、不同职业的薪酬不一样，劳动力供给和需求的矛盾在劳动力价格形成过程中起着非常重要的作用。

当某一地区/行业/职业劳动力供不应求时，会导致这一地区/行业/职业薪酬水平的提高。薪酬的提高会吸引其他地区/行业/职业劳动者或新就业劳动者向该地区/行业/职业流动，这样会增加这一地区/行业/职业劳动力的供给，将薪酬维持在适当的水平。

当然，上述流动过程并不是自然而然实现的，会受到很多因素的制约。实际上，各岗位员工在企业内部也是流动的，如果企业主动适应这种趋势，实行恰当的薪酬策略，让能力强、有发展意愿的员工承担岗位价值更大、薪酬更高的工作，让能力较差的员工承担岗位价值相对较小、薪酬较低的工作，将使公司人工成本具有一定的优势。

专家提示

人力资源跨区域流动会受到地域、生活习惯、生存成本的制约，跨行业流动会受到行业政策、行业经验的制约，跨职业人才流动会受到知识技能、职业经验的制约。这就提醒我们，要适度关注外部市场薪酬水平，太过于追求外部市场薪酬水平，容易引起内部不公平，会带来更大的问题。

（4）薪酬是促进企业战略落地的有效工具

企业战略落地的关键是盯着目标找办法，而这些办法就是企业战略落地实施举措。这些举措能否得到有效的贯彻执行，有赖于执行层以及广大员工的共同努力，需要他们有足够的能力以及强烈的愿望。具有竞争力的薪酬能招募到能力强的员工，对业绩优秀的员工给予绩效奖金激励是提高员工积极性的有效手段。因此，薪酬是促进公司战略落地的有效工具。

专家提示

薪酬是企业战略落地最有效的工具，很多企业都没用好这个工具。用好这个工具的关键是对岗位价值大、能力强、业绩卓越，对企业发展目标实现做出突出贡献的员工给予更多的薪酬。对此，有效的职位晋升体系、薪酬福利体系、绩效考核体系极为关键。

2. 薪酬的支付依据

研究薪酬问题，首先要弄清楚为什么要给员工支付薪酬，应该依据什么给员工支付薪酬。对此有很多理论，比如薪酬决定理论、薪酬差别理论、薪酬分配理论等，这些理论对上述问题或多或少都有阐述。依据什么给员工定薪是个实践性命题，每个企业都要做出选择。

薪酬支付依据是指单位依据什么向员工支付薪酬。薪酬支付依据有以下几个方面：员工的岗位、员工的职务、员工的能力、员工的业绩等。

（1）依据岗位付酬

依据岗位价值付酬是大多数企业采用的方式，岗位价值体现在岗位责任、岗位贡献、岗位所需知识技能等方面。

（2）依据职务付酬

依据职务付酬是依据岗位价值付酬的简化，它能体现不同职务等级间薪酬差异，但它不能体现同一职务等级、不同岗位的薪酬差别。职务和岗位的区别在于，岗位不仅体现层级，还要体现工作性质，如财务部部长、市场经理等；而职务一般只表现出层级，不能体现工作性质因素，如科长、部长、主管、经理等。

（3）依据能力付酬

依据能力付酬是现代薪酬管理的发展趋势，也是知识经济时代企业必须面对的问题。如果能力强的员工不能获得更多的劳动报酬和发展机会，企业就无法获取竞争优势。

专家提示

传统的人力资源管理是以岗位为基础的人力资源管理，岗位分析、岗位目标、岗位工资、岗位考核等是关键；知识经济时代，人力资源管理转变为以能力为基础，能力分析、能力发展、能力工资、能力评定等变得越来越重要，成为人力资源管理的关键。

（4）依据业绩付酬

依据个人、部门和组织的业绩付酬。

依据业绩付酬是当今薪酬管理必须解决的问题，只有将薪酬福利待遇与个人、部门、组织绩效紧密联系，激发员工积极性，才能实现普通员工、管理层以及股东的共赢。

专家提示

依据岗位付酬、依据职务付酬、依据能力付酬、依据业绩付酬是几种基本付酬方式，在企业实践中，往往会综合考虑岗位性质和特点，体现一个或多个基本付酬思想，水木知行 3PM 薪酬体系是以岗位因素、个人因素、业绩因素以及人力资源市场价格为依据进行分配的薪酬体系。

管理小案例：门卫巡逻岗位、超市理货员岗位应该如何定薪酬？

BF建设工程质量检测有限公司位于安徽省某市高新技术开发区，公司拥有办公及检测场所一处，总面积1万多平方米，拟招聘门卫巡逻岗位1人，主要负责夜班厂区巡逻值班。在对门卫巡逻岗位薪酬待遇问题上，人力资源部刘部长与公司张总经理有较严重分歧：刘部长认为待遇应该高些，找个体格健壮，最好是退伍军人来任职这个岗位，以便更好地保护公司财产安全，发生偷盗事件能及时应对，抓住偷盗者；而张总经理认为，门卫巡逻的主要任务是按时巡逻，要求警觉性高，有异常情况及时应对，阻止或吓跑偷盗者，避免公司损失发生，任务目标并不是抓住偷盗者，因此认为不该给予该岗位过高的工资，满足基本任职资格，身体健康、眼睛不花、腿脚灵活就够了。

KG超市集团有限公司是某市最大的超市连锁企业，到目前为止发展有20多家直营门店，公司理货员一直实行固定工资加年终奖政策。随着社会工资逐年增长，理货员岗位固定工资已经由最初的每月1600元涨到目前的每月3300元。公司员工人数一直比较稳定，流动率不高。近几年区域外连锁巨头纷纷在本地开店，公司面临着较大的竞争压力，人员流动率逐年增加，尤其是一些优秀员工主动离职后，往往去了竞争对手那里。公司老板非常着急，要求人力资源经理尽快找出原因，在不增加公司人力成本的前提下，尽快找到解决方案。

这两个案例的实质都是以岗位定酬是否合适。BF公司案例中，张总经理认为应该以岗位定酬，这是适应企业实际情况的；KG公司案例中，公司面临问题的根本原因，就在于公司实行的政策仅仅以岗位定酬，没有给予能力更强的员工较高待遇，这样自然会面临优秀员工流失的问题。

（三）薪酬管理及其目标

薪酬管理在人力资源管理体系中占有重要地位，同时也是企业高层管理者和员工最为关注的方面。薪酬的维持保障作用可以保障员工安心工作，保障个人的生活和维持组织的稳定；而薪酬的激励作用可以激发员工积极性，促进个人和组织的发展；薪酬的优化人力资源配置功能可以优化人力资源配置，使公司具有成本优势；薪酬促进公司战略落地的作用，是促进公司快速发展的关键。薪酬管理对于组织绩效提升具有非常重要的作用，在以绩效管理为核心的人力资源管理中，薪酬管理占有重要地位。

1. 薪酬管理的含义

薪酬管理是在组织发展战略指导下，对员工薪酬支付原则、薪酬策略、薪酬水平、薪酬结构以及薪酬构成进行确定、分配和调整的动态管理过程。薪酬管理包括薪酬体系设计和薪酬日常管理两个方面。

✧ 薪酬体系设计主要包括薪酬水平设计、薪酬结构设计和薪酬构成设计。薪酬设计是薪酬管理最基础的工作，如果薪酬水平、薪酬结构、薪酬构成等方面有问题，那么企业薪酬管理是不可能达到预期目标的。

✧ 薪酬日常管理是由薪酬预算、薪酬支付、薪酬调整组成的循环，这个循环可以被称为“薪酬成本管理循环”。薪酬预算、薪酬支付、薪酬调整工作是薪酬管理的重点工作，应切实加强薪酬日常管理工作，以便实现薪酬管理的目标。

薪酬管理模型见图 1-2。

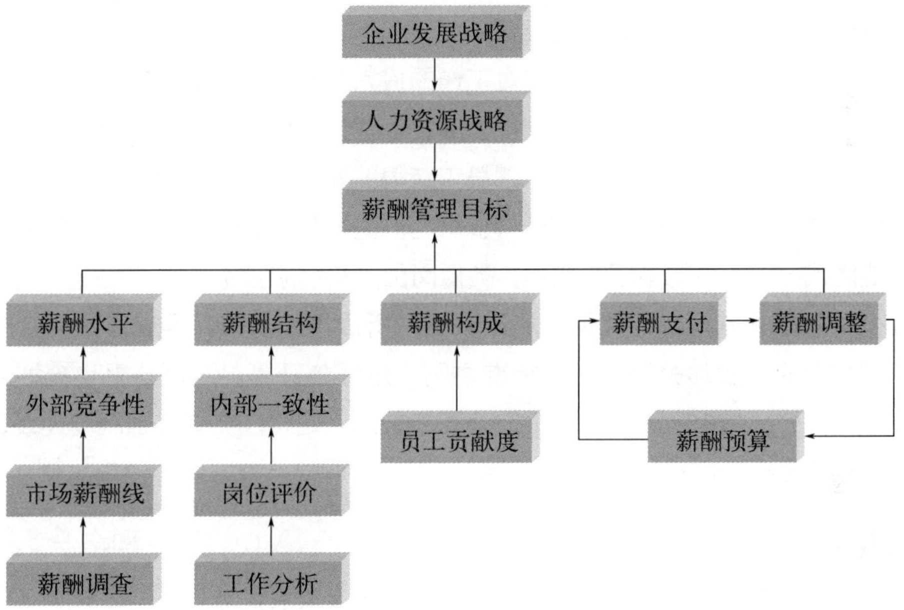

图 1-2　薪酬管理模型

专家提示

薪酬管理目标是基于人力资源战略而设立的，人力资源战略又服从于企业的发展战略，因此薪酬管理应符合企业发展战略需要，这主要是通过采取恰当的薪酬策略来实现的。

2. 薪酬管理目标

薪酬要发挥应有的作用，薪酬管理应达到以下三个目标：效率、公平、合法。薪酬体系建立起来后，应密切关注薪酬日常管理中存在的问题，及时调整公司的薪酬策略，调整薪酬水平、薪酬结构以及薪酬构成，以实现效率、公平、合法的薪酬目标，从而保证企业发展战略的实现。

达到效率和公平目标，要解决好稳定和发展的关系问题，最大程度实现薪酬的激励作用；而合法性是薪酬的基本要求——合法是企业存在和发展的基础。

（1）效率目标

效率目标包括两个层面：第一个是站在产出角度来看，薪酬能给组织绩效带来最大价值；第二个是站在投入角度来看，可以实现薪酬成本控制。薪酬效率目标的本质是用适当的薪酬成本给组织带来最大的价值。

（2）公平目标

公平目标包括三个层次：结果公平、过程公平和机会公平。

结果公平是指组织在进行人事决策、实施各种奖励措施时，应符合公平的要求。如果员工认为受到不公平对待，将会产生不满。

员工对于结果公平的认知，来自其对工作的投入与所得进行的主观比较，在这个过程中，还会与过去的工作经验、同事、同行、朋友等进行对比。结果公平分为自我公平、内部公平和外部公平三个方面。自我公平即员工获得的薪酬应与其付出相匹配；内部公平即同一企业中，不同员工获得的薪酬应与其对企业做出的贡献相匹配；外部公平即同一行业、同一地区或同等规模的不同企业中，类似岗位的薪酬应基本相同。

过程公平是指在制定任何奖惩措施时，组织所依据的措施标准或方法符合公正性原则，规则提前制定，程序公平一致，标准透明、过程公开等。过程公平也被称为程序公平，相较于结果公平是更高层次的公平。公司发展到一定阶段需要加强制度建设，其目的就在于实现程序公平。

专家提示

过程公平（程序公平）做得好，会对结果公平有较大促进作用；过程公平做得不好，比如规则不合理或者并未严格执行规则等，会对结果公平产生较大损害。

机会公平指组织赋予所有员工同样的发展机会，包括组织在决策前与员工互相沟通、组织决策时考虑员工的意见、主管考虑员工的立场、建立员工申诉机制等。

专家提示

在目前社会发展阶段，企业追求适度的机会公平是必要的，但不能太过于注重机会公平，否则会产生非常严重的负面作用。毕竟资源是稀缺的，机会是有限的，企业没有能力给所有的员工提供同样足够多的资源和机会。

（3）合法目标

合法目标是企业薪酬管理的最基本前提，要求企业实施的薪酬制度符合法律法规、政策条例要求，比如不能违反最低工资制度、法定保险福利、加班工资规定等。

合法目标的另外一个含义，是在进行企业管理变革、薪酬改革等涉及员工切身利益的重大调整时，企业制定的薪酬策略除应符合国家法律法规、政策条例的要求外，还应体现以人为本的精神，实现企业与员工的共赢，真正促进企业战略落地。

管理小案例：宾馆服务员岗位应该如何进行薪酬管理？

ABC 实业公司是开展生活服务、生产服务一体化服务的综合企业集团，下设 20 多家分公司。公司服务员岗位分厅面、会议、招待等多个方向，各家分公司都对此岗位实行了不同的薪酬激励制度：除了岗位工资外，还有绩效奖金等；绩效奖金的形式也多种多样，有计件制、积分制、345 薪酬、零活抢单奖励制度等。从实际实施效果看，员工表面上积极性很高，但整体人工成本并没有得到有效控制，而且面临着服务员流失严重、招聘难的问题。问题的症结在哪里呢？

仔细思考如下问题，我们的思路就会受到启发。服务员到底为什么要工作？实际上，服务员岗位工资并不高，每个月 3000 元左右。设想一下，如果我们不需要服务员干任何工作，每天 8 小时只能在一个房间里面待着，不可以看书，不可以看手机，只可以喝水、上厕所，每个月工资 3000 元，我们能招聘到这样的员工吗？答案很显然是否定的，员工工作并不是仅仅为了那 3000 元，而是为了工作本身的成就感。

这就提醒我们，对于低收入员工来讲，主要的付酬依据是岗位因素，换一个角度来看，实际上是时间价值。对服务员这种低收入岗位员工，过于考虑业绩因素确定其收入水平，一定达不到应有的效果，往往还会有负面效果。对于这类员工可以实行岗位绩效工资制，工资水平考虑岗位、个人能力因素，并实施简单有效的绩效考核，强化领导对员工的管理责任、创造团队和谐友好氛围、让员工工作舒心愉悦是关键。这样做，员工流失率会大幅降低，新员工招聘难题也可以得到解决。

二、激励的相关理论

激励理论很多，可以分为内容型激励理论、过程型激励理论和综合型激励理论等。薪酬激励理论都是站在一定角度，在人性假设的基础上建立的，研究人性假设和薪酬激励理论对薪酬管理实践具有非常强的指导意义。

（一）内容型激励理论及其启示

内容型激励理论重点研究的是影响工作动机的构成因素，研究如何满足人的需求。本书将简要介绍马斯洛的需求层次理论和赫茨伯格的双因素理论。

1. 马斯洛的需求层次理论

美国心理学家马斯洛把人的各种需求划分为五大类，分别是生理需求、安全需求、社会需求、尊重需求和自我实现需求。

（1）生理需求

生理需求是人类维持生存最基本的需求，包括对食物、水、衣服、睡眠和性等的需要。只有当这些最基本的需求得到满足后，其他需求才能成为新的激励因素。

（2）安全需求

安全需求包括人身安全、财产安全以及对职业保障、生老病残保障等方面的需求。人们的储蓄、保险习惯以及国家针对有关方面的立法，都体现了这方面需求的重要性。

（3）社会需求

社会需求反映的是爱和归属的需要。人需要在一定的群体中生活，希望得到友谊和爱情；如果这方面的需求得不到满足，会使人产生孤独感和压抑感。

（4）尊重需求

一般人都有基于事实给予自己高评价的倾向，并希望得到他人的认可和尊重，由此产生两方面的需求：第一，渴望有能力、有成就、独立而自由；第二，渴望得到名誉和声望。尊重需求的满足，使人增强自信心，觉得自己在社会上有地位和价值，有发展前途。

（5）自我实现需求

自我实现需求是指按照自己的意愿，发挥自己的优势和潜能，创造价值，成就一番事业的需要。

对于马斯洛需求层次理论，需要着重指出以下几点。

第一，上述各需求层次之间是有内在联系的，需求的五个层次之间依次递进。当低一层次的需求“相对”满足之后，追求高一层次的需求就会成为主导需求；并不是低层次需求“完全”满足之后，高层次需求才成为最重要的。另外，人们在某一时刻可能同时并存好几类需求，只不过各类需求的强度不同而已，但一般情况下会有一个是主导需求。

第二，需求满足的难易程度与社会发展水平以及需求层次有关。较低层次的需求偏重物质生活方面，需求弹性较小；而较高层次的需求偏重精神生活方面，需求弹性较大。在社会发展水平较低的情况下，生理、安全、社会需求都是很重要的需求，同时也是比较难满足的需求；在社会发展水平较高的情况下，尊重需求、自我实现需求往往成为重要的需求，同时也是比较难满足的需求。

在企业管理实践中，当员工的低层次需求普遍是主导需求时，不能忽视个别员工高层次需求的满足；当员工的高层次需求普遍成为主导需求时，不能忽视个别员工低层次需求的满足。

第三，五个层次的需求在某种程度上反映了人类的共同需求特征，但并不完全适用于每一个个体，对于不同的社会文化以及个体性格特征而言，例外的情况并不鲜见，因此管理者在采用需求层次理论解决实际问题时要灵活应用。

第四，在目前社会经济条件下，生理需求和安全需求较容易得到满足，社会需求、尊重需求、自我实现需求逐渐成为人们的主导需求，但依次递进、逐层满足的特征并不十分明显；主导需求与个体性格特征及生活环境有关。这提醒管理者，准确识别下属的主导需求，有针对性地对员工进行管理非常有意义。

专家提示

随着社会的发展及人民生活水平的提高，马斯洛需求层次理论的低层次需求（生理需求、安全需求）大都已经不是问题。对很多新生代员工来讲，这些都像空气和水一样是很自然地得到的。但无论如何，员工仍然会有主导需求（社会、尊重、自我实现），马斯洛需求层次理论提醒管理者一定要关注员工的主导需求。

2. 赫茨伯格的双因素理论及其启示

美国心理学家赫茨伯格的双因素理论认为，当某种因素存在时可以引起满意，当它缺乏时不会引起不满意，只是没有满意；当某种因素存在时人们并不觉得满意，当它缺乏时则会引起不满意。前者被称为“激励因素”，后者被称为“保健因素”，见图 1-3。这两类因素在管理上的作用是不同的。

激励因素	保健因素
·工作本身	·公正性原则
·成就	·工资
·成长	·津贴补贴
·承认	·福利
·责任	·人际关系
·晋升	·工作条件
·地位	·工作环境
·奖金	·工作稳定性

图 1-3　赫茨伯格双因素理论

专家提示

双因素理论的价值在于区分哪些因素具有激励效应，使管理者更好地对员工进行激励；另外也提醒管理者，尽量不要把激励因素变成保健因素，那样不但没有激励效果，反而有可能带来不满。很多企业在设计薪酬福利时，经常把具有激励效应的奖金固定下来，结果一旦奖金变成保健因素，那就不能再降了，否则就会引起员工不满。

（1）激励因素

激励是积极地增加，而不是仅仅维持现状。激励因素一般以工作内容为中心，或者说工作本身就是一个激励因素，此外，成就、成长、承认、责任、晋升、地位、工资晋级、绩效工资、奖金等也都是激励因素。如果激励因素运用得当，能极大地调动员工的工作积极性，同时对保健因素的缺乏所引起的不满往往也具有较强的容忍力。

（2）保健因素

保健因素不能带来激励效应，但能防止不满意倾向的增加。固定工资、津贴补贴、福利等都是保健因素，此外，人际关系、工作条件、工作环境、工作稳定性等也都是保健因素。如果保健因素运用不当，会引起员工不满甚至怠工；如果运用得当，员工会认为理应如此。

需要说明的是：

第一，双因素的划分是相对的。只能说某些因素是偏重激励方面还是偏重保健方面，甚至有些因素本身就具有两种性质，运用得好，员工会满意；运用得不好，员工会不满意。比如绩效工资就是这样。

第二，双因素划分不是对立的。有些因素既不是激励因素，也不是保健因素；做了这个事情员工积极性并没有提高，如果不做这个事情也不会有啥问题。这提醒管理者尽量不要做这些无意义的事情。有些企业过于追求形式上的东西，有些企业过于追求公平公正，这些都是这样的例子。

专家提示

双因素理论对于企业管理在考虑公平问题与激励问题时具有非常大的指导意义。经过多年的实践，水木知行认为，在企业管理手段和方法上，并不是简单的激励因素和保健因素二元区分，很多管理措施既不是激励因素，也不是保健因素。做这些事情不会带来积极性的提高，不做也不会有太大的问题。

（二）过程型激励理论及其启示

过程型激励理论主要研究的是从个体动机产生到采取具体行为的过程，试图弄清人们对付出努力、取得绩效、获得奖励的认识，以达到更好地对员工进行激励的目的。下面介绍弗鲁姆的期望理论、斯金纳的强化理论和亚当斯的公平理论。

1. 弗鲁姆的期望理论及其启示

美国心理学家维克托·弗鲁姆的期望理论的主要观点如下。

一个目标对人的激励程度受两方面因素的影响。一是目标效价，即个人对实现该目标有多大价值的主观判断。如果实现该目标对个人来说很有价值，那么个人的积极性就高；反之，积极性则低。二是期望值，即个人对实现该目标可能性大小的主观估计。只有个体认为实现该目标的可能性很大，才会去努力争取，从而在较高程度上发挥目标的激励作用；如果认为实现该目标的可能性很小，甚至完全没有可能，那么目标的激励作用就很小，甚至完全没有。

期望理论提醒管理者，在进行激励机制设计时，激励内容、激励方式应符合员工的真正需求，同时在制定绩效目标时应充分考虑内外部环境因素，使员工对目标的完成抱有信心。

专家提示

激励机制设计要考虑时空因素。第一，激励面一定要广，我们激励的不仅仅是最终得到奖励或遭到惩罚的个体，而是按照或不按照组织期望要求去做的整体；第二，激励周期要长，提前定好规则，让员工在整个周期都按组织的期望努力去做。

2. 斯金纳的强化理论及其启示

美国哈佛大学教授斯金纳的强化理论的主要观点如下。

人的行为只是对外部环境刺激所做的反应，是受外部环境刺激调节和控制的，改变刺激就能改变行为。有效的刺激能加强人的某种行为，因此管理者通过各种强化手段，能有效地激发员工的积极性。

在管理实践中，常用的强化手段有三种，即正强化、负强化和消退强化。这些手段可以单独应用，也可以组合运用。

正强化是指对人的某种行为给予肯定和奖赏，以使其重复这种行为。在管理过程中，凡是直接或间接地对组织目标实现做出贡献的行为，都应及时给予肯定和奖励；如果这种行为得不到强化，那就意味着没有得到组织的认可，人的积极性就会消退，这种行为就不会持续。

负强化是指对人的某种行为给予否定和惩罚，以防类似行为再度发生。在管理中，对不符合组织期望的行为进行否定或惩罚，可以促使这种行为受到削弱或抑制，同时也有利于良好行为的形成和巩固。负强化的措施有批评和惩罚两种，其中批评包括公开批评、非公开批评，也可分为直接批评和间接批评；惩罚包括警告、记过、降职、降薪、罚款、开除等。

消退强化是指对某种不良行为不予理睬，采取视而不见的态度，让行为者感到这种行为得不到承认，慢慢地终止该行为。管理者对某些不良行为采取消退强化的措施，有时会取得比负强化更好的效果。任何一个中层管理者，都应该掌握消退强化这个管理技能。当员工工作结果与预期目标相差较大时，如果员工已经尽了力，主要是因为能力不足，适当应用消退强化对于保护员工自信心和积极性非常重要。

专家提示

采取正强化、负强化以及消退强化措施，要根据行为性质、行为对组织目标的影响以及行为者个体区别对待。强化措施应用得好会起到好效果，应用不好则会带来非常负面的影响。应用负强化措施时尤其要慎重，一方面不能伤害行为者的自尊心，另一方面一定要对事不对人。

专家提示

在我国目前的发展阶段，员工还没有非常高的成熟度，有些员工自我管理、自我控制能力不足，只有正强化没有负强化的模式不能保证任务目标的完成，而只有负强化没有正强化会引起员工严重不满，因此应平衡使用正强化和负强化，做得好的员工应该得到及时奖励，存在不足的地方应及时指出并给予适度鞭策，同时各级管理者应熟练掌握并恰当应用消退强化技巧。

员工因为能力问题导致工作出现严重失误或者工作目标未完成时要慎用负强化，因为这样会使员工有挫败感、丧失信心，对未来职业发展产生较大影响；员工因为态度问题导致工作出现严重失误或者工作目标未完成时应严厉批评员工，这样往往能促进员工改进工作态度，进而提高工作绩效。

管理小案例：消退强化的应用

小冯在一家国有水务集团做人力资源经理。上周五下午冯经理被公司总经理叫到办公室，总经理忧心忡忡地说："咱们公司的薪酬制度已经运行20多年了，存在的很多问题大家都知道，大家工作没有积极性，核心骨干流失严重。咱们用的是职务等级工资制，再不改革公司会面临更大的困难，咱们还是尽快启动薪酬改革，实行岗位绩效工资制吧！"

小冯还没反应过来，总经理接着说："这个周末你就辛苦一下，出个方案，周一上班给我，咱们再讨论怎么办。"小冯接到任务后，自然把周末其他事情都推掉，专心做这件事，翻阅资料、查找案例、请教朋友，用尽各种方法，两天几乎没休息，终于形成了初稿，并于周一及时递交给了总经理。总经理非常高兴，连说小冯辛苦了。

一上午小冯一直惴惴不安，等着总经理叫自己过去，商讨下一步工作事宜。结果一上午总经理也没动静。借在中午食堂吃饭的时机，小冯问总经理方案怎么样。总经理面露难色地说："哎呀，整个上午一直在忙，还没来得及看。"小冯心里很不悦。

一下午也没等到与总经理沟通的机会。第二天上午碰到总经理，就询问此事。他说:"昨天下午大致看了看,还没仔细看,这个事情先放放。"这个时候小冯心里就很不爽了。实际情况是,他周一第一时间就看了,但方案做得实在不行,不具备落地可行性。

总经理对小冯这个工作的处理方法应用了消退强化技术,其目的是维护下属自信心,免得有太大挫败感。

3. 亚当斯的公平理论及其启示

公平理论是美国心理学家亚当斯提出的,该理论的基本要点如下。

人工作的积极性不仅与个人的实际报酬多少有关,而且与人们对报酬的分配是否感到公平关系密切。人们总会自觉或不自觉地将自己付出的劳动代价及其所得到的报酬与他人进行比较,并对公平与否做出判断,公平感直接影响着人们的工作动机和行为。因此,从某种意义上来讲,动机的激发过程实际上是人与人进行比较,做出公平与否的判断,并据以指导行为的过程。

与其他人进行比较的模型是:用 A 表示"自己对本人所获报酬的感觉 / 自己对本人投入的感觉",用 B 表示"自己对他人所获报酬的感觉 / 自己对他人投入的感觉"。公平理论的基本公式可以表述为:

① A=B,员工会感觉到公平,工作处于稳定状态。

② A<B,员工会感到不满意,往往会减少自己的投入,或者要求增加自己的报酬;另一方面,员工期望组织减少比较对象的报酬或增加其工作投入。

③ A>B,员工开始感到满意,但往往不会增加自己的投入或降低自己的期望报酬;大多数情况下,员工会重新衡量感觉程度,会有提高他人报酬同时降低他人投入的判断,直到等式平衡为止。

在这个主观比较过程中,由于信息不对称,人们往往高估别人的报酬;由于人的本性,又会高估自己的投入。因此,这个等式很难令所有人都达到平衡状态。这个理论提醒管理者注意以下几点。

其一,信息公开很重要,要尽量做到过程公平,这样会减少感知误差,给管理带来促进作用,增加公平感。

其二,员工认为不公平在一定程度上是正常现象,如果所有人都有公平感,那是不正常的。

其三,在企业管理实践中,不仅应该关注结果公平,更应关注过程公平。因为只有过程公平,人们才会对结果信服。

其四,公平是历史阶段的产物,不同时期人们对公平的评价标准不一样,追求公平要考虑企业现状及发展阶段的要求。

（三）水木知行综合激励模型及其启示

内容型激励理论和过程型激励理论都是站在某一角度研究激励问题，实际上人是复杂的，模型的应用需要一定的前提条件，因此在使用时要针对实际情况慎重应用。图1-4是站在绩效管理角度研究激励问题的水木知行综合激励模型。

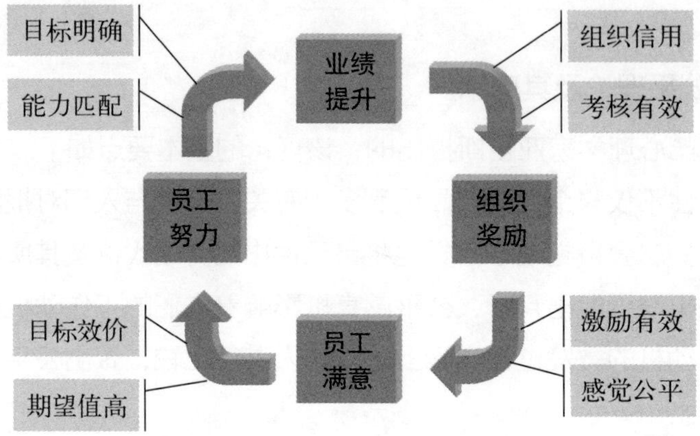

图1-4 水木知行综合激励模型

水木知行综合激励模型认为，员工的努力会促进工作业绩提升，工作业绩提升会得到组织奖励，组织奖励会使员工满意，员工满意后会继续努力工作，这样就完成了一个绩效管理综合激励循环。

上述这个循环系统的实现是有条件的，需要以下各方面的支撑，下面任何一个方面出现问题，绩效管理综合激励循环就会中断，激励就发挥不出应有的作用。

（1）目标效价有吸引力和期望值足够高是员工能够努力工作的前提

根据期望理论，员工对某个事件的投入程度与目标效价和期望值都有关。如果目标达成获得的激励对员工没有吸引力，那么员工的工作积极性就会受到影响；如果目标达成对员工来说不切实际，员工没有信心达成目标，那么这样的激励对员工就犹如“水中花、镜中月”，员工也不会为不可能的事情而竭尽全力。

在对员工制定激励措施时，首先一定要考虑激励措施对员工是否有吸引力，如果没有吸引力，那就不会达到激励的效果。其次，正强化和负强化要平衡使用，某些情况下，负强化也会有非常好的效果。

在对员工进行工作目标设定时，一定要切合实际，使目标具有挑战性，同时要有实现的可能。另外，要让员工认识到，只要努力就一定可以达成目标，组织也会尽全力支持员工达成目标。

（2）能力匹配和目标明确是员工努力会带来业绩提升的前提

如果员工能力和工作任务要求不匹配，那么员工的努力就得不到预期结果；如果员工目标不明确，工作产出不是组织期望的结果，那么员工的努力很可能白费。因此，能力匹配和目标明确是员工努力会带来业绩提升的前提。

“能力匹配”本质上是根据员工能力进行人力资源配置，使得人尽其才，同时对人才进行培养以满足工作需要；“目标明确”本质上是给员工指明方向，减少员工工作上的盲目性。一方面，管理者应使组织目标的重要性为员工所认识并自觉认同，将员工的个人目标和组织目标紧密联系起来；另一方面，管理者也应积极地为员工完成个人目标创造条件，为员工提供业务辅导和资源支持。

专家提示

知识经济时代，管理面临的最大挑战是如何应对不确定性。领导在给下属布置工作任务时，要尽量讲明工作任务的目的和意义以及应该达到的目标，再给下属指明工作方法。只有这样，下属在工作的过程中才能对各种变化做出正确应对，不断调整工作方法，最终目标才能得以实现。

（3）组织信用和考核有效是业绩提升会带来组织奖励的前提

如果组织没有信用，承诺的事项不能兑现，或者不能公平公正地评价员工的绩效，那么都可能带来组织奖励的不能兑现。因此，组织信守承诺和绩效考核准确、有效是业绩提升带来组织奖励的前提。

期望理论提出，激励效应是目标效价和期望值的乘积。如果组织承诺事项不能兑现，会降低员工的期望值，从而影响员工的积极性；如果没有公平、公正的绩效考核系统，员工的业绩不能得到肯定，也会降低员工的期望值。

专家提示

绩效考核系统一定要能识别组织期望的行为并能给予公平、公正、有效的评价，否则会降低员工的期望值，进而影响员工的积极性。

（4）激励有效和感觉公平是组织奖励能带来员工满意的前提

激励如果没有效果，就不会带来员工满意；员工如果有不公平感，将会引起不满意。因此，激励有效和感觉公平是组织奖励能带来员工满意的前提。

激励有效性表现在两个方面：一是激励内容要适当，二是激励要及时、程度要适中。内容型激励理论，无论是需求层次理论还是双因素理论，都提醒管理者要对员工采取有针对性的激励措施，否则不会有预期的效果。而过程型激励理论则着重研究激励过程，其中强化理论对激励的手段和方式提出要求，期望理论对目标效价以及期望值提出要求，公平理论要求尽量做到结果公平、程序公平和机会公平。

专家提示

在我国目前经济发展阶段，对大多数骨干员工最有效的激励方式主要有三种：一是良好的职业发展前景（行业发展前景好、公司发展前景好、个人培训发展好）；二是明确的工资报酬预期（中高层年度收入、骨干员工加薪机制、绩效工资和奖金）；三是工作好的及时肯定（任务目标完成超预期、创新性的方法和思路、缺点和弱点较大程度改进）。因此，建立系统的员工职位发展体系和工资晋级体系是非常重要的。

（四）人性假设与管理特征

美国工业心理学家麦格雷戈认为，有关人的性质和人的行为的假设对于管理人员的工作方式来讲是极为重要的，各种管理人员以他们对人的性质的假设为依据，可用不同的方式来组织、控制和激励人们。基于这种思想，他提出了 X 理论和 Y 理论。

1. X 理论及管理特征

X 理论的主要内容如下。

✧ 大多数人是懒惰的，他们尽可能逃避工作。

✧ 大多数人都没有雄心壮志，也不喜欢承担责任，宁可让别人领导。

✧ 多数人的个人目标与组织目标是互相矛盾的，为了达到组织目标必须靠外力严加管制。

✧ 大多数人是缺乏理智的，不能克制自己，很容易受别人影响。

✧ 大多数人工作是为了满足基本的生理需要和安全需要，所以才选择那些在经济上获利最大的事去做。

✧ 人群大致分为两类，多数人符合上述假设，少数人能克制自己，这部分人应当负起管理的责任。

根据 X 理论的观点，管理人员的职责和相应的管理方式如下。

✧ 管理人员关心的是如何提高劳动生产率、完成任务，其主要职能是计划、组织、领导和控制。

✧ 管理人员主要是利用法定职权发号施令，使对方服从，让人适应工作和组织的要求，而不必考虑在情感上和道义上如何给人以尊重。

✧ 强调严密的组织和制定具体的规范与工作制度，如工时定额、技术规程等。

✧ 应以金钱报酬来激励和控制员工。

此种管理方式是“胡萝卜加大棒”的方法，一方面靠金钱收买与刺激员工，一方面通过严密的控制、监督和惩罚迫使人们为组织目标努力。在人们生活还不够丰裕的情况下，“胡萝卜加大棒”的管理方法是有效的。但是，当人们的生活足够丰裕时，这种管理方法的效果就不太明显了。因为那时人们的动机主要是追求更高级的需求，而不是满足低层次的需求。

2. Y 理论及管理特征

Y 理论的主要内容如下。

✧ 一般人并不是天生就不喜欢工作的，工作中体力和脑力的消耗就像游戏和休息一样自然。工作可能是一种满足，因而自愿去执行；也可能是一种处罚，因而只要可能就想逃避。到底怎样，要看环境而定。

✧ 外来的控制和惩罚并不是促使人们为实现组织目标而努力的唯一方法，它甚至对人是一种威胁和阻碍，并放慢了人成熟的脚步。人们愿意进行自我管理和自我控制，来完成应当完成的目标。

✧ 人的自我实现要求和组织要求的行为之间是没有矛盾的，如果给人提供适当的机会，就能将个人目标和组织目标统一起来。

✧ 一般在适当条件下，人不仅学会了接受职责，而且还学会了谋求承担更大的责任。逃避责任、缺乏抱负以及强调安全感，通常是经验的结果，而不是人的本性。

✧ 大多数人而不是少数人，在解决组织的困难问题时，都能发挥较高的想象力、聪明才智和创造力。

✧ 在现代工业生活条件下，一般人的智慧潜能只是得到了部分发挥。

根据 Y 理论的观点，管理人员的职责和相应的管理方式如下。

✧ 管理者的重要任务是创造一个使人得以发挥才能的工作环境，发挥出员工的潜力，并使员工在为实现组织的目标贡献力量时，也能实现自己的目标。此时的管理者已不仅仅是指挥者、调节者或监督者，而是起辅助者的作用，从旁给员工以支持和帮助。

✧ 对人的激励主要是来自工作本身的内在激励，让他负责具有挑战性的工作，担负更多责任，促使其工作有成绩，满足其自我实现的需要。

✧ 在管理制度上给予员工更多的自主权，实行自我控制，让员工参与管理和决策，并共同分享权力。

需要指出的是，X 理论和 Y 理论是两种极端的观点，X 理论适合人们的低层次需求不能得到满足时的情况，而 Y 理论更适合人们的低层次需求已经得到满足的情况。事实上，X 理论和 Y 理论给我们提供了思考问题的两种角度，在使用时要根据社会发展现状以及人的个体因素综合考虑，不能机械地照搬使用。

3. 几种人性假设

（1）经济人假设

经济人假设认为：人是由经济诱因引发工作动机的；人总是被动地在组织的操纵、激励和控制下从事工作；人总是企图用最小的投入取得满意的报酬；大多数人缺乏理性，不能克制自己，很容易受别人影响，组织必须设法控制个人的感情。经济人假设的理论基础是X理论，它建议采用“胡萝卜加大棒”的管理方法。

（2）社会人假设

影响人生产积极性的因素，除物质因素外，还有社会因素、心理因素；生产率的高低主要取决于员工的士气，而员工的士气受企业内部人际关系及员工的家庭和社会生活的影响；非正式组织的社会影响比正式组织的经济诱因对员工有更大的影响力；员工强烈期望领导者能承认并满足他们的社会需求，所以，要调动员工的工作积极性，必须使员工的社会需求和心理需求得到满足。

（3）自我实现人假设

人一般是勤奋的；人能够自我管理、自我控制；在适当条件下，人能将自己的目标与组织的目标统一起来；人是有责任感的；人具备创造力和想象力；在现代企业条件下，人的能力只是得到了部分发挥。自我实现人假设认为，管理者应把管理的重点从重视人的因素转移至创造良好的工作环境，使得员工能力得到最充分的发挥。自我实现人假设的理论基础是Y理论，更强调员工的自我管理。

（4）复杂人假设

经济人、社会人、自我实现人假设理论的出现反映出当时各自时代的背景，适用于特定的环境，而人是很复杂的，不能把人归为一类。复杂人假设的基本观点是：人的需要是多样的，随着发展条件的变化而变化，因人而异，因事而异；人在同一时间内有各种需要和动机，会发生相互作用；人在组织中可能产生新的需要和动机；一个人在不同单位工作或在同一单位的不同部门工作会产生不同的需要；由于人的不同，同一管理方式会有不同的反应，所以没有特定的管理方式对任何组织都适用，管理方法和技巧必须随时、随地、随人、随境不断变化，强调管理者必备的最重要的能力体现在鉴别情景、分析差异、诊断问题的洞察力上。

专家提示

虽然X理论、Y理论及四种人性假设都是工业时代提出的管理思想，但在知识经济时代仍然有巨大的指导价值。无论社会发展到什么阶段，人的想法或需求可能会有所不同，但人性这一根本命题是一直存在的。如今很多优秀企业的管理方法和管理手段，都能从这里找到理论依据。

三、企业薪酬管理模式及形式

（一）企业薪酬管理模式

我国企业薪酬管理水平是随着改革开放这个历史进程发展的。在计划经济时代，企业没有经营自主权，工资待遇等都由国家统一规定，各个地方、各个单位遵照执行就是了。

那时的薪酬管理，还发挥不了激励作用、优化资源配置功能，更多的是在维持公平。改革开放后，市场在资源配置中起了越来越重要的作用，薪酬的激励作用、优化资源配置功能得到越来越多的重视。近年来，薪酬激励作用得到了足够的重视，但薪酬作为公司发展战略落地最有效的工具作用还是被很多公司所忽略。

根据企业发展阶段、管理基础以及决策领导管理风格不同，企业薪酬管理一般会经历张口定价型、一直不涨型、单加绩效型、绩效占比型等几个阶段。

1. 张口定价型

公司成立初期，公司规模往往不大，人员不多，工资多少由老板和员工商定，实质上还是老板说了算。

这种薪酬管理方法虽然不规范，但比较简单实用，管理效率比较高。因为公司员工不多，员工工作状况老板心里都清楚，因此不会出现较大公平问题，薪酬的激励作用和优化资源配置功能也能在一定程度上实现。如果公司发展到一定阶段，公司管理面临规范性要求或者员工人数较多，那么这种管理方法往往会在公平性上出现严重问题，薪酬激励作用及优化人力资源配置功能都满足不了公司发展需要。

薪酬晋级机制不完善，一般是员工提出加薪申请，如果老板不同意，个人往往就会离职。这种模式的弊端是会哭的孩子有奶吃，老实人往往吃亏。

这种类型的定薪往往说不清是根据岗位还是根据人来定，因此薪酬管理比较混乱。工作调整后如何定薪是说不清楚的事情，往往还是老板和员工商定，即使考核不合格，也不能轻易地降低薪酬。对于这种情况，实行岗位定酬，是实行系统化薪酬管理的第一步。

2. 一直不涨型

一直不涨型有两种情况。一种是实行张口定价型工资管理，随着人员越来越多，老板给员工加薪操作越来越困难，老板很难准确了解每个员工能力及工作状况，老板希望人力经理尽快改变薪酬管理方法。但由于人资水平有限，企业本身情况又非常复杂，很难找到解决方案，只能这么拖下去。建立具有晋级机制的岗位工资制是解决这一问题的关键。

另外一种就是实行了岗位工资制，但工资晋级机制不完善。要么是薪酬设计未考虑定期晋级机制，要么就是薪酬晋级只能实现普涨。企业决策者往往是不希望员工工资整体普涨的，因为这样的加薪不会有激励作用，也解决不了公平问题。

无论哪种情况，工资长期不涨，都会存在老员工工资比新员工高的问题。老板往往通过年底发红包来解决内部公平及骨干员工激励问题。长此以往，年底红包年年升，不能降，本来的奖金从激励因素变成了保健因素。

3. 单加绩效型

单加绩效型也有两种情况。一种是传统的国有企业，在整个改革开放市场化进程中，最初工资只是基本工资；为了解决多劳多得问题，加了岗位工资；为了解决干好干坏问题，加了绩效工资。另外一种就是企业为了提高员工积极性，给员工增加压力和动力，认识到绩效考核的必要性，这样就额外增加了绩效工资项目。

除了绩效工资这种叫法外，绩效奖金、业绩奖金、提成奖金也是经常的称谓。绩效工资计算的方法也各种各样，但各种方法大都是以结果说话，对过程管理兼顾不够，因此这种绩效工资机制没有充分发挥对企业战略落地的促进作用。

无论哪种情况，岗位工资和绩效工资都是并列项目，绩效工资额外发放，结果钱是多花了，业绩却往往并没有上来。尤其重要的是，即使绩效考核不合格，岗位工资也会全部拿到，这传达了错误的理念：即使干得不好，岗位也会保留，“考核不合格可以转岗，转岗仍不合格可以解聘”就难以操作了。

4. 绩效占比型

绩效占比型也有两种情况。一种是普通岗位将岗位工资分解为固定工资、季度绩效工资，高层岗位将岗位工资分解为固定工资、季度绩效工资、年度绩效工资几部分，绩效工资占岗位工资一定比例。另一种是淡化岗位工资概念，将工资构成设置为基本工资、绩效工资等项目，避免了绩效考核不合格还拿全部岗位工资的情况，“考核不合格可以转岗，转岗仍不合格可以解聘”就可以操作了。

专家提示

将绩效工资作为岗位工资的一部分，将个人薪酬福利待遇及个人职业发展与个人、部门、组织绩效紧密联系，激发员工积极性，能实现普通员工、管理层以及股东的共赢局面，绩效考核能很好地兼顾注重结果与兼顾过程的原则，因此能真正促进企业战略落地。

（二）企业基本工资制度

在企业薪酬管理实践中，根据薪酬支付依据的不同，有岗位工资、职务工资、技能工资、绩效工资、工龄工资以及薪级工资等薪酬构成元素。通常，企业选择其中的一个或两个为主要形式，其他为辅助形式。以下是几种主要的工资制度形式：

✧ 依据岗位或职务进行支付的工资体系，称为岗位工资制或职务工资制。

✧ 依据技能或能力进行支付的工资体系，称为技能工资制或能力工资制。

✧ 依据绩效进行支付的工资体系，如绩效工资制、计件工资制、提成工资制、承包制等。

✧ 依据岗位（职务）和技能工资进行支付的工资体系，称为岗位技能工资制。

✧ 依据岗位（职务）和绩效工资进行支付的工资体系，称为岗位绩效工资制。

选择并确定工资基本制度形式是很关键的，这体现着企业的价值导向。

1. 岗位工资制和职务工资制

（1）岗位工资制

岗位工资制是依据任职者在组织中的岗位确定工资等级和工资标准的一种工资制度。

岗位工资制基于这样一个假设：岗位任职资格要求刚好与任职者能力素质相匹配，如果员工能力超过岗位要求，意味着人才的浪费；如果员工能力不能完全满足岗位要求，则意味着任职者不能胜任岗位工作，无法及时、保质保量地完成岗位工作。

岗位工资制的理念是：不同的岗位承担不同的责任，创造不同的价值，因此不同的岗位将匹配不同的工资报酬；同时，企业应该将合适的人放在合适的岗位上，使人的能力素质与岗位要求相匹配，对于超过岗位任职资格要求的能力不给予额外报酬；岗位工资制鼓励员工通过岗位晋升来获得更多的报酬。

目前，岗位工资制在各类型企业中都有广泛应用，其优点如下。

① 薪酬分配相对公平。岗位工资制是建立在规范的工作分析基础之上的，通过岗位评价确定各岗位价值，确保薪酬分配的内部公平；通过对关键岗位进行有针对性的市场调查，从而可以实现薪酬分配的外部公平。

② 简明易懂，可操作性强。岗位工资制明确了各岗位的工资数额，使员工易于理解并接受，能够增加薪酬的透明度；岗位工资制操作简便，易于维护。

③ 易于考核。因为岗位职责明确、责权匹配，因而对员工的绩效考核易于推进和取得成效。

④ 成本可控并且相对较低。因为岗位工资标准明确，岗位编制确定，因此测算人工成本比较准确、容易，另外由于没有对超过岗位要求的能力给予报酬，因此工资成本相对较低。

岗位工资制也有以下不足之处。

① 要求责权匹配，某个特定岗位的员工，往往只关注自己岗位的工作，对自己职责范围之外的工作通常漠不关心，这对团队氛围的形成是不利的。

② 缺乏灵活性。由于岗位工资制对各岗位的工资数额都有明确规定，因此在操作上不够灵活。

③ 使用范围有一定限制。岗位工资制适用于大部分岗位工作，但对某些知识密集型岗位以及需要丰富经验的岗位（诸如律师、设计师、咨询顾问等），使用岗位工资制便存在一些问题。对于这类性质的工作，虽然岗位相同，但不同任职者创造的价值可能差别非常大，实行岗位工资制对薪酬的公平目标提出了挑战。实际上，对于这类岗位可以通过设计合适的职级体系，将一个岗位细分为初级、中级、高级等多个岗位，在这种情况下，岗位工资制仍是适用的。

专家提示

岗位工资制的实行需要企业具备一定的管理基础：第一，能将公司岗位划分为合适的序列和层级，能明晰各岗位的责任权利并且权责匹配，同时对各岗位的任职资格有明确的认定；第二，可以识别员工的能力素质，并将合适的人放在合适的岗位上，尽量减少"人才浪费"以及"揠苗助长"的现象。

（2）职务工资制

职务工资制可以看作是简化了的岗位工资制。

职务和岗位的区别在于：岗位不仅表达出层级还表达出工作性质，比如人力资源主管、财务部部长等就是岗位；而职务仅仅表达出层级，比如主管、经理以及科长、处长等。职务工资制在国有企业、事业单位及政府机构得到了广泛应用。

事实上，职务工资制只区分等级，很难体现岗位的差别，和岗位工资制具有较大的差异。

岗位工资能体现不同岗位的差别，岗位价值综合反映了岗位层级、岗位工作性质等多方面因素，是市场导向的工资制度；而职务工资仅仅体现岗位层级，是典型的等级制工资制度。

职务工资制的特点和岗位工资制的优缺点近似，但相对于岗位工资制，职务工资制还有一个特点是：根据职务级别定酬，某些人可能没有从事什么岗位工作，但只要到了那个级别，就可以享受相应的工资待遇。这是对内部公平的最大挑战。

专家提示

在国企总部，由于职务晋升对员工有较大的激励，职务等级工资制得到广泛的应用；有些企业自认为实行岗位工资制，其实质仍然是职务等级工资制。国企子公司及民营企业往往面临吸引人才、保留人才的难题，承认岗位价值，有利于吸引和保留核心业务岗位人员，岗位工资制得到了广泛的应用。

2. 技能工资制和能力工资制

技能工资制和能力工资制是根据员工具备的与工作有关的技能和能力高低来确定其薪酬水平。技能工资制往往适用于普通岗位员工，能力工资制往往适用于中高级管理人员和专业技术人员。

（1）技能工资制

技能工资制根据员工所具备的技能向员工支付工资，技能等级不同，薪酬支付标准就不同。

技能工资主要与劳动技能要素相对应，确定依据是岗位、职务对劳动技能的要求和雇员个人所具备的劳动技能水平。技术工人、管理人员和专业技术人员的技能工资都可分为初、中、高三大工资类别，每类又可分为不同的档次和等级。

（2）能力工资制

能力工资制根据员工所具备的能力向员工支付工资，员工能力不同，薪酬支付标准就不同。

在人力资源开发与管理中，能力多指一种胜任力和胜任特征，是员工具备的能够达成某种特定绩效或者是表现出某种有利于绩效达成的行为能力。

美国著名心理学家麦克利兰的“冰山模型”最早对“能力素质”进行了系统研究。个人绩效行为能力由知识、技能、自我认知、品质和动机五大要素构成。知识是指个人在某一特定领域拥有的事实型与经验型信息；技能是指结构化运用知识完成某项具体工作的能力，即对某一特定领域所需技术与知识的掌握情况；自我认知是指个人关于自己的身份、人格以及个人价值的自我感知；品质是指个性、身体特征对环境和各种信息所表现出来的持续而稳定的行为特征；动机是指在一个特定领域自然而持续的想法和偏好（如成就、亲和力、影响力）。这五大要素将驱动、引导和决定一个人的外在行动。

“冰山模型”把个体素质形象地描述为漂浮在洋面上的冰山，分为“水面以上部分”和“水面以下部分”。其中，知识和技能就属于“水面以上部分”，是外在表现，是容易了解与测量的部分，相对而言也比较容易通过培训来改变和发展；而自我认知、品质和动机则属于“水面以下部分”，是内在的、难以测量的部分，它们不太容易通过外界的影响得到改变，却对人员的行为与表现起着关键性作用。

专家提示

水木知行认为，知识、技能、能力、经验依次构成了能力的四个维度：知识是前人的经验积累，技能是自己会干某件事情，能力是能把这件事情完成得非常出色的背后因素，经验是自己成功的过往。

（3）技能工资制和能力工资制的特点

技能工资制和能力工资制的优点如下。

① 有利于员工提高技能和能力。技能工资制和能力工资制会鼓励员工不断进行学习，使自己的技能、能力素质不断提高。

② 人员配置灵活。由于根据人的能力来确定工资，可以灵活配置员工，对岗位轮换比较频繁的企业有较大好处；由于人员任务分派不受岗位职责限制，更有利于将任务指派给合适的人去做；可以充分提倡“能者多劳”的精神，有利于进行人员精减。

③ 工作内容丰富，员工满意度高，员工成长快。鼓励员工掌握多种技能（能力），可以扩展和丰富员工的工作内容，提高员工的满意度，同时使员工快速成长。

④ 组织扁平化，提高组织效率。因为根据技能（能力）定酬，员工工资的增长与员

工技能（能力）有关，同时可以将决策权授予最有技能（能力）的员工而不必在意其等级，在这种情况下，员工的关注点在于个人以及团队技能（能力）的提高，而不仅仅是自己的岗位等级，因此可以促进组织结构扁平化，提高组织运作效率。

专家提示

技能工资制和能力工资制的理念是“有多大能力，就有多大舞台”。技能工资制和能力工资制真正体现了“以人为本”的理念，给予员工足够的发展空间和舞台。如果员工技能或能力大大超过目前岗位的工作要求，将给员工提供更高层次岗位的工作机会；如果没有更高层次的岗位空缺，也将对超出岗位要求的技能和能力给予额外报酬。

技能工资制和能力工资制的不足之处如下。

① 工资设计和管理困难。人的能力难以评价，尤其是哪些能力应该得到更高的报酬，这和企业文化以及企业发展战略都有关系；技能工资管理也比较困难，何时调薪、如何调薪都是棘手问题，需要企业具有比较高的薪酬管理水平。

② 技能工资制会引发员工不公平感。如果不同人从事同样的工作，只是因为其中某些人掌握更多的技能而得到更多的报酬，会使其他人产生不公平感，这样会影响这些员工的工作积极性。

③ 影响员工本职工作，降低工作效率。由于鼓励员工提高多样工作技能，可能会使基层员工忽视本职工作，产生好高骛远的思想，使个人工作效率降低，从而影响组织绩效。

④ 薪酬体系的建立和维护非常复杂，对企业人力资源管理构成巨大挑战。一方面，技能和能力并不等同于现实的业绩，如果实施技能和能力工资制，将可能导致人工成本增长超过企业现实业绩增长，以至于企业无法承受；另一方面，技能的鉴定和能力的评价带有主观性，这可能会影响内部公平，不像岗位工资制那样易于被员工接受。

⑤ 不利于企业人工成本控制，因为给予超过岗位要求的技能和能力额外的报酬，这样会增加企业人工成本。如果员工的技能和能力不能转化为业绩，会导致企业竞争力下降。

专家提示

在传统企业薪酬管理实践中，技能工资制得到了广泛应用，尤其是广大事业单位，到目前为止仍实行岗位技能工资制；真正的能力工资制并不多见，部分互联网企业是通过建立职位发展体系来解决这个问题的，其实质仍然可以看作岗位工资制度。

3. 绩效工资制

绩效工资制是以个人业绩为付酬依据的薪酬制度，其核心在于建立公平、合理的绩效评估系统。

绩效工资制可以应用于任何领域，适用范围很广，在销售、生产等领域更是得到广泛认可。绩效工资制的优点如下。

① 有利于个人和组织绩效的提升。采用绩效工资制需要对绩效进行评价，给予员工一定的压力和动力，同时需要上级主管对下属不断进行绩效辅导和资源支持，因此会促进个人绩效和组织绩效的提升。

② 实现薪酬的内部公平和效率目标。根据绩效付酬，有助于打破“大锅饭”、平均主义思想，鼓励多劳多得，因而可以实现薪酬的内部公平以及提高效率这两个目标。

③ 人工成本相对较低。虽然对业绩优异者给予较高报酬会让企业的人工成本增加，但事实上，一方面，优秀员工报酬的增加是以给企业带来价值为前提的，员工获得高报酬的同时，企业也获得了更多利益；另一方面，企业给予业绩低下者较低薪酬或淘汰业绩低下者，会在一定程度上降低工资成本。

绩效工资制的缺点如下。

① 导致短视行为。由于绩效工资与员工本期绩效相关，易造成员工只关注当期绩效，从而产生短视行为，可能为了短期利益的提高而忽略组织的长远利益。

② 影响员工忠诚度。如果绩效工资所占比例过大，固定工资太少或者没有，保健因素的缺乏容易使员工产生不满意；另外，这种工资制度不可避免地会淘汰个别员工，员工流动率比较高。这些都会影响员工的忠诚度，进而影响组织的凝聚力。

专家提示

水木知行3PM薪酬体系是以岗位因素、个人因素、业绩因素以及人力资源市场价格为依据进行分配的薪酬体系，综合考虑了能力定酬与岗位定酬因素，将员工报酬与组织及个人业绩紧密联系，使员工薪酬水平与市场薪酬保持一致。3PM薪酬体系解决了员工职位晋升与岗位工资晋级的有效激励机制问题，同时也解决了不同层级薪酬差距、不同岗位薪酬差距、同一岗位不同任职者薪酬差距问题。

管理小案例：企业三产公司的薪酬标准是否应该与主业公司保持一致？

某重点大学会计专业毕业生张静与孙超是同班同学。由于优异的表现，他们被某大型国企录用，后被分派至不同的分公司从事会计核算工作，张静被分到了主业公司，孙超被分到了三产公司。在公司薪酬标准上，主业与三产公司有较大差异，因此第一个月后张静和孙超的工资不一样，两个人非常困惑。这是很多企业经常发生的问题，那么应该怎么看待这个问题呢？

三产公司和主业公司划分本身没问题，但薪酬设计中三产公司员工薪酬都比主业公司类似员工标准低就非常有问题，这本身是企业管理相对滞后的表现。企业到了一定规模，三产也有专业化要求高的岗位，主业也会有能力素质要求低的岗位，因此一刀切相当不科学，严重不公平。比如新毕业大学生分到不同单位工资标准差异大就会有问题，同样司机岗位不同单位标准差异较大也会存在问题。只有合理设计岗位，实行真正的岗位工资制，才能彻底解决问题。

举个例子，后勤老王和会计小张都拿5000元，两个人都不满。老王会说，我干这么多年，与年轻的小张拿钱一样，老板不重感情；小张会说，我大学毕业与没学历的拿钱一个样，公司不重视能力。如果实行一岗多薪制，就能很好地解决这个问题，这样谁多谁少都不是问题。比如，会计岗位起薪是5000元，小张资历浅，就拿第一档5000元。而后勤岗位起薪是4000元，老王干得久，高套1档是4500元，高套2档是5000元，高套3档就是5500元，高套几档只要制度规定好，都不会有问题。

（三）岗位工资表现形式

岗位工资在薪酬设计中往往是最重要的一个薪酬项目，在各个企业表现形式不同，可以归纳为绝对数值法、系数法、薪点法三种主要方法。下面结合实际应用案例对这些方法进行介绍。需要指出的是，本书对案例中有关文字、数字做了脱敏处理。此外，各个案例都有其适用的前提和条件，有的还有较大缺陷，读者阅读时需要注意。

1. 绝对数值法

绝对数值法是直接以岗位工资的绝对数值来表示。这种表示方法最直观，员工易于理解，薪酬晋级激励效果好，因此得到越来越广泛的应用。下面是一些实例。

表1-1是某央企二级公司岗位工资表，表1-2是某电子商务公司岗位工资表，表1-3是某互联网公司岗位工资表，表1-4是某国企总部岗位工资表，表1-5是某民营企业岗位工资等级档序表，表1-6是某军工企业员工岗位工资等级档序表。需要指出的是，表1-1、表1-3和表1-4虽然被称为岗位工资，其实质仍然是职务等级工资制，因为岗位差别因素在工资中并没有得到充分体现。

表1-1 某央企二级公司岗位工资表

薪酬级别	职务名称	第七档		第六档		第五档		第四档		第三档		第二档		第一档	
		工资序号	标准（元）	工资序号	标准（元）	工资序号	标准（元）	工资序号	标准（元）	工资序号	标准（元）	工资序号	标准（元）	工资序号	标准（元）
十三级	总经理助理	42	26500	41	25900	40	25300	39	24700	38	24100	37	23500	36	22900
十二级	副三总师	40	25300	39	24700	38	24100	37	23500	36	22900	35	21500	34	20900
十一级	一级部室总经理等岗位	36	22900	35	21500	34	20900	33	20100	32	19500	31	18900	30	18300
十级	一级部室副总经理等岗位	33	20100	32	19500	31	18900	30	18300	29	16700	28	16100	27	15500
九级	二级处室经理等岗位	30	18300	29	16700	28	16100	27	15500	26	14000	25	12300	24	11700
八级	二级处室副经理等岗位	27	15500	26	14000	25	12300	24	11700	23	10500	22	10000	21	9500
七级	一级主管	24	11700	23	10500	22	10000	21	9500	20	8300	19	7900	18	7500
六级	二级主管	21	9500	20	8300	19	7900	18	7500	17	7100	16	6800	15	6400
五级	一级主办	18	7500	17	7100	16	6800	15	6400	14	5500	13	5200	12	4900
四级	二级主办	15	6400	14	5500	13	5200	12	4900	11	4600	10	4300	9	4000
三级	三级主办	12	4900	11	4600	10	4300	9	4000	8	3500	7	3200	6	2900
二级	一级办事员	10	4300	9	4000	8	3500	7	3200	6	2900	5	2400	4	2100
一级	二级办事员	7	3200	6	2900	5	2400	4	2100	3	1800	2	1500	1	1200

表1-2　某电子商务公司岗位工资表

序列	部门	岗位	月薪（元）		年薪（元）		级差	岗位薪酬（元/月）								
			下限	上限	下限	上限		L1	L2	L3	L4	L5	L6	L7	L8	L9
职能类	人事行政部	人力资源专员	3200	6000	41600	78000	350	3200	3550	3900	4250	4600	4950	5300	5650	6000
		行政专员	2700	5500	35100	71500	350	2700	3050	3400	3750	4100	4450	4800	5150	5500
	财务部	财务主管	4500	7700	63000	107800	400	4500	4900	5300	5700	6100	6500	6900	7300	7700
		会计	3500	6300	45500	81900	350	3500	3850	4200	4550	4900	5250	5600	5950	6300
		出纳	3200	6000	41600	78000	350	3200	3550	3900	4250	4600	4950	5300	5650	6000
		结算专员	2500	5300	32500	68900	350	2500	2850	3200	3550	3900	4250	4600	4950	5300
	运行部	方案策划	3500	6300	45500	81900	350	3500	3850	4200	4550	4900	5250	5600	5950	6300
技术类	产品研发部	高级SQA工程师	10000	18000	140000	252000	1000	10000	11000	12000	13000	14000	15000	16000	17000	18000
		中级SQA工程师	6000	9200	78000	119600	400	6000	6400	6800	7200	7600	8000	8400	8800	9200
		初级SQA工程师	3500	6700	45500	87100	400	3500	3900	4300	4700	5100	5500	5900	6300	6700
销售类	供货渠道部	销售主管	4500	8500	67500	127500	500	4500	5000	5500	6000	6500	7000	7500	8000	8500
		销售专员	3500	6700	49000	93800	400	3500	3900	4300	4700	5100	5500	5900	6300	6700
	数字图书馆	销售专员	3500	6700	49000	93800	400	3500	3900	4300	4700	5100	5500	5900	6300	6700
		销售主管	5000	9000	75000	135000	500	5000	5500	6000	6500	7000	7500	8000	8500	9000
	市场部	营销专员	3500	6700	49000	93800	400	3500	3900	4300	4700	5100	5500	5900	6300	6700
		渠道拓展专员	3500	6700	49000	93800	400	3500	3900	4300	4700	5100	5500	5900	6300	6700
	渠道部	用户运营专员	3500	6700	49000	93800	400	3500	3900	4300	4700	5100	5500	5900	6300	6700
		营销编辑	3500	6700	49000	93800	400	3500	3900	4300	4700	5100	5500	5900	6300	6700
		渠道运营主管	5000	9000	75000	135000	500	5000	5500	6000	6500	7000	7500	8000	8500	9000
		客户端运营专员	3500	6700	49000	93800	400	3500	3900	4300	4700	5100	5500	5900	6300	6700

表 1-3 某互联网公司岗位工资表 （单位：元）

职位等级	月薪下限	月薪上限	薪酬范围（月薪）				
			第一档	第二档	第三档	第四档	第五档
1	3400	4400	[3400, 3600)	[3600, 3800)	[3800, 4000)	[4000, 4200)	[4200, 4400]
2	4000	6200	[4000, 4440)	[4440, 4880)	[4880, 5320)	[5320, 5760)	[5760, 6200]
3	5700	8800	[5700, 6320)	[6320, 6940)	[6940, 7560)	[7560, 8180)	[8180, 8800]
4	8000	12500	[8000, 8900)	[8900, 9800)	[9800, 10700)	[10700, 11600)	[11600, 12500]
5	11400	18200	[11400, 12760)	[12760, 14120)	[14120, 15480)	[15480, 16840)	[16840, 18200]
6	15400	25600	[15400, 17440)	[17440, 19480)	[19480, 21520)	[21520, 23560)	[23560, 25600]
7	21800	36400	[21800, 24720)	[24720, 27640)	[27640, 30560)	[30560, 33480)	[33480, 36400]
8	29700	44600	[29700, 32680)	[32680, 35660)	[35660, 38640)	[38640, 41620)	[41620, 44600]
9	35300	53000	[35300, 38840)	[38840, 42380)	[42380, 45920)	[45920, 49460)	[49460, 53000]
10	42000	63000	[42000, 46200)	[46200, 50400)	[50400, 54600)	[54600, 58800)	[58800, 63000]
11	45500	68300	[45500, 50060)	[50060, 54620)	[54620, 59180)	[59180, 63740)	[63740, 68300]
12	51900	83000	[51900, 58120)	[58120, 64340)	[64340, 70560)	[70560, 76780)	[76780, 83000]
13	61600	98600	[61600, 69000)	[69000, 76400)	[76400, 83800)	[83800, 91200)	[91200, 98600]
14	73200	117100	[73200, 81980)	[81980, 90760)	[90760, 99540)	[99540, 108320)	[108320, 117100]
15	86800	138900	[86800, 97220)	[97220, 107640)	[107640, 118060)	[118060, 128480)	[128480, 138900]

表 1-4 某国企总部岗位工资表

档次	级别月薪（元）				
	一级	二级	三级	四级	五级
1	12000	8400	5200	3440	2340
2	12500	8900	5700	3840	2640
3	13000	9400	6200	4240	2940
4	13500	9900	6700	4640	3240
5	14000	10400	7200	5040	3540
6	14500	10900	7700	5440	3840
7	15000	11400	8200	5840	4140
8	15500	11900	8700	6240	4440
9	16000	12400	9200	6640	4740
10	16500	12900	9700	7040	5040
11	17000	13400	10200	7440	5340
12	17500	13900	10700	7840	5640
13	18000	14400	11200	8240	5940
14	18500	14900	11700	8640	6240
15	19000	15400	12200	9040	6540
16	19500	15900	12700	9440	6840
17	20000	16400	13200	9840	7140
18	20500	16900	13700	10240	7440
19	21000	17400	14200	10640	7740
20	21500	17900	14700	11040	8040
相邻档次差值	500	500	500	400	300

表1-5　某民营企业岗位工资等级档序表

岗位层级	岗位等级	对应岗位	岗位工资标准(元)					
			1档	2档	3档	4档	5档	6档
公司领导	九	董事长、总经理	57800	60600	63700	66900	70200	73700
	八	副总经理	50700	53300	55900	58700	61600	64700
	八	三总师	48300	50700	53300	55900	58700	61600
高层	七	总助	44000	46200	48500	50900	53500	56100
	七	副总师	41900	44000	46200	48500	50900	53500
中层	六	投资管理部主任、工程管理部主任、资金与融资管理部主任、安全与生产管理部主任	36500	38300	40200	42200	44300	46500
	六	公司办公室主任、人力资源部主任、企业发展部主任、财务与产权部主任、党群工作部主任	34700	36500	38300	40200	42200	44300
	五	投资管理部副主任、工程管理部副主任、安全与生产管理部副主任	30600	32100	33700	35400	37100	39000
	五	公司办公室副主任、人力资源部副主任、企业发展部副主任、财务与产权部副主任、党群工作部副主任、高级投资经理、高级融资经理	29100	30600	32100	33700	35400	37100
	五	主任助理、高级工程经理、安全与生产管理部主任工程师	26400	27700	29100	30600	32100	33700
主管级	四	投资经理、生产主管、工程主管、安全主管、商务主管、人力资源主管、审计主管、财务主管、工程经理	20100	21100	22200	23300	24400	25700
	四	产权主管、行政主管、技术专责、计划管理主管、企业管理主管、纪检主管、培训主管、信息档案主管、资金主管、风险内控主管	19100	20100	21100	22200	23300	24400
员级岗位	三	投资助理、技术专员、会计、人力资源专员	12200	12800	13400	14100	14800	15500
	三	资金专员、工程助理、党务工会专员	11600	12200	12800	13400	14100	14800
	三	出纳、文书	10500	11000	11600	12200	12800	13400
	三	行政专员	9520	10000	10500	11000	11600	12200
	二	司机	9050	9500	9970	10500	11000	11500

表 1-6　某军工企业员工岗位工资等级档序表

职位层级		岗位与岗级		岗位工资档序及数值（元）														
				1档	2档	3档	4档	5档	6档	7档	8档	9档	10档	11档	12档	13档	14档	15档
一	副总师	总经理助理等	19	11630	12100	12580	13080	13600	14140	14710	15300	15910	16550	17210	17900	18620	19360	20130
		纪委副书记等	18	10770	11200	11650	12120	12600	13100	13620	14160	14730	15320	15930	16570	17230	17920	18640
二	处级	计划部主任等	17	9970	10370	10780	11210	11660	12130	12620	13120	13640	14190	14760	15350	15960	16600	17260
		办公室主任等	16	9230	9600	9980	10380	10800	11230	11680	12150	12640	13150	13680	14230	14800	15390	16010
		保卫部主任等	15	8550	8890	9250	9620	10000	10400	10820	11250	11700	12170	12660	13170	13700	14250	14820
三	副处级	五分厂副厂长等	14	7920	8240	8570	8910	9270	9640	10030	10430	10850	11280	11730	12200	12690	13200	13730
		安全环保副主任等	13	7330	7620	7920	8240	8570	8910	9270	9640	10030	10430	10850	11280	11730	12200	12690
		保卫部副主任等	12	6790	7060	7340	7630	7940	8260	8590	8930	9290	9660	10050	10450	10870	11300	11750
四	科级	八分厂运行值班主任等	11	6290	6540	6800	7070	7350	7640	7950	8270	8600	8940	9300	9670	10060	10460	10880
		安全环保部安技科科长等	10	5820	6050	6290	6540	6800	7070	7350	7640	7950	8270	8600	8940	9300	9670	10060
		保卫部综合管理科科长等	9	5390	5610	5830	6060	6300	6550	6810	7080	7360	7650	7960	8280	8610	8950	9310
五	副科级	八分厂生产技术科副科长等	8	4990	5190	5400	5620	5840	6070	6310	6560	6820	7090	7370	7660	7970	8290	8620
		安全环保部安技科副科长等	7	4620	4800	4990	5190	5400	5620	5840	6070	6310	6560	6820	7090	7370	7660	7970
		办公室行政接待科副科长等	6	4280	4450	4630	4820	5010	5210	5420	5640	5870	6100	6340	6590	6850	7120	7400
六	普通员工	七分厂生产技术科理论计算等	6	4280	4450	4630	4820	5010	5210	5420	5640	5870	6100	6340	6590	6850	7120	7400
		财会部预算管理科会计等	5	3960	4120	4280	4450	4630	4820	5010	5210	5420	5640	5870	6100	6340	6590	6850
		三分厂运行车间生产管理等	4	3670	3820	3970	4130	4300	4470	4650	4840	5030	5230	5440	5660	5890	6130	6380
		物资管理部铁路科火车司机等	3	3400	3540	3680	3830	3980	4140	4310	4480	4660	4850	5040	5240	5450	5670	5900
		七分厂保卫保密与消防管理等	2	3150	3280	3410	3550	3690	3840	3990	4150	4320	4490	4670	4860	5050	5250	5460
		综合办公室离退休科清扫等	1	2920	3040	3160	3290	3420	3560	3700	3850	4000	4160	4330	4500	4680	4870	5060

2. 系数法

系数法不以薪酬的绝对数值来表示，是以系数来表现各个岗位的相对差别。各个岗位的实际薪酬是用某个系数乘以一个基准（绝对数值），而这个基准可以随着企业经济效益情况、人力资源市场价格因素以及企业工资总额控制情况进行调整。系数法能解决内部公平问题，同时薪酬总额易于控制，但员工晋级的激励效果受到一定影响，不像绝对数值法那样直观。下面请看一些实例。表 1-7 为某企业岗位工资系数表，表 1-8 是某投资公司工资系数表，表 1-9 是西部某省公用事业公司处级干部月度固定工资系数表。

表 1-7　某企业岗位工资系数表

级别	岗位名称	一档	二档	三档	四档	五档	六档	七档
1	总经理助理 董事会秘书	6.58	6.83	7.08	7.33	7.58	7.83	8.08
2	三总师副职 纪委副书记 工会副主席	6.06	6.31	6.56	6.81	7.06	7.31	7.56
3	部门正职	5.76	6.01	6.26	6.51	6.76	7.01	7.26
4	部门副职	4.87	5.07	5.27	5.47	5.67	5.87	6.07
5	部门正职助理	4.39	4.59	4.79	4.99	5.19	5.39	5.59
6	科长	4.32	4.5	4.68	4.86	5.04	5.22	5.4
7	高级经理	3.61	3.77	3.93	4.09	4.25	4.41	4.57
8	经理	2.88	3.04	3.2	3.36	3.52	3.68	3.84
9	主管	2.31	2.43	2.55	2.67	2.79	2.91	3.03
10	专员	2.02	2.14	2.26	2.38	2.5	2.62	2.74

注：员工岗位工资 = 岗位工资标准值 × 岗位工资系数，岗位工资标准值 2024 年为 3980 元。

3. 薪点法

薪点法是指通过采用比较科学合理的“要素计点法”进行岗位评价，评价出每个岗位的价值分数，然后将其与员工的劳动报酬直接联系。

以某企业员工薪点工资为例：

员工薪点工资 =（岗位薪点数 + 技能薪点数 + 学历薪点数）× 固定薪点值

表 1-10 是某企业员工岗位工资薪点表，表 1-11 是某企业员工技能工资薪点表，表 1-12 是某企业员工学历工资薪点表。

需要说明的是，薪点制一度在国有企业得到广泛应用，因为岗位价值能得到充分体现。但薪酬内部公平问题并不仅仅是岗位工资差别问题，在知识经济时代，能力因素得到更广泛的认可。在薪点法中往往以职称、学历体现能力因素，这是远远不够的。很多企业在操作中进行了优化，这在一定程度上与系数法没有本质差别。

表 1-8 某投资公司工资系数表

岗级	岗位级别	一档	二档	三档	四档	五档	六档	七档	八档	九档	十档	十一档	十二档	十三档	十四档	十五档	十六档	十七档	十八档
八级	总经理级	3.60	3.67	3.74	3.82	3.89	3.96	4.03	4.11	4.18	4.25	4.33	4.40						
七级	副总经理级	3.05	3.11	3.17	3.23	3.29	3.35	3.41	3.47	3.53	3.56	3.60	3.63	3.67	3.71	3.74			
六级	副总师级（高管级）	2.67	2.72	2.78	2.83	2.88	2.94	2.99	3.05	3.11	3.14	3.17	3.20	3.23	3.26	3.29			
五级	主任级	2.45	2.50	2.56	2.61	2.67	2.72	2.78	2.83	2.88	2.94	2.99	3.05	3.08	3.11	3.14	3.17		
四级	副主任级	1.99	2.04	2.09	2.14	2.19	2.24	2.29	2.34	2.39	2.45	2.50	2.56	2.58	2.61	2.64	2.67		
三级	主管级（主任科员级）	1.49	1.53	1.58	1.62	1.66	1.70	1.74	1.78	1.82	1.86	1.90	1.94	1.99	2.04	2.07	2.09	2.12	2.14
二级	专责级（副主任科员级）	1.24	1.28	1.32	1.36	1.40	1.44	1.49	1.53	1.58	1.62	1.66	1.70	1.74	1.76	1.78	1.80	1.82	
一级	员级（科员级）	1.00	1.04	1.08	1.12	1.15	1.19	1.24	1.26	1.28	1.30	1.32	1.34	1.36					

注：年度岗位工资标准 = 工资基数 × 工资系数 × 岗位工资占比。

表 1-9 西部某省公用事业公司处级干部月度固定工资系数表

薪级	1 档	2 档	3 档	4 档	5 档	6 档	7 档	8 档	9 档	10 档	11 档	12 档	13 档
3	1.35	1.38	1.4	1.42	1.44	1.46	1.48	1.51	1.53	1.55	1.58	1.6	1.63
2	1.09	1.11	1.13	1.15	1.17	1.19	1.21	1.23	1.25	1.27	1.29	1.32	1.34
1	1.00	1.02	1.04	1.06	1.08	1.10	1.12	1.14	1.16	1.18	1.2	1.22	1.25

注：1. 岗位月度固定工资标准 = 工资基数 × 固定工资系数。

2. 薪级的确定，比照正处级管理的中层领导人员对照薪酬 3 级；比照副处级管理的中层领导人员对照薪酬 2 级；比照正科级管理的中层领导人员对照薪酬 1 级。

表 1-10　某企业员工岗位薪点表

岗级	岗位工资薪点					工作岗位
	一档	二档	三档	四档	五档	
9	960	1030	1100	1180	1260	三总师副职、中层正职
8	840	900	960	1030	1100	中层副职
7	740	790	840	900	960	一级部员
6	640	680	730	780	830	二级部员、高级技师
5	560	600	640	680	730	三级部员、技师
4	480	510	550	590	630	四级部员、高级工
3	400	430	460	490	520	五级部员、中级工
2	320	340	360	390	420	初级工
1	240	260	280	310	340	普工

表 1-11　某企业员工技能薪点表

技术职务	初级工	员级、中级工	助理级、高级工	中级、技师	副教授、高级技师	教授级
技能薪点	20	40	80	120	200	300

表 1-12　某企业员工学历薪点表

学校类型	技校生	中专生	大专生	大本生	研究生	博士生
全日制	10	20	50	80	100	120
其他			30	60	80	100

（四）绩效工资表现形式

1. 绩效工资是岗位工资的一部分

绩效工资作为岗位工资的一部分，在企业实际运营中得到越来越广泛的认可和应用。

下面的表 1-13 是某国企总部员工绩效工资计算及发放表（其岗位工资见表 1-4），表 1-14 是某互联网企业绩效工资表，表 1-15 是某投资公司绩效工资占比表（其工资系数见表 1-8）。

表 1-13　某国企总部员工绩效工资计算及发放表

级别	岗位	绩效工资占岗位工资比例	不同考核结果发放绩效工资比例			
			优	良	中	差
一级	部长	50%	120%	110%	100%	80%
二级	副部长	40%				
三级	主管	30%				
四级	部员	20%				
五级	干事	20%				

表 1-14 某互联网企业绩效工资表

岗位	基本工资	季度绩效工资	年度绩效工资
中层岗位	岗位工资 ×40%	岗位工资 ×30%× 季度考核系数	岗位工资 ×30%× 年度考核系数
普通岗位	岗位工资 ×60%	岗位工资 ×40%× 季度考核系数	无

表 1-15 某投资公司绩效工资占比表

岗位级别	工资结构	
	固定工资	绩效工资
主任级及以上	40%	60%
副主任级	45%	55%
科员级	50%	50%

注：1. 年度绩效工资标准＝工资基数 × 工资系数 × 绩效工资占比。

2. 绩效工资包括月度绩效工资和年终奖金。月度绩效工资按年度绩效工资标准的 60% 预发，剩余 40% 部分作为年终奖金，根据分公司经济效益目标实现情况、部门及个人年度绩效考核结果浮动发放。

2. 绩效工资是岗位工资之外的薪酬项目

绩效工资作为岗位工资之外的薪酬项目时，可与职务等级、岗位工资挂钩，也可单独设计。下面以实例进行说明。

（1）绩效工资跟职务等级挂钩

表 1-16 是某企业绩效工资系数表（其岗位工资系数见表 1-7）。

表 1-16 某企业绩效工资系数表

岗位名称	绩效工资系数	岗位名称	绩效工资系数
总经理助理、董事会秘书	1.18	科长	0.66
三总师副职、纪委副书记、工会副主席	1.09	高级经理	0.43
部门正职	1	经理	0.36
部门副职	0.87	主管	0.28
部门正职助理	0.77	专员	0.2

注：员工月度绩效工资＝绩效工资标准值 × 绩效工资系数 × 个人绩效考核系数，绩效工资标准值 2024 年为 4980 元。

（2）绩效工资跟岗位工资挂钩

表 1-17 是某企业绩效工资表，该企业员工绩效工资＝绩效工资基数 × 考核结果。

表 1-17 某企业绩效工资表

级别	岗位	绩效工资基数	不同考核结果发放绩效工资比例			
			优	良	中	差
一级	部　长	岗位工资 ×50%	120%	110%	100%	80%
二级	副部长	岗位工资 ×40%				
三级	主　管	岗位工资 ×30%				
四级	部　员	岗位工资 ×20%				
五级	干　事	岗位工资 ×20%				

有的企业员工绩效工资采用下面的公式：

员工年度绩效工资 = 员工年度岗位基薪 × 绩效工资分配率 × 绩效工资调节系数 × 个人绩效考核系数

其中，公司完成上级下达的年度任务指标，达到绩效考核要求，绩效工资的分配率根据工资总额情况在 20%～30% 区间动态调整；将部门年度绩效考核等级分为 A、B、C 三档，并分别核定相应的绩效工资调节系数；由部门负责组织部门员工年度绩效考核实施工作，年度绩效考核等级为优秀、合格、待改进、不合格等几个等级，对应系数分别为 1.2、1.0、0.8、0。

表 1-18 为该企业绩效工资调节系数表。

表 1-18　绩效工资调节系数表

部门年度考核等级	管理部门绩效工资调节系数	业务部门绩效工资调节系数
A	110%	125%
B	100%	110%
C	90%	80%

（3）绩效工资单独设计

表 1-19 是西部某省公用事业公司处级干部年度绩效工资系数表，该表对应着表 1-9 月度固定工资系数表。该公司岗位年度绩效工资标准计算公式为：

岗位年度绩效工资标准 = 工资基数 × 年度绩效工资系数

表 1-19　西部某省公用事业公司处级干部年度绩效工资系数表

薪级	1 档	2 档	3 档	4 档	5 档	6 档	7 档	8 档	9 档	10 档	11 档	12 档	13 档
3	17.61	17.88	18.15	18.43	18.72	19	19.3	19.6	19.89	20.2	20.51	20.82	21.14
2	14.17	14.41	14.67	14.92	15.18	15.44	15.71	15.98	16.25	16.54	16.82	17.1	17.4
1	8.03	8.18	8.32	8.48	8.63	8.79	8.94	9.1	9.27	9.44	9.61	9.78	9.96

有的企业将岗位工资、绩效工资单独设计，各自用单独的工资等级表。表 1-20 就是这样的例子。

表 1-20　某公司岗位工资和绩效工资等级表

等级	级别	岗位名称	岗序	岗位工资				绩效工资					
				系数 1	系数 2	系数 3	系数 4	系数 1	系数 2	系数 3	系数 4	系数 5	系数 6
一	正科	营销管理中心经理等	一	2.60	2.80	3.00	3.20	5.40	5.50	5.60	5.70	5.80	5.90
二	副科	营销管理中心副经理等	二	2.10	2.30	2.50	2.70	4.20	4.30	4.40	4.50	4.60	4.70
			一	1.50	1.70	1.90	2.10	3.00	3.10	3.20	3.30	3.40	3.50

续表

等级	级别	岗位名称	岗序	岗位工资				绩效工资					
				系数 1	系数 2	系数 3	系数 4	系数 1	系数 2	系数 3	系数 4	系数 5	系数 6
三	科员	订单部主任	九	1.70	1.90	2.10	2.30	3.40	3.50	3.60	3.70	3.80	3.90
			八	1.40	1.60	1.80	2.00	2.10	2.20	2.30	2.40	2.50	2.60
			七	1.10	1.30	1.50	1.70	1.40	1.50	1.60	1.70	1.80	1.90
		县(区)局专卖科副科长等	六	1.60	1.80	2.00	2.20	3.30	3.40	3.50	3.60	3.70	3.80
			五	1.30	1.50	1.70	1.90	1.90	2.00	2.10	2.20	2.30	2.40
			四	1.00	1.20	1.40	1.60	1.30	1.40	1.50	1.60	1.70	1.80
		专卖科经营监督员等	三	1.50	1.70	1.90	2.10	3.20	3.30	3.40	3.50	3.60	3.70
			二	1.10	1.30	1.50	1.70	1.50	1.60	1.70	1.80	1.90	2.00
			一	0.70	0.90	1.10	1.30	0.80	0.90	1.00	1.10	1.20	1.30
四		办事员	三	1.50	1.70	1.90	2.10	3.20	3.30	3.40	3.50	3.60	3.70
			二	1.00	1.20	1.40	1.60	1.70	1.80	1.90	2.00	2.10	2.20
			一	0.60	0.80	1.00	1.20	0.40	0.50	0.60	0.70	0.80	0.90

四、不同所有制企业薪酬管理特点

（一）国有企业薪酬管理特点

1. 薪酬管理制度的规范性与薪酬管理实践的随意性并存

我国国有企业改革发展的过程就是由计划经济向市场经济转变的过程。在计划经济时代，工资收入都是计划的产物，企业自主权很少；改革开放后，企业逐渐有了薪酬自主权，企业内部薪酬管理制度也逐步向市场化发展。目前，我国国有企业已基本建立起以岗位价值为主、考虑绩效因素的薪酬体系。国家对企业薪酬的管理也从原来的具体事务管理转到宏观管理上来，主要通过以下几个途径对国有企业薪酬进行管理：一是对企业责任人实行年薪制；二是对企业工资总额进行管理控制；三是完善企业内部工资分配管理以及健全工资分配监管体制机制。然而，一个不容忽视的现象是，国有企业薪酬管理制度的规范性与薪酬管理实践的随意性并存。其具体表现在以下几个方面。

（1）中央企业管理相对规范，地方所属国有企业管理不到位

国务院国有资产监督管理委员会（以下简称国资委）自 2003 年组建以来，随着国有资产管理体制改革和国有企业改革的不断深化，国资委监管的中央企业负责人薪酬制度改革取得了积极进展。2013 年开始施行的《中央企业负责人经营业绩考核暂行办法》、2015 年开始实施的《中央管理企业负责人薪酬制度改革方案》，对央企负责人薪酬管理都做出了明确规定，对央企高管薪酬采用差异化薪酬管控的方法，综合考虑国企高管当期业绩和

中长期持续发展，因此从公平角度和激励角度看，都更加科学合理。2015年之前央企负责人薪酬由基本年薪和绩效年薪两部分构成，2015年之后央企负责人薪酬逐步由基本年薪、绩效年薪、任期激励收入三部分构成。经营业绩考核分为年度经营业绩考核和任期经营业绩考核，最终结果分为A、B、C、D、E五个级别。被评为A级的央企负责人除了获得基础薪酬外，还能享有最多达基础薪酬两倍的绩效薪酬，任期结束还有最多年度收入的30%作为奖金激励。

据国资委网站，由国资委管理的中央企业有97家（截至2024年5月）。97家央企负责人的薪酬和考核由国资委统一管理，央企负责人的经营业绩同激励约束紧密结合，即业绩升则薪酬升，业绩减则薪酬减，并作为职务任命的重要依据。

和中央企业相比，一些地方国有企业在薪酬管理、业绩考核等方面相对滞后，有些地方国资委对下属国有企业管理方法简单、一刀切，带来很多问题。尤其是有些县一级国资管理部门，对下属国有企业的薪酬管理工作不到位，存在某些国有企业薪酬监控缺位现象。

（2）上级部门对下属单位高管薪酬管理比较规范科学，对普通员工的薪酬管理手段不足

对国有企业而言，往往上级部门对下属单位实行业绩目标责任制管理；对企业负责人的薪酬管理制度和流程比较规范，相应的措施也得到比较好的落实。实际上，国资委对中央企业负责人的薪酬管理比较到位，对其他中高层管理人员薪酬管理规范性还有欠缺。地方国资委对国有企业负责人薪酬管理水平参差不齐。

对普通员工的薪酬管理，有三种情况。第一种，是上级单位管理特别严格，管理到每一个员工的工资和奖金的具体数值，由于不能充分考虑下属单位个性情况，容易一刀切。第二种，是实行工资总额控制，有的工资总额控制方法不科学、不合理，限制了下级单位的发展。这两种情况，往往会影响下级单位的积极性。第三种，是没有对下级单位薪酬进行实质、有效的管理，一般都是由企业内部自行制订分配方案，交上级主管部门备案。这种情况下，如果企业基础管理水平较高，企业薪酬管理基本能满足企业的发展要求；如果企业薪酬管理水平较低，则薪酬管理往往存在不公平、激励效应不能实现、人工成本失控等问题，企业发展有失控的风险。

（3）基本工资、补贴等收入管理比较规范，绩效工资、奖金等管理随意性大

对于大多数国有企业，员工基本工资、绩效工资、各种津贴补贴、奖金等是工资的主要构成部分。一般情况下，企业对基本工资、补贴的管理比较规范，而对绩效工资、奖金的计算、发放管理往往不到位。某些国有企业绩效考核不能真正落到实处，因此绩效工资不能实现激励员工提升业绩的目的；某些国有企业奖金发放随意性大，采用平均主义的发放形式，不能发挥奖金应有的激励作用。

专家提示

近年来国企规范化管理在手段和方法上有一定进步，新形势下也面临着更多的挑战。企业财务管理、财务审计工作越来越规范，规范国企人力资源管理越来越重要。在企业用工成本居高不下，企业发展又受人才制约的情况下，如何切实有效地规范薪酬管理，同时提高国企员工积极性，是管理者面临的较大难题。

2. 国有企业收入分配中存在着多方面的不公平

国有企业上级部门对下属单位一般实行工资总额控制制度，这对激励企业员工积极性，同时控制企业人工成本增长，起到了非常重要的作用。大多数国有企业都实行工效挂钩的方式，即企业工资总额同经济效益挂钩。但在国有企业收入分配中，的确也存在着多方面的不公平现象，具体表现如下。

（1）行业分配不公平

这个问题社会上有很多讨论，从理论上讲，“什么是行业分配不公平”这个命题本身就是需要讨论的。如果这个行业是充分竞争的行业，对人才流入没有什么限制，那么行业收入水平高并不意味着不公平，收入高往往是因为这个行业从业者需要掌握更多的知识、具备更多技能、劳动强度更高。

然而有些企业处于垄断性行业，人才进入又存在非常多的限制，行业薪酬水平过高往往是因为垄断使企业获得了更多收益，这种情况容易受到人们的质疑。

（2）企业内部分配不公平

与行业分配不公平相对应，企业内部分配往往也存在着不公平现象。

第一，有些国有企业不同层级员工收入差距很小，有些企业不同层级员工收入差距很大。这些现象在某种程度上是不公平的，也是值得研究的课题。国有企业部门副职与普通员工薪酬往往有比较大的差距，原因可能有两个：一是职位晋升是很重要的激励，二是核心业务岗位晋升通道不完善。

第二，国有企业同一层级员工薪酬差距不大，如果有差距，往往也是体现资历方面的因素（很多情况下就是与工龄相关），不能体现岗位的价值差别。这对那些岗位责任大、劳动强度大、对任职者要求高的岗位而言是不公平的；其实质仍然是职务等级工资制，在观念上是落后的，存在对人不对岗、注重资历而非能力、能上不能下等诸多弊端。

第三，有些国有企业员工实际收入与绩效没有关系，干好干坏、干多干少基本一个样。国有企业平均主义分配倾向是历史产物，平均主义对促进团队和谐、增强员工凝聚力是有好处的，但平均主义分配文化会扼杀创造力，对优秀人才的培养和保留是不利的，对组织的损害是长久和深远的。

第四，部分国有企业薪酬分配中没有实行岗位工资制，没能做到同工同酬。某些岗位员工由于身份差别，收入可能相差一倍以上。产生这些现象的原因也是复杂的，但其根本原因在于国有身份员工实行的薪酬制度是以资历为主要付酬因素的制度，往往会对老员工给予较高的报酬，而对市场招聘人员实行市场化薪酬制度，这样，同岗位不同任职者薪酬可能出现较大差距。从劳动法来讲，“同工同酬”并非要求工资数额完全一样，而是允许在同一工资区间内进行浮动；如果实行一岗多薪制，由资历因素体现薪档差别，这并不违背同工同酬思想。

第五，某些国有企业存在其他高层领导收入接近企业负责人收入的现象。企业负责人的薪酬是由上级主管部门或控股公司决定的，而其他高层领导的薪酬是由企业决策层领导分配的。在企业效益比较好、企业员工工资总额比较多的情况下，企业其他高层收入往往并不比主要负责人低多少，同时其他高层之间收入差距也不大，这实际上是非常不公平的。

3. 国有企业收入分配激励效应缺乏或者只有激励没有约束控制措施

（1）有些国有企业尤其是地方国资委下属企业，没有建立起对员工尤其是高层领导的收入分配激励机制或者分配激励机制存在问题

这是中小型国有企业普遍存在的问题。一般情况下，激励机制的缺乏必然伴随着对企业经营监管的缺失，这往往会造成严重后果。其表现形式是，企业“一把手”掌控企业的命运，这样的企业往往高度集权，其典型特征就是企业管理随意性大，这必然反映在薪酬管理上。如果分配激励机制存在问题，要么员工没有积极性，限制了企业发展；要么激励过度，过于注重短期利益，影响企业长远发展。

（2）某些国有企业对中高层员工激励比较到位，但缺乏对普通员工的激励措施

某些国有企业上级主管部门或者控股公司对高管层薪酬激励措施比较到位，但对企业内部普通员工激励机制不健全，对普通员工激励力度不够，尤其是没有建立起将企业效益、部门效益与员工收入挂钩的机制，没有将企业命运和员工收入紧密联系起来，没有形成企业与员工休戚与共的利益共同体。

（3）某些国有企业员工激励措施比较到位，但缺乏对企业经营的有效监督与过程控制

签订目标责任、明确激励措施和奖惩事项，是大多数国有企业领导需要对上级主管部门或控股公司承诺并负责完成的主要职责。但在现实操作中，由于缺乏对过程的有效监督与控制，上级主管部门对下属单位缺乏必要的支持，因此在操作中往往存在诸多问题。很多国有企业对员工强调的是激励，而没有加强与之对应的考核。只有加强过程控制，一方面避免不必要的风险发生，另一方面对员工进行实实在在的考核，激励业绩优异者，鞭策业绩低下者，这样才能发挥薪酬的激励作用。

4. 某些国有企业收入分配中业绩导向文化没有建立起来

国有企业在市场化改革过程中取得了长足的进步，但总体而言，业绩导向的企业文化还没有普遍建立起来，能者上、庸者下，业绩优异者得到激励和晋升机会，业绩低下者得到惩罚甚至是降职处理等机制，在某些国有企业还没有建立起来，其主要原因如下。

第一，人的思想转变是最难的，而国有企业根深蒂固的论资排辈、平均主义观念还非常有市场，在这种情况下，任何触动大家利益、改变目前状态的改革尝试都很难成功。

第二，业绩导向文化的倡导和建立需要绩效管理体系的支持，而很多国有企业还没有建立起系统的绩效管理体系、绩效考核体系。

第三，国有企业大多是垄断行业企业，或者虽然是竞争性企业，但和竞争对手不在同一条起跑线上，因此国有企业效益还能支撑平均主义的分配方式。企业在培养、选拔一大批有责任、有能力、有胆识的管理和技术骨干的同时，也有可能保留甚至提拔一些溜须拍马、讨好上级者，在这种氛围下，业绩导向的企业文化很难真正建立起来。

5. 某些国有企业缺乏骨干员工激励机制，职位晋升体系和工资晋级体系还没有真正建立起来

对绝大多数骨干员工而言，职位晋升和工资晋级是最重要的激励。但有些企业还没有建立起职位晋升和工资晋级这两个重要体系。激励有效的前提之一就是员工会感受到公平，而实行岗位工资是工资晋级激励有效的一个重要条件。很多国有企业实行的是职务等级工资制，缺乏对关键岗位员工的有效激励，有些企业虽然号称实行的是岗位工资制，但其实质仍然是职务等级工资制。真正的岗位工资制，能够做到岗位变动工资有变化，尤其是同级别岗位变动，工资能升能降，这样才能体现公平。

6. 某些薪酬政策已经和当前市场经济条件不相适应

某些国有企业在薪酬制度上，仍然保留许多计划经济时代的特点，比如“上开支”工资制度、探亲假制度等。

（1）“上开支”工资制度

目前还有较多国有企业实行的是“上开支”工资制度。所谓“上开支”工资方式是指当月发放当月工资，所谓“下开支”工资方式是指当月发放上月工资。在事业单位以及部分国有企业中，往往实行“上开支”方式，这是历史发放方式延续的结果。如果人员流动率比较低，“上开支”方式和“下开支”方式这两种方式不会有多大差别；但如果人员流动率比较高，采用“上开支”方式就会存在较多问题。

一个极端的例子是，假如某个员工来企业工作六七天，他可能会拿走一个半月的工资。例如，某国有企业发薪日是5日，某员工6月30日参加工作，7月6日离职，那么他将得到6月份半个月的工资，同时在7月5日得到整个7月份的工资，短短6天拿走了一个半月的工资。很显然，“上开支”方式对人员流动比较频繁的企业而言是不合适的。

（2）探亲假制度

目前，有些国有企业仍然实行探亲假制度。根据1981年国务院《关于职工探亲待遇的规定》，凡在国家机关、人民团体和全民所有制企业、事业单位工作满一年的固定职工，与配偶或父母不住在一起，又不能在公休假日团聚的，可以享受探亲待遇。虽然推行探亲假制度的理由仍然存在，但在每周休息日由原来1天增为1天半，后又增至目前的2天，全年节假日数量大幅提高，年休假制度已经推行的背景下，目前在通信、交通非常发达的情况下，让员工享受探亲假的确不适应目前社会的发展要求了。

专家提示

近年国企改革获得了巨大的成功，薪酬在提高国有企业员工积极性、促进国有企业发展方面起到了关键的作用，但薪酬作为促进企业战略落地最有效工具的作用还没有发挥应有的作用。

国有企业吸引了大量的优秀人才。在新形势下，如何做好薪酬管理工作，如何保留优秀人才，是所有国企人力资源管理者需要思考和解决的问题。建立健全以岗位价值为基础、以绩效贡献为依据的薪酬分配制度是非常关键的。

（二）民营企业薪酬管理特点

民营企业是在我国改革开放以及市场经济发展过程中逐步发展起来的。目前，民营经济在我国国民经济中占有越来越重要的地位，尤其是在竞争性行业，民营企业机制灵活、管理高效的特点发挥出较大优势。除涉及国家发展战略及安全领域（军事安全、能源安全、金融安全、信息安全、航空航天）以外，民营资本在钢铁、汽车、化工、装备制造、电力、煤炭等行业均获得了长足发展，有的行业民营经济已经形成与国有经济竞争的格局，有的行业内民营经济占有一定的地位。在房地产、设备制造、家用电器、电气电子、纺织服装、新能源汽车等充分竞争行业，已经形成民营经济占主导地位的格局。

薪酬作为最具有激励作用的因素，对于提高民营企业员工积极性，促进民营经济快速发展起到了非常重要的作用。但在民营企业的薪酬管理实践过程中，也存在着这样那样的问题。民营企业的薪酬管理特点如下。

1. 充分发挥薪酬的激励作用，促进企业的快速发展

民营企业激励机制能够发挥作用，是由以下几个原因决定的。

（1）激励内容和程度比较适合员工需求

在民营企业中，一般通过绩效工资或奖金来对员工进行较强的激励，这在中国当前社会经济发展条件下，是比较适合员工需求的。此外，在民营企业中，业绩导向的文化占据主流，因此能对业绩优秀者进行比较强的激励。

（2）激励方式和时机把握准确

激励员工的方式除了工资、奖金等经济性报酬外，员工能力的提高及职业发展机会对员工来说也是非常大的激励因素。民营企业的快速发展对人才在数量和质量上都提出了较高要求，这必然给员工提供非常多的机会去锻炼、提高能力，从而获得晋升机会。

民营企业在对员工进行激励的方式选择上，有比较多的选择空间，同时民营企业机制灵活、决策效率高的特点也使员工能及时获得激励，无论是奖金激励还是岗位晋升激励，都能做到及时并有针对性。

薪酬激励是最能调动员工积极性的因素，在民营企业中被广泛采用并取得了非常好的效果。

2. 某些企业在激励内容、激励方式上存在走极端现象

（1）过分注重直接经济性薪酬激励因素，忽略或轻视非经济性薪酬的作用

很多民营企业在经济性激励因素方面力度大，措施到位，这对提高员工的积极性是必要的，但应意识到这不是唯一的方式。在加强经济性激励因素作用的同时，应该充分重视非经济性激励因素的作用，比如发展晋升机会、良好的工作环境和工作氛围等。此外，还应重视一些精神激励因素，比如定期评选先进、给予员工荣誉称号等。实际上，传统国有企业有一套非常好的精神激励机制，民营企业应该吸收、借鉴这方面的成功经验。

（2）在经济性激励因素方面，过分注重绩效工资、奖金等的激励作用，对基本工资、社会保险等方面的保健功能重视不够

激励因素是提高大家积极性的重要因素，但保健因素也是非常关键的，如果保健因素不到位而引起员工不满意，那么激励因素是很难发挥效力的。在很多民营企业中，绩效工资、奖金等占有绝大部分比例，基本工资等固定收入比较少，养老保险、住房公积金等缴纳基数、比例偏低，带薪休假制度落实不到位等现象普遍存在。事实上这么做是不科学的。民营企业应该合理设计固定薪酬与浮动薪酬的比例，应该充分重视社会保险等保健因素对员工的作用，这有利于吸引、保留优秀员工。

（3）忽视对员工进行培训的激励作用

对员工进行培训是一种非常重要的激励方式，但在民营企业中，这方面往往做得不够。很多民营企业缺乏对员工系统的培训安排，不能结合公司人力资源战略及员工职业发展路径对员工进行有针对性的培训，岗前培训往往缺失（大部分是先上岗、边工作边培训），在岗培训缺乏系统性，脱岗培训、外出培训等形式很少得到民营企业的重视。

出现上述问题的原因是：一方面，民营企业人才高流动性的特点使老板不敢贸然在员工培训上投入过多资金；另一方面，人员培养是缓慢的过程，“十年树木，百年树人”，面对竞争非常激烈、外部环境变化非常迅速、企业资金实力有限的情况，民营企业老板往往不会站在长远角度对员工培训进行较大投入。

（4）对员工岗位晋升、降职的激励随意性大

岗位晋升的正激励作用与岗位降职的负激励作用在民营企业中得到了广泛应用，但在使用过程中，岗位晋升、降职随意现象比较常见。

员工岗位晋升、降职随意性大的危害是很严重的。用人不当会给企业带来严重损失，一方面可能因业务开展不力出现损失，另一方面抓不住稍纵即逝的机会也会给企业带来机会损失。更为严重的是，这种现象的后果是降低激励的效果，无论是岗位晋升的激励还是岗位降职的处罚，员工都不会感到那么严重，激励效应大大降低，这对组织是长远和致命的损害。

3. 薪酬管理规范性、严肃性不够，薪酬管理随意性大

在民营企业中，往往存在薪酬制度不完善、薪酬管理随意性大等情况，具体表现在以下几个方面。

（1）薪酬制度不健全

很多民营企业薪酬制度不健全，薪酬构成以及薪酬计算、发放没有明确说明，员工多

少薪酬全凭老板一句话，这样的管理方式肯定是不适应企业发展需要的。

（2）规章制度变化太快或者得不到严格执行

民营企业规章制度变化太快，原有的规章制度员工可能还没来得及理解和适应，就被新制度所代替了。另外，有些民营企业规章制度形同虚设，不能得到切实、有效的执行。

（3）以领导命令代替规章制度

在民营企业中，很多情况下不是根据制度办事，而是根据老板的命令办事，在老板命令和企业规章制度存在冲突的情况下，也很少有人会提醒老板遵守制度。

造成民营企业薪酬管理不规范、随意性大的原因如下。

第一，是管理者的领导风格问题，这是最根本的原因，也是最难破除的障碍。

第二，企业内部管理不能跟上企业发展步伐，内部管理滞后。当企业发展迅速时，管理者将主要精力都放在市场开拓和公司发展上，而加强内部管理、苦练内功的行为往往被企业决策领导所忽视，一旦发现存在问题可能为时已晚。

第三，企业重视结果公平而忽视过程公平。薪酬制度建设其实质是为了实现过程公平，很多企业家不进行制度建设是因为他们坚信，他们对薪酬的发放能做到公平、合理，因此不担心内部公平的问题。但实际上，过程公平对内部公平具有非常重要的意义，如果没有过程公平，就不会有真正意义上的结果公平。

第四，现代薪酬管理理念、工具和方法导入不够，公司缺乏实质而有效的办法解决有关薪酬管理方面的疑难问题。

专家提示

在企业创业阶段，规模小、人员少、组织结构简单、薪酬构成元素单一，企业家可以左右逢源、游刃有余地监控企业运作，对员工的薪酬发放较“随意”也合情合理。但是，随着企业逐步壮大和外界竞争的加剧，延续随意性薪酬管理就不再适应企业发展的需要了，此时应该加强制度建设，实现薪酬管理的制度化、系统化和规范化。

4. 薪酬成本管理工作薄弱

薪酬成本管理工作是由薪酬预算、薪酬计算支付、薪酬调整组成的循环。在民营企业中，这几个环节工作的重要意义往往都被忽略。

薪酬预算工作基础薄弱，很少进行人工成本的分析预测工作，不能针对企业外部环境变化以及行业薪酬变化情况对企业薪酬策略进行及时调整，企业薪酬管理停留在薪酬计算、薪酬发放等事务性工作上。

在薪酬计算、支付问题上，很多民营企业选择保密式薪酬发放方式。客观来说，采用这种形式是企业不得已而为之，因为在不能做到结果公平的前提下，追求过程公平没有意义，往往还会适得其反。

在薪酬调整问题上，很多企业还没有建立起规范的整体工资调整和个人工资调整机制，工资调整随意性大，或者干脆从来就不进行工资调整，放弃了利用“工资晋级”对员工进行有效的激励机会。

专家提示

如何吸引、培养、保留优秀人才？如何突破发展瓶颈？这都是令民营企业家倍感困惑的问题。老板唯有胸怀宽广、眼光长远、睿智而厚道，并充分利用民营企业薪酬管理的优势、尽量避免民营企业薪酬管理的弊端，尽早建立完善岗位绩效工资制，才能真正实现吸引、培养、留住优秀人才，才能真正实现薪酬管理对公司战略落地的促进作用。

（三）上市公司薪酬管理特点

国有经济和民营经济的划分是改革开放的产物。随着国企改革以及民营企业的快速发展，国有资本和民营资本在很多领域实现了融合，其中股份制改革和发展对这种融合起到了重大促进作用。在所有制形式上，股份制表现为国有控股或民营控股。

上市公司作为股份有限公司的代表，其实质就是将国有资本、民营资本以及社会资本广泛结合，充分发挥资本的资源配置功能，增加股权流动性，实现社会财富的聚集和快速增长。

上市公司薪酬管理的特点往往与其控股股东所有制形式有非常相似的特征，因此也具备了国有企业或民营企业薪酬管理的特点。此外，上市公司薪酬管理还有以下三个主要特点。

（1）上市公司薪酬管理比较规范，基本能实现薪酬的激励作用、公平目标

上市公司薪酬管理比较规范，有一系列法律法规对上市公司薪酬管理有关问题进行了规定。作为上市公司，无论从公司行业地位还是管理层能力素质来讲，都是在国内比较优秀的，因此薪酬管理等基础管理水平比较高，薪酬的激励作用、公平目标基本能够实现。但近年随着中小板、创业板、科创板上市公司的增多，上市公司构成发生了较大变化，一些中小板、创业板、科创板公司基础管理水平较弱，薪酬管理存在较多问题，薪酬激励作用、公平目标、战略落地作用并没有实现。

（2）上市公司在长期激励机制建设上取得重大进展，但这些激励机制还需进一步完善

中国证券监督管理委员会以及国资委、财政部对上市公司长期激励机制建设出台过多个文件，这些文件发布对规范股票激励和股权激励方式，激励上市公司管理层和业务骨干为股东创造长期、稳定的投资回报，维护股东尤其是中小投资者的利益，起到了一定的作用。但目前仍然存在一些问题，比如不同行业、不同公司差距过大问题（有的年薪几千万元，有的几万元），很多创业板上市公司业绩“变脸”问题，上市公司高管为减持辞职问题，上市公司分红过少问题等。这些问题的产生有着复杂的背景和原因，不能一概认为完全不合理，但这些问题会对管理层的管理行为以及投资者的投资行为产生影响，因此应引

起足够的重视。

（3）以绩效考核为核心的绩效管理体系有待进一步完善

事实上，激励与约束是辩证统一的。只有约束没有激励就没有积极性和创造力，就不会有超额收益；只有激励而没有约束就会有失控风险，可能把老本赔光。做任何决策都是收益与风险的权衡，对应到企业管理中，就是要建立起以激励为核心的薪酬管理体系和以目标为核心的绩效管理体系。

目前，上市公司在绩效管理方面存在的主要问题如下。

① 某些上市公司以战略导向为基础、以提高组织和个人绩效为目的的绩效管理体系还没有建立起来。

② 对高管层的考核过分注重利润等财务指标，缺乏对反映企业长远竞争力的客户满意度、员工满意度等指标的考核，缺乏对重要事项是否达成以及严重失职情况的否决指标考核。此外，对高管层的考核还缺乏阶段过程控制考核。

③ 对普通员工而言，某些上市公司还没有建立或完善系统的、全员管理的绩效管理体系和绩效考核机制。

专家提示

如何激励上市公司员工给股东创造最大价值，是上市公司薪酬管理成功的关键。只有真正平衡股东、管理层、普通员工的利益关系，上市公司才会有长远发展。

五、不同业务性质薪酬管理特点

（一）以项目管理为核心的企业薪酬管理特点

项目管理是路桥建设、房屋建设、房地产开发、IT 建设等工程管理，物业项目、研发项目等服务管理，以及律师、会计师等专业服务领域最核心的价值创造环节。做好对项目人员的薪酬激励是非常重要的。以项目管理为核心的企业薪酬管理的特殊性和难点如下。

✧ 项目管理的首要问题是解决总部对项目的管理控制方式。目前，比较常见的项目管理控制模式有母子公司控制、总分公司控制、事业部管理、矩阵式管理等，不同的管理控制方式对项目人员的薪酬激励有很大不同。

✧ 项目管理的最大风险是总部对项目管理风险失控，某个项目带来重大损失可能会导致整个企业经营出现问题。如何激发项目人员的积极性，同时强化总部的管理控制，是薪酬管理中必须着重研究的课题。

✧ 项目运作过程中，项目人员流动性较大，一方面企业从整体运作考虑，会经常从项目中抽调人员；另一方面，项目内部人员轮换也会比较频繁，所有这些都给薪酬管理带来难度。

✧ 岗位绩效工资制是比较适合项目管理人员的薪酬体系。岗位绩效工资制要解决好定岗定编以及人员配置问题。

✧ 项目人员薪酬管理的核心是要解决激励、约束问题，要对项目人员有足够的激励，同时要对项目可能面临的风险进行控制，因此在加强对项目最终结果考核的同时，要加强对项目过程的控制考核。

✧ 项目负责人一般习惯于简单、高效的管理方式，往往对薪酬管理、绩效管理工作不重视，如何切实推进全员绩效管理工作是企业面临的较大难题。

✧ 项目管理要加强企业核算管理工作，一方面要建立、健全公司核算体系，加强项目成本核算工作；另一方面，企业总部要加强审计工作，使财务数据能真实反映经营成果。

✧ 对于工程类项目，由于项目投资额较大，需要对项目骨干人员进行有效的激励；对于服务类项目，由于人工成本在收入中占较大的比例，需要对人工成本进行有效的控制。

✧ 项目经营目标的确定是薪酬管理的核心环节，制定的目标要有挑战性，同时还要有实现的可能。

（二）以生产管理为核心的企业薪酬管理特点

生产管理是生产制造企业最核心的价值创造环节，做好对生产人员的薪酬激励工作是非常重要的。以生产管理为核心的企业薪酬管理的特殊性和难点如下。

✧ 生产管理的核心问题是用最低成本及时提供符合质量要求的产品，在满足交货及时性、质量符合要求的前提下，尽量降低产品成本是企业追求的目标。

✧ 生产管理最重要的一个方面是做好成本核算，而成本核算过程中内部转移价格确定是最关键的，如果这个环节出现问题，将给公司经营带来严重的负面影响，甚至会对企业发展战略的确定带来误导。

✧ 工时定额是确定内部转移价格的基础，因此应加强基础管理，解决工时定额问题。同时内部定价要在一定程度上参考市场价格，这对企业优化资源配置有重要作用。

✧ 岗位绩效工资制是比较适合生产管理人员的薪酬体系。岗位绩效工资制要解决好岗位工资等级确定以及调整问题，要使岗位工资能实现整体调整，还能实现个体调整，以保证实现薪酬的内外部公平。

✧ 计件工资制、提成工资制是比较适合生产企业一线生产人员、一线销售人员的基本工资制度。但应注意在目前情况下，企业发展面临着越来越大的不确定性，实行比较强的弹性工资（计件、提成比例过大）时要谨慎，如果因为外部环境原因业绩不好，会面临人员流失的风险。

✧ 企业产品市场竞争地位（以销定产、以产定销）决定着生产环节在整个价值链中的地位。如果产品是竞争性产品，企业实行以销定产政策，那么产品成本、交货及时性、产品质量是依次需要关注的问题；如果产品有较大竞争优势，实行以产定销策略，那么产品质量、产品成本、交货及时性是依次需要关注的问题。

✧ 生产管理受泰勒（美国古典管理学家，科学管理理论创始人）的科学管理理论影响最大。目前生产管理领域有很多新的管理工具和实践活动，比如 5S、TPS、TQM 等，这些方法大多是从如何做事的角度来帮助企业提高生产效率，但对人的主动性和积极性挖掘不够；而薪酬管理、绩效管理的出发点，在于挖掘人的潜能，充分发挥生产管理人员的积极主动性，促进生产管理水平的提高。

✧ 绩效考核在生产管理过程中是非常重要的，也能得到广大生产管理人员的认可和重视，但大多数生产管理人员对绩效管理的认识还不是很全面，往往忽视绩效管理其他各环节（如绩效计划制订、绩效辅导沟通、绩效考核结果应用等）的作用。

（三）以服务经营为核心的企业薪酬管理特点

服务经营管理是烟草行业、石油石化、电力供应、供水供气、仓储运输、批发零售、旅店餐饮、电信及增值服务、金融保险、商业连锁等行业最核心的价值创造环节，做好对服务经营管理人员的薪酬管理工作是非常重要的。以服务经营为核心的企业薪酬绩效管理的特殊性和难点如下。

✧ 服务经营管理涉及领域众多，但都有一个重要特点，即服务的对象都是广大民众，垄断优势以及服务质量是企业的长远核心竞争力，大多数企业能形成区域竞争优势，大多数行业企业具有连锁经营的特点。

✧ 垄断优势的获得可能是政策进入限制、技术进入限制或市场进入限制等，不同的垄断因素对薪酬管理有非常大的影响，对于市场进入限制的企业（如商业连锁），如何充分调动员工积极性、加强激励效应是尤为关键的问题。

✧ 连锁经营是这些企业的普遍特征，因为连锁经营一方面能迅速扩大规模，另一方面能快速降低成本——制造成本、采购成本和运营成本。

✧ 大多数具有全国垄断优势的企业具有连锁经营的特征，每个地区有子（分）公司负责当地区域的市场发展、服务提供。大多数企业实行母子公司、总分公司管理体制，在信息化管理手段支持下，加强总部管理控制是很多企业的发展方向。

✧ 如何加强总部管理控制，同时给予分（子）公司足够的灵活性，是需要解决的问题。总部管理涉及对业务运作的管理，对人、财、物的管理，对公司发展战略以及经营目标的管理，不同的管理控制模式（运营管控、战略管控、财务管控）对各要素的管理控制程度各不相同。

✧ 对于实行母子（分）公司管理控制模式的企业来说，如何实现绩效管理的战略导向是最关键的。对于母公司而言，首先要明晰母公司发展战略，根据企业发展战略确定分（子）公司的绩效考核指标。绩效考核指标一定要体现公司的发展战略导向。

✧ 对于分（子）公司而言，如何根据母公司下达的考核指标理解企业发展战略导向是很关键的，同时根据考核的战略导向对下属单位下达考核指标是最重要的。

✧ 如何为不同的分（子）公司制定绩效目标是最困难的问题，绩效标准的制定是最重要的环节，制定的目标要有挑战性，同时有实现的可能。绩效目标的制定不能对各分（子）公司“一刀切”，应该考虑不同业务性质、不同业务发展阶段、不同区域市场环境差异以及各自的历史发展因素。只有综合考虑上述因素，绩效目标的制定才能体现内外部公平，从而实现薪酬的激励作用。

第二章

如何设计薪酬体系

适应企业发展战略，具有激励效应，实现内部公平，具有一定外部竞争性，同时有利于人工成本控制的薪酬体系才是好的薪酬体系。实行真正的岗位工资制，承认岗位的价值贡献，对于建立有效的激励机制以及解决薪酬内部公平、外部公平问题非常重要。

薪酬体系设计要解决好未来、过去及现在的关系问题，薪酬设计的战略导向原则、公平原则和激励原则就是分别站在未来、过去和现在的角度看问题，而现在何去何从是联系过去和未来的桥梁，设计薪酬应尊重历史、看清现状、着眼未来。

薪酬体系设计的三个核心问题是：薪酬结构和内部一致性，薪酬水平和外部竞争性，薪酬构成和员工贡献度。

薪酬策略包括薪酬水平策略、薪酬结构策略、薪酬构成策略、薪酬支付策略以及薪酬调整策略等。制定薪酬策略必须考虑企业发展战略及发展阶段、企业文化、外部环境以及内部条件等因素。

水木知行3PM薪酬体系是以岗位因素、个人因素、业绩因素以及人力资源市场价格为依据进行分配的薪酬体系。3PM薪酬体系设计坚持战略导向原则、相对公平原则、激励有效原则、外部竞争原则、经济原则、合法原则。其中，激励有效原则尤为重要。

一、什么是好的薪酬体系

好的薪酬体系能适应企业发展战略，具有激励效应，实现内部公平性，具有一定外部竞争性，同时有利于人工成本的控制。这样的薪酬体系有如图 2-1 所示的三个特点。

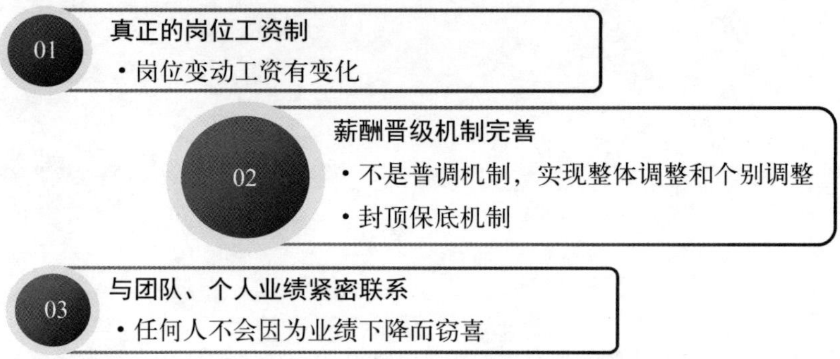

图 2-1　好的薪酬体系的特点

第一，是真正的岗位工资制，表现在员工岗位变动时工资会有变化。实行岗位工资制，承认岗位的价值贡献，对于建立有效的激励机制以及解决薪酬内部公平、外部公平问题非常重要。职务等级工资注重职务级别，忽略同一职务等级不同岗位价值差别因素，因此不是真正意义上的岗位工资制；有些企业实行的岗位工资制度，岗位变动后薪酬并不能降低下来，这也不是真正的岗位工资制。

第二，薪酬晋级机制完善。其一，不是普调机制，能实现整体调整和个别调整。工资晋级激励是最重要的激励，因此工资晋级机制非常重要。很多企业没有建立系统的薪酬晋级机制，大部分以薪点法为基础的薪酬制度都有缺陷；有些企业薪酬虽然有晋级空间，但只能实现普调，这是老板们最不情愿的加薪方式。其二，薪酬晋级有封顶保底机制。实行晋级机制，大部分企业会采取一岗多薪制，保底（最低档）是为了解决公平问题，往往是岗位的基准价值；封顶是为了控制人工成本，同时有利于企业人力资源优化配置。

第三，与团队、个人业绩紧密联系，任何人不会因为企业、团队业绩下降而窃喜。

专家提示

薪酬体系是企业战略落地的最有效工具。目前绝大多数企业薪酬体系都没有发挥出应有的作用，薪酬管理没有有效支撑企业发展战略。

二、薪酬设计的三个核心问题

薪酬设计的三个核心问题[1]是薪酬结构和内部一致性、薪酬水平和外部竞争性、薪酬构成和员工贡献度，如图 2-2 所示。

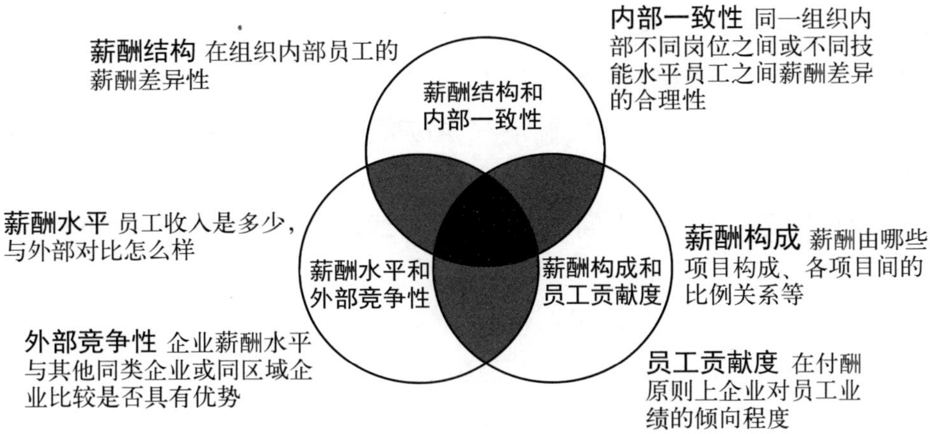

图 2-2　薪酬设计的三个核心问题

（一）薪酬结构和内部一致性

薪酬结构是指在组织内部员工的薪酬差异性，包括不同层级员工薪酬差别、同一层级不同岗位员工薪酬差别、同一岗位不同任职者薪酬差别三个层面。

薪酬结构由薪酬等级数目和薪酬等级差别两个方面决定。一般情况下，薪酬等级数目是两个维度的，包括薪等数目和薪档数目。薪酬等级差别包括薪等差别和薪档差别两个方面。薪等差别反映相邻职等薪酬的差别，这个差别一般比较大；薪档差别则反映同一职等、相邻薪档间薪酬的差别，这个差别往往比较小。

内部一致性指的是同一组织内部不同岗位之间或不同技能水平员工之间薪酬差异的合理性。这种对比是以各自对组织目标所做贡献的大小为依据的。

内部一致性是影响不同岗位薪酬的重要因素，如何科学、合理地设计不同岗位薪酬之间的差距，是管理者面临的巨大挑战。

专家提示

内部一致性决定着员工的内部公平感，而岗位评价是解决内部一致性问题的一种方法，要科学合理设计不同任职者、不同岗位、不同层级的薪酬差距，还需要多种方法和技术手段。

---

[1] 本书所介绍的薪酬设计与传统薪酬设计有较大不同。传统薪酬设计中的薪酬结构，本书称为薪酬构成；传统薪酬设计中的薪酬水平，本书分为薪酬结构和薪酬水平两个角度来阐述。

（二）薪酬水平和外部竞争性

薪酬水平指员工收入是多少，与外部对比怎么样。

外部竞争性是指企业薪酬水平与其他同类企业或同区域企业比较是否具有优势。企业应考虑当地市场薪酬水平以及竞争对手的薪酬水平给自己的薪酬水平定位。

外部竞争性决定着薪酬目标的两个方面——公平和效率，因此外部竞争性是薪酬策略的核心内容。一方面，企业确定薪酬水平时，应使员工感觉到外部公平，否则就不能保留和吸引优秀员工；另一方面，应使薪酬水平的增加能给企业带来更大的价值，实现薪酬的效率目标。

薪酬水平问题是外部竞争性问题，企业通常通过薪酬调查来解决薪酬外部竞争性问题。

专家提示

在薪酬设计过程中，外部竞争性主要表现为核心业务岗位薪酬水平问题。企业应密切关注核心业务岗位的市场薪酬水平。如果核心业务岗位薪酬水平过低，企业薪酬策略又不得当，将面临较大的业务人员流失风险。

（三）薪酬构成和员工贡献度

薪酬构成是指薪酬由哪些项目构成以及各项目间的比例关系。比如，某企业薪酬项目由基本工资、工龄工资、绩效工资、学历补贴、年底奖金等构成，基本工资、绩效工资占80%，其他大约占20%。

实行不同的基本工资制度有不同的薪酬构成元素，无论实行何种工资制度，工资收入都可分为固定部分薪酬和浮动部分薪酬。固定部分薪酬占主体，还是浮动部分薪酬占主体，是薪酬设计中很关键的问题。

员工贡献度是指在付酬原则上企业对员工业绩的倾向程度。对高绩效员工的重视和激励程度，直接影响着员工的工作态度和工作行为。

平均主义导向和个人业绩导向是两种极端的模式。在某些组织中，员工的收入与其对组织的贡献是没有关系的，员工一般不会有业绩压力；而在某些组织中，员工会感受到比较大的业绩压力，如果不能给组织带来价值，将被组织淘汰。

三、水木知行3PM薪酬体系

（一）3PM薪酬体系的含义

3PM薪酬体系是以岗位因素、个人因素、业绩因素以及人力资源市场价格为依据进行分配的薪酬体系。3PM 薪酬体系综合体现了岗位定酬、能力定酬、业绩定酬以及市场价格定酬的理念，因此适用范围较广，得到了广泛的应用。3PM 薪酬模型如图 2-3 所示。

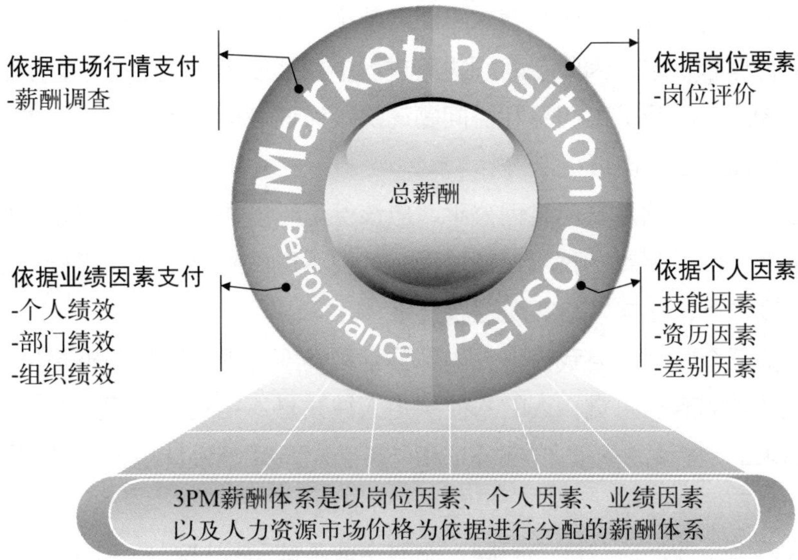

图 2-3　3PM 薪酬模型

3PM 薪酬体系体现着以岗位付酬的理念，以岗位付酬更能体现内部公平，同时具有便于考核、控制人工成本等优点。

3PM 薪酬体系考虑任职者的个人能力因素，其中技能因素、资历因素以及其他特殊差别因素将对薪酬产生较大的影响。

3PM 薪酬体系强调员工收入与组织绩效、部门绩效、个人绩效紧密联系，最大限度发挥薪酬的激励作用，同时使员工与组织休戚与共。

3PM 薪酬体系强调员工收入要随人力资源市场行情因素及时调整，使企业薪酬尤其是关键岗位薪酬具有一定的竞争力。

（二）3PM 薪酬设计原则

3PM 薪酬设计坚持以下基本原则。

1. 战略导向原则

企业的薪酬管理不仅仅是一种制度，更是一种机制，应该将薪酬体系构建与企业发展战略有机结合起来，使薪酬管理在实现企业发展战略方面发挥重要作用。在薪酬设计中，应驱动和鞭策那些有利于企业发展战略实现的因素得到成长和提高，使不利于企业发展战略实现的因素得到有效的遏制、消退和淘汰。薪酬管理的上述作用是通过制定恰当的薪酬策略来实现的，薪酬策略包括薪酬水平策略、薪酬结构策略、薪酬构成策略、薪酬支付策略以及薪酬调整策略等几个方面。

2. 相对公平原则

公平包括三个层次：结果公平、过程公平（程序公平）和机会公平。机会公平是最高层次的公平，其能否实现受到企业管理水平以及整个社会发展水平的影响。员工能够获得同样的机会是一种理想状态，因此在薪酬决策过程中要适度考虑机会公平；组织在决策前应该与员工互相沟通，涉及员工切身利益问题的决策应该考虑员工的意见，主管应该考虑员工的立场，应该建立员工申诉机制等。

薪酬制度建设的目的就是实现过程公平，应该保证制度得到切实、有效地执行，保证制度的权威性和严肃性，因此在薪酬设计过程中，要尽量做到方案合理可行，薪酬分配过程中要严格按制度执行，这样才能实现程序公平。

结果公平包括三个方面：自我公平、内部公平和外部公平。自我公平是员工对自己付出与获得报酬比较后的满意感觉。人的本性决定人往往是不知足的，因此对于自我公平来说，企业应该追求的是相对公平。内部公平和外部公平是薪酬设计应该注意的问题，因为只有实现内部公平和外部公平，才不会导致员工不满意。

结果公平是所有企业最应关注的问题，同时企业不能忽视过程公平问题，因为过程不公平会对结果公平带来影响，如果只关注过程公平而忽视结果公平，那过程公平是没有意义的。事实上，很多企业实行的薪酬保密制度是与过程公平原则相违背的。因为只有在保证结果公平的前提下，过程公平才有意义；如果结果不公平，追求过程公平是没有意义的。

专家提示

水木知行多年企业人力资源管理咨询和管理培训实践研究发现，公平并不是给员工带来满意感、具有激励效应的因素，只不过没有带来不满意而已，想通过追求绝对的公平达到提高员工积极性的做法是很难实现的。公平是种感觉和认知，不同的人对其他人和自己有不同的认知。从某种角度来看，员工认为不公平是正常现象，如果大家都认为公平，往往有问题，因此企业追求的应该是相对公平。薪酬设计以及薪酬变革过程中应该追求的是相对公平原则。

3. 激励有效原则

激励效应、技能因素、外部环境、内部条件是影响绩效的四个因素。在这四个因素中，只有激励效应是最具主动性、积极性的因素。

激励有效原则主要体现在激励内容和激励方式要符合个体实际情况，以下几个方面应该得到企业管理者的重视。

① 在我国目前发展阶段下，绩效工资、奖金等经济性报酬仍然具有比较强的激励作

用，因此在激励内容上，应该详细研究固定收入与浮动收入的比例关系，在固定收入满足员工基本生活需要的前提下，应加大绩效工资、奖金等激励薪酬的比重；另外，在重视物质激励作用的同时，不能忽视精神激励的重要作用。

② 在激励方式上，首先应该加强激励的及时性。很多企业奖金全部采用年终发放形式，延迟发放往往使绩效考核数据信息存在偏差，如果奖金分配过程缺乏透明度，将致使员工不会将工作业绩与奖金多少建立直接联系，这将大大降低奖金的激励作用。其次，要平衡使用正激励和负激励。

专家提示

在现阶段，员工还没有非常高的成熟度，有些员工自我管理、自我控制能力不足。只有正激励没有负激励的模式不能保证任务目标的完成；而只有负激励没有正激励，会引起员工严重不满。因此，应平衡使用正激励和负激励，对做得好的员工应该得到及时奖励，对存在不足的员工应及时指出并给予适度鞭策。

③ 企业在进行薪酬设计时要充分考虑薪酬激励作用的投入产出关系。因为薪酬激励是有成本的，成本就是对人力资源额外的投入，产出就是企业效益的增加。应该对给企业创造更多价值的环节给予更多激励，不能给企业创造更多价值的环节则给予较少激励。

④ 激励效应要发生作用首先需解决内部公平问题，而真正解决内部公平问题要根据员工的能力和贡献大小将薪酬适当拉开差距，让贡献大的人获得较多报酬，以充分调动他们的积极性。不同的岗位价值不一样，同一岗位不同任职者能力也有差别，因此员工贡献不可能一样大。如果贡献大者与贡献小者获得同样的报酬，表面来看似乎是平等的，但事实上是不公平的。因此，进行薪酬设计时要将员工收入根据岗位因素、个人因素、业绩因素等方面适当拉开差距。

⑤ 企业在进行薪酬设计时，一方面，要将不同层级员工间的收入适当拉开差距，调动员工的积极性和工作热情，让员工看到奋斗的目标和方向；另一方面，这个差距也不能过于悬殊，过于悬殊的薪酬差距容易导致员工内部不公平，影响员工的积极性，影响上下级之间的工作关系，拉开上下级之间的距离，不利于团队氛围的形成。

4. 外部竞争原则

高薪收入对优秀人才具有不可替代的吸引力，因此若要吸引和保留优秀人才，企业薪酬水平应该具有一定的竞争力。在薪酬设计时应考虑以下两个方面。

（1）劳动力市场供求状况是进行薪酬设计必须考虑的因素

目前，我国人力资源市场的主要特征是：新毕业大学生、基层管理人员、普通专业技术人员供给充足，人力资源总量供大于求；而中高层管理人员、中高级专业技术人员还比较缺乏，尤其是某些行业高级管理人员、高水平的专业技术人员更是供不应求；技术工人尤其是高水平技术工人也比较缺乏；普通操作工人供求存在严重结构性失衡，除某些地区供过于求外，我国大部分地区存在着供不应求的状况。

对人力资源市场供应比较充足、工作经验要求不高的岗位，不宜一开始就提供太高的薪酬，应该提供具有适度竞争力的薪酬，或者不低于市场平均水平的薪酬，根据业绩表现淘汰不合格者，同时给业绩优秀者留出一定的晋级空间。对于中高层管理岗位、中高级专业技术人员，应根据人力资源市场价格，提供具有竞争力的薪酬。对于企业发展所需的战略性、关键性人才，其薪酬水平应在市场上具有一定的竞争力，以便吸引和保留这些人才。

（2）公司行业地位、人力资源储备以及公司财务状况都是企业进行薪酬设计时考虑的必要因素

如果公司在行业内具有重要地位，员工以在该公司工作为荣，那么一般情况下不必采取市场领先薪酬策略，因为员工在这里工作除了获得经济性薪酬外，还获得了其他非经济性薪酬，比如社会地位、培训发展机会等；如果公司在行业内不是处于领先地位，那么公司的薪酬就不能低于行业平均水平，否则就存在着难以招聘到优秀人才以及优秀人才流失的风险。

公司人力资源储备比较充足，说明公司整体薪酬水平（经济性薪酬和非经济性薪酬）是令员工比较满意的，因此在进行薪酬设计时，薪酬水平不应进行大幅度提高；如果公司处于快速发展阶段，人力资源储备严重不足，应及时调整薪酬策略，使员工薪酬水平保持一定的竞争力。

如果公司盈利情况较好，为股东创造了更多价值，可以适度提高员工的收入水平，以实现股东、管理者和员工的多赢；如果公司盈利情况比较差甚至亏损，员工尤其是中高层管理者薪酬水平应该受到一定的影响，可以实行弹性比较大的薪酬策略，业绩好的情况下，薪酬水平也不会低。

专家提示

企业在进行薪酬设计时，必须考虑区域薪酬水平、同行业薪酬水平以及竞争对手的薪酬水平，同时结合企业的市场地位、人力资源储备以及盈利情况，综合确定企业薪酬水平；对于核心业务岗位人员，薪酬水平设计更要关注市场薪酬水平。

5. 经济原则

薪酬设计必须充分考虑企业自身发展特点以及支付能力，平衡股东和员工利益的关系，平衡企业的短期和长期发展。薪酬设计要进行人工成本测算，将人工成本控制在一个合理范围内。以下几个方面应该得到管理者的重视。

① 吸引人才不能完全依靠高薪政策。很多企业为了吸引和保留优秀人才，不惜一切代价提高薪酬标准。其实，这是不可取的。吸引人才的方式方法有多种，除了优厚的薪酬外，良好的工作条件、和谐的人际关系、施展本领的舞台和职业发展空间等都是非常重要的因素。如果一味提高薪酬标准而在其他方面仍存在较大缺陷，那么高薪不仅不会带来预期效果，可能还会带来严重的负面影响——首先大大增加了企业的人工成本，其次可能会引起薪酬内部不公平，对其他员工的积极性带来严重影响。

② 进行薪酬设计时要进行人工成本测算，详细分析人力资源投入产出关系。如果高薪吸引了优秀人才，却发挥不了作用，创造不出预期业绩，这样的高薪也就失去了意义，一般情况下不会达到预期目标。

③ 进行薪酬设计时，要根据行业特点以及公司产品竞争策略制定合适的薪酬策略。

✧ 对于资本密集型企业，人工成本在总成本中的比重较小，应该将注意力集中在提高员工的士气和绩效上，不必过分计较支付水平的高低。

✧ 对于劳动密集型企业，人工成本在总成本中的比重较大，因此需要详细进行外部市场薪酬调查分析，给员工支付合适的薪酬，薪酬水平与行业薪酬水平要基本一致。

✧ 对于知识密集型企业，一般情况下人工成本占总成本比重较大，而对这类企业而言，高素质的人才是企业发展不可缺少的，因此薪酬水平应该在行业内具有一定的竞争力，同时应仔细研究企业生产产品或提供服务的价值创造过程，分析各环节所创造的价值，给予员工合适的薪酬水平，平衡股东、管理者和员工的利益。

6. 合法原则

薪酬设计要遵守国家法律、法规和政策规定，这是薪酬设计最基本的要求。特别是有关国家强制性规定，企业在薪酬设计中是不能违反的，比如最低工资制度、加班工资规定、员工社会养老保险规定、带薪年休假制度等，企业必须遵守。

新劳动法的施行、税制的改革，给企业员工关系以及企业发展环境带来了较大的影响，很多企业面临人工成本上涨过快、员工招聘难的状况，这对企业人力资源管理者提出了新的挑战。

专家提示

3PM 薪酬体系设计应坚持战略导向原则、相对公平原则、激励有效原则、外部竞争原则、经济原则、合法原则。其中，激励有效原则尤为重要。薪酬体系设计要解决好未来、过去及现在的关系问题，薪酬设计的战略导向原则、相对公平原则和激励有效原则就是分别站在未来、过去和现在的角度看问题，而现在何去何从是联系过去和未来的桥梁，设计薪酬应尊重历史、看清现状、着眼未来。

管理小案例：变来变去的销售政策

SJ公司是国内极具竞争力的三维动画制作公司，小王是该公司华南区域销售分公司经理。公司市场销售政策几乎年年都在变，年底了，听说明年政策又要变了，小王为此闷闷不乐，不知该不该在客户维护上花费更多的成本。最初实行“大包”机制，项目收入20%由销售人员支配，包括客户维护费用、差旅招待费用，余下的就是销售人员个人收入了。经过一两年的发展，发现各个业务人员业绩非常不均衡，有的人员投入较大，业绩非常好；有的业务人员在差旅招待费用上比较节省，业绩平平。结果业务人员收入差距非常大，同时存在互相争抢业务的现象。为了解决这些问题，2019年公司成立5个区域销售分公司，每个销售分公司有5～10名业务员，区域内业务招待及客户维护费用由区域经理负责审批。同时对销售政策做出调整。销售人员收入由基本工资和销售提成构成，基本工资根据个人资历及业务能力强弱而有所不同，项目收入5%作为对销售人员个人的奖金奖励。公司对区域分公司实行目标管理，低于目标的项目收入提成20%，超过目标部分的项目收入提成为25%。

小王2018年超额完成了目标，主要得益于一个大客户，这个客户原来是小王独立开发的，后来成立区域分公司，成了分公司的主要客户。这些年，小王在客户维护上花了不少时间和成本，自然也获得了实实在在的利益。但最近公司要成立大客户部门的传言让小王很不安，据说由于目前销售人员招聘非常困难，公司将实行更高的底薪加适度的提成政策。

SJ公司销售政策为什么变来变去呢？一方面是因为公司发展面临现实状况需要，但更重要的原因在于公司制定政策缺乏长远考虑、缺乏系统性，头痛医头，脚痛医脚。另外，在薪酬变革过程中通盘考虑不够，使业绩优异老员工有顾虑。

（三）3PM薪酬构成

3PM薪酬体系由保健因素薪酬、短期激励薪酬和长期激励薪酬构成。保健因素薪酬包括固定工资、津贴补贴和福利；短期激励薪酬包括绩效工资和奖金；长期激励薪酬是股权期权激励。而基本工资和绩效工资共同组成了岗位工资。3PM薪酬体系构成如图2-4所示。

1. 岗位工资

岗位工资是任职者的工资标准，是任职者正常完成该岗位工作时预期应得的工资报酬总和。

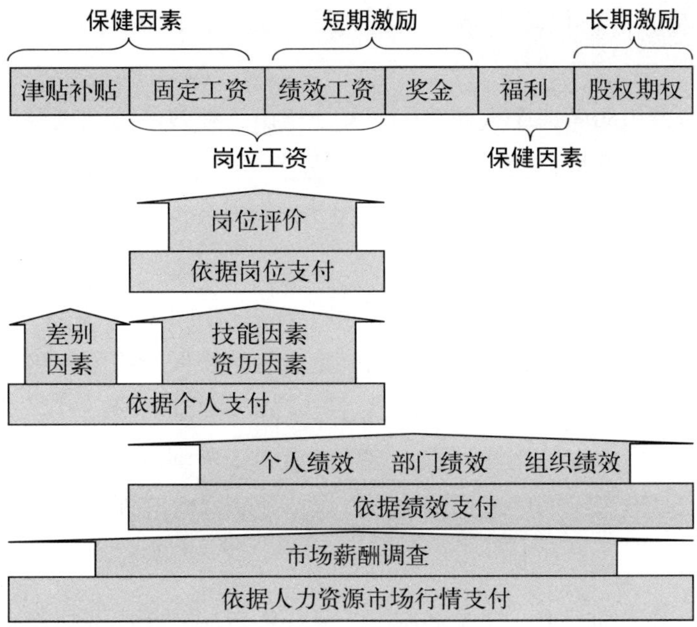

图 2-4　3PM 薪酬体系构成

一个任职者的岗位工资与以下因素有关。

岗位工资由固定工资和绩效工资两部分构成。

固定工资是岗位工资中的固定部分，是满足员工基本生活需要的工资，通常占岗位工资的一定比例。绩效工资是岗位工资的变动部分，可以由月度绩效工资、季度绩效工资和年度绩效工资构成。

固定工资按月发放，实际发放数额只与出勤有关。绩效工资除了与出勤因素有关外，还与组织、部门以及个人的绩效挂钩。绩效工资可以按月度、季度、年度发放。

（1）岗位基准工资

岗位基准工资是该岗位的工资基准（一岗多薪制的最低档），一般情况下，试用期满合格者就定在这个等级档序。

（2）任职者个人因素

任职者个人因素有三个方面：任职者技能因素、任职者资历因素、任职者差别因素。根据任职者技能因素，可以在岗位工资基准等级档序基础上浮动一定档序；根据任职者资历因素，可以在岗位工资基准等级档序基础上浮动一定档序；根据任职者差别因素（学历、职称、执业资格等），可以在岗位工资基准等级档序基础上浮动一定档序。岗位工资之所以考虑任职者个人因素，是为了更好地实现薪酬内部公平。

（3）组织、部门和个人绩效因素

绩效工资与组织、部门和个人业绩紧密联系。如果组织、部门获得了较为优异的效益，所有员工绩效工资都会有一定幅度增长，实行整体激励；如果组织、部门年度业绩大大低于预期目标，所有员工绩效工资都将受到影响，以体现员工与组织休戚与共的特征。

员工岗位工资晋级应考虑个人业绩因素。如果员工绩效考核结果等级为优秀，该员工将获得更多的岗位工资晋档机会；如果员工绩效考核结果不合格或连续待改进，那么可以对员工岗位工资进行降档处理。

（4）人力资源市场行情

为了保持员工收入水平与物价上涨水平同步，当物价上涨幅度较大时或经过若干年，应对公司薪酬等级档序表进行整体调整，薪酬定级定档表保持不变，这样就对各岗位基准工资进行了调整，公司现有员工岗位工资也进行了同等幅度调整。

当某些岗位人力资源供给出现问题，这些岗位员工招聘以及保留变得更加困难时，应该将这些岗位工资基准等级档序进行调整，以保持薪酬水平的外部竞争性。

2. 奖金

奖金是比较强的激励因素，通常情况下，是任职者超额劳动或超额完成绩效目标后给予的奖励，奖金的激励效应比绩效工资更强。

奖金和绩效工资的区别主要有以下几点。

一般情况下，绩效工资是由基数乘以系数得来的，基数是事先约定或确定的，系数则根据绩效完成情况在一定范围内变动，除非极端情况，绩效工资系数一般为 0.8～1.2；大多数情况下，绩效工资是预期可以得到的，具有一定保健性质的因素，同时具有一定的激励性质因素。而奖金是根据一定规则计算或评定出来的，员工最终能否得到奖金根据业绩完成情况而定，有可能奖金数额比较大，也可能不会得到任何奖金，因此奖金的不确定性远远大于绩效工资，是激励性质的因素。

在制定奖金激励政策时，应充分考虑人力资源市场行情因素，实现有效的激励，以便吸引和保留优秀员工。

员工能否得到奖励，要根据部门和个人绩效完成情况来确定。在部门绩效和个人绩效都很优秀的情况下，奖金激励就应在较高水平；部门绩效和个人绩效都较低的情况下，就不适合进行较大程度的奖金激励了。

专家提示

在很多企业尤其是国有企业年终奖金发放过程中，领导发现奖金对员工几乎没有激励作用。实际情况的确是这样的。究其原因，要么公司奖金发放没有明确标准，要么绩效考核流于形式。这两种情况下，奖金本质上没有跟业绩挂钩，变成了员工预期年底一定会得到的报酬，这种形式的奖金实质变成了保健因素，没有激励效果是必然的。

3. 津贴补贴

津贴补贴项目主要应用在以下三个方面。

一是反映岗位任职者个人因素差别而给予的补偿。

二是反映与工作环境、工作条件、工作时间、生活物价等有关的差别因素而给予的补偿。

三是在岗位工资调整比较困难的情况下，对岗位价值差别给予的补偿。

津贴补贴具有以下特点：

① 它是一种补偿性的劳动报酬，多数津贴所体现的不是劳动本身，即劳动数量和质量的差别，而是劳动所处环境和条件的差别，从而调整地区、行业、工种之间在这方面的工资关系。

② 具有单一性，多数津贴是根据某一特定条件、为某一特定目的而制定的，往往“一事一贴”。

③ 具有较大的灵活性，可以随工作环境、劳动条件的变化而变化，可增可减，可减可免。但依据个人因素以及岗位因素设置的津贴，除非岗位发生变动，一般情况下不能轻易取消或降低。

在薪酬管理实践中，很多企业津贴补贴项目繁多。事实上，津贴补贴项目过多会影响整体薪酬结构，对薪酬的内部公平带来严重影响。因此，在进行薪酬设计时，应尽量将有关岗位差别因素反映在岗位价值中，体现在岗位工资差别上，而不必单独设置津贴补贴项目。

4. 福利

员工的福利包括社会保险、住房公积金等社会福利以及企业集体福利两个方面。

社会保险有养老保险、医疗保险、失业保险、工伤保险和生育保险，其中养老保险、医疗保险和失业保险保费是由企业和个人共同缴纳，工伤保险和生育保险保费完全由企业承担，个人不需要缴纳。除了法定的“五险”外，很多企业还为员工提供其他保险计划，比如很多国有企业以及一些民营企业为员工提供了企业年金等补充养老保险。

住房公积金是指国家机关、国有企业、城镇集体企业、外商投资企业、城镇私营企业以及其他城镇企业、事业单位为其在职职工缴存的长期住房储备金，由单位和个人根据员工收入共同缴纳。

企业集体福利是为了吸引人才或激励员工而自行采取的福利措施，主要包括带薪假期、员工培训、工作餐、节日礼物、健康体检等方面。

带薪休假（不含国家规定天数内的带薪年假）是某些企业奖励业绩优异员工的一种激励方式，是一种福利。员工培训也属于福利，可以是脱产培训或在职培训，一方面提高员工的素质，同时增强企业的竞争力。

5. 股权期权

股权期权激励就是让经营者持有股票或股票期权，将经营者个人利益和企业利益紧密联系在一起，以激励经营者通过提升企业长期价值来增加自己的个人财富，是一种长期激励薪酬。激励对象一般包括企业高管层、技术骨干、业务骨干等。

专家提示

股权期权激励是长期激励机制，如果股权期权激励机制设计不合理，不但不会有激励效果，往往还会带来严重的问题。管理层股权期权激励时机的把握非常重要，一旦股权期权激励实施完毕，中小股东持有的股权往往成为留住人才的手段，这就变成了保健因素，失去了激励作用。

管理小案例：股权期权激励如何做？

G 公司是一家在业内非常有影响力的互联网金融企业，公司核心竞争力在于数据采集系统，能实现线下交易数据的采集、整理、分析，其与银行数据打通后，应用价值非常大。公司发展前景非常广阔，得到多家互联网巨头青睐，A 轮融资获得 5000 万美元，同时批准了 5000 万股股权激励计划，授权董事会择机实施。在此背景下，G 公司通过公开招投标，最终选择水木知行作为合作伙伴，系统提升 G 公司发展战略与业务模式、组织结构与管控体系、职位晋升与岗位管理体系、薪酬管理体系、绩效管理体系等人力资源管理工作。

经过初步分析探讨，水木知行认为董事会原定的股权分配方案存在诸多问题，应该将股权激励改为股权激励与期权激励相结合的方式，这样才能增强激励效果。水木知行建议股权分配方案如下：

第一年：职位等级四、五、六、七、八、九员工分别授予 4 万 /5 万 /6 万 /7 万 /8 万 /9 万股，其他司龄满 3 年员工授予 4 万股，司龄满 2 年员工授予 2 万股。

第二年：职位等级四、五、六、七、八、九员工分别按照 1：2：3：4：5：6 的比例分配余下的一半股份。

第三年：中层和高层各分配 50% 股份。高层分配原则，职位等级六、七、八、九按比例 1：2：3：4 进行分配；中层分配原则，职位等级四和五按比例 1：2 进行分配。

其他说明：绩效考核不合格者取消当期激励资格，入职时间不满 3 个月员工不享有当期激励资格，晋升新岗位时间不满 3 个月员工按原岗位等级进行激励。

固定工资、绩效工资、奖金、津贴补贴等都是工资性质的收入，这四项构成了 3PM 薪酬体系的主体部分。各构成元素的特点如图 2-5 所示。

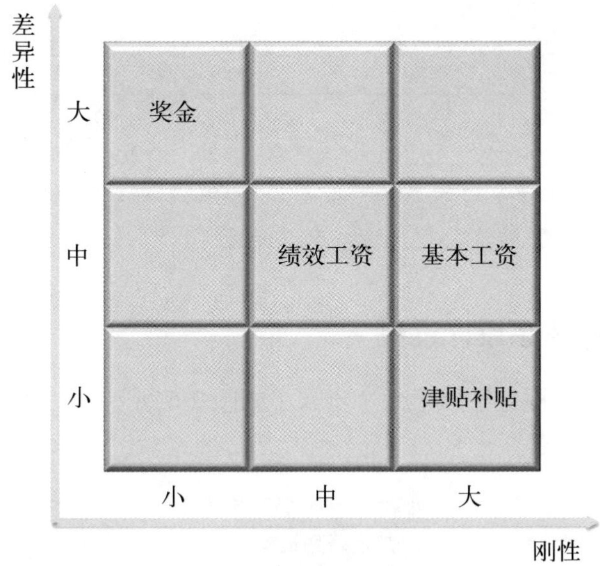

图 2-5　工资构成各元素的特点

图中横轴表示刚性，指的是这部分薪酬能否降下来。如果不能轻易向下浮动，下降就会引起员工较大的不满意，此即为刚性大。比如作为固定收入的基本工资是不能随便降低的，如果降低会引起员工严重不满，因此基本工资刚性就大。图中纵轴表示差异性，指的是不同层级、不同岗位员工差距的大小，一般以百分比来衡量。

✧ 固定工资按固定数额发放，这部分薪酬不与绩效挂钩，只与出勤有关，不同岗位之间差异性适中。固定工资刚性比较大，如果降低固定工资会给员工带来严重不满。

✧ 绩效工资的本质是一个基数乘以一个系数，基数预先确定，是不变的，但系数根据绩效考核来确定，这个系数有一个范围，规定最大及最小值，通常情况下这个系数的变动范围不大。因此，绩效工资一方面具有保健因素性质，同时也具有激励因素性质。绩效工资刚性适中，但一般情况下也不适宜降低员工的绩效工资基数，不同岗位绩效工资差异适中。

✧ 奖金是任职者超额劳动或超额完成绩效目标后给予的奖励，根据一定的规则确定或评定。一般情况下，奖金能否得到是不确定的，因此奖金是激励性质的因素。奖金的刚性较小，一般情况下，降低奖金不会引起员工的不满，同时不同岗位之间奖金差别比较大。

✧ 津贴补贴是为了补偿特定岗位或特定任职者额外价值贡献或额外劳动消耗而设定的薪酬元素。在工资体系已经顺畅运行后，如果发现内部一致性问题，往往通过增加津贴补贴项目来解决。薪酬结构体系的调整往往会带来诸多利益的重新平衡，而添加津贴补贴项目是简单易行的办法。不同岗位之间津贴补贴差异很小。津贴补贴刚性很大，一般情况下只能涨不能降，如果降低津贴补贴，会引起员工的不满，但根据工作环境、劳动条件因素设置的津贴项目，当工作环境、劳动条件发生变化后，可以根据情况增加或减少，甚至取消。

专家提示

一个良好的薪酬体系一定要尽量少用津贴补贴项目，尤其是全体员工都有的津贴补贴项目，最好以固定工资要素体现。在企业薪酬管理实践中，如果存在诸多津贴补贴项目，这样的薪酬结构往往会存在较多问题。

（四）3PM薪酬体系设计过程

3PM薪酬体系设计过程包括以下九个步骤，如图2-6所示。

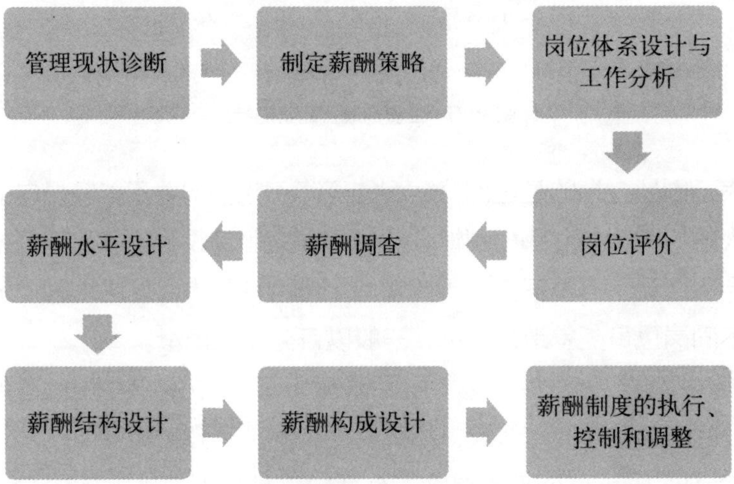

图2-6 薪酬体系设计过程

1. 管理现状诊断

管理现状诊断就是要判断公司目前薪酬体系是否支持公司发展战略以及人力资源战略，薪酬策略是否合适，薪酬管理的激励作用和公平目标能否实现，公司薪酬制度是否具有可操作性，公司薪酬管理能否达到经济性要求，能否用比较经济的人工成本创造最大的价值等。对于一些中小民营企业，管理现状诊断还包括发展战略、业务模式、领导风格、管理理念、企业文化、制度流程等方面，因为中小企业管理基础往往比较薄弱，公司发展受多方面因素制约。只有解决了这些制约因素，薪酬才会发挥最大的作用。

2. 制定薪酬策略

经过薪酬管理现状诊断后，接着要明确企业的薪酬策略。确定薪酬策略是薪酬设计的基础，薪酬策略也是企业人力资源战略和实施举措的重要组成部分。薪酬策略包括薪酬水平策略、薪酬结构策略、薪酬构成策略、薪酬支付策略以及薪酬调整策略等几个方面。

举个例子，某家餐饮连锁企业采取什么样的薪酬策略呢？餐饮行业有两个显著特点，一是人工成本高，劳动密集型；二是投资少，不需要太多投资。这两个特点决定了，中高层及骨干员工激励要到位，基层员工成本要能得到有效控制。

3. 岗位体系设计与工作分析

做好岗位体系设计与工作分析工作，是实行岗位工资制的前提，直接关系到薪酬结构、薪酬水平设计是否合理。岗位体系设计的两个重要成果是岗位序列层级以及职位晋升资格条件。

4. 岗位评价

岗位评价也是薪酬设计的基础。只有对岗位价值做出判断，才能解决内部公平问题。岗位评价是依照一定的程序和标准，对组织中各岗位的价值贡献进行量化或排序的过程。

5. 薪酬调查

3PM 薪酬体系能根据人力资源市场价格进行动态调整，而掌握和了解人力资源市场价格的有效方法就是薪酬调查。参照区域、行业内的薪酬水平，根据公司的薪酬策略确定员工薪酬水平，才能解决薪酬的外部竞争问题。

6. 薪酬水平设计

薪酬水平设计是薪酬设计的关键步骤。薪酬是具有激励性质的因素，对激发员工积极性具有重要作用。过低的薪酬水平会抑制员工的积极性，而过高的薪酬水平又会增加公司的运营成本。薪酬水平设计首先选择标杆岗位，设计标杆岗位薪酬水平，根据市场薪酬水平以及薪酬水平现状确定标杆岗位薪酬水平。一般情况下，需要将核心业务岗位作为标杆岗位，其他标杆岗位在不同层级、不同职能、不同业务板块均衡选择。

7. 薪酬结构设计

组织内部员工的薪酬具有差异性，根据公司所处的行业特点和规模情况，针对不同层级、同一层级不同岗位、同一岗位不同任职者设计科学合理的薪酬结构。

8. 薪酬构成设计

根据企业实际情况，判断薪酬应由哪些元素构成、各元素间的比例关系如何。固定部分与浮动部分的比例是薪酬设计中很关键的问题，合理设计固定工资、绩效工资、奖金、补贴津贴等的计算、发放形式，是薪酬设计的核心环节。

9. 薪酬制度的执行、控制和调整

薪酬预算、薪酬支付、薪酬调整属于薪酬日常管理工作，严格执行、加强控制、适时调整是薪酬管理成功的关键因素。合理设计有关薪酬预算、薪酬支付、薪酬调整的制度规定也是薪酬体系设计的关键环节。

（五）3PM 薪酬设计九表格

3PM 薪酬设计最终体现为九个重要表格，分别是岗位体系及员工职位发展表、职位晋升基本任职资格条件表、岗位工资等级档序表、岗位工资定级定档表、薪酬构成设计表、标杆岗位薪酬设计表、岗位评价结果表、薪酬套改定档表、薪酬定级套档表。下面以实例展示九个表格，分别如表 2-1～表 2-9 所示。

表 2-1　T 公司岗位体系及员工职位发展表

岗位层级	职位等级	中高层管理	技术开发序列	产品运营序列	业务支持序列	业务营销序列	职能管理序列
高层	九	CEO					
	八	COO					
	七	副总裁	首席架构师 首席研究员				
	六	助理总裁 高级总监	高级架构师 高级研究员	高级产品总监 高级产品运营总监			
中层	五	部门总监	架构师 / 研究员	产品总监 / 产品运营总监 / 项目总监		BD 高级总监	
	四	部门副总监	资深研发工程师 高级开发经理 资深测试工程师 高级测试经理	高级产品经理 高级产品运营经理 高级项目经理	数据维护总监 实施项目总监 高级培训讲师	BD 总监（金融） 渠道总监 BD 总监（MALL） 区域中心总监	
经理 / 主管级	三		高级研发工程师 开发经理 高级测试工程师 测试经理	产品经理 项目经理 产品运营经理 研发项目经理 高级设计师	高级运维工程师 数据维护主管 实施项目经理 采购经理 / 质量经理 / 计划经理 工艺工程师 维修工程师	BD 经理（金融） 渠道经理 BD 经理（MALL） 售前经理 商务主管	经理 / 主管
	二		中级研发工程师 测试工程师	设计师	数据维护专员 实施工程师 运维工程师 客服主管 / 采购员		专员
员级	一		初级工程师		客服人员 / 安装人员 / 配置人员		工勤岗位

表 2-2　L 公司工程师序列职位晋升基本任职资格条件表

岗位	晋级标准
初级工程师	计算机或相关专业，本科及以上学历，1 年以内相关工作经验； 能完成交代的完整功能模块中的函数实现，并对实现原理配备相应的功能说明书和流程图； 有一定的编程思想：面向对象、设计模式等； 熟悉常规数据结构和算法，具备良好的逻辑思维分析能力； 有良好的代码规范以及强烈的学习欲望
中级研发工程师	计算机或相关专业，本科及以上学历，1～3 年相关工作经验； 能独立按时保证质量完成工作任务； 在开发过程中能和需求人员讨论需求并提出合理意见，能独立完成一个完整的功能模块； 能进行完整的功能模块的详细设计文档、流程图和必要的测试程序的编写； 能够积极参与产品讨论，做好工作汇报，主动沟通解决问题； 具备规范的编码风格，具备一定的漏洞解决能力

续表

岗位	晋级标准
高级研发工程师	计算机或相关专业，本科及以上学历，3 年以上相关工作经验； 参与两个以上的项目开发，能独立按时保证质量完成工作任务； 在开发过程中能和需求人员讨论需求并提出合理性意见； 能根据需求独立设计表结构，能独立完成多个完整的功能模块，并能编写完整的每个功能模块的详细设计文档和流程图，具备联调的能力； 具备较强的业务分析和理解能力； 具备规范的编码风格，具备较强的漏洞解决能力
资深研发工程师	计算机或相关专业，本科及以上学历，5 年以上相关工作经验； 参与三个以上的项目开发； 能够完成软件的系统分析和设计； 能够完成关键技术或主要功能模块的开发； 能够分析需求的合理性，并能根据系统现有状况进行融合，提出需求的不合理性及修改意见； 对整个系统有清楚的理解和认识，对每个模块功能流程走向清楚，能写出整体系统的详细设计文档和流程图； 对产品的代码质量负责； 指导并培养其他开发人员，协助管理者建设高效、激励型的团队

表 2-3　某互联网公司岗位工资等级档序表

档序	等级工资（元）								
	一	二	三	四	五	六	七	八	九
1	2380	3960	6340	9510	14300	20600	28500	39600	55400
2	2520	4200	6720	10100	15100	21800	30200	42000	58800
3	2670	4450	7120	10700	16000	23100	32000	44500	62300
4	2830	4720	7550	11300	17000	24500	34000	47200	66000
5	3000	5000	8000	12000	18000	26000	36000	50000	70000
6	3180	5300	8480	12700	19100	27600	38200	53000	74200
7	3370	5620	8990	13500	20200	29200	40400	56200	78700
8	3570	5960	9530	14300	21400	31000	42900	59600	83400
9	3790	6310	10100	15100	22700	32800	45400	63100	88400
10	4010	6690	10700	16100	24100	34800	48200	66900	93700
11	4260	7090	11300	17000	25500	36900	51100	70900	99300
12	4510	7520	12000	18000	27100	39100	54100	75200	105300
13	4780	7970	12800	19100	28700	41400	57400	79700	111600
14	5070	8450	13500	20300	30400	43900	60800	84500	118300
15	5370	8950	14300	21500	32200	46600	64500	89500	125400
16	5690	9490	15200	22800	34200	49400	68300	94900	132900
17	6040	10100	16100	24100	36200	52300	72400	100600	140900
18	6400	10700	17100	25600	38400	55500	76800	106600	149300
19	6780	11300	18100	27100	40700	58800	81400	113000	158300
20	7190	12000	19200	28800	43100	62300	86300	119800	167800
21	7620	12700	20300	30500	45700	66000	91500	127000	177800
22	8080	13500	21500	32300	48500	70000	96900	134600	188500

表2-4 某互联网公司岗位工资定级定档表

序号	职位等级	岗位名称	工资档序	工资范围（元）
1	五	架构师/研究员	15	32200～48500
2		测试部总监	13	28700～43100
3		财务部总监、战略企划部总监、人力资源部总监	12	27100～40700
4		银行产品运营总监、支付产品运营总监、商业产品运营总监、产品总监	10	24100～40700
5		市场部总监、生产采购部总监、行政部总监	8	21400～32200
6	四	资深驱动研发工程师（Windows）、资深嵌入式Linux软件工程师、高级产品经理	13	19100～32300
7		资深研发工程师（C++）、资深硬件研发工程师、资深单片机软件工程师	12	18000～30500
8		前端技术高级开发经理、金融渠道拓展总监、渠道总监、BD总监（mall）、BD总监（金融）	11	17000～28800
9		快服务高级开发经理、数据银行高级开发经理、营销研发高级开发经理、资深研发工程师（Java）、一体化支付高级开发经理	10	16100～27100
10		资深测试工程师、高级测试经理	9	15100～25600
11		高级培训讲师、实施项目总监、数据维护总监	7	13500～22800
12	三	高级嵌入式Linux软件工程师、高级单片机软件工程师、高级硬件研发工程师、高级驱动研发工程师（Windows）产品经理、项目管理经理、平台产品经理、数据产品经理、营销产品经理、支付产品经理、硬件产品经理、行业产品经理、研发项目管理经理	13	12800～21500
13		技术主管、高级研发工程师（C++）、高级研发工程师（Java）、开发经理、高级运维工程师、运维经理	12	12000～20300
14		高级UI设计师	11	11300～19200
15		BD经理（金融）、财务经理、战略企划部经理、高级平面设计师、审计经理	10	10700～18100
16		售前经理、渠道经理、高级测试工程师、测试经理	9	10100～17100
17		法务经理、技术支持经理	8	9530～16100
18		公关经理	7	8990～15200
19		薪酬福利主管、HRBP、采购经理、培训经理、计划主管	6	8480～14300
20		实施项目经理	5	8000～13500
21		商务主管、行政经理	3	7120～12000
22		数据维护主管、培训讲师、质量经理、计划经理	2	6720～11300
23		工艺工程师、维修工程师、行政主管	1	6340～10700
24	二	中级驱动研发工程师（Windows）	13	7970～13500
25		中级研发工程师（C++）、Linux驱动工程师、运维工程师	12	7520～12700
26		后端研发工程师、中级单片机软件工程师、中级研发工程师（JAVA）FPGA研发工程师、平面设计	11	7090～12000
27		中级嵌入式Linux软件工程师	10	6690～11300
28		Android研发工程师、前端研发工程师、硬件研发工程师、结构工程师	9	6310～10700
29		会计	8	5960～10100
30		测试工程师	7	5620～9490
31		招聘专员、市场专员	6	5300～8950
32		实施工程师、客服主管、出纳	5	5000～8450
33		数据维护专员、网络管理员	4	4720～7970
34		采购员	3	4450～7520
35		行政专员	2	4200～7090

续表

序号	职位等级	岗位名称	工资档序	工资范围（元）
36		初级驱动研发工程师（Windows）	12	4510～7620
37		初级软件工程师、初级嵌入式 Linux 软件工程师、初级单片机软件工程师、初级硬件工程师	11	4260～7190
38	一	初级工程师、安装人员、配置人员	10	4010～6780
39		库管员	8	3570～6040
40		客服人员	6	3180～5370
41		前台	4	2670～4780

表 2-5　某公用事业公司各岗位薪酬构成设计

岗位	固定工资	季度绩效工资	年度绩效工资（年终奖金）	备注
工程部门部长、副部长	岗位工资×30%	岗位工资×30%×个人季度绩效考核系数	岗位工资×40%×12×部门年度激励系数×个人年度绩效考核系数	部门年度激励系数：0/0.6/0.7/0.8/0.9/1/1.5/2/2.5/3/3.5/4 个人季度绩效考核系数：1.0/0.8/0 个人年度绩效考核系数：1.2/1.0/0.5/0
管理部门部长、副部长	岗位工资×40%	岗位工资×30%×个人季度绩效考核系数	岗位工资×30%×12×公司年度激励系数×个人年度绩效考核系数	公司年度激励系数：0/0.6/0.7/0.8/0.9/1/1.5/2 个人季度绩效考核系数：1.0/0.8/0 个人年度绩效考核系数：1.2/1.0/0.5/0
总监、总监代表	岗位工资×30%	岗位工资×30%×个人季度考核系数	岗位工资×40%×12×个人年度考核系数	个人季度绩效考核系数：1.2/1.0/0.8/0 个人年度绩效考核系数：2/1.9/1.8/1.7/1.6/1.5/1.4/1.3/1.2/1.1/1.0/0.9/0.8/0.7/0.6/0.5/0.4/0.3/0.2/0.1/0
工程部门员工	岗位工资×50%	岗位工资×50%×个人季度考核系数	岗位工资×部门年度激励系数×个人年度绩效考核系数	个人季度绩效考核系数：1.2/1.0/0.8/0 个人年度绩效考核系数：1.5/1.0/0.5/0 部门年度激励系数：0/1/1.5/2/2.5/3/3.5/4 公司年度激励系数：0/1/1.5/2
管理部门员工	岗位工资×50%	岗位工资×50%×个人季度考核系数	岗位工资×公司年度激励系数×个人年度绩效考核系数	

表 2-6　某民营投资公司标杆岗位薪酬设计

标杆岗位	市场薪酬（元）	分位数	集团对标薪酬		投资公司薪酬		基准工资		工资范围（元）	定酬原则
			年薪（万元）	折算月薪（元）	年薪（万元）	折算月薪（元）	等级	档序		
人力资源部主任	35000	75%	50.23	38638	45.62	35092	六	9	36500～46500	市场平均薪酬
人力资源主管	21500	75%	33.87	26054	19.05	14654	四	11	20100～25700	市场平均薪酬
财务资产部副主任	29375	62.5%	44.27	34054	38.28	29446	五	11	30600～39000	市场平均薪酬
工程管理部主任	35000	75%	50.23	38638	45.62	35092	六	10	38300～48900	市场平均薪酬
工程经理	21250	62.5%	33.87	26054	19.05	14654	四	12	21100～26900	市场平均薪酬
造价主管	17500	75%	33.87	26054	19.05	14654	四	10	19100～24400	市场平均薪酬
高级投资经理	30500	62.5%	44.27	34054	38.28	29446	五	11	30600～39000	市场平均薪酬
投资经理	22500	75%	33.87	26054	19.05	14654	四	11	20100～25700	市场平均薪酬
投资助理	13300	62.5%	20.42	15704	11.56	8892	三	11	13400～17100	市场平均薪酬
运营主管	20250	62.5%	33.87	26054	19.05	14654	四	10	19100～24400	市场平均薪酬

注：折算月薪按 13 个月计。

表 2-7 某科技生产企业员工对比法岗位评价结果

评价岗位	总计	标准分	评价岗位	总计	标准分
检测部部长	223	0.871	现金会计	115.5	0.451
财务部部长	222.5	0.869	中级检测员	105	0.410
专业技术负责人	208.5	0.814	出纳	105	0.410
人力资源部部长	204.5	0.799	后勤专员	104	0.406
专业授权审批人	202.5	0.791	人力资源专员	93.5	0.365
质量技术部部长	201.5	0.787	行政专员	82	0.320
综合服务部部长	201	0.785	市场分析专员	78	0.305
业务部部长	194	0.758	统计核算员	77	0.307
专业授权审核人	186	0.727	技术资料员	73	0.285
质量技术主管	167	0.652	样品接收专员	72	0.281
人力资源主管	155.5	0.607	初级检测员	71	0.277
高级检测员	146.5	0.572	业务咨询专员	68.5	0.268
检测系统主管	140.5	0.549	业务受理专员	60.5	0.236
大厅主管	139.5	0.545	档案专员	51.5	0.201
行政后勤主管	132	0.516	数据录入员	35.5	0.139
市场主管	125	0.488	报告发放员	32.5	0.127
质量技术专员	118	0.461			

表 2-8 某生产服务企业岗位工资套改定档表

层级	岗位	套档规则
公司高层	总经理	资历因素套档，同级别任职满3年高套一档，最多高套2档
	副总经理、技术负责人、专业负责人	资历因素套档，同级别任职满3年高套一档，最多高套2档
公司中层管理岗位	部门正职（原B岗任职者）	资历因素套档，同级别任职满3年高套一档，最多高套2档； 收入不降低原则套档，岗位工资不低于原基础工资＋岗位工资＋工龄工资＋绩效工资，绩效工资以2014、2015、2016年三年人均绩效工资的平均值的1.2倍核算； 原C、D岗位任职者以最低档套档
	部门副职（原B岗任职者）	资历因素套档，同级别任职满2年高套一档，最多高套3档； 收入不降低原则套档； 质量技术部、检测部副部长高套1档； 原C、D岗位任职者资历因素不调档
公司中层检验岗位	授权审核人（原B岗任职者）	资历因素套档，同级别任职满3年高套一档，最多高套2档； 收入不降低原则套档； 原C、D岗位任职者以最低档套档
	授权审批、专业技术负责人（原B岗任职者）	资历因素套档，同级别任职满3年高套一档，最多高套2档； 收入不降低原则套档； 原C、D岗位任职者以最低档套档
员级	高级检测员主管级岗位	本科毕业（第一学历并且相关专业）司龄超过5年部分满3年高套1档，最多高套2档；其他司龄超过8年部分满4年高套1档，最多高套2档； 收入不降低原则套档
	中级检测员专员级岗位	本科毕业（第一学历并且相关专业）司龄超过3年部分满2年高套1档，最多高套3档；其他司龄超过5年部分满3年高套1档，最多高套3档； 收入不降低原则套档
	其他岗位	本科毕业（第一学历并且相关专业）司龄满2年高套1档，最多高套2档；其他司龄满4年高套1档，最多高套2档； 收入不降低原则套档

表 2-9 某公司薪酬定级套档表

姓名	职位	工资标准（元）	2023 年年薪标准（元）	薪档	基准工资（元）	套改调整	最终薪档	定级工资（元）	年度工资（元）	月度发放（元）	年底发放（元）	月度增长率	年度增长额（元）	年度增长率
曹某某	总经理	6640	301680	5-7	25100	1	5-8	26400	343200	21120	89760	4.87%	41520	13.76%
郝某某	总经理	2352	252224	5-7	25100	-2	5-5	22800	296400	18240	77520	8.24%	44176	17.51%
张某某	厂长	2310	155720	4-9	18200	-2	4-7	16500	214500	13200	56100	16.71%	58780	37.75%
钟某某	综合部主任	2113	151356	4-8	17300	-2	4-6	15800	205400	15800	15800	56.23%	54044	35.71%
张某某	高级开发经理	3100	260000	4-11	20100	1	4-12	21100	274300	21100	21100	5.50%	14300	5.50%
姜某某	副主任	2261	138132	4-5	15000	-2	4-3	13600	176800	13600	13600	32.54%	38668	27.99%
曾某某	值长	1911	112432	3-3	9070	1	3-4	9520	123760	9520	9520	13.19%	11328	10.08%
朱某某	值长	1911	104932	3-3	9070	0	3-3	9070	117910	9070	9070	14.65%	12978	12.37%
马某某	综合办事员	1691	61292	2-1	5550	1	2-2	5830	75790	5830	5830	24.28%	14498	23.65%
邵某某	会计主管	1820	88440	2-3	6120	3	2-6	7090	92170	7090	7090	7.10%	3730	4.22%
沈某某	主值班员	1820	83840	2-3	6120	2	2-5	6750	87750	6750	6750	6.80%	3910	4.66%
崔某某	主值班员	1820	76840	2-3	6120	1	2-4	6430	83590	6430	6430	10.48%	6750	8.78%
董某某	主值班员	1820	76840	2-3	6120	1	2-4	6430	83590	6430	6430	10.48%	6750	8.78%
周某某	副值班员	1800	62600	1-7	4960	1	1-8	5210	67730	5210	5210	8.54%	5130	8.19%
陈某某	副值班员	1650	60800	1-7	4960	0	1-7	4960	64480	4960	4960	6.67%	3680	6.05%
呼某某	副值班员	1650	60800	1-7	4960	0	1-7	4960	64480	4960	4960	6.67%	3680	6.05%
周某某	副值班员	1650	60800	1-7	4960	0	1-7	4960	64480	4960	4960	6.67%	3680	6.05%
蒋某某	副值班员	1650	60800	1-7	4960	0	1-7	4960	64480	4960	4960	6.67%	3680	6.05%

四、薪酬管理现状诊断

薪酬管理现状诊断的方法通常有问卷调查、员工访谈座谈、标杆企业研究、薪酬调查等。下面以广东 HB 市政公司人力资源管理变革为例，说明薪酬管理现状诊断的方法和过程。

（一）诊断过程

1. 背景介绍

广东 HB 市政工程有限公司成立于 2004 年，是一家集城市亮化、道路照明、环境整治、标识推广、装饰装修、市政工程、园林绿化、电子工程等设计、施工于一体的综合型企业。公司成立以来经过二十年的快速发展，承接了国内众多大型政府项目及商业项目的楼体亮化、景观亮化及道路桥梁亮化的设计与施工工作，得到政府及客户的高度赞誉。公司具有城市及道路照明工程专业承包一级资质、照明工程专项设计甲级资质、建筑装修装饰工程专业承包二级资质等。

公司目前的组织结构：下设 7 个部门、5 个事业部。7 个部门为行政人事部、财务部、业务投标部、商务法务部、采购部、工程一部、工程二部；5 个事业部为设计事业部、园林绿化事业部、深圳事业部、标识标牌事业部、内蒙古事业部。

2. 现状诊断过程

广东 HB 市政工程有限公司薪酬管理现状诊断主要应用了问卷调查、员工访谈座谈、标杆企业研究、现场调研等方式。

问卷调查采用水木知行满意度测评问卷（详见第八章水木知行员工满意度模型），调查问卷发放范围覆盖公司全体员工，共发放问卷 164 份，回收有效问卷 162 份，有效问卷率 98%。员工访谈总计 64 人次，包括公司所有中层以上管理者及骨干员工；员工座谈 8 场，总计 56 人次；深度访谈 9 次，对董事长、总经理、副总经理进行了有关企业发展战略、薪酬绩效、组织结构设计的深度沟通。经过大量员工访谈和座谈，挖掘管理者及员工的真实想法，获得了企业薪酬管理现状最直接的诊断资料。

3. 问卷调查结果

下面是问卷调查的统计结果。

员工不满意项及满意项排序前后 10 项如表 2-10 所示。

表 2-10　员工不满意项及满意项前后 10 项

员工不满意项排序				员工满意项排序			
前 10 项	不满意比例	后 10 项	不满意比例	前 10 项	满意比例	后 10 项	满意比例
其他福利	86%	核心价值观	8%	工作完成	92%	环境健康	28%
外部公平	72%	工作压力	6%	员工潜能	91%	内部公平	26%
自我公平	71%	组织结构	5%	职责明确	91%	工资晋级	25%

续表

员工不满意项排序				员工满意项排序			
前 10 项	不满意比例	后 10 项	不满意比例	前 10 项	满意比例	后 10 项	满意比例
团体活动	66%	职责明确	5%	工作压力	90%	业余活动	22%
环境健康	61%	团队合作	5%	工作完成	89%	绩效考核	20%
工资晋级	60%	工作完成	4%	工作成长	89%	自我公平	19%
业余活动	58%	工作成长	4%	职责明确	87%	领导决策	18%
领导决策	55%	职责明确	2%	团队合作	86%	团体活动	18%
内部公平	54%	工作完成	2%	经验分享	86%	外部公平	16%
薪酬发放	49%	员工潜能	2%	能力匹配	83%	其他福利	6%

（1）企业发展调查结果

企业发展的调查结果，从公司发展前景、企业文化、公司战略及执行三个方面进行说明。

① 发展前景问题。有关公司发展前景的调查结果如图 2-7 所示。员工对公司发展前景比较看好，尤其是对公司产品及服务、行业地位有信心。

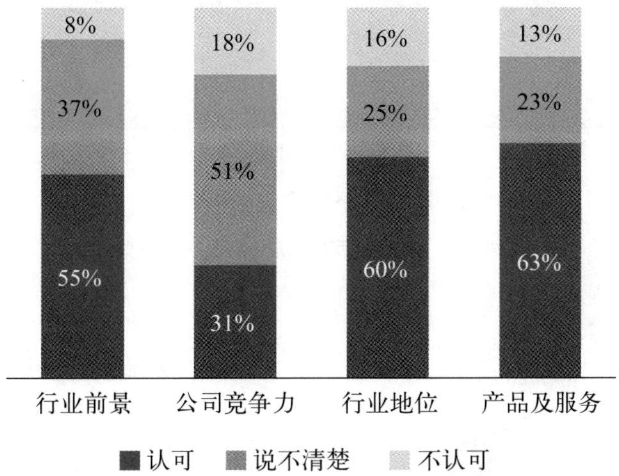

图 2-7 有关公司发展前景的调查结果

② 企业文化的问题。有关公司企业文化的调查结果如图 2-8 所示。公司员工成熟度较高，但对公司核心价值观的认可度有待提高。

③ 公司战略及执行的问题。有关公司战略及执行的调查结果如图 2-9 所示。对公司战略及执行情况普遍认可度不高，尤其是制度体系和领导决策方面，需要较大程度改进。

（2）工作本身的调查结果

工作本身的调查结果，从岗位职责、岗位匹配、工作性质三个方面进行说明。

① 岗位职责的问题。有关公司岗位职责的调查结果如图 2-10 所示。员工对工作完成、职责明确等方面满意度很高。

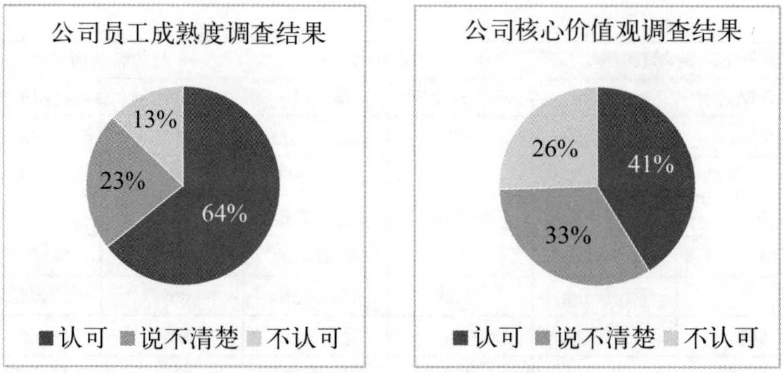

图 2-8　有关公司企业文化的调查结果

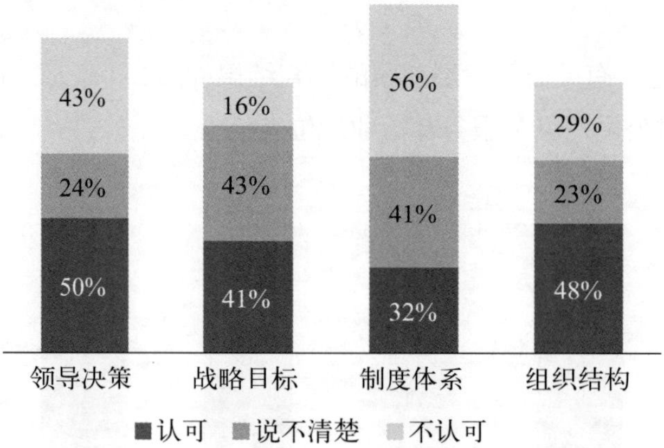

图 2-9　有关公司战略及执行的调查结果

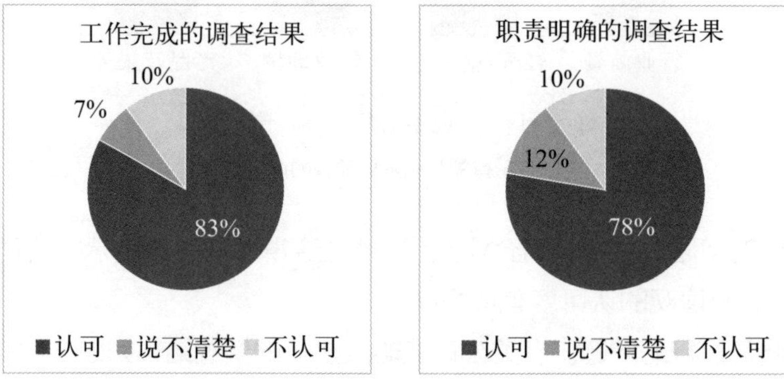

图 2-10　有关公司岗位职责的调查结果

② 岗位匹配的问题。有关公司岗位匹配的调查结果如图 2-11 所示。有关岗位匹配方面的满意程度也比较高，但明显不如岗位职责方面的满意程度，说明在用人方面还存在一定的问题。

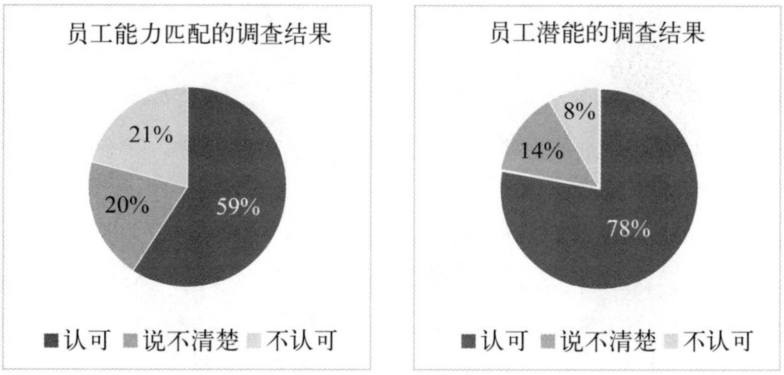

图 2-11　有关公司岗位匹配的调查结果

③ 工作性质的问题。有关公司岗位工作性质的调查结果如图 2-12 所示。除工作灵活性外，岗位工作性质各方面员工满意度都很高，说明绝大多数员工都喜欢自己的岗位工作。

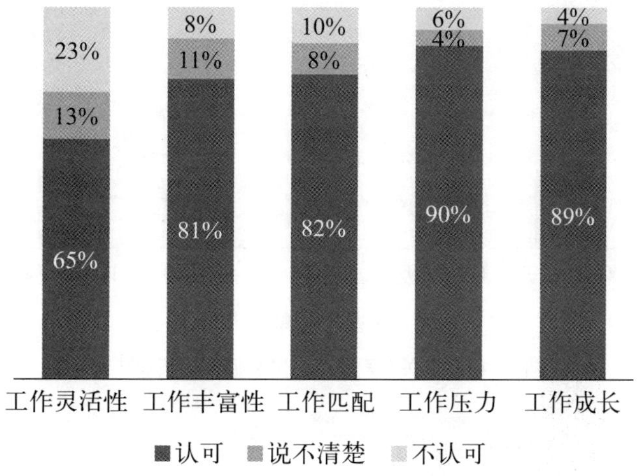

图 2-12　有关公司岗位工作性质的调查结果

（3）工作回报的调查结果

工作回报的调查结果，从薪酬公平、薪酬激励及福利、非经济性薪酬四个维度进行说明。

① 薪酬公平的问题。有关公司薪酬公平问题的调查结果如图 2-13 所示。在自我公平、内部公平、外部公平等结果公平问题上，员工认可度都非常低；对于过程公平，员工认可情况稍好些，说明公司比较重视制度建设，强调按规章制度办事，但目前的一些制度规定存在较大的问题。

② 薪酬激励及福利的调查结果。有关公司薪酬激励及福利的调查结果如图 2-14 所示。员工对薪酬激励及福利的满意程度稍好于薪酬公平问题，但在工资晋级、薪酬发放、法定福利等方面仍有近一半员工明确表示不满意，尤其是其他福利方面不满意的比例更高。

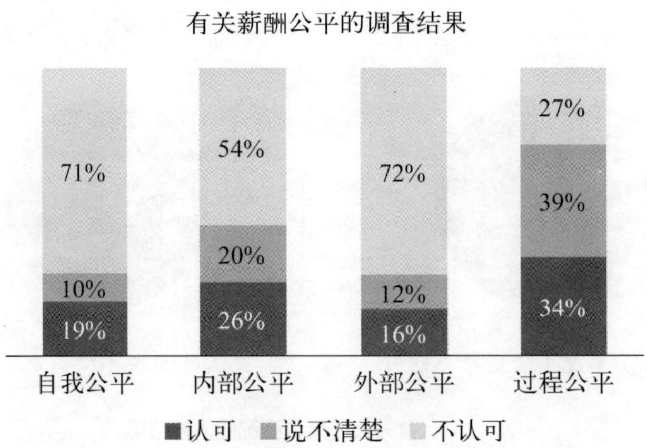

图 2-13 有关公司薪酬公平问题的调查结果

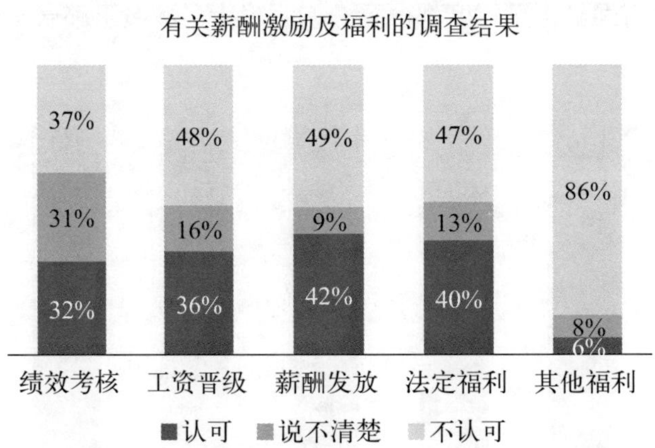

图 2-14 有关公司薪酬激励及福利的调查结果

③ 有关公司非经济性薪酬的调查结果。有关公司非经济性薪酬问题的调查结果如图 2-15 所示。在非经济性薪酬方面，岗位晋升和培训开发方面员工不满较多，这方面的工作有待加强。

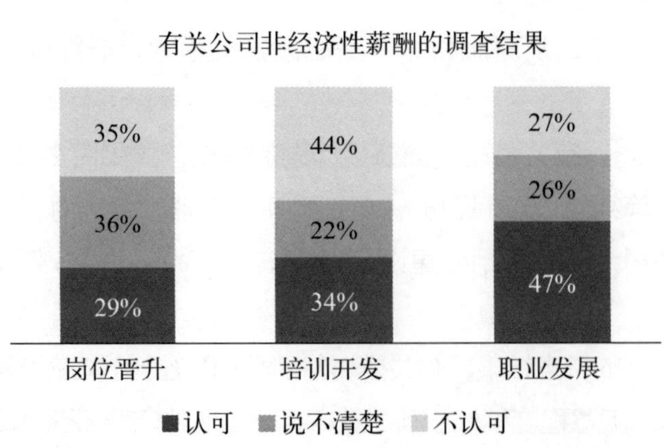

图 2-15 有关公司非经济性薪酬问题的调查结果

（4）工作环境的调查结果

有关工作环境的调查结果，从团队沟通、和谐友爱、公司地理位置、办公环境四个维度进行说明。

① 团队沟通的问题。有关公司团队沟通问题的调查结果如图 2-16 所示。员工对团队沟通的各个方面认可度都较高，说明公司在信息沟通、经验分享、团队合作、沟通交流等方面工作做得不错。

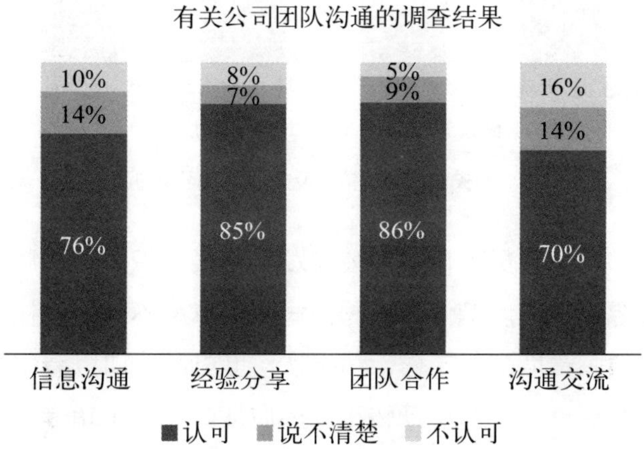

图 2-16　有关公司团队沟通问题的调查结果

② 和谐友爱的问题。有关公司和谐友爱问题的调查结果如图 2-17 所示。公司员工对互信互助、关心关爱方面满意程度高，说明公司人际关系不错；员工对业余活动和团体活动方面满意程度低，公司需要加强这方面的团队建设活动。

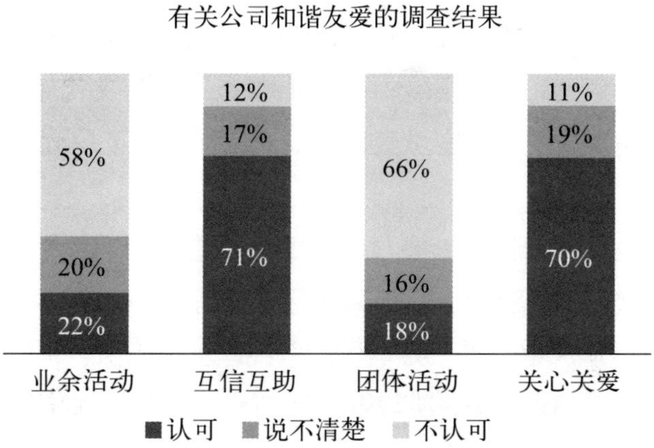

图 2-17　有关公司和谐友爱问题的调查结果

③ 地理位置及办公环境的问题。有关公司地理位置及办公环境问题的调查结果如图 2-18 所示。员工对地理位置、办公环境的满意程度一般，这个结果反映了公司所处地

理位置以及公司办公条件现状。

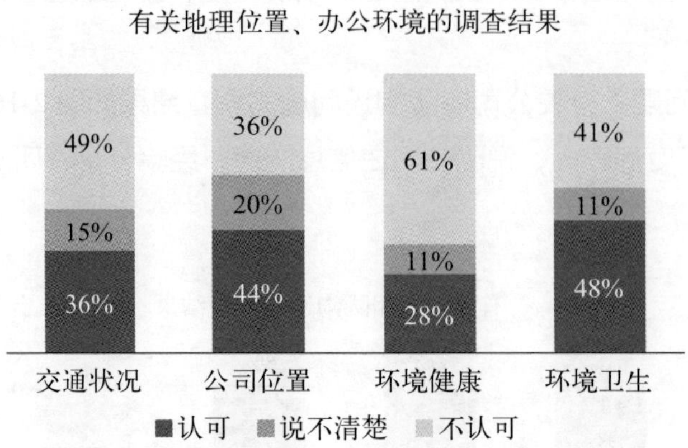

图2-18　有关公司地理位置及办公环境问题的调查结果

从以上分析来看，第一，员工普遍对公司发展前景和职业成长认可度较高，对有关薪酬公平、薪酬激励及福利认可度偏低，这与公司工资体系不健全、社保缴纳未全部覆盖有关。第二，员工在岗位职责匹配、工作性质上认可度颇高，可以看出公司在管理上确实下了很大功夫，但是业余活动和团体活动较少，还应多站在员工角度想问题，多开展有关活动调动员工积极性。第三，在公司竞争力上员工认可度较低，应加大宣传力度给员工以信心。第四，在战略及执行上员工认可度较低，应将公司发展战略及重要实施举措让员工充分了解，使公司战略真正落地。

（二）诊断结果

（1）管理风格

公司在企业文化打造上花费了较大的精力和财力，但收效并未达到预期。

第一，企业文化价值观口号太多，并未突出重点；企业文化建设过于注重形式表象，忽视目标结果达成；关爱员工、包容员工，但未真正站在员工角度考虑问题，不能真正做到以人为本。

第二，在制度建设上花费了大量精力。制度过多过细，制度代替管理，是理念上最大的误区；奖惩制度条款太多，警示作用差，执行成本高。

第三，决策领导管理风格存在一定问题。总经理王总偏执、领导力方面存在问题（信任、沟通）；业务副总严总追求完美、决策方面存在问题（过细、抠门、时间掌控能力差、纠结）；行政人事姜总过于谨慎、执行方面存在问题（决断力不够、过于关注过程忽略目标）。

正确认识管理的本质，对决策领导管理风格做出适当调整是解决问题的关键。

（2）制度措施

费用及提成机制设计不合理，只看结果不重过程是引起很多问题及员工不作为的根源。实行岗位绩效工资制，注重结果并关注过程是适合公司目前发展阶段的必然选择。

差旅标准设计不合理。公司将差旅标准分为三六九等，低职位员工标准太低，造成低职位员工抵制出差的现象。差旅标准解决思路是独立核算单位由目标考核控制，其他单位回归管理本身，但低职位员工住宿标准适当提高，实报实销，取消伙食补助，招待餐费实报实销。

在休班加班问题上，管理者应正确理解工作与生活的平衡。工作中挣钱是为了更好地生活，生活中休息是为了更好地工作。那些鼓吹“996 工作制”的大佬们，要么言不由衷，要么缺乏温情。周末加班员工大都无紧急任务，7 天工作能 5 天完成，何必非得来 7 天？休班加班问题要择机解决，任何伟大的公司都明白为了保证劳动效率，休息是必要的。

工作日志问题，如何发挥工作日志长处，与将来的业绩考核联系起来是需要思考的问题。

（3）薪酬激励

目前公司固定工资偏低，固定工资晋级机制不健全，导致相同岗位老员工收入低于新员工。提成机制设计有重大缺陷，提成工资未及时发放带来了严重负面影响。项目核算过程中，核算软件是个好工具，但过细过度应用也会带来大麻烦，会带来不必要的成本增加。将以提成工资作为激励手段改为以绩效工资（业绩优异者绩效工资多几倍，有封顶机制）作为激励手段，是解决目前问题的有效手段。

（4）模式思路

业务发展选择：“凡事预则立，不预则废”，有所选择、有所准备、谋划未来是发展的根本；进行市场前景分析、资源匹配分析是业务选择的关键。

业务拓展模式：鼓励老客户精细化维护，争取市场份额增加是首先要解决的问题；激励多渠道进行新客户开发是必须解决的问题；对于业务人员，解决通过少干活获取最大利益问题；对于其他非业务人员（尤其是高管），进行激励鼓励市场开发问题。

用人机制：高层代替中层，中层实则缺失，是目前管理人员匮乏的根本原因。

事业部机制：将深圳分公司、标识标牌事业部、内蒙古事业部作为事业部对待是解决问题的有效手段。

业务发展选择及业务拓展模式问题，是时间就能解决的问题；而用人机制、事业部机制的变革需要决策领导睿智且具有勇气。

（三）问题解决思路及项目运作

针对公司目前管理现状，广东 HB 市政工程有限公司高层领导希望对其现有组织结构和岗位体系进行梳理，并建立一整套薪酬绩效管理体系，通过这一体系传递企业战略目标，明确支持企业战略流程，解决绩效考核和薪酬管理缺乏系统性和实效性的问题。同时，公司高层领导还希望通过绩效考核体系与薪酬体系的有机衔接，达到传递公司发展战略和价值理念、激发员工的工作热情、实现公司发展目标和提高公司整体绩效的目的。

通过多次与广东HB市政工程有限公司高层领导及相关部门负责人进行充分沟通，同时还与部分普通员工进行了座谈，进行了问卷调查和统计分析，从整体上把握了公司薪酬绩效管理现状，并做出一个基本判断，公司目前主要面临的薪酬问题是激励问题和内部公平问题，必须从薪酬构成调整开始进行变革。项目组由此明确了项目的整体思路，通过目标管理及有效绩效考核，解决业务团队及骨干人员激励问题；通过岗位评价、薪酬定级和套改，重点解决薪酬的内部平衡问题；根据行业发展状况和公司战略目标，完善绩效管理体系；根据行业发展状况和公司战略目标，建立系统的、可操作的绩效考核体系和考核指标体系，关注结果并加强过程控制；使绩效管理体系与薪酬体系有机结合、互为支撑，最终达到真正激励员工提高绩效水平、实现企业战略目标的目的。

具体来讲，整个项目过程分为以下几个阶段。

（1）内外部环境分析及组织机构调整

分析企业发展面临的内外部环境，仔细研究几位高层领导的管理风格，在发挥公司核心竞争优势前提下，充分利用公司双甲（施工一级、设计甲级）资源，集中精力做好亮化工程业务，在此基础上重新调整了组织结构和领导分工。

新组织结构下设八个部门、两个事业部。由一位行政副总经理主管行政人事部、业务部、商务部、投标部；一位业务副总经理主管采购部、设计部和工程部；财务部、深圳事业部和内蒙古事业部由总经理直接管理。

（2）建立员工职位晋升体系，完善岗位设置、定岗定编

在广东HB市政工程有限公司有关人员的紧密配合下，共同对该公司现有岗位体系进行了梳理，建立了中高层管理岗位、职能管理岗位、销售业务岗位、设计岗位、研发岗位、事业部员工岗位等岗位序列，岗位层级分为员级、主管级、部门部长级、副总级、总经理级等多个层级。

建立了设计、施工、销售等业务岗位人员晋升通道并明确了晋级资格标准，指引业务岗位人员职业发展；完善了普通管理岗位员工、主管级、部长级、副总级职位晋升资格标准，指引管理岗位员工职业发展。

明确了各部门岗位设置及编制，明确了各岗位的岗位职责及任职资格要求，完善了岗位说明书，进一步完善了广东HB市政工程有限公司的人力资源基础管理工作。

（3）调整薪酬构成并设计适合企业实际情况的薪酬福利管理制度

水木知行项目组在充分考虑员工的真正需求的基础上，对薪酬构成进行了较大调整，将原来以固定工资加提成的薪酬模式改变为水木知行3PM薪酬体系。水木知行3PM薪酬体系考虑岗位价值、能力因素、业绩因素、人力资源市场价格因素，最大限度兼顾个人能力和岗位特性，具有较强的激励性，能实现内部公平。

实行岗位绩效工资制，中高层管理岗位薪酬由基本工资、季度绩效工资、年度绩效工

资构成；销售业务岗位员工薪酬由基本工资、绩效工资、奖金构成；职能管理岗位员工薪酬由基本工资、季度绩效工资、年终奖金构成。

（4）建立公司目标管理体系，将公司业绩压力层层传递，建立业绩合同

以前公司大事小事都由总经理拍板决策，普通员工积极性、主动性都不高。为此，建立了公司目标管理体系，将公司年度目标向行政副总、业务副总以及两个事业部总经理进行分解，将年度目标完成情况与其年度绩效工资紧密挂钩，业绩优异的情况下，年度绩效工资系数最多达到3。将公司销售业绩指标向各高级业务经理进行分解，各个高级销售经理在年度业绩完成优异的情况下，年度绩效工资系数最多可以达到5。同时，将有关设计、采购、工程等方面的指标向各个团队以及业务骨干进行分解。

业绩合同是部门、员工与上级就目标合同期内承接的各项工作任务以及工作任务所要达到的目标、标准达成统一认识后形成的契约。企业可以通过业绩合同层层分解公司的目标和任务，并明确各项任务的目标、标准，明确各部门、岗位对组织价值贡献的程度。业绩合同是各单位绩效管理制度的基本载体，也是绩效评估的依据。

在指标选取过程中，运用科学方法对公司年度业绩指标进行分解，确保各部门、各岗位的目标与企业目标一致。

（5）建立绩效管理体系和绩效考核体系

为了保证公司年度目标的完成，建立了着眼于组织和个人绩效同步提升、能实现公司发展战略导向，具有激励机制的绩效管理体系。良好的绩效管理体系，能促使公司中高层为完成公司目标团结协作、尽心尽力，保证公司年度目标的完成。

为了加强部门员工的培养开发和统一管理，建立了适应企业实际情况，具有可操作性，战略导向和以人为本，能提高个人和组织绩效的绩效考核体系。良好的绩效考核体系，能使部门员工在部门负责人的领导下，尽职尽责，保证个人工作任务和部门工作目标的圆满达成。

（6）部门绩效考核单和岗位绩效考核单

在与广东HB市政工程有限公司各部门充分沟通的基础上，我们与其就各部门季度绩效考核指标达成一致意见。部门季度绩效考核由关键业绩指标和满意度指标组成，关键业绩指标由权重指标和非权重指标构成。

在与广东HB市政工程有限公司各部门有关岗位充分沟通的基础上，我们与其就各岗位季度绩效考核指标达成一致意见。岗位季度绩效考核由关键业绩指标和能力素质指标组成，关键业绩指标由权重指标和非权重指标构成。

（7）项目成果汇报、培训和实施辅导、效果跟踪

水木知行项目组就整个项目成果向广东HB市政工程有限公司中高层管理者进行了汇报，并就如何具体实施项目进行了培训，获得了广东HB市政工程有限公司的充分认可。在项目实施过程中，我们的高级顾问经常与广东HB市政工程有限公司人力资源总监进行

沟通，及时发现问题，保证薪酬绩效管理变革的顺利推进。

项目结束时，我们为广东 HB 市政工程有限公司出具了“薪酬绩效方案实施注意事项”。方案推进 3 个月后，我们对项目实施进行了效果评估并出具了“薪酬绩效管理咨询项目实施效果评估及改进建议”。

（四）方案实施注意事项及效果评估

1. 方案实施注意事项

（1）观念问题

公司企业文化打造上应该在激励和公平上做文章。注重激励性，兼顾公平性，遇到问题要从激励和公平两个角度来平衡。公平是目标，是员工的主观感觉；激励是结果，是员工的实际行动和成果。因此绩效目标一旦制定下来就不能轻易更改，除非外部环境及内部条件发生重大变化。为了激发大家的积极主动性，有些奖惩制度应进一步完善，该奖的奖，该罚的罚。加强市场意识，在考虑公平问题的同时考虑部门、个人价值创造，使其符合公司发展战略，让给公司创造更大价值的部门和个人获得更多利益。因此，在制定产品单价、奖励提成等政策时应充分考虑价值创造因素。

（2）绩效考核实施注意事项

维护制度的严肃性。制度难免有不合理、不完善之处，但制度在修改、完善之前应严格按制度执行，不能因为有不公平因素就不按制度执行；同时，制度不合理之处应及时修改、完善。绩效目标的制定以历史数据为参考依据，应考虑企业目前的实际情况，同时考虑适当的发展要求；合同额、产值、利润等指标目标值的制定应该以绝大多数部门能够完成为前提。在绩效考核数据收集统计过程中，应严格按照规定进行归类统计，不能剔除任何数据，哪怕事件的发生与被考核者没有任何直接关系。如果出现明显有失公平的现象，考核者可以根据制度规定修改绩效目标，但原始考核数据信息不能做任何修改。应该对考核历史数据信息进行统计、分析，找到导致目标不能达成的关键因素，通过加强基础管理从而促进绩效水平的提高。继续加强绩效管理制度、流程、方法等方面的培训，使各级管理者掌握有关工具和技巧，及时、高质量完成绩效考核工作。

2. 项目实施效果评估

经过 3 个月的运行，对广东 HB 市政工程有限公司薪酬绩效管理变革效果进行了评估。总体来讲，实施效果超过预期，具体表现如下。

① 月度合同额、月度施工产值以及管理人员单位时间工作效率都有了较大提升。这是由于各管理部门及业务部门计划、控制、协调、支持工作效率效果有所提升，说明薪酬绩效变革充分调动了各部门员工的积极性，带来了实实在在的效益。

② 薪酬绩效变革实施后，由于考核结果与薪酬挂钩，各部门对考核的态度更加严肃

和认真。从各部门提供的考核数据信息以及相应部门的反馈来看，考核得到各个部门越来越多的重视，这说明考核的的确确给各级员工带来了压力和动力，这会促进公司业绩的持续改善。

③ 薪酬绩效变革促进了公司基础管理的改善，比如财务核算、销售管理、投标管理、采购管理、工程设计、工程施工管理等各个方面。由于考核强化了各个部门的责权利关系，因此暴露出很多以前制度流程中不合理、不规范之处，每个部门都会从各自部门利益出发对其他部门工作提出较高要求，显然这促进了公司整体基础管理的提升。

④ 薪酬绩效管理变革对大家的一些管理理念和方法带来了一定的影响。“在什么岗位拿什么钱”的市场观念正在逐步形成，论资排辈的观念得到一定程度的弱化，这将有利于竞争性企业文化的养成，有利于年轻员工的成长，有利于吸引更多新鲜“血液”加盟，促进公司更快发展。

⑤ 绩效考核及岗位工资等级的引入，为员工工资晋级提供了切实有效、长远的激励机制，这将保证公司在未来较长时间内薪酬绩效管理的系统性和适用性。

虽然薪酬绩效管理变革效果是明显的，但也存在一些问题，需要加强以下各方面的工作：

① 公司高层应拿出更多的精力，使各部门目标制定更加科学合理，充分发挥绩效考核的战略导向作用。绩效考核是个工具，如果这个工具应用得好，可以使管理者从具体事务管理中解脱出来，各级管理者应更加关注如何选择绩效考核指标以及确定绩效目标，以充分体现决策领导的战略目标及工作重点，通过对目标达成的指导与监控，期末目标的准确评估，奖励优异、鞭策后进达到绩效管理的目的和目标。因此水木知行建议，在目标制定环节，公司总经理应负责组织各个部门绩效目标制定工作，由各个部门提出建议，分管领导在保证公司既定目标能够达成的情况下，考虑阶段工作目标及重点，充分尊重有关部门的意见及建议，确定科学合理的绩效考核指标、指标权重以及绩效目标值。

② 加强部门内部员工绩效考核工作。有的部门对内部员工考核工作比较重视，有的部门还没有充分利用绩效考核这个工具来加强对员工的管理工作，因此希望各个部门负责人、各位总监充分学习掌握绩效管理有关工具和方法，切实提高部门员工积极性，争取做到考核结果更有区分度、更有效。

3. 项目实施改进建议

薪酬绩效管理往往会带来业绩震荡，广东 HB 市政工程有限公司在变革初期就取得明显效果是非常难能可贵的，但也要意识到变革中存在一些问题和风险，如果不及时应对，会带来较严重的后果。以下是我们对广东 HB 市政工程有限公司提出的意见和建议。

① 绩效考核推行时要防止各个部门之间徇私舞弊、互相拆台的现象。绩效考核数据信息准确是绩效考核得以推进的关键，一定要充分调动各个部门提供绩效信息的积极性，

无论绩效信息准确与否，提供绩效信息这种行为都应该给予肯定和表扬。但是各级总监以及决策领导应下功夫对绩效考核信息进行核实，同时要求信息提供者有翔实的记录和依据，只有这样才能保证绩效信息的准确和公平公正。另外，各级管理者一定要对考核评价条款有准确把握，绩效考核评价的目标不是扣分多少，而在于通过考核发现问题，切实提高管理水平。

② 人力资源部应根据薪酬绩效运行情况，根据企业实际情况提出薪酬绩效制度修改方案，为新一年薪酬绩效制度修订做好准备；人力资源部应搜集整理有关绩效数据信息，筹备召开绩效目标规划会议，为确定各部门新一年绩效目标做好准备。

③ 人力资源部应定期组织对各事业部总监、各部门经理进行有关薪酬绩效制度、绩效考核流程、绩效考核指标、绩效考核工具方法的培训。

五、制定薪酬策略

制定薪酬策略就是根据企业薪酬目标对薪酬策略的各个方面进行规定的过程（见图 2-19）。确定薪酬策略是企业薪酬设计的基础，薪酬策略要在以下几个方面做出说明：

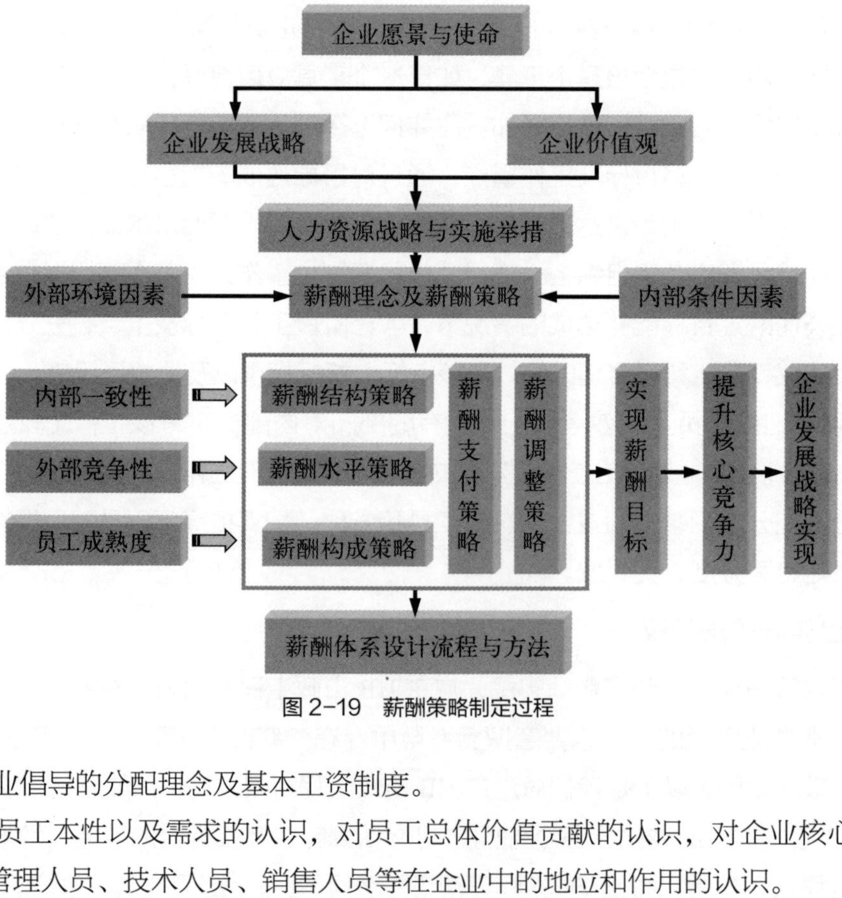

图 2-19 薪酬策略制定过程

① 企业倡导的分配理念及基本工资制度。

② 对员工本性以及需求的认识，对员工总体价值贡献的认识，对企业核心价值创造环节以及管理人员、技术人员、销售人员等在企业中的地位和作用的认识。

③ 与同行业比较，我们的薪酬应该在什么水平？

④ 收入分配政策：如何认识不同岗位之间、相同岗位不同任职者之间的薪酬差距；如何认识公司的薪酬水平，员工收入与员工个人、组织业绩的关系等各方面。

⑤ 如何看待员工薪酬调整问题。

（一）制定薪酬策略须考虑的因素

（1）企业发展战略及发展阶段因素

在进行薪酬设计时，必须充分考虑企业的发展战略，这与战略导向原则是一致的。如果企业实行的是差异化战略，对于关键岗位实行竞争力薪酬是必要的；如果企业实行的是成本领先战略，过高竞争力的薪酬是没必要的。企业薪酬设计必须结合企业发展战略来进行，事实上应将企业发展战略进行分解，得到人力资源战略及实施举措。在这个过程中，付酬理念及薪酬策略都将得到反映。

设计薪酬还必须结合企业自身的发展阶段，不同的阶段对薪酬策略的要求是不一样的。比如，创立初期企业薪酬策略重点关注的是易操作性，成长期企业更关注激励性并兼顾公平性，而成熟期企业更关注公平性。无论企业处于哪个阶段，薪酬策略都要支撑公司发展战略落地。

（2）企业文化因素

企业文化是长期的历史积淀，是集体无意识的表现，在制定薪酬策略时要考虑企业核心价值观因素。薪酬水平、薪酬结构、薪酬构成等设计都应体现公司的企业文化特征。对于平均主义的企业文化，薪酬构成中固定收入应该占有较大的比例，绩效工资和奖金等浮动薪酬应该占有较小的比例，薪酬公平性应更关注内部公平，尽量减少薪酬差距；而对于业绩导向的企业文化，薪酬构成中固定收入应该占有较小的比例，绩效工资和奖金等浮动薪酬应该占有较大比例，薪酬结构更应关注外部竞争性，内部薪酬应尽量拉开差距，体现多劳多得的思想。

（3）外部环境因素

外部环境因素包括市场竞争因素和社会法律环境因素。市场竞争因素包括市场薪酬水平、市场人才供给与需求情况、竞争对手的薪酬政策与薪酬水平、企业所在市场的特点与竞争态势等；而社会法律环境因素须考虑当地最低工资标准、有关加班加点工资规定、国家有关的保险福利等政策因素。

（4）内部条件因素

企业制定薪酬策略时，要受到企业盈利状况及财务状况的制约，应该使股东、管理层和员工形成多赢的局面。如果企业盈利状况很好，财务现金流充足，实行竞争性薪酬，应适当拉开内部员工收入差距；如果企业盈利状况较差，财务现金流紧张，那么就不应该实行过高的薪酬水平，同时内部员工收入差距也不宜过大，以保持员工思想稳定。

专家提示

无论企业采用何种发展战略以及处于何种发展阶段，薪酬绩效体系建设都要着眼于公司发展战略，强化领导责任，强调过程控制，促进团队协作，管理务实有效。

（二）薪酬结构策略

1. 岗位和个人薪酬水平空间

对于岗位和个人薪酬水平空间，不同的企业有不同的理解，一岗一薪、一岗多薪、宽带薪酬就是不同的薪酬策略。对于实行一岗一薪制的企业而言，认为只要岗位相同就应该获得相同的报酬，不考虑个人能力、资历的差别；一岗多薪制在坚持以岗定酬的同时，考虑个人能力、资历的差别因素，因此更注重内部公平性；而宽带薪酬则给员工薪酬足够的晋升空间，因此更关注激励作用。

选择什么样的薪酬策略，取决于企业的企业文化、行业特性、岗位特征等多种因素。一般情况下，应该给员工一定的薪酬晋升空间，薪酬空间的大小与岗位的工作性质有关。对于专业技术岗位以及基层管理岗位员工，薪酬晋级空间应该较大，薪酬带宽可以超过50%，甚至达到100%；但对于中高层管理岗位，晋升空间一般不宜太大，应该更多以绩效工资性质体现；对于普通操作岗位员工，晋升空间应该较小，一方面有利于公司节约成本，另一方面也有利于促进员工进行职业转换，获得更好的职业发展。

（1）一岗一薪制

一岗一薪制是指组织中每个岗位只对应一个具体的薪酬标准，也就是对应确定的工资等级，同岗完全同酬，同一岗位任职者不存在薪酬差别。表2-11所示为某生产制造企业一岗一薪制工资表。

表2-11 某生产制造企业一岗一薪制工资表

岗位工资（元）	岗次	管理岗位	工人岗位
15573	十八	党委书记	
14370	十七	副总经理	
13164	十六	CXO、工会主席、董事会秘书	
11958	十五	副CXO	
9549	十四	销售部、采购部、职能部门部长、安全副部长、运行二部、三部、四部部长	
8103	十三	运行一部部长、运行二部、三部、四部副部长、公用工程部	
6900	十二	运行一部副部长、公用工程部、储运部副部长，运营维护中心、质检中心、计量中心副主任、生产调度主任	
5934	十一	副主任工程师	
5844	十	治安保卫员	

续表

岗位工资（元）	岗次	管理岗位	工人岗位
5574	九	女工主任	运行二部、运行三部、运行四部班长；公用工程部值长、汽机管理员
5463	八	运行二部、三部、四部工艺员、设备员、安全员；机动部设备员、安环部安全员、环保员	
5334	七	工会干事；财务部结算班长；行管部后勤管理员、厂区班长	储运部仓库班长、卸油班长；运行一部常减压班长、硫黄成型班长
5211	六	计量班长；公用工程部、储运部、运维中心工艺员	公用工程部水处理班长、丙烯酸班长、煤场班长、电气运行
5091	五	文字秘书；党群管理员、档案管理员；人力资源部人事管理员	质检中心、计量中心班长、工序长；行管部门卫班长
4974	四	采购部统计员、商务代表 - 原料油、采购执行；运行一部、二部、三部、四部、公用工程部内勤	运行一部常减压副操、制硫副操、污水汽提副操；运行二部汽油精制
4854	三	办公室行政秘书、行管部厂医 、销售部销售支持	公用工程部化水、循环水、水处理污水；质检中心化验员
4731	二		行管部服务员、炊事员、厨师
4608	一		行管部、运行部、生产部清洁工

一岗一薪制简单易行，好操作，无论是谁，只要在某个岗位就获得该岗位的报酬。例如采购部统计员工资是 4974 元，无论是新招聘者还是在该岗位任职七八年的老员工。

一岗一薪制不能反映员工能力、员工资历因素，对绩效考核优秀者也不能及时给予加薪激励，因此在公平和效率两个方面都不能很好地达到薪酬目标；一岗一薪制的另一个缺点是薪酬个体调整困难，除非整体上对岗位员工进行普调，否则针对个别岗位、个别员工的薪酬调整没有说服力。

一岗一薪制要求人岗匹配，适用于标准化程度高、技术较为单一、工作产出结果统一、岗位比较稳定的岗位或企业，比如生产线上的工人等。某些规模较小、员工人数不多的企业也可以实行一岗一薪制，毕竟操作简单，遇到较大问题时做薪酬整体调整即可。

（2）一岗多薪制

一岗多薪制克服了一岗一薪制的缺点，将岗位薪酬标准设定为一个范围，通常是岗位工资分为几个档序。表 2-12 为某投资公司一岗多薪制工资表。该公司行政主管岗位等级是四等，但工资档序可由 1 档到 6 档，对应岗位工资标准为 19100 元到 24400 元。

表 2-12 某投资公司一岗多薪制工资表

岗位层级	岗位等级	对应岗位	岗位工资标准（元）					
			1 档	2 档	3 档	4 档	5 档	6 档
公司领导	九	董事长、总经理	57800	60600	63700	66900	70200	73700
	八	副总经理	50700	53300	55900	58700	61600	64700
	八	三总师	48300	50700	53300	55900	58700	61600
高层	七	总助	44000	46200	48500	50900	53500	56100
	七	副总师	41900	44000	46200	48500	50900	53500

续表

岗位层级	岗位等级	对应岗位	岗位工资标准(元)					
			1档	2档	3档	4档	5档	6档
中层	六	投资管理部主任、工程管理部主任、资金与融资管理部主任、安全与生产管理部主任	36500	38300	40200	42200	44300	46500
	六	公司办公室主任、人力资源部主任、企业发展部主任、财务与产权部主任、党群工作部主任	34700	36500	38300	40200	42200	44300
	五	投资管理部副主任、工程管理部副主任、安全与生产管理部副主任	30600	32100	33700	35400	37100	39000
	五	公司办公室副主任、人力资源部副主任、企业发展部副主任、财务与产权部副主任、党群工作部副主任、高级投资经理、高级融资经理	29100	30600	32100	33700	35400	37100
	五	主任助理、高级工程经理、安全与生产管理部主任工程师	26400	27700	29100	30600	32100	33700
主管级	四	投资经理、生产主管、工程主管、安全主管、商务主管、人力资源主管、审计主管、财务主管、工程经理	20100	21100	22200	23300	24400	25700
	四	产权主管、行政主管、技术专责、计划管理主管、企业管理主管、纪检主管、培训主管、信息档案主管、资金主管、风险内控主管	19100	20100	21100	22200	23300	24400
员级岗位	三	投资助理、技术专员、会计、人力资源专员	12200	12800	13400	14100	14800	15500
	三	资金专员、工程助理、党务工会专员	11600	12200	12800	13400	14100	14800
	三	出纳、文书	10500	11000	11600	12200	12800	13400
	三	行政专员	9520	10000	10500	11000	11600	12200
	二	司机	9050	9500	9970	10500	11000	11500

需要注意的是，员工岗位晋升意味着职位等级（职等）的晋升，而员工工资档序的晋升不以岗位晋升为前提。

专家提示

一岗多薪制可以考虑员工能力、员工资历、员工业绩等多种因素，在薪酬激励作用和公平目标方面都强于一岗一薪制。一岗多薪制的操作比一岗一薪制复杂，对企业管理水平提出了较高要求。

一岗多薪制的特点如下。

① 一岗多薪制能使同一岗位不同任职者的工资有所差别，可以实现同岗不同薪（这并不违反劳动法同岗同酬规定）；对能力高、资历深的员工给予更高工资档序，给予能力稍差员工较低工资档序，在某种程度上更能体现内部公平；员工工资档序有晋升空间，这在某种程度上会带来激励效应。

② 一岗多薪制岗位工资等级档序可以根据能力确定，这样可以鼓励大家提升能力；也可以根据资历确定，增强员工忠诚度，同时也更加公平；还可以根据业绩确定，激励大家提高业绩，促进组织目标的实现。

在日常的薪酬管理中，一岗多薪制可以进行薪酬的整体调整和个体调整。个体薪酬调整可以根据员工的资历进行，如任职年限、工龄、职称等因素；也可以根据绩效考核结果进行，考核结果优秀者可以晋档，考核不合格者降档，或者根据考核结果计算分数，分数达到一定标准就予以晋档。

专家提示

一岗多薪制比一岗一薪制更能体现任职者能力、资历、业绩等因素，更适合大多数能力素质要求高、工作内容比较丰富的岗位，因此得到了广泛的应用。

（3）宽带薪酬

一岗一薪制和一岗多薪制从本质上都是把各序列员工根据岗位层级以及岗位价值划分为不同职等，再根据岗位任职能力、资历、业绩等因素划分为不同的工资等级，因此对于某个任职者而言，岗位工资就是几等几级，这是严格的等级设计思想，也是垂直型的薪酬形式。

宽带薪酬是指对多个薪酬等级以及薪酬变动范围进行重新组合，从而变成相对较少的职等以及相应较宽的薪酬变动范围。宽带薪酬压缩了薪酬职等，将原来十几个甚至几十个薪酬职等压缩成几个职等，每位员工对应的不再是具体的薪酬数值，而是一定的范围。

一种典型的宽带薪酬结构可能只有4～8个职等。薪酬带宽等于工资最大值减去最小值的差除以最小值。传统等级制薪酬的带宽一般低于50%，但宽带薪酬则可以达到200%甚至更多。等级差是职等间工资增长幅度，根据外部竞争性和内部一致性来确定；重叠度是相邻职等薪酬范围的重合比例。

表2-13是某工程企业宽带薪酬数据。该企业岗位划分为管理岗位序列、设计岗位序列和项目岗位序列三个序列，每个序列分为四等。

表2-13 某工程企业宽带薪酬数据

岗位序列和等级		岗位名称	最低	中位	最高	带宽	等级差	重叠度
管理岗位序列	四等	总经理	14400	28800	43200	200%		
	三等	部门经理	7200	14400	21600	200%	1	0.5
	二等	部门主管	3600	7200	10800	200%	1	0.5
	一等	部门员工	1800	3600	5400	200%	1	0.5
设计岗位序列	四等	资深设计师	11500	22900	34400	200%		
	三等	高级设计师	7200	14300	21500	200%	0.6	0.7
	二等	中级设计师	4500	9000	13400	200%	0.6	0.7
	一等	初级设计师	2800	5600	8400	200%	0.6	0.7
项目岗位序列	四等	项目经理	14000	28000	42000	200%		
	三等	项目部门经理	7800	15600	23300	200%	0.8	0.6
	二等	项目主管	4300	8600	13000	200%	0.8	0.6
	一等	项目员工	2400	4800	7200	200%	0.8	0.6

管理岗位序列、设计岗位序列、项目岗位序列各等级工资数据范围如图 2-20 所示。

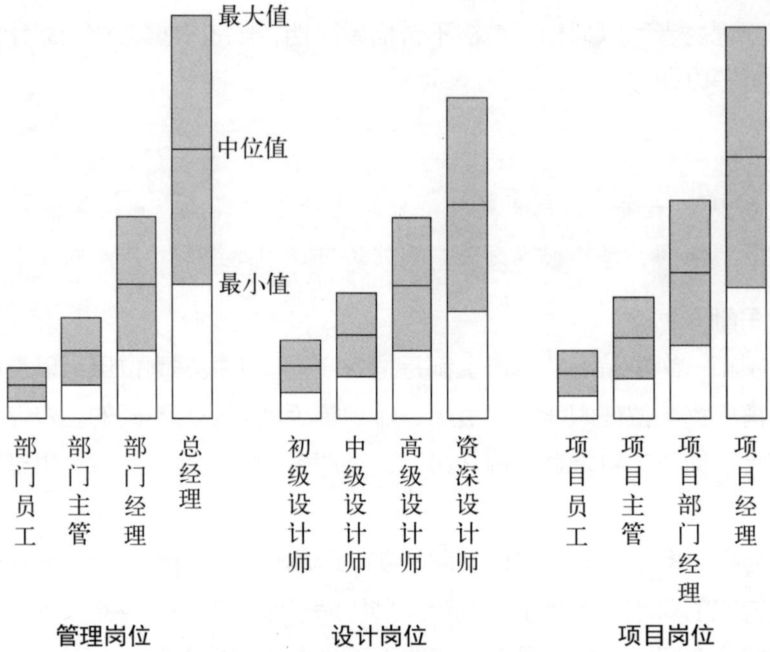

图 2-20　宽带薪酬示意图

与传统的等级薪酬模式相比，宽带薪酬模式具有以下特征。

① 宽带薪酬打破了传统薪酬结构所维护和强化的等级观念，减少了工作之间的等级差别，有利于企业提高效率以及创造学习型企业文化，有助于企业保持自身组织结构的灵活性以及更有效地适应外部环境。

② 引导员工重视个人技能的增长。在传统等级薪酬结构下，员工的薪酬增长往往取决于个人职务的提升而不是能力的提高，即使能力达到了较高水平，如果企业中没有空缺岗位，员工仍然无法晋升到更高岗位并获得更高的薪酬。而宽带薪酬打破了原来只有岗位晋升才能大幅加薪的模式，给予员工较大的薪酬空间，有利于员工技能的不断提高。

③ 适合组织结构扁平化发展趋势。宽带薪酬制度淡化了等级观念，有利于组织成员之间开展团队合作，提高企业效率，适应现代企业扁平化发展趋势的需要。

④ 宽带薪酬制度以市场为导向，要求企业管理者有较高的管理水平和责任感，否则宽带薪酬会带来员工定薪的随意性，会引起内部不公，同时增加企业人工成本。

专家提示

宽带薪酬在外资企业得到了广泛应用，在国内企业操作实践中，很多企业只是借鉴了宽带薪酬的指导思想，完全按照外企模式操作实施的，往往存在诸多问题。究其原因，系统的宽带模式有两个假设前提：其一，各级管理者都是负责的，需要对上一级承诺业绩达成，也需要严格指导、监督、评价下属业绩完成；其二，各级管理者都是有能力的、称职的，能合理地给下属制定目标，准确地评价其业绩，自然能决定下属合理的薪酬水平。基于这样的前提，虽然薪酬带宽很宽，但操作实施中随意性不会很大，管理者也不会感到困难。

专家提示

西方企业组织结构是严格的等级制，很少有越级汇报及跨级指挥现象。为了解决决策效率低下的问题，组织结构扁平化成为发展趋势。宽带薪酬适应了组织结构扁平化的这种需要，因此得到了广泛的应用。

中国企业越级汇报和跨级指挥现象普遍存在，在这方面不存在决策效率低下问题，尝试组织结构扁平化大都不会取得理想的效果。另外，组织结构扁平化降低了岗位晋级机制的激励效应，影响了基层员工培训发展的积极性，因此企业实行组织结构扁平化一定要慎重。

2. 薪酬内部差距问题

薪酬内部差距的本质是内部一致性问题。传统上，这一问题主要依靠岗位评价来解决。岗位评价的方法很多，国外知名人力资源咨询公司往往都有自己的岗位评价工具，这些工具是其在薪酬设计领域具有竞争力的原因之一。水木知行也开发了简单适用的岗位评价工具。在薪酬设计实践中，单靠岗位评价设计出好的薪酬体系是非常困难的。岗位评价到底能解决哪些问题，有没有更好的方法来解决这些问题，是我们应该深入思考的问题。

岗位评价的作用受到制约最主要的原因首先在于人岗匹配问题，如果岗位任职者能力素质严重低于岗位要求，而企业的行业地位和发展阶段又决定了企业会长期处于人力资源严重不足的状态，这种情况下岗位评价结果如何应用非常棘手。其次，岗位评价有效性依赖于以岗定酬的假设，在知识密集型产业以及目前的互联网行业，人有多大的能力，就有多大的空间和舞台，严格实行岗位定酬制度，会抑制优秀员工的积极主动性，不利于员工潜能的挖掘。薪酬内部差距应该考虑企业规模、企业文化、企业效益以及行业市场薪酬水平等多种因素。

一般来讲，企业规模越大，最高薪酬和平均薪酬相比倍数就越大；企业规模小，企业最高薪酬和平均薪酬相比倍数就小一些。平均主义企业文化薪酬差距小，业绩导向的企业文化薪酬差距大。公司效益好，薪酬差距大一些；公司效益不好，薪酬差距应该小一些。

企业内部薪酬差距还应考虑行业市场薪酬水平因素。某些行业员工薪酬收入差距大，比如金融、地产等行业；某些行业员工收入差距小，比如商业企业、餐饮企业等。这是因为，一方面，不同行业之间低职位员工收入差距不应过大，这些岗位具有普遍性、替代性的特点，如司机、会计等岗位；另一方面，不同行业高职位员工收入差别很大，这是由人才供给不足以及对技能要求不同决定的，如建筑工程师的收入一般高于机械工程师的收入水平，建筑行业薪酬差距一般比机械行业、普通服务行业的大。

专家提示

薪酬内部差距包括不同层级薪酬差距、同一层级不同岗位、同一岗位不同任职者三个层面。不同层级薪酬差距不必用岗位评价来解决，每个层级选择若干标杆岗位，标杆岗位薪酬确定后，不同层级薪酬差异就确定下来了；同一层级不同岗位薪酬差距主要通过岗位评价来解决；同一岗位不同任职者薪酬差距是薪酬带宽问题，通过制定不同的薪酬策略来解决。因此岗位评价方法不必太复杂，简单、适用、满足要求即可。

（三）薪酬水平策略

薪酬水平是外部竞争性问题。企业通常通过外部薪酬调查来解决薪酬外部竞争性问题，考虑当地市场薪酬水平以及竞争对手薪酬水平，来决定企业的薪酬水平。企业也可以参考市场薪酬数据库，很多知名咨询公司都有自己的薪酬数据。如何获取、整理、使用这些数据非常关键，大多咨询公司的薪酬数据库都是以岗位为基础的，水木知行薪酬数据库是以能力为基础的。人力资源管理正在由以岗位为基础向以能力为基础进行转变，因此构建以能力为基础的薪酬数据库，对于指导薪酬设计具有非常重要的意义。

企业可采取的薪酬水平策略主要有市场领先策略、市场跟随策略、成本导向策略和混合薪酬策略。

① 市场领先策略是指薪酬水平与同行业竞争对手相比处于领先地位，往往适用于以下情况：市场处于扩张期，有很多市场机会和成长空间，对高素质人才需求迫切；企业自身处于高速成长期，企业薪酬支付能力比较强；企业在同行业市场中处于领导地位等。

② 市场跟随策略指薪酬水平在同行业竞争对手中处于前列，但不是最有竞争力的，往往适用于以下情况：一是企业找准了自己的标杆企业，企业的经营与管理模式都向标杆企业看齐，同样薪酬水平跟标杆企业也差不多；二是企业在行业内处于绝对领导地位，企业可以给员工更多的发展机会和能力成长空间，因此实行市场跟随策略就能吸引和留住优秀人才。

③ 成本导向策略指企业在制定薪酬水平时不考虑市场和竞争对手的薪酬水平，只考虑尽可能节约企业生产、经营和管理的成本，这种企业的薪酬水平一般比较低。采用这种薪酬水平的企业，在发展战略上一般实行的是成本领先战略。

④ 混合薪酬策略是指针对不同部门、不同岗位序列、不同岗位层级，采用不同的薪酬策略。通常情况下，对于企业核心与关键性人才和岗位采用市场领先薪酬策略，而对一般人才、普通岗位则采用其他薪酬策略。

专家提示

只有核心业务岗位才有薪酬水平策略问题，·关注核心业务岗位的市场薪酬水平非常重要。对于其他非核心业务岗位，解决问题的关键是内部一致性，也就是内部公平问题，参照核心业务岗位人员薪酬水平确定其他岗位人员薪酬水平。

（四）薪酬构成策略

固定工资、绩效工资、奖金和津贴补贴可以划分为两类，即固定部分薪酬（固定工资和津贴补贴）和浮动部分薪酬（绩效工资和奖金）。在一个企业中，固定部分薪酬占主体还是浮动部分薪酬占主体，是薪酬设计中很关键的问题。企业经常采用的薪酬构成策略有弹性薪酬模式、稳定薪酬模式和折中薪酬模式。

（1）弹性薪酬模式

薪酬主要根据员工绩效决定，薪酬固定部分如基本工资、津贴补贴、保险、福利等所占比例较小，浮动部分薪酬如绩效工资、奖金等所占比例较大。弹性薪酬通常采取计件或提成工资制，是激励效应比较强的薪酬方式，但这种方式会使员工缺乏职业安全感，员工流动性比较大；此外，尽管员工的主动性、积极性比较高，但员工忠诚度一般较低；采取弹性薪酬模式，员工往往具有较大的压力。

（2）稳定薪酬模式

薪酬主要取决于工龄与企业的经营状况，与个人的绩效关联不大，员工收入相对稳定。薪酬固定部分如基本工资、津贴补贴、保险、福利等所占比例很大，浮动部分薪酬如绩效工资、奖金等所占比例很小。稳定薪酬模式会使员工有较强的安全感，但激励性差，企业的人工成本一般较高，适合稳定经营的企业；员工的忠诚度一般较高，但员工的主动性、积极性一般不是很高；员工一般不会感觉到工作压力。

（3）折中薪酬模式

弹性薪酬模式和稳定薪酬模式是比较极端的情况，一般情况下企业会采取折中薪酬模式，即薪酬主要取决于任职者岗位以及绩效状况，与团队、个人的绩效有一定关联，员工大部分收入相对稳定。薪酬固定部分与浮动部分比例比较适中。折中薪酬模式兼顾了弹性薪酬与稳定薪酬的优点，员工具有一定的压力，工作主动性、积极性得到提升，员工的忠诚度也比较高。

（4）三种薪酬模式对比

三种薪酬模式的特点比较见表 2-14。

表2-14 三种薪酬模式特点比较

薪酬模式	弹性薪酬模式	稳定薪酬模式	折中薪酬模式
与绩效挂钩程度	强	弱	中
激励效应	强	弱	中
员工主动性	强	弱	中
员工压力	大	小	中
员工忠诚度	弱	强	中
员工流动率	大	小	中

专家提示

传统薪酬设计理论认为弹性薪酬模式更能激发员工积极性，应该得到更广泛的应用，但从实际效果来看，职位晋升和工资晋级是更重要的激励；实行弹性薪酬，员工面临更大的压力，如果外部环境不确定性大，企业往往面临骨干员工流失的风险。把本该由企业承担的风险转嫁给员工、期望控制人工成本的做法是不明智的。

管理小案例：华为薪酬管理16字要诀

华为公司职位与薪酬管理的具体过程，可以用16个字来概括：以岗定级、以级定薪、人岗匹配、易岗易薪。

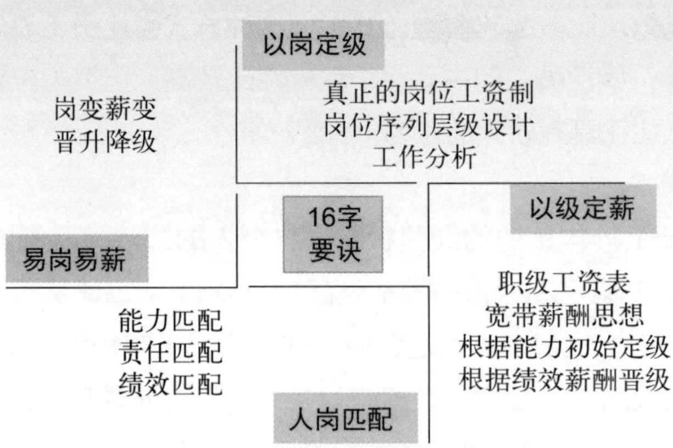

对于每一个级别、每一个岗位工资的确定，既要考虑对外的竞争性，也要考虑内部的可支付能力和公平性。

1.以岗定级：建立职位和职级的关系

以岗定级，是通过职位职级表来确定的：每一个职位会确定一个对应的职级，这个职级就是这个岗位对企业贡献的价值评估，包括对组织绩效的评估、对岗位价值的评估和对任职者个人的评估。

这里华为做了两件事情：第一，对于每一类岗位确定岗位序列，例如研发岗位序列、市场岗位序列等，其中，研发岗位序列又包含了助理工程师、工程师、高级工程师等渐进的职位；第二，对职位序列进行评估，评估的重点在于职位应负的责任是什么、控制的资源是什么、产出是什么，以及这个岗位面对的客户和环境的复杂性程度是怎样的，承担这个岗位的人需要什么样的知识、技能和经验等。这里面最主要的是通过职位承担的岗位职责和产出来进行衡量，衡量的结果用一个职级的数字来描述。做完了这两步，就建立了一个职位和职级的对应关系。

2. 以级定薪：界定工资范围

以级定薪实际上就是一个职级工资表。

华为的薪酬使用的是宽带薪酬体系：对于每一个级别，从最低到最高都有长长的带宽，每一个部门的管理者可以根据绩效在这个带宽里面对自己的员工进行工资调整。在同一级别里面，可以依据员工的绩效表现，在每年的公司例行薪酬审视中，或者当员工做得特别优秀时提出调薪申请。由于不同级别之间的薪酬区间存在重叠，员工即使不升级，只要持续贡献，绩效足够好，工资也可以有提升空间，甚至超过上一级别的工资下限，这样有利于引导员工在一个岗位上做实、做深、做久，有助于岗位稳定性。所以，以级定薪就是对每一个级别在公司能拿多少工资进行界定。每一个主管可以根据以岗定级来确定员工的职级，然后在对应级别上确定员工的工资范围。

每个企业都可以设置自己的职位薪酬管理模式。相对于职位薪点管理或者窄带薪酬管理模式，这种宽带薪酬的方式，对于管理者的管理能力及其对员工的把握、对调薪的把握，要求比较高。

3. 人岗匹配：人与岗位责任的匹配评估

所谓人岗匹配，指的就是员工与岗位所要求的责任之间的匹配，以确定员工的个人职级及与岗位的符合度。人岗匹配最核心的是看他的绩效是否达到岗位的要求，行为是否符合岗位职责的要求。另外，还包括一些基本条件，比如知识、技能、素质、经验等。

如果出现岗位调动，一般来说，人岗匹配是按照新的岗位要求来做认证。认证往往都在新岗位工作三个月或半年以后才进行，而不是调动之后立即进行。等到人岗匹配完成后，根据新岗位要求的适应情况确定员工的个人职级及符合度，再决定相应的薪酬调整。

4. 易岗易薪：关注职级和绩效

如何在人岗匹配之后确定薪酬的调整，就是“易岗易薪”要解决的问题了。

易岗易薪针对的是岗位发生变化的情况，一种是晋升，另一种是降级。晋升的情况，如果员工的工资已经达到或超过了新职级工资区间的最低值，他的工资可以不变，也可以提升，主要看他的绩效表现；如果尚未达到新职级工资区间的下限，一般至少可以调整到新职级工资区间的下限，也可以进入到区间里面，具体数额也取决于员工的绩效表现。降级的情况，也是根据员工的绩效情况，在新职级对应的工资区间内确定调整后的工资，如果降级前工资高于降级后的职级工资上限，需要马上降到降级后对应的职级工资上限或者以下。

第三章

薪酬水平和薪酬结构设计

薪酬水平设计和薪酬结构设计是薪酬设计过程中的关键步骤。薪酬水平问题是解决外部竞争性问题，在薪酬设计中是比较棘手的问题。科学、合理地设计不同层级、不同岗位、同一岗位不同任职者的薪酬差距，是薪酬结构问题面临的巨大挑战。

在很多情况下，薪酬水平问题不是最关键的问题，因为企业实行薪酬政策受到多方面的制约，最大的制约因素就是历史薪酬水平及现状。过于追求岗位的实际市场薪酬水平的成本是非常高的，也没有必要。

薪酬调查是为了解决外部公平问题，使员工薪酬与外部市场接轨，激发员工的积极性，避免优秀人员流失。

岗位评价是解决内部一致性问题尤其是不同岗位之间薪酬差距的一种方法。

3PM 薪酬设计步骤包括岗位体系设计、标杆岗位选取及标杆岗位市场薪酬数据获取、薪酬等级表设计、标杆岗位薪酬确定、其他岗位薪酬设计、工资套档设计几个方面。3PM 薪酬设计关注的是基准工资等级（最低档），带宽（档数多少）根据薪酬政策由制度规定，比传统设计关注档位的中间值更有效，实操更方便。

3PM 薪酬体系依托于职级体系，又是一个单独的体系，能适应企业发展战略，具有激励效应，可解决内外部公平问题，同时有利于人工成本控制。

一、薪酬调查及传统薪酬设计方法

（一）如何进行薪酬调查

薪酬调查是指企业运用各种手段，搜集薪酬管理、薪酬设计所需的宏观经济、区域、行业（包括竞争对手）以及企业内部有关信息，为企业制定薪酬策略、进行薪酬设计、实行薪酬调整提供依据的过程。

1. 薪酬调查的作用

（1）为企业薪酬水平设计和调整提供依据

企业需要对员工的薪酬水平定期进行调整，进行调整的主要依据之一就是人力资源市场价格情况。掌握区域、行业的薪酬水平，尤其是核心业务岗位薪酬水平，对企业薪酬水平设计和薪酬水平调整具有非常重要的意义。薪酬设计过程往往是根据市场薪酬以及目前薪酬水平确定典型岗位薪酬，再根据典型岗位薪酬以及岗位评价结果确定其他岗位薪酬。

（2）为企业薪酬结构设计和调整提供依据

薪酬结构反映着薪酬内部差异性，掌握外部人力资源市场价格对企业薪酬等级数目以及薪酬等级差距的确定具有重要作用。薪酬结构设计可以解决内部一致性问题。

（3）为企业薪酬构成设计和调整提供依据

不同的薪酬元素具有不同的作用，掌握区域、行业的薪酬特点，能使薪酬设计和调整更符合员工需求；在使员工满意的前提下，适当增加浮动薪酬比例，将员工切身利益与企业利益紧密联系起来，可以增强薪酬的激励效应。

（4）评估竞争对手的人力资源成本

在市场经济中，了解竞争对手的产品定价是非常重要的。了解竞争对手的薪酬水平，估算对手的劳动力成本，这对企业制定有针对性的竞争策略具有非常重要的作用。

（5）检验岗位评价结果有效性

薪酬调查还可以检验公司岗位评价的准确性。通过典型岗位薪酬水平与岗位评价分数的回归分析，如果某些岗位偏离市场薪酬线太远，那么可能对这个岗位的评价有失公允，需重新审视评价过程，修正评价结果。

2. 薪酬调查内容

① 国家宏观经济政策及国民经济发展有关信息，包括国家财政政策、货币政策、消费者物价指数（CPI）、国内生产总值增长率等，这些信息对企业制定和调整薪酬政策都具有非常重要的作用。

② 区域内同行业企业尤其是竞争对手的薪酬策略、薪酬水平、薪酬结构、薪酬构成以及变化情况。如果区域内没有同行业企业，可参照其他区域同行业企业。

③ 区域内同行业标杆岗位市场薪酬数据。如果没有相应数据，可以调查区域内相关

行业有关岗位的薪酬数据，或者其他地区同行业有关岗位的薪酬数据。

④ 上市公司有关薪酬数据调查分析。分析同行业上市公司员工薪酬水平，尤其是高层管理人员薪酬水平，非常重要。

⑤ 企业薪酬管理现状调查。调查员工对企业目前薪酬管理方面的意见和建议，了解员工对薪酬体系的哪些方面不满，从而为薪酬设计提供基础信息。

3. 薪酬调查方法

（1）外部公开信息查询

可以查看政府及有关人力资源机构定期发布的人力资源有关数据，包括岗位供求信息、岗位薪酬水平、毕业生薪酬、行业薪酬、区域薪酬数据；也可以查看上市公司高管薪酬数据。这些薪酬数据对企业薪酬政策及薪酬水平的制定有参考意义。水木知行官网定期发布专业技术和管理岗位竞争性薪酬指数，比如，本科毕业 1 年、本科毕业 5 年和本科毕业 10 年的竞争性薪酬水平数据；水木知行官网亦可免费查询专业技术、职能管理领域 28 个核心岗位的薪酬数据。

（2）企业合作式相互调查

同行业企业之间建立合作关系，共享薪酬数据有关资料信息，同时可以共同开展薪酬调查活动，这样可以节约成本，共同受益。

（3）招聘时采用问卷调查及面谈期望薪酬等方式

一般情况下，这个信息的准确度还是比较高的，因为大多数应聘者对行业内该岗位薪酬水平是有了解的，同时也会非常慎重地提出薪酬要求。如果企业经常因为薪酬原因不能招聘到最优秀的员工，那么说明企业提供的薪酬水平的确没有竞争力。

（4）聘请专业的市场调查公司进行

可以委托专业市场调查公司来进行。这种方法数据准确，但成本高。

（5）外部数据购买

向专业薪酬服务机构购买有关薪酬数据。很多市场调查公司、咨询公司都有自己的薪酬数据库，薪酬数据库往往按区域、行业、岗位、时间编排，可以查询任意区域、任何行业、任何岗位有关的薪酬数据以及变化趋势数据。

4. 薪酬调查过程

薪酬调查过程包括确定薪酬调查目的、确定调查范围、选择调查方式、薪酬数据筛选修正以及薪酬数据分析处理等几个环节。

（1）确定薪酬调查目的

要根据薪酬调查的目的制订具体的薪酬调查计划。通常，薪酬调查可以用于薪酬整体水平的调整、薪酬结构的调整、薪酬构成的调整、薪酬支付政策的调整以及薪酬晋级政策的调整等方面。针对不同的目的，薪酬调查应该有所侧重。

（2）确定调查范围

根据调查的目的，有针对性地确定调查范围。调查范围包括调查岗位、调查内容两个方面。

① 典型岗位选择。在市场薪酬调查中，典型岗位市场薪酬调查是最重要的方面。典型岗位就是组织中能够直接与外部市场薪酬状况进行比较的岗位，原则上不应选择过多，否则会增加薪酬调查的成本。

专家提示

一般情况下，企业薪酬调查针对不同序列、不同层级岗位分别选择1～2个典型岗位即可。典型岗位一般分为两类：一类是体现行业特点的核心业务岗位，如房地产企业的建筑设计师；另一类是不同行业通用的岗位，如会计、人力资源主管等。

② 薪酬调查内容。典型岗位薪酬调查内容包括组织基本信息、有关岗位信息两部分。组织基本信息包括企业名称、所在区域、所属行业、组织规模、组织结构及财务状况等方面。岗位信息包括岗位职责、任职资格、任职者经验资历、薪酬数据（固定工资、绩效工资、奖金、福利）以及最新薪酬变动情况。

（3）选择调查方式

根据确定的调查岗位和调查内容，选择合适的调查方式，获得真实、有效的样本数据。需要注意的是，每个岗位需要选择若干个调查对象，一般情况下，每个岗位20个以上的数据才具有统计意义。

在选择调查对象时，首先选择区域内同行业有关数据。如果区域内同行业数据不足，那么可以对其他区域或其他行业有关数据进行调查。

（4）薪酬数据筛选修正

外部薪酬数据调查完成后，就要对薪酬数据进行检验分析，核对岗位匹配程度，判断调查对象的岗位职责是否与本公司的相匹配，如果岗位职责差别太大，即使岗位名称相同，也应当作无效样本剔除。

对于岗位职责比较匹配的数据，还应进行区域匹配、行业匹配及任职资格匹配分析，对薪酬数据进行修正。根据匹配情况，修正系数取1.2、1.1、1、0.9和0.8。下面以区域匹配为例进行说明，其他匹配同理进行。

如果调查区域薪酬水平明显低于企业所在地，修正系数取1.2；如果调查区域薪酬水平稍微低于企业所在地，修正系数取1.1；如果调查区域薪酬水平与企业所在地基本持平，修正系数取1；如果调查区域薪酬水平稍微高于企业所在地，修正系数取0.9；如果调查区域薪酬水平明显高于企业所在地，修正系数取0.8。

（5）薪酬数据分析处理

按上述方法将数据进行修正后，每个典型岗位薪酬对应着一系列数据，将这些数据从低到高排序，找出典型岗位对应的 25% 分位、50% 分位、75% 分位的薪酬数据，如表 3-1 所示。

表 3-1　设计师岗位市场薪酬调查数据

来源	初级设计师	中级设计师	高级设计师	资深设计师
数据 1	1800	2500	3300	4800
数据 2	2000	2600	3200	5000
数据 3	1600	2400	3500	5600
数据 4	1700	3000	3800	3900
数据 5	1900	2100	3000	4900
数据 6	2600	1900	2900	5000
数据 7	1900	1700	3100	5500
数据 8	1700	3200	3600	6000
数据 9	2300	2500	3000	3900
数据 10	2200	2600	2800	4400
25% 分位数据	1700	2000	2950	4150
50% 分位数据	1900	2500	3150	4950
75% 分位数据	2250	2800	3550	5800

（二）市场薪酬线、薪酬政策线及传统薪酬设计方法

1. 市场薪酬线

将典型岗位评价分数做自变量，典型岗位薪酬数额做因变量，经线性回归可以得到一条直线，这条直线称为市场薪酬线，如图 3-1 所示。市场薪酬线对薪酬水平设计具有重要的指导意义。由于每个典型岗位都有很多薪酬数据，一般取平均值或中位值作为这个典型岗位的薪酬数额。

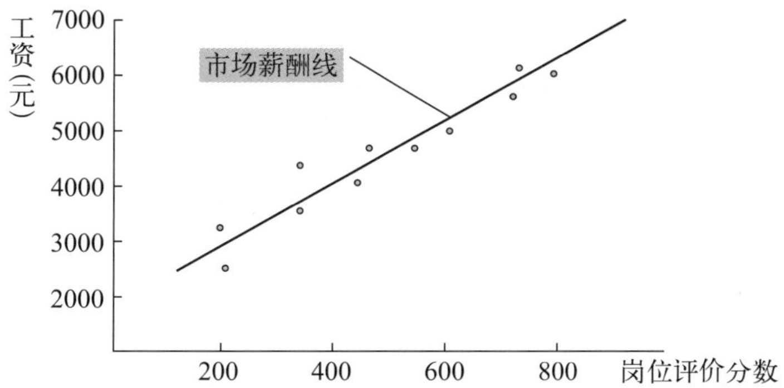

图 3-1　市场薪酬线

除上述市场薪酬线外，还可以绘制 25% 分位、50% 分位、75% 分位市场薪酬线，分位市场薪酬线对薪酬水平设计更加具有指导意义。图 3-2 就是图 3-1 对应数据的 25% 分位、50% 分位、75% 分位市场薪酬线。

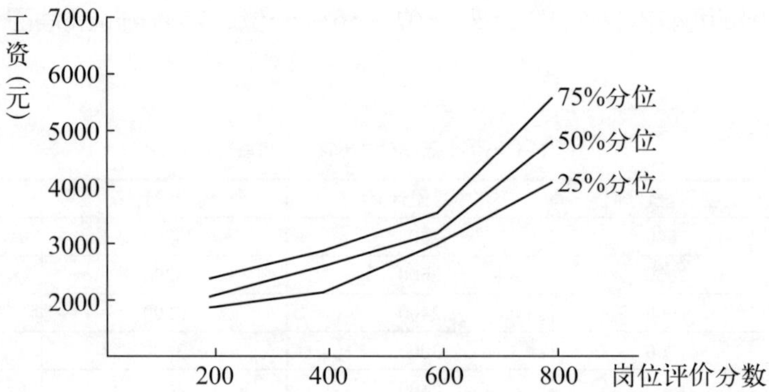

图 3-2　分位市场薪酬线

典型岗位评价分数如表 3-2 所示。

表 3-2　典型岗位评价分数

岗位	初级设计师	中级设计师	高级设计师	资深设计师
岗位评价分数	192	299	428	514

分位市场薪酬线可以采用线性回归方式作出，也可以采用分段折线形式作出。分段折线形式能表达出不同层级薪酬的差异性，表达的信息更多，因此在数据比较多的情况下，可以作出折线形式的分位图。

市场薪酬线将市场薪酬数据与代表岗位价值的岗位评价分数联系起来。市场薪酬线描述了外部市场为类似岗位支付的工资是多少，同时也为其他没有参与市场薪酬调查的岗位薪酬确定提供依据。这样一方面解决了外部竞争性问题，另一方面也可以解决内部公平性问题。

2. 薪酬政策线

根据市场薪酬线，结合企业的薪酬策略，可以制定薪酬政策线。薪酬政策线反映企业薪酬水平政策和薪酬结构政策两个方面的内容，是用于指导企业薪酬设计的重要工具。

图 3-3 中 a，b，c，d 四条直线分别反映不同的薪酬政策。

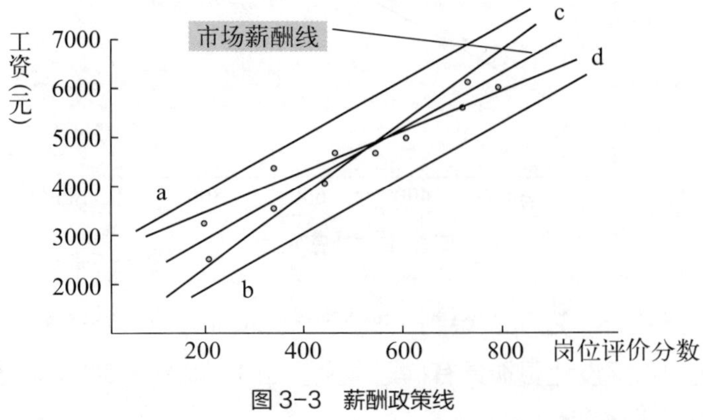

图 3-3　薪酬政策线

a 线和 b 线与市场薪酬线是平行的，因此 a 线和 b 线薪酬结构政策和市场是一致的，不同层级之间薪酬差距和市场一致。但 a 线反映的薪酬水平高于市场平均值，是竞争性薪酬策略；而 b 线反映的薪酬水平低于市场平均值，薪酬没有竞争力。

c 线和 d 线反映的整体薪酬水平与市场是一致的，但薪酬结构不一样。c 线斜率更大一些，反映不同职等间薪酬差距大于市场平均水平，低职位员工薪酬低于市场平均水平，高职位员工薪酬高于市场平均水平；而 d 线斜率更小一些，反映不同职等间薪酬差距小于市场平均水平，低职位员工薪酬高于市场平均水平，高职位员工薪酬低于市场平均水平。

专家提示

薪酬水平问题是解决外部竞争性问题。需要指出的是，在很多情况下，外部薪酬水平并不是最关键的问题，因为企业实行薪酬政策受到多方面的制约，最大的制约因素就是历史薪酬水平及现状。过于追求岗位的实际市场薪酬水平的成本是非常高的，也没有必要。

以下几点需要注意：

第一，只有经过几次因为薪酬水平原因没能招募到企业看中的优秀人才，才能确定企业这个岗位的薪酬确实定低了；第二，即使某些岗位员工因为加薪得不到满足而离职，也不能轻易得出公司薪酬定低了的结论，因为该员工不一定在下一个工作会获得更高的薪酬，即使获得了更高的薪酬，也与某些岗位存在流动性溢价有关。

3. 传统薪酬设计方法

传统的薪酬设计步骤，是制定薪酬政策线，根据岗位评价结果将岗位分类分等，根据岗位评价分数确定各个岗位薪酬中值，确定各个岗位薪酬浮动幅度及薪档数目等几个方面。这几个因素确定后，薪酬变动比率、薪档数目以及薪档档差就都确定下来了。

$$薪酬变动比率=(薪酬最大值-薪酬最小值)\div 薪酬最小值\times 100\%$$

一般情况下，薪酬最大值和最小值是根据薪酬中位值以及薪酬变动比率计算出来的：

$$薪酬最小值=薪酬中位值\div(1+薪酬变动比率\div 2)$$

$$薪酬最大值=薪酬中位值\div(1+薪酬变动比率\div 2)\times(1+薪酬变动比率)$$

岗位薪酬最大值和最小值确定后，同一岗位薪酬一般设定若干薪档，薪档差可以等比设计，也可以等差设计。一般，等比设计级差为 5%～10%，等差设计根据企业薪酬策略可以分为 5～10 级。

薪酬设计示意如图 3-4 所示。

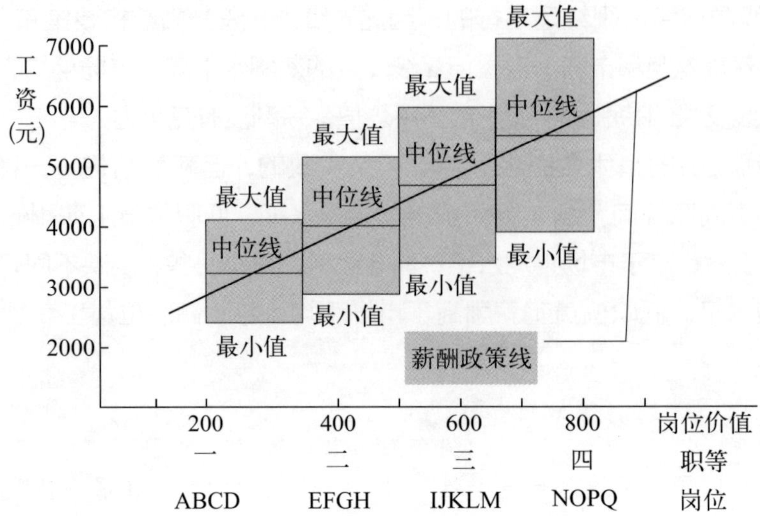

图 3-4 薪酬设计示意

前文介绍的绘制市场薪酬线、制定薪酬政策线来进行薪酬结构设计的方法比较复杂，对岗位评价要求较高，是较为传统的薪酬设计方法。具体案例可参见本章第三部分“薪酬设计实例”中某工程公司薪酬设计案例。

专家提示

只能用职级晋升才能解决员工薪酬增长的薪酬体系的应用比较广泛，但同时也存在着非常大的问题：往往不能真正体现岗位的差别，对薪酬公平性有一定的影响。这种体系往往适用于快速发展、企业边界比较大、内卷严重的企业，企业的用人策略就是要么晋升，要么被淘汰。

（三）水木知行竞争性薪酬指数及薪酬数据库

1. 水木知行专业技术和管理岗位竞争性薪酬数据库

目前国内薪酬数据比较全的供应商有智联、无忧、太和等，传统上一般都是以岗位为基础提供各种分类统计数据。这里存在一个问题，同样一个人力资源部部长的岗位，集团公司总部和小规模企业对这一岗位的岗位职责、能力素质要求相差甚远，薪酬水平自然差距很大。因此，我们得到的报告经常是90%分位数据是50万元，50%分位数据是20万元，10%分位数据是8万元，用这样的数据指导薪酬设计，困惑和难度可想而知。产生困惑的根本原因在于人力资源管理正在由以岗位为基础向以能力为基础进行转变，而市场薪酬数据是最前端、最敏感的地带，因此迫切需要以能力为基础构建人力资源薪酬数据库。

另外我们还需要思考一个问题，为什么做薪酬调查？做薪酬调查到底要解决什么问题？

专家提示

薪酬调查是为了解决外部公平问题，使员工薪酬与外部市场接轨，激发员工的积极性，避免优秀人员流失。公司的发展离不开核心业务岗位员工，关注公司核心业务岗位以及关键岗位员工的市场薪酬水平是非常必要的，因为这些员工的流动不受区域甚至行业的限制。对于其他非核心业务岗位员工，一方面由于跨区域、跨行业流动受到一定限制，另一方面即使流失对公司的影响也有限，因此对于这些岗位更应该关注内部公平性问题。

水木知行关注专业技术、职能管理两个领域28个核心岗位的薪酬数据，样本选择大学本科相同或相近专业毕业后一直从事该领域工作的任职者薪酬水平。该薪酬本身就是具有竞争力的薪酬水平，因此水木知行专业技术及管理岗位薪酬数据被称为竞争性薪酬数据。这28个岗位中，专业技术岗位21个，职能管理岗位7个。在21个专业技术岗位中，生产制造领域8个，建筑施工领域4个，服务经营领域9个，见表3-3和表3-4。

表3-3 专业技术岗位

序号	行业类别	标准岗位
1	生产制造	生物工程
2		机械工程
3		电气工程
4		能源动力矿业工程
5		材料工程
6		食品科学工程
7		化学工程
8		纺织服装
9	建筑施工	建筑工程
10		建筑设计
11		工程造价
12		装潢设计
13	服务经营	软件工程
14		网络工程
15		电子信息工程
16		旅游管理
17		物流管理
18		金融投资
19		广告传媒
20		律师
21		翻译

表 3-4　职能管理岗位

序号	标准岗位
22	人力资源管理
23	行政管理
24	财务管理
25	销售管理
26	采购管理
27	质量管理
28	网络信息管理

水木知行将各个岗位根据实际工作年限、所需专业知识技能以及担负责任大小等因素分为 5 个能力等级（见表 3-5），各个岗位不同能力等级的薪酬数据信息对企业具有更大的指导价值。水木知行专业技术岗位和管理岗位竞争性薪酬数据的整理、使用是以能力为基础的，可以为薪酬设计提供更有效的依据。

表 3-5　水木知行能力等级评定标准

能力等级	岗位层级	工作年限	专业知识和技能	责任担当	能力素质
能力 1 级	初级职员，初级专业技术人员，各类操作工或技术学徒工	专业工作经验一般在 2 年以内	具备相关岗位基本的专业知识，掌握一定的工作技能，但有较大提升空间	在上级的安排和指导下从事某项具体工作	能力素质侧重个人品德、职业素养等“个性品质”方面以及思维感知、沟通交流等“基本技能”方面
能力 2 级	中级职员，中级专业技术人员，各类技术熟练工，基层管理者	专业工作经验 2 年以上	具备相关岗位全面的专业知识，基本掌握相关岗位工作技能，但深度广度有较大差距	在上级指导下，根据工作计划或安排独自开展工作	能力素质侧重职业素养、性格精神等“个性品质”方面以及沟通交流、自我精进等“基本技能”方面
能力 3 级	中高级职员，中高级专业技术人员，各类技师，中基层管理人员	专业工作经验 5 年以上	全面掌握相关岗位的专业知识和技能	主导或参与工作计划制定，并对工作结果负责；负责监督指导下属工作	能力素质侧重沟通交流、自我精进等“基本技能”方面以及基本管理等“管理技能”方面
能力 4 级	各类高级专业技术人员、中小企业高层管理者，大中型企业中层管理者	专业工作经验 10 年以上	全面掌握相关岗位的专业知识和技能，能解决复杂问题	负责某一领域全面管理工作，或负责重大项目运作工作	能力素质侧重基本管理、领导力等“管理技能”方面以及有关专业技能方面
能力 5 级	各类资深专业技术人员、大中型企业高层管理者	专业工作经验 15 年以上	全面掌握相关岗位的专业知识和技能，跟踪专业前沿发展动态，能及时稳妥解决重大关键问题	负责某一领域全面领导工作，或负责重大关键项目运作工作	能力素质侧重领导力、战略决策等“管理技能”方面以及有关专业技能方面

注：各能力等级判定标准是五个评价要素须至少满足四个。

水木知行根据各个地区居民生活水平以及物价水平状况，将各个地区划分为三个等级。不同区域不同岗位的薪酬数据对企业薪酬决策更有指导价值。

2. 水木知行专业技术和管理岗位竞争性薪酬指数

水木知行推出本科毕业生初始竞争力薪酬指数、本科毕业 5 年竞争力薪酬指数、本科毕业 10 年竞争力薪酬指数，这些指数对毕业生就业择业以及众多企业的招聘工作都具有非常大的指导意义。

具体薪酬数据以及薪酬指数查询请登录水木知行官网“文章报告”菜单下的“薪酬指数数据”和“薪酬数据查询”栏目查询。在查询各个岗位薪酬数据时，应根据能力等级评定说明，对照本公司标杆岗位的岗位职责和任职资格，对等级做出评定后去“薪酬数据查询”栏目查询。

二、水木知行 3PM 薪酬水平和薪酬结构设计

（一）3PM 薪酬水平和薪酬结构设计方法

3PM 薪酬体系设计步骤包括岗位体系设计、标杆岗位选取及标杆岗位市场薪酬数据获取、薪酬等级表设计、标杆岗位薪酬确定、其他岗位薪酬设计、工资套档设计几个方面。公司岗位划分为不同的岗位序列和岗位层级，每个层级选择标杆岗位，根据市场薪酬水平和现状薪酬确定标杆岗位基准工资等级；其他岗位基准工资等级根据岗位评价与标杆岗位比较确定。在确定标杆岗位薪酬时，更接近市场还是更接近现状，实质是薪酬政策的体现；再用岗位评价结果和标杆岗位薪酬确定其他岗位薪酬，实质上体现了市场薪酬线的作用。

专家提示

3PM 薪酬体系依托于职级体系，又是一个单独的体系，能适应企业发展战略，具有激励效应，可解决内外部公平问题，同时有利于人工成本控制。

专家提示

3PM 薪酬体系设计方法不必绘制市场薪酬线及制定薪酬政策线。3PM 薪酬体系设计关注的是基准工资等级（最低档），带宽（档数多少）根据薪酬政策由制度规定，比传统设计关注档位的中间值更有效，实操更方便。

专家提示

如何科学、合理地设计不同层级、不同岗位、同一岗位不同任职者的薪酬差距，是管理者面临的巨大挑战。内部一致性决定着员工的内部公平感；岗位评价是解决内部一致性问题尤其不同岗位之间薪酬差距的一种方法。科学合理设计各个层级、不同岗位薪酬差距，需要多种方法和技术手段。

下面以某投资公司薪酬设计为例进行说明。

1. 岗位体系设计

该投资有限公司是根据集团公司总体发展战略规划，为充分发挥集团公司资本优势、工程技术优势、信息优势和市场优势而成立的子公司。公司作为集团公司资本投资平台、科研技术成果产业化中心，承载着集团公司投资兴业、业务结构优化的重任，也是实现集团公司战略转型的重要支撑之一。公司主要业务范围包括产业投资、投资管理、投资咨询、节能、环保和新能源等高新技术的开发和销售、技术咨询、技术培训、技术进出口及工程技术服务等。公司成立了华北、华东、华南、西南、东北、西北六个区域分公司，区域分公司下属若干个项目公司，项目公司主要承担风电、太阳能等新能源项目开发、建设及生产工作。

公司岗位体系如表 3-6 所示，岗位体系设计过程和方法见本书第五章。

表 3-6　某投资公司岗位体系

岗位层级	职位等级	中高层管理	职能管理序列	金融投资序列	工程管理序列	运营生产序列	工人序列
公司领导	九	董事长 总经理					
	八	副总经理 三总师					
高层	七	总助 副总师					
中层	六	部门主任 分公司总经理		投资总监 融资总监			
	五	部门副主任 分公司副总经理 主任助理		高级投资经理 高级融资经理	项目公司总经理 高级工程经理	项目公司总经理 高级技术人员	
主管	四		主管 分公司部门经理	投资经理 融资经理	高级工程经理 （分公司） 工程经理	中级技术人员 电场场长	
	三		专员 分公司主管	投资助理	工程经理 （分公司） 工程助理	中级技术人员 （分公司） 初级技术人员 值长	
员级岗位	二		工勤人员 分公司专员		工程助理 （分公司）	主初级技术人员 （分公司） 主值 / 副值	技术工
	一						操作工

2. 标杆岗位选取及标杆岗位市场薪酬数据获取

根据公司各岗位职责以及任职资格条件，结合水木知行能力等级评定标准（见表 3-5），选取标杆岗位。标杆岗位及样本选择标准见表 3-7，标杆岗位市场薪酬数据见表 2-3。

需要说明的是，本案例设计采用了水木知行薪酬数据库数据，也可以用其他方法进行市场薪酬调查获得标杆岗位市场薪酬数据。

表 3-7　标杆岗位及样本选择标准

标杆岗位	专业	样本选择
人力资源部主任	人力资源管理	能力 4 级 50% 分位以上与能力 5 级 50% 分位以下
人力资源主管	人力资源管理	能力 3 级 50% 分位以上与能力 4 级 50% 分位以下
财务资产部副主任	财务管理	能力 4 级
工程管理部主任	电气工程、建筑工程	能力 4 级 50% 分位以上与能力 5 级 50% 分位以下
工程项目经理	电气工程、建筑工程	能力 4 级
造价主管	建筑工程、工程造价	能力 3 级 50% 分位以上与能力 4 级 50% 分位以下
高级投资经理	金融投资	能力 4 级 50% 分位以上与能力 5 级 50% 分位以下
投资经理	金融投资	能力 3 级 50% 分位以上与能力 4 级 50% 分位以下
投资助理	金融投资	能力 2 级 50% 分位以上与能力 3 级 50% 分位以下
高级运营经理	能源动力矿业工程、电力工程	能力 4 级 50% 分位以上与能力 5 级 50% 分位以下
运营经理	能源动力矿业工程、电力工程	能力 3 级 50% 分位以上与能力 4 级 50% 分位以下
风电场场长	能源动力矿业工程、电力工程	能力 3 级
风电场主值班员	能源动力矿业工程、电力工程	能力 2 级 50% 分位以上与能力 3 级 50% 分位以下

3. 薪酬等级表设计

根据公司岗位层级数量及目前薪酬水平，结合标杆岗位市场薪酬水平，设计岗位工资等级档序表，见表 3-8。本表第一等至第五等，增长率为 50%；第五等至第七等增长率为 30%；第七等至第九等增长率为 20%。档序增长率为 5%。

表 3-8　岗位工资等级档序表

档序	各等级岗位工资（元）								
	一等	二等	三等	四等	五等	六等	七等	八等	九等
1	3700	5550	8230	12300	18800	24700	31300	37800	45200
2	3890	5830	8640	13000	19700	25900	32800	39700	47500
3	4080	6120	9070	13600	20700	27200	34500	41700	49900
4	4290	6430	9520	14300	21700	28600	36200	43800	52400
5	4500	6750	10000	15000	22800	30000	38000	46000	55000
6	4730	7090	10500	15800	23900	31500	39900	48300	57800
7	4960	7440	11000	16500	25100	33100	41900	50700	60600
8	5210	7810	11600	17300	26400	34700	44000	53300	63700
9	5470	8200	12200	18200	27700	36500	46200	55900	66900
10	5740	8610	12800	19100	29100	38300	48500	58700	70200
11	6030	9050	13400	20100	30600	40200	50900	61600	73700
12	6330	9500	14100	21100	32100	42200	53500	64700	77400
13	6650	9970	14800	22200	33700	44300	56100	68000	81300
14	6980	10500	15500	23300	35400	46500	59000	71400	85300
15	7330	11000	16300	24400	37100	48900	61900	74900	89600
16	7700	11500	17100	25700	39000	51300	65000	78700	94100
17	8080	12100	18000	26900	40900	53900	68200	82600	98800
18	8490	12700	18900	28300	43000	56600	71700	86700	103700
19	8910	13400	19800	29700	45100	59400	75200	91100	108900
20	9360	14000	20800	31200	47400	62400	79000	95600	114300

薪酬等级表设计包括确定职等数量、薪酬数值及薪等增长率、确定薪档数量及薪档增长率等几个方面。薪酬等级表设计过程如图 3-5 所示。

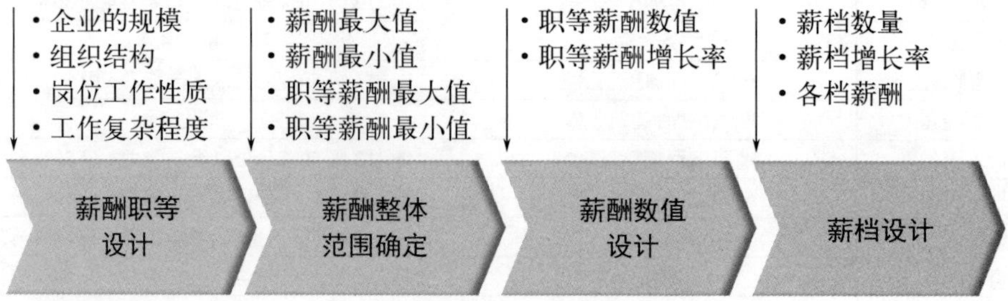

图 3-5　薪酬等级表设计过程

（1）薪酬职等设计

根据岗位评价结果以及外部薪酬调查数据，将公司所有岗位划分为若干职等，薪酬等级的数目应适中。职等的划分要结合目前岗位所在层级状况，岗位层级差别较大的岗位尽量不要归在一个职等，将岗位评价价值相近的岗位归入同一个职等。职等数量一般需要考虑以下因素：

① 企业的规模以及组织结构。企业规模越大、管理层级越多的组织，薪酬职等数目应该多些；反之，企业规模小、扁平化组织，薪酬职等数目就少些。

② 岗位工作性质、工作复杂程度。如果岗位工作性质差异性大、工作复杂程度高，那么就应多设薪酬等级；反之，则少设薪酬等级。

除上述两方面外，还要考虑企业薪酬策略。如果企业员工薪酬差异比较大，则薪酬等级应多些；如果企业员工薪酬差异小，则薪酬等级应少些。

专家提示

薪酬职等数量设计与员工职位晋升的职等设计是一致的，如果公司职位晋升体系比较合理，职位等级就作为薪酬职等即可；若公司职位晋升体系不合理，薪酬职等可以修正职位晋升体系。

（2）薪酬整体范围确定

根据薪酬调查数据，结合企业实际情况，确定整个薪酬体系的最高薪酬和最低薪酬；找出各个等级中薪酬水平最低、最高的岗位，初步确定各个职等最低、最高的薪酬水平数值。在这个过程中，需要考虑区域及行业人力资源市场供求状况的影响以及判断薪酬水平发展趋势，使今后若干年企业所有人员工资水平不会超出这个范围。

（3）薪酬数值设计

将各个等级的最低薪酬数据排成一行，计算等级差，修正各个数据并取整，使等级差基本一致。表 3-8 中第 5 档薪酬数值 4500、6750、10000、15000……就是这么设计出来的。

（4）薪档设计

根据公司企业文化特征决定岗位薪档多少及档差，一般情况下 20 个薪档足够用了，平均主义严重的企业档序递增 3%～5%，人才竞争压力大的企业档序递增 5%～8%。

专家提示

设计岗位工资等级档序表需要一定技巧，要让同一层级各个岗位最高、最低薪酬都在这个等级的档序范围内。等级晋升幅度要大些，各等级一般递增 30%～60%；档序递增要少些，各档序递增 3%～8%。这样的等级档序表能保证员工职位晋升后有一定的岗位工资增加，强化职位晋升激励的效果。

4. 标杆岗位薪酬确定

参考市场薪酬数据、结合公司薪酬水平现状，根据公司发展战略采取市场平均薪酬策略确定标杆岗位薪酬水平，见表 2-6。

5. 其他岗位薪酬设计

根据表 3-9、表 3-10、表 3-11 岗位评价结果以及标杆岗位基准工资等级表 2-6，确定其他岗位基准工资等级档序，如表 3-12 所示。

表 3-9 职位等级六、职位等级五岗位评价结果

评价岗位	得分	标准分
投资管理部主任	151.5	0.94
工程管理部主任	141	0.87
资金与融资管理部主任	127	0.78
运营管理部主任	126.5	0.78
人力资源部	125	0.77
公司办公室主任	123	0.76
企业发展部	120.5	0.74
财务与产权部主任	116	0.72
党群工作部主任	87.5	0.54
投资管理部副主任	65.5	0.40
工程管理部副主任	56.5	0.35
运营管理部副主任	53	0.33
公司办公室副主任	45.5	0.28
高级投资经理	45.5	0.28
高级融资经理	42.5	0.26
企业发展部副主任	38.5	0.24
财务与产权部副主任	34	0.21
高级工程经理	24	0.15
主任工程师	16	0.10

表 3-10 职位等级四岗位评价结果

评价岗位	得分	标准分
生产主管	120	0.74
工程主管	119.5	0.74
投资经理	117	0.72
安全主管	114	0.70
商务主管	113.5	0.70
人力资源主管	100.5	0.62
风险内控主管	97.5	0.60
资金主管	95.5	0.59
审计主管	94	0.58
财务主管	94	0.58
工程经理	75.5	0.47
产权主管	59	0.36
行政主管	58	0.36
技术专责	57.5	0.35
计划统计主管	56.5	0.35
投后管理主管	48	0.30
纪检主管	46	0.28
培训主管	40.5	0.25
信息档案主管	32.5	0.20

表 3-11 职位等级三、职位等级二岗位评价结果

评价岗位	得分	标准分
会计	72	0.73
投资助理	72	0.73
技术专员	70	0.71
行政文秘	67	0.68
人力资源专员	66.5	0.67
工程助理	66	0.67
资金专员	61.5	0.62
行政专员	44	0.44
文书	29.5	0.30
出纳	20	0.20
党务工会专员	16	0.16
司机	9.5	0.10

表 3-12 岗位基准工资等级档序表

序号	部门	岗位名称	基准工资等级		工资范围(元)
			等级	档序	
1	公司领导	董事长、总经理	九	6	57800～73700
2		副总经理	八	7	50700～64700
3		三总师	八	6	48300～61600

续表

序号	部门	岗位名称	基准工资等级		工资范围（元）
			等级	档序	
4	高层	总助	七	8	44000～56100
5		副总师	七	7	41900～53500
6	中层	投资管理部主任、工程管理部主任、资金与融资管理部主任、安全与生产管理部主任	六	9	36500～46500
7		公司办公室主任、人力资源部主任、企业发展部主任、财务与产权部主任、党群工作部主任	六	8	34700～44300
8		投资管理部副主任、工程管理部副主任、安全与生产管理部副主任	五	11	30600～39000
9		公司办公室副主任、人力资源部副主任、企业发展部副主任、财务与产权部副主任、党群工作部副主任	五	10	29100～37100
10		高级投资经理、高级融资经理	五	10	29100～40900
11		主任助理、高级工程经理、安全与生产管理部主任工程师	五	8	26400～33700
12	主管级岗位	投资经理	四	11	20100～28300
13		生产主管、工程主管、安全主管、商务主管、人力资源主管、审计主管、财务主管、工程经理	四	11	20100～25700
14		产权主管、行政主管、技术专责、计划管理主管、企业管理主管、纪检主管、培训主管、信息档案主管、资金主管、风险内控主管	四	10	19100～24400
15	员级岗位	投资助理	三	9	12200～17100
16		技术专员、会计、人力资源专员	三	9	12200～15500
17		资金专员、工程助理、党务工会专员	三	8	11600～14800
18		出纳、文书	三	6	10500～13400
19		行政专员	三	4	9520～12200
20		司机	二	11	9050～11500

6. 工资套档设计

工资套档设计包括岗位工资标准确定、岗位变动工资调整、套改定档几个方面。下面以实际案例予以说明。

（1）岗位工资标准确定

岗位工资等级与档序是整个岗位绩效工资体系的基础。岗位工资设置九个等级，每一等级设置 20 个档序。

不同层级岗位员工岗位工资处在不同等级；公司岗位工资具有宽带薪酬特点，每个岗位工资档序在一定范围内，初始档序称为基准档序，试用期满符合该岗位任职资格的员工一般就定在这个档序；各个岗位基准工资档序以及对应的工资数额见表 3-12。其中：金融投资岗位岗位工资档序最多比基准档序高 7 个档序；其他岗位的岗位工资档序最多比基准档序高 5 个档序。

确定员工个人岗位工资等级档序的原则：以岗位工资基准等级档序为基础，适当考虑任职者能力素质、资历等因素。对于兼任两个或多个岗位的员工，以就高原则确定岗位工资。

对于新增设岗位，由公司人力资源部用对比法确定新增设岗位的岗位基准工资等级档序，经分管领导审核、办公会批准后执行。

对于试用期员工，工资标准按照拟任岗位的岗位工资80%发放或者按照招聘时谈判约定发放。

（2）岗位变动工资调整

岗位变动分为同等级岗位变动、等级晋升岗位变动、等级降低岗位变动三种情况。

同等级岗位变动：若新岗位工资等级档序高于原岗位工资等级档序，那么员工岗位工资相应上调几个档序。若新岗位工资等级档序等于原岗位工资等级档序，员工岗位工资等级档序不变。若新岗位工资等级档序低于原岗位工资等级档序，若由于公司工作需要进行的岗位变动，以不降低原则套入新的工资等级档序；若由于员工不胜任岗位工作而进行的调整，则应对岗位工资档序进行相应的向下调整。

等级晋升岗位变动：岗位工资直接按初始定级进行，其中初始定级是指按照岗位工资基准等级档序定级。若新岗位工资基准等级档序标准低于原岗位工资标准，应以不降低原则上浮一定档序套入。

等级降低岗位变动：岗位工资直接按初始定级进行。初始定级由人力资源部按照制度规定执行，高定或低定档序由用人部门领导提出申请，分管领导审核，董事长批准。

在日常的薪酬管理中，一岗多薪制可以进行薪酬整体调整和个体调整。个体薪酬调整可以根据员工的资历进行，如任职年限、工龄、职称等因素；也可以根据绩效考核结果进行，考核结果优秀者可以晋级，考核不合格者降级。

（3）套改定档

在企业进行薪酬变革或设计薪酬体系之初，如何给一岗多薪制员工定档是比较复杂的事情。企业薪酬管理实践中有四种主要方法：

第一种方法是根据员工能力分别定在不同的档位。实际上这是比较困难的工作，和企业性质及领导管理风格有关。对于执行力强的民营企业，往往由上级领导商定。如果借助能力素质模型等工具操作会将问题复杂化，往往也解决不了问题。因为从理论上来讲，既然是一岗就该对应一个能力，所以无论多么复杂的工具，在不同档位上的能力很难做到有效区分。

第二种方法是根据员工资历分别定在不同的档位。在企业操作中往往以职称、工龄、任职时间等资历因素替代，因为资历也是能力的一个表现形式，因此这种操作方法得到广泛应用。

第三种方法是套改，即考虑任职者原来薪酬水平以及任职者资历等有关因素，转换到新工资体系中来。表2-8某生产服务企业岗位工资套改定档表就是一个套改实例。

第四种方法是根据学历、资历等因素计算分数，根据分数定档。这种方法应用也比较广泛，尤其是在一些管理理念、思路都较为落后的地方国有企业。这种方法薪酬晋级操作复杂、成本高，晋级与否由人力资源部严格按照规则来，各级领导很少参与；其本质是人力资源部剥夺了领导管理员工、激励员工的权利。

表 3-13 是西部某省公用事业公司对中层干部薪酬套档积分因素表，表 3-14 是积分套档表，该套档规则对应表 1-9 西部某省公用事业公司处级干部月度固定工资系数表。

表 3-13　积分因素表

积分因素	权重	项目	分值
本层级任职年限	35%	≥14	100
		[12,14)	90
		[10,12)	80
		[8,10)	70
		[6,8)	60
		[5,6)	50
		[4,5)	40
		[3,4)	30
		[2,3)	20
		[1,2)	10
		<1	0
工龄(=本人实际工龄－层级工龄要求,处级工龄要求8年,副处级工龄要求6年)	30%	≥24	100
		[19,24)	90
		[16,19)	80
		[13,16)	70
		[10,13)	60
		[8,10)	50
		[6,8)	40
		[4,6)	30
		[2,4)	20
		[1,2)	10
		<1	0
最高学历或学位(通过教育部门或组织部门验证)	15%	博士研究生双证	100
		博士研究生单证	90
		硕士研究生双证	80
		硕士研究生单证及本科双学位	70
		本科	60
		大专	30
		大专以下	10
职称	15%	正高	100
		副高	70
		中级	40
		初级	10
注册证书(国家级)	5%	有	100
		无	0

表3-14　积分套档表

积分	套档
[78，100)	13档
[72，78)	12档
[66，72)	11档
[54，60)	10档
[48，54)	9档
[42，48)	8档
[36，42)	7档
[36，42)	6档
[30，36)	5档
[24，30)	4档
[18，24)	3档
[12，18)	2档
[0，12)	1档

（二）水木知行薪酬水平和薪酬结构案例

下面是3个不同类型的企业采用水木知行薪酬水平和薪酬结构的案例，供读者对比参考。

1. 某互联网公司薪酬水平和薪酬结构案例

第一条　岗位工资等级与档序是整个工资体系的基础。岗位工资设置9个等级，每一等级设置22个档序。公司员工岗位工资表见公司“岗位工资定级定档表”。

第二条　公司岗位工资具有宽带薪酬特点。岗位工资等级与档序是整个工资体系的基础，每个岗位的岗位工资在确定的等级，档序在一定范围，对应的等级、档序范围及工资数额见公司“岗位基准工资等级档序表”。初始档序称为基准档序，试用期满合格员工一般定在这个档序。对于固定工作地点不是北京的岗位，基准工资等级档序可以向下进行一定调整，具体由人力资源部门确定。

- 操作岗位员工工资档序为5个档序；
- 其他岗位员工工资档序为9个档序。

第三条　对于新增设岗位，由人力资源部用对比法确定新增设岗位的岗位基准工资等级，经分管副总裁审核、公司总裁批准后执行。

第四条　确定员工个人岗位工资等级的原则：以岗位工资基准等级为基础，适当考虑任职者能力素质、资历等因素。

第五条　兼任两个或多个岗位的人员，岗位工资以高者确定。

第六条　对于试用期员工，工资标准按照拟任岗位的岗位工资80%发放或者按照招聘时谈判约定发放。

2. 某民营工程集团公司薪酬水平和薪酬结构案例

第一条　岗位工资等级与档序是整个工资体系的基础。岗位工资设置8个等级，每个等级设置22个档序，岗位工资表见“岗位工资等级档序表”。

第二条 公司岗位工资具有宽带薪酬特点。每个岗位的岗位工资在确定的等级，档序在一定范围。每个岗位工资范围为8档，各岗位对应的等级、档序范围及工资数额见“岗位基准工资等级档序表”。初始档序称为基准档序，试用期满合格员工一般定在这个档序，根据考核结果可高定或低定1～2档，个人资历或工作能力高于岗位任职要求可高定1～3档。高定档位由用人部门与分管领导提出建议，人力资源分管领导批准。

第三条 对于新增设岗位，由公司人力资源管理部门用对比法确定新增设岗位的岗位基准工资等级档序，由用人部门与分管领导提出建议，人力资源分管领导确定。

第四条 确定员工个人岗位工资等级档序的原则：以岗位工资基准等级档序为基础，适当考虑任职者能力素质、资历等因素。

第五条 兼任两个或多个岗位的人员，岗位工资以高者确定。

第六条 对于试用期员工，工资标准按照拟任岗位的岗位工资80%发放或者按照招聘时谈判约定数额发放。

3. 某地方国企集团薪酬设计案例

第一条 岗位工资等级与档次是整个工资体系的基础。公司实行的岗位绩效工资制具有宽带薪酬特点。岗位工资设置12个等级（3级至14级），每个等级设置10档次。岗位工资表和月度绩效工资表见附件1、附件2。岗位工资和绩效工资以下统称“工资”。

第二条 职务晋升体系和岗位工资体系是员工最重要的激励机制，二者相辅相成。科学合理的职务晋升体系和工资晋级体系对企业稳定、健康发展尤其重要。员工工作岗位分为管理岗位、专业技术岗位和一线工勤岗位三类。管理岗位分为经营管理序列、部门管理序列、职能管理序列三个子序列。各管理岗位和专业技术岗位对应职务等级、岗位工资等级对应表见附件3。

第三条 员工全年绩效工资按15个月绩效工资标准设计，绩效工资发放分为月度发放、年底发放。

（一）对于职能岗位序列管理人员以及三级企业部门正副职，月度绩效工资季度考核、月度发放，年底绩效工资根据企业效益、个人年度绩效考核结果发放。

（二）对于集团公司部门正副职、二级企业部门正副职，月度绩效工资按规定比例季度考核、月度发放，其余并入年底绩效工资，根据企业效益、个人年度绩效考核结果计算发放。

（三）对于二级、三级企业正副职，月度绩效工资根据季度履职情况发放，其余月度绩效工资并入年底绩效工资，年底绩效工资根据企业年度目标考核以及个人年度绩效考核情况计算发放。

第四条 原则上岗位工资和绩效工资定同一等级、同一档次。若岗位调整后保持同一等级而档次存在较大差距，岗位工资、绩效工资等级档次可以不同。

第五条 集团公司实行业绩导向的工资晋级（降级）机制。

（一）员工年度内两次待改进考核等级或有不合格等级，工资降低1档次，次月执行。

（二）员工季度考核发生不合格等级，年度工资调整不予晋级。

第六条 全集团工资调整由集团公司人力资源部提出调整方案，该方案应充分考虑集团公司经济效益、物价上涨水平以及绩效考核结果情况，该方案经集团公司会议研究决定后实施，新方案自新年度1月份执行。如经济形势较差，企业发展不乐观，业务板块运营存在一定压力，未完成下达的考核指标等情况，将进行全集团公司员工薪酬或部分权属企业员工薪酬向下调整或不调整。

附件1：

等级	各档级岗位工资（元/月）									
	1	2	3	4	5	6	7	8	9	10
3级	7060	7140	7220	7300	7380	7460	7540	7620	7700	7780
4级	6560	6640	6720	6800	6880	6960	7040	7120	7200	7280
5级	5360	5430	5500	5570	5630	5700	5770	5840	5910	5980
6级	4960	5030	5100	5170	5240	5310	5380	5450	5520	5590
7级	3760	3820	3880	3940	4000	4060	4120	4180	4240	4300
8级	3460	3520	3580	3640	3700	3760	3820	3880	3940	4000
9级	2860	2910	2960	3010	3060	3110	3160	3210	3260	3310
10级	2660	2710	2760	2810	2860	2910	2960	3010	3060	3110
11级	2460	2510	2560	2610	2660	2710	2760	2810	2860	2910
12级	2260	2310	2360	2410	2460	2510	2560	2610	2660	2710
13级	1860	1910	1960	2010	2060	2110	2160	2210	2260	2310
14级	1660	1700	1740	1780	1820	1860	1900	1940	1980	2020

附件2：

等级	各档级绩效工资（元/月）									
	1	2	3	4	5	6	7	8	9	10
3级	12700	12850	13000	13150	13300	13450	13600	13750	13900	14050
4级	11800	11950	12100	12250	12400	12550	12700	12850	13000	13150
5级	10720	10880	11040	11200	11360	11520	11680	11840	12000	12160
6级	9920	10080	10240	10400	10560	10720	10880	11040	11200	11360
7级	6760	6920	7080	7240	7400	7560	7720	7880	8040	8200
8级	6220	6370	6520	6670	6820	6970	7120	7270	7420	7570
9级	5140	5290	5440	5590	5740	5890	6040	6190	6340	6490
10级	4650	4800	4950	5100	5250	5400	5550	5700	5850	6000
11级	3070	3170	3270	3370	3470	3570	3670	3770	3870	3970
12级	2710	2810	2910	3010	3110	3210	3310	3410	3510	3610
13级	2230	2310	2390	2470	2550	2630	2710	2790	2870	2950
14级	1990	2070	2150	2230	2310	2390	2470	2550	2630	2710

附件 3：职务等级岗位工资等级对应表

<table>
<tr><th>职务等级</th><th>岗位工资等级</th><th>经营管理</th><th>部门管理</th><th>职能管理</th><th>专业技术</th><th colspan="4">一线工勤岗位</th></tr>
<tr><td>一</td><td></td><td>集团正职</td><td></td><td></td><td></td><td></td><td></td><td></td><td></td></tr>
<tr><td>二</td><td></td><td>集团副职</td><td></td><td></td><td></td><td></td><td></td><td></td><td></td></tr>
<tr><td rowspan="2">三</td><td>3 级</td><td></td><td>集团总助</td><td rowspan="2">高级专务</td><td></td><td></td><td></td><td></td><td></td></tr>
<tr><td>4 级</td><td>二级企业正职</td><td>集团部门正职</td><td></td><td></td><td></td><td></td><td></td></tr>
<tr><td rowspan="2">四</td><td>5 级</td><td></td><td></td><td rowspan="2">专务</td><td></td><td></td><td></td><td></td><td></td></tr>
<tr><td>6 级</td><td>二级企业副职</td><td>集团部门副职</td><td>正高师</td><td></td><td></td><td></td><td></td></tr>
<tr><td rowspan="2">五</td><td>7 级</td><td></td><td>二级企业总助</td><td></td><td></td><td></td><td></td><td></td><td></td></tr>
<tr><td>8 级</td><td>三级企业正职</td><td>二级企业部门正职</td><td>集团高级主办</td><td>副高师</td><td>高级协管（高级技师）</td><td></td><td></td><td></td></tr>
<tr><td rowspan="3">六</td><td>9 级</td><td>三级企业副职</td><td>二级企业部门副职</td><td>二级企业高级主办
集团主办</td><td></td><td></td><td></td><td></td><td></td></tr>
<tr><td>10 级</td><td></td><td>三级企业部门正职</td><td>二级企业主办</td><td>主管师</td><td>协管（技师）</td><td></td><td></td><td></td></tr>
<tr><td>11 级</td><td></td><td>三级企业部门副职</td><td>三级企业主办
集团科员</td><td></td><td rowspan="3">高级协办（高级技工）</td><td></td><td></td><td></td></tr>
<tr><td rowspan="2">七</td><td>12 级（本科）</td><td></td><td></td><td>二级企业科员</td><td></td><td rowspan="3">中级协办（中级技工）</td><td></td><td></td></tr>
<tr><td>13 级（专科）</td><td></td><td></td><td>三级企业科员</td><td>助理师</td><td rowspan="3">初级协办（初级技工）</td><td></td></tr>
<tr><td rowspan="3">八</td><td>14 级</td><td></td><td></td><td>职员</td><td>员级专技人员</td><td></td><td rowspan="3">普通工</td></tr>
<tr><td>15 级（中专、高中）</td><td></td><td></td><td></td><td></td><td></td><td></td></tr>
<tr><td>16 级（初中）</td><td></td><td></td><td></td><td></td><td></td><td></td><td></td></tr>
</table>

（三）水木知行薪酬套改实例

这里以某央企二级公司和北京某事业单位转国企薪酬套改方案作为实例。

1. 广东 Z 集团有限公司薪酬套改方案

第一章　总则

第一条　为全面提升广东 Z 集团有限公司薪酬管理工作，建立有效的职位晋升和工资晋级激励机制，形成公平合理并且有利于人工成本控制的分配机制，实现公司科学稳健、高质量发展，促进公司薪酬管理体系顺利实施，尊重历史平稳过渡，以战略为导向，兼顾公平稳定和激励发展为原则，特制订本薪酬套改方案。

第二章　分（子）公司高层岗位薪酬套改

第二条　分（子）公司总经理、副总经理岗位人员的薪酬档位由个人资历因素、企业因素及个人业绩因素决定，以年度为单位进行调整。

第三条 个人资历因素定档：根据同级别任职年限定档，同级别任职每满 3 年高套 1 档，最多高套 4 档。同级别任职年限包括高于目前职级任职经历，同级别不以岗位工资等级认定，以职位等级认定。

第四条 企业因素定档：根据企业规模、企业效益、市场化业务比例分档；高套档数用三个因素高套档数相加；年收入低于 2000 万元的小规模公司不考虑企业因素套档。

套档规则	企业规模	企业效益	市场化业务比例
高套 1 档	收入达到 4000 万元低于 6000 万元	年度盈利达到 800 万元低于 1500 万元	达到 15%
高套 2 档	收入达到 6000 万元低于 8000 万元	年度盈利达到 1500 万元低于 3000 万元	达到 30%
高套 3 档	收入达到 8000 万元低于 1.5 亿元	年度盈利达到 3000 万元	达到 60%
高套 4 档	收入达到 1.5 亿元		
其他说明	上年度营业收入降低，降低 1 档	上年度利润降低，降低 1 档	市场化项目指非流域内项目

注：分（子）公司总经理、副总经理统一用本企业高套档数，最低为零，最高不限。

第五条 个人业绩因素定档：上年度考核待改进低定 1 档，不合格低定 2 档；副职主持工作在原档位基础上高套 2 档，但不超过按正职定岗工资数额。

第六条 分（子）公司高层岗位工资档序为 12 档，最终定级定档不受最低、最高档位限制。

第三章 分（子）公司中层管理岗位薪酬套改

第七条 分（子）公司中层管理岗位（总经理助理、部门正副职、部门经理助理）薪酬套改根据个人资历因素定档、企业因素定档、个人业绩因素定档、其他因素定档。

第八条 个人资历因素定档：根据同级别任职年限定档，同级别任职每满 3 年高套 1 档，最多 4 档。同级别任职年限包括高于目前职级的任职经历，同级别不以岗位工资等级认定，以职位等级认定。

第九条 企业因素定档：分（子）公司上年度亏损（净利润低于零）低定一档，公司年度盈利后恢复；分（子）公司上年度年度目标考核分数低于 90 分低定一档，高于 110 分高定一档，下年度重新核定。

第十条 个人业绩因素定档：上年度考核待改进低定 1 档，不合格低定 2 档。

第十一条 其他因素定档：副职主持工作在原档位基础上高套 2 档，但不超过按正职定岗工资的数额。

第四章 分（子）公司普通管理及专业技术岗位薪酬套改

第十二条 分（子）公司普通管理及专业技术岗位薪酬套改根据个人资历因素定档、企业因素定档、个人业绩因素定档、其他因素调档。

第十三条 个人资历因素定档：对于职位等级为六及以上普通管理及专业技术岗位人员，以基准档位定档；对于等级六以下普通管理及专业技术岗位以及职位岗位，根据同级别任职年限定档，同级别任职每满 3 年高套 1 档，最多 4 档。同级别任职年限包括高于目前职级任职经历，同级别不以岗位工资等级认定，以职位等级认定。

第十四条　企业因素定档：分（子）公司上年度亏损（净利润低于零），低定1档。

第十五条　个人业绩因素定档：上年度考核待改进或发生过严重违反公司规章制度的行为，低定1档，不合格低定2档。

第十六条　其他因素调档：对于能力较强、业绩突出、薪酬水平与市场薪酬水平有较大差异者，高定1～2档。对于工作能力一般、薪酬水平不低、可能引起内部不公平者，低定1～2档。高定、低定档位由分（子）公司班子征求部门负责人意见后讨论确定。高定档位人数总和不能超过普通管理岗位及专业技术岗位员工数量的20%。

第五章　分（子）公司技术工及服务工薪酬套改

第十七条　分（子）公司技术工岗位及服务工岗位根据个人资历因素定档、个人业绩因素定档、其他因素调档。

第十八条　个人资历因素定档规则如下：

（一）对于职位等级为三及以上的服务工岗位，同级别任职每3年高套1档，最多3档；对于职位等级为二的岗位，入职满1年高套1档、入职满3年高套2档、入职满6年高套3档，最多3档。

（二）对于职位等级为四及以上的技术工岗位，同级别任职每3年高套1档，最多3档；对于职位等级为三及以下的岗位，入职满2年高套1档、入职满4年高套2档、入职满6年高套3档、入职满10年高套4档，最多4档。

（三）同级别任职年限包括高于目前职级的任职经历，同级别不以岗位工资等级认定，以职位等级认定。

第十九条　个人业绩因素定档：上年度考核待改进或发生过严重违反公司规章制度的行为，低定1档，不合格低定2档。

第二十条　其他因素调档：对于能力较强、业绩突出、薪酬水平与市场薪酬水平有较大差异者，高定1～2档。对于工作能力一般、薪酬水平不低、可能引起内部不公平者，低定1～2档。高定、低定档位由分公司班子征求部门负责人意见后讨论确定。高定档位人数总和不能超过技术工岗位及服务工岗位员工数量的20%。对于厨师和检修工岗位，高定岗位最多可高定6档，分（子）公司可以制定技能等级评定标准，由分（子）公司班子打分确定高定等级；厨师岗位高定3级及以上定档最终经公司品质运营中心审核、人力资源中心审批；检修工岗位高定3级及以上定档最终经公司机电检修中心审核、人力资源中心审批。高定岗位超过2档部分，不受20%比例限制。

第六章　公司本部中层岗位薪酬套改

第二十一条　公司本部中层岗位根据个人资历因素定档、个人业绩因素定档、其他因素定档。

第二十二条　个人资历因素定档：根据同级别任职年限定档，同级别任职年限包括高于目前职级任职经历，同级别不以岗位工资等级认定，以职位等级认定。同级别任职不满一年的，低定1档；同级别任职每满3年高套1档，最多3档。

第二十三条 个人业绩因素定档：上年度考核待改进低定1档，不合格低定2档。

第二十四条 其他因素定档：副职主持工作在原档位基础上高套2档，但不超过按正职定岗工资的数额。

第七章 公司本部普通管理及专业技术岗位薪酬套改

第二十五条 公司本部普通管理岗位及专业技术岗位薪酬套改根据个人资历因素定档、个人业绩因素定档、其他因素调档。

第二十六条 个人资历因素定档：对于职位等级为八及八以上专业技术岗位人员，以基准档位定档；对于普通管理岗位以及专业技术岗位职位等级八以下岗位，根据同级别任职年限定档，同级别任职年限包括高于目前职级任职经历，同级别不以岗位工资等级认定，以职位等级认定。同级别任职每满3年高套1档，最多4档。

第二十七条 个人业绩因素定档：上年度考核待改进或发生过严重违反公司规章制度的行为，低定1档，不合格低定2档。

第二十八条 其他因素调档：对于能力较强、业绩突出、薪酬水平与市场薪酬水平有较大差异者，高定1～2档。对于工作能力一般、薪酬水平不低、可能引起内部不公平者，低定1～2档。高定、低定档位由公司班子征求部门负责人意见后讨论确定。高定档位人数总和不能超过普通管理岗位及专业技术岗位员工数量的20%。

第八章 薪酬套改实施

第二十九条 公司本部岗位员工薪酬套改工作由人力资源中心负责组织实施，各部门应为本部门员工合理确定岗位并提供准确有关数据信息。

第三十条 分（子）公司高层管理岗位人员薪酬套改由人力资源中心负责组织实施，各有关部门应及时提供2023年年度收入、净利润、市场化比例等数据信息以及有关分（子）公司高层任职准确时间信息。

第三十一条 分（子）公司中层管理岗位、专业技术岗位人员定级定档由各分（子）公司在人力资源中心指导下负责组织进行，应及时提供基础数据信息，及时确定各员工岗位名称，及时完成套改，及时发现存在的问题并与人力资源中心紧密合作，寻求公平合理的解决方案。

第三十二条 分（子）公司技术工岗位、服务工岗位由各分（子）公司根据新的工资标准和套改方案组织进行套改，及时发现存在的问题，在套改原则范围内尽量有效解决问题，并及时将套改结果报人力资源中心审核。

第九章 附则

第三十三条 根据以上规则套改完的薪酬水平情况，可酌情低套或高套档（至最高档仍存在问题，可加特殊补贴），低套或高套档序本部员工由部门负责人提出建议，分

（子）公司员工由分（子）公司提出建议，人力资源中心召集执行总裁、总裁、董事长研究确定。

第三十四条 最终定级定档由公司人力资源中心负责审核并进行如下审核审批程序。

（一）分（子）公司职位等级为三及以下人员工资标准由分（子）公司根据公司有关制度规定负责确定，公司人力资源中心审核批准。

（二）分（子）公司职位等级为四及以上岗位人员工资标准由分（子）公司根据公司有关制度规定负责确定，公司人力资源中心审核，公司总裁、董事长批准。

（三）公司本部岗位人员，工资标准由公司人力资源中心负责确定，公司总裁、董事长批准。

第三十五条 本办法由广东 Z 集团有限公司人力资源中心负责解释。

2. 北京 H 饭店薪酬套改方案

第一章 总则

第一条 为全面提升 H 饭店薪酬管理工作，规范收入分配秩序，形成公平合理的分配机制，促进饭店科学稳健、高质量发展，贯彻落实上级单位及有关文件精神，促进饭店统一的薪酬管理体系顺利实施，尊重历史平稳过渡，以战略为导向，兼顾公平稳定和激励发展为原则，特制订本薪酬套改方案。

第二章 领班级以上岗位薪酬套改方式

第二条 本次套改领班级以上岗位包括副总经理级、总监级、经理级、副经理级、经理助理级、主管级、领班级。

第三条 工资定档：根据个人因素、其他因素、原收入水平因素依次定档，最低 1 档，最高 10 档。

（一）岗位因素套档：根据任职岗位套入工资等级档序。

（二）任职者资历因素套档：分别按照同级别任职年限套档和员工级店龄套档，任职年限套档每 4 年高套 1 档，最多高套 2 档；店龄套档满 2 年低于 5 年高套 1 档，店龄满 5 年低于 10 年高套 2 档，店龄满 10 年低于 15 年高套 3 档，店龄达到 15 年高套 4 档，最多 4 档。任职年限套档工资额和员工级店龄套档工资额取高值就近就高套入现任岗位等级；任职年限套档工资额等于店龄套档工资额的，在现任岗位等级高套一档。

（三）收入不降低原则套档，若经过前两步后新薪酬标准数额低于套改工资标准，就近就高套入新的档序。若套入至本岗位最高档序仍低于套档工资，将差额部分作为保留工资。

第三章 员工级岗位薪酬套改方式

第四条 员工级岗位工资定档：根据个人因素、其他因素、原收入水平因素依次定档，最低 1 档，最高 10 档。

（一）岗位因素套档，根据任职岗位套入工资等级档序。

（二）根据任职者资历因素套档：店龄满 2 年低于 5 年高套 1 档，店龄满 5 年低于 10 年高套 2 档，店龄满 10 年低于 15 年高套 3 档，店龄达到 15 年高套 4 档，最多 4 档。其中，发生操作工转技术工岗位的，分别按转岗后时间计算店龄套档和总店龄套档。对比后取高值就近就高套入现任岗位等级。

（三）收入不降低原则套档，若经过前两步后新标准工资数额低于套档工资标准，就近就高套入新的档序。若套入至本岗位最高档序仍低于原数额，将差额部分作为保留工资。

（四）外借人员按外借前饭店岗位等级和资历套档，与外借后单位岗位的岗位工资基准档序薪酬的差异放入其他保留部分，调回时根据新任岗位的岗位工资等级档序套档，取消其他保留部分工资。

第四章 套档工资标准及实施

第五条 原在编人员套档工资标准确定：原在编人员套档工资标准＝收入－补贴－综合保留补贴－等级保留补贴。

（一）补贴＝特殊工种＋夜餐费＋降温费＋化妆费＋郊区补助。

（二）综合保留补贴＝副补＋书报＋卫生＋交通＋通信补贴＋适当补贴＋提租补贴＋独子＋托补＋座机费＋工会补贴 1＋物业补贴＋班车补助＋住房补贴＋公务交通补贴＋供暖补贴＋薪级滚动差额。

（三）等级保留补贴，考虑到员工实际公平问题，兼顾稳定与激励发展原则，结合原技能等级薪酬差异，原在编人员设置等级保留补贴，保留标准如下：

级别	等级保留补贴金额（元）	级别	等级保留补贴金额（元）
正处	3600	技师	1500
副处	3000	高级	1200
高级技师	2000	中级	1100

第六条 聘用人员套档工资标准＝基本工资＋岗位津贴＋绩效奖金＋月奖金额度＋店龄补贴。

第七条 福利补贴，如特殊工种、夜餐费、降温费、郊区补助，在新薪酬体系结构中仍作为福利补贴单项。

第五章 附则

第八条 根据以上规则套改完的薪酬水平情况，可酌情低套或高套 1～3 档，低套或高套档序建议由部门负责人与分管领导商讨提出建议，人力资源部门审核，经饭店总经理办公会议讨论确定。

第九条 对于个别本方案不能涵盖的人员定级套档，由总经理办公会研究确定。

第十条 最终定级定档由饭店人力资源部门负责组织进行，报饭店总经理办公会议研究确定。

第十一条 本办法由北京 H 饭店人力资源部门负责解释。

三、薪酬设计实例

本节实例既有采用传统薪酬设计方法的，也有采用 3PM 薪酬设计方法的。读者可加以比照，体会两者的差异。

（一）某工程公司薪酬设计案例——传统薪酬设计方法

1. 薪酬职等划分

（1）公司组织结构与岗位体系

公司实行矩阵式组织结构，公司组织结构与主要岗位设置如图 3-6 所示。

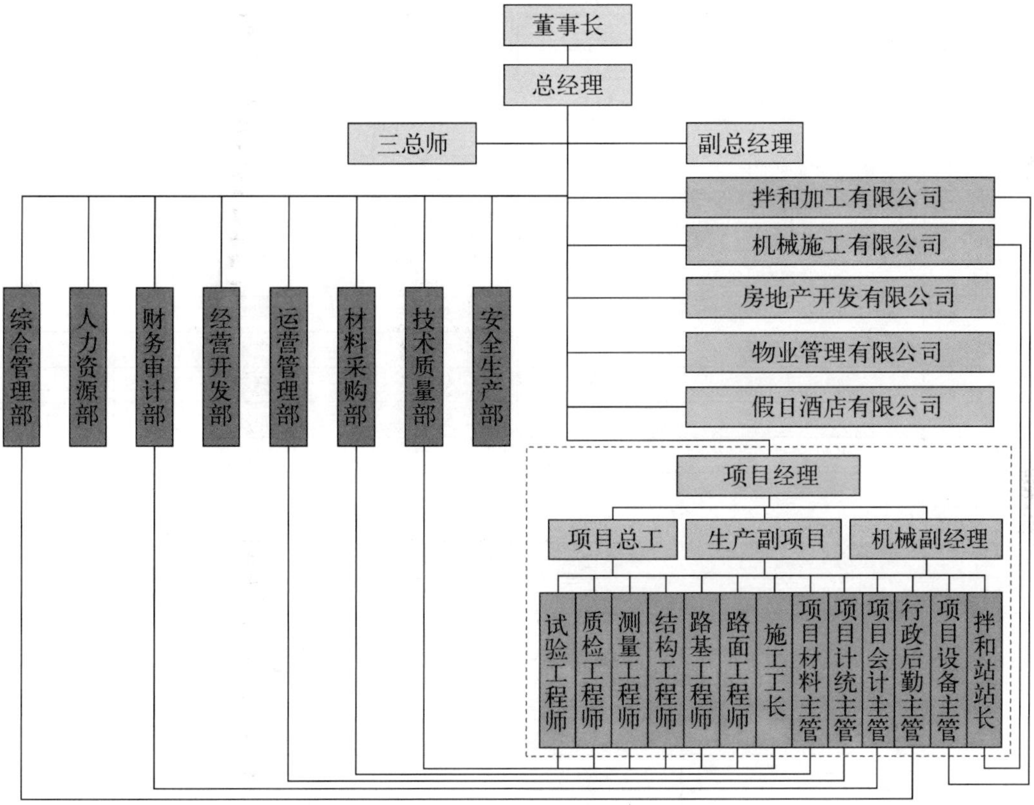

图 3-6　公司组织结构及主要岗位设置

公司下设综合管理部、人力资源部、财务审计部、经营开发部、运营管理部、材料采购部、技术质量部、安全生产部等 8 个部门，以及拌和加工有限公司、机械施工有限公司、房地产开发有限公司、物业管理有限公司、假日酒店有限公司等 5 个全资子公司。

公司岗位分为职能管理、项目管理、技术工人和操作工人几个序列；职能管理分为总经理、副总经理（三总师）、部长、副部长、主管及普通管理人员等几个层级；项目管理分为项目经理、项目副经理（项目总工）、项目主管和普通员工等几个层级。

（2）岗位评价结果

采用 28 因素法进行岗位评价，评价岗位总计 78 个，岗位评价结果如表 3-15 所示。

表 3-15 岗位评价结果

序号	岗位	评价分数	序号	岗位	评价分数
1	总经理	949	40	施工工长	220
2	副总经理	690	41	中心试验室主任	218
3	总工程师	675	42	预算主管	216
4	总经济师	651	43	投标主管	216
5	总会计师	645	44	项目主管	215
6	运营管理部部长	530	45	成本主管	214
7	经营开发部部长	526	46	设备统计主管	214
8	技术质量部部长	518	47	会计主管	212
9	材料采购部部长	512	48	审计主管	204
10	设备管理中心经理	509	49	设备调配主管	204
11	财务审计部部长	505	50	薪酬招聘主管	202
12	人力资源部部长	480	51	考核培训主管	202
13	综合管理部部长	466	52	维修队长	200
14	安全生产部部长	464	53	行政主管	192
15	设备管理中心副经理	450	54	后勤主管	190
16	一级项目经理	440	55	技术员	160
17	二级项目经理	420	56	测量员	156
18	三级项目经理	418	57	质检员	154
19	一级生产副经理	415	58	试验员	154
20	一级机械副经理	412	59	项目出纳	152
21	一级项目总工	400	60	复杂机械机手	152
22	二级生产副经理	342	61	拌和站操作员	149
23	二级机械副经理	340	62	拌和站维修工	146
24	二级项目总工	330	63	项目后勤人员	145
25	三级生产副经理	278	64	项目材料员	144
26	三级机械副经理	274	65	材料验收员	143
27	三级项目总工	270	66	普通机械机手	143
28	结构工程师	248	67	小车司机	143
29	路面工程师	246	68	施工人员	140
30	路基工程师	243	69	成本会计	137
31	质检工程师	241	70	高级维修工	136
32	项目计统主管	235	71	行政文员	135
33	项目材料主管	228	72	出纳	135
34	项目设备主管	228	73	商务员	133
35	项目会计主管	228	74	技术质量员	128
36	试验工程师	226	75	资料管理员	128
37	测量工程师	225	76	中级维修工	128
38	拌和站站长	224	77	小车司机	121
39	行政后勤主管	221	78	初级维修工	89

（3）薪酬职等划分过程

① 公司岗位评价分布图。将各个岗位评价分数由高到低作出折线图（见图 3-7）。从图中可以看出，开始分数降低幅度比较大，但到后来降低幅度越来越小。事实上，不同薪等间的薪酬差距不是等差的，而是等比的，用对数坐标来表示更能说明问题。

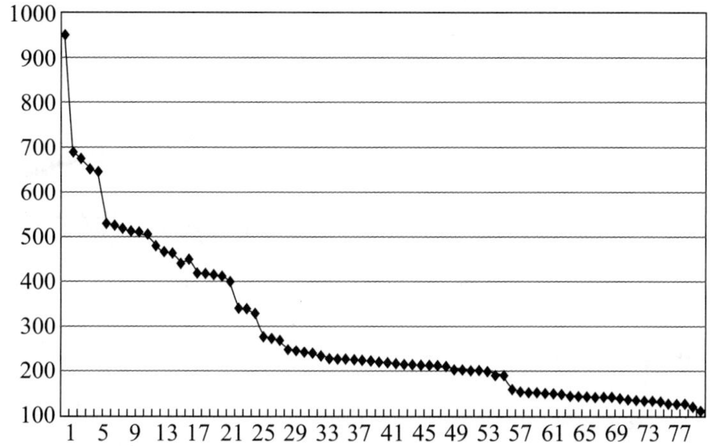

图 3-7　岗位评价分数折线图

② 岗位评价分数对数分布图。将纵坐标换成对数形式得到岗位评价对数分布图（一），见图 3-8。

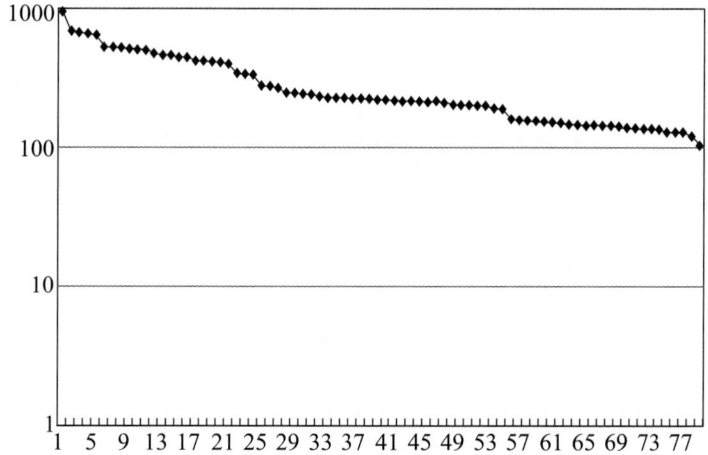

图 3-8　岗位评价对数分布图（一）

将纵坐标范围调整为最小值 100，最大值 1000，得到的图形更直观，见图 3-9。

③ 划分职等数量。根据对数形式的岗位评价分布折线图的突变特点，将整个纵坐标划分为若干职等。由图 3-10 可以看出，划分为 7 个职等比较合适。

通过对岗位评价结果的详细分析，可以发现薪酬职等与岗位层级基本有下列对应关系，见表 3-16。

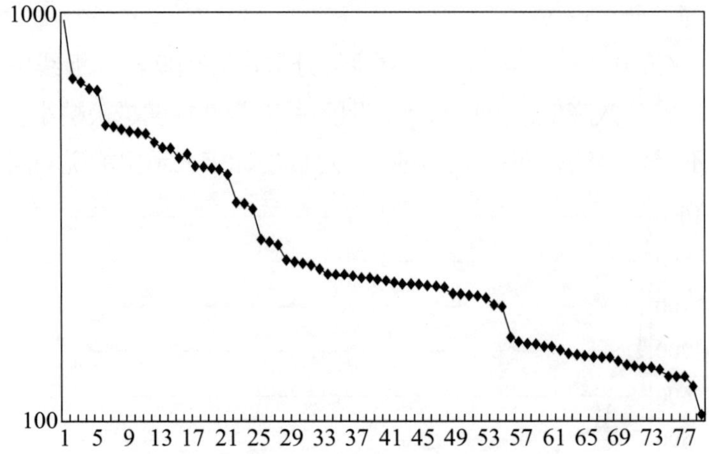

图 3-9　岗位评价对数分布图（二）

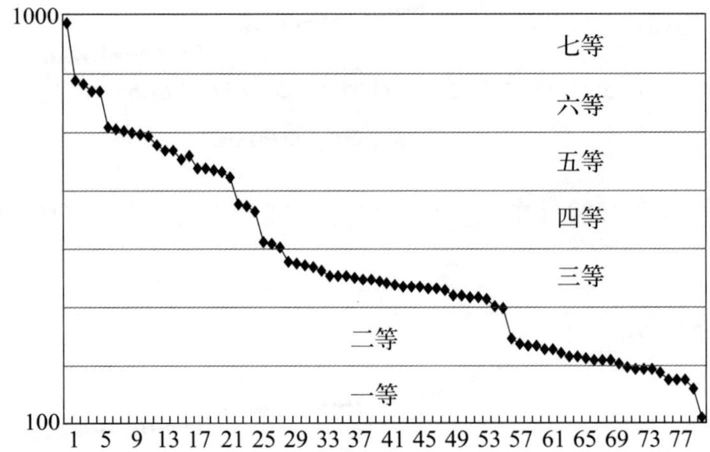

图 3-10　职等划分图

表 3-16　职等与岗位层级对应表

岗位层级	职等区间
总经理	七
副总经理、三总师	六
部长级、项目经理	五
副部长级、项目副经理、项目总工	四
职能主管级、项目主管级	三
普通管理人员、普通技术人员、技术工	二
操作工	一

2. 薪酬等级表设计

薪酬等级表是薪酬设计的基础文件，企业所有员工的岗位工资必定对应某个等级，3PM 薪酬设计的薪酬等级表有三种形式：等比薪酬等级表、等额薪酬等级表、系数薪酬等级表。

➢ 等比薪酬等级表即各薪档之间岗位工资是按比例增长的，这种薪酬等级表适合薪酬等比调整需要。

➢ 等额薪酬等级表即同一职等内不同薪档之间薪酬差距是等额的，这种薪酬等级表适合薪酬等额调整需要。

➢ 薪酬等级表中的数据用一系列系数来表示，这个系数再乘以薪酬基数就得到每个岗位的薪酬数额，薪酬基数根据企业效益情况及时调整，可增可减。

（1）等比薪酬等级表

设计等比薪酬等级表的过程如下。

① 根据薪酬调查结果以及企业制定的薪酬策略，估算企业在未来较长时间内，岗位工资可能的最高值和最低值。

② 根据最高值和最低值的差距、外部薪酬调查数据以及企业拟采取的薪酬策略，确定不同职等的薪酬差距。一般情况下，职等之间薪酬增长幅度为 30%～60%，本案例职等薪酬增长率为 50%。

③ 选定某一基准等级，比如第 6 级，确定各职等对应的薪酬数据，如表 3-17 中一等第 6 级至八等第 6 级分别是 1400、2100、3120、4600、6700、10400、15600、23200。

④ 根据企业薪酬调整策略，确定薪档增长率，一般为 3%～10%，较小的增长率可以实现频繁晋级激励，但需要更多的薪档来保证相邻职等的重合度。本表中薪档增长率为 3%。值得说明的是，小步快跑加薪方式是几年前通常采用的方式，由于近几年物价水平上涨较快以及互联网发展带来的影响，员工工资年度上涨幅度有增大趋势，因此较低的薪档增长率会给薪酬管理带来麻烦，同时降低了薪酬晋级的激励效果。因此目前阶段设计薪酬时薪档增长一般在 4% 以上。

⑤ 根据薪档增长率，将各薪档向上、向下进行数据填充，要考虑到不同职等应有一定的重合度（20%～50%），以确定足够的薪档数目。本案例薪档数目是 22 个，职等重合度在 30% 左右。

经过上述过程，就可以得到等比薪酬等级档序表，如表 3-17 所示。

表 3-17　等比薪酬等级档序表

薪档	各职等薪酬（元）							
	一等	二等	三等	四等	五等	六等	七等	八等
1	1200	1800	2700	4000	6000	9000	13500	20000
2	1240	1850	2780	4120	6180	9270	13910	20600
3	1270	1910	2860	4240	6370	9550	14320	21220
4	1310	1970	2950	4370	6560	9830	14750	21850
5	1350	2030	3040	4500	6750	10130	15190	22510
6	1400	2100	3120	4600	6700	10400	15600	23200
7	1430	2150	3220	4780	7160	10750	16120	23880

续表

薪档	各职等薪酬（元）							
	一等	二等	三等	四等	五等	六等	七等	八等
8	1480	2210	3320	4920	7380	11070	16600	24600
9	1520	2280	3420	5070	7600	11400	17100	25340
10	1570	2350	3520	5220	7830	11740	17610	26100
11	1610	2420	3630	5380	8060	12100	18140	26880
12	1660	2490	3740	5540	8310	12460	18690	27680
13	1710	2570	3850	5700	8550	12830	19250	28520
14	1760	2640	3970	5870	8810	13220	19830	29400
15	1820	2720	4080	6050	9080	13610	20420	30300
16	1870	2800	4210	6230	9350	14020	21030	31200
17	1930	2890	4330	6420	9630	14440	21660	32100
18	1980	2980	4460	6610	9920	14880	22310	33100
19	2040	3070	4590	6800	10220	15330	22980	34100
20	2100	3160	4730	7010	10500	15780	23670	35100
21	2160	3260	4880	7220	10800	16260	24380	36170
22	2230	3360	5020	7440	11160	16750	25100	37260
薪档增长率	3%	3%	3%	3%	3%	3%	3%	3%

（2）等额薪酬等级档序表

等额薪酬等级档序表薪档增长是一个固定值，但不同职等增长数额不一样，职等越高，增长数值越大。表3-18所示即为等额薪酬等级档序表。等额薪酬等级档序设计过程与等比薪酬等级档序设计过程类似，在此不再赘述。

表3-18 等额薪酬等级档序表

薪档	各职等薪酬（元）							
	一等	二等	三等	四等	五等	六等	七等	八等
1	1150	1610	2300	3220	4600	6440	9200	12880
2	1200	1680	2400	3360	4800	6720	9600	13440
3	1250	1750	2500	3500	5000	7000	10000	14000
4	1300	1820	2600	3640	5200	7280	10400	14560
5	1350	1890	2700	3780	5400	7560	10800	15120
6	1400	1960	2800	3920	5600	7840	11200	15680
7	1450	2030	2900	4060	5800	8120	11600	16240
8	1500	2100	3000	4200	6000	8400	12000	16800
9	1550	2170	3100	4340	6200	8680	12400	17360
10	1600	2240	3200	4480	6400	8960	12800	17920
11	1650	2310	3300	4620	6600	9240	13200	18480
12	1700	2380	3400	4760	6800	9520	13600	19040
13	1750	2450	3500	4900	7000	9800	14000	19600
14	1800	2520	3600	5040	7200	10080	14400	20160
15	1850	2590	3700	5180	7400	10360	14800	20720
档差	50	70	100	140	200	280	400	560

（3）系数薪酬等级档序表

等比薪酬等级档序表和等额薪酬等级档序表都是给出薪酬绝对数字，但系数薪酬等级档序表只给出相对系数，再乘以一个薪酬基数后才能得到薪酬具体数额。系数薪酬等级档序表也有等比和等额两种形式，表 3-19 是等额系数薪酬等级档序表。

表 3-19　等额系数薪酬等级档序表

薪档	各职等系数							
	一等	二等	三等	四等	五等	六等	七等	八等
1	1.15	1.61	2.3	3.22	4.6	6.44	9.2	12.88
2	1.2	1.68	2.4	3.36	4.8	6.72	9.6	13.44
3	1.25	1.75	2.5	3.5	5	7	10	14
4	1.3	1.82	2.6	3.64	5.2	7.28	10.4	14.56
5	1.35	1.89	2.7	3.78	5.4	7.56	10.8	15.12
6	1.4	1.96	2.8	3.92	5.6	7.84	11.2	15.68
7	1.45	2.03	2.9	4.06	5.8	8.12	11.6	16.24
8	1.5	2.1	3	4.2	6	8.4	12	16.8
9	1.55	2.17	3.1	4.34	6.2	8.68	12.4	17.36
10	1.6	2.24	3.2	4.48	6.4	8.96	12.8	17.92
11	1.65	2.31	3.3	4.62	6.6	9.24	13.2	18.48
12	1.7	2.38	3.4	4.76	6.8	9.52	13.6	19.04
13	1.75	2.45	3.5	4.9	7	9.8	14	19.6
14	1.8	2.52	3.6	5.04	7.2	10.08	14.4	20.16
15	1.85	2.59	3.7	5.18	7.4	10.36	14.8	20.72
档差	0.05	0.07	0.1	0.14	0.2	0.28	0.4	0.56

3. 岗位工资基准等级设计

（1）典型岗位工资基准等级确定

经过薪酬调查及统计分析后，典型岗位市场薪酬和岗位评价分数如表 3-20 所示。结合公司薪酬策略以及设计完成的薪酬等级档序表，对典型岗位基准工资进行定级并确定工资标准。

表 3-20　典型岗位市场薪酬数据以及岗位评价分数

职等	典型岗位	市场薪酬（元）	基准工资标准（元）	工资基准等级档序	岗位评价分数
七	总经理	16000	16120	七级 7 档	949
六	副总经理	11000	11400	六级 9 档	690
五	人力资源部部长	7700	7600	五级 9 档	480
四	设备管理中心副经理	4700	4600	四级 6 档	440
三	结构工程师	4000	4080	三级 15 档	248
二	技术员	2600	2570	二级 13 档	160
一	小车司机	2100	2160	一级 21 档	121

（2）其他岗位工资基准等级档序确定

① 高管层岗位基准工资等级档序确定。

根据表 3-15 中的岗位评价结果，高管层岗位评价分数分布（折线形式，下同）如图 3-11 所示。

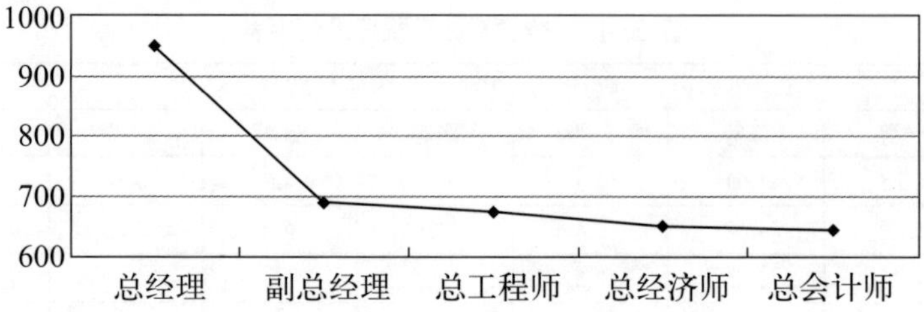

图 3-11　高管层岗位评价分数分布图

由图 3-11 可以看出，总经理与副总经理、总工程师、总经济师、总会计师岗位评价分数差别很大，岗位工资不应在同一职等。总经理岗位工资在七职等，而副总经理、总工程师、总经济师、总会计师岗位工资在六职等。由图中还可以看出，副总经理、总工程师、总经济师、总会计师 4 个岗位评价结果可以划分为 2 个档次，副总经理和总工程师要高于总经济师和总会计师。因此，在薪档设计上，副总经理和总工程师定位六级 9 档，而总经济师和总会计师定位六级 8 档，见表 3-21。

表 3-21　高管层岗位工资基准等级档序表

岗位名称	基准薪酬等级档序		标准工资（元）
	职等	档序	
总经理	七	7	16120
副总经理、总工程师	六	9	11400
总经济师、总会计师	六	8	11070

② 中层管理岗位基准工资等级档序确定。

根据表 3-15 岗位评价结果，中层管理岗位评价分数分布如图 3-12 所示。根据岗位评

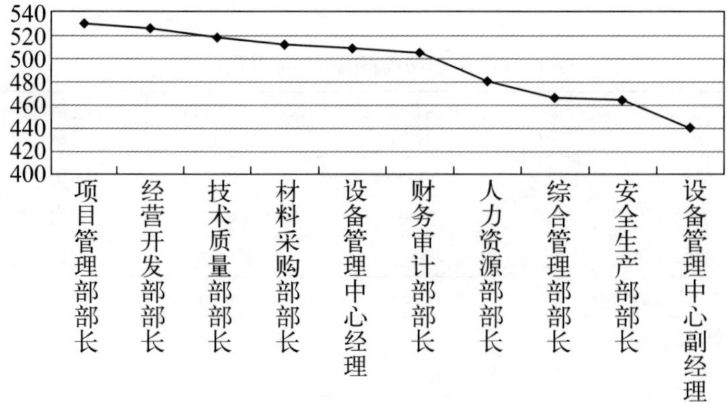

图 3-12　中层管理岗位评价分数分布图

价分数分布，将中层管理岗位划分为 4 个档次，具体等级如表 3-22 所示。

表 3-22　中层管理岗位工资基准等级表

岗位名称	基准薪酬等级档序		标准工资（元）
	职等	档序	
项目管理部部长、经营开发部部长	五	13	8550
技术质量部部长、材料采购部部长、设备管理中心经理、财务审计部部长	五	11	8060
人力资源部部长、综合管理部部长、安全生产部部长	五	9	7600
设备管理中心副经理	四	6	4600

③ 项目高层管理岗位基准工资等级档序确定。

根据表 3-15 中的岗位评价结果，项目高层管理岗位评价分数分布如图 3-13 所示。根据岗位评价分数分布，将项目高层管理岗位划分为两个职等，将一级项目经理、二级项目经理、三级项目经理定为五等，其余定为四等。项目高层管理岗位工资基准等级档序如表 3-23 所示。

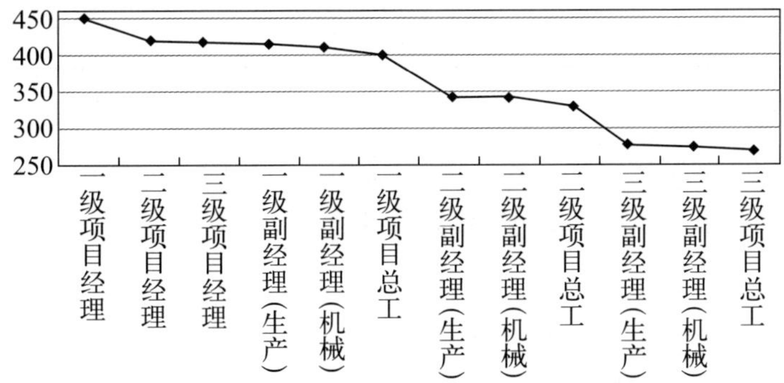

图 3-13　项目高层管理岗位评价分数分布图

表 3-23　项目高层管理岗位工资基准等级档序表

岗位名称	基准薪酬等级档序		标准工资（元）
	职等	档序	
一级项目经理	五	20	10500
二级项目经理	五	13	8550
三级项目经理	五	6	6700
一级副经理（生产）、一级副经理（机械）、一级项目总工	四	20	7010
二级副经理（生产）、二级副经理（机械）、二级项目总工	四	13	5700
三级副经理（生产）、三级副经理（机械）、三级项目总工	四	6	4600

④ 项目主管级岗位基准工资等级档序确定。

根据表 3-15 中的岗位评价结果，项目主管级岗位评价分数分布如图 3-14 所示。根据岗位评价分数分布，将项目主管级岗位划分为 4 个档次，项目主管级岗位工资基准等级档序如表 3-24 所示。

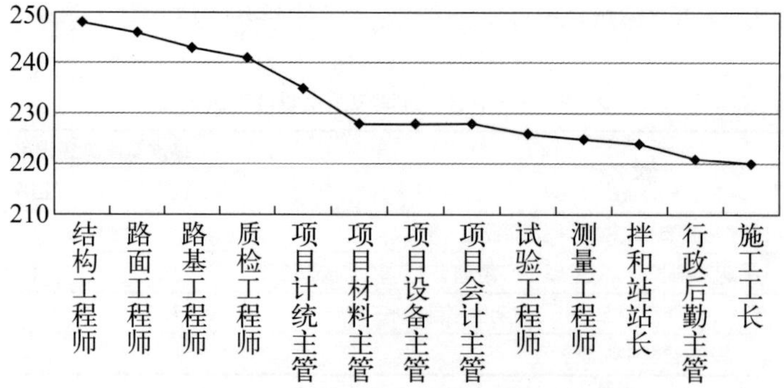

图 3-14 项目主管级岗位评价分数分布图

表 3-24 项目主管级岗位工资基准等级档序表

岗位名称	基准薪酬等级档序		标准工资（元）
	职等	档序	
结构工程师、路面工程师、路基工程师、质检工程师	三	15	4080
项目计统主管	三	13	3850
项目材料主管、项目设备主管、项目会计主管、试验工程师、测量工程师、拌和站站长、行政后勤主管	三	11	3630
施工工长	三	9	3420

⑤ 职能主管级岗位基准工资等级档序确定。

根据表 3-15 中的岗位评价结果，职能主管级岗位评价分数分布如图 3-15 所示。根据岗位评价分数分布，将职能主管级岗位划分为 4 个档次，职能主管级岗位工资基准等级档序如表 3-25 所示。

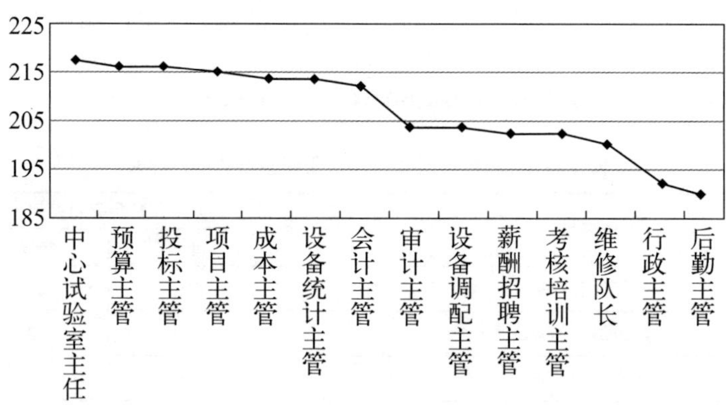

图 3-15 职能主管级岗位评价分数分布图

表 3-25 职能主管级岗位工资基准等级档序表

岗位名称	基准薪酬等级档序		标准工资（元）
	职等	档序	
中心试验室主任、预算主管、投标主管、项目主管、成本主管、设备统计主管	三	13	3850
会计主管、审计主管、设备调配主管	三	11	3630
薪酬招聘主管、考核培训主管、维修队长	三	9	3420
行政主管、后勤主管	三	7	3220

⑥ 项目员级岗位基准工资等级档序确定。

根据表 3-15 中的岗位评价结果，项目员级岗位评价分数分布如图 3-16 所示。根据岗位评价分数分布，将项目员级岗位划分为 5 个档次，项目员级岗位工资基准等级档序如表 3-26 所示。

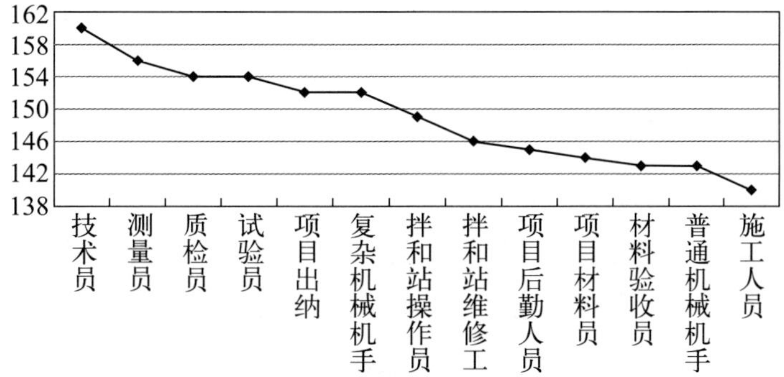

图 3-16 项目员级岗位评价分数分布图

表 3-26 项目员级岗位工资基准等级档序表

岗位名称	基准薪酬等级档序		标准工资（元）
	职等	档序	
技术员、测量员、质检员、试验员	二	13	2570
项目出纳、复杂机械机手	二	11	2420
拌和站操作员、拌和站维修工、项目后勤人员、项目材料员	二	9	2280
材料验收员、普通机械机手	一	21	2160
施工人员	一	19	2040

⑦ 职能员级岗位基准工资确定。

根据表 3-15 中的岗位评价结果，职能员级岗位评价分数分布如图 3-17 所示。根据岗位评价分数分布，将职能员级岗位划分为 4 个档次，职能员级岗位工资基准等级档序如表 3-27 所示。

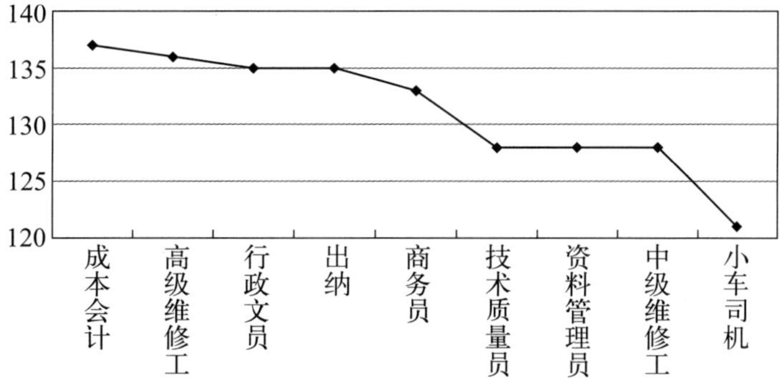

图 3-17 职能员级岗位评价分数分布图

表3-27　职能员级岗位工资基准等级档序表

岗位名称	基准薪酬等级档序		标准工资（元）
	职等	档序	
成本会计、高级维修工	二	13	2570
行政文员、出纳、商务员	二	11	2420
技术质量员、资料管理员、中级维修工	二	9	2280
小车司机	一	21	2160

4. 岗位工资如何定级定档

（1）初始定级和套改定级

岗位工资基准等级档序是该岗位工资的起始等级档序。一般情况下，试用期满经考核合格的员工就定在岗位工资基准等级档序，根据考核结果可高定或低定1～2档，高定等级档序须经分管领导审核，总经理审批；某些主管级以上管理岗位员工在代理任职期间，可低定1～3档，低定等级档序由人力资源部负责提出建议，经所在部门分管领导审核，总经理审批；某些技能、资历较高的任职者可高定1～3档，高定等级档序由部门分管领导提出建议，经总经理审批。

企业进行薪酬变革时一般要进行套改。套改时根据岗位任职者原工资水平以及资历情况，在岗位工资基准等级档序基础上上浮1～3档。具体规则如下：

部门中层：以新岗位工资为基础，同级别任职每3年高套1档，最多高套3档。若上述方案导致年度收入低于原来水平，则以年度收入不降低原则套入新档序，职能部门经理全年收入除以13，业务部门总监全年收入除以14。

2018年1月1日以前入职员工：入职满3年高套1档，最多高套3档。以年度总收入不降低原则、月度发放不降低原则套入等级档序。统计计算2016年全年收入（含年终奖金）；业务部门员工全年收入除以14，职能部门员工全年收入除以13。

2018年1月1日以后入职员工：以合同签订年度总收入不降低原则套入等级档序，业务部门员工合同年度总收入除以14，职能部门合同年度总收入除以13。

（2）同岗位薪酬晋级

公司岗位工资具有宽带薪酬特点，每个岗位工资档序在一定范围（总计10档）内。根据公司薪酬调整政策，员工岗位工资可以晋级，如已经晋升到该岗位最高档序，则不可继续晋级，除非岗位发生变动；年度内有不合格等级或者两次待改进等级降低一档工资，自触发降级条件的下月起执行。

（3）岗位变动薪酬调整

由于岗位变动，岗位工资进行相应调整。岗位变动分为同职等岗位变动、职等晋升岗位变动、职等降低岗位变动三种情况。

✧ 员工岗位发生同职等岗位变动，若新岗位工资基准等级档序高于原岗位工资基准等级档序，那么员工岗位工资相应上调几档。若新岗位工资基准等级档序等于原岗位工资基准等级档序，员工岗位工资档序不变。若新岗位工资基准等级档序低于原岗位工资基准等级档序，如果是因工作需要进行的岗位变动，应该以员工工资不能降低为原则套入新的工资等级档序；如果是因员工不胜任岗位工作而进行的调整，则应向下对岗位工资进行相应档序的调整。

✧ 员工发生职等晋升岗位变动，那么岗位工资应进行调整，直接按初始定级进行，若新岗位工资基准等级档序标准低于原岗位工资标准，应该将该员工岗位工资上浮一定档序以便不低于原工资标准。

✧ 员工发生职等降低岗位变动，岗位工资应进行调整，直接按初始定级执行。

员工岗位变动工资调整由公司人力资源部提出建议，部门分管领导审核，总经理批准。

（二）某互联网公司薪酬设计案例——3PM 薪酬设计方法

1. 公司简介及岗位体系

互联网公司 T 公司是中国创新型的整体支付方案提供商，以全面提升消费体验、变革营销服务模式为愿景，通过整合、挖掘产业链各环节的需求并进行深入分析，率先提出基于多种应用场景的整体支付解决方案，为金融机构、实体商业、品牌商等在移动互联网时代转型升级提供强大助力。公司岗位体系参见第二章表 2-1。

2. 标杆岗位选取及标杆岗位市场薪酬数据

根据 T 公司各岗位职责、任职资格条件，结合水木知行能力等级评定标准（表 3-5），选取标杆岗位及样本选择标准（表 3-28）。标杆岗位市场薪酬数据见表 3-29。

需要说明的是，本案例设计采用的是水木知行薪酬数据库数据，也可以用其他方法进行市场薪酬调查获得标杆岗位市场薪酬数据。

表 3-28　T 公司标杆岗位及样本选择标准

标杆岗位	职位等级	样本选择
财务部总监	五	能力 4 级 50% 分位以上与能力 5 级 50% 分位以下
资深研发工程师	四	能力 4 级 50% 分位以上与能力 5 级 50% 分位以下
高级开发经理	四	能力 4 级
高级研发工程师（C++）	三	能力 3 级 50% 分位以上与能力 4 级 50% 分位以下
中级研发工程师（C++）	二	能力 2 级 50% 分位以上与能力 3 级 50% 分位以下
初级软件工程师	一	能力 1 级 50% 分位以上与能力 2 级 50% 分位以下
会计	二	能力 2 级 50% 分位以上与能力 3 级 50% 分位以下
HRBP	二	能力 2 级 50% 分位以上与能力 3 级 50% 分位以下
采购员	一	能力 1 级 50% 分位以上与能力 2 级 50% 分位以下

表 3-29　T 公司标杆岗位市场薪酬数据

标杆岗位	样本数	薪酬数据(元)				
		10% 分位	25% 分位	50% 分位	75% 分位	90% 分位
财务部总监	43	18000	18875	25000	36250	40000
资深研发工程师	43	19000	22500	25000	33000	40000
高级开发经理	72	12500	18000	19000	25000	33000
高级研发工程师(C++)	86	12500	13000	18000	19000	20000
中级研发工程师(C++)	85	7200	7500	9000	10000	12500
初级软件工程师	88	5200	5250	6750	7000	7500
会计	94	5200	5800	7000	9000	10000
HRBP	84	5800	7000	7500	9000	10000
采购员	85	3750	3800	4600	5200	5800

3. 薪酬等级表设计

薪酬等级档序表见第二章表 2-3。

4. 标杆岗位薪酬确定

参考市场薪酬数据，结合公司薪酬水平现状，根据公司发展战略采取市场平均薪酬策略确定标杆岗位薪酬水平，见表 3-30。

表 3-30　标杆岗位薪酬水平设计

标杆岗位	市场薪酬(元)		等级	档序	工资范围(元)	定酬原则
	月薪(12)	月薪(13)				
财务部总监	18875	17423	五	4	17000～25500	市场平均薪酬
资深研发工程师	22500	20770	四	12	18000～30500	市场平均薪酬
高级开发经理	18000	16615	四	9	16100～27100	市场平均薪酬
高级研发工程师(C++)	13000	12000	三	12	12030～20320	市场平均薪酬
中级研发工程师(C++)	7500	6920	二	12	7520～12700	市场平均薪酬
初级软件工程师	5250	4850	一	12	4510～7620	市场平均薪酬
会计	5800	5354	二	6	5300～8950	市场平均薪酬
HRBP	7000	6462	二	8	5960～10060	市场平均薪酬
采购员	3800	3508	一	10	4000～6780	市场平均薪酬

5. 岗位评价结果

职位等级三等级岗位评价结果见表 3-31，其他岗位的岗位评价结果略。

表 3-31　职位等级三等级岗位评价结果

评价岗位	总计	标准分
产品经理	359.5	0.802455
项目管理经理	347.54	0.775759
技术主管	328	0.732143
高级研发工程师(C++)	321	0.716518
测试经理	312.07	0.696585

续表

评价岗位	总计	标准分
高级 UI 设计师	308.61	0.688862
BD 经理（金融）	292.54	0.652991
财务经理	291.49	0.650647
战略企划部经理	289.46	0.646116
售前经理	271	0.604911
渠道经理	268.5	0.59933
高级测试工程师	262.95	0.586942
薪酬福利主管	257	0.573661
法务经理	240.02	0.535759
实施项目经理	234.96	0.524464
公关经理	206.5	0.460938
HRBP	200.01	0.446451
采购经理	183.95	0.410603
培训经理	170.5	0.38058
计划主管	167.5	0.373884
运维工程师	158.02	0.352723
培训讲师	153.48	0.342589
商务主管	150.5	0.335938
行政经理	140.94	0.314598
数据维护主管	133.48	0.297946
质量工程师	130	0.290179
活动经理	118.98	0.26558
工艺工程师	112.5	0.251116
维修工程师	85	0.189732

6. 其他岗位薪酬设计

其他岗位基准工资等级档序见第二章表 2-4。

7. 工资标准确定

公司岗位工资具有宽带薪酬特点，每个岗位工资档序在一定范围，初始档序称为基准档序，适用期满合格员工一般就定在这个档序。

✧ 中高职位（职等六、七、八、九）员工工资等级最多比基准等级高 5 个档序。

✧ 中层管理岗位（职等四、五）员工工资等级最多比基准等级高 7 个档序。

✧ 其他中层岗位（职等四、五）以及普通员工（职等一、二、三）工资等级最多比基准等级高 9 个档序。

✧ 对于新增设岗位，由人力资源部用对比法确定新增设岗位的岗位基准工资等级档序，经分管副总裁审核、公司 CEO 批准后执行。

✧ 确定员工个人岗位工资等级的原则：以岗位工资基准等级档序为基础，适当考虑任职者能力素质、资历等因素。

✧ 兼任两个或多个岗位的人员，岗位工资以高者确定。

✧ 员工试用期薪酬以拟任岗位工资标准确定，或另行商定。

（三）某集团公司薪酬设计案例

1. 总部岗位序列设计

该集团公司是以房地产开发为核心业务的企业集团，其总部岗位序列分为高管层序列、中层管理序列、总部职能序列三个序列。中层管理序列、总部职能序列各岗位对应的工资等级如表3-32所示。

表3-32 总部岗位工资等级

序列	定级	岗位	起始级别	最高级别
中层管理序列	A	战略发展部部长、财务部部长	A1	A8
	B	人力资源部部长、审计监督部部长、综合办公室主任	B1	B8
总部职能序列	A	战略与规划、预算管理	A1	A8
	B	委派财务主管、薪酬考核、会计核算、投资管理、资金管理	B1	B8
	C	法律事务、委派会计、安全质量监督、文秘、人事综合	C1	C8
	D	出纳、文化宣传、委派出纳、综合管理	D1	D8

2. 总部中层管理序列岗位等级系数表

总部中层管理序列岗位工资等级如表3-33所示。

表3-33 总部中层管理序列岗位工资等级

序号	岗位等级系数	A级	B级
1	3.70	A8	
2	3.50	A7	
3	3.20	A6	B8
4	3.00	A5	B7
5	2.85	A4	B6
6	2.70	A3	B5
7	2.55	A2	B4
8	2.40	A1	B3
9	2.25		B2
10	2.10		B1
对应岗位		战略发展部部长 财务部部长	人力资源部部长 审计监督部部长 综合办公室主任

3. 总部职能管理序列岗位等级系数表

总部职能管理序列岗位工资等级如表3-34所示。

表 3-34　总部职能管理序列岗位工资等级

序号	岗位等级系数	A 级	B 级	C 级	D 级
1	2.40	A8			
2	2.25	A7			
3	2.10	A6	B8		
4	2.00	A5	B7		
5	1.90	A4	B6	C8	
6	1.80	A3	B5	C7	
7	1.70	A2	B4	C6	D8
8	1.60	A1	B3	C5	D7
9	1.50		B2	C4	D6
10	1.40		B1	C3	D5
11	1.30			C2	D4
12	1.20			C1	D3
13	1.15				D2
14	1.10				D1
对应岗位		战略与规划 预算管理	委派财务主管 薪酬考核 会计核算 投资管理 资金管理	法律事务委派会计 安全质量监督文秘 人事综合	出纳 文化宣传 委派出纳 综合管理

4. 各类员工岗位工资固定部分和浮动部分比例

总部各类员工岗位工资固定部分和浮动部分的比例如表 3-35 所示。

表 3-35　各类员工岗位工资固定部分和浮动部分比例

人员类型	固定比例	浮动比例
部门负责人	0.6	0.4
部门一般职能管理员工	0.6	0.4

这里说明一下，本案例是国内某咨询公司为某房地产开发集团公司设计的岗位工资，操作有些复杂，尤其是薪酬个别调整困难，请谨慎选择使用。

（四）某大型研究院薪酬设计案例

该研究院为甲级院，有教授级高工 500 多人。全研究院岗位分为中高层管理序列、经营序列、专业技术序列、项目管理序列和职能管理序列五个序列；工资由学历工资、职称工资和岗位工资构成。

1. 学历工资、职称工资对照表

学历工资、职称工资具体数额如表 3-36 和表 3-37 所示。

表3-36 学历工资

学历	学历工资（元）
博士研究生	800
硕士研究生	600
大学本科及以下	400

表3-37 职称工资

职称	职称工资（元）
教授级高级职称	800
高级职称	600
中级职称	400
初级职称	200

2. 各岗位序列岗位工资定级表

各岗位序列岗位工资定级表如表3-38所示。

表3-38 各岗位序列岗位工资定级表

序列	等级	岗位	岗位评价分数
中高层管理序列	A	总经理	800分以上
	B	分管总包副总经理、分管设计副总经理、分管研发副总经理、分管子公司副总经理、总工程师	600～800分
	C	战略投资部部长、综合管理部部长、人力资源部部长、财务部部长、科技质量部部长	450～600分
经营序列	A	部长	550分以上
	B	副部长	450～550分
	C	区域经理	350～450分
	D	客户经理	250～350分
专业技术序列	A	设计部部长	550分以上
	B	室主任、副部长、副总工程师	450～550分
	C	设计经理、室副主任、主任工程师、高级设计师	350～450分
	D	设计师	250～350分
	E	助理设计师	150～250分
项目管理序列	A	总包管理部部长、项目经理	550分以上
	B	分管施工副部长、分管采购副部长	400～550分
	C	施工经理、控制经理、采购经理、安全经理、质量经理	300～400分
	D	项目秘书	150～300分
职能管理序列	A	综合管理部副部长、财务部副部长、科技质量部副部长、人力资源部副部长、报价室主任	350～400分
	B	网络中心主任、战略规划主管、计划管理主管	300～350分
	C	行政主管、后勤主管、报价经理、外派项目财务经理、外派子公司财务经理、会计主管、翻译中心主任、档案中心主任、质量主管、科研和专利主管、技术主管	250～300分
	D	合同管理主管、薪酬主管、招聘调配主管、教育培训主管、考核统计主管	200～250分
	E	行政秘书、合同清算员、商务助理员、外派项目财务会计、成本核算员、费用审核员、收入核算员、网络管理员、翻译、质量管理员、期刊编辑、设备管理员	150～200分
	F	行政文员、安全消防员、总机维护员、后勤管理员、行政助理员、出纳员、电子档案管理员、文书会计档案管理员、标准图书管理员、工程底图管理员、工程蓝图管理员、行政管理员	100～150分

3. 各序列岗位系数表

中高层管理序列、经营序列、专业技术序列、项目管理序列、职能管理序列岗位系数分别如表 3-39～表 3-43 所示。

表 3-39　中高层管理序列岗位系数

序列等级	岗位系数						
	一档	二档	三档	四档	五档	六档	七档
A 级	9.8	9.4	9	8.6	8.2	7.9	7.6
B 级	7.9	7.6	7.3	7	6.7	6.4	6.1
C 级	6.4	6.1	5.8	5.5	5.3	5.1	4.9

表 3-40　经营序列岗位系数

序列等级	岗位系数						
	一档	二档	三档	四档	五档	六档	七档
A 级	6.5	6.2	5.9	5.6	5.3	5	4.8
B 级	5.3	5	4.8	4.6	4.4	4.2	4
C 级	4.4	4.2	4	3.8	3.6	3.4	3.2
D 级	3.6	3.4	3.2	3	2.9	2.8	2.7

表 3-41　专业技术序列岗位系数

序列等级	岗位系数						
	一档	二档	三档	四档	五档	六档	七档
A 级	6.9	6.6	6.3	6	5.7	5.4	5.1
B 级	5.4	5.1	4.8	4.5	4.3	4.1	3.9
C 级	4.1	3.9	3.7	3.5	3.3	3.1	2.9
D 级	3.1	2.9	2.7	2.5	2.3	2.2	2.1
E 级	2.2	2.1	2	1.9	1.8	1.7	1.6

表 3-42　项目管理序列岗位系数

序列等级	岗位系数						
	一档	二档	三档	四档	五档	六档	七档
A 级	6.9	6.5	6.1	5.7	5.3	4.9	4.5
B 级	4.9	4.5	4.2	3.9	3.6	3.3	3
C 级	3.3	3	2.7	2.4	2.2	2	1.8
D 级	2	1.8	1.6	1.5	1.4	1.3	1.2

表 3-43　职能管理序列岗位系数

序列等级	岗位系数						
	一档	二档	三档	四档	五档	六档	七档
A 级	4.1	3.9	3.7	3.5	3.3	3.1	3.05
B 级	3.1	3.05	3	2.95	2.9	2.8	2.7
C 级	2.8	2.7	2.6	2.5	2.4	2.3	2.2
D 级	2.3	2.2	2.1	2	1.9	1.85	1.8
E 级	1.8	1.75	1.7	1.65	1.6	1.55	1.5
F 级	1.5	1.45	1.4	1.35	1.3	1.25	1.2

这里说明一下，本案例是国内某咨询公司为某大型研究院设计的实际案例，操作有些复杂，尤其是薪酬个别调整困难，请谨慎选择使用。

第四章

薪酬构成设计

岗位绩效工资制工资由固定工资、绩效工资、奖金、补贴等构成，其中固定工资和补贴是固定收入，绩效工资、奖金等是浮动收入。绩效工资可以分为月度绩效工资、季度绩效工资、年度绩效工资、项目绩效工资等。

奖金一般分为单项奖、超目标奖励、年终奖等三种情况；单项奖是针对某个事项提前设定的，事项发生后讨论决定；超目标奖励，一般是业绩超目标完成后给予激励，是比较强的激励机制；年终奖是按年度对员工进行激励，结合团队业绩、个人岗位工资及个人年度考核情况发放，可以增加年终奖金的激励效果。

一般对于核心业务岗位人员、中高级管理人员以及中高级专业技术人员，收入分为三部分：月度固定工资、季度（月度）绩效工资、年度绩效工资和奖金。对于普通员工，收入分为月度固定收入、季度（月度）绩效工资、奖金。

很多企业实行年度 14 薪或 16 薪机制，将季度绩效工资与个人绩效紧密联系，将个人年度绩效工资与部门业绩紧密联系，将年底奖金与公司、部门业绩紧密联系，保证个人、部门、组织目标一致性，实现多赢局面。

在确定性条件下，如果员工努力，员工的业绩就会有保障，可以实行固定工资低、绩效工资高的模式；在不确定条件下，不宜实行绩效工资比例过高的模式，因为这种模式会使员工没有安全感，员工不易接受，也让管理者不敢严格考核，绩效考核容易流于形式。

提成工资制在企业薪酬管理实践中得到了非常广泛的应用，它能很好地平衡各价值创造要素的价值贡献，能激发各方面的积极性，使企业和个人都获得利益。但提成工资制也有一些弊端，需要根据公司业务特点以及面临的外部环境谨慎使用。

一、水木知行 3PM 薪酬构成设计

（一）3PM 岗位绩效工资制的工资构成

岗位工资是指任职者在正常完成该岗位工作时应得的工资报酬总和。固定工资、绩效工资基数加在一起构成了岗位工资。一般情况下，岗位绩效工资制工资由固定工资、绩效工资、奖金、补贴等构成。固定工资和补贴是固定收入，绩效工资、奖金等是浮动收入；绩效工资还可以分为月度绩效工资、季度绩效工资、年度绩效工资、项目绩效工资等。

表 4-1 至表 4-4 是某地方国有城投集团公司薪酬构成表格实例，其中表 4-1 为集团高管薪酬构成，表 4-2 为集团中层岗位薪酬构成，表 4-3 为子公司高层薪酬构成，表 4-4 为集团普通员工岗位薪酬构成。

表 4-1　集团高管薪酬构成

岗位	固定工资	季度绩效工资	年度绩效工资	备注
董事长 总经理	岗位工资×30%	岗位工资 ×30%× 部门季度绩效考核系数平均值	岗位工资 ×40%×12× 集团年度激励系数	部门季度绩效考核系数：0.8/1.0/1.1 集团年度激励系数：1.5/1.2/1/0.9/0.8/0.7/0.6/0 业务部门年度激励系数：2/1.5/1.2/1/0.9/0.8/0.7/0.6/0
业务高层	岗位工资×30%	岗位工资 ×30%× 分管部门季度绩效考核系数平均值（若分管部门是子公司，绩效考核系数用履职系数代替）	岗位工资 ×40%×12× 分管部门年度激励系数平均值	
职能高层	岗位工资×30%	岗位工资 ×30%× 分管部门季度绩效考核系数平均值	岗位工资 ×40%×12× 公司年度激励系数	

注：部门季度绩效考核系数、集团年度激励系数、业务部门年度激励系数的确定见集团《绩效考核管理制度》。

表 4-2　集团中层岗位薪酬构成

岗位	固定工资	季度绩效工资	年度绩效工资	备注
业务中层	岗位工资×40%	岗位工资 ×30%× 个人季度绩效考核系数	岗位工资 ×30%×12× 部门年度激励系数 × 个人年度绩效考核系数	个人季度 / 年度绩效考核系数：0/0.8/1.0/1.2 业务部门年度激励系数：2/1.5/1.2/1/0.8/0.6/0 集团公司年度激励系数：1.5/1.2/1/0.8/0.6/0
职能中层	岗位工资×40%	岗位工资 ×30%× 个人季度绩效考核系数	岗位工资 ×30%×12× 集团公司年度激励系数 × 个人年度绩效考核系数	

注：个人季度 / 年度绩效考核系数、业务部门年度激励系数、集团年度激励系数的确定见集团《绩效考核管理制度》。

表 4-3　子公司高层薪酬构成

岗位	固定工资	季度绩效工资	年度绩效工资	备注
子公司高层	岗位工资×30%	岗位工资 ×30%× 个人季度履职系数	岗位工资 ×40%×12× 子公司年度激励系数 × 个人年度绩效考核系数	个人季度履职系数：1/0.8/0.5/0 子公司年度激励系数：2/1.5/1.2/1/0.8/0.6/0 个人年度绩效考核系数：0/0.8/1.0/1.2

注：个人季度履职系数、子公司年度激励系数、个人年度绩效考核系数的确定见集团《绩效考核管理制度》。

表 4-4　集团普通员工岗位薪酬构成

岗位	固定工资	季度绩效工资	年终奖金	备注
集团普通员工	岗位工资 ×50%	岗位工资 ×50%× 部门季度绩效考核系数 × 个人季度绩效考核系数	业务部门员工： 若部门年度激励系数大于等于 1，部门员工享有奖金 = 岗位工资 × 部门年度激励系数 × 个人年度绩效考核系数；若部门年度激励系数小于 1，无奖金 职能部门员工： 若集团年度激励系数大于等于 1，职能部门员工享有奖金 = 岗位工资 × 集团年度激励系数 × 个人年度绩效考核系数；若集团年度激励系数小于 1，无奖金	个人季度 / 年度绩效考核系数：0/0.8/1.0/1.2 部门季度绩效考核系数：1.1/1.0/0.8 集团年度激励系数：1.5/1.2/1/0.8/0.6/0 业务部门年度激励系数：2/1.5/1.2/1/0.8/0.6/0

（1）固定工资

固定工资是岗位工资中的固定部分，一般按月发放。

（2）季度（月度）绩效工资

季度（月度）绩效工资是岗位工资的变动部分，由团队和个人阶段绩效考核结果确定。绩效考核一般采取季度（月度）考核。对于月度考核，绩效工资一般在月度考核后发放。对于季度考核，绩效工资可以有三种发放方案。一是季度绩效考核后发放；二是每季度前两个月按一定数额（大多数企业选择绩效考核系数为 1）预发，第三个月绩效考核后多退少补；三是将季度绩效考核结果应用在下个季度绩效工资的计算发放中。

绩效工资的计算，除了考虑绩效有关因素外，也应该考虑出勤因素。一般情况下，无论何种原因，缺勤期间都不享受绩效工资。

（3）年度（项目）绩效工资

年度（项目）绩效工资也是岗位工资中的变动部分，由团队和个人年度（项目）绩效考核结果确定。年度绩效工资适合以年度为周期进行业绩评定的中高层管理人员，项目绩效工资适合以项目为周期进行业绩评定的项目管理人员。一般情况下，企业中高层管理者以及项目团队骨干与公司签订目标责任书，任务完成得好会受到激励；任务完成得不好，将得不到年度（项目）绩效工资，甚至会有其他处罚机制。年度（项目）绩效工资的计算，除了考虑绩效有关因素外，同样应考虑出勤因素。一般情况下，无论何种原因，缺勤期间都不享受年度（项目）绩效工资。

专家提示

一般对于核心业务岗位人员、中高级管理人员以及中高级专业技术人员，收入分为三部分：月度固定工资、季度（月度）绩效工资、年度绩效工资和奖金。固定工资是出勤就会享有的，季度（月度）绩效工资季度（月度）考核按月发放，年度绩效工资和奖金是根据年度业绩完成情况发放。季度（月度）考核更注重过程，年度考核更注重结果。如果年度考核标准有激励机制，年度绩效工资能实现奖金的超额激励作用；如果年度绩效考核不考虑超目标后的激励，应为超目标后的业绩额外设计奖金激励，这样才能实现有效激励。

对于普通员工，收入分为月度固定工资、季度（月度）绩效工资、奖金。固定工资是出勤就会享有的，季度（月度）绩效工资根据季度（月度）考核结果按月发放，奖金根据团队业绩和个人考核结果发放。在团队业绩达标、个人考核合格前提下享有奖金激励；若团队业绩未达目标，所有人将不会有奖金激励。

（二）固定部分工资设计

固定部分工资占岗位工资的一定比例。根据岗位工作性质以及岗位层级高低，固定工资一般为岗位工资的30%～90%。设计这个比例一般依据以下原则：

第一，从理论上讲，固定工资是基本生活保障需要，因此无论什么岗位，固定工资绝对数额应不低于当地最低工资标准，保证员工最基本生活需要。但实际上，固定工资超过最低生活保障线即可，甚至再低也不会有问题，只要薪酬制度里面加上“若因员工绩效考核结果导致员工月度实际收入（固定工资加绩效工资）低于最低工资标准，以最低工资标准计发”这样的条款，就不违反法律规定。

第二，岗位层级高，应该实行弹性薪酬政策，固定工资应该较少，季度（月度）绩效工资和年度绩效工资应该占有较大比重；岗位层级低，固定工资应该占大部分，绩效工资应该占较少比例。

第三，业务岗位员工应该实行弹性薪酬政策，固定工资应该较少，绩效工资应该占有较大比例；而职能岗位员工，固定工资应该占大部分，绩效工资应该占较少比例。

专家提示

固定部分薪酬可以根据企业实际情况拆分为基本工资、岗位津贴、伙食补贴、交通补贴以及其他工资等各种构成，以便满足员工不同需求。

专家提示

在确定性条件下，如果员工努力，员工的业绩就会有保障，可以实行固定工资低、绩效工资高的模式；在不确定条件下，不宜实行绩效工资比例过高的模式，因为这种模式会使员工没有安全感，员工不易接受，也让管理者不敢严格考核，绩效考核容易流于形式。

（三）季度（月度）绩效工资设计

对于核心业务岗位人员、中高级管理人员、中高级专业技术人员以及其他岗位层级比较高的员工，岗位工资中除了固定工资以及一定的年度绩效工资外，剩下的是季度（月度）绩效工资。季度（月度）绩效工资占岗位工资的比例一般为20%～50%。

对于岗位层级比较低的岗位员工，岗位工资除了固定工资就是季度（月度）绩效工资了。绩效工资占岗位工资的比例一般为10%～50%。

绩效工资实际发放数额一般与部门及个人绩效有关。在实际应用中，有以下几种主要方法。

1. 绩效工资只与个人绩效有关

这是最简单地将考核与绩效工资挂钩的方法，被很多企业采用。例如，某企业员工月度绩效工资计算如下：

月度绩效工资 = 岗位工资 ×30%× 个人月度绩效考核系数

个人月度绩效考核系数计算有两种方式：一种是根据绩效考核分数来计算，另一种是根据绩效考核结果来计算。

（1）个人绩效考核系数根据绩效考核分数计算

也有两种方法：一种方法只与自己的分数有关，可称之为绝对分数法；另一种方法不仅与自己的分数有关系，还与同事的分数有关系，可称之为相对分数法。

① 绝对分数法。比如，个人季度绩效考核系数等于个人绩效考核分数除以100。但是，这种安排有一个比较大的弊端，即给员工的感觉是无论干得多么好，也很难拿到全部绩效工资，会对员工的积极性会有一定影响。

如果对个人季度绩效考核系数的计算公式做出修订，变为“个人季度绩效考核系数 = 1 +（个人季度绩效考核分数 − 80）/80”，那么，员工的积极性就会有一定程度的提高。当然，这种安排相当于提升了个人的岗位工资，因此在给员工定岗位工资时，要考虑这种影响。

专家提示

绝对分数法往往被刚开始尝试做绩效考核的企业采用。这样的企业规模不大，管理基础相对薄弱，绩效考核做得比较简单，考核以出错扣分为主。这种方法不是好方法，因为往往扣分就相当于扣钱，没有激励机制，员工不会乐于接受考核，主管扣分也会有很多顾忌，通过绩效管理提高员工积极性、主动性的目的很难达到。

② 相对分数法。这种模式下，员工的绩效工资不仅与自己的考核分数相关，而且与本部门的绩效考核平均分数有关系。例如，某企业员工月度绩效工资计算如下：

月度绩效工资 = 岗位工资 ×30%× 个人绩效考核分数 /
本部门所有员工绩效考核平均分数

专家提示

相对分数法往往是为了解决部门负责人打分偏高流于形式以及绩效工资额度控制问题。虽然这种方法被很多企业采用，但也不是好方法。其最大弊端是不利于团队协作，容易引起员工之间矛盾，因此应谨慎使用。实际上，在人力资源管理领域，在参与人数有限的情况下，涉及零和博弈（有多就有少，有好就有差）的措施都不是好办法。

（2）个人绩效考核系数根据绩效考核结果确定

个人绩效考核系数和考核结果的对应关系可以如表 4-5 所示。

如果岗位绩效工资比例较大，公司内部还没形成比较强的业绩导向文化，那么可以将绩效考核系数差距缩小，如表 4-6 所示。

表 4-5　个人考核系数与考核结果对应关系（一）

考核结果	季度绩效考核系数
优秀	1.2
良好	1.1
合格	1
基本合格	0.8
不合格	0

表 4-6　个人考核系数与考核结果对应关系（二）

考核结果	季度绩效考核系数
优良	1.1
合格	1
待改进	0.9
不合格	0

专家提示

在绩效考核结果的等级划分问题上，最早的绩效考核实践往往习惯将绩效考核等级划分得多些。目前来看，除有这种必要的业务岗位外，将考核等级划分得少些，提高绩效考核效度，充分发挥绩效管理的作用是比较合适的。

2. 绩效工资与部门及个人绩效有关

员工的绩效工资除与本人绩效挂钩外，还和整个部门的绩效挂钩，这适合于团队性质工作的部门。与部门绩效挂钩的方法有三种：一是根据部门绩效考核分数计算；二是根据部门绩效考核结果等级计算；三是总额控制法。

（1）根据部门绩效考核分数计算

① 绝对分数法。举例来说，可以用这样的公式计算：

月度绩效工资 = 岗位工资 ×30%× 个人月度绩效考核系数 ×
部门月度绩效考核系数

在这个公式中，部门月度绩效考核系数等于部门绩效考核分数除以 100；个人月度绩效考核系数可以根据分数计算，也可以根据绩效考核结果确定。

② 相对分数法。员工的绩效工资除与个人绩效考核结果、本部门绩效考核结果挂钩外，还和其他部门的绩效考核结果有关系。例如，某企业员工月度绩效工资计算公式为：

月度绩效工资 = 岗位工资 ×30%× 个人月度绩效考核系数 ×
（本部门绩效考核分数 / 所有部门绩效考核分数的平均值）

个人绩效考核系数可以根据分数计算，也可以根据绩效考核结果计算。

（2）根据部门绩效考核结果等级计算

① 与部门考核结果等级直接挂钩。例如，某企业员工月度绩效工资计算公式为：

$$月度绩效工资=岗位工资\times 30\%\times 个人月度绩效考核系数\times 部门月度绩效考核系数$$

这个公式中，部门月度绩效考核系数根据绩效考核结果来确定，见表4-7，根据考核结果等级不同，部门月度绩效考核系数分别为1.2、1.0、0.8。

表4-7 部门绩效考核系数与考核结果对应关系

考核结果	优良	合格	待改进
绩效考核系数	1.2	1	0.8

② 与部门考核结果间接挂钩。与部门考核结果间接挂钩的方法，在绩效工资计算公式上，没有直接体现与部门绩效的关系，但这并不意味着员工个人绩效工资与部门绩效没有关系。通过对不同绩效考核等级部门员工考核等级的比例进行强制规定，以实现员工利益和部门利益的一致。

例如，某互联网大厂各事业部员工年度绩效考核等级分布比例与该事业部的考核结果相关，具体数值如表4-8所示。

表4-8 某互联网公司事业部考核结果与员工考核结果比例关系

事业部考核结果	员工考核结果比例				
	优秀	良好	合格	待改进	不合格
优秀	30%	15%	50%	5%	
良好	25%	15%	50%	10%	
合格	20%	15%	50%	15%	
待改进	10%	20%	50%	15%	5%

又如，某大型物业集团分公司员工季度绩效考核等级分布比例与各自的季度考核分数有关，具体数值如表4-9所示。

表4-9 某大型物业集团分公司季度绩效考核分数与员工考核结果比例关系

分公司季度绩效考核分数	员工考核结果比例			
	优秀	合格	待改进	不合格
达到100分	不超过30%	不限定	不限定	不限定
100分～90分（含）	不超过25%	不限定	不低于5%	不限定
90分～80分（含）	不超过20%	不限定	不低于10%	不限定
80分～60分（含）	不超过15%	不限定	不低于15%	不限定
60分以下	不超过10%	不限定	不低于20%	不低于5%

（3）总额控制法

总额控制法即控制某个部门的绩效工资总额，绩效工资总额和整个部门的考核结果挂钩。比如，某部门员工的工资构成和计算过程如下：

$$工资构成=基本工资+绩效工资$$

$$基本工资=岗位工资\times 60\%$$

部门绩效工资总和＝除总监外所有岗位人员工资总和 ×40%× 部门绩效考核系数

员工绩效工资＝（个人岗位工资 × 个人绩效考核系数）÷ 所有人岗位工资乘以各自绩效考核系数之和 × 部门绩效工资总和

总额控制法体现着绩效工资、奖金发放的一个基本思路，这个思路对有总额要求的单位薪酬发放有借鉴意义。在工资总额还有空间的情况下，剩余额度应用上述公式根据员工岗位工资及考核因素即可分发；若工资总额不够，可以用上述公式算出公司员工最后一个季度绩效工资调整系数，每个员工实际绩效工资再乘以这个系数即可。

3PM 薪酬体系因为考虑组织、团队及个人因素发放绩效工资，因此应用上述公式能比较便利地解决薪酬总额控制问题。

（四）年度（项目）绩效工资设计

年度绩效工资适用于企业中高层管理岗位员工以及业务岗位员工，比例一般为20%～50%。年度绩效工资一般根据目标责任完成情况确定。

1. 年度绩效工资只与个人业绩有关

对于高级业务岗位人员以及业务部门负责人，年度绩效工资只与自己业绩有关，这样可以实现比较强的激励。

例如，某新能源公司高级业务经理年度绩效工资＝岗位工资 ×40%×12× 年度绩效考核系数；其中，年度绩效考核系数 0/0.6/0.7/0.8/0.9/1.0/1.5/2.0/2.5/3。再如某投资公司高级业务经理年度绩效工资＝岗位工资 ×40%×12× 年度绩效考核系数，年度绩效考核系数 0/0.6/0.7/0.8/0.9/1.0，业绩超目标完成享有单独奖金激励。

2. 年度绩效工资与公司（团队）及个人业绩有关

对于需要团队合作的专业技术岗位或者公司职能部门中层岗位，年度绩效工资往往与公司（团队）和个人业绩紧密联系。比如表 4-2 所示集团中层岗位年度绩效工资除了与个人业绩有关外，还与部门或公司整体业绩完成情况有关。又比如，某商业银行对总部职能部门部长年度绩效工资＝岗位工资 ×30%×12× 银行本部年度绩效考核系数 × 个人年度绩效考核系数。

3. 项目绩效工资设计案例

项目部领导班子成员为责任人，项目经理是责任代表。项目部班子成员岗位工资的40% 作为项目绩效工资，项目部主管级岗位人员岗位工资的 20% 作为项目绩效工资。

奖惩兑现办法：

项目班子成员项目绩效工资＝岗位工资 ×50%× 项目工期（月数）× 目标责任考核系数 K× 岗位季度绩效考核系数平均值

项目部主管级岗位项目风险工资 = 岗位工资 × 20% × 项目工期（月数）× 目标责任考核系数 K × 岗位季度绩效考核系数平均值

目标责任考核系数 K 的计算方法如下。

① 工程完工财务决算后，经济指标未达到基本目标的，$K = 0$；经济指标超过基本目标的，则 $K = 1 +$（实际利润 − 基本目标）/（争取利润 − 基本目标），K 最大值为 2。

② 项目质量指标没达到，$K = 0$。

③ 项目进度指标没达到，非外部原因导致项目工期延迟（工期半年内项目延期 1 个月以上，工期超过半年项目延期 2 个月以上），K 值减 0.2。

④ 项目管理指标没达到，根据事件严重程度，K 值减 0.2～0.5。

⑤ 文明施工与安全生产指标没达到，发生重大安全生产责任事故，导致人员死亡，K 值减 0.5；导致人员重伤或财产重大损失，K 值减 0.2。

⑥ 工作纪律及综合治理指标没达到，根据情况，K 值减 0.2～0.5；项目部成员出现违反国家法律法规、以权谋私、贪污受贿等违纪行为以及严重违反公司有关制度规定行为，当事人月度绩效工资为 0，并取消项目绩效工资以及项目奖金，情节严重的送交有关部门处理。根据事件严重程度，有关领导也要取消部分绩效工资及奖金。

（五）奖金设计

奖金主要有两类：一是超额“量”的奖励，二是超额“质”的奖励。

超额“量”的奖励一般采取在“量”这个基数上提成的办法。提成奖金计算基数一般根据产量、销售额、成本节约、超额利润等确定，奖金数额就是根据前述指标乘以一个提成比例。而超额“质”的奖励往往采取评比的办法。比如，在安全生产、产品或服务质量、业务拓展、市场开发、合理化建议、管理创新、业务创新等方面做出突出贡献者，都可以得到相应奖励。

1. 生产制造环节奖金设计

生产制造环节一般根据产量或超额产量提取奖金，同时生产质量奖、安全生产奖等项目也得到广泛应用。

例如，某饮料生产企业酿造车间奖金总额为吨产品提成 17.2 元，超额完成任务，吨产品提成为 21.6 元；灌装车间吨产品提成为 38.3 元，超额完成任务，吨产品提成为 50 元。

2. 销售环节奖金设计

销售环节一般根据合同额、销售额、销售利润等指标提取奖金，同时应考虑回款因素。在销售环节，市场开发奖也得到广泛应用。

请看下面某企业业务员奖金的计算。

（1）增强材料业务员奖金计算

$$增强材料业务员奖金=超额销售收入 \times K_1+超额销售利润 \times K_2$$

① K_1 是超额销售收入提成比例，超额销售收入=本月实现销售收入－0.8×Σ（各种产品的底价 × 各种产品目标销量）；本月实现销售收入根据实际回款额计算。超额销售收入提成比例 K_1 的具体数值如表4-10所示。

② K_2 是超额销售利润提成比例，超额销售利润=Σ（各种产品销售价格－各种产品的底价）× 各种产品实际销量，实际销量根据本月回款的合同计算。超额销售利润提成比例 K_2 的具体数值如表4-10所示。奖金最低为零，如果计算结果为负数则以零计。

（2）玻璃布业务员奖金计算

$$玻璃布业务员奖金=本月实现销售收入 \times K \times P$$

① K 是销售收入提成比例，本月实现销售收入根据实际回款计算。销售收入提成比例 K 的数值如表4-10所示。

② P 是奖金价格调整系数，是玻璃布产品出售价格超过或低于产品底价时对奖金进行的调整。$P=1+[销售额 \div \Sigma(各种产品的底价 \times 各销量)-1]\times 5$，即当出售价格超过或低于底价的1%时，奖金增加或减少5%。

表4-10 奖金提成比例

岗位	超额销售收入提成比例 K_1	超额销售利润提成比例 K_2	销售收入提成比例 K
市场营销部增强材料组	0.25%	2.5%	
海外市场部增强材料组	0.25%	2.5%	
市场营销部玻璃布组			0.0075%

专家提示

对于销售环节奖金提成有总额提成与超目标提成两种方法。一般来讲，如果公司处于快速发展阶段，产品毛利水平较高，适合采取根据销售额提成方式；如果公司处于稳定发展阶段，公司产品毛利水平较低，则适合采取根据毛利提成方式。

3. 成本中心奖金设计

研发、质量、技术等职能部门，往往被视为成本中心，对于这些部门可以根据费用节约情况来进行提成。

某公司项目组人员奖金计算办法：公司实行项目费用节约奖励原则，在责任书中约定各种费用总额，节余部分按照一定比例作为项目组人员的奖金；费用总额占合同额的比例以及奖金占费用节余的比例等具体数值，在责任书中约定。

以下是某设计院对设计项目的奖金激励措施。

（1）责任指标

费用指标：费用总额为18.8万元。设计质量：达到业主要求。

项目工期：在业主规定的合同工期内完成项目。

（2）奖励与考核办法

项目完工、财务核算后，费用结余作为项目组成员奖金以及部门其他费用来源。费用结余等于费用总额减去实际发生费用总和。费用包括资料费、测量费、招待费、车辆费用、办公费用及印刷出版装订费等。

根据项目质量，实际费用结余数额可增减20%以内。若发生严重质量事故，扣减20%；若发生一般质量事故，扣减10%。根据项目工期完成情况，实际费用结余数额可增减10%以内。若由于项目组原因使项目延期半个月，扣减5%；项目延期一个月以上，扣减10%。

（3）奖金分配原则

费用节约数额的50%作为项目组成员的奖金。项目组成员奖金由项目负责人提出分配方案，经部门部长审核，分管副总经理审批。

在同等时间条件下，项目负责人、骨干成员、一般成员的分配比例大致为4∶2∶1。

专家提示

费用节约提成奖金激励机制广泛应用于对各种项目组人员的激励。很多项目需要跨部门团队协作，经常占用公休日加班工作。这种机制若应用得好，既能提高员工积极性，也有利于规避一定的法律风险。

以下是某互联网公司对研发人员的奖金激励机制：

为了保证重点项目顺利开展，在需要占用项目员工较多公休日的情况下，设立项目奖；设立项目奖后，项目成员因该项目公休日加班，不再给予加班补贴。

项目奖金由分管副总裁提出申请方案，说明项目目标、奖金总额、涉及人员、分配方式等，经人力资源部审核，公司首席执行官批准。

项目结束后，人力资源部负责根据项目完成情况核定奖金总额，由公司首席执行官批准；由分管副总裁提出分配方案，人力资源部核准。

4. 利润中心奖金设计

利润中心奖金一般根据实现利润情况进行提成。在有些情况下，需要考虑销售收入的因素，尤其是在市场增长率对公司战略达成具有非常重要的意义的情况下。

以下是某业务部门的奖金设计方案。

利润基本目标以下部分提成5%，利润超过基本目标部分提成10%，利润超过争取目标部分提成20%。奖金发放由部门经理负责制订分配方案，经分管领导批准；奖金分配要体现多劳多得的原则，同时鼓励所有员工进行市场开拓、新业务开展等尝试工作。

5. 奖金分配方法

有些奖金可以直接分配到个人，有些奖金是计算出奖励团队的总额，那么，在团队内部如何分配呢？常用的奖金分配方法有计分法和系数法两种。

（1）计分法

根据一定的规则将个人评定出一定分数，根据这个分数计算每个人的奖金数额。其计算公式为：

个人奖金数额 =（个人评定分数 ÷ 团队所有个人评分总和）× 资金总额

（2）系数法

根据岗位价值或贡献大小确定分配权重，最后将总奖金分配到每个员工。其计算公式为：

个人奖金数额 = [总奖金额 ÷ Σ（岗位系数 × 岗位人数）] × 个人岗位系数

如果考虑到个人绩效考核结果，其计算公式为：

个人奖金数额 = [总奖金额 ÷ Σ（岗位系数 × 绩效考核系数 × 岗位人数）] × 个人岗位系数 × 个人绩效考核系数

专家提示

奖金一般分为单项奖、超目标奖励、年终奖等三种情况：单项奖是针对某个事项提前设定的，事项发生后讨论决定；超目标奖励，一般是业绩超目标完成后给予激励，是比较强的激励机制；年终奖是按年度对员工进行激励，结合团队业绩、个人岗位工资及个人年度考核情况发放，可以增加年终奖金的激励效果。

（六）津贴补贴设计

津贴补贴设计需要考虑与能力和资历等个人差别有关的因素，与工作环境、工作条件、工作时间、物质生活等工作生活差别有关的因素，以及与岗位差别有关的因素等三个方面。

（1）个人因素津贴补贴

反映岗位任职者个人因素的津贴补贴主要是为了补偿任职者个人的某些因素，如知识、技能、资格等。实践中有学历津贴、职称津贴、资质津贴、工龄津贴等。

以下是某公司反映岗位任职者个人因素的津贴补贴项目。

✧ 学历津贴：本科200元/月，硕士500元/月，博士800元/月。

✧ 职称津贴：中级职称200元/月，副高级职称500元/月，正高级职称800元/月。

✧ 资质津贴：一级建筑师1800元/月，一级结构师1000元/月，二级建筑师、咨询（投资）工程师、一级造价师、岩土工程师、监理工程师500元/月，二级造价师、二级结构师200元/月。

✧ 司龄津贴：司龄 50 元 / 年，超过 5 年以 5 年计。

津贴总额取前 3 项中最多者，并与第 4 项合并计算。

（2）工作生活差别因素津贴补贴

工作生活差别因素津贴补贴用于补偿员工特殊劳动消耗或额外生活支出，如高温津贴、井下津贴、野外工作津贴、加班津贴、驻外津贴等。

以下是某公司工作生活因素津贴补贴项目。

✧ 加班津贴：国家法定节假日加班根据日工资标准 3 倍计发。项目岗位员工只享有国家法定节假日加班津贴，项目岗位节假日加班须经项目经理批准；公司总部职能部门员工以及分公司职能部门员工享有国家法定节假日、休息日加班津贴，总部员工节假日加班须经主管领导批准，分公司员工节假日加班须经分公司经理批准。

✧ 驻外津贴：县内工程每人每天 50 元，县外市内工程每人每天 80 元，市外省内工程每人每天 100 元，省外一般地区工程每人每天 100 元，边远、特殊地区工程每人每天 150 元。

（3）岗位因素津贴补贴

岗位因素津贴主要考虑岗位价值因素——往往是由于不便进行岗位工资调整而添加的津贴项目。

以下是某公司岗位因素津贴补贴项目。

✧ 董事监事津贴：500 元 / 月。

✧ 车辆津贴：总经理 2000 元，副总经理（含视同）1500 元，部门经理 1000 元。

✧ 司机津贴：经常出差司机（每月出差 10 天及以上）500 元，不经常出差司机（每月出差不足 10 天）300 元。

专家提示

将季度绩效工资与个人绩效紧密联系，将年度绩效工资与部门业绩紧密联系，将年底奖金与公司、部门业绩紧密联系，保证个人、部门、组织目标一致性，实现多赢局面。

专家解读：13薪和年终奖有哪些区别

13 薪和年终奖在表现上都是年底一次性奖励性薪资，但本质上有显著性差异。

第一，13 薪机制更强调团队业绩，团队业绩完成情况下团队成员会享受第 13 薪，当然年度业绩较差者会取消这个资格；而年终奖更强调个人贡献，对个体激励效应更大。

第二，年底 13 薪机制更适合规范的管理，人力资源部门应组织对团队及个人进行规范的绩效考核，否则就会陷入平均分配、大锅饭的境地；而年度奖金发放的随意性就大了。因此从这点来讲，员工乐于接受13薪机制，这样公正性有保障。

第三，年度13薪机制可以关注团队结果贡献，考虑个人结果贡献并关注个人工作过程；而年度奖金机制设计往往更关注结果。因此年度13薪机制更能应对不确定性外部环境的挑战。

二、其他常用工资制度设计

（一）年薪制设计

年薪制是以年度为单位确定经营者的报酬，并视组织年度经营状况发放报酬的制度。年薪制一般适用于组织中的高层领导者或者独立业务单元的有关负责人。年薪制有以下两个特点：一是年薪总额在年初就确定，同时明确经营者的目标责任；二是在薪酬构成上，浮动部分占有比较大的比重，最终得到的年薪数额与经营者的工作责任、业绩贡献紧密联系。

1. 年薪制薪酬构成

年薪制一般由基本薪酬、绩效薪酬、津贴补贴、福利以及股票期权等项目构成。

✧ 基本薪酬是为了满足管理者基本生活需要，一般按月发放。

✧ 绩效薪酬则根据阶段考核及年终考核发放。

✧ 津贴补贴除了通常项目外，还包括职务消费货币化的一些项目，如车辆津贴等。

✧ 福利除了普通员工享受的福利外，高层管理者一般还享有一些特殊福利，如无偿使用交通工具、高额离职补偿等。

✧ 股票期权目前应用越来越广泛，但其应用应该慎重，尤其是方案设计要充分考虑各方面因素。

2. 基本薪酬的确定

年薪制基本薪酬一般根据以下几个因素确定。

✧ 一是公司的经营规模。公司规模大，基本薪酬数额应该大一些；公司规模小，基本薪酬数额相对小一些。

✧ 二是企业的经济效益。企业经济效益好，基本薪酬应该高一些；企业经济效益差，基本薪酬数额应该相对少一些。

✧ 三是企业职工平均工资水平。一般情况下，基本薪酬取员工平均工资的1～5倍。

企业高管层基本薪酬通常可以根据企业的销售收入、产值、资产总值和利税等因素综合确定。

3. 绩效薪酬确定

绩效薪酬通常根据基本薪酬的倍数以及业绩目标完成情况确定。一般情况下，绩效薪酬可以达到基本薪酬的 1～2 倍，甚至 3～4 倍。

业绩完成情况一般根据主要是销售收入、利润、合同额等指标完成情况确定，同时根据公司战略还可以考核净资产收益率、总资产收益率、利税增长率、现金流量、负债比率等财务指标和其他反映公司发展战略实现情况的非财务指标，以及战略推进等。

事实上，在年薪制实践中，有非常多的模式，其实质是通过制定有针对性的指标，将高管薪酬与绩效指标联系起来，根据业绩完成情况，最终确定高管人员的实际薪酬。

4. 年薪制设计实例

以下是某制造企业集团公司高管层实行的年薪制。

（1）年薪制适用对象

集团公司高级管理人员薪酬实行年薪制，包括集团公司副总监以上岗位、子公司总经理、生产厂长、销售总经理等岗位人员。

（2）年薪基数确定

集团公司总监及以上岗位年薪基数＝年薪基准数 × 岗位系数 × 历史业绩系数

子公司总经理年薪基数＝年薪基准数 × 岗位系数 × 历史业绩系数 × 规模系数

年薪基准数由绩效与薪酬委员会在年初确定，确定原则是根据公司发展战略、行业薪酬状况、对经营业绩的预测综合确定，原则上一年一定，可升可降。

岗位系数表示岗位价值的相对大小，主要依据岗位评价结果确定，具体数值如表 4-11 所示。

表 4-11　某外贸企业年薪制岗位系数

岗位名称	岗位系数
集团营销总监	1.1
子公司总经理、集团技术质量总监、集团财务总监	1.0
集团生产总监、集团公共关系总监、集团人力资源总监、集团综合总监	0.85

历史业绩系数主要依据任职者上一年度在该岗位的绩效考核结果确定，分别为：优秀者 1.05，合格者 1.0，代理者 0.95，初次担任该岗位工作者 0.9。

规模系数主要根据规模将子公司分为 A、B、C 三类，相应的规模系数分别为 1.0、0.9、0.8。

总部副总监年薪基数 = 总监年薪基数平均值 × 副职系数，其中，副职系数依据任职者能力、知识技能、工作经验、历史业绩等因素确定，原则在 0.5～0.7 之间。子公司生产厂长、销售总经理年薪基数的确定，原则上为对应子公司总经理的 60% 左右。

（3）薪酬构成及发放

$$年薪 = 固定工资 + 月度绩效工资 + 年度绩效工资$$

年薪构成如表 4-12 所示，表中的 *S* 代表对应岗位的年薪基数。

表 4-12　某外贸企业年薪制薪酬构成

岗位	月度工资	月度绩效工资	年度绩效工资
总部各总监、副总监	$S/12 \times 40\%$	$S/12 \times 20\% \times$ 个人月度绩效考核系数	$S \times 40\% \times$ 集团公司年度绩效考核系数 × 个人年度绩效考核系数
子公司总经理、生产厂长、主管销售总经理	$S/12 \times 40\%$	$S/12 \times 20\% \times$ 个人月度绩效考核系数	$S \times 40\% \times$ 个人年度绩效考核系数

月度工资按月固定发放。月度绩效工资在月度考核后发放。年度绩效工资在年度考核后发放。

每月将子公司总经理绩效考核结果进行排序，考核结果分为优秀、合格、代理三等，考核得分低于 80 分者为代理；考核前三名为优秀，其他为合格。对连续三次考核优秀者，给予表彰，与晋升挂钩；连续两次考核为代理或一年之中有三次考核为代理的，免除该职务。

（4）月度绩效考核

总部总监、子公司总经理月度绩效考核者、考核内容、权重如表 4-13 所示。

表 4-13　月度绩效考核内容及权重

被考核者	考核者	考核内容及权重	
		关键业绩指标	部门满意度
总部总监	董事长、总经理、常务副总经理	80%	
	各子公司对应岗位		20%
子公司总经理	总部相关总监	80%	
	总部部门各总监		20%

总部各总监的月度关键业绩指标考核得分等同于各部门关键业绩指标考核得分。子公司总经理月度关键业绩指标考核得分等同于该子公司关键业绩指标考核得分。绩效考核分数为百分制，绩效考核系数等于绩效考核分数除以 100。

（5）年度绩效考核

集团公司整体的年度绩效考核分数根据集团公司实际业绩完成情况（销售收入、利润）确定。各部门（总监）、子公司（总经理）年度绩效考核分数由董事长、总经理、常务副总经理依据所签订的目标责任书，根据实际业绩完成情况确定。

财务总监年度目标责任绩效考核如表 4-14 所示。

表 4-14 财务总监年度目标责任绩效考核表

指标类别	关键业绩指标	目标	权重
业绩指标	会计核算	会计核算体系健全，财务基础数据真实、可靠，会计核算准确率高	20%
	财务分析	及时提交财务报表，数据准确，及时提供专业财务分析和建议	15%
	对子公司审计	每月完成审计计划，并提交规范的审计报告，审计意见客观、公正	20%
	审计整改	科学制定审计整改方案，并按计划执行，及时跟踪、评估整改效果	10%
	预算管理	预算管理体系健全，报表分析及时，偏差较小，督促子公司采取改进措施	5%
	利润足额上缴率		5%
	资金管理与筹措	资金事前预算准确率高，筹资渠道广，资金运用合理，实现集中管理，分析及时、准确	15%
	财务管理	健全财务管理制度，并有效监督执行；无重大财税事故	10%
否决性指标	财务管理严重缺陷、审计严重失误		

营销总监年度目标责任绩效考核如表 4-15 所示。

表 4-15 营销总监年度目标责任绩效考核表

指标类别	关键业绩指标	目标	权重
业绩指标	销售利润		20%
	销售收入		15%
	品种结构优化	子公司完全按照集团公司整体品种优化策略经营，实现品种规划目标	15%
	销售费用控制率		10%
	品牌管理	科学管理品牌，实施品牌战略，提升品牌形象，积极向子公司推行品牌战略	10%
	产品价格管理	科学管理集团公司产品价格，产品价格政策得到子公司很好的贯彻落实	10%
	销售管理	科学管理营销工作，建设高绩效营销队伍，及时协调营销区域冲突	10%
	制度建设	建立、健全营销管理制度，并积极推行	10%
否决性指标	无重大贪污、腐败、渎职及其他损害公司利益行为		

子公司总经理年度目标责任绩效考核如表 4-16 所示。

表 4-16 子公司总经理年度目标责任绩效考核表

指标类别	关键业绩指标	目标	权重
业绩指标	年度利税总额 = 吨酒利税 × 销售量	利税总额： 吨酒利税： 销售量：	20%
	上交利润总额		20%
	产品质量合格率		15%
	吨酒销售费用		15%
	生产成本		10%
	24 项生产消耗		10%
	年度销售收入 = 吨酒销售收入 × 销售量	销售收入： 吨酒收入： 销售量：	5%
	产品结构优化		5%
否决指标	重大安全生产事故		
	技术质量事故		
	专利、市级（或以上）科技开发或科技进步奖至少一项		
	应收账款		
	人力资源培养开发		

（二）计时工资制设计

计时工资制是根据员工的计时工资标准和工作时间来进行报酬支付的工资形式。员工的实际收入计算公式为：

计时工资 = 工资标准 × 实际工作时间

按照时间计算单位不同，常用的有月工资、日工资、小时工资等形式。

（1）月工资

按月计发工资，每月工资是固定数额。

实行月工资标准的员工遇有加班应给予加班工资，请假可以减发工资。加班工资基数或减发工资标准按日工资标准处理，即以本人月工资收入除以月计薪天数（以21.75天计）计算得出。

（2）日工资

根据员工的日工资标准和实际工作日数来计付工资。

（3）小时工资

根据员工的小时工资标准和实际工作小时数来计付工资。

计时工资制主要应用于体力劳动或工作成果与时间紧密联系的岗位，如建筑工人或门卫等岗位比较适合计时工资制。建筑工人属于体力劳动，门卫工作成果主要与时间因素有关，在不出现工作失误的情况下，应该根据门卫工作时间来付酬。

专家提示

计时工资制以时间来衡量劳动，忽略工作数量和质量差别，对于劳动积极性的提高是有影响的。但这种方式操作简单，员工对收入预期稳定，工作压力较小，因此计时工资制得到了广泛应用。

（三）计件工资制设计

计件工资制是根据员工生产的合格产品或完成的作业量，按预先商定的计件单价给予劳动者报酬的一种工资形式。与计时工资制相比，计件工资制能准确反映劳动者的工作成果，根据劳动成果付酬，不仅激励性强，同时让人们感到公平，工作积极性高。

计件工资计算的基本公式是：

工资数额 = 计件单价 × 合格产品或服务数量

在实际应用中，计件工资制有以下几种形式。

① 等价计件方式：计件单价不变，同一单价计酬。

② 分档累进计件方式：如果鼓励员工制造更多的产品或提供更多的服务，那么工作成果超过一定数量后，计件单价逐渐提高，这是累进计件方式。

③ 分档累退计件方式：如果不鼓励员工制造更多的产品或提供更多的服务，那么工作成果超过一定数量后，计件单价逐渐减少，甚至变为零，这是累退计件方式。

分档累进计件方式和分档累退计件方式应用在不同的场合。如果员工工作数量的提高不会带来工作质量的降低，那么就可以采用累进计件方式。因为对于公司来讲，有关人工成本的支出不仅在计件单价所耗费的时间上，其他方面比如员工福利等都是成本，如果员工单位时间内有更多的工作成果，相当于减少了人工的其他成本，这种情况下采用累进计件方式是合适的，例如保险公司对于保险人员的激励往往是累进的。

如果员工工作数量的提高可能会带来工作质量的降低，那么就应该采取累退计件方式。比如对于公交司机这样的岗位，出车次数太多可能使司机过度疲劳，导致发生事故，对于这样的岗位就不能实行太强的激励，不能实行累进计件方式计酬。

专家提示

计件工资制相比计时工资制而言，虽然考虑了工作数量的差别，但是可能存在片面追求数量而忽略质量、不注重消耗节约、不爱惜机器设备的现象，因此计件工资制也要注意适用范围和条件。为了解决这些问题，采用产品质量分等定价、消耗节约给予奖励、设备损坏给予处罚等方式，会收到良好的效果。

完全计件工资制会使员工对于收入预期不稳定，尤其是当公司产能受限时，员工不能得到基本收入保证，而使员工忠诚度、满意感均较低，导致员工队伍不稳定。在这种情况下，将计件工资制与计时工资制结合，在低于一定数量时给予员工保底工资，超过一定数量后给予计件工资激励，是通常采用的方式。这样一方面给予员工一部分稳定收入，同时还有激励性质的收入，能很好地平衡员工的积极性和稳定性。

（四）提成工资制设计

1. 提成工资制薪酬构成

提成工资制有收入提成和利润提成两种。收入提成是将收入在组织以及劳动者个人之间按一定比例分配的方式。利润提成是收入减去成本开支以及应缴纳的各种税费以后，将利润在组织以及劳动者个人之间进行分配的方式。

提成工资制在企业薪酬管理实践中得到了非常广泛的应用，它能很好地平衡各价值创造要素的价值贡献，能激发各方面的积极性，使企业和个人都获得利益。

提成工资制也有以下几个弊端，需要根据公司业务特点以及面临的外部环境谨慎使用。

第一，如果提成收入占总收入比例过大，同时销售结果不确定性很大的情况下，往往面临招聘新员工难、客户资源难以统筹使用的问题。

第二，销售人员以业绩说话，不太服从管理，不重视战略落地，比如新品推广等。

第三，销售人员往往只看短期利益，减少长期客户维护的成本。

第四，老员工各自为战，个人资源个人使用，不愿意带新员工，不利于培养人。

第五，高提成往往是人工成本比较高的销售模式，一方面公司往往面临着毛利逐渐降低而提成比例不能轻易调整的窘境，另一方面，业绩好的时候提成奖励会及时足额发给员工，但在外部环境不利业绩很差时，往往也不会让员工收入过低，否则可能会流失优秀员工。

基于上面提到的情况，提成工资制的设计要解决好以下几个方面的问题。

（1）提成基数

确定提成基数很关键，有的是根据收入，有的是根据利润，还有的是根据收入减去部分成本，这都应根据实际情况恰当确定。

（2）提成方式

提成方式有全额提成和超额提成两种。全额提成即在全部基数基础上进行提成，一般情况下员工不再享有基本工资。超额提成是超过一定数额后给予提成，在规定数额之内不给予提成，这种情况下一般都给予员工一定的基本工资，给员工一定的保底收入。

（3）提成比例

应该确定合理的提成比例，使各方都获得利益。事实上，任何一个价值创造过程，都是多种要素参与的，有资本要素、品牌要素、资格资质要素、人力资本要素等，提成比例的确定要平衡各方面关系，维护和保持各方面的积极性。

提成比例可以采取固定提成比例，也可以采取分档累进或累退的提成比率。

2. 提成工资制案例

表4-17是某投资公司对市场部员工的提成工资制案例。

表4-17　某投资公司市场部员工提成标准

投资顾问提成标准			
品种	月度净入金5万美元内	月度净入金5万～10万美元以内	月度净入金10万美元以上
贵金属	18美元/手	20美元/手	23美元/手
外汇	13美元/手	15美元/手	28美元/手
销售主管提成标准			
入金量	团队入金70%以下	团队入金71%～90%以内	团队入金90%以上
提成	团队员工总提成25%	团队员工总提成30%	团队员工总提成35%
市场经理提成标准			
入金量	团队入金70%以下	团队入金70%～90%以内	团队入金90%以上
提成	团队员工总提成15%	团队员工总提成20%	团队员工总提成25%
市场总监提成标准			
入金量	团队入金70%以下	团队入金70%～90%以内	团队入金90%以上
提成	团队员工总提成10%	团队员工总提成15%	团队员工总提成20%

注：1. 每个市场总监下设三个市场经理，每个市场经理下设三个市场主管，每个市场主管下设若干投资顾问。
2. 主管级别以上享受团队业绩及相应级别提成，即员工提成+自身团队提成。

（五）特区工资制设计

特区工资制是为了吸引、激励优秀人才，使公司与外部人才市场接轨，解决公司关键岗位人员缺乏状况，改善公司现有薪酬激励体系，以吸引优秀人才而设立的。

（1）特区工资设立原则

✧ 谈判原则：特区工资以市场价格为基础，由双方谈判确定。

✧ 保密原则：为保障特区工资员工顺利工作，避免特区工资冲击公司正常的工资体系，对特区工资人员及其工资严格保密，员工之间禁止相互打探。

✧ 限额原则：特区工资人员数目实行动态管理，依据企业经济效益水平及发展情况限制总数，宁缺毋滥。

（2）特区工资进入条件

公司应对特区工资条件进行严格规定，针对公司发展战略以及目前人力资源储备情况，提出可以实行特区工资的有关岗位。下面是某企业对实行特区工资人员的条件限制。

实行特区工资人才以外部招聘为主，聘用对象为公司人力资源规划中急需的人才、行业内人才市场竞争激烈的稀缺人才，应满足以下条件之一。

✧ 企业高级管理人才［集团公司中层及以上、项目经理、项目副经理、项目总工、分（子）公司高层等岗位人员］。

✧ 知名院校毕业生（本科及以上）。

✧ 其他高级专业人才（有注册资质或高级职称）。

（3）特区工资人员管理

以下是某公司对特区工资人员评估认定、退出等方面的规定。

✧ 特区工资人员评估与认定：特区工资人员由集团公司人力资源部提出进入或退出的意见，公司总经理批准。

✧ 有以下情况者自动退出人才特区：针对特区工资内的人才，定期进行考核，考核分数低于预定标准；人才供求关系变化，不再是市场稀缺人才。

✧ 特区工资标准：特区工资标准根据市场价格，由公司总经理和员工协商确定。

✧ 集团公司人力资源部负责特区工资人员的薪酬以及绩效考核等工作。

三、水木知行 3PM 岗位工资案例

（一）某央企地方区域公司岗位工资案例

公司岗位绩效工资制度

第一条　公司岗位工资由固定工资、季度绩效工资、年度绩效工资构成。

- 固定工资：岗位工资中的固定部分，根据出勤情况计算确定，月度发放。

▪ 季度绩效工资：岗位工资中的浮动部分，月度按标准预发，季度考核后根据考核结果进行多退少补。

▪ 年度绩效工资：岗位工资中的浮动部分，年度考核后发放。

第二条 公司高层管理岗位季度绩效工资根据个人季度履职系数确定；主管市场化业务部门、单位的高层管理岗位年度绩效工资根据主管部门、单位年度激励系数和个人年度绩效考核系数、履职系数确定；董事长、总经理及主管其他部门高层管理岗位年度绩效工资根据公司年度激励系数和个人年度绩效考核系数、履职系数确定。

第三条 公司高层管理岗位固定工资、季度绩效工资、年度绩效工资计算如下表所示：

<table>
<tr><th>岗位</th><th>固定工资</th><th>季度绩效工资</th><th>年度绩效工资</th><th>备注</th></tr>
<tr><td>董事长、总经理</td><td>岗位工资×30%</td><td>岗位工资×30%×季度履职系数</td><td>岗位工资×40%×12×公司年度激励系数×个人年度绩效考核系数×年度履职系数</td><td rowspan="3">公司年度激励系数：2/1.8/1.6/1.4/1.2/1/0.8/0.6/0
市场化业务部门、单位年度考核系数：2.2/2/1.8/1.6/1.4/1.2/1/0.9/0.8/0.7/0.6/0
个人年度绩效考核系数：1.2/1.0/0.8/0
季度/年度履职系数：1/0</td></tr>
<tr><td>副总经理（分管）</td><td>岗位工资×30%</td><td>岗位工资×30%×季度履职系数</td><td>岗位工资×40%×12×分管市场化业务部门、单位年度激励系数平均值或公司激励系数×个人年度绩效考核系数×年度履职系数</td></tr>
<tr><td>副总经理（协管）</td><td>岗位工资×30%</td><td>岗位工资×30%×季度履职系数</td><td>当激励系数≤1时，岗位工资×40%×12×分管市场化业务部门、单位年度激励系数平均值或公司激励系数×个人年度绩效考核系数×年度履职系数；
当激励系数＞1时，岗位工资×40%×12×[1+（分管市场化业务部门、单位年度激励系数平均值或公司激励系数−1）/2]×个人年度绩效考核系数×年度履职系数</td></tr>
</table>

第四条 公司中层管理岗位季度绩效工资根据个人季度绩效考核系数、个人履职系数确定；市场化业务部门、单位中层管理岗位年度绩效工资根据所在部门、单位年度激励系数和个人年度绩效考核系数、履职系数确定；其他部门中层管理岗位年度绩效工资根据公司年度激励系数和个人年度绩效考核系数、履职系数确定。

第五条 公司中层管理岗位固定工资、季度绩效工资、年度绩效工资计算如下表所示：

<table>
<tr><th>岗位</th><th>固定工资</th><th>季度绩效工资</th><th>年度绩效工资</th><th>备注</th></tr>
<tr><td>主任、副主任经理、副经理（市场化业务）</td><td>岗位工资×30%</td><td>岗位工资×30%×个人季度绩效考核系数×季度履职系数</td><td>岗位工资×40%×12×所在市场化业务部门、单位年度激励系数×个人年度绩效考核系数×年度履职系数</td><td rowspan="2">公司年度激励系数：2/1.8/1.6/1.4/1.2/1/0.8/0.6/0
市场化业务部门、单位年度考核系数：2.2/2/1.8/1.6/1.4/1.2/1/0.9/0.8/0.7/0.6/0
个人季度/年度绩效考核系数：1.2/1.0/0.8/0
季度/年度履职系数：1/0</td></tr>
<tr><td>主任、副主任（其他）</td><td>岗位工资×40%</td><td>岗位工资×30%×个人季度绩效考核系数×季度履职系数</td><td>岗位工资×30%×12×公司年度激励系数×个人年度绩效考核系数×年度履职系数</td></tr>
</table>

第六条 公司实行岗位绩效工资制，员工季度绩效工资根据个人季度绩效考核系数确定；市场化业务部门、单位员工年度绩效工资根据所在部门、单位年度激励系数和个人年度绩效考核系数确定；其他部门员工年度绩效工资根据公司年度激励系数和个人年度绩效

考核系数确定。

第七条 公司实行岗位绩效工资制，员工岗位固定工资、季度绩效工资、年度绩效工资计算如下表所示：

<table>
<tr><th>岗位</th><th>固定工资</th><th>季度绩效工资</th><th>年度绩效工资</th><th>备注</th></tr>
<tr><td>市场化业务部门、单位员工</td><td>岗位工资×50%</td><td>岗位工资×30%×个人季度绩效考核系数</td><td>岗位工资×20%×12×市场化业务部门、单位年度激励系数×个人年度绩效考核系数</td><td rowspan="2">公司年度激励系数：2/1.8/1.6/1.4/1.2/1/0.8/0.6/0
市场化业务部门、单位年度考核系数：2.2/2/1.8/1.6/1.4/1.2/1/0.9/0.8/0.7/0.6/0
个人季度/年度绩效考核系数：1.2/1.0/0.8/0</td></tr>
<tr><td>其他部门员工</td><td>岗位工资×50%</td><td>岗位工资×30%×个人季度绩效考核系数</td><td>岗位工资×20%×12×公司年度激励系数×个人年度绩效考核系数</td></tr>
</table>

第八条 公司年度激励系数、市场化业务部门/单位年度激励系数、个人季度绩效考核系数、个人年度绩效考核系数见“公司绩效考核管理制度”。

公司岗位提成工资制度

第九条 公司项目施工岗位员工、质检员、试验员、标准件加工工人等实行岗位提成工资制。

第十条 公司岗位提成工资制由固定工资、提成工资构成。岗位提成工资中包含项目期间个人食宿交通等正常开支，公司不再另行支付。

第十一条 固定工资执行一岗多薪的宽带薪酬体系。每个岗位固定工资在一定范围，每岗有25档序，具体见“项目施工岗位固定工资等级档序表”。固定工资根据出勤情况计算确定，月度发放。

- 项目经理执行分级管理机制，公司定期组织对项目经理进行评级聘任。助理级项目经理固定工资以项目经理岗位低套1档工资标准定薪；三级项目经理固定工资以项目经理岗位初始档定薪；二级项目经理固定工资以项目经理岗位高套2档定薪；一级项目经理固定工资以项目经理岗位高套4档定薪；高级项目经理固定工资以项目经理岗位高套6档定薪。
- 培育期结束定岗为项目经理的精英人员分级定薪。大学专科、统招大学三本、二本、后续本科毕业生按助理级项目经理定薪；统招大学普通一本毕业生按三级项目经理定薪；统招电力类一本及211毕业生、未取得硕士学位的研究生、后续研究生按二级项目经理定薪；统招双学位本科毕业生、统招985本科毕业生、统招取得一般院校硕士学位的研究生按二级项目经理高套1档定薪；统招取得电力类、211及以上院校硕士学位的研究生按一级项目经理定薪；统招取得博士学位的研究生按一级项目经理高套1档定薪。
- 主业支援精英人员培育期结束定岗为项目经理岗位，按学历对应的级别高套1档定薪。
- 输变电工程分公司项目经理岗位高套1档。

第十二条 项目经理提成工资。

▪ 提成工资以项目收入作为提成基数，不同类别项目提成基数如下：主网建设、大修、技改、城网项目以工程竣工决算书中企业管理费作为基数；迁改项目、配电用户项目以与业主最终结算金额为基数。

▪ 提成比率根据项目类别不同分别设定：主网建设、大修、技改、城网项目中，变电工程、城网工程为 20%，线路工程为 15%；迁改项目、配电用户项目提成采用分段累进计提方式，30 万元以内部分 3000 元，30 万元及以上至 100 万元以内部分提取比例为 0.5%，100 万元及以上至 300 万元以内部分提取比例为 0.4%，300 万元及以上至 1000 万元以内部分提取比例为 0.3%，1000 万元及以上部分提取比例为 0.2%。

▪ 主网建设、大修、技改、城网项目单项工程提成工资最低按 2000 元计算。

▪ 若项目配备项目经理助理，提成工资在项目经理及项目助理之间进行分配，项目助理分配比例为 10%～20%，具体比例由项目经理与分管副总经理商定，报分公司经理审批。

▪ 项目验收完成支付提成工资 50%，工程财务决算（施工队结算含设备材料核准后）、项目审计完成后支付提成工资 50%。

▪ 项目开工首次预支提成工资不超过预计提成工资总额的 20%，工程进度完成 50% 预支额度不超过 40%（含首次预支）。预支提成工资，由项目经理填写“预支提成工资审批表”，经工程分公司及分管领导、工程技术部、市场营销部、分管综合管理部领导审核，董事长审批后，综合管理部于最近发薪日支付。“预支提成工资审批表”原件由综合管理部专责留存，复印件流转市场营销部备案。

第十三条 项目经理岗位固定工资、提成工资计算如下表所示：

岗位	固定工资	提成工资	备注
项目经理	固定工资	项目收入 × 提成比率 × 项目考核系数 （若配备项目经理助理，按比例分配提成工资）	项目考核系数：1.1/1.05/1.0/0.95/0.9/0.85/0.8

第十四条 质检员、试验员提成工资。

▪ 提成工资以项目定额标准为基数，按 30% 提成比率进行提取。同一项目多人参与的，提取比例不变，人员合理分配提成工资。

▪ 项目内质检员、试验员提成工资原则上依据固定工资比例进行分配，具体比例由项目负责人与分管副经理商定，报分公司经理审批。

▪ 项目结束后，工程分公司负责填报“项目质检员、试验员提成工资核算表”并附工作联系单、派工单，经工程分公司及分管领导、市场营销部、分管综合管理部领导审核，董事长审批后，综合管理部于最近发薪日支付。

▪ 季度考核结束后，根据个人季度考核系数，以个人本季度发放的提成工资为基础进行多退少补。

第十五条 标准件加工工人提成工资。

▪ 提成工资以加工件收入的 20% 计算，按月结算发放。

▪ 月底前，工程分公司负责填报“标准件加工计件工资明细表”并附派工单，经工程分公司及分管领导、物资管理部、分管综合管理部领导审核，董事长审批后，综合管理部于发薪日支付。

▪ 季度考核结束后，根据个人季度考核系数，以个人本季度发放的计件工资为基础进行多退少补。

第十六条 变电安装工岗位日绩效工资标准为 300 元，配电作业员岗位日绩效工资标准为 200 元，最高支付天数为工程分公司和市场营销部共同核定的工期天数，核定工期内未完成的，没有特殊原因，不再发放岗位日绩效工资。

▪ 工程验收及个人项目考核完成后，工程分公司负责核算变电安装工、配电作业员实际工期及绩效工资应发数，填报“项目施工人员绩效工资核算表”并附派工单，经工程分公司及分管领导、工程技术部、市场营销部、分管综合管理部领导审核，董事长审批后，综合管理部于最近发薪日支付。

▪ 工程派工单原则上每天开发，输变电工程派工单可连续开发，但最长不超过 7 天。

第十七条 变电安装工、配电作业员岗位固定工资、绩效工资计算如下表所示：

岗位	固定工资	绩效工资	备注
变电安装工、配电作业员	固定工资	日绩效工资 × 项目工作天数 × 个人项目考核系数	个人项目考核系数：1.2/1.0/0.8/0

第十八条 项目考核系数、个人项目考核系数见“公司绩效考核管理制度”。

第十九条 非专职项目施工岗位人员从事项目工作期间的工资。

▪ 固定工资以本岗位标准与项目经理岗位固定工资标准就高原则执行。

▪ 原岗位季度绩效工资停发，执行项目提成工资，不足季度情况，按个人季度绩效考核系数为 1 分段计发。

▪ 原岗位年度绩效工资，按在岗时间分段计发。

其他工资及奖金制度

第二十条 年度奖金。

▪ 在工资总额允许情况下：分公司年度经营目标超额完成，分公司在岗员工享有年度奖金；公司整体年度经营目标超额完成，实行岗位绩效工资制本部在岗（参与公司生产经营管理的）员工享有年度奖金。

▪ 年度奖金在年度考核后发放。

第二十一条 本部员工年度奖金。

▪ 年度奖金数额 = 个人岗位工资 × 工资总额调控系数 × 个人年度绩效考核系数。实际年度奖金数值会根据年度工资总额情况进行调整，会增加或减少。

▪ 工资总额调控系数 =（工资总额 − 年度内已经或预期支付的所有固定工资、绩效工资、提成工资、其他工资及补贴、奖金总和）÷（实行岗位绩效工资制所有员工岗位工资总和）。

第二十二条 分公司员工年度奖金。

▪ 分公司年度经营目标超额完成，则年度奖金总额为利润完成超目标部分的 20%。

▪ 年度奖金由分公司进行分配，报公司董事长批准执行。分配应综合考虑个人价值贡献因素，对于未从事具体工作，年度上项目较少者，可不予分配。分公司领导成员、项目经理、其他岗位人员分配平均比例大致为 4 ∶ 2 ∶ 1（剔除贡献较少者）。

第二十三条 市场开拓贡献奖金。

▪ 对利用自有资源为公司承揽工程项目（非主业项目），并跟踪完成项目签约、实施及回款的员工进行奖励。

▪ 奖金以工程结算价为计提基数，分段累进计提。工程结算价 100 万元及以下部分按 1% 计提，100 万元以上至 500 万元以上（不含）部分按 0.5% 计提，500 万元及以上部分按 0.4% 计提。

▪ 奖金根据项目进度支付，项目验收完成支付奖金 80%，项目回款支付奖金 20%。同一项目多人参与的，提取比例不变，人员合理分配奖金。

▪ 市场开拓贡献奖金，由市场营销部提出并测算奖励金额，报分管领导审核、董事长审批后，由综合业务部随工资发放。

第二十四条 单项奖励。

▪ 公司可根据完成专项工作或项目的需要设立，例如技术革新奖、安全生产奖、旧账追缴奖、管理创新奖、伯乐奖、董事长嘉奖等。

▪ 由综合管理部提报单项奖励方案，分管领导审核，董事长审批执行。

第二十五条 表彰奖励。

▪ 资质取证奖励，按公司标准执行。

▪ 评先评优奖励，按公司标准执行。

第二十六条 其他工资包括加班工资、防暑津贴、节假日补贴、差旅费。

▪ 加班工资：标准与个人岗位工资挂钩，从事项目施工期间执行不定时工作制，不涉及加班工资。

▪ 防暑津贴：按公司标准执行。

▪ 节假日补贴：按公司标准执行。

▪ 差旅费：按公司标准执行。司机岗位人员根据公司出车标准及派车单核算，不报销住宿费。从事项目施工期间，项目施工人员不享受差旅费。

（二）某小米生态链高科技公司岗位工资构成案例

中高层岗位工资构成

第一条 公司高层管理人员工资由固定工资、季度绩效工资、年终绩效工资构成。

▪ 固定工资：岗位工资中的固定部分，根据出勤情况计算确定，月度发放。

▪ 季度绩效工资：岗位工资中的浮动部分，月度按标准预发，季度考核后根据业务部门考核结果以及个人履职情况进行结算。

▪ 年度绩效工资：业务高层根据分管部门业绩情况以及个人履职情况确定，其他高层根据公司整体年度业绩情况和个人履职情况确定。

第二条 公司高层管理人员固定工资、季度绩效工资、年度绩效工资如下表所示：

岗位	固定工资	季度绩效工资	年度绩效工资	备注
总裁	岗位工资×40%	岗位工资×30%×部门季度绩效考核系数平均值×个人季度履职系数	岗位工资×30%×12×公司年度激励系数×(1－年度内履职系数扣减分数)	个人履职系数：1/0.8/0.5/0 销售业务部门季度绩效考核系数：0.6/0.8/1.0/1.2/1.4/1.6/1.8/2 其他业务部门季度绩效考核系数：0.6/0.8/1.0/1.2 职能部门季度绩效考核系数：0.8/1.0/1.2 公司年度激励系数：2/1.5/1.2/1/0.8/0.6/0 业务部门年度激励系数：3/2.5/2/1.5/1.2/1/0.9/0.8/0.7/0.6/0
业务高层	岗位工资×40%	岗位工资×30%×分管部门季度绩效考核系数平均值×个人季度履职系数	岗位工资×30%×12×分管业务部门年度激励系数平均值×(1－年度内履职系数扣减分数)	
职能高层	岗位工资×40%	岗位工资×30%×部门季度绩效考核系数平均值×个人季度履职系数	岗位工资×30%×12×公司年度激励系数×(1－年度内履职系数扣减分数)	

注：公司年度激励系数、业务部门年度激励系数、部门季度绩效考核系数、个人履职系数的确定见“公司绩效考核管理制度”。

第三条 公司中层管理（部门总监、部门副总监、部门经理）人员工资由固定工资、季度绩效工资、年度绩效工资构成。

▪ 固定工资：岗位工资中的固定部分，根据出勤情况计算确定，月度发放。

▪ 季度绩效工资：岗位工资中的浮动部分，月度按标准预发，季度考核后根据考核结果进行结算。

▪ 年度绩效工资：业务单位中层根据部门年度业绩完成情况发放；职能中层根据公司年度业绩完成情况以及个人年度绩效考核情况发放。

第四条 公司中层管理人员（部门总监、部门副总监、部门经理）固定工资、季度绩效工资、年度绩效工资如下表所示：

岗位	固定工资	季度绩效工资	年度绩效工资	备注
销售部门中层	岗位工资×40%	岗位工资×30%×个人季度绩效考核系数	岗位工资×30%×12×部门年度激励系数×个人年度绩效考核系数	销售中层季度绩效考核系数：0/0.6/0.7/0.8/0.9/1.0/1.2/1.4/1.6/1.8/2 其他业务中层季度绩效考核系数：0/0.6/0.8/1.0/1.2 职能部门中层季度绩效考核系数：0/0.8/1.0/1.2 公司年度激励系数：2/1.5/1.2/1/0.8/0.6/0 业务部门年度激励系数：3/2.5/2/1.5/1.2/1/0.9/0.8/0.7/0.6/0
其他业务部门中层	岗位工资×40%	岗位工资×30%×个人季度绩效考核系数	岗位工资×30%×12×部门年度激励系数×个人年度绩效考核系数	
职能部门中层	岗位工资×40%	岗位工资×40%×个人季度绩效考核系数	岗位工资×20%×12×公司年度激励系数×个人年度绩效考核系数	

注：公司年度激励系数、业务部门年度激励系数、部门季度绩效考核系数、个人履职系数、个人季度绩效考核系数、个人年度绩效考核系数的确定见“公司绩效考核管理制度”。

部门员工工资构成

第五条 部门员工（销售序列除外）工资由固定工资、季度绩效工资、年终奖金构成，如下表所示。业务部门年度目标考核达到 100 分，部门员工享有年终奖金激励；公司年度业绩考核达到 100 分，职能部门员工享有年终奖金激励。

岗位	固定工资	季度绩效工资	年终奖金	备注
业务部门员工	岗位工资×60%	岗位工资 ×40%× 部门季度绩效考核系数 × 个人季度绩效考核系数	若部门年度激励系数大于等于 1：部门员工享有奖金 = 岗位工资 × 部门年度激励系数 × 个人年度绩效考核系数 若部门年度激励系数小于 1：无奖金	个人季度绩效考核系数：0/0.8/1.0/1.2 个人年度绩效考核系数：0/0.8/1.0/1.2 其他业务部门季度绩效考核系数：0.6/0.8/1.0/1.2 职能部门季度绩效考核系数：1.2/1.0/0.8 业务部门年度激励系数：3/2.5/2/1.5/1.2/1/0 公司年度激励系数：2/1.5/1/0.8/0.6/0
职能部门员工	岗位工资×60%	岗位工资 ×40%× 部门季度绩效考核系数 × 个人季度绩效考核系数	若公司年度激励系数大于等于 1：职能部门员工享有奖金 = 岗位工资 × 公司年度激励系数 × 个人年度绩效考核系数 若公司年度激励系数小于 1：无奖金	

注：公司年度激励系数、业务部门年度激励系数、部门季度绩效考核系数、个人季度绩效考核系数、个人年度绩效考核系数的确定见“公司绩效考核管理制度”。

第六条 销售序列岗位员工工资由固定工资、季度绩效工资、年终奖金构成。在部门年度目标考核达到 100 分，部门员工享有年终奖金激励。

岗位	固定工资	季度绩效工资	年终奖金	备注
销售序列岗位	岗位工资×60%	岗位工资 ×40%× 个人季度绩效考核系数	若部门年度激励系数大于等于 1：部门员工享有奖金 岗位工资 × 部门年度激励系数 × 个人年度绩效考核系数 若部门年度激励系数小于 1：无奖金	个人季度绩效考核系数：0/0.6/0.7/0.8/0.9/1.0/1.2/1.4/1.6/1.8/2 个人年度绩效考核系数：1.2/1.0/0.8/0 销售部门年度激励系数：3/2.5/2/1.5/1.2/1/0

第七条 对于线下销售岗位人员，可以实行岗位提成工资制。员工工资由固定工资、绩效工资和提成工资构成。实行岗位提成工资制员工范围由销售部门确定，不享受年终奖金。

岗位	固定工资	季度绩效工资	提成工资	备注
销售序列岗位	岗位工资×60%	岗位工资 ×40%× 个人季度绩效考核系数	业绩超目标提成，提成标准由销售部门和人力资源部门商讨确定，报公司总裁批准	个人季度绩效考核系数：0/0.6/0.7/0.8/0.9/1.0

第八条 对于生产操作岗位人员实行岗位计件工资制。岗位工资标准和计件工资标准由运营中心负责制定，经人力资源部门审核，总裁批准后执行。根据公司业务特点及面临的发展形势，应考虑竞争要求以及生产效率提升因素，对计件标准定期进行调整，以保证公司产品具有竞争力。

第九条 对于业务经理、高级工程师及以上生产序列、研发序列、设计序列、销售序列岗位人员，根据岗位职责及任务目标情况，可以实行以下薪酬构成，具体适用岗位及人员由部门负责人与人力资源部门协商提出建议，公司总裁批准。签订目标责任书约定薪酬与考核指标，年度薪酬参考原薪酬水平及市场薪酬制定，超额完成任务后会享受一定程度的激励。年度绩效工资由个人年度激励系数确定，计算如下表所示：

岗位	固定工资	季度绩效工资	年度绩效工资	备注
业务经理、高级工程师及以上生产序列、研发序列、设计序列、销售序列岗位	岗位工资 ×40%	岗位工资 ×40%×个人季度绩效考核系数	岗位工资 ×20%×12×个人年度激励系数	个人季度、年度绩效考核系数：1.2/1.0/0.8/0 个人年度激励系数：3/2.5/2/1.5/1.2/1/0.9/0.8/0.7/0.6/0

奖金和补贴

第十条　奖金包括年终奖金和单项奖金，年终奖金用于奖励年度目标完成超预期的业务部门员工，以及在公司整体业绩完成超预期情况下奖励职能管理人员。

第十一条　单项奖金包括研发项目奖金和总裁特别奖励。

第十二条　研发项目奖金，为了激励研发人员积极性，对于重大研发项目，对软件研发人员、硬件研发人员、产品研发人员设立项目团建必要费用及研发项目奖金。

- 由研发总裁根据项目内容和特点，约定项目研发内容、主要成果、研发进度等事项，确定项目团建费用、研发奖金总额及分配方式。该方案经人力资源部门审核，公司总裁审批后执行。
- 明确项目研发费用用于必要的团建、加班交通费用支出等。
- 奖金分配给对项目做出突出贡献的人员，弥补额外劳动付出以及工作日延时加班、公休日加班的劳动付出。
- 项目结束由研发中心提出申请，人力资源部门组织对项目进行验收并核定奖金总额。研发总裁征求有关人员意见、建议后，提出具体分配方案，经人力资源部门审核，公司总裁审批后发放。
- 对于重要产品研发，可对产品研发负责人及骨干实行长期激励机制，将该产品上市后 3 年内实现的超过预期值的经营利润的一定比例，作为奖金奖励产品研发负责人及骨干，具体细则在项目激励方案中明确。

第十三条　总裁特别奖励。总裁特别奖励用于奖励对公司战略目标达成做出突出贡献的团队或个人，由副总裁负责提出建议，人力资源部门审核，总裁审批。总裁特别奖励年度总额不超过公司净利润的 5%。

（三）某地方国企集团岗位绩效工资案例

经营管理及部门管理人员岗位绩效工资

第一条　经营管理人员包括各权属二级、三级企业正副职，工资由岗位工资、年度绩效工资构成。

岗位工资：工资中的固定部分，根据出勤情况计算确定，按月度发放。

绩效工资月度发放：二级、三级企业正副职月度绩效按 70% 预发，季度末根据个人履职情况进行结算，若履职出现问题，绩效工资多发部分下季度扣除。

年度绩效工资：根据企业年度经营目标完成情况、个人年度绩效考核情况以及工资总额情况确定发放。

第二条 经营管理人员岗位工资、绩效工资如下表所示：

<table>
<tr><th rowspan="2">岗位</th><th rowspan="2">固定工资</th><th colspan="2">绩效工资</th><th rowspan="2">备注</th></tr>
<tr><th>月度发放</th><th>年底发放</th></tr>
<tr><td>二级、三级企业正副职</td><td>岗位工资</td><td>绩效工资标准 × 70%× 个人季度履职系数</td><td>绩效工资标准 ×15× 个人年度绩效考核系数－绩效工资月标准 × 70%×12± 绩效工资标准 × 工资总额调整系数 × 个人年度绩效考核系数</td><td>个人年度绩效考核系数：年度绩效考核分数除以 100 取整 0.1 分位，最小 0，最大 2
个人季度履职系数：1/0.8/ 0.5/0</td></tr>
</table>

注：个人季度履职系数、个人年度绩效考核系数详见“公司绩效考核管理制度”。

第三条 部门管理人员包括集团公司总助、部门正副职，权属二级、三级企业部门正副职。工资由岗位工资、季度绩效工资、年度绩效工资构成。

岗位工资：工资中的固定部分，根据出勤情况计算确定，月度发放。

月度发放（季度绩效工资）：月度绩效工资的 80%，每季度第一、二月先按绩效考核 1.0 系数预发，季度末根据个人季度绩效考核情况结算，若季度绩效考核结果为不合格等级，绩效工资预发多发部分下季度扣除。

年度绩效工资：月度绩效工资 20% 部分并入年度绩效工资，根据所在单位年度经营目标完成情况、个人年度绩效考核情况以及工资总额情况确定发放。

<table>
<tr><th rowspan="2">岗位</th><th rowspan="2">固定工资</th><th colspan="2">绩效工资</th><th rowspan="2">备注</th></tr>
<tr><th>月度发放</th><th>年底发放</th></tr>
<tr><td>集团总助、集团公司部门正副职</td><td rowspan="2">岗位工资</td><td rowspan="2">绩效工资标准 × 80%× 个人季度绩效考核系数</td><td>绩效工资标准 ×5.4× 个人年度绩效考核系数 × 二级企业年度业绩考核系数平均值 ± 绩效工资月标准 × 工资总额调整系数 × 个人年度绩效考核系数</td><td rowspan="2">个人季度、年度绩效考核系数：1.1/1/0.9/0
企业年度绩效考核系数：年度绩效考核分数除以 100 取整 0.1 分位，最小 0，最大 2</td></tr>
<tr><td>二级、三级企业部门正副职</td><td>绩效工资标准 ×5.4× 个人年度绩效考核系数 × 本企业年度业绩考核系数 ± 绩效工资月标准 × 工资总额调整系数 × 个人年度绩效考核系数</td></tr>
</table>

注：个人季度绩效考核系数、个人年度绩效考核系数、企业年度绩效考核系数详见“公司绩效考核管理制度”。

第四条 经营管理及部门管理人员岗位工资、绩效工资根据个人资历因素和其他因素定档，最低 1 档，最高 10 档。

个人资历因素定档：

- 根据任职经历和工作能力等表现综合考虑定档。
- 发生同职务等级岗位变动后，个人因素定档不变。
- 发生职务等级晋升后，原则上定第 1 档，若第 1 档工资低于原工资标准，就近就高套入该等级相应的工资档次。

其他因素定档：

▪ 关键业务部门正职、副职可高套 1 档。

▪ 副职主持工作，在原档次基础上可高套 3 档；不再主持工作后，退回原档。

▪ 上年度考核结果为待改进等级调低 1 档，为不合格等级调低 2 档；连续两年考核结果为优秀等级调高 1 档。

职能管理及专业技术人员岗位绩效工资

第五条 职能管理及专业技术岗位人员工资由岗位工资、季度绩效工资、年度绩效工资构成。

岗位工资：岗位工资中的固定部分，根据出勤情况计算确定，按月度发放。

季度绩效工资：岗位工资中的浮动部分，每季度第一、二月按月度绩效标准预发，季度末根据个人季度绩效考核结果进行结算。若季度绩效考核结果为不合格等级，绩效工资预发多发部分下季度扣除。

年度绩效工资：根据年度经营目标完成情况、个人年度绩效考核情况以及工资总额情况确定发放。

第六条 职能管理人员岗位工资、季度绩效工资、年度绩效工资如下表所示：

<table>
<tr><th rowspan="2">岗位</th><th rowspan="2">固定工资</th><th colspan="2">绩效工资</th><th rowspan="2">备注</th></tr>
<tr><th>月度发放</th><th>年底发放</th></tr>
<tr><td>高级专务
专务</td><td rowspan="3">岗位工资</td><td rowspan="3">绩效工资标准 × 个人季度绩效考核系数</td><td>根据个人承担岗位工作以及出勤情况确定</td><td rowspan="3">个人季度 / 年度绩效考核系数：1.2/1/0.8/0</td></tr>
<tr><td>集团公司高级主办
集团公司主办
集团公司科员</td><td>绩效工资标准 ×3× 个人年度绩效考核系数 × Min（本企业年度绩效考核系数平均值，1.2）± 绩效工资月标准 × 工资总额调整系数 × 个人年度绩效考核系数</td></tr>
<tr><td>二级企业高级主办
二级企业主办
二级企业科员
三级企业主办
三级企业科员</td><td>绩效工资标准 ×3× 个人年度绩效考核系数 ×Min（二级企业年度绩效考核系数，1.2）± 绩效工资月标准 × 工资总额调整系数 × 个人年度绩效考核系数</td></tr>
</table>

注：个人季度 / 年度绩效考核系数、部门季度绩效考核系数、企业年度绩效考核系数详见“公司绩效考核管理制度”。

第七条 职能管理岗位员工岗位工资、绩效工资根据个人资历因素和岗位因素定档，最低 1 档，最高 10 档。

个人资历因素定档：根据工作年限和经验、能力等综合考虑定档。

岗位因素定档：根据岗位价值因素，分为高定 1 档、2 档。

▪ 专业程度要求高，涉及公司核心业务管理并对业务发展、业绩增长或较大影响起着决定作用的岗位，高定 1 档，极其重要的岗位高定 2 档。

▪ 员工岗位调整后，高定档位也相应调整，按照新的工资等级进行重新定级定档。

第八条 绩效考核降档：年度绩效考核不合格，工资降低 1 档；年度内有两次绩效考核为待改进，工资降低 1 档。

第九条 专业技术岗位人员岗位工资、季度绩效工资、年度绩效工资如下表所示：

岗位	固定工资	绩效工资		备注
		月度发放	年底发放	
专业技术岗位	岗位工资	绩效工资标准 × 个人季度绩效考核系数	绩效工资标准 ×3× 个人年度绩效考核系数 ×Min（本企业年度绩效考核系数，1.2）± 绩效工资月标准 × 工资总额调整系数 × 个人年度绩效考核系数	个人季度绩效考核系数：1.2/1/0.8/0 个人年度绩效考核系数：1.2/1/0.5/0 企业年度绩效考核系数：年度绩效考核分数除以100取整0.1分位，最小0，最大2

注：个人季度/年度绩效考核系数、部门季度绩效考核系数、企业年度绩效考核系数详见"公司绩效考核管理制度"。

第十条　专业技术岗位员工岗位工资、绩效工资定档：

管理岗位转专业技术岗位人员根据职务等级、原薪酬水平套入下表。最低1档，最高10档。

职务等级	工资等级	岗位及定档规则
四	6	正高师
五	8	副高师
六	10	主管师
七	13	助理师
八	14	技术员

新晋升人员按新的职务等级重新定级定档。

第十一条　直接从各类院校毕业生中聘用、未有工作经验的任职定级：

- 大学专科毕业生，聘用为职员或科员。
- 大学本科毕业生，聘用为科员或主办。
- 获得硕士学位的研究生，聘用为主办或高级主办。
- 获得博士学位的研究生，聘用为高级主办或部门副职。

第十二条　为提供实习生平台，公司接收全日制本科院校及以上的实习生，给予每月1200元生活补助费。

津（补）贴和福利

第十三条　津（补）贴包括职称补贴、职（执）业资格补贴、通信补贴等。

第十四条　职称补贴：对取得与本职岗位相应职称（由人事部门颁发证书的专业技术职称），并且该职称对本企业经营起到作用的人员，享有职称补贴。如有多个职称，按最高职称等级发放。具体见下表：

职称等级	补贴
高级	300元
中级	200元
初级	100元

第十五条　职（执）业资格补贴：职（执）业资格等级由个人提供政府部门颁发的职（执）业资格证书为依据，并按经营生产管理需要注册在集团公司或权属企业的。各二级

企业负责统一制定所属领域职（执）业资格名录及补贴标准，报集团公司人力资源部审核实施。

第十六条 通信补贴：公司根据职务及岗位的性质和工作需要，给予员工通信费报销，具体年度报销限额详见下表：

职务	报销限额（元）
集团公司总助、部门正职、二级企业正职	3600
集团公司部门副职、二级企业副职、三级企业正职	3000
二级企业部门正职、二级企业部门副职 三级企业副职、集团公司高级主办	2400
集团主办、二级高级主办、三级企业主办	1800
科员至职员	1200

第十七条 通信费用报销限额在全年范围内可调剂使用；每位员工必须将 1 个需要报销的通信号码在综合部登记，报销以正式的话费发票为准，限额内据实报销，统一由综合部办理。

第十八条 凡是享受通信补贴的员工，必须保持号码 24 小时畅通；由于通信原因影响工作，视情节严重给予减半或取消通信报销资格。

四、薪酬激励政策案例

（一）某国际工程集团公司子（分）公司负责人年薪制方案

第一条 为加强对子（分）公司薪酬分配的有效管理，建立健全薪酬分配的激励、约束机制，充分调动各方面积极因素，促进公司又好又快发展，根据集团公司加强境外薪酬管理指导意见及其他有关规定，结合公司实际，制定本办法。

第二条 本办法适用于集团公司子（分）公司领导班子主要负责人（不包括兼任职务的集团公司领导班子成员）。子（分）公司其他负责人薪酬考核办法由各单位参照集团公司相关办法制定，报集团公司审批后执行。

第三条 按照权利、责任、风险相统一，约束与激励并举的原则，集团公司与所属各单位签订经营管理目标责任书，作为集团公司对各单位考核和兑现的依据。

第四条 遵循的原则：

- 坚持薪酬与责任、风险相结合的原则，与经营业绩挂钩，有利于公司整体目标的实现。
- 坚持有利于公司可持续发展原则，充分体现国际业务特点，调动公司负责人的工作积极性。
- 坚持激励与约束相结合的原则，进一步规范公司负责人的收入分配行为。

第五条 子（分）公司负责人实行年薪制。年薪构成包括基本年薪、绩效年薪。

第六条 基本年薪是子（分）公司负责人年度保障性收入，按月固定发放，依据子（分）公司的生产规模分三档确定：

- 小规模公司，基本年薪每人每月3.5万元人民币。
- 中等规模公司，基本年薪每人每月3.75万元人民币。
- 大规模公司，基本年薪每人每月4万元人民币。

第七条 子（分）公司生产规模确定：以营业收入为标准划分为三档，分别是小规模、中等规模、大规模；1亿美元营业收入和2亿美元营业收入是两个重要的分界点。具体数值以1美元兑换6.66元人民币折算。若汇率无重大变动，规模划分标准如下：

- 营业收入低于1亿美元的为小规模公司。
- 营业收入达到1亿美元但低于2亿美元的为中等规模公司。
- 营业收入超过2亿美元的为大规模公司。

第八条 绩效年薪是子（分）公司负责人的年度激励性收入，以集团公司人均工资水平为基数，参考子（分）公司规模和国内外及地区差异，依据年度业绩考核得分情况确定。绩效年薪按下列公式计算：

$$绩效年薪=薪金基数\times规模系数\times国（境）内外差异系数（K）\times地区差异系数（R）\times年度绩效考评系数$$

其中：

薪金基数为上一年度集团公司人均工资水平。

规模系数根据上年度营业收入（以亿元为单位）确定，具体计算如下表所示。

营业收入	规模系数
小于等于1亿元	ln(上年度营业收入 ×343)×0.222705
大于1亿元小于6.66亿元	年度营业收入 ×0.0352113+1.2647887
大于6.66亿元小于13.36亿元	年度营业收入 ×0.0299401+1.4000001
大于13.36亿元小于33.4亿元	年度营业收入 ×0.01497+1.7
大于等于33.4亿元	ln(上年度营业收入 ×126000)×0.1442969

公司上年度无营业收入完成额度的，按本年度预算指标计算；本年度无预算指标的，规模系数暂取值为1。

达到几个重要的收入节点，规模系数如下：

- 营业收入达到0.26亿元人民币时，规模系数为1；
- 营业收入达到1亿元人民币时，规模系数为1.3；
- 营业收入达到6.66亿元人民币时，规模系数为1.6；
- 营业收入达到13.36亿元人民币时，规模系数为1.9；
- 营业收入达到33.4亿元人民币时，规模系数为2.2；

国（境）内外差异系数（K）是境内、境外公司基本年薪的调节系数，境内公司K取值为 1，国（境）外公司 K 取值为 1.53。

地区差异系数（R），根据所在国家和地区的安全等情况分为三档，其中：社会治安和谐稳定、地区性疾病少的国家和地区 R 取值为 1，社会治安和居民健康情况相对比较好的国家和地区 R 取值为 1.05，存在不安全因素较多的国家和地区 R 取值为 1.1。具体对应公司见下表。

序号	地区差异系数	对应公司
1	1	A 公司、B 公司、C 公司等
2	1.05	M 公司等
3	1.1	X 公司、Y 公司、Z 公司等

年度绩效考核系数依据子（分）公司年度绩效考核得分情况确定，在年度考核得分超过 100 分情况下，采取适当放大考核系数方式以实现激励效应，并设定封顶机制。

（1）年度绩效考核得分大于 100 分，年度绩效考核系数计算方式为:[（年度绩效考核得分 − 100）× 2] /100 + 1，此项得分最大值为 2.5。例如，若考核分数 110 分，绩效考核系数为 1.2；若考核分数为 150 分，绩效考核系数为 2.0。

（2）年度绩效考核得分小于等于 100 分，年度绩效考核系数计算方式为：年度绩效考核得分 /100。

第九条　年度绩效考核由人力资源部负责组织进行。年度考核指标的绩效目标及评价标准在经营管理目标责任书中予以明确；公司实行具有较强激励性的评价标准，在实现超额利润上缴、超额利润以及超额合同情况下，利润上缴、利润、合同等考核指标得分会较快提升；利润上缴、利润、合同等目标值于年初集团公司工作会议上公布。

第十条　绩效年薪先考核后发放，每年各单位年度财务决算和业绩考核分数公布后，由人力资源部拟订子（分）公司主要负责人年薪总额方案，报集团公司批准后下达结算文件。

第十一条　各公司薪酬管理部门要为公司负责人建立薪酬管理台账，企业负责人全部收入应逐月、逐项如实填入薪酬管理台账。公司薪酬结算文件下达 2 个月内，应将主要负责人薪酬管理台账以及其他负责人薪酬备案表报集团公司人力资源部备案。

第十二条　公司负责人实行本薪酬制度后，除政府、建设单位、股份公司奖励、政府津贴及集团公司同意领取的其他收入外，不得再领取除本办法规定以外的其他货币性或实物资产收入。

第十三条　公司将不定期对负责人薪酬发放情况进行专项检查，对在本办法之外领取的其他货币性及实物资产收入或弄虚作假的，除责令收回超标发放部分外，给予通报批评；情节严重的，给予党纪、政纪处分。

第十四条　对发生重大决策失误或重大违纪事件，给公司造成不良影响或造成公司资产流失的，将酌情扣减该公司主要负责人和相关负责人的薪酬。

第十五条 集团公司根据子（分）公司年度审计或离任审计结果确认经营业绩。对考核指标数据不实者，按本办法对其薪酬进行相应扣减。对决策失误，给公司造成损失的，视损失情况给予处罚；损失严重的，予以行政处分，直至撤职。对触犯刑律的，依法追究刑事责任。

第十六条 实行年薪制的子（分）公司负责人，任职不满一年的，则按月计算；因职务变动不再实行年薪制的，在原单位结算负责人年薪时，按实际任职时间相应结算所得年薪。

第十七条 员工的各项社会保险由公司按规定统一办理，个人所得税由个人依法缴纳。

（二）某工程公司高级业务经理薪酬激励政策

第一条 为了更好地维护好老客户，开发新客户，激发业务人员工作积极性，促进公司业绩提升，特制定高级业务经理工资及各项奖励规定。

第二条 高级业务经理薪酬由固定工资、年度绩效工资以及奖金、保险福利构成。

固定工资为岗位工资的30%，按月发放。

年度绩效工资＝岗位工资 ×70%× 个人年度绩效考核系数，个人年度绩效考核系数根据目标责任考核分数确定，若低于60分为0，高于100分为1，达到60分低于100分为分数除以100按0.05取值。

年度绩效工资发放：月度预发岗位工资的20%，其余根据年度绩效考核发放，若季度业绩未完成目标（自年初至本季度末）60%，则自下季度起停止预发年度绩效工资。

年度目标责任书的主要考核指标是合同额及收入指标，除此之外，还有回款、费用控制、项目毛利率等指标。

奖金包括超目标奖励、市场开发奖励。

保险福利根据公司有关制度执行。

第三条 目标确定和统计计算原则：

年度目标制定应根据实事求是的原则，根据历史业绩完成情况，考虑外部环境变化因素，一般在去年业绩基础上有所增长，目标确定由业务部经理审核、董事长审批；一般情况下合同额指标目标值不能低于收入目标值。

若项目已经经过审计，以审计额数值确定合同额；若未经过审计，以当年实际完成任务工作量计算合同额，剩余部分计入下一年度。

收入核算原则是以当年实际回款统计计算。

若签订合同额与公司实际承担业务有较大差距，则根据公司承担业务比例对合同额指标进行调整，包括联合合同、实际工程量与合同有较大差距等情况。

第四条 高级业务经理岗位工资标准用年度收入目标确定，具体如下表所示。

年度收入目标	岗位工资(元/月)
500 万元	8000
500 万元以上 1000 万元以下	$8000 \times k$ $k=1+$(收入-500)/500，k 取到 0.05
1000 万元	16000
1000 万元以 3000 万元以下	$16000 \times k$ $k=1+$(收入-1000)/2000，k 取到 0.05，k 最大值 2
3000 万元及以上	32000

第五条 市场开发奖励。

适用范围：设计类、资质外借类和挂靠类，适合所有新老客户；工程施工类适用于新开发客户项目或者老客户金额达到 50 万元的新项目。奖励在市场开发过程中有突出贡献人员，包括信息提供者、项目主导人员和项目跟进人员，项目主导人员包括高级业务经理、业务拓展经理、公司高层，项目跟进人员包括高级业务经理、业务拓展经理等。

奖励标准：设计类和资质外借类项目奖励收入 10%。

工程类项目按合同额提成：合同额 200 万元以内，2%；200 万元至 500 万元，1%；500 万元至 2000 万元，0.8%；2000 万元至 1 亿元，0.5%；超过 1 亿元，0.2%。

第六条 市场开发奖励按下表分配：

<table>
<tr><th rowspan="2">项目类别</th><th colspan="3">项目主导人员</th><th colspan="2">项目跟进人员</th></tr>
<tr><th>公司高层</th><th>高级业务经理</th><th>业务拓展经理</th><th>高级业务经理</th><th>业务拓展经理</th></tr>
<tr><td>高级业务经理主导客户项目</td><td></td><td>70%～80%</td><td></td><td>20%～30%</td><td></td></tr>
<tr><td>公司高层主导新客户项目</td><td>70%～80%</td><td></td><td></td><td colspan="2">20%～30%</td></tr>
<tr><td>业务拓展经理主导新客户项目</td><td></td><td></td><td colspan="2">70%～80%</td><td>20%～30%</td></tr>
<tr><td>公司高层资源老客户项目</td><td>70%～80%</td><td></td><td></td><td colspan="2">20%～30%</td></tr>
<tr><td>高级业务经理资源老客户项目</td><td></td><td>70%～80%</td><td></td><td>20%～30%</td><td></td></tr>
</table>

注：1. 若有信息提供者，信息提供者占 10%，减少项目主导人员的部分比例。

2. 业务按比例计入项目主导人员和项目跟进人员。

3. 具体分配方案由分管领导提出建议，总经理审核，董事长审批。

第七条 市场开发奖励发放。

奖金发放：按项目核算，半年度累计发放。

合同签订工程开工后发 50%，工程完成经审计后发 50%，若工程量有较大减少，奖励金额做相应调整。

第八条 超目标奖励。

适用范围：公司对高级业务经理年度实际收入和合同额的超目标部分给予奖励。

奖励标准：业绩实际完成超过目标，奖励标准为实际收入超目标部分提成 1% 和合同额超目标部分提成 1% 之和；毛利低于 25% 的项目，收入和合同额以 50% 计，毛利低于 15% 的项目，收入和合同额以 30% 计。

奖励发放：年底核算年底一次性发放。

第九条 费用说明。

高级业务经理费用实行预算管理模式，由财务部进行管理控制。高级业务经理人员年度费用总额标准为收入的 1.5%（含个人车辆燃油、过路过桥费，不含车辆维修、保险费用。车辆维修、保险费用由个人承担），新开发业务费用标准增加 1%。费用支出超过标准后严格执行重大事项决策权限审批流程。

第十条 选择以下一种方案（所有业务用一种方案）。

方案一：老项目未收回款项不纳入 2017 年指标统计范围，按照原来制度规定计算应得提成工资，若费用支出未达标准，视同费用满额支出扣除个人负担费用部分，低于额度标准的费用支出可以转新年度；若费用支出超过标准，再扣除超额费用部分。若提成工资不足费用扣除，则将费用转新年度。

方案二：老项目未收回款项，纳入 2017 年指标统计范围，不再执行原来提成及费用标准。

第十一条 本制度由行政人事部负责解释。

第十二条 本制度由董事长批准后生效，自公布之日起实施。

（三）某投资公司投资项目激励方案

为进一步完善科学的薪酬管理机制，促进公司业务发展，稳定骨干员工队伍，根据集团公司有关政策精神以及公司薪酬管理办法，对投资项目岗位员工进行激励，公司设立项目投成奖、项目效益奖以及项目跟投机制。

1. 项目投成奖

项目投资程序完成后，一次性发放固定数值人民币作为团队奖励，分配给团队成员以及发挥重要作用的非本单位员工。

根据项目的投资规模奖励不同的奖金数额：投资规模在 1000 万元至 5000 万元（含）人民币，奖励金额为 10 万元人民币；投资规模在 5000 万元至 1 亿元（含）人民币，奖励金额为 20 万元人民币；投资规模在 1 亿元至 2 亿元（含）人民币，奖励金额为 40 万元人民币；投资规模在 2 亿元人民币以上，奖励金额为 60 万元人民币。

团队奖金分配方案由部门经理征求项目负责人意见后制订分配方案，经分管领导审核、公司总经理审批；项目投资程序完成前离职的员工不享有该奖励。

2. 项目效益奖

为了激励约束项目管理人员，项目退出后将项目效益与个人利益紧密联系，设立项目奖励机制和惩罚机制。

项目奖励：项目年度收益率 8% 以内部分，无奖励；项目年度收益率 8%～15% 部分，奖励提成比例为 5%；项目年度收益率 15% 以上部分，奖励提成比例为 10%。

项目惩罚：项目年度投资亏损 8%～15%，扣除个人年度收入的 10%；项目年度投资亏损 15% 以上，扣除个人年薪的 20%。

团队奖金分配方案由部门经理征求项目负责人意见后制订，经分管领导审核、公司总经理审批；项目退出程序完成前离职的员工不享有该奖励。

项目惩罚包括项目负责人以及项目高级投资经理、投资经理岗位员工。

3. 项目跟投机制

设立项目跟投机制，项目跟投限于项目相关人员及公司骨干员工；项目跟投比例不能超过项目总投资额的 20%，个人跟投不能超过项目投资额的 5%，不能低于项目投资额的 0.1%。

（四）某国际工程集团项目负责人及员工薪酬绩效考核办法

第一章 总则

第一条 为进一步完善 ZJGJ 集团有限公司（以下简称集团公司）薪酬激励体系，规范境外工程施工项目部或项目公司的经营管理行为，根据《关于印发〈中国 JT 股份有限公司工程项目管理绩效考核指导意见（试行）〉的通知》，结合集团公司实际，制定本办法。

第二条 本办法适用于集团公司直属境外施工类项目部或项目公司班子成员及项目员工。各子（分）公司可参照或自行制定相应办法，报集团公司审批后执行。

第三条 项目部或项目公司班子成员实行年度绩效考核和项目期末绩效考核相结合的期薪管理分配制度。项目部或项目公司负责人及班子成员的薪酬由基本薪酬、年度绩效薪酬、超额利润奖励（特别奖励）、海外补贴四部分构成。直管指挥部（项目部）普通员工实行岗位绩效工资制，薪酬由基本工资、绩效工资和奖金、海外补贴四部分构成。

第四条 集团公司人力资源部组织，企业发展部、工程管理部、工程经济部、财务部等部门支持配合，由集团公司与项目部或项目公司签订基于项目全周期和分年度的项目目标责任书（以下简称“责任书”），作为年度和项目期末绩效考核的依据。

第五条 全周期项目责任书的内容应当包括但不限于以下内容：

- 项目负责人；
- 项目周期；
- 目标利润、上缴款；
- 项目安全、质量目标等其他目标；
- 项目薪酬激励以及考核等说明；
- 竣工决算、完成审计和兑现的时限；
- 其他需要规定的事项。

第六条 项目年度目标责任书内容应当包括但不限于以下内容：

▪ 项目负责人；

▪ 营业收入、上交款；

▪ 项目安全、质量目标等其他目标；

▪ 基本薪金、绩效薪资计算及发放；

▪ 年度考核指标及评价标准等条款。

第七条 集团公司对项目部或项目公司的考核，严格按责任书的内容进行考核与兑现薪酬。

第二章 项目负责人薪酬及考核

第八条 项目部或项目公司主要负责人基本薪酬参照集团公司国内同职级人员岗位工资的 2～3 倍执行，由集团公司确定。

第九条 基本薪酬按月发放，不与考核指标挂钩。

第十条 项目部或项目公司主要负责人的年度绩效薪酬为年度绩效考核收入，是集团公司对项目管理年度阶段性成果的综合评价，根据项目年度考核情况确定。

年度绩效薪酬 = 绩效薪酬基数 × 年度绩效考核系数

第十一条 项目负责人绩效薪酬基数按照营业收入不同确定如下：

▪ 年度完成营业收入小于等于 1 亿元的项目，绩效薪酬基数为 23000 元 / 月（人民币，下同）；

▪ 年度完成营业收入大于 1 亿元小于 10 亿元的项目，绩效薪酬基数为［2.3 +（营业收入 − 1）/4］万元 / 月；

▪ 年度完成营业收入大于等于 10 亿元的项目，绩效薪酬基数为 45500 元 / 月。

第十二条 年度绩效考核系数依据项目部年度绩效考核得分情况确定：

▪ 年度绩效考核得分大于 100 分，年度绩效考核系数计算方式为：[（年度绩效考核得分 − 100）× 2］/100 + 1，此项得分最大值为 1.5；

▪ 年度绩效考核得分小于等于 100 分，年度绩效考核系数计算方式为：年度绩效考核得分 /100。

年度绩效考核得分由财务部负责考核提供。

第十三条 年度绩效薪金发放：

▪ 若年度绩效考核系数低于 1，年度绩效薪金全额发放；

▪ 若年度绩效考核系数高于 1，则超过 1 的部分对应年度绩效薪金发放一半，其余一半待项目结束，经审计确认项目最终实现利润目标的，一次性清算兑现；未完成利润目标的，预留的绩效薪金不予兑现。

第十四条 年度绩效考核是对工程项目管理绩效的阶段性评价，主要考核年度目标任务的完成情况。年度绩效考核以公历年为考核期。

第十五条 绩效考核指标体系包括基本指标和修正指标。各项绩效考核指标的分值、权重等由集团公司财务部牵头，相关部门配合确定。

第十六条 年度绩效考核指标及目标值，由集团公司与项目部或项目公司在年度目标责任书中确定。

第三章 项目部其他班子成员薪酬及考核

第十七条 项目公司除负责人以外的班子成员实行年度绩效考核和期末绩效考核相结合的期薪管理制度。项目部或项目公司班子成员薪酬由基本薪酬、年度绩效薪酬、超额利润奖励（激励薪酬）、海外补贴四部分构成。

第十八条 基本薪酬是年度保障性收入，参照集团公司国内同职级人员岗位工资的2～3倍执行，由集团公司确定。

基本薪酬按月发放，不与考核指标挂钩。

第十九条 绩效薪酬是年度激励性收入，主要参照项目部主要负责人的绩效薪酬而定。

第二十条 年度绩效考核系数依据项目班子成员个人年度绩效考核得分情况确定，按下列公式计算：

项目班子其他成员年度绩效薪酬＝项目负责人绩效薪酬 × 个人系数 × 年度考评系数

个人系数取0.7、0.8、0.9，根据个人资历、历史业绩因素，由项目部确定，报集团公司备案。

年度考评分数对应年度考评系数如下表：

考评分数	90分及以上	80～90分	60～80分	60分以下
考评系数	1	0.9	0.8	0.6

第二十一条 年度绩效考核是对项目班子其他人员年度工作业绩进行评价，由各项目部负责组织进行，包括业绩评价、干部评议及项目年度考核修正项加减分。

考评分数＝业绩评价 ×70%＋干部评议 ×30%＋项目年度考核修正项加减分

业绩评价：在目标贡献、专业水平、团队建设方面由项目部负责人进行打分评价。

干部评议：由项目部班子成员、中层干部打分评价。

干部评议得分＝项目负责人打分 ×40%＋项目其他班子成员打分 ×30%＋项目班子成员打分 ×30%。

年度项目部考核修正项加减分：在项目年度目标考核中，若某项被扣减（加）分，无直接责任领导同样扣减（加）分，直接责任领导扣减（加）双倍分数。

第四章 项目部普通员工薪酬及考核

第二十二条 直管指挥部（项目部）普通员工包括上级管理单位派驻以及自行招聘谈判制员工。工资结构由基本工资、绩效工资、奖金、海外补贴四部分构成。

第二十三条 基本工资一般应为集团公司国内同职级人员岗位工资的2倍，由集团公司确定；对于从集团公司调入到项目部的人员，按照本人岗位工资的2倍执行。

第二十四条 绩效工资根据个人绩效工资基数以及项目年度考核以及个人绩效考核结果确定。

员工绩效工资＝绩效工资基数 × 项目年度考核系数 ×
个人年度考核系数 × 年度工作月数

绩效工资基数一般为基本工资的40%～60%，具体数额由项目部确定。

项目年度考核系数由集团公司组织考评，等同于项目负责人年度考核结果。

第二十五条 个人年度绩效考核由项目部组织考评，在目标及工作计划完成情况、专业技术水平及工作质量、员工培养及个人成长、执行及沟通能力等方面由项目部组织进行打分评价，个人年度考评分数对应个人年度考评系数如下表：

考评分数	90分及以上	80～90分	60～80分	60分以下
考评系数	1	0.9	0.8	0.6

第五章 期末绩效考核及超额利润奖励

第二十六条 期末绩效考核的依据是集团公司与项目部或项目公司在全周期项目目标责任书中明确的各项指标，由财务部负责确定项目利润率以及项目利润总额等核心指标。根据项目实现的超额利润或者给公司创造的额外收益提取，具体条款由项目责任书约定。

第二十七条 期末绩效考核必须满足以下前提条件：

- 完成竣工决算，交付使用；
- 完成内部审计；
- 质保金以外的业主应付的款项回款率不低于90%；
- 职工薪酬、劳务分包、材料、机械使用费等所有成本归集完毕，与协作队伍签订“末次清算封账协议”。

第二十八条 项目完工，经期末绩效考核后，对实现的超额利润或给公司创造的额外收益进行提取。项目实现的超额利润或给公司创造的额外收益应当经集团公司审计监察部进行审计确认。

第二十九条 特别奖励分配：

根据项目规模大小，项目奖金60%～80%（具体数值目标责任书约定）用于激励项目班子成员；项目主要负责人的激励薪酬数额是项目班子其他人员平均激励薪酬的2倍。项目班子成员奖励方案由项目公司自行提出，报集团公司批准。

项目奖金20%～40%（具体数值由目标责任书约定）用于激励项目其他员工，奖金分配方案由项目公司制订，报集团人力资源部备案。

第三十条 特别奖励发放：

项目其他员工激励薪酬项目结束后兑现。

项目班子成员激励薪酬年度平均 20 万元以内部分一次性发放；其余部分如果低于 200 万元，延迟 3 年发放；一年发放三分之一，3 年后兑现完毕；其余部分如果高于 200 万元低于 500 万元，延迟 5 年发放；一年发放五分之一，5 年后兑现完毕；其余部分如果高于 500 万元，延迟 8 年发放；一年发放八分之一，8 年后兑现完毕。

项目质保期内，出现质量问题，若对项目利润核算产生比较大的影响，则重新计算项目负责人激励薪酬数值，并按调整后的数值进行发放，以前年度既往发放不做追溯调整。

第六章　附则

第三十一条　直属项目部员工享有境外地区补贴、境外年功补贴和配偶补贴。

境外地区补贴，按照中华人民共和国外交部驻外使领馆地区分类执行，补贴标准为：二类地区每人每月 100 美元；三类地区每人每月 200 美元；四类地区每人每月 320 美元；五类地区每人每月 450 美元；六类地区每人每月 550 美元。

境外年功补贴以员工在境外累计工作时间计算，境外工作不满一年的 100 美元 / 月，累计工作满一年后，每满 6 个月增加 100 美元，最高 900 美元 / 月。配偶补贴标准为 200 美元 / 月。

配偶补贴适用范围和标准另行制定。

第三十二条　对于集团公司所属企业直管的工程项目或项目公司，由所属企业另行制定考核办法，在考核时可适当简化指标及考核程序。

第三十三条　项目绩效考核中各项数据须经审计确认，如遇不可抗力等特殊情况影响业绩考核结果的，由集团公司研究后进行调整。

第三十四条　集团公司工程经济部核定项目责任成本、计算目标利润时，必须将依据本办法所支出的薪酬计算在内。

第三十五条　绩效考核结果的运用：

- 作为计算项目负责人绩效薪酬的依据；
- 作为项目负责人职业发展、提拔任用、工作调整、评优的重要依据；
- 项目部或项目公司根据考核结果，认真总结本项目管理中存在的问题，制定改进措施；
- 作为集团公司完善绩效考核指标的重要依据。

第三十六条　依据本办法所兑现的所有薪酬收入均为税前收入，个人所得税由本人依法缴纳。项目班子成员的各项社会保险费、住房公积金等，应由个人承担的部分，由项目部或项目公司在基本薪酬中代扣代缴，属企业承担的部分，由项目成本列支。

第三十七条　项目部或项目公司主要负责人实行期薪分配制度后，除经集团公司同意领取的其他收入外，不得在项目领取其他收入。

第三十八条　本办法由集团公司人力资源部负责解释。

（五）某智能家居公司销售人员薪酬激励方案

第一条 销售岗位工资标准

▪ 销售序列岗位员工包括销售员、销售经理、销售总监；理论上，一个销售总监负责管理1～3个销售经理和1～3个销售员。

▪ 根据岗位、个人资历以及预期实现目标情况，确定岗位工资等级标准。

▪ 试用期或代理期员工岗位工资标准为资历1档对应数值。

第二条 资历定档

资历标准	任职资格刚好满足要求	同岗位任职满2年且任职经验较丰富	同岗位任职满4年以上且任职经验非常丰富
资历档序	资历1档	资历2档	资历3档

注：上一季度考核不合格，降低一档，若已处于最低档，则降低岗位等级。

第三条 销售员岗位工资标准及发放：固定工资 = 岗位工资 ×50%，绩效工资 = 岗位工资 ×50%×3× 季度绩效考核系数；绩效工资月度按考核系数为1预发，季度末根据考核结果与固定工资统一计算发放。若销售员上个季度销售业绩目标未完成，则根据业绩完成情况确定固定工资。

业务员考核指标为定量指标、定性指标和非权重指标，定量指标和定性指标各占70%、30%权重，定量考核指标为签约合同额、签约毛利额、回款及时性。

岗位情况		目标1档	目标2档	目标3档	目标4档	超目标提成比例
销售员	资历1档	5600	6600	7600	8800	3%
	资历2档	6000	7000	8000	9000	
	资历3档	6400	7400	8400	9400	
季度实现业绩		180000×3	210000×3	240000×3	270000×3	

注：新入职业务员，第一季度业绩目标降低为50%，第二季度业绩目标降低为80%。

第四条 销售经理岗位工资标准及发放：固定工资 = 岗位工资 ×50%，绩效工资 = 岗位工资 ×50%×3× 季度绩效考核系数；绩效工资季度末根据考核结果计算发放。若销售经理上个季度销售业绩目标未完成，根据业绩完成情况确定固定工资。

销售经理考核指标为定量指标、定性指标和非权重指标，定量指标和定性指标各占90%、10%权重，定量考核指标为签约合同额、签约毛利额、回款及时性。

岗位情况		目标1档	目标2档	目标3档	目标4档	超目标提成比例
销售经理	资历1档	9200	11200	13200	15200	3%
	资历2档	10000	12000	14000	16000	
	资历3档	10800	12800	14800	16800	
季度实现业绩		300000×3	360000×3	420000×3	480000×3	

第五条 销售总监岗位工资标准及发放：

- 固定工资 = 岗位工资 ×40%；
- 季度绩效工资 = 岗位工资 ×60%×3× 季度绩效考核系数，绩效工资季度末根据考核结果计算发放；
- 年度奖金：年度实现毛利超目标部分的 10% 作为年度奖金激励。

岗位情况		团队 1～2 人	团队 3～4 人	团队 5～6 人	超目标提成比例	个人业绩提成比例
销售总监	资历 1 档	14000	19000	24000	1.5%	1.5%
	资历 2 档	15000	20000	25000		
	资历 3 档	16000	21000	26000		
季度实现业绩		300000×3×（销售经理数量 + 1）+ 180000×3×销售业务员数量				

销售总监考核指标为定量指标和非权重指标，定量考核指标为签约合同额、签约毛利额、回款及时性。

第六条 其他说明

若绩效考核分数低于 60 分，绩效考核系数为 0；若绩效考核分数大于 60 分，绩效考核系数 = 绩效考核分数除以 100 就近取 0.6、0.7、0.8、0.9、1；若绩效考核分数大于 100 分，绩效考核系数为 1。

签约合同额，以签约合同已经收到预付款为认定标准。

签约毛利额计算 =（合同价格 − 合同 D 价）+ 合同 D 价 ×0.2。

回款及时性 10 分评价标准：回款及时率达到 100% 得满分，每低于目标 5% 减 1 分。期间每出现 10 万元延期 1 个月未支付款项，扣 1 分；若前个考核周期延期未支付款项（考核已经扣分）收回每 20 万元加 1 分。

第五章

岗位体系和岗位评价

岗位体系是战略性人力资源管理工具，将组织中的岗位和任职者予以分类，针对不同类别的特点和需求，采用不同的人力资源管理策略，以提升管理的有效性，实现人力资源的战略管理。岗位体系设计过程包括划分岗位序列、划分岗位层级、进行岗位设置、岗位体系描述与管理四个步骤。

企业应对不同序列人员制定不同的人力资源管理政策，具体体现在招聘、培训、薪酬、考核及职业发展等方方面面。岗位序列和层级是促进公司战略落地的有效工具。

工作分析是指从企业发展战略、组织结构以及业务流程出发，对组织中各工作岗位的设置目的、工作内容、工作职责、工作权限、工作关系等特征，以及对任职者的知识技能、工作经验、能力素质等方面进行调查、分析并描述的过程，其结果是岗位说明书。

根据企业业务流程和业务特点进行岗位设置，应体现专业分工与效率的平衡。专业化一方面能提高工作质量，另一方面也意味着分工细化，使工作协调成本增加，从而降低工作效率。

岗位评价是依照一定的程序和标准，对组织中各岗位的价值贡献进行量化打分或比较排序的过程。岗位评价方法主要有排序法、分类法、因素比较法和要素计点法四大类。

依据岗位评价数据设计薪酬有两个基本假设：一是企业用人人岗完全匹配，二是能力在付酬因素中意义不大。这两个假设对所有企业都不太可能成立。因此，那种认为岗位评价是神器，通过对岗位评价数据进行数理统计分析、曲线模拟，就能设计出合理、系统的薪酬体系的想法，是荒谬的。

岗位因素、个人能力资历因素、业绩因素、人力资源市场价格等四个影响薪酬水平的因素，对不同性质员工，各有侧重。对于中高层管理岗位人员，业绩因素是重点，加强目标管理以及绩效考核非常重要；对于核心业务岗位人员，人力资源市场价格因素很重要，必须做好薪酬调查工作。

一、岗位体系及工作分析

薪酬设计要解决好公平问题，不同层级之间薪酬差异、同一层级不同岗位薪酬差异、同一岗位不同任职者薪酬差异是需要重点解决的问题。岗位评价是薪酬设计的一个基础性工作，进行岗位评价之前要完成企业岗位体系设计以及工作分析等工作，其成果是企业岗位序列、岗位层级、岗位设置方案以及岗位说明书。

（一）岗位体系

岗位体系是一种战略性人力资源管理工具，将组织中的岗位和任职者予以分类，针对不同类别的特点和需求，采用不同的人力资源管理策略，以提升管理的有效性，实现人力资源的战略管理。岗位体系设计过程包括划分岗位序列、划分岗位层级、进行岗位设置、岗位体系描述与管理四个步骤，如图 5-1 所示。

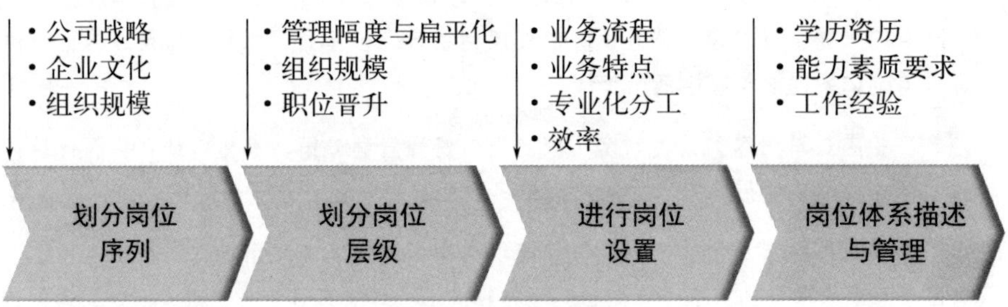

图 5-1　岗位体系设计过程

1. 划分岗位序列

岗位序列是具有相似工作性质和任职要求的一类岗位的统称，其划分要依据企业战略、企业文化以及组织规模。

岗位序列可分为管理序列和业务序列。管理序列可以分为中高层管理序列、职能管理序列和生产管理序列等，这是管理人员的晋升通道。业务序列根据公司业务特点来决定，一般核心业务岗位都单独作为一个序列，岗位层级可多可少，根据公司业务特点及发展思路确定，这也是业务人员的发展通道。

不同组织根据业务特点以及管理需要，岗位序列有不同的划分。通常情况下，企业设有中高层管理序列、业务岗位序列、职能管理序列、技术工人序列及操作工人序列等。

为了实现人力资源战略管理需要，一些规模较大的组织，将职能管理序列进一步划分为行政后勤序列、财务审计序列、人力资源序列、信息支持序列、公共关系序列、生产管理序列、工程管理序列等，将业务序列进一步划分为市场营销序列、采购物流序列、设计研发序列、生产技术序列、工程技术序列等。

2. 划分岗位层级

一个组织有多少层级，意味着有多少层汇报关系，这直接影响着组织的效率。层级的实质是职位晋升体系。组织层级一般根据企业组织规模以及管理者管理幅度而定。组织规模越大，组织层级会越多；管理者管理幅度越大，组织层级就可以减少。划分岗位层级要考虑现有人员状况，同时预留未来发展空间。

典型的企业岗位层级设计为董事长 / 总经理、副总经理、总监、部门总经理、部门部长、主管、专员、普通员工等多个层级，很多企业还加上副总监、部门副总经理、部门副部长等中间层级，岗位层级少则 4～5 级，多则十几级，大的集团公司甚至达到几十个层级。管理序列晋升一般依次为普通员工、专员、主管、副部长、部长、总监、副总、总经理等，而业务序列晋升一般为普通员工、业务助理、业务经理、高级业务经理、业务总监、高级业务总监等。

专家提示

由于信息系统的广泛采用，以前管理幅度为 8～12 个直接下属的传统管理模式已不再适应企业发展需要；随着管理技能的提高以及信息系统的普及，管理者管理幅度有大幅提高的趋势。另一方面，市场竞争的加剧对组织反应能力提出了更高要求，传统层级制管理已不再适应企业发展需要。

企业组织结构扁平化是信息化时代组织结构发展的趋势，但组织结构扁平化要有一个度。组织结构扁平化主要解决的是决策效率问题，中国企业在这方面一般不存在太多问题。公司的岗位层级分为实质决策层级和行政层级（职位晋升体系层级），很多企业虽然行政层级较多，但决策层级是比较少的，这样就保证了企业的快速反应和高效决策。

3. 进行岗位设置

根据企业业务流程和业务特点进行岗位设置，应体现专业分工与效率的平衡。专业化一方面提高了工作质量，另一方面也意味着分工细化，使工作协调成本增加。从这个角度来看，专业分工可能会导致效率的降低。岗位设置就是要寻求专业分工与效率的平衡。

表 5-1 是某人工智能、大数据产业公司岗位体系及员工职业发展通道设计。该公司是中国领先的城市数据智能服务提供商，其岗位序列层级的合理设计推动了公司的发展，促进了公司的战略落地。该公司岗位序列分为中高层管理序列、职能管理序列、业务管理序列、营销序列、技术序列、研究序列等六大序列，岗位层级为基层、中层、高层三个主要层级，对应一至十五职位等级。技术序列又分为交付、业务运营、产品、架构、软件研发、硬件、数据业务、测试 / 运维 / 视觉设计等子序列。

表 5-1　某人工智能、大数据产业公司岗位体系及员工职业发展通道

岗位序列层级		中高层管理序列			职能管理序列	业务管理序列	营销序列		
		公司管理	营销管理	业务管理	人事 / 行政 / 财务 / 法务	项目 / 质量 / 交付 / 采购 / 销售 / 运营	市场	销售	售前咨询
十五	高层	总裁							
十四									
十三		COO/CFO/CTO							
十二		CDO/CPO/CHO							
十一			大区正职	事业本部正职					
十	中层	一级职能正职	大区副职	事业本部副职 技术工程院院长					
九		一级职能副职	省区正职	事业部正职 创新研究院院长					资深咨询总监
八		二级职能正职	省区副职 代表处正职	事业部副职 部门正职					高级咨询总监
七	基层	二级职能副职	代表处副职	部门副职	总监	总监	总监	总监	咨询总监
六					经理	经理	经理	经理	咨询经理
五					主管	主管	主管	主管	咨询主管
四					专员	专员	专员	专员	
三					助理	助理	助理	助理	
二					实习	实习	实习	实习	
一					实习	实习	实习	实习	

续表

岗位序列 层级		技术序列								研究序列
		交付	业务运营	产品	架构	软件研发	硬件	数据业务	测试 / 运维 / 视觉设计	
十五	高层									
十四										
十三										
十二										首席专家
十一										首席科学家
十	中层				架构专家	首席软件开发专家	首席硬件开发专家			科学家
九				资深产品总监	资深架构师	资深软件开发专家	资深硬件开发专家			高级研究员
八		高级项目总监	高级运营总监	高级产品总监	高级架构师	软件开发专家	硬件开发专家	数据专家		研究员
七	基层	项目总监	业务运营总监	产品总监	架构师	资深软件开发工程师	资深硬件开发工程师	资深数据分析师 资深业务分析师		副研究员
六		项目经理	业务运营经理	产品经理		高级软件开发工程师	高级硬件开发工程师	高级数据分析师 高级业务分析师	高级测试工程师 高级运维工程师 高级视觉设计工程师	助理研究员
五		项目主管	业务运营主管			软件开发工程师	硬件开发工程师	数据分析师 业务分析师	测试工程师 运维工程师	
四						初级软件开发工程师				
三						助理				
二						实习				
一						实习				

对于软件研发子序列员工，晋升通道依次为助理、初级软件开发工程师、软件开发工程师、高级软件开发工程师、资深软件开发工程师、软件开发专家、资深软件开发专家、首席软件开发专家等九个级别；对于交付子序列员工，晋升通道依次为项目主管、项目经理、项目总监、高级项目总监四个级别。发展通道的设计体现着公司在行业中的地位以及公司的人力资源管理策略。

表 5-2 是某国有企业集团岗位体系及员工职业发展通道设计。该集团下属四个子企业集团，分别从事保安、物业、智慧泊车、金融外包服务等业务，每个集团员工人数都过万人。

该企业实行集团、子集团（二级公司）、项目公司或区域公司（三级公司）三级管理体制，总部岗位、二级公司岗位、三级公司岗位都在表中有所体现。该企业岗位序列分为经营管理序列、部门管理序列、职能管理序列、专业技术序列、一线工勤岗位序列，岗位层级分为一至八等级。

表 5-3 是某小米生态链企业岗位体系及员工职业发展通道设计。该公司岗位序列分为中高层管理序列、职能管理序列、生产序列、研发序列、设计序列、销售序列。生产序列分为生产管理、供应链管理、质量管理、操作岗位四个子序列；研发序列分为软件研发、硬件研发、产品三个子序列；销售分为品牌市场、线上、线下三个子序列。岗位层级分为员工层、中层、高层三个层级，对应职位为等级一至等级九。

4. 岗位体系描述与管理

岗位序列、岗位层级以及岗位设置确定后，要对岗位体系进行描述，具体上要对每个岗位序列的工作性质以及任职资格的共性进行说明，对每个岗位层级的有关责任、权利以及任职资格的共性进行说明。

表 5-4 至表 5-6 分别是某人工智能、大数据产业公司技术开发序列研发工程师岗位晋级标准，某小米生态链企业生产序列供应链管理子序列采购岗位晋升标准，以及某小米生态链企业销售序列线上销售子序列运营岗位晋升标准。

专家提示

企业应对不同序列人员制定不同的人力资源管理政策，具体体现在招聘、培训、薪酬、考核及职业发展等方方面面。比如，很多企业对销售人员实行浮动薪酬比例较大的薪酬政策，对职能人员实行浮动薪酬比例较小的薪酬政策；在薪酬竞争力上，往往根据不同序列采取不同的策略，对核心业务岗位人员实行竞争力薪酬，对其他岗位人员实行市场平均薪酬策略；在招聘、培训、考核等方面，不同的岗位序列亦有所不同。

表 5-2 某国有企业集团岗位体系及员工职业发展通道

<table>
<tr><th>职位等级</th><th>岗位工资等级</th><th>经营管理</th><th>部门管理</th><th>职能管理</th><th>专业技术</th><th colspan="4">一线工勤岗位</th></tr>
<tr><td>一</td><td></td><td>集团正职</td><td></td><td></td><td></td><td></td><td></td><td></td><td></td></tr>
<tr><td>二</td><td></td><td>集团副职</td><td></td><td>高级专务</td><td></td><td></td><td></td><td></td><td></td></tr>
<tr><td rowspan="2">三</td><td>3级</td><td></td><td>集团总助</td><td rowspan="4">专务</td><td></td><td></td><td></td><td></td><td></td></tr>
<tr><td>4级</td><td>二级企业正职</td><td>集团部门正职</td><td></td><td></td><td></td><td></td><td></td></tr>
<tr><td rowspan="2">四</td><td>5级</td><td></td><td></td><td></td><td></td><td></td><td></td><td></td></tr>
<tr><td>6级</td><td>二级企业副职</td><td>集团部门副职</td><td>正高师</td><td></td><td></td><td></td><td></td></tr>
<tr><td rowspan="2">五</td><td>7级</td><td></td><td>二级企业总助</td><td></td><td></td><td></td><td></td><td></td><td></td></tr>
<tr><td>8级</td><td>三级企业正职</td><td>二级企业部门正职</td><td>集团高级主办</td><td>副高师</td><td>高级协管
（高级技师）</td><td></td><td></td><td></td></tr>
<tr><td rowspan="3">六</td><td>9级</td><td>三级企业副职</td><td>二级企业部门副职</td><td>二级企业高级主办
集团主办</td><td></td><td></td><td></td><td></td><td></td></tr>
<tr><td>10级</td><td></td><td>三级企业部门正职</td><td>二级企业主办</td><td>主管师</td><td>协管（技师）</td><td></td><td></td><td></td></tr>
<tr><td>11级</td><td></td><td>三级企业部门副职</td><td>三级企业主办
集团科员</td><td></td><td rowspan="3">高级协办
（高级技工）</td><td></td><td></td><td></td></tr>
<tr><td rowspan="2">七</td><td>12级（本科）</td><td></td><td></td><td>二级企业科员</td><td rowspan="2">助理师</td><td rowspan="3">中级协办
（中级技工）</td><td></td><td></td></tr>
<tr><td>13级（专科）</td><td></td><td></td><td>三级企业科员</td><td rowspan="3">初级协办
（初级技工）</td><td></td></tr>
<tr><td rowspan="3">八</td><td>14级</td><td></td><td></td><td>职员</td><td>员级
专技人员</td><td></td><td rowspan="3">普通工</td></tr>
<tr><td>15级（中专、高中）</td><td></td><td></td><td></td><td></td><td></td><td></td></tr>
<tr><td>16级（初中）</td><td></td><td></td><td></td><td></td><td></td><td></td><td></td></tr>
</table>

表 5-3　某小米生态链企业岗位体系及员工职业发展通道

岗位层级	职等	中高层管理序列	职能管理序列	生产序列				研发序列			设计序列	销售序列		
				生产管理	供应链管理	质量管理	操作岗位	软件开发	硬件研发	产品		品牌市场	线上	线下
高层	九	总裁												
	八	常务副总裁 高级副总裁												
	七	副总裁 总裁助理						高级专家	高级专家					
中层	六	部门总监 厂长						专家	专家					
	五	部门副总监 副厂长	职能总监 高级经理					资深软件工程师	资深结构工程师	产品总监	资深设计师	总监	总监	总监
	四	部门经理	职能经理 高级主管	生产经理	采购经理	质量经理		高级软件工程师	高级结构工程师 高级电子工程师 高级测试工程师 高级工艺工程师	产品经理	高级设计师	经理	经理	经理
员工层	三		主管	生产主管 工艺工程师	采购工程师	质量工程师	技师	软件工程师	结构工程师 电子工程师 测试工程师 工艺工程师	产品工程师	设计师	主管	主管	主管
	二		专员	班长 / 组长 技术员	采购专员	质量专员	技术工	助理软件工程师	助理硬件工程师	助理产品工程师	助理设计师	专员	专员	专员
	一		助理管理员				操作工	实习	实习					

表 5-4 某人工智能、大数据产业公司技术开发序列研发工程师岗位晋级标准

序号	职位	职级	学历	专业	专业证书	工作经验	知识技能
1	项目总监	七	大学本科以上	工程管理或软件工程 / 计算机 / 通信 / 网络工程等相关专业	有 PMP、高级项目经理证书	8 年以上智慧城市行业或相关行业工作经验 6 年以上项目管理经验 主导过 5 个以上项目交付工作，至少有 1 个千万级项目	能带领团队完成千万级项目 / 项目群的全生命周期管理，对项目进行综合管控，确保进度、质量和成本满足预期 能开拓新客户及分析现有客户的需求，审核项目利润、方案、标书、项目成员资格等，为售前工作提供技术及业务方面的建议和支持，以确保项目售前工作的顺利开展 能完成项目交付过程及重大风险问题进行度量分析，找出瓶颈并选择风险管理方法、技巧及工具，给出风险应对方案建议，或对拟定的风险管理建议进行评估 能对项目交付过程进行有效管控，保证项目变更合理性；对项目交付件质量进行审核，确保项目技术文档等交付件符合公司要求，对客户满意度负责
2	项目经理	六	大学本科以上	工程管理或软件工程 / 计算机 / 通信 / 网络工程等相关专业	有 PMP、高级项目经理证书	6 年以上智慧城市行业或相关行业工作经验 4 年以上项目管理经验及团队管理经验 主导过 2～3 个项目交付工作	能根据公司既定的项目交付流程和客户的交付要求，带领团队完成 500 万元以下项目的全生命周期管理，对项目进行综合管控，确保进度、质量和成本满足预期 能独立完成管理并跟踪客户需求，并对需求进行评审，定义并建议项目目标等项目范围，分析需求变更带来的影响，对于项目中的变更进行评估和控制，建立合理的业务迭代规划，确保项目顺利实施 能组织开展系统概要设计和详细设计，并对设计方案进行审核并组织开展实施工作
3	项目主管	五	大学本科以上	工程管理或软件工程 / 计算机 / 通信 / 网络工程等相关专业	有 PMP、高级项目经理证书	5 年以上智慧城市行业或相关行业工作经验 2 年以上项目管理经验 参与过2～3个项目交付工作	能根据公司既定的项目交付流程和客户的交付要求，协助项目经理完成 500 万元以下项目的实施交付工作 能够参与项目售前管理工作，对客户需求进行调研、分析及评审，协助撰写项目建议书

表 5-5 某小米生态链企业生产序列供应链管理子序列采购岗位晋升标准

项目	采购经理	采购工程师	采购专员
学历	本科及以上学历，优秀或经验丰富者可以破格录用	本科及以上学历，优秀或经验丰富者可以破格录用	本科及以上学历，优秀或经验丰富者可以破格录用
专业	工商管理、机械、电子类等相关专业	工商管理、机械、电子类等相关专业	工商管理、机械、电子类等相关专业
工作经验	6 年以上相关行业采购经验，3 年以上采购管理工作经验	3 年及以上企业采购经验，2 年以上同等工作经验	2 年及以上企业采购经验，1 年以上同等工作经验
知识技能	良好的职业道德，对企业忠诚；对市场敏感，能预测市场动态，抓住时机进行采购 精通采购技巧，具有较强的谈判能力 精通企业生产作业管理技术、物资管理技术、对生产制造及 ISO 9000 标准知识有较深的了解 具有良好的沟通协调能力、统筹规划能力，分析、判断、决策能力 具备团队合作精神和工作责任心，能承受工作压力；能指导培养团队成员提高管理技能和采购技能	熟练掌握 ERP 系统的操作与使用 熟悉相关物料市场行情，能对关键原材料进行成本控制、成本分析 非常熟悉企业生产作业管理技术、物资管理技术，对生产制造及 ISO 9000 标准知识有一定的了解 具有良好的成本意识，较强的谈判能力和协调沟通能力，有责任心，善于争取较多服务 性格外向，头脑灵活，具备团队合作精神和工作责任心，可协助采购专员解决问题能承受工作压力 熟练使用 Office 等办公软件	掌握 ERP 系统的操作与使用 熟悉电机、电控等电子料件、结构件、五金、包材等物料 熟悉企业生产作业管理技术、物资管理技术，对生产制造及 ISO 9000 标准知识有一定的了解 具有成本意识，良好的谈判能力和协调沟通能力，有责任心，善于争取较多服务 性格外向，头脑灵活，具备团队合作精神和工作责任心，能承受工作压力 熟练使用 Office 等办公软件

续表

项目	采购经理	采购工程师	采购专员
能力素质	具有较强的全局观念 具有较强的责任担当精神 具有较强的创新意识 具有较强的应变能力 具有较强的解决复杂问题的能力 具有冲突管理的能力	具有一定全局观念 具有责任担当精神 具有较强的组织协调能力 具有较强的需求理解能力 具有较强的分析问题解决问题的能力 具有较强的计划制定能力 具有较强的计算分析能力 具有较强的谈判能力	具有一定的沟通协调能力 具有一定的需求理解能力 具有分析问题解决问题的能力 具有学习研究能力 具有一定的计划制定能力 具有一定的计算分析能力 具有一定的谈判能力

表 5-6　某小米生态链企业销售序列线上销售子序列运营岗位晋升标准

项目	总监	经理	主管	专员
学历	本科及以上	本科及以上	专科及以上	专科及以上
专业	电子商务相关专业	电子商务相关专业	电子商务相关专业	不限
工作经验	5 年以上相关工作经验，3 年及以上电商团队管理经验	4 年以上相关工作经验，3 年及以上电商平台店铺运营管理经验	2 年以上相关平台运营工作经验；2 年店铺管理工作经验 独立运营过月销量 500 万元以上店铺	无工作经验要求
知识技能	能够根据公司战略目标和销售任务进行分解，带领团队达成公司的战略目标 能维护好各平台的关系，积极争取一切资源达成销售业绩 熟悉各平台的运营规则和运营方式 具备商业敏锐力，能及时发现电子商务的市场变化规律，结合公司战略目标提出适合市场需求的可行性方案 能够完成团队的搭建和培养	对运营工作充满热情，对数据敏感，善于分析和总结；具备良好的沟通能力、执行力、应变能力 维护好平台关系，积极争取一切资源达成销售业绩 有淘宝、京东平台品牌运营策划相关经验者优先考虑，具备良好的文字语言表达能力 及时掌握电子商务的市场变化，结合公司战略目标提出适合市场需求的可行性方案 能培养和管理下属	熟悉京东 / 淘系平台的运营模式，了解平台内部运营规则 能独立完成店铺的规划工作 能准确分析店铺相关数据的分析、总结及活动方案撰写，并落实执行 可以准确分析与监测平台竞争对手的推广和销售策略 负责团队内部资源的由上到下的整合、计划、组织，跟进团队的运营事务，综合统筹，把控团队运营方向，能带领团队完成店铺的销售目标	具备较强的营销策划能力，数据分析能力，擅长线上相关平台的运营管理 精通天猫 / 京东规则，有清晰的电子商务项目运营思路，能针对不同业务阶段制定有效的运营策略 有较强的创新与市场分析、营销、推广能力，项目执行能力，能够独立运作相关推广活动 善于创新、思维敏捷，具备良好的文字语言表达能力 能独立完成相关平台店铺的日常运营，店铺管理，以达成店铺的销售目标 熟练掌握 Word、Excel 等办公软件；有较强的数据分析和管理能力
素质能力	具有较强的统筹规划能力 具有较强战略规划能力 具有较强的培训指导能力 具有较强的计划管理能力 具有较强的激励领导能力 具有较强的冲突管理的能力	具有较强的统筹规划能力 具有较强的市场定位能力 具有较强的培训指导能力 具有较强的计划管理能力 具有一定的激励领导能力 具有一定的冲突管理的能力	具有较强的数据分析能力 具有一定的制定计划的能力 具有一定的组织协调能力 具有一定的市场定位能力 具有较强的逻辑思维能力	具有一定的逻辑思维能力 具有较强的团队合作能力 具有一定数据分析能力 具有高效执行能力

（二）工作分析

一个组织的正常运转需要由特定的人及时完成特定的工作来保障。工作分析就是通过对特定工作的任务、性质、价值的研究分析，确定何种条件的员工适合该岗位工作，确定该岗位的工作责任、权利、任职资格等内容的过程。

工作分析从企业发展战略、组织结构以及业务流程出发，对组织中各工作岗位的设置目的、工作内容、工作职责、工作权限、工作关系等特征，以及对任职者的知识技能、工作经验、能力素质等方面进行调查、分析并进行系统描述。工作分析的结果是岗位说明书。

通过工作分析，可以明确各个岗位的岗位职责以及任职资格条件，在招聘时可以清楚什么样的人能够胜任岗位工作，在制订培训计划时也可以清楚地知道各个岗位的工作职责、员工目前的差距以及在哪些方面应该加强培训等。

专家提示

不同的企业岗位说明书有不同的形式，一般包括岗位概述、岗位职责、岗位职权、工作关系、工作条件及任职资格等方面，其中最主要的是岗位职责和任职资格。任职资格包括知识技能、工作经验和能力素质等几个方面。

1. 工作分析是企业人力资源管理的基础

工作分析对人力资源管理相关职能提供了基础支持，具体如下。

（1）人力资源规划

在不断变化的市场环境中，有效地进行人力资源预测和计划，对于企业的生存与发展具有十分重要的意义。人力资源规划的一个重要内容是对现有岗位设置的必要性以及缺失岗位进行研判，工作分析就可以解决这个问题。工作分析可以形成岗位描述和岗位规范等有关工作的基本信息，这些信息为人力资源预测和规划提供了依据。

公司人力资源规划实际上是公司发展战略规划的一部分，也是公司发展战略规划能够落地的关键。

（2）人员招聘、任用

工作分析的结果即岗位说明书，对各岗位工作的任务、性质、特征以及任职者的能力素质要求都做出了详细的规定说明，在招聘、任用员工时就有了明确的选聘依据和标准。

（3）绩效考核

绩效考核以岗位为基础，以任职人员为对象，通过对其工作绩效的考核来判断其是否称职，并以此作为奖惩、报酬和培训、任免的依据。而工作分析则以岗位为中心，分析和评定各岗位的功能和要求，明确各岗位的职责、权限和任职者必需的资格条件。从工作程序来看，工作分析是绩效考核的前提，工作分析为绩效考核的项目、内容以及绩效考核指标的确定提供了基本依据。

（4）薪酬设计

在进行薪酬设计时，薪酬通常都是与工作的复杂性、工作本身的难度、职责大小和岗位的任职资格等紧密联系的。为了研究对各岗位任职者支付薪酬的水平，需要对各岗位的工作有清楚的了解，需要评估各岗位的价值，进而优化企业内部的薪酬结构，提高报酬的内部公平性。而工作分析以及工作分析结果（岗位说明书）提供了这些基础信息，因此工作分析是岗位评价的前提。

（5）人力资源培训与开发

工作分析可以提供关于做好该项工作所需的能力素质的信息，从而为分析任职者的培训需求提供依据，有利于提高整个人力资源培训开发活动的效率和效果。工作分析的结果是岗位培训的客观依据，对员工具备的技能以及任职资格条件提出了要求。

（6）人员配置与职业生涯规划

工作分析可以为人员配置提供前提和基础，并提高人岗匹配的工作成效，将最合适的人放在最合适的岗位上，从而提高整个企业的效率以及长远竞争力。工作分析可以明晰相关岗位在工作内容和任职资格要求等方面的内在差异与逻辑关系，这是员工职业生涯路径规划的前提，可以提高员工的职业发展成功率。

2. 工作分析促进企业的战略落地与组织结构优化

工作分析对于企业的战略落地与组织结构优化具有非常重要的意义，主要表现在以下几个方面。

（1）实现战略传递

通过工作分析，可以明确岗位设置的目的，明确该岗位如何为组织创造价值，如何支持企业的总体战略目标和部门目标的实现，从而使企业战略在垂直纵向指挥系统上能够得到落地。

（2）界定岗位职责边界，验证岗位设置是否合理

通过工作分析，可以清晰界定各岗位的具体职责与权限，消除岗位之间在职责上的模糊和相互重叠之处，尽可能避免由于职责边界不清出现互相推诿现象，防止各岗位之间的职责真空，使组织的各项工作能够真正落到实处。

另外，通过工作分析，可以发现岗位设置中存在的问题，优化岗位设置，同时确定岗位编制数量。

（3）实现权责对等

通过工作分析，可以根据组织需要和各岗位的职责来确定或调整企业的组织结构和内部分权体系，从而在岗位层面上使权责对等找到落脚点。

（4）提高流程效率

通过工作分析，可以明晰岗位的职责与其工作流程上下游之间的关系，明确岗位在流程中的具体角色、作用和权限，消除由于岗位设置不合理或岗位界定不清晰造成的流程不畅、效率不高的现象。

（三）水木知行人力资源管理职业发展能力素质模型

水木知行人力资源管理职业发展能力素质模型用于指引人力资源工作者职业发展。能力素质模型分为专业技能和隐性能力两个部分，二者互相牵引影响，进而引导人力资源专业管理者的职业发展。水木知行人力资源管理职业发展能力素质模型如图 5-2 所示。

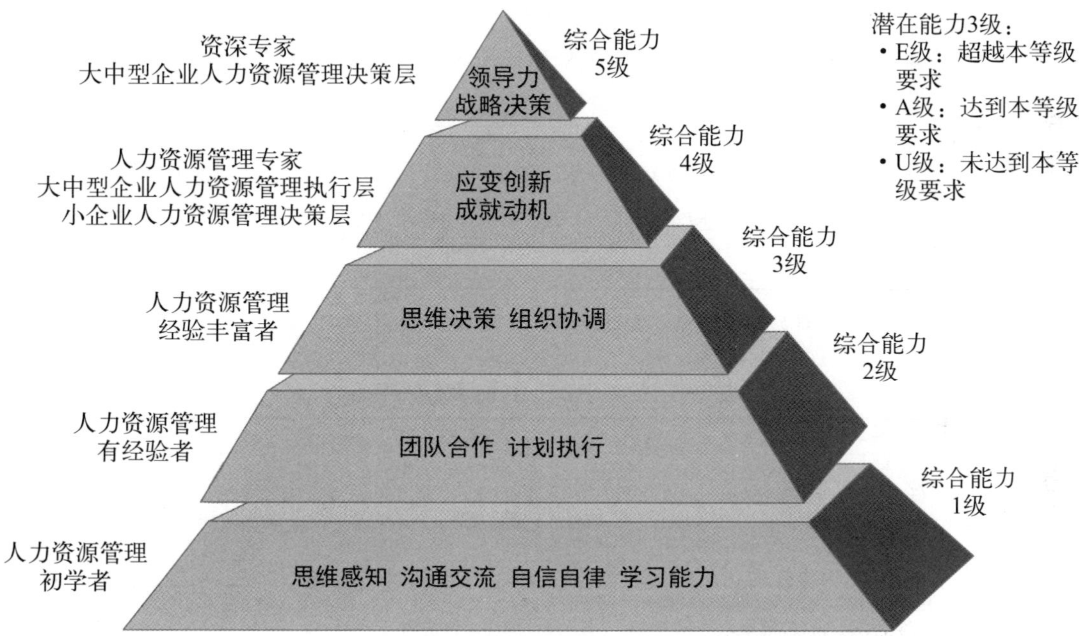

图 5-2 水木知行人力资源管理职业发展能力素质模型

1. 专业技能等级评定标准

专业技能分为综合能力和 4 个专项专业技能，综合能力分为 5 个等级，4 个专项专业技能（招聘、培训、薪酬、绩效）各分为 5 个等级，各等级评定标准如表 5-7 至表 5-11 所示。

表 5-7 综合能力等级评定标准

等级	岗位层级	实质工作年限	专业知识和技能	责任担当	能力素质要求
能力 1 级	中小企业基层人力资源管理岗位	人力资源管理实质工作经验 2 年以内	具备相关岗位人力资源管理基本的专业知识，掌握一定的工作技能，但有较大提升空间	在上级的安排和指导下从事某项具体工作	个人品德、职业素养等“个性品质”方面以及思维感知、沟通交流等“基本技能”方面

续表

等级	岗位层级	实质工作年限	专业知识和技能	责任担当	能力素质要求
能力 2 级	中小企业主管级、专员级人力资源管理岗位，大型企业基层人力资源管理岗位	人力资源管理实质工作经验 2 年以上	具备相关岗位人力资源管理较全面的专业知识，基本掌握相关岗位人力资源管理有关工具、方法，但深度广度有较大提升空间，工具使用技巧有较大改进空间	在上级指导下，根据工作计划或安排独自开展工作	职业素养、性格精神等“个性品质”方面以及沟通交流、自我精进等“基本技能”方面
能力 3 级	大型企业主管级、中小企业部门经理级人力资源管理岗位；人力资源管理咨询顾问	人力资源管理实质工作经验 5 年以上；实质工作经验 5 年以上（人力资源管理咨询 2 年以上）	全面掌握人力资源管理有关模块专业知识和技能，能用人力资源管理有关工具、方法解决企业实际问题	主导或参与工作计划制订，并对工作结果负责；负责监督指导下属工作；人力资源管理政策执行者	沟通交流、自我精进等“基本技能”方面以及基本管理等“管理技能”方面
能力 4 级	超大规模企业总部主管级、大中型企业部门经理级，小企业高层人力资源管理岗位；高级人力资源管理咨询顾问	人力资源管理实质工作经验 10 年以上；实质工作经验 8 年以上（人力资源管理咨询 5 年以上）	全面掌握人力资源管理各个模块专业知识和技能，能解决复杂问题	负责某一领域全面管理工作，人力资源管理政策执行者，偶尔承担人力资源管理决策者角色	基本管理、领导力等“管理技能”方面以及有关专业技能方面
能力 5 级	超大规模企业人力资源部门总经理，大中型企业人力资源总监；资深人力资源管理咨询顾问	人力资源管理实质工作经验 15 年以上；实质工作经验 10 年以上（人力资源管理咨询 8 年以上）	全面掌握人力资源管理各个模块专业知识和技能，掌握企业文化建设以及企业战略规划基本思路方法，能及时稳妥解决重大关键问题	负责某一领域全面领导工作，人力资源管理决策者	领导力、战略决策等“管理技能”方面以及有关专业技能方面

说明：各能力等级判定标准是 5 个评价要素必须满足至少 4 个。

表 5-8　招聘专项专业技能等级评定标准

等级	评定标准
能力 1 级	熟悉企业招聘流程，在主管指导、指示下独立进行招聘部分环节具体工作，如信息发布、简历筛选、人力库维护、低职位员工面试初选等 能对企业人力资源基础信息进行收集、统计和分析，并对企业人力资源需求做初步预测 能对基层管理岗位进行工作分析，编写岗位说明书
能力 2 级	熟悉企业招聘流程，在指导下进行企业员工招聘工作，包括招聘计划制订、招聘组织实施、招聘效果评价、招聘渠道的拓展、人才库建设维护等各个环节工作 会对中层管理岗位以及业务岗位进行工作分析，编写岗位说明书 在指导下进行普通员工招聘工作，包括简历筛选、初试、复试等 根据公司发展以及外部环境变化，对公司人力资源供给需求情况进行预测 能组织与员工签订劳动合同，处理一些简单的员工申诉、劳资纠纷等问题
能力 3 级	掌握各类型员工招聘流程，能独立负责企业员工招聘工作，包括招聘预算编制、招聘计划制定、招聘组织实施、招聘效果评价、招聘渠道的拓展等各个环节工作 会对公司高层管理岗位以及骨干业务岗位进行工作分析，编写岗位说明书 能独立进行普通员工以及骨干员工招聘工作，包括初试、复试等；能对企业中高层员工招聘工作进行简历筛选、初步面试工作 在指导下进行人力资源规划工作，包括关键岗位供需预测、费用预算与控制、员工职业发展规划等 知晓劳动法、劳动合同法等相关的法律法规，组织与员工签订劳动合同，正确处理员工投诉、劳资纠纷等问题
能力 4 级	掌握各类型员工招聘流程，组织领导企业各类员工招聘初试、复试评价工作 掌握较多行业外部资源，能及时招聘到企业所需关键岗位人员 能组织进行公司人力资源规划工作 熟悉劳动法、劳动合同法等相关的法律法规，组织员工劳动合同拟制与签订工作，能妥善处理员工投诉、劳资纠纷等问题
能力 5 级	能设计适合企业特点的企业招聘体系和流程；能设计、主导专家级人才、企业中高层管理人员面试、复试评价工作 具有丰富的外部人脉资源，能及时解决公司发展面临人才瓶颈制约或人工成本问题 能解决企业面临特殊问题，短期大量员工招聘等，较大规模裁员、劳资纠纷等 能组织实施公司中长期人力资源规划工作

表 5-9 培训专项专业技能等级评定标准

等级	评定标准
能力1级	知晓企业培训流程，在指导指示下进行培训部分环节具体工作，如培训需求信息的收集、培训方式的选择、培训实施的具体工作等
能力2级	熟悉企业培训流程，能独立负责企业员工培训工作，包括培训需求评估、培训计划、培训组织实施、培训效果评价等各个环节工作 能独立对基层员工进行企业文化、价值观方面岗前培训 能对基层员工进行职业发展指导并进行针对性培训
能力3级	熟练掌握员工培训流程和培训技巧，能独立负责企业员工培训工作，包括培训需求评估、培训计划、培训组织实施、培训效果评价等各个环节工作 具有3年以上培训与开发的工作经验，能针对基层员工设计适用的培训课程及培训方式，使培训取得预期效果 能开发一些内部培训课程，对各类人员进行基础素质培训 能对骨干员工进行职业发展指导并进行针对性培训
能力4级	熟练掌握员工培训流程和培训技巧，负责组织企业员工培训工作，包括培训需求评估、培训计划、培训组织实施、培训效果评价等各个环节工作 具有5年以上培训与开发的工作经验，能针对中高级管理岗位以及骨干员工设计适用的培训课程及培训方式，使培训取得预期效果 能开发一些内部培训课程，对中高层管理岗位员工进行针对性培训 能对中层管理岗位员工进行职业发展指导并组织进行针对性培训
能力5级	能全面负责组织开展员工培训工作，使员工能力素质满足企业发展需要 能系统设计公司培训体系和流程并组织开发培训课程 能设计、主导专家级人才、企业中高层管理人员的培训工作 能对高层管理岗位员工进行职业发展指导并组织进行针对性培训

表 5-10 薪酬专项专业技能等级评定标准

等级	评定标准
能力1级	对薪酬管理、福利保险等方面知识、技巧有一定了解，能从事工资发放计算、个税计算缴纳、保险计算缴纳等具体工作
能力2级	系统学习过薪酬管理、福利保险等方面知识、技巧等，能从事具体薪酬日常管理工作，包括薪酬预算、薪酬计算发放、薪酬调整等 能及时发现企业薪酬福利存在问题，并对公司薪酬福利制度提出改进意见和建议 掌握薪酬调查基本工具发放，使公司薪酬水平保持内外部公平性
能力3级	对薪酬设计以及薪酬管理有一定了解和理解，掌握薪酬福利方面政策法规 具有3年以上薪酬管理工作经验，对企业薪酬日常管理有较丰富经验 能对企业绩效工资以及奖金计算发放提出针对性的意见和建议，使公司薪酬福利制度具有外部竞争性
能力4级	对薪酬设计以及薪酬管理有系统认识和理解，掌握薪酬福利方面政策法规以及企业通常做法 对企业薪酬管理有丰富的工作经验，擅长企业薪酬预算、薪酬控制、薪酬调整等各个环节工作 能系统考虑企业薪酬福利问题，使公司薪酬福利制度符合公司发展战略要求，维持员工满意度，提高员工积极性
能力5级	掌握薪酬设计以及薪酬管理有关工具方法并灵活应用解决企业实际问题 对企业薪酬管理有丰富的工作经验，能主导企业薪酬预算、薪酬控制、薪酬调整等各个环节工作 能及时发现企业薪酬体系及薪酬管理中存在的问题，能倡导薪酬管理变革并能设计切实可行方案，能采取适应的策略保证薪酬变革顺利实施

表 5-11 绩效专项专业技能等级评定标准

等级	评定标准
能力1级	对绩效管理、绩效考核有关理论、工具、方法有一定了解，但还缺少具体实践经验 具有不足1年的绩效管理、绩效考核实施操作经验
能力2级	系统学习过绩效管理、绩效考核有关理论、工具、方法 具有超过1年的绩效管理实施操作经验，会设计绩效考核指标 能正确处理绩效管理、绩效考核过程中出现的一些问题
能力3级	对绩效管理有系统认识和理解，熟悉绩效管理常用的工具方法 对绩效管理、绩效考核有3年以上实施操作经验，能设计绩效管理、绩效考核制度、流程、考核指标 在指导下组织实施中等规模企业的绩效管理、绩效考核工作，能正确处理绩效管理、绩效考核出现的问题
能力4级	对绩效管理有较深刻理解，掌握绩效管理、绩效考核常用工具方法，能对中基层人员进行绩效管理有关理念、工具方法、技巧培训 对绩效管理、绩效考核有5年以上实施操作经验，在专家指导下能构建适用的绩效管理、绩效考核体系 能组织实施较大规模企业绩效管理、绩效考核工作，能正确处理绩效管理、绩效考核出现问题并不断完善绩效管理、绩效考核体系

续表

等级	评定标准
能力5级	对绩效管理有深刻理解，掌握绩效管理、绩效考核常用工具方法并能灵活正确应用，能对中高层管理人员进行绩效管理有关理念、工具方法、技巧培训 对绩效管理、绩效考核有8年以上实施操作经验，能构建系统的绩效管理、绩效考核体系，能引领公司按照正确的路径进行绩效管理工作 能组织实施较大规模企业绩效管理、绩效考核工作，能对出现的各类复杂问题作出正确分析判断，并采取有效措施使绩效管理取得预期效果

2. 隐性能力等级评定标准

隐性能力评定结果为S（超越）、A（达到）、U（未达到）。对于评定结果为U的能力素质应着重自我培养、自我开发，只有评定结果至少为A才能胜任与此级别对应等级的专业技能工作；只要低等级的能力素质有U，就不可能胜任更高等级的专业技术工作。相关标准如表5-12至表5-16所示。

表5-12　隐性能力等级评定标准（1级）

思维感知	感知外部事物变化以及他人思维敏感性、准确性，通过分析、综合、推断、判断外部事物变化趋势以及他人思维逻辑基础；思维逻辑保持一致性	
	S	能及时准确感知外部事物变化，能准确理解他人思维，能通过合理假设以及逻辑思维对外部事物变化趋势做出合理预测，对他人思维决策做出准确判断；在假设条件未发生变化情况下，思维保持一致性
	A	能及时准确感知外部事物变化，能准确理解他人思维，但缺乏逻辑判断能力，不能对变化趋势做出合理预测；有时思维逻辑不一致，稍显混乱
	U	感知外部事物变化以及他人思维情绪不敏锐，不能准确探究他人思维想法
沟通交流	在与公司内外部有关人士交往过程中，采取有效的沟通方式，推销自己思路与方法，相对满足双方的利益诉求，达到目标	
	S	在与公司内外人员工作交往的过程中，能够迅速地了解对方的需求及自己同他人之间在观点、思路、方法等方面根本分歧，并且能够以事实和原则为依据，创造性地说服他人接受自己的意见或找到更佳解决方案满足双方核心利益诉求，实现双赢多赢
	A	在与内外人员工作交往的过程中，能简洁、准确地阐述自己的思路、方法，能准确理解对方的意思以及自己同他人之间在观点、思路、方法等方面所存在的根本分歧，能采取有效的沟通方式方法与他人进行有效沟通
	U	在与内外人员工作交往的过程中，有时不能简洁、准确地阐述自己的思路、方法，偶尔误解对方的意思以及自己同他人在观点、思路、方法等方面所存在的根本分歧，在与他人进行沟通和协商时方式方法都有较大改进空间
自信自律	相信自己能够处理困难情境、能够解决复杂问题，能够完成某项任务，并且能够控制自己的情绪，克制自己的行为让自己按照既定目标前进	
	S	喜欢从事挑战性的工作，对自己的能力有信心，有很强的自我管理与控制能力，为自己制定工作和发展计划，能够有效进行时间管理、情绪管理和自我管理，能有效应对复杂的情况和挑战
	A	相信自己能够完成自己熟悉的工作，为自己制订工作和发展计划，基本能够进行时间管理、情绪管理和自我管理，基本能够及时完成有关工作
	U	对自己没有足够信心，有时不能主动承担工作；因个人懈怠导致工作计划、个人发展计划偶尔不能及时圆满完成
学习能力	岗位工作所需专业知识、技能快速掌握能力，岗位工作所需各种工具、方法学习使用能力；平时注重知识积累，通过多种方式进行终身学习	
	S	能主动地通过自我学习或参加各类培训完善工作所需的知识、技能，在大量纷繁复杂信息中能迅速掌握核心关键点，能够快速地掌握岗位工作所需各种工具、方法，并在实际工作之中有所创新突破；平时注意知识积累，充分利用网络、媒体、书籍、下载资料等多种方式学习知识技能
	A	能够及时发现工作所需专业知识、技能不足，通过自我学习或参加各类培训完善工作所需知识、技能，并能将所学运用到实际工作之中；平时比较注意知识积累，能利用网络、媒体、书籍、下载资料等多种方式学习知识技能
	U	需用时才能发现自身的专业知识技能不足，很少看管理类书籍，吸收和学习新知识、新技能的速度比较慢。平时较少注意知识积累，只能利用网络、媒体、书籍、下载资料等一两种方式学习知识技能

表 5-13 隐性能力等级评定标准（2 级）

团队合作	在工作中能充分考虑别人的处境，能够相互信任、开诚布公、互相尊重、互相鼓励，在不同的岗位上各尽所能，为团队的目标共同努力；能够影响团队成员，聚合团队力量	
	S	能够站在别人的立场，衡量别人的意见建议，能欣赏和尊重他人，了解他人的专长，能激励影响他人；能聚合团队力量，将个人目标与团队目标协调一致，对团队目标的达成有重要的影响
	A	能够站在别人的立场，理解别人的感受，能够尊重他人，对他人有一定的影响力；协调成员行动，充分发挥集体的潜能，并且能够将团队目标放在第一位，较明显地影响着团队目标的达成
	U	缺乏大局意识，不能站在团队和他人角度想问题；不能影响团队其他成员，为共同目标求同存异，最大限度实现团队目标
计划执行	对个人及部门的工作进行统筹安排并对关键节点进行控制；能够不折不扣地贯彻有关制度流程以及上级的指示精神，根据既定计划目标开展工作	
	S	有极强的综合计划、统筹规划能力，非常擅长通过有效计划、规划来提高个人的工作效率，工作安排有条不紊，常常能做到事半功倍。能够克服各种困难，严格地按照制度流程以及上级指示要求完成既定计划任务，保证计划目标实现
	A	具有较强的综合计划、统筹规划能力，个人工作效率较高，能够圆满地完成既定的工作任务；在大多数情况下能够排除困难，完成工作任务，实现既定工作计划目标
	U	综合计划、统筹规划能力有待提高，个人工作效率较高，有时不能圆满地完成既定的工作任务；有时需要不断督促和监督，才完成工作任务，最低限度完成工作计划目标

表 5-14 隐性能力等级评定标准（3 级）

思维决策	全面系统地分析复杂问题，具有深度、符合逻辑；决策具备预测性、坚持性、灵活性、创新性	
	S	能从全局思考问题，能够快速、高效地从大量的纷繁复杂的现象中找到事物的本质联系和客观规律，发现产生这一现象的根本原因以及影响因素，而且经常能够准确预测其发展方向；能够根据面临的复杂问题分清主次矛盾灵活地提出相应的对策，所做的决策兼顾坚持性和灵活性，具有较好的创新性
	A	能够从全局思考问题，能够有效地从大量的纷繁复杂的现象中找到事物发展变化的规律和影响因素，并且能够做出一些比较正确的预测，所做的决策具备较好的灵活性和创新性
	U	考虑问题不充分，没有深刻地认识到问题的本质，不能灵活地处理问题，不能分清主次矛盾，所做的决策没有缺乏灵活性、创新性，仅能根据制度或上级指示解决一般问题
组织协调	专注工作目标，合理配置资源，协调各方关系，对工作的进展实施有效的控制，并能够及时处理和解决各种问题保证目标达成	
	S	能够根据工作任务的紧急程度，及时有效地分配和调动资源，灵活地处理各种冲突，同各方面保持融洽的关系，对工作的进度实施有效的控制，圆满地完成目标
	A	了解组织中的资源现状，能基本保证完成工作任务所需的资源按时到位，基本上能够协调各方面的关系，对工作的进度有一定的控制，较合理地处理各种冲突，必要时借助上级或其他力量以保证工作继续开展
	U	对组织中的资源现状有一定的了解，不能有效保证完成工作任务所需的资源按时到位，有时协调各方面关系比较困难，对工作进度控制不力，不能及时合理地解决组织协调问题

表 5-15 隐性能力等级评定标准（4 级）

应变创新	突发事件反应、应对能力；在工作中通过方式方法创新提高组织绩效能力，面对外部环境和内部条件变化，通过创新性思维、创新性方式方法保证公司发展目标实现能力	
	S	面对突发事件能保持理性思考、冷静应对、妥善处理并能预测可能发展趋势，做到趋利避害；能够根据条件的变化迅速做出调整和反应，采取相应的措施保证公司和团队目标实现；具有较强的创新思维，在工作中不断有创新性工作方式、方法，提高工作效率，保持团队活力
	A	面对突发事件能保持理性思考、冷静应对、妥善处理；面对外部环境变化以及公司内部资源调整，能用创新性方法手段，找到可行解决方案，最大限度保证团队目标实现；能通过工作方法上的创新不断提高团队绩效水平
	U	面对突发事件，未能审慎思考应对，处理唐突；喜欢按部就班，不能根据条件的变化及时有效地对工作做出调整和反应，在工作存在问题情况下，没有方式方法上的创新

续表

成就动机	试图追求和达到目标的驱动力，表现在对目标的关注情况，为目标实现付出、坚持情况；应持续关注目标并为目标实现竭尽全力，目标达成后制定新的挑战目标	
	S	能够不计报酬地自觉付出，持续关注、调整目标并为目标达成而不懈努力；勇于战胜各种困难和障碍，敢于担当，敢于冒险，坚信目标最终实现并制定新的挑战目标；从业经历有卓越业绩
	A	为了目标完成能克服困难，竭尽全力；勇于战胜各种困难和障碍，坚持不懈、敢于担当，坚信目标最终实现；从业经历有突出业绩
	U	能自觉地完成本职工作，但是在遇到困难和障碍时，偶尔屈服或改变方向；在目标完成困难情况下，有畏难退缩倾向，患得患失，缺乏破釜沉舟勇气，缺乏对目标必然实现的坚持

表 5-16　隐性能力等级评定标准（5 级）

战略决策	运用个人所掌握的知识技能以及管理经验，对事关全局的重大问题作出重大决策。战略决策具有战略性、前瞻性、全局性、长远性、稳定性和权变性	
	S	具有全局观念，对工作中出现的新情况和新问题，能够在客观全面分析的基础上，准确预测各种变动情况，得出恰当结论、果断决策；能够调配整合各种资源，作出战略决策并持续关注实施推进；当格局发生变化情况下，能准确判断面临形势，坚持或调整既定方针策略
	A	有全局意识，对工作中出现的新情况和新问题，基本能够预测变动情况，得出结论，做出决策，基本能够调配整合各种资源，能抓住机遇、规避风险
	U	考虑问题比较片面，不能从大局出发，对于工作中出现的新情况和新问题，不能及时正确处理，不能有效地协调各种资源，抓住机遇、规避风险
领导力	具有人格魅力、人生信条以及专家权威，在工作过程中能够示范、说服他人，为团队成员提供指导支持并给予激励，使团队成员团结一致朝既定的目标前进，提高团队士气和效率	
	S	富有人格魅力，坚信人生信条，有非常强的影响力，能有效地引导和激励员工；具有大批追随者，坚信团队愿景并愿意为了团队目标的实现而无私奉献，团队具有较高的士气和效率
	A	有较强的影响力，对组织和员工的发展有明确的规划，愿意和员工分享经验和教训，能够对员工进行有效奖励和惩罚；具有一定的人格魅力，具有一定数量的追随者，无论在多么困难情况下，都能凝聚团队力量，维持团队效率，坚信目标的实现
	U	有一定程度的影响力，对组织和员工的发展有一定的规划，愿意和员工分享经验和教训，能够对员工进行奖励和惩罚，但团队士气、办事效率仍有提升空间

二、岗位评价

岗位评价是依照一定的程序和标准，对组织中各岗位的价值贡献进行量化或排序的过程。岗位评价是薪酬设计的基础；只有对岗位价值做出准确判断，才能解决内部公平问题。岗位评价主要有以下两个目的：一是比较企业内部各岗位的相对重要性，对岗位进行科学测评，判定岗位价值大小，以便得出岗位薪酬等级序列，解决内部公平问题；二是通过岗位薪酬调查，将公司岗位评价分数与外部薪酬建立联系，进而为薪酬设计提供依据，为建立公平、合理的工资和奖励制度提供基础。

专家提示

依据岗位评价数据设计薪酬有两个基本假设：一是企业用人人岗完全匹配，二是能力在付酬因素中意义不大。这两个假设对所有企业都不太可能成立。因此，那种认为岗位评价是神器，通过对岗位评价数据进行数理统计分析、曲线模拟，就能设计出合理、系统的薪酬体系的想法，是荒谬的。

岗位评价方法主要有排序法、分类法、因素比较法和要素计点法四大类。

排序法只对岗位价值大小进行排序，不能精确量化岗位价值，得到的是定序结果。分类法对岗位进行分类的同时，将岗位价值进行排序，得到的是分类定序结果。因素比较法和要素计点法都是定量的方法，因素比较法得出岗位的薪酬绝对价值，而要素计点法得到岗位的相对价值。要素计点法是把反映岗位价值的构成因素进行分解，然后按照事先设计出来的因素分级表对每个岗位的报酬因素进行估值。要素计点法有翰威特法、美世法、海氏法，以及 28 因素法、水木知行 3 因素法、水木知行 4 因素法等。

（一）排序法岗位评价

排序法是由岗位评价人员根据其对企业各项工作的经验认识和主观判断，对各岗位的相对价值大小进行整体比较，并由高到低进行排序。排序法是最简便的岗位评价方法。

1. 排序法岗位评价的过程

在对各岗位价值进行比较时，一般要求岗位评价人员充分考虑以下各项因素：工作职责、工作权限、任职资格、工作条件及环境等。排序法有两种方法：交替排序法和配对比较法。

（1）交替排序法

交替排序法是首先选出价值最高的岗位，然后选出价值最低的岗位，再选出价值次高的岗位、价值次低的岗位，如此继续，直到选完为止，这样就得到了所有岗位价值排序结果。

以表 5-17 为例，说明交替排序法岗位评价过程。

表 5-17 交替排序法岗位评价

岗位	评价者 1	评价者 2	评价者 3	评价者 4	评价者 5	综合	排序名次
研发助工	1	1	1	2	1	1.2	1
研发技术员	2	2	2	1	2	1.8	2
测试助工	3	4	3	3	3	3.2	3
计划员	4	3	4	4	4	3.8	4
工艺技术员	5	5	6	5	5	5.2	5
工装技术员	6	6	5	6	6	5.8	6
物控	7	7	7	7	7	7	7

① 选择岗位评价者：一般评价者要 5～10 人，本案例岗位评价者为 5 人。

② 确定需要评估的岗位：本案例需要评价岗位 7 个。

③ 通过工作分析，形成岗位说明书，作为岗位评价的资料依据。

④ 确定岗位排序因素：综合考虑工作职责、工作权限、任职资格、工作条件及环境等因素。

⑤ 进行评价排序：以评价者 2 为例，先选价值最高的，在“研发助工”岗位上写上

序号“1”；再选价值最低的，在“物控”岗位上写上序号“7”；依次在“研发技术员”“工装技术员”“计划员”“工艺技术员”“测试助工”等岗位处写上“2”“6”“3”“5”“4”，这样评价者2就完成了岗位评价。

⑥ 评价结果统计：将各位评价者评价结果进行统计，计算各岗位得到的平均分，依据平均分进行排序，得到最终评价结果。

（2）配对比较法

配对比较法是将所有岗位两两对比，经过统计计算后确定最终排序。以表5-18为例，说明配对比较法岗位评价过程。

表5-18 配对比较法岗位评价

	研发助工	工装技术员	研发技术员	工艺技术员	物控	测试助工	图纸管理员	计划员	理货员	输单员	总分
研发助工		1	1	1	1	1	1	1	1	1	9
工装技术员	0		0	1	1	0	1	0	1	1	5
研发技术员	0	1		1	1	1	1	1	1	1	8
工艺技术员	0	0	0		1	0	1	0	1	1	4
物控	0	0	0	0		0	1	0	1	1	3
测试助工	0	1	0	1	1		1	1	1	1	7
图纸管理员	0	0	0	0	0	0		0	0	0	0
计划员	0	1	0	1	1	0	1		1	1	6
理货员	0	0	0	0	0	0	1	0		0	1
输单员	0	0	0	0	0	0	1	0	1		2

① 选择岗位评价者：一般评价者要5～10人。

② 确定需要评估的岗位：本案例需要评价岗位10个。

③ 设计评价对比表格，表格形式如上表所示。

④ 通过工作分析，形成工作说明书，作为岗位评价的依据。

⑤ 确定岗位排序因素：综合考虑工作职责、工作权限、任职资格、工作条件及环境等因素。

⑥ 进行评价排序：以某评价者为例，研发助工和工装技术员相比，研发助工价值比工装技术员大，因此在研发助工所在“行”与工装技术员所在“列”交叉位置上记“1”；再比如图纸管理员没有测试助工价值大，那么在图纸管理员所在“行”与测试助工所在“列”交叉位置上记“0”。

把所有岗位两两相比，价值大者在所在“行”位置记“1”，价值小者在所在“行”位置记“0”。

⑦ 统计计算：将每个岗位得分沿“行”方向汇总，得出总分，将总分进行排序，分高者价值大。

由此得出相对岗位价值由高到低的次序为：研发助工、研发技术员、测试助工、计划员、工装技术员、工艺技术员、物控、输单员、理货员、图纸管理员。

本例表格中的数据只是一个评价者的评价结果。在实际操作中，要对各评价者的评价结果进行统计计算，一般取各评价者对岗位评价的平均值作为最终结果。

需要说明的是，在配对比较过程中，一般情况下都要比出高低，如果实在比不出高低，就记“0.5”。其次，每个专家只需对斜线上或斜线下三角区域打分即可，因为这两个三角区域的数字是有联系的，与表中斜线对称位置的两个数字一个为0，另一个为1。

2. 排序法岗位评价的特点

排序法岗位评价的优点是操作简单、统计方便、岗位评价成本较低，得到越来越广泛的应用。在大多数情况下，这种方法基本能满足薪酬设计的要求。

排序法岗位评价的不足之处，一是操作缺乏定量比较，主观性偏多，给人说服力不强之感；二是只能按相对价值大小排序，不能衡量不同岗位价值差距的大小，因此不能直接转化为每个岗位具体的薪酬数额。

（二）分类法岗位评价

分类法岗位评价是事先建立工作等级标准，并给出明确定义，然后将各岗位工作与设定的标准进行比较，从而将待评岗位确定到各种等级中。

1. 分类法岗位评价过程

下面以表5-19和表5-20为例，说明分类法岗位评价过程。

表5-19　岗位等级描述

等级	岗位等级描述
1	例行事务：按照既定程序工作；处在主管人员的直接监督下；不需要技术训练
2	需要一定判断能力的职位：具有初级技术水平；具有一定经验；受主管人员的监督
3	中等复杂程度的职位：根据既定政策、程序和技术能独立思考；需要较强的专业知识及一定经验；无须监督
4	复杂职位：独立做决策；监督他人的工作；需要接受高级专业技术训练和较丰富的经验

表5-20　分类法岗位评价

岗位	评价者1	评价者2	评价者3	评价者4	评价者5	评价者6	综合等级
岗位A	1	1	1	2	1	1	1
岗位B	2	2	1	1	2	2	2
岗位C	4	3	2	3	3	3	3
岗位D	3	4	4	4	4	3	4
岗位E	3	2	4	3	3	2	3
岗位F	2	1	3	2	2	1	2
岗位G	4	4	4	4	4	3	4

① 通过工作分析，得到岗位描述和岗位规范信息。

② 建立岗位等级体系，确定岗位等级数量；等级数量没有固定规定，应根据需要设

定，同时坚持有效区分、便于操作的原则；本案例中岗位等级数量为 4 个。

③ 对各岗位等级进行定义和描述；等级描述应根据一定要素进行，比如案例中所述是依据技能要求、经验要求、领导责任等方面来进行说明的。

④ 建立评估小组，评估小组成员应对各岗位工作比较熟悉，一般为 5～10 人。本案例中评估人员为 6 位。

⑤ 将待评岗位工作与确定的标准进行对比，从而将其定位在合适工作类别中的合适级别上。

⑥ 数据统计计算，得出岗位评价结果。将各评估者的评价结果进行统计，统计时可以去掉一个最高等级、去掉一个最低等级后，将其余等级进行平均计算，将计算结果四舍五入之后确定最终等级。

2. 分类法岗位评价特点

分类法是一种简单、易操作的岗位评价方法，对各岗位等级进行了定义和描述。分类法岗位评价不是凭主观简单排序，但仍然存在较多主观成分。分类法仍不能指出各级之间岗位差距的大小，不能精确度量岗位价值大小，因此不能直接转化为每个岗位具体的薪酬数额。

（三）因素比较法岗位评价

因素比较法是一种量化的岗位评价方法，是在确定标杆岗位和付酬因素的基础上，运用标杆岗位和付酬因素制成的因素比较尺度表，将待评岗位的付酬因素与标杆岗位进行比较，从而确定待评岗位的付酬标准。

1. 因素比较法岗位评价过程

下面以表 5-21 为例，说明因素比较法岗位评价过程。

表 5-21 因素比较尺度表

工资标准（元 / 小时）	智力	技能	体力	责任	工作环境
0.5					
1		标杆岗位 1			标杆岗位 4
1.5	标杆岗位 2		标杆岗位 3	标杆岗位 1	标杆岗位 2
2	标杆岗位 1				标杆岗位 3
2.5	标杆岗位 4	标杆岗位 2	标杆岗位 4	标杆岗位 3	标杆岗位 1
3					
3.5	标杆岗位 3		标杆岗位 2	标杆岗位 2	
4		标杆岗位 4	标杆岗位 1		
4.5				标杆岗位 4	
5					
5.5		标杆岗位 3			

① 确定评价的主要因素：一般情况下，评价因素包括智力因素、体力因素、技能因素、责任因素和工作环境因素。

② 选择标杆岗位：确定标杆岗位作为比较的基础；标杆岗位一般选择那些组织中普遍存在、工作内容相对稳定、工资标准公开、合理的岗位；标杆岗位一般应选择 10 个以上，本例为方便说明，选择了 4 个岗位。

③ 编制因素比较尺度表：首先，将标杆岗位 5 个要素进行比较，得到各要素价值最大的岗位，根据公司薪酬水平，将这 5 个要素赋予不同的工资标准；其次，选出各要素价值最小的岗位，根据情况，将这 5 个要素赋予不同的工资标准。

在本例中，智力因素和技能因素最大的是标杆岗位 3，体力因素和工作环境最大的是标杆岗位 1，责任因素最大的是标杆岗位 4；智力因素最小的是标杆岗位 2，体力因素最小的是标杆岗位 3，技能和责任因素最小的是标杆岗位 1，工作环境因素最小的是标杆岗位 4。

智力因素赋予最大值 3.5 元 / 小时，体力因素赋予最大值 4 元 / 小时，技能因素赋予最大值 5.5 元 / 小时，责任因素赋予最大值 4.5 元 / 小时，工作环境因素赋予最大值 2.5 元 / 小时；智力因素赋予最小值 1.5 元 / 小时，体力因素赋予最小值 1.5 元 / 小时，技能因素赋予最小值 1 元 / 小时，责任因素赋予最小值 1.5 元 / 小时，工作环境因素赋予最小值 1 元 / 小时。

各要素最大、最小岗位对应的工资标准确定后，再确定各要素其他岗位对应的工资标准。

④ 将待评估的岗位同标杆岗位的各项报酬因素逐个比较，确定各待评岗位在各项报酬因素上应得的报酬金额。

⑤ 将待评岗位在各项报酬因素上得到的报酬金额加总，得出待评岗位的工资水平。

假设有 A 岗位，其工资标准确定计算过程如表 5-22 所示。由表可知，A 岗位相应的工资标准是 13 元 / 小时。

表 5-22　A 岗位工资标准确定

因素	比对	工资标准
智力	与标杆岗位 3 类似	3.5/ 小时
技能	与标杆岗位 2 类似	2.5 元 / 小时
体力	介于标杆岗位 2 和标杆岗位 4 之间	3 元 / 小时
责任	介于标杆岗位 1 和标杆岗位 3 之间	2 元 / 小时
工作环境	与标杆岗位 3 类似	2 元 / 小时
总计		13 元 / 小时

2. 因素比较法岗位评价的特点

因素比较法岗位评价的优点：

✧ 岗位评价方法较为系统和完善，可靠性较高，并且根据评价结果可以直接得到工资数额。

✧ 每个因素无上下限的限制，比较灵活，可以根据企业特点和具体职务的特殊情况灵活应用。

因素比较法岗位评价的缺点：

✧ 由于各因素相对价值在总价值中的百分比确定完全根据主观判断，因此因素比较法应用起来难度较大，需要专业的培训和指导。

✧ 开发初期非常复杂且难度大，成本很高，中间也有许多主观因素，员工有时不易理解，容易怀疑其准确性、公平性。

（四）28 因素法岗位评价

28 因素法是一种要素计点法，因评价因素总计为 28 个而得名（在实际操作中，可根据情况增减）。

该方法首先是选定岗位价值的主要影响因素，并对每一因素赋予一定分值，按预先规定的衡量标准，对现有岗位的各个因素逐一评分，经过对岗位评价专家组各自打分值的计算统计，最后得到各岗位的总分值。

1. 28 因素法岗位评价因素

用 28 因素法进行岗位评价的因素包括四大类：岗位责任因素、知识技能因素、岗位性质因素和工作环境因素。这种分类基于以下假设。

✧ 一个岗位所承担的责任和风险越大，对企业整体目标的贡献和影响就越大，被评价的等级应该越高，所得到的岗位薪酬也应越多。

✧ 从事一个岗位工作所需要的知识和技能越高、越深，被评价的等级就应该越高，所得到的岗位薪酬也应越多。

✧ 一个岗位的工作难度越大、复杂程度越高，工作压力和紧张程度就越高，需要任职者付出的努力亦越多，被评价的等级应该越高，所得到的岗位薪酬也应越多。

✧ 一个岗位的工作环境越恶劣，被评价的等级应该越高，所得到的岗位薪酬也应越多。

一般情况下，以上四项因素总分值设定为 1000 分。

（1）岗位责任因素（9 个）

岗位责任因素评价是指对岗位承担的责任、工作的重要性进行综合评估，具体包括风险控制的责任、成本 / 费用控制的责任、决策的大小、指导监督的责任、内部协调的责任、外部协调的责任、工作结果的责任、组织人事权利及责任、法律上的责任等因素。

（2）知识技能因素（9 个）

知识技能因素评价是指对岗位任职者必须具备的技能进行综合评估，具体包括最低学历要求、知识的多样性、熟练期、工作复杂性、工作灵活性、文字表达能力、外语或计算机知识、管理知识技能以及综合能力等因素。

（3）岗位性质因素（6 个）

岗位性质因素评价是指对岗位工作性质进行综合评估，具体包括工作压力、精力集中程度、体力要求、创新与开拓、工作紧张程度以及工作均衡性等因素。

（4）工作环境因素（4 个）

工作环境因素评价是指对岗位工作环境对任职者造成的影响进行综合评估，具体包括职业病、工作时间特征、环境舒适性、危险性四个因素。

2. 28 因素法岗位评价过程

28 因素法岗位评价过程如图 5-3 所示。

28 因素法岗位评价主要包括准备阶段、培训阶段、试打分阶段和评价阶段四个阶段。

（1）准备阶段

28 因素法岗位评价准备阶段的主要工作如下。

1）清岗，列出岗位名称清单

根据各种岗位评价方法的特点及适用范围，确定企业需要运用 28 因素法进行岗位评价的岗位清单。

2）完善岗位说明书

完善需要评价岗位的岗位说明书，对岗位工作内容、工作职责、工作权限及任职资格等方面进行修改、完善。

3）组建专家组和操作组

岗位评价操作组由主持人、工作人员和后勤人员组成。

① 主持人。岗位评价的整个过程需要有一个员工认为公正、客观、对岗位评价工作十分了解的主持人。主持人在主持过程中负责宣读岗位说明书、宣布打分结果、组织专家讨论评价结果是否合理，组织专家在不能取得一致意见时进行少数服从多数的表决。主持人不参与打分。岗位评价主持人最好由企业外部人员担任，比如咨询公司顾问或其他单位人力资源部门负责人。值得注意的是，不能由企业高层管理人员担任主持人，以免高层权威影响专家打分的独立性。

② 工作人员。工作人员负责协助主持人、专家组成员工作，负责进行数据统计，及时统计出各岗位评分结果，包括均值、方差、离散分布等。

③ 后勤人员。后勤人员负责协助其他操作组人员和专家组工作，包括原始数据的录入以及表单的复印、收发等。

④ 专家组成员。专家组成员负责根据岗位评价因素，客观地对所有岗位的有关因素进行评分。专家组成员构成应该能够代表企业各部门的要求；专家组成员应该对企业的经营运作有非常清楚的了解和理解，同时能客观、公正地看待各部门之间的利益关系。在企业内部专家不足的情况下，可以聘请同行业其他单位的有关专家。

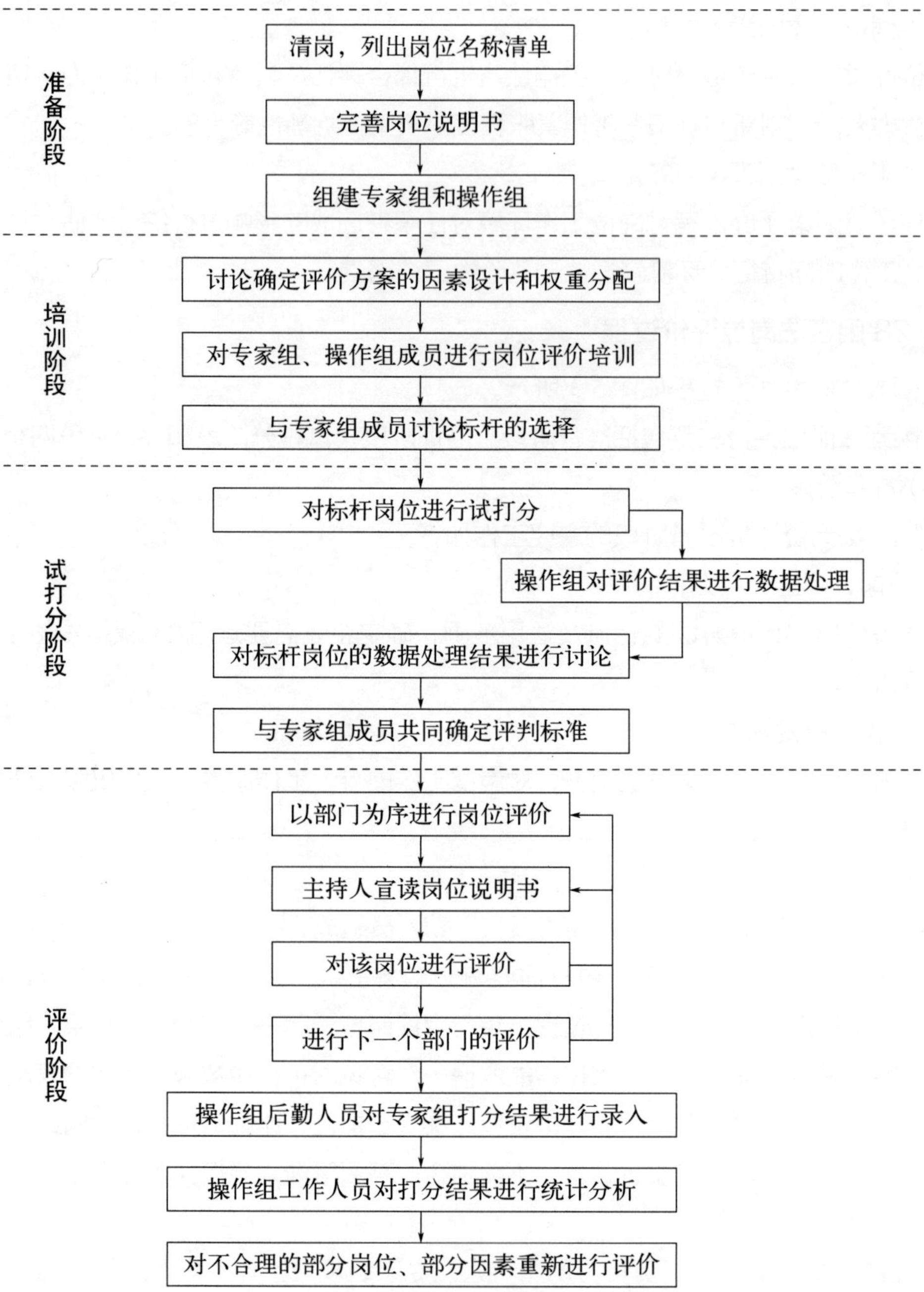

图 5-3　28 因素法岗位评价过程

专家组成员一般为 9～15 人。人数过多会使数据统计处理工作量太大，人数太少会导致统计结果可靠性降低。

（2）培训阶段

培训阶段主要包括讨论确定评价方案的因素设计和权重分配，对专家组、操作组成员进行岗位评价培训，与专家组成员讨论选择确定标杆岗位等。

1）讨论确定评价方案的因素设计和权重分配

这是岗位评价非常重要的一步，通常由外部服务机构或者公司人力资源管理者提出因素设计方案。该方案在全体专家成员充分讨论、取得共识的基础上，形成最终方案。

岗位评价因素包括岗位责任因素、知识技能因素、岗位性质因素和环境因素四个方面，一般情况下，岗位责任、知识技能、岗位性质占有比较多的分数，环境因素占有比较少的分数。通常采用的方案是：岗位责任因素 375 分，知识技能因素 375 分，岗位性质因素 200 分，工作环境因素 50 分。一般情况下，不必调整大类因素总分分值。

因素设计主要包括三个步骤：

① 逐一讨论确定每大类各小项因素设置是否必要，是否需要剔除一些因素，是否还有需要添加的其他因素。

② 讨论各小项因素分值分配。

③ 确定各小项因素评价分数以及标准设定。

2）对专家组、操作组成员进行岗位评价培训

培训内容包括岗位评价的一些基础知识、岗位评价流程、岗位评价注意事项等。

专家提示

专家组成员各自独立进行岗位评价，除非征得主持人同意，否则不可互相讨论。在提出问题后，由主持人负责主持大家进行讨论。

专家组成员应该准时参加岗位评价培训以及岗位评价试打分、正式打分、重新打分等各环节工作，不得缺席或请他人顶替，以保证整个评价过程的一致性。为保证评价过程的正常进行，在岗位评价试打分、正式打分、重新打分等过程中，所有专家组成员和主持人不得离开现场，不得接听手机等。

3）与专家组成员讨论标杆的选择

标杆岗位一般是公司各层面有代表性的岗位，最好能分布到各岗位序列和岗位层级。一般选择非常重要、比较重要、不很重要的中层和基层管理岗位以及典型技术岗位各一个。

（3）试打分阶段

在正式进行岗位评价前，应先对标杆岗位进行试打分。标杆岗位试打分的过程也是专家们对 28 因素统一认识的过程。此时应确定以下有关内容。

① 相对标准差的大小。相对标准差指各因素评分的标准差与平均分值的比值。根据经验数据，相对标准差一般不应超过 30%。如果相对标准差超过 30%，该项因素就应该重新打分。

② 平均值是否合理。平均值指各标杆岗位的评分统计结果，一般去掉一个最大值，去掉一个最小值。如果专家组半数以上成员认为标杆岗位的评分结果不够合理，则该岗位

部分因素甚至全部因素应重新打分。这时，对这个岗位比较了解的专家应充分发表意见，纠正不正确的认识。重新评价可以超过两次，直到取得一致意见。

专家提示

标杆岗位试打分的目的在于基本确定公司岗位评价分值分布的趋势。在正式打分阶段，要参照标杆岗位的打分进行相对比较，因此标杆岗位评价要准确。

（4）评价阶段

评价阶段是岗位评价的主体阶段，一般需要耗费比较长的时间。岗位评价一般以部门为序进行，每个部门、每个岗位依次进行岗位评价。岗位评价主要过程如下。

① 岗位介绍。由主持人宣读将要被评价岗位的岗位说明书。

② 专家组打分。由专家组成员根据岗位说明书单独对各岗位进行评分。

③ 评分数据的处理。由操作组成员对评分数据进行录入、处理。

④ 重新打分。如果某岗位某项因素评价结果的相对标准差较大，则该项因素应重新打分；如果某岗位需要重新打分因素过多，则整个岗位须重新打分。重新打分之前，对这个岗位比较了解的专家组成员应充分发表意见，以纠正不正确的认识。重新评分不超过两次，并以最后一次为准。

3.28因素法岗位评价的特点

28因素法岗位评价的优点：

✧ 通过明确的要素定义量化评价，岗位价值是若干要素评价分数的总和，评估数据经过系统的分析、处理和调整，评估流程科学、规范，因此评价结果比较稳定、有效。

✧ 评价结果能够反映岗位间差距的大小，评价结果容易被人理解和接受，评定准确性高。

✧ 这种方法适用性和稳定性都很好，能适用于几乎所有岗位人员，因此这种方法在企业界得到广泛应用。

这种方法的缺点是：

✧ 工作量大，较为费时费力，需要耗费主要管理者大量的时间和精力。

✧ 在选定评价要素以及分值设定、标准设定过程中，仍然带有主观性。

（五）水木知行3因素、4因素法岗位评价

根据水木知行能力素质模型，水木知行3因素、4因素岗位评价方法，适用于普通管理及业务岗位、骨干管理岗位的岗位评价，三个因素是工作性质、工作经验要求、专业知识技能，对骨干管理岗位增加责任风险因素。

水木知行开发的4因素岗位评价方法，适用于技术工人和操作工人岗位的岗位评价，四个因素是知识技能、体力脑力要求、工作责任、工作环境。

1. 水木知行 3 因素法岗位评价

水木知行 3 因素法岗位评价适用于普通管理岗位及业务岗位。该评价方法选取工作性质、工作经验要求及专业知识技能 3 个要素，每个要素分值为 1～4 分，最高分值为 12 分，见表 5-23。

表 5-23 普通管理岗位及业务岗位评定要素及评分标准

分值	工作性质	工作经验要求	专业知识技能
1	在领导的指导安排下工作	1 年相关工作经验即可胜任工作	不需要专科以上学历；掌握基本的专业知识技能即可胜任工作
2	在既定政策、程序下独立开展工作；能独立思考需要一定判断力	至少 2 年相关工作经验才可胜任工作	需要专科以上学历；需要较强的专业知识及一定的经验
3	在既定政策、程序下独立开展工作；参与工作计划制订，必要时可以调整工作计划	至少 3 年相关工作经验才可胜任工作	需要本科以上学历；需要较强的专业知识及丰富的经验
4	需要独立作决策，监督、指导他人的工作；负责定期制订工作计划	至少 5 年相关工作经验才可胜任工作	需要本科以上学历；需要至少两个专业领域的知识经验或者需要非常丰富的专业知识技能

2. 水木知行 4 因素法岗位评价（骨干管理岗位）

水木知行 4 因素法岗位评价适用于骨干管理岗位。该评价方法选取工作性质、工作经验要求、专业知识技能及责任风险 4 个要素，每个要素分值为 1～3 分，最高分值为 12 分，见表 5-24。

表 5-24 骨干管理岗位评定要素及评分标准

分值	工作性质	工作经验要求	专业知识技能	责任风险
1	以后勤保障、支持服务等职责为主的部门或团队，工作专业性要求不高，出了问题对公司(收入，利润)直接影响有限	至少 3～4 年相关业务工作经验即可胜任工作；要求具备一定的组织协调能力，与其他部门员工协调工作不力会影响双方的工作	需要专科以上学历；需要本专业领域丰富的专业知识技能	岗位工作失误带来一定影响，损失金额低于 100 万元
2	专业支持岗位，具有相应专业技术水平和能力要求，为公司(收入，利润)增加有间接价值贡献(影响着收入或成本)部门或团队	至少 5～6 年相关业务工作经验才可胜任工作；要求具备较强的组织协调能力，与公司大多数员工或上下级负责人有密切工作联系，协调不力对整个公司有较大影响	需要本科以上学历；需要掌握至少一个专业领域的专业知识技能，需要较强的管理知识和管理能力来协调各方面关系	岗位工作失误带来大的影响，损失金额达到 100 万元
3	核心业务岗位，业务管理岗位，直接为公司(收入，利润)增加有直接价值(决定着收入或成本多少)贡献的部门或团队，所从事业务是公司业务开展不可或缺的	至少 6～7 年相关业务工作经验才可胜任工作；要求具备极强的组织协调能力，与公司高层有密切工作联系，协调不力对整个公司有重大影响	需要本科以上学历；需要掌握两个专业领域的专业知识技能，需要非常强的管理知识和管理能力，该工作影响到公司正常生产与经营	岗位工作失误带来巨大影响(500 万元)，不仅人身财产损失巨大，还会给公司带来巨大的负面影响

3. 水木知行 4 因素法岗位评价（技术工人和操作工人岗位）

水木知行 4 因素法岗位评价适用于技术工人和操作工人岗位。进行评价时选取知识技能、体力脑力要求、工作责任、工作环境 4 个要素，其中，知识技能要素分值为 1～4 分，其他要素分值为 1～3 分，最高分值为 13 分，见表 5-25。

表 5-25　技术工人和操作工人岗位评定要素及评分标准

分值	知识技能	体力脑力要求		工作责任	工作环境
1	不需要特定的专业知识技能，高中毕业经过简单培训（不超过半年）即可胜任工作	以操作电脑、操作仪器设备为主以及其他不需要特定设备的工作，体力、脑力要求不高		岗位失误带来影响有限（直接损失10万元以内）	工作环境好，以室内工作为主，工作环境不艰苦
2	需要中专以上学历；需要一定的专业知识及一定的经验，上岗需要经过系统的培训（一般为半年至2年）	工作时需要消耗较大的体力。站立时间较长（占工作时间80%以上）；客运、货运或设备运输工作等；经常搬运重物（20千克以上）	工作时需要消耗较大脑力，工作紧张、压力大	岗位工作失误带来影响很大，影响生产正常进行或带来较大损失（直接损失金额可能达数十万元）	工作环境比较艰苦，较长时间处于室外工作（工作中超过一半时间）；需间断暴露于高温噪声粉尘等环境，对身体有一定损害
3	需要专科以上学历；需要较深的专业知识及丰富的经验，上岗后需要经过较长时间（2年以上）才能达到理想业绩水平	体力消耗大、经常（工作中超过三分之一时间）需要搬运中等重物、铲、锤锻、挖掘等工作	工作时需要消耗大量脑力，工作非常紧张、压力非常大	岗位工作失误带来巨大影响，不仅人身财产损失巨大，还会给公司带来巨大的负面影响	工作环境非常艰苦，长时间（工作中超过一半时间）处于高温噪声粉尘等环境；长期工作对身体健康有较大损害
4	需要专科以上学历；需要较深的专业知识及丰富的经验，上岗后需要经过较长时间（5年以上）才能达到理想业绩水平				

专家提示

岗位因素、个人能力资历因素、业绩因素、人力资源市场价格等四个影响薪酬水平的因素，对于不同性质的员工，侧重各不相同。对于中高层管理岗位人员，业绩因素是重点，加强目标管理以及绩效考核非常重要，岗位因素一般用对比法岗位评价就能满足要求。对于核心业务岗位人员，人力资源市场价格因素很重要，必须做好薪酬调查工作。对于普通管理岗位、业务岗位、技术工人、操作工人等岗位人员，岗位价值因素对于解决内部公平性问题很重要，要做好岗位评价工作。对于普通管理岗位和业务岗位，可用水木知行3因素法或对比法；对于技术工人和操作工人岗位，可用水木知行4因素法或对比法。

三、岗位评价案例

这里以H公司、L集团、K饭店为例进行介绍。其中，H公司是国有大型生产企业集团，L集团是民营物业集团，K饭店是某事业单位宾馆饭店（为避免信息泄露，岗位及数据信息进行了处理）。

（一）H公司岗位评价方案

1. 评价岗位

对公司724个岗位进行价值评价，分别是处级管理干部、科级管理岗位（职能）、科级管理岗位（生产）、职能管理岗位、生产管理岗位、生产岗位、标杆岗位共7类岗位。

2. 岗位评价的组织管理

公司成立岗位评价委员会，负责岗位评价有关重大事项决策以及指导、监督岗位评价实施工作。

岗位评价委员会由公司董事长、公司总经理以及副总经理等领导组成，公司董事长任委员会主任、公司总经理任委员会副主任，分管人力资源副总经理任委员会秘书长。

岗位评价委员会的工作职责主要包括以下几个方面：负责岗位评价的整体组织实施工作；负责岗位评价有关工具标准审核、批准工作；负责岗位评价有关投诉事件的最终处理裁决。

3. 岗位评价工作组与岗位评价专家组

岗位评价成立岗位评价工作组和岗位评价专家组。

岗位评价工作组由水木知行专家及公司人力资源有关人员组成，负责岗位评价的组织实施、数据录入统计、方法调整完善等工作。

岗位评估专家组分为处级管理干部评价专家组、科级管理岗位（职能）评价专家组、科级管理岗位（生产）评价专家组、职能管理岗位评价专家组、生产管理岗位评价专家组、生产岗位评价专家组、标杆岗位评价专家组。

① 处级管理干部岗位评价：由处级管理干部评价专家组采用对比法进行岗位评价，专家组成员由公司领导班子成员组成。

② 科级管理岗位（职能）岗位评价：由科级管理岗位（职能）评价专家组采用水木知行 4 因素法进行岗位评价，4 个因素分别为工作性质、工作经验要求、专业知识技能、责任风险；专家组成员由各个职能部门（生产技术部、计划部除外）负责人组成。统计计分规则，单个因素去掉最高分、最低分，取整数平均值，加总得总分。

③ 科级管理岗位（生产）岗位评价：由科级管理岗位（生产）评价专家组采用水木知行 4 因素法进行岗位评价，4 个因素分别为工作性质、工作经验要求、专业知识技能、责任风险；专家组成员由生产技术部、计划部以及各分厂负责人组成。统计计分规则，单个因素去掉最高分、最低分取整数平均值，加总得总分。

④ 职能管理岗位岗位评价：由职能管理岗位评价专家组采用水木知行 3 因素法进行岗位评价，3 个因素分别为工作性质、工作经验要求、专业知识技能；专家组成员由各个职能部门（生产技术部、计划部除外）负责人组成。统计计分规则，单个因素去掉最高分、最低分取整数平均值，加总得总分。

⑤ 生产管理岗位岗位评价：由生产管理岗位评价专家组采用水木知行 3 因素法进行岗位评价，3 个因素分别为工作性质、工作经验要求、专业知识技能；专家组成员由生产技术部、计划部以及各分厂负责人组成。统计计分规则，单个因素去掉最高分、最低分取整数平均值，加总得总分。

⑥ 生产岗位岗位评价：由生产岗位评价专家组采用水木知行 4 因素法进行岗位评价，

4个因素分别为知识技能、体力要求、工作责任、工作环境；专家组成员由生产技术部、计划部、各分厂以及各有关部门负责人组成。统计计分规则，单个因素去掉最高分、最低分取整数平均值，加总得总分。

⑦ 标杆岗位岗位评价：由标杆岗位评价专家组采用28因素法进行岗位评价，专家组成员由各部门及分厂负责人组成。统计计分规则，单个因素去掉最高分、最低分取平均值，加总得总分，取小数点后一位有效数字。若某个岗位评价得分偏差太大（相对标准差大于0.3），则对偏差太大的因素（相对标准差大于0.3）重新打分。若岗位评价得分偏差符合标准（相对标准差小于等于0.3），则对偏差太大因素（相对标准差大于0.3）平均值算法进行调整，再去掉次高、次低分取平均值，直至相对标准差符合要求或者最后2个或3个数取平均值。

4. 评价标准

处级管理干部岗位评价标准从略。

科级管理岗位（职能）岗位评价标准、科级管理岗位（生产）岗位评价标准参见表5-24。

职能管理岗位岗位评价标准、生产管理岗位岗位评价标准参见表5-23。

生产岗位岗位评价标准参见表5-25。

标杆岗位评价标准采用28因素法。具体数据如下。

28因素法涉及的因素包括岗位责任因素、知识技能因素、岗位性质因素、工作环境因素，四项因素总薪点为1000。具体如表5-26所示。

表5-26 28因素法因素设计及分值

项目	序号	因素	薪点
岗位责任因素（9项）400分	1	风险控制责任	70
	2	成本/费用控制责任	50
	3	决策的大小	40
	4	指导监督责任	40
	5	内部协调责任	40
	6	外部协调责任	40
	7	工作结果责任	40
	8	组织人事权利及责任	60
	9	法律责任	20
知识技能因素（9项）260分	10	最低学历要求	30
	11	知识多样性	30
	12	熟练期	30
	13	工作复杂性	30
	14	工作灵活性	25
	15	文字表达能力	25
	16	外语或计算机知识	30
	17	管理知识和技能	30
	18	综合能力	30

续表

项目	序号	因素	薪点
岗位性质因素 （6项） 240分	19	工作压力	40
	20	精力集中程度	50
	21	体力要求	35
	22	创新与开拓	40
	23	工作紧张程度	40
	24	工作均衡性	35
工作环境因素 （2项） 100分	25	职业病	30
	26	工作时间特征	20
	27	环境舒适性	20
	28	危险性	30

28因素法涉及的各个因素评价标准如表5-27所示。

表5-27 28因素法评分标准

岗位责任因素（满分：400分）	
1. 风险控制责任（70分）	分数
因素定义：在不确定的条件下，为保证公司贸易、投资、市场开发、生产运营及其他项目顺利开展，维护公司利益所应承担的责任。风险控制责任的大小，以失利后损失或影响的大小作为判断标准 1. 无任何风险 2. 仅有一些小的风险。一旦发生问题，不会给公司造成很大影响 3. 有一定的风险。一旦发生问题，给公司所造成明显影响和一定的损失 4. 有较大的风险。一旦发生问题，会给公司带来较严重的影响和较大的损失 5. 有极大风险。一旦发生问题，对公司造成的影响或损失不仅不可挽回，而且会导致公司经济危机甚至倒闭	 0 10 30 50 70
2. 成本/费用控制责任（50分）	分数
因素定义：在正常工作状态下，因工作疏忽可能造成的成本、费用、利息等损失所承担的责任，其责任的大小由可能造成损失的多少作为判断基准 1. 不可能造成成本费用等方面的损失 2. 造成较小的损失，损失金额在5000元以下 3. 造成较大的损失，损失金额在5000元以上，2万元以下 4. 造成重大的损失，损失金额在2万元以上，10万元以下 5. 造成不可估量的损失，损失金额在10万元以上	 0 10 20 35 50
3. 决策的大小（40分）	分数
因素定义：在工作中需要决策事项所应该承担的责任，其责任大小根据决策的层次高低、主导或参与制订计划的程度、决策及计划制订不妥所带来的后果及影响等方面，作为判断基准 1. 工作中常做一些小的决定，只涉及业务层面，一般不参与计划的制订 2. 工作中需要做一些大的决定，会影响与自己有工作关系的员工，会参与一些工作计划的制订 3. 工作中需要做一些对下属有较大影响决策，对工作计划制订有较大的影响 4. 工作中需要做一些对公司发展有一定影响的决策，对工作计划制订有较大的话语权 5. 工作中需要做出最高层次计划或决策	 5 10 20 30 40
4. 指导监督责任（40分）	分数
因素定义：在正常权力范围内所拥有的正式指导监督责任，其责任的大小根据所直接指导监督下属的层次和数量进行判断 1. 不指导、监督任何人 2. 指导、监督5个以内直接下属 3. 指导、监督5个以上直接下属 4. 指导、监督5个以内有直接下属管理人员 5. 指导、监督5个以上有直接下属管理人员	 0 10 20 30 40
5. 内部协调责任（40分）	分数
因素定义：为使业务顺利开展，在与有关部门进行内部协调活动过程中所承担的责任。其责任的大小以所协调对象的所在层次、人员数量及频繁程度，协调不佳所造成的不良后果大小作为判断基准 1. 不需要与其他人进行协调 2. 与本部门员工进行工作协调，或者偶尔与其他部门或单位进行一些个人协调 3. 与本部门或其他部门员工有密切的工作联系，协调不力会影响双方的工作 4. 几乎与公司所有员工有密切工作联系，或与其他部门负责人有工作协调的必要，协调不力对公司有较大影响 5. 与各部门的负责人有密切的工作联系，在工作中需要保持随时联系和沟通，协调不力对整个公司有重大影响	 0 10 20 30 40

续表

6. 外部协调责任（40 分）	分数
因素定义：为使业务顺利开展，在与外部有关单位进行协调活动过程中所承担的责任。其责任大小由工作重要性以及协调不佳所造成的不良后果大小作为判断标准	
1. 不需要与外部有关单位保持联系	0
2. 工作需要与外界某些固定部门的员工发生较频繁的业务联系，所开展的业务属于常规性的	10
3. 需要与外部有关单位（上级部门、客户、供应商以及政府有关部门等）保持密切联系，联系原因只限于一般业务范围内	20
4. 需要与外部单位（上级部门、客户、供应商以及政府有关部门等）的负责人保持密切联系，联系的原因往往涉及重大问题或决策	40
7. 工作结果责任（40 分）	**分数**
因素定义：在个人可控的范围内对工作结果承担的直接责任。以工作结果对公司影响的大小作为判断责任大小的基准	
1. 只对自己的工作结果负责，工作不力不会给其他人的工作带来较大的影响	0
2. 需要对自己和所监督指导者的工作结果负责，工作不力会对其他团队的工作带来一定的影响	10
3. 对整个部门的工作结果负责，工作不力会对其他部门的工作带来一定的影响	20
4. 对多个部门的工作结果负责	30
5. 对整个企业的工作结果负责	40
8. 组织人事权利及责任（60 分）	**分数**
因素定义：在正常工作中，对人员的选拔、任用、考核、工作分配、激励等具有的权利及应承担的责任。其权利及责任的大小根据公司管理权利体系分配及人员所在的层次而定	
1. 不对其他员工有人事责任	0
2. 对本部门普通员工有一定管理的责任，对某些岗位员工有选拔、任用、考核、工作分配、激励的权利	20
3. 对公司骨干员工有一定管理的责任，对某些骨干员工有选拔、任用、考核、工作分配、激励的权利	40
4. 对公司中层管理者有一定管理的责任，对某些中层管理者有选拔、任用、考核、工作分配、激励的权利	60
9. 法律上的责任（20 分）	**分数**
因素定义：在正常工作中需要拟定和签署具有法律效力的合同，并对合同的结果负有相应的责任。其责任的大小由合同的重要性及可能出问题的严重性作为判断基准	
1. 不参与有关法律效力合同的制定和签约	0
2. 工作需要偶尔拟定有法律效力的合同，受上级审核方可签约	5
3. 工作需要拟定合同和签约，领导只做原则审核，个人承担部分责任	10
4. 工作经常需要审核业务方面的合同，并对合同的结果负有全部责任	15
5. 工作需要经常被法人授权签署有关合同并对结果负全部责任	20
知识技能因素（满分：260 分）	
10. 最低学历要求（30 分）	**分数**
因素定义：顺利履行工作职责所要求的最低学历，其判断基准按其所需的正规教育水平判断	
1. 高中、职业高中或中专	0
2. 大学专科	5
3. 大学本科	10
4. 硕士或双学士	20
5. 博士及以上	30
11. 知识多样性（30 分）	**分数**
因素定义：在顺利履行工作职责时需要使用多种学科、专业领域的知识。判断基准在于知识的广博和丰富性	
1. 除了本职的专业以外，不需要了解其他领域的专业知识	5
2. 除了本职的专业以外，需要了解其他领域的专业知识	10
3. 需要掌握两个专业或领域的专业知识	20
4. 需要掌握多个专业或领域的专业知识	30
12. 熟练期（30 分）	**分数**
因素定义：至少有多长时间的实质相关工作经验才能达到该岗位的最低任职资格条件	
1. 6 个月以下	5
2. 6 个月（含 6 个月）至 1 年	10
3. 1 年（含 1 年）至 3 年	15
4. 3 年（含 3 年）至 5 年	20
5. 5 年（含 5 年）以上	30

续表

13. 工作复杂性（30 分）	分数
因素定义：在工作中履行职责的复杂程度。其判断基准根据工作所需的判断、计划安排程度而定	
1. 简单的、不需要计划和独立判断	5
2. 需进行专门训练才可胜任工作，但大部分时候只需一种专业技术，偶尔需要进行独立判断	10
3. 工作时需要运用多种专业技能，经常做独立的判断和计划	20
4. 工作要求高度的判断力和统筹力，要求积极地适应不断变化的环境和问题	30
14. 工作灵活性（25 分）	**分数**
因素定义：工作需要灵活处理事情的程度。判断基准取决于工作职责要求	
1. 属于常规性工作，很少或不需要灵活性	0
2. 工作中的内容一般属于常规性的，有时需要灵活性处理工作中所出现的问题	5
3. 工作中有较多非常规性的内容，主要靠自己灵活地按具体情况进行妥善处理	15
4. 工作非常规，需要在复杂多变的环境中灵活地处理重大的偶然性问题	25
15. 文字表达能力（25 分）	**分数**
因素定义：正常工作中所要求实际运用文字的能力。判断以常规工作中所起草、编辑文件的重要程度为基准	
1. 一般信函、简报、便条、备忘录和通知	5
2. 公司报告、汇报文件，部门工作计划和总结	10
3. 公司文件、制度或专题研究报告	15
4. 编写合同或运用法律条文	25
16. 外语或计算机知识（30 分）	**分数**
因素定义：工作所要求的外语应用或计算机知识的水平。判断以常规工作中使用的最高程度为基准	
1. 工作不需要具有外语应用或计算机操作能力	0
2. 工作需要具有简单的外语应用或计算机操作能力	10
3. 工作需要具有复杂的外语应用或计算机操作能力	20
4. 工作需要具有专业的外语应用或计算机操作能力	30
17. 管理知识和技能（30 分）	**分数**
因素定义：为了顺利完成工作目标，组织协调相关人员进行工作所需要的素质和能力。判断基准是：工作中所需达到的管理知识和管理能力的水平	
1. 工作简单，基本不需要管理知识	5
2. 工作需要基本的管理知识	10
3. 工作需要较强的管理知识和管理能力来协调各方面关系	20
4. 工作需要非常强的管理知识和管理能力，该工作影响到公司正常生产与经营	30
18. 综合能力（30 分）	**分数**
因素定义：为顺利履行工作职责所应达到的多种素质、经验和能力要求	
1. 工作单一、简单，不需特殊技能和能力	0
2. 工作规范化、程序化，仅需某方面的经验和技能	10
3. 工作多样化，灵活处理问题的能力要求高，需综合使用多种技能	20
4. 非常规性工作，需在复杂多变的环境中处理事务，需高度的综合能力	30
岗位性质因素（满分：240 分）	
19. 工作压力（40 分）	**分数**
因素定义：工作本身给任职人员带来的压力。根据决策迅速性、工作常规性、任务多样性、工作流动性及工作是否被时常打断进行判断	
1. 极少迅速作决定，工作常规化，工作很少被打断或者干扰	10
2. 很少迅速作决定，工作速度没有特定要求，手头的工作偶尔被打断	20
3. 要求经常迅速做出决定，任务多样化，手头的工作常被打断，工作流动性强	30
4. 经常迅速做出决定，任务多样化，工作时间很紧张，工作流动性很强，难得坐下来安静处理问题	40
20. 精力集中程度（50 分）	**分数**
因素定义：在工作时所需精力集中的程度要求。根据集中精力的时间、频率等进行判断	
1. 工作时以体力为主，不需要经常集中精力	0
2. 工作时脑力强度要求较小，不需要经常集中精力	15
3. 少数工作时间必须高度集中精力，从事较高强度脑力劳动	30
4. 多数工作时间必须高度集中精力，从事高强度脑力劳动	50
21. 体力要求（35 分）	**分数**
因素定义：作业时必须运用体力，其消耗的水平高低根据工作姿势，持续时间长度和用力大小进行判断	
1. 不需要消耗特别的体力，工作时姿势随意	0
2. 工作时需要消耗一定的体力，站立或久坐时间占全部时间的 80% 以上且伴随一般强度的脑力劳动	15
3. 工作时经常消耗较大的体力，站立或久坐时间占全部时间的 80% 以上且相伴随高强度脑力劳动	25
4. 工作时持续消耗大量的体力，需经常出差	35

续表

22. 创新与开拓（40 分）	分数
因素定义：顺利进行工作所必需的创新与开拓的精神和能力的要求 1. 全部工作为程序化、规范化，无须开拓创新 2. 工作基本规范化，偶尔需要开拓创新 3. 工作时常需要开拓和创新 4. 工作性质本身即为开拓和创新的	 5 10 20 40
23. 工作紧张程度（40 分）	分数
因素定义：每天工作的节奏、时限、工作量、注意力转移程度和工作所需对细节的重视所引起的工作紧迫感 1. 工作的节奏、时限自己掌握，没有紧迫感 2. 大部分时间的工作节奏、时限自己掌握。有时比较紧张，但时间持续不长 3. 工作的节奏、时限自己无法控制，明显感到工作紧张 4. 为完成每日工作，需要加快工作节奏，持续保持高度紧张	 10 20 30 40
24. 工作均衡性（35 分）	分数
因素定义：在一定时期内工作忙闲不均的程度 1. 一般没有忙闲不均的现象 2. 有时忙闲不均，但有规律性 3. 经常有忙闲不均的现象，且没有明显的规律 4. 工作经常忙闲不均，没有明显的规律，且忙的时间持续很长	 5 10 25 35
工作环境因素（满分：100 分）	
25. 职业病（30 分）	分数
因素定义：正常工作所必然造成的身体疾病 1. 无职业病的可能 2. 会对身体某些部位造成轻度伤害 3. 对身体某些部位造成能明显感觉到的损害 4. 对身体某些部位造成损害致使产生痛苦	 0 15 20 30
26. 工作时间特征（20 分）	分数
因素定义：每天工作对时间的要求 1. 按正常时间上下班 2. 基本按正常时间上下班，偶尔需要加班 3. 经常需要加班，偶尔上夜班 4. 上下班时间根据工作具体情况而定，并无规律可循，自己无法安排控制；夜班工作达到一半时间	 5 10 15 20
27. 环境舒适性（20 分）	分数
因素定义：工作环境对任职者身体、心理健康影响的程度 1. 非常舒适，没有不良感觉 2. 有时环境比较舒适，有少部分时间环境不舒适 3. 有时环境比较舒适，有大部分时间环境不舒适 4. 环境条件较差，需要在高温、寒冷、噪声、有毒等环境下工作	 0 5 10 20
28. 危险性（30 分）	分数
因素定义：工作本身可能对任职者身体所造成的危害 1. 没有可能对人身造成任何伤害 2. 可能造成人体轻度伤害 3. 可能造成较重伤害和伤残 4. 可能造成生命上的伤害	 0 15 25 30

（二）岗位评价准备

（1）岗位评价所需时间

处级管理干部岗位评价，涉及岗位约 41 个，需要半天时间。

科级管理岗位（职能）岗位评价，涉及岗位约 74 个，需要 1 天时间。

科级管理岗位（生产），涉及岗位约 35 个，需要半天时间。

职能管理岗位，涉及岗位约 138 个，需要 1 天时间。

生产管理岗位，涉及岗位约 136 个，需要 1 天时间。

生产岗位，涉及岗位约 118 个，需要 1 天时间。

标杆岗位岗位评价，涉及岗位约 30 个，需要 1 天时间。

（2）岗位评价计划安排

8 月 25 日：岗位评价试打分。

① 科级管理岗位（职能），职能管理岗位，各选 5 个典型岗位，分别用 4 因素法（科级管理岗位）和 3 因素法（普通管理岗位）进行岗位评价，及时出岗位评价结果，分析差异，培训准确理解因素及评价标准，对结果合理性进行讨论，必要时修改完善因素评价标准。

② 科级管理岗位（生产），生产管理岗位，各选 5 个典型岗位，分别用 4 因素法（科级管理岗位）和 3 因素法（普通管理岗位）进行岗位评价，及时出岗位评价结果，分析差异，培训准确理解因素及评价标准，对结果合理性进行讨论，必要时修改完善因素评价标准。

③ 生产岗位选 10 个典型岗位，用 4 因素法（操作工人和技术工人岗位）进行岗位评价，及时出岗位评价结果，分析差异，培训准确理解因素及评价标准，对结果合理性进行讨论，必要时修改完善因素评价标准。

8 月 26 至 27 日：生产岗位岗位评价；职能管理岗位岗位评价；科级管理岗位（职能）评价。

8 月 31 至 9 月 4 日，生产管理岗位岗位评价；科级管理岗位（生产）岗位评价，处级管理干部岗位评价，标杆岗位岗位评价。

（3）岗位评价操作流程

- 由岗位评价工作组指派有经验的专家负责组织岗位评价，岗位评价工作组提前准备好岗位评价所需材料、工具，准备好工作场地。
- 按部门顺序对各个岗位进行岗位评价，由该部门负责人对该岗位工作进行简要说明（可针对评价要素，但不要直接给予打分评判）；若有专家不清楚可提问，其他专家可给予释疑，必要时该部门负责人必须给予解答。
- 各个专家根据要素单独打分评价。
- 岗位工作评价组负责统计录入岗位评价数据，出岗位评价结果。
- 岗位评价偏差太大，引导大家重新讨论、重新打分。
- 岗位评价结束，统计出结果。

（三）岗位评价表格

（1）对比法岗位评价表格

对比法评价表格如表 5-28 所示。

表 5-28 对比法评价表格

	评价岗位	1 副车队长	2 仓储物流班长	3 初级检修工	4 电站运行主值	5 电站运行副值	6 厨工领班	7 保安班长	8 厅面组长	9 会务组长	10 厨工组长	11 客务/接待组长	12 水电维修工	13 水情检修维护工	14 水情运行管理工	15 船员	16 轮机员
1	副车队长																
2	仓储物流班长																
3	初级检修工																
4	电站运行主值																
5	电站运行副值																
6	厨工领班																
7	保安班长																
8	厅面组长																
9	会务组长																
10	厨工组长																
11	客务/接待组长																
12	水电维修工																
13	水情检修维护工																
14	水情运行管理工																
15	船员																
16	轮机员																

（2）水木知行 4 因素法岗位评价表格

水木知行 4 因素法评价表格见表 5-29。

表 5-29　水木知行 4 因素法评价表格

序号	岗位名称	岗位评估 4 因素			
		知识技能（1～4 分）	体力脑力要求（1～3 分）	工作责任（1～3 分）	工作环境（1～3 分）
1	驾驶员				
2	仓储工				
3	助理检修工				
4	电站运行值班员				
5	厨工				
6	消防设施操作员				
7	保安员				
8	厅面服务员				
9	会务服务员				
10	厨工				
11	客务 / 接待服务员				
12	美容美发员				
13	保洁员				
14	绿化员				
15	安全员				
16	初级水情运行管理工				
17	初级水情检修维护工				

（3）28 因素法岗位评价表格

28 因素法评价表格如表 5-30 所示。

（四）岗位评价结果

（1）28 因素法岗位评价结果

H 公司本次参与岗位评价岗位总计 29 个，各岗位岗位评价总得分偏差均符合标准，因而没有需要重新打分的岗位、要素。共计有 11 个岗位计 16 因素进行了重新统计处理（再次去掉最高值、最低值），详见表 5-31。

表5-30　28因素法评价表格

评价专家：　　部门：　　编号：

岗位	岗位责任因素									知识技能因素									岗位性质因素						工作环境因素				总分
	风险控制责任	成本/费用控制责任	决策的大小	指导监督责任	内部协调责任	外部协调责任	工作结果责任	组织人事权利及责任	法律责任	最低学历要求	知识多样性	熟练期	工作复杂性	工作灵活性	文字表达能力	外语或计算机知识	管理知识和技能	综合能力	工作压力	精力集中程度	体力要求	创新与开拓	工作紧张程度	工作均衡性	职业病	工作时间特征	环境舒适性	危险性	
	70	50	40	40	40	40	40	60	20	30	30	30	30	25	25	30	30	30	40	50	35	40	40	35	30	20	20	30	1000
成品科科长																													
管理科科长																													
保险科副科长																													
成品科副科长																													
人事管理																													
工程质量管理																													
管理会计																													
食堂管理员																													
生产调度																													
计划管理																													

表 5-31　28 因素法重新统计处理要素

序号	评价岗位	要素	原要素得分	原标准差	调整后要素得分	调整后标准差
1	技术部主任	危险性	6.82	0.30	6.67	0.26
2	信息部主任	体力要求	22.27	0.33	20.71	0.29
3		职业病	6.82	0.30	6.67	0.26
4	运行值班主任	知识多样性	15.45	0.32	14.44	0.27
		工作灵活性	12.27	0.32	11.67	0.26
		工作时间特征	12.73	0.35	13.33	0.22
5	生产调度	知识多样性	11.82	0.31	11.11	0.25
6	工艺运行	工作灵活性	7.73	0.35	6.67	0.20
		工作时间特征	10.91	0.43	12.00	0.22
7	转化还原	工作时间特征	9.09	0.38	8.57	0.19
8	自控技术	工作时间特征	5.00	0.35	4.44	0.30
9	压空运行	工作时间特征	10.00	0.46	10.00	0.00
		环境舒适性	10.45	0.36	9.29	0.27
10	新产品开发	创新与开拓	28.18	0.31	28.89	0.29
11	温州办公室主任	指导监督责任	21.82	0.31	21.11	0.29
		法律责任	6.82	0.40	5.00	0.20

H 公司岗位评价最终结果如表 5-32 所示。

表 5-32　28 因素法岗位评价结果

序号	岗位名称	评价分数	序号	岗位名称	评价分数
1	技术部主任	700.8	16	生产调度	281.6
2	信息部主任	609.8	17	工资保险科副科长	280.5
3	信息部副主任	481.4	18	办公室档案馆科长	270.5
4	运行值班主任	440.4	19	计划科计划管理	269.1
5	工会主任	420.5	20	转化还原	267.2
6	生产管理科科长	392.3	21	生产管理	259.5
7	成品科科长	371.8	22	准备车间拆装	249.5
8	温州办公室主任	342.9	23	自控技术	247.6
9	项目财务科科长	329.4	24	工程质量管理	246.4
10	进度计划科科长	321.3	25	人事管理	219.5
11	新产品开发	310.7	26	会计	215.0
12	综合管理科科长	310.5	27	压空运行	197.9
13	成品科副科长	301.8	28	食堂管理员	154.5
14	工资保险科科长	299.1	29	文书档案	150.5
15	工艺运行	287.3			

（2）水木知行4因素法岗位评价结果

L集团技术工、操作工岗位人员水木知行4因素法岗位评价结果如表5-33所示。

表5-33　4因素法岗位评价结果

序号	岗位	总分数	分数
1	助理检修工	158	8.78
2	消防设施操作员	154	8.56
3	电站运行值班员	153	8.5
4	驾驶员	148	8.22
5	安全员	148	8.22
6	初级水情运行管理工	136	7.56
7	保安员	133	7.39
8	绿化员	129	7.17
9	厅面服务员	125	6.94
10	仓储工	116	6.44
11	客务/接待服务员	116	6.44
12	会务服务员	111	6.17
13	厨工	110	6.11
14	保洁员	109	6.06
15	初级水情检修维护工	109	6.06
16	美容美发员	105	5.83

（3）对比法岗位评价结果

K饭店领班级和核心技术岗位对比法岗位评价结果如表5-34所示。

表5-34　对比法岗位评价结果

序号	岗位	总计	标准分
1	资深维修工	167	0.714
2	中控室领班	160	0.684
3	资深厨师	154	0.658
4	热菜厨师领班	153.5	0.656
5	冷荤领班	146	0.624
6	面点领班	145	0.62
7	会服领班	143.5	0.613
8	餐厅领班	138	0.59
9	客务服务领班	128	0.547
10	前台领班	122	0.521
11	财务领班	121	0.517
12	文员领班	97	0.415
13	食品采购领班	92	0.393
14	物品库领班	84	0.359
15	食材录入领班	67.5	0.288
16	物品录入领班	66.5	0.284
17	收发领班	57	0.244
18	医务	55.5	0.237

第六章

薪酬成本管理

薪酬成本管理由薪酬预算、薪酬支付、薪酬调整组成。

薪酬预算是组织在薪酬管理过程中进行的一系列人工成本开支方面的权衡和取舍。详细分析成本构成以及成本变化趋势是企业进行薪酬预算的首要工作。薪酬预算要考虑使员工流动率保持在合理范围。

薪酬计算与薪酬支付包括各种假期薪酬如何计算、薪酬发放形式以及薪酬是否保密等有关方面的内容。企业到底应该实行薪酬保密制度还是薪酬公开制度，应该根据企业的实际情况来确定。

薪酬调整是保持薪酬动态平衡、实现组织薪酬目标的重要手段，也是薪酬管理的日常工作。薪酬调整包括薪酬水平调整、薪酬结构调整和薪酬构成调整三个方面。

一、人工成本及薪酬预算

薪酬成本管理是由薪酬预算、薪酬支付、薪酬调整组成的循环。薪酬预算是组织在薪酬管理过程中进行的一系列人工成本开支方面的权衡和取舍。因此，详细分析人工成本构成以及人工成本变化趋势，是企业进行薪酬预算的首要工作。

（一）人工成本

站在企业的角度来看，企业在提供产品或服务的过程中，因使用劳动力而支付的所有直接费用和间接费用的总和就是企业的人工成本。

直接费用包括工资总额和社会保险费用。间接费用包括员工招聘、员工培训等有关费用以及员工福利费用、员工教育经费、劳动保护费用、住房费用、工会经费和其他人工成本支出等方面的费用。

1. 员工工资总额

员工工资总额是指企业在一定时期内支付给本企业员工的全部劳动报酬的总和，包括工资、奖金、津贴补贴等所有货币形式的薪酬。

2. 社会保险费用

社会保险费用是企业和员工按照国家法律法规的规定，共同缴纳的为了解决员工未来某一时期生、老、病、死、伤残、失业等困难的费用。

目前，普遍实施的社会保险有养老保险、工伤保险、失业保险、医疗保险和生育保险，其中养老保险、医疗保险、失业保险由单位和个人共同缴纳，而工伤保险和生育保险由单位缴纳。

社会保险费用在人工成本中占有非常大的比例，企业缴纳的部分大约占工资总额的30%，其中基本养老保险、医疗保险占绝大部分。

3. 员工福利费用

员工福利费用主要用于员工的医药费、医护人员工资、员工探亲假路费、生活补助费、医疗补助费、独生子女费、托儿所补贴以及上下班交通费补贴等。

4. 员工教育经费

职工教育经费是指企业为员工学习先进技术和提高文化水平而支付的费用。

5. 劳动保护费用

劳动保护费用是指企业购买劳动防护用品的费用，如购买工作服、手套等劳保用品的费用。

6. 住房费用

住房费用是指为改善职工住房条件而支付的费用，主要用于缴纳住房公积金、提供住房补贴、职工宿舍维护费用等。

7. 工会经费

工会经费是为工会活动而支付的费用。

（二）人工成本分析

专家提示

进行薪酬成本管理要正确判断企业目前的薪酬水平是否合理，薪酬成本是否在企业所能承受的范围内，以及薪酬成本未来的发展变化趋势等。必须要有量化的指标准确地反映企业的薪酬支出状况，这是薪酬成本分析和成本控制的依据。

人工成本指标主要有水平指标、结构指标、投入产出指标和成本指数指标四种。

1. 水平指标

水平指标包括人均成本和单位产品成本两个方面，反映的是企业人工成本总量水平。

（1）人均成本

人均成本指一定时期内企业平均花费在每个员工身上的人工成本。人均成本＝报告期人工成本总额 ÷ 员工人数。人均成本反映出一定时期员工收入水平的高低以及企业薪酬政策在劳动力市场上的竞争力，其水平是薪酬政策制定的重要依据。

（2）单位产品成本

单位产品成本指一定时期内生产制造单位产品中人工成本的多少。单位产品成本＝报告期人工成本总额 ÷ 产品数量。单位产品成本反映的是企业产品人工成本水平状况，反映着产品在人工成本方面竞争力的强弱，是企业制定产品价格政策的重要依据。

2. 结构指标

人工成本结构指标有两个：一是人工成本占产品总成本的比例；二是人工成本中各项构成比例关系，主要指工资成本占人工成本的比例。

（1）人工成本占产品总成本费用的比例

人工成本占产品总成本费用的比例＝（报告期人工成本总额 ÷ 报告期内产品成本费用总额）×100%

产品成本费用总额是指企业为生产、经营商品或提供劳务过程中所发生的各项支出，包括产品成本、销售费用、管理费用、财务费用以及其他业务支出。

专家提示

人工成本占产品总成本费用的比例是企业、行业以及国家间商业竞争的重要指标，因为价格是商品竞争中最重要的因素，而商品价格一方面受供需影响，另一方面受产品成本影响。在同等产品质量情况下，人工成本在总成本费用中所占比例的高低决定着公司产品的竞争力。

（2）人工成本各项构成间的比例关系

人工成本由工资总额、社会保险费用以及其他间接费用构成。一般情况下，社会保险费用是工资总额的30%左右，而与招聘、培训有关的间接费用所占的比例，不同的公司差别很大。在某些高科技企业，这方面的费用支出很大，而有些企业在这方面的支出比较有限。

工资总额占人工成本的比例是非常重要的指标，可由下式计算得出：

工资总额占人工成本比例＝(报告期工资总额 ÷ 报告期内人工成本总额)×100%

3. 投入产出指标

人工成本投入产出指标采用人工成本利润率、劳动分配率、收入人工成本率来表示。

（1）人工成本利润率

人工成本利润率＝(报告期企业利润总额 ÷ 报告期内人工成本总额)×100%

人工成本利润率的变动趋势反映着企业经营环境的变动趋势，如果人工成本利润率下降，说明可能存在两个方面的问题：一方面是产品盈利能力下降，另一方面是人工成本上升较快。人工成本利润率的持续下降意味着产品竞争力的下降，企业应该采取针对性的措施解决这个问题。

（2）劳动分配率

劳动分配率是企业人工成本占企业增加值的比重。企业增加值指企业创造的价值，主要由折旧、税收净额、企业利润、劳动者收入等四部分组成。劳动分配率是反映企业人工成本投入产出水平的指标，也是衡量企业人工成本相对水平高低的重要指标。劳动分配率＝(报告期内人工成本总额 ÷ 报告期内企业增加值)×100%。企业增加值计算有两种方法：相加法和扣减法。

相加法计算公式：

企业增加值＝利润＋人工成本＋其他形成附加价值的各项费用

＝利润＋人工成本＋折旧摊销＋税收＋财务费用＋租金

扣减法计算公式：

企业增加值＝销售收入净值－外购成本

＝销售收入净值－（直接原材料＋购入零配件＋外包加工费＋间接费用）

劳动分配率表示的是企业在一定时期内新创造的价值中有多少比例用于支付人工成本，它反映分配关系和人工成本要素的投入产出关系。通过对同一企业不同年度劳动分配率的比较以及对同一行业不同企业之间劳动分配率的比较，分析人工成本相对水平的高低及变化趋势，这对企业薪酬决策具有重要意义。

专家提示

劳动分配率过高则表示两种情形：一是相对企业增加值而言，人工成本过高（不是因为人均成本过高，就是因为人员太多、浪费严重）；二是若人工成本仅达到一般水平，则表明企业增加值（也就是企业创造的价值）过少。理想的状况是，企业各年度劳动分配率大致保持不变，而分子上的人工成本与分母上的企业增加值同步提高。

（3）收入人工成本率

收入人工成本率反映人工成本占销售收入的比率。

收入人工成本率＝（报告期内人工成本总额 ÷ 同期销售收入总额）×100%

收入人工成本率反映企业人工成本耗费和经营收入的比例关系，它是衡量企业盈利水平和成本水平的一个综合指标。收入人工成本率越低，表明企业控制人工成本支出的能力越强，经营效率越高。

4. 成本指数指标

成本指数指标包括工资总额增长率、人工成本总额增长率和人均成本增长率。

（1）工资总额增长率

工资总额增长率＝（报告期内工资总额－上一期间工资总额）÷上一期间工资总额 ×100%

（2）人工成本总额增长率

人工成本总额增长率＝（报告期内人工成本总额－上一期间人工成本总额）÷上一期间人工成本总额 ×100%

（3）人均成本增长率

人均成本增长率＝（报告期内人均成本－上一期间人均成本）÷上一期间人均成本 ×100%

（三）薪酬预算

企业在每一个财政年度开始前会制定下一年度的财务预算，而薪酬预算是财务预算的一个重要组成部分。薪酬预算是指组织在薪酬管理过程中进行的一系列人工成本开支方面的权衡和取舍。

1. 薪酬预算目标

薪酬预算工作应该达到以下目标。

（1）使人工成本的增长与企业效益增长相匹配

通过人工成本的适当增长，可以激发员工的积极性，促使员工为企业创造更多价值。

专家提示

在企业人工成本变动过程中，一般会出现企业投入的边际人工成本等于企业获得的边际收益的状态。薪酬预算就是要找到这个均衡点，在使劳动者薪酬得到增长的同时，使企业获得的收益最大化。

（2）将员工流动率控制在合理范围

薪酬待遇是影响员工流动的主要因素之一。健康的企业员工流动率应该保持在一个合理范围之内。

员工流动率过高，员工缺乏忠诚度，员工没有安全感；员工流动率过低，员工工作缺少压力，工作缺乏积极性，企业缺乏创新精神，因此过低的流动率对企业也是有害的。薪酬预算要考虑使员工流动率保持在合理范围内。

（3）引导员工的行为符合组织的期望

通过薪酬政策，鼓励组织期望的行为以及结果；通过薪酬结构以及薪酬构成的调整，体现公司对某序列、层级岗位人员的重视，从而体现组织发展战略变化；通过对组织期望行为的激励，鼓励大家向着组织期望的目标努力。

专家提示

如果企业在变动薪酬或绩效薪酬方面增加预算，而在基本薪酬方面控制预算的增长幅度，根据员工的绩效表现进行激励，那么员工就会重视自身职责的履行以及高绩效水平的达成，这样就达到了组织期望的目标。

2. 薪酬预算需要考虑的因素

（1）企业外部环境变化

在制定薪酬预算时，企业应详细分析外部劳动力市场价格变化情况、消费者物价指数变化、国家社会保障政策变化以及外部环境对企业经营业绩影响等多方面因素。劳动力市场价格变化会反映到固定薪酬预算方面；国家社会保障政策变化会反映到社会保险费用预算方面；消费者物价指数变化以及企业外部经营环境的变化会对工资总额预算有比较大的影响。

（2）企业内部因素

薪酬预算还应着重考虑企业内部因素的影响，包括历史薪酬增长率及企业目前的支付能力。

企业应该保持历史薪酬增长率的稳定，尤其是保持平均薪酬增长率稳定，不能突然大幅度增长，最好是各年度稳定增长，这样才能充分调动员工的积极性。

企业制定薪酬预算应关注劳动分配率的变化，应使劳动分配率基本保持稳定。企业创造的增加值增加，意味着薪酬支付能力提高；企业创造的增加值减少，意味着薪酬支付能力降低。

企业薪酬支付能力分析过程如下：

① 依照过去3～5年年度财务报表，计算各年度的企业增加值及人工成本；

② 查阅人力资源档案，查阅各年度员工人数；

③ 计算各年度人均企业增加值及人均人工成本；

④ 计算各年度劳动分配率数值，观察趋势变化并分析原因；

⑤ 计算并分析人均企业增加值增长率及人均成本增长率，如果前者高于后者，说明企业一直处于良性循环中，薪酬支付能力较强；如果出现前者低于后者的情况，意味着企业薪酬支付能力降低，这要进行详细分析，找出原因并对薪酬预算提供支持。

3. 薪酬预算编制过程

企业在编制薪酬预算时，首先应该对公司面临的外部环境和内部条件有充分的掌握与分析，这样可以清楚地知道企业目前的状况、竞争对手的动向以及面临的挑战和机遇，只有这样，才能比较准确地预算需要支付的人工成本。企业常用的薪酬预算方法有自上而下法和自下而上法以及这两种方法的综合应用。

（1）自上而下法

自上而下法是通过对企业经营数据（销售收入、企业增加值等）做出预测，结合企业人工成本历史数据，分析企业面临的环境和条件，对年度人工成本做出预测，并将人员配置及人工成本分解到各部门。

在企业经营比较稳定的情况下，通过收入人工成本率以及劳动分配率来预算人工成本比较简单、易行。

专家提示

如果企业经营业绩不佳，可以参考行业数据来进行薪酬预算。在这种情况下，企业收入人工成本率以及劳动分配率都会高于行业水平，因此用行业数据来进行预算得出的数值将小于用企业数据得出的数值。这样会给各级管理者带来一定压力，因此一定要制定有效的激励措施，提高员工的积极性，从而促使企业取得较好的效益；否则可能会造成员工不满，不仅不能改善企业管理，可能还会使企业业绩进一步下滑。

（2）自下而上法

自下而上法是各部门根据企业制定的经营目标，提出本部门人员配置数量及薪酬水平；人力资源部门根据劳动力市场状况、企业内部条件、物价上涨水平等各方面因素对薪酬水平的影响，综合确定企业人均薪酬增长率，依据相关经营数据及各部门提交的建议，确定各部门的人员配置和薪酬水平，通过汇总各部门数据，得出企业整体的薪酬预算。

专家提示

事实上，企业薪酬预算编制过程都是自上而下和自下而上的结合。只有坚持企业发展战略导向，将企业目标层层分解，同时充分尊重各级管理者和员工的意见与建议，企业才能对外部环境以及内部条件有更清楚的认识，这样的预算才更切合实际，被广大员工理解和接受，得到切实、有效的执行。

（四）薪酬总额确定

企业人工成本总额可以根据销售收入净额、企业增加值、盈亏平衡以及综合效益等来确定，分别称为销售净额法、劳动分配率法、盈亏平衡点法和工效挂钩法。其中，工效挂钩法在国有企业中得到了广泛的应用。

1. 销售净额法

销售净额法是根据对市场销售收入的预测，分析企业收入人工成本率变化趋势，并参考同行业相关数据，确定企业人工成本总额的一种方法。

$$\text{人工成本总额} = \text{预期销售收入净额} \times \text{收入人工成本率}$$

一般情况下，企业做薪酬预算时，收入人工成本率应稳定在合理的水平。人工成本总额的增加反映在员工人数增加和人均人工成本增加两个方面，首先应确定新年度所需员工人数，那么上述公式可以表述为：

$$\text{人均人工成本} = \text{人均销售收入净额} \times \text{收入人工成本率}$$

专家提示

人均人工成本的增长率应该和人均销售收入的增长率保持一致。

2. 劳动分配率法

劳动分配率法是根据对企业增加值的预测，分析企业劳动分配率变化趋势，并参考同行业相关数据，确定企业人工成本的一种方法。

$$\text{人工成本总额} = \text{预期企业增加值} \times \text{劳动分配率}$$

一般情况下，企业做薪酬预算时，劳动分配率应稳定在合理的水平。人工成本总额的增加反映在员工人数增加和人均人工成本增加两个方面，首先应确定新年度所需员工人数，那么上述公式可以表述为：

人均人工成本＝人均企业增加值 × 劳动分配率

专家提示

人均人工成本的增长率应该和人均企业增加值的增长率保持一致。

3. 盈亏平衡点法

盈亏平衡点法是依据盈亏平衡点及安全盈利点确定企业人工成本总额的方法。盈亏平衡点法如图 6-1 所示。

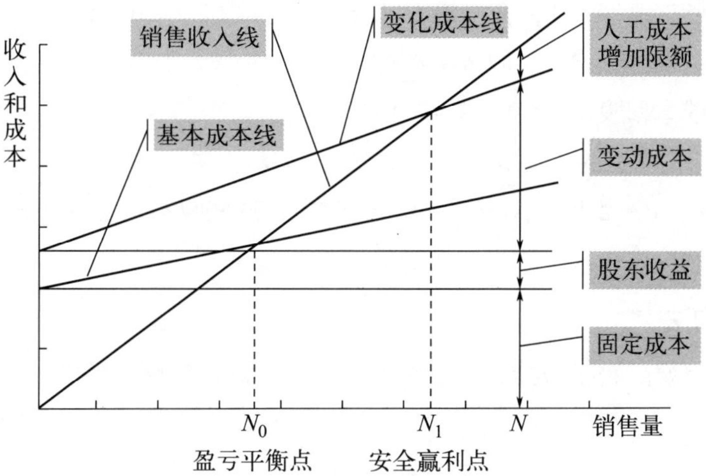

图 6-1　盈亏平衡点法示意图

（1）盈亏平衡点

处于盈亏平衡点时：

销售收入＝产品成本＝产品固定成本＋产品变动成本

为便于表达，用以下符号表示：

P——单位产品售价；

N——产品数量；

F——产品固定成本；

V——单位产品变动成本。

上述式子可以表达为：$P \times N = F + V \times N$

由此可得盈亏平衡点的销量为 $N = F/(P-V)$，（$P-V$）是单位产品收益，盈亏平衡点的含义是产品销售收益达到弥补固定成本的数量就能达到盈亏平衡。

盈亏平衡点的销售收入＝$P \times N = P \times F/(P-V) = F/[(P-V)/P]$，其中（$P-V$）$/P$ 是产品收益率。

（2）安全盈利点

安全盈利点考虑除了弥补固定成本开支外，还要给予股东一定的固定收益保证，以及考虑单位变动成本变化因素（股东提成、人工成本增加等）。假设需要给予股东的固定收益为E，单位产品成本变动ΔV，则安全盈利点公式为：

$$安全盈利点的销售数量N_1=(F+E)/[P-(V+\Delta V)]$$

$$安全盈利点的销售收入=P\times N_1=P\times(F+E)/[P-(V+\Delta V)]$$

$$单位产品成本变动量\Delta V=[P\times N_1-(F+E)]/N_1-V$$

（3）人工成本最大增加额

假设产品价格为P，固定成本是F，股东固定收益是E，单位产品变动成本是V，单位产品变动成本增加值为ΔV，在产量N大于安全盈利点产量的情况下：

$$总收入=P\times N$$

$$固定成本和股东固定收益=F+E$$

$$产品变动成本=(V+\Delta V)\times N$$

那么将有$(P-V-\Delta V)\times N-(F+E)$的收益，这些收益可在人工成本、公司利润之间进行分配，当然这也是人工成本增加的限额。

4. 工效挂钩法

工效挂钩法是对国有企业薪酬管理进行监督、控制的主要方式。

工效挂钩是指企业工资总额同经济效益挂钩。具体做法是：企业根据上级主管部门核定的工资总额基数、经济效益基数和挂钩浮动比例，按照企业经济效益增长的实际情况，提取工资总额，并在国家指导下按以丰补歉、留有结余的原则，合理发放工资。

企业应根据国家关于工效挂钩实施办法的有关文件规定，结合本企业实际情况，选择能够反映企业经济效益和社会效益的指标作为与工资总额挂钩的指标，认真编制工资总额同经济效益挂钩方案，报上级主管部门审核，并经人力资源和社会保障部门、财政部门核定。实施工效挂钩的企业要在批准下达的工资总额基数、经济效益指标基数和浮动比例的范围内，制订具体实施方案，按照分级管理的原则，核定所属企业各项指标基数和挂钩方案。

企业实行工效挂钩办法，应该坚持工资总额增长幅度低于本企业经济效益（依据实现利税计算）增长幅度、职工实际平均工资增长幅度低于本企业劳动生产率（依据净产值计算）增长幅度的原则。上述各指标的计算公式如下。

$$工资总额增长幅度=(本年度提取并实际列支的工资总额\div 上年度提取并实际列支的工资总额-1)\times 100\%$$

$$实现利税增长幅度=(本年度实际实现利税\div 上年度实际实现利税-1)\times 100\%$$

$$职工平均工资增长幅度=(本年度提取并实际列支的平均工资\div 上年度提取并实际列支的平均工资-1)\times 100\%$$

职工平均工资 = 实际提取并列支的工资总额 ÷ 平均职工人数

劳动生产率增长幅度 =（本年度劳动生产率 ÷ 上年度劳动生产率 − 1）× 100%

二、薪酬支付及成本监控

（一）薪酬计算支付

薪酬计算支付包括各种假期薪酬如何计算、薪酬发放形式以及是否保密等有关方面的内容。各种假期薪酬如何计算主要包括两个方面内容：加班薪酬如何计算，缺勤薪酬如何计算。

1. 加班工资计算

加班工资计算问题，国家对工作日延长工作时间、休息日工作、法定休假日工作加班工资标准都有明确规定，即分别支付不低于工资 1.5 倍、2 倍、3 倍的报酬。但事实上，关键问题是如何界定工资基数。由于目前很多企业薪酬结构元素比较复杂，有基本工资、绩效工资、奖金，以哪几部分作为加班工资基数，是值得探讨的问题。

根据目前各地实际情况，确定加班工资基数一般依据以下原则：

① 按照劳动合同约定的劳动者本人工资标准确定。

② 劳动合同没有约定的，按照集体合同约定的加班工资基数以及休假期间工资标准确定。

③ 劳动合同、集体合同均未约定的，按照劳动者本人正常劳动应得的工资确定。

值得注意的是，依照以上原则确定的加班工资基数以及各种假期工资，不得低于当地政府规定的最低工资标准。对于实行月工资制的企业，应将月工资折算为日工资。

2. 缺勤工资、奖金计算

缺勤包括三种情况：第一种是符合国家规定的假期，如生育假、产假、婚丧假、工伤假、探亲假、带薪假期等；第二种是出于个人原因且经批准的，如事假、病假；第三种是出于个人原因而未经批准的，如旷工等。

针对第一种情况，政府部门一般都有相应规定，但如何确定工资基数存在同样的问题，不同的地区有不同的规定，但假期工资不能低于最低工资标准是最基本的原则。

针对第二种情况，关于事假，可以全额扣除所有工资，但在企业操作中，根据企业文化特征和薪酬计算方便性，一般扣除固定工资、绩效工资、奖金、补贴的全部或部分；对于病假，国家和地方也有相应法规规定。长期病假薪酬问题是非常棘手的问题，因为长期患病员工一般生活比较困难，较少发放薪酬会对其生活带来严重影响，因此大部分公司都给予病假员工较多关照，但问题是如果不能严格执行病假批准程序，可能会被某些懒散员工所利用，小病变大病，长期泡病号，这样会给企业带来严重的负面影响。

针对第三种情况，关于旷工怎么扣工资，法律没有明确规定，一般由企业自行掌握，根据制度执行，但企业薪酬制度应得到员工认可并在劳动和社会保障部门备案。另外，不同所有制企业关于旷工的处理也不尽相同，在此不详细讲述。

3. 薪酬支付时机的选择

对于薪酬支付的时机，不同的员工会有不同的心理需求。同一员工由于年龄的增长、经济状况的改变、企业经营环境变化等因素的影响，对薪酬支付的时机也会有不同的偏好。选择支付时机，一般要考虑以下因素。

（1）员工年龄因素的影响

有关研究表明，人的时间感会随着年龄的增长而变快，对于同一个时间单位，年轻人感觉过得慢，而年长的员工感觉过得快。另外，年长员工一般比年轻员工忠诚度高，经济状况会好一些。因此，对年轻员工必须及时支付，无论是发放奖金还是其他激励措施，都应及时进行激励；而对年长员工，可以一定程度延时支付。

在薪酬管理实践中，年长员工大部分比较认可奖金到年终发放，而年轻员工一般对这种方式不认可。其主要原因是：年长员工对年终奖金的预期比较肯定，认为一定会得到这笔奖金，同时年底发放数额较大，相当于平时省下来这笔钱；年轻员工不认可的理由是，他们不确信年底能否得到这笔钱，同时平时收入少、入不敷出，也使年轻员工希望及时兑现奖金。

（2）员工不同知识水平的影响

员工的知识水平、心理素质、人生价值观不同，对薪酬的认识和感受也不一样。对于职务较高、自制力强、知识水平较高的员工，可以采取延时支付，因为频率过高而强度不大的激励对他们的激励作用不是很大；而对于心理素质较差、工作积极性不高的低层级岗位员工，应该采取及时激励。

（3）根据企业的需要选择不同的时机

在绩效工资制实施中，绩效工资、奖金发放周期是很重要的问题。发放周期的选择一般需要考虑两方面因素：一方面，发放周期受到绩效考核周期的制约；另一方面，尽量保证低职位员工月度收入水平，以满足其基本生活所需。

专家提示

薪酬计算应该根据制度规定及时进行，但薪酬发放可延迟。对于发放周期和考核周期的关系，有三种处理方法，应根据企业实际情况选用。

一是绩效考核后发放。

二是按月度预发，绩效考核后多退少补。

三是将上一考核期间的考核结果作为下一考核期间绩效工资计算、发放的依据。

以下是某国际工程集团对项目负责人年度绩效薪金及奖励薪金发放实例。

1. 年度绩效薪金发放

若年度绩效考核系数低于1，年度绩效薪金全额发放。

若年度绩效考核系数高于1，则超过1的部分对应年度绩效薪金发放一半，其余一半待项目结束，经审计确认项目最终实现利润目标的，一次性清算兑现；未完成利润目标的，预留的绩效薪金不予兑现。

2. 奖励薪金发放

项目班子成员激励薪酬年度平均20万元以内部分一次性发放；其余部分延期发放，每年最多发放50万元，直至兑现完毕。延迟发放期间，项目班子成员必须与客户保持密切沟通，及时解决有关问题。

项目质保期内，出现质量问题，若对项目利润核算产生比较大的影响，则重新计算项目负责人激励薪酬数值，并按调整后的数值进行发放，以前年度既往发放不做追溯调整。

4. 薪酬保密策略

企业为员工支付薪酬的方式有两种：保密式和公开式。

很多企业支付薪酬采取保密形式，其目的是通过将薪酬数据信息保密，减少员工在薪酬分配方面的矛盾，避免使员工感到不公平。但是这种方法往往会起到相反的效果，越是保密员工越是猜疑，从而引起员工的不公平感。

采取薪酬公开政策的企业往往强调公平、公正、公开原则，注重内部公平和外部公平，公开式薪酬可以将有关信息传达给员工，实现薪酬的激励作用。

既然目前很多企业采取薪酬保密制度，说明薪酬保密有其合理性，是适合其企业现状的。保密薪酬在以下几个方面为人力资源管理者带来好处：

✧ 能给管理者以更大的自由度，使其不必为所有的工资差异做出解释。

✧ 实行薪酬保密制度，可以拉开较大的薪酬差距而不致引起员工的不满，有利于人员的稳定和公司的发展。

✧ 对收入低和绩效差的员工，避免薪酬公开使他们感到难堪。

专家提示

企业到底是实行薪酬保密制度还是薪酬公开制度，应该根据企业的实际情况来确定。从理论上讲，薪酬公开是追求过程公平，但过程公平发挥作用的前提是能实现结果公平，如果结果不公平，过程公平将失去意义。

如果企业薪酬管理、绩效管理水平都较高，能做到薪酬的内部公平和外部竞争性，实行薪酬公开制度无疑是正确的；但如果企业基础管理水平较差，没有系统的绩效考核系统支撑，同时员工内部收入差距还比较大，这种情况就应该实行薪酬保密制度。

需要注意的是，对薪酬公开应该有正确认识。薪酬公开并不是薪酬制度、各岗位薪酬数据都公开，因为薪酬是公司最核心的机密，薪酬公开只是相对的。一般情况下，员工可以知道相关岗位员工薪酬大致范围、本岗位薪酬数据及晋级空间，至于其他无关岗位员工薪酬是没必要知晓的。

专家提示

薪酬公开更应在薪酬计算和发放环节，本部门所有员工绩效考核等级以及绩效工资数额、奖金数额等方面让大家互相知晓，以激励业绩优异者，鞭策业绩低下者。

（二）薪酬成本控制

对企业薪酬成本进行控制是现代企业必须研究的课题。企业存在的目的就是创造价值、实现利润，因此对成本（包括人工成本）进行控制是非常必要的。

在进行薪酬成本控制时，一方面要加强对薪酬制度执行情况的监控，保证企业所有员工都按照公司薪酬制度计付薪酬，不能存在超标准发放薪酬现象；另一方面，企业在进行薪酬设计时，要考虑以下几方面因素。

✧ 企业应密切关注人力资源市场变化情况，建立关键岗位市场薪酬数据库，根据市场薪酬变化及时对公司薪酬进行调整，以保持薪酬的竞争性；对关键岗位人员以及企业急缺岗位人员采取竞争性薪酬策略，对低层级岗位员工采取与市场薪酬水平相同的策略。

✧ 企业应该实行业绩导向的薪酬制度，增加绩效工资及奖金比重，减少固定工资和津贴补贴项目。将员工薪酬与个人、部门以及企业整体业绩联系起来，在对员工实现激励作用的同时，将员工的收入与企业整体效益相联系，一方面增强员工的主人翁责任感，使员工与企业命运休戚相关；另一方面在企业效益处于低谷时，能实现一定程度的人工成本控制。

✧ 正确理解内部公平的含义，通过薪酬体现岗位的差别，调动员工积极性，促使员工创造更大价值；优化岗位配置，建立竞聘上岗机制，使员工"能上能下"，大幅减少人工成本，同时给予员工一定压力，保持工作积极性。

✧ 人工成本控制绝不意味着对所有人员、所有岗位人员都进行控制，人工成本控制应该站在投入产出的角度，对企业价值创造做出突出贡献的人员，一定要给予充分激励，成本控制主要是对企业价值创造贡献小的人员和岗位。

✧ 人工成本控制不仅要重视工资、社会保险等直接人工成本，对于招聘、培训、解聘员工等方面的间接成本也要控制。招聘一个员工的成本很大，而解聘一个不合格员工往往也要付出很大成本。因此，要加强招聘、培训以及合同管理工作，提高这些方面的工作质量对企业人工成本控制具有非常重要的意义。

管理小案例：工资总额调整系数确定

① 工资总额调整系数＝年度工资总额差额 / Σ（个人月度绩效工资标准 × 个人年度绩效考核系数）。

② 工资总额调整系数分为集团公司工资总额调整系数以及各二级企业工资总额调整系数。

③ 集团公司工资总额调整系数由集团人力资源部根据工资总额差额以及员工绩效考核结果计算，报集团会议研究确定。

④ 二级企业工资总额调整系数由二级企业根据工资总额差额以及员工绩效考核结果计算，经集团人力资源部审核，报集团会议研究确定。

（三）薪酬支付案例

以下是某国有企业薪酬支付说明。

1. 工资的计算周期为每月 1 日至 30 日（31 日）。

2. 员工无论何种原因缺勤，都不能享有全部岗位工资待遇。下列情形的员工薪酬计算方式如下：

（1）病假、婚丧假、产假、生育假、工伤假以及其他假期，根据公司相关规定执行。

（2）事假：按事假天数扣除相应的基本工资以及绩效工资。

（3）旷工：按日工资的 2 倍扣除工资。

（4）员工因违反公司规章制度而被停工检查的，停工期间停发工资。

（5）不能胜任本职工作又不听从公司安排的员工，公司依据有关规定解除与该员工的劳动合同。

3. 每月 15 日为发薪日，公司从指定的银行以法定货币（人民币）向员工支付工资。对于享有季度绩效工资的员工，每个季度前两个月绩效工资按照考核系数为 1 预发，等季度考核后根据考核系数第三个月统一核算发放。

4. 下列各款项须直接从工资中代扣除：

（1）应由员工个人缴纳的社会统筹保险金；

（2）与公司订有协议应从个人工资中扣除的款项；

（3）法律、法规规定的以及公司制度规定的应从工资中代扣除的款项（如罚款）；

（4）司法、仲裁机构判决、裁定中要求代扣的款项。

5. 行政人事部负责编制每月工资表，分管领导审核、总经理审核、董事长审批后，由财务部执行。

三、薪酬调整

企业薪酬体系运行一段时间后，随着企业发展战略以及人力资源战略的变化，现行的薪酬体系可能不再适应企业发展的需要，这时应对企业薪酬管理进行系统的诊断，确定新的薪酬策略，同时对薪酬体系做出调整。

薪酬调整是保持薪酬动态平衡、实现组织薪酬目标的重要手段，也是薪酬管理的日常工作。薪酬调整包括薪酬水平调整、薪酬结构调整和薪酬构成调整三个方面。

（一）薪酬水平调整

薪酬水平调整是指在薪酬结构、薪酬构成等不变的情况下，将薪酬水平进行调整的过程。薪酬水平调整包括薪酬整体调整、薪酬部分调整以及薪酬个人调整三个方面。

1. 薪酬整体调整

薪酬整体调整是指企业根据国家政策和物价水平等宏观因素的变化、行业及地区竞争状况、企业发展战略变化、公司整体效益情况以及员工工龄和司龄变化，而对企业所有岗位人员进行的调整。

薪酬整体调整就是整体调高或调低所有岗位和任职者的薪酬水平。整体调整的方式一般有以下几种。

（1）等比例调整

等比例调整是所有员工都在原工资基础上增长或降低同一百分比。等比例调整使工资高的员工调整幅度大于工资低的员工。从激励效果来看，这种调整方法能对所有人产生相同的激励效用。

（2）等额调整

等额调整是不管员工原有工资高低，一律给予等幅调整。

（3）综合调整

综合调整考虑了等比例调整和等额调整的优点，同一职等岗位调整幅度相同，不同职等岗位调整幅度不同。一般情况下，高职等岗位调整幅度大，低职等岗位调整幅度小。

专家提示

在薪酬管理实践中，薪酬的整体调整是通过调整工资或津贴补贴项目来实现的。

如果是因物价上涨等因素增加薪酬，应该采用等额调整，一般采取增加津贴补贴项目数额的方法。

如果是因外部竞争性以及企业效益进行调整，应该采用等比例调整法或综合调整法。一般都是通过调整岗位工资来实现，可以对每个员工岗位工资调整固定的等级，也可以直接调整工资等级档序表。

如果是因工龄（司龄）因素进行调整，一般采取等额式调整，对工龄（司龄）工资或津贴进行调整。

2. 薪酬部分调整

薪酬部分调整是指定期或不定期根据企业发展战略、企业效益、部门及个人业绩、人力资源市场价格变化、年终绩效考核情况，而对某一类岗位任职员工进行的调整。这部分员工可以是某一部门员工，也可以是某一岗位序列员工，抑或是符合一定条件的员工。

年末，人力资源部门根据企业效益、物价指数以及部门、个人绩效考核情况，提出岗位工资调整方案，经公司讨论后实施。一般情况下，个人绩效考核结果是员工岗位工资调整的主要影响因素。对年终绩效考核结果优秀的员工，进行岗位工资晋级激励；对年终绩效考核结果不合格的员工，可以进行岗位工资降级处理。

根据人力资源市场价格变化，可以调整某岗位序列员工薪酬水平。薪酬调整可以通过调整岗位工资，也可以通过增加奖金、津贴补贴项目等形式来实现。

根据企业发展战略以及企业效益情况，可以调整某部门员工薪酬水平。薪酬调整一般不通过调整岗位工资实现，因为那样容易引起其他部门内部的不公平感，一般情况下是通过增加奖金、津贴补贴项目等形式来实现。

3. 薪酬个人调整

薪酬个人调整是由于个人岗位变动、绩效考核或者为企业做出突出贡献而给予岗位工资等级的调整。

员工岗位变动或者试用期满正式任用后，要根据新岗位进行工资等级确定；根据绩效管理制度，绩效考核优秀者可以晋升工资等级，绩效考核不合格者可以降低工资等级；对公司做出突出贡献者，可以给予晋级奖励。

（二）薪酬结构调整

在薪酬体系运行过程中，企业发展战略会发生变化，组织结构也会随着战略变化而调整，尤其是在组织结构扁平化趋势下，企业的职务等级数量会大大减少；另一方面，由于受到劳动力市场供求变化的影响，企业不同层级、不同岗位薪酬差距可能发生变化，这些都会对薪酬结构的调整提出要求。

一般情况下，通过调整各岗位工资基准等级，就能实现不同岗位、不同层级薪酬差距调整要求；但当变化较大，现有薪酬结构不能适应变化后的发展要求时，就需要对公司的薪酬结构进行重新调整设计。薪酬结构的调整设计包括薪酬职等数量设计、职等薪酬增长率设计、档序数量设计以及档序档差设计等各方面。

需要指出的是，在进行薪酬体系设计时，要充分考虑薪酬结构变化的趋势和要求，使通过调整各岗位工资基准等级档序，就能实现薪酬的结构调整，这样操作简单、方便；不到万不得已，不要轻易进行薪酬结构的重新设计。

（三）薪酬构成调整

薪酬构成调整就是调整固定工资、绩效工资、奖金以及津贴补贴的比例关系。

一般情况下，固定工资和绩效工资是通过占有岗位工资比例来调整的。在企业刚开始进行绩效考核时，往往绩效工资占有较小的比例；随着绩效考核工作落到实处，绩效工资可以逐步加大比例。

津贴补贴项目也应根据企业的实际情况进行调整，在那些津贴补贴理由已经不存在的情况下，应该取消相应的津贴补贴项目。

奖金根据企业效益情况以及人力资源市场价格进行增加或降低的调整。

（四）薪酬调整注意事项

1. 薪酬调整要注意系统性、均衡性

薪酬调整是牵一发而动全身的，无论是薪酬的整体调整、部分调整、个人调整，还是薪酬结构调整、薪酬构成调整，都涉及员工的切身利益。因此，薪酬调整要慎重，注意系统性，同时注意不同层级、不同部门员工薪酬的平衡。此外，薪酬调整应保持常态，不能一次调整幅度过大。

2. 要建立薪酬调整长效机制

建立薪酬调整长效机制，使员工收入增长与企业效益、物价上涨水平保持同步，使业绩优秀者得到晋级，使业绩低下者薪酬不能得到增长。

以下是国家烟草专卖局在《关于进一步深化烟草行业收入分配制度改革的意见》中，有关建立工资收入正常调整机制的条款：

一是通过岗位变动调整工资，通过公开选拔、竞争上岗、择优聘用等实现“岗变薪变”。

二是通过岗位等级变动调整工资，通过专业技术职务评聘、职业资格认证以及工作业绩考核等实现“等级能升能降”。

三是通过岗位档次变动调整工资，通过年度绩效考核，确定进退档比例，对考核优秀者直接晋升一档；对连续两年考核称职者晋升一档；对考核基本称职者不调档；对考核不称职及连续两年考核基本称职者降一档。

从以上条款可以看出，国家烟草专卖局对薪酬个体调整做了明确说明，在岗位变动、职务晋升、年度考核等方面对薪酬调整都做出了规定。

从这些内容可以看出，国家烟草专卖局的目的是改变过去事业单位工资两年一次整体调整的做法，而是根据绩效考核做部分调整，业绩好的每年可以晋升一级，业绩一般的两

年晋升一级，业绩较差的不晋级甚至降级。

以下是某央企二级公司薪酬调整机制。

一、长效调资机制

副处级以上干部的年度绩效考核结果为“合格”每 2 年上调 1 档，年度绩效考核“优秀”按 1.5 年计，年度绩效考核“不合格”当年不算再扣除 1 年，年度绩效考核为“待改进”等级当年不参与计算，调薪后剩余的调薪年限保留。

职位层级晋升的，调薪年限按新职级重新确定；职位层级降低的，调薪年限按高职级与低职级任职期间累计计算；同职位层级调动的，调薪年限按同职级任职期间累计计算。

二、同职位层级内岗位变动

岗位晋升的，薪档按就近就高的原则确定；岗位降低的，薪档不变。因个人原因调岗（包括年度绩效考核合格以下调岗、本人申请调岗、不符合岗位上岗要求调岗、待岗后恢复上岗），按新岗位最低薪档执行。

聘任主任助理职务并继续兼任原职级职务，在原薪级基础上提高 1 档；仅聘任主任助理职务不兼任原职级职务，在原薪级基础上提高 1 档。

主持工作的副职（处、科），在原薪级基础上提高 1 档；停止主持工作后恢复原薪档。不再担任职务的二线干部：薪档降低 2 档，最低降至一档。

无行政级别的科室负责人，在以下两标准中取高者，停止负责后恢复原薪级：

a. 在原薪级基础上提高 1 档；

b. 该科室正职最低档。

三、职位层级晋升或降低

职位层级晋升按新岗位最低档确定，若新岗位工资标准降低的，薪档按就近就高的原则确定。职位层级晋升兼任原职务的，再高套 1 档。

职位层级降低按实质上胜任新岗位工作内容的年限确定薪档。

四、薪酬制度案例——薪酬调整、计算与支付

（一）某地方国有企业薪酬调整、计算与支付案例

1. 薪酬调整

薪酬调整分为整体调整和个别调整。

整体调整，可调整工资等级档序表。根据主业公司薪酬政策调整，综合管理部同步制订公司薪酬整体调整方案，分管领导审核，报董事长审批执行。

个别调整是个人岗位工资调整，包括岗位变动调整、工资晋级（降级）调整。

由于岗位变动，岗位工资进行相应调整。岗位变动分为同职等岗位变动、职等晋升岗

位变动、职等降低岗位变动三种情况。

▪ 员工岗位发生同职等岗位变动，若新岗位工资基准等级高于原岗位工资基准等级，那么员工岗位工资相应上调几级；若新岗位工资基准等级等于原岗位工资基准等级，员工岗位工资等级不变；若新岗位工资基准等级低于原岗位工资基准等级，如果是因工作需要进行的岗位变动，应该以员工工资不能降低为原则套入新的工资等级，如果是因员工不胜任岗位工作而进行的调整，则应对岗位工资进行相应等级的向下调整。

▪ 员工发生职等晋升岗位变动，那么岗位工资应进行调整，直接按初始定级进行。若新岗位工资基准等级标准低于原岗位工资标准，应该将该员工岗位工资上浮一定薪级以便不低于原工资标准。

▪ 员工发生职等降低岗位变动，岗位工资应进行调整，直接按初始定级进行。

岗位变动工资调整由综合管理部提出建议，分管领导审核，报董事长审批。

2. 薪酬计算与支付

工资的计算周期为每个自然月。

下列情形的员工薪酬计算方式如下：

▪ 病假。短期病假（6 个月以内）按以下标准支付工资：连续工龄不满 2 年的，病假日固定工资按 60% 计发；连续工龄满 2 年不满 4 年的，病假日固定工资按 70% 计发；连续工龄满 4 年不满 6 年的，病假日固定工资按 80% 计发；连续工龄满 8 年及以上的，病假日固定工资按 100% 计发。病假日扣发日绩效工资。长期病假（6 个月以上）按以下标准支付工资：连续工龄不满 1 年的，病假日固定工资按 40% 计发；连续工龄满 1 年不满 3 年的，病假日固定工资按 50% 计发；连续工龄满 3 年及以上的，病假日固定工资按 60% 计发。病假日扣发日绩效工资。

▪ 婚丧假、产假、计划生育假、工伤假、年休假以及其他假期，根据公司相关规定执行。

▪ 事假。按事假天数扣除相应的固定工资以及绩效工资。

▪ 其他奖励或处罚的工资，根据公司有关规定执行。

不能胜任本职工作又不服从公司安排的员工，公司依据有关规定处理。

当月月底前发薪，公司从指定的银行以法定货币（人民币）向员工支付工资。对于享有季度绩效工资的员工，每个季度前两个月绩效工资按照考核系数为 1 预发，等季度考核后根据考核系数第三个月统一核算发放。

下列各款项须直接从工资中代扣除：

▪ 应由员工个人缴纳的社会统筹保险金、住房公积金等；

▪ 与公司订有协议应从个人工资中扣除的款项；

▪ 法律、法规规定的以及公司制度规定的应从工资中代扣除的款项（如罚款）；

▪ 司法、仲裁机构判决、裁定中要求代扣的款项。

综合管理部负责编制每月工资表，分管领导审核，董事长审批后，由财务资产部执行发放。

（二）某民营企业集团薪酬调整、计算与支付案例

1. 薪酬调整

薪酬调整分为整体调整和个别调整。

整体调整指公司根据国家政策和物价水平等宏观因素的变化、行业及地区竞争状况、企业发展战略变化以及公司效益情况而对所有岗位或某序列岗位员工的岗位工资基准等级进行的调整，包括薪酬水平调整和薪酬结构调整。薪酬整体调整由公司人力资源部提出方案，总裁审批。

个别调整是个人岗位工资调整，包括初始定级、岗位变动调整、绩效考核调整、年度调整。

初始定级：

▪ 试用期满经考核合格员工一般情况下就定在岗位工资基准等级，定档由人力资源部门与用人部门商讨确定。根据考核结果可低定 1～3 档，某些技能、资历较高任职者可高定 1～5 档，高定档序须经公司总裁审批。

▪ 晋级经理级以上管理岗位的员工，可低定 1～3 档。定档由人力资源部门与用人部门商讨确定。

由于岗位变动，岗位工资进行相应调整。岗位变动分为同职等岗位变动、职等晋升岗位变动、职等降低岗位变动三种情况。

▪ 员工岗位发生同职等岗位变动，若新岗位工资基准等级档序高于原岗位工资基准等级档序，那么员工岗位工资相应上调几级；若新岗位工资基准等级档序等于原岗位工资基准等级档序，员工岗位工资等级不变；若新岗位工资基准等级低于原岗位工资基准等级档序，如果是因工作需要进行的岗位变动，应该以该员工工资不能降低为原则套入新的工资等级档序，如果是因员工不胜任岗位工作而进行的调整，则应对岗位工资进行相应档序的向下调整。

▪ 员工发生职等晋升岗位变动，那么岗位工资应进行调整，直接按初始定级进行。若新岗位工资基准等级档序标准低于原岗位工资标准，应该将该员工岗位工资上浮一定档序以便不低于原工资标准。

▪ 员工发生职等降低岗位变动，岗位工资应进行调整，直接按初始定级进行。

部门员工岗位变动工资调整由人力资源部门和用人部门商讨确定，公司总裁审批。中高层管理岗位岗位变动工资调整由人力资源部门和公司总裁商定。

公司实行业绩导向的工资晋级（降级）机制，工资晋级（降级）调整根据绩效管理制度执行。

- 员工年度内两次待改进或有不合格等级，岗位工资降一级。
- 员工季度考核发生不合格等级，年度工资调整不予晋级。

每年年底，由人力资源部提出岗位工资调整（晋级或降级）方案，该方案应充分考虑公司经济效益、物价上涨水平以及绩效考核结果情况，该方案经公司总裁审批后实施，新工资标准自新年度 3 月份执行。如果外部经济形势较差，公司业务发展不乐观，公司运营存在一定压力，将进行全公司整体薪酬或业务板块薪酬向下调整。

2. 薪酬计算与支付

工资的计算周期为每个自然月。

下列情形的员工薪酬计算方式如下：

- 病假、婚丧假、产假、计划生育假、工伤假、年休假以及其他假期，根据国家相关规定执行。
- 事假：按事假天数扣除相应的固定工资以及绩效工资。
- 旷工：扣除日工资标准 3 倍，连续旷工超过一定天数按公司规定处理。
- 员工因违反公司规章制度而被停工检查的，停工期间停发工资。

每月 10 日为发薪日，公司从指定的银行以法定货币（人民币）向员工支付工资。对于享有季度绩效工资的员工，每个季度前两个月绩效工资按照考核系数为 1 预发，等季度考核后根据考核系数第三个月统一核算发放。

下列各款项须直接从工资中代扣除：

- 应由员工个人缴纳的社会统筹保险金、住房公积金等；
- 与公司订有协议应从个人工资中扣除的款项；
- 法律、法规规定的以及公司制度规定的应从工资中代扣除的款项（如罚款）；
- 司法、仲裁机构判决、裁定中要求代扣的款项。

人力资源部门负责编制每月工资表，经总裁批准后，由财务部执行。

第七章

企业绩效管理剖析

绩效管理就是通过适当的激励机制激发人的主动性、积极性，激发组织和员工争取内部条件的改善，提升技能水平，进而提升个人和组织绩效。

绩效管理不仅能促进组织和个人绩效的提升，还能促进管理流程和业务流程优化以及组织基础管理水平的提高，从而最终保证组织战略目标的落地。影响绩效的主要因素有员工技能、外部环境、内部条件以及激励效应。

对绩效管理的错误认识，是绩效管理推行效果不佳最根本的原因，也是最难突破的障碍。薪酬绩效管理理念和工具要与东方人性格特征以及社会发展阶段相结合。绩效管理需要很多工具、方法和技巧，要加强对各级管理者和员工进行绩效管理有关工具、方法、技巧的培训。

绩效管理获得良性循环，以下三个环节非常重要：目标管理环节、绩效考核环节、激励控制环节。

制定绩效目标时要对外部环境做充分的估计，对内部资源条件做详细的分析，结合员工技能水平制定合理、可行的绩效目标，这样才可能对员工有激励作用。

绩效考核是对部门或个人阶段工作成果的评估和等级确定的过程。绩效考核的目的是对组织、个人绩效进行准确识别和有效区分，为激励机制应用提供基础依据。绩效考核体系和绩效考核指标体系存在缺陷，是绩效管理不能取得成效的重要原因。薪酬绩效管理方式方法要与公司发展战略以及公司决策领导管理风格相匹配。

激励效应取决于目标效价和期望值的乘积。只有目标效价和期望值都较高，激励效应才会大。

一、绩效管理的含义

绩效是在当今管理者口中用得比较多的一个词语，但是很少有人对绩效、绩效管理、绩效考核有正确的理解，甚至一些管理专家对绩效考核的认识也存在问题。认为绩效考核就是为了分好奖金、发好绩效工资等，这种认识是错误的。

绩效管理、绩效考核并不是企业该不该推行的问题，而是应该如何系统、完善、有效地推行的问题。企业从成立那一天起就有绩效管理，也有绩效考核，只不过方式方法有所不同而已。

到底什么是绩效？什么是绩效管理？什么是绩效考核？下面我们重新梳理一下这几个概念。

1. 什么是绩效

绩效是指团队或个人在一定期间内投入产出的效率与效果，其中投入指的是人、财、物、时间、信息等资源，产出指的是工作任务和工作目标在数量与质量等方面的完成情况。

绩效包括组织绩效、部门绩效和个人绩效三个层面；绩效的三个层面之间是支撑与制约的关系（如图 7-1 所示）。

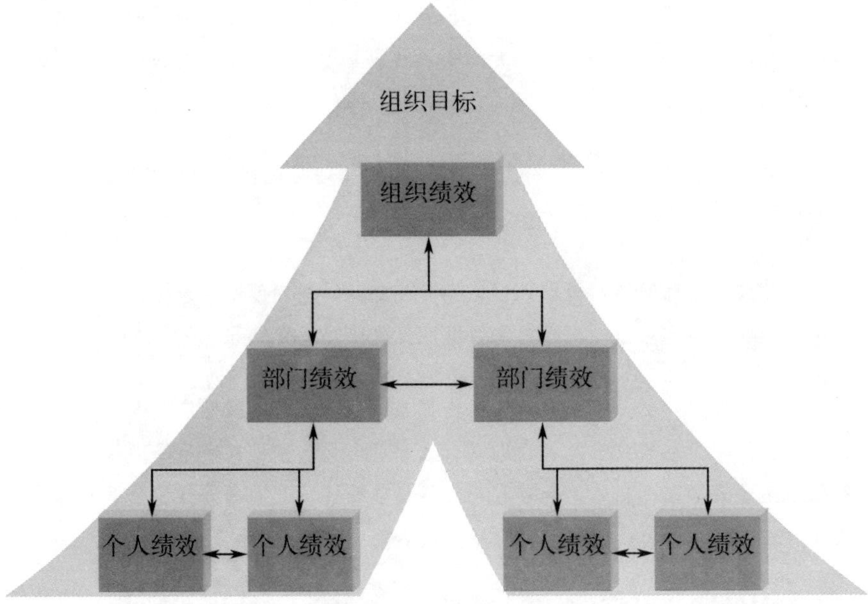

图 7-1　绩效的三个层次

首先，个人绩效水平支撑着部门的绩效水平，部门的绩效水平支撑着组织的绩效水平；反过来，组织绩效水平制约着部门的绩效水平，部门的绩效水平制约着个人的绩效水平。

其次，部门之间绩效水平、岗位之间绩效水平也是相互支撑与制约的。比如生产部门与销售部门绩效水平是相互支撑的，只有良好的产品品质、交货及时性以及适当的产品价格才能支撑销售取得更好的业绩；同样只有良好的销售增长才能支撑生产部门生产更多的产品，生产成本自然会降低。生产部门与销售部门绩效水平也是相互制约的，销售部门工作不力会导致订单不足，订单不足会制约生产部门产量；生产部门产品质量出现问题，会导致销售下滑，制约销售部门的工作。

2. 什么是绩效管理

所谓绩效管理，是指各级管理者和员工为了达到组织目标，共同参与的绩效计划制订、绩效辅导沟通、绩效考核评价、绩效结果应用，使绩效提升的循环过程（见图 7-2）。绩效管理的目的是持续提升个人、部门和组织的绩效。

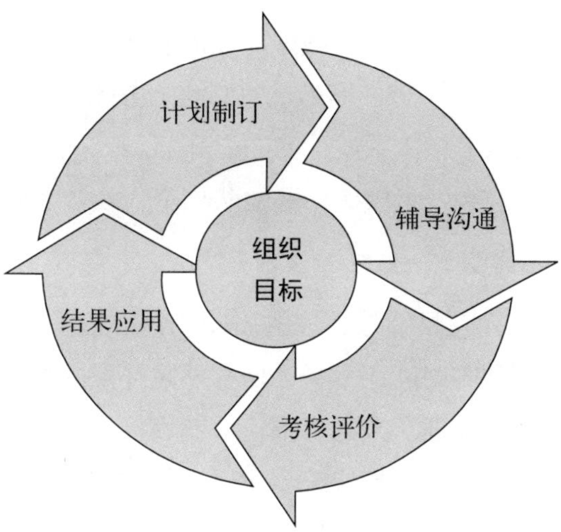

图 7-2　绩效管理循环

专家提示

绩效管理强调组织目标和个人目标的一致性，强调组织和个人同步成长，形成多赢局面。绩效管理体现着“以人为本”的思想，在绩效管理的各个环节中，都需要管理者和员工的共同参与。

计划制订是绩效管理的前提，不能制订合理的绩效计划就谈不上系统的绩效管理；辅导沟通是绩效管理的基础，辅导沟通不到位，绩效管理就难以实现卓越绩效；考核评价是绩效管理的核心，这个环节出现问题会对绩效管理产生负面影响；结果应用是绩效管理取得成效的关键，只有合理地应用绩效考核结果，绩效管理才能取得预期效果。

3. 什么是绩效考核

绩效考核是对部门或个人某一阶段工作成果的评估和等级确定过程。绩效考核是绩效管理的核心环节，其目的是对组织、个人绩效进行准确识别和有效区分，为激励机制的应用提供基础依据。

所谓准确识别，是指对组织贡献大、支撑公司发展战略的行为和结果给予肯定；对工作不力或出现问题，没有对组织做出贡献，不能支撑公司发展战略或给公司带来损失的行为和结果给予否定。

所谓有效区分，是指考核结果等级划分有效，不同考核结果等级之间的绩效有显著差别，考核等级为“优良”的一定比考核等级为“合格”的绩效水平高，考核等级为“不合格”的一定比考核等级为“合格”的绩效水平低。绩效考核的有效性依赖于绩效考核体系以及绩效考核指标体系的科学合理性。

绩效考核体系是团队及个人有关考核事项的说明。绩效考核体系的建立，有利于评价员工的工作状况，是进行绩效管理的基础，也是绩效考核得以公平公正推进的保证。

绩效考核指标是绩效考核得以推进的载体。任何绩效考核都是凭借一定的指标来进行的，没有考核指标就谈不上绩效考核。有效的绩效考核指标是绩效考核取得成功的保证，因此绩效考核指标设计是绩效考核体系设计的中心环节。

完善的绩效考核体系以及绩效考核指标是团队和个人绩效考核有效的保证。

4. 绩效管理的作用和意义

目前对于人力资源管理尤其是绩效管理的质疑和怀疑很多。其实，从世界范围来看，企业进行系统的人力资源管理的时间还不长，现在不是怀疑人力资源管理的时候，而是应该研究如何才能做好人力资源管理。人力资源管理的目标是吸引人才、培养人才和留住人才，因此无论是过去还是现在，无论是传统企业还是互联网企业，人力资源管理都是非常必要和重要的。我们认为，任何组织从诞生起都有使命和目标，绩效管理解决的就是企业战略落地和业绩提升问题，因此，任何企业无论规模大小，无论处于哪个发展阶段，自从诞生那天起就有了绩效管理和绩效考核，只不过是方式方法不同而已。所以，我们不讨论是不是需要绩效管理的问题，而应该探讨如何进行员工激励和绩效考核的问题。

无论处于哪个发展阶段，绩效管理对于提升企业的竞争力都具有巨大的促进作用，进行绩效管理都是非常必要的。绩效管理对于处在成熟期的企业而言尤为重要。如果没有有效的绩效管理，组织和个人的绩效得不到持续提升，企业将不能适应残酷的市场竞争，最终被市场淘汰。

很多企业投入了较多的精力进行绩效管理的尝试。许多管理者认为，公平客观地评价员工的贡献，为员工薪酬发放提供基础依据，激励业绩优秀的员工，督促业绩低下的员工，是进行绩效管理的主要目的。上述观点并没有错误，但认为绩效考核就是绩效管理，绩效考核的作用就是为薪酬发放提供依据，这种认识还是片面的。

专家提示

绩效管理不仅能促进组织和个人绩效的提升，还能促进管理流程和业务流程优化以及企业基础管理水平的提高，从而最终保证组织战略目标的落地。

（1）绩效管理促进组织和个人绩效的提升

一方面，绩效管理通过设定科学、合理的组织目标、部门目标和个人目标，为企业员工指明了工作方向。管理者通过绩效辅导沟通及时发现下属工作中存在的问题，给下属提供必要的工作指导和资源支持；下属通过工作态度以及工作方法的改进，保证绩效目标的实现。在绩效考核评价环节，对个人和部门的阶段工作进行客观、公正的评价，明确个人和部门对组织的贡献，通过多种方式激励高绩效部门和员工继续努力提升绩效，督促低绩效部门和员工找出差距、改善绩效。在绩效反馈面谈过程中，通过考核者与被考核者面对面的交流沟通，帮助被考核者分析工作中的长处和不足，鼓励下属扬长避短，促进个人得到发展；对绩效水平较差的组织和个人，考核者应帮助被考核者制订详细的绩效改善计划和实施举措；在绩效反馈阶段，考核者应和被考核者就下一阶段工作提出新的绩效目标并达成共识，被考核者承诺目标的完成。在企业正常运营情况下，部门或个人新的目标应超出前一阶段目标，以激励组织和个人进一步提升绩效。经过这种绩效管理循环，组织和个人的绩效就会得到全面提升。

另一方面，绩效管理通过对员工进行甄选与区分，保证优秀人才脱颖而出，同时淘汰不适合人员。绩效管理能使内部优秀人才得到成长，同时吸引外部优秀人才，使人力资源能满足组织发展的需要，促进组织绩效和个人绩效的提升。

（2）绩效管理促进管理流程和业务流程优化以及基础管理水平提高

企业管理涉及对人、对事的管理。对人的管理主要是激励约束问题，对事的管理就是流程问题。所谓流程，就是一件事情或者一项业务如何运作，涉及因何而做、由谁来做、如何去做、做完了传递给谁等几个方面的问题，上述四个环节的不同安排都会对产出结果有很大影响，极大地影响着组织效率。

在绩效管理过程中，各级管理者都应从企业整体利益以及工作效率出发，尽量提高业务处理效率，应该在上述四个方面不断进行调整优化，使组织运行效率逐渐提高。在提升组织运行效率的同时，也逐步优化了企业管理流程和业务流程。

绩效管理能发现企业基础管理中存在的问题，对基础管理提出更高的要求，促进企业基础管理水平的提升。

（3）绩效管理保证组织战略目标的实现

企业一般都会有比较清晰的发展思路和战略，有企业愿景及中长期发展目标，根据外部经营环境的变化以及企业内部条件，制订出年度经营计划及投资计划，并在此基础上确定企业年度经营目标。企业管理者将企业的经营目标向各个部门分解，就成为部门的业绩目标；各个部门目标向每个岗位分解，就成为每个岗位的关键业绩指标。

经营目标的确定过程中要有各级管理人员的参与，让各级管理人员以及基层员工充分发表自己的看法和意见。这种做法一方面保证了企业目标可以层层向下分解，不会遇到太大阻力，同时也能使目标的完成具备群众基础，大家认为目标是可行的，才会努力克服困难，最终促使组织目标的实现。

对于绩效管理而言，企业经营目标的确定与分解是比较重要的环节，这个环节的工作质量对于绩效管理能否取得实效是非常关键的。绩效管理能促进和协调各个部门以及员工向着企业预定目标努力，形成合力，最终能将企业经营目标分解落地，促进企业经营目标的完成，从而保证企业中长期发展目标以及企业愿景的实现。

5. 做好绩效管理的几个关键点

做好绩效管理的几个关键点可以概括为建立激励机制、重视辅导沟通、保证考核有效、狠抓绩效改进。

激励手段、奖励效应在绩效管理中发挥着重要作用。第一，激励内容和方式要恰当，激励内容应是员工需要的，对年轻骨干员工最重要的激励是有良好的职业发展前景、明确的加薪预期、工作做得好的及时肯定。科学系统的职位晋升体系和工资晋级体系是非常重要的。第二，激励机制不仅仅体现在薪酬安排上，在很多方面都应有激励机制，在评价标准的设计上也应是有激励机制的。

辅导沟通非常重要，因为绩效考核本身并不能提高个人和组织的绩效。绩效辅导贯穿绩效管理各个环节，绩效辅导是绩效提升的关键因素，但辅导取得效果的前提还是以主管和员工的积极性为基础。以下两点很关键，第一，管理者需要掌握员工工作进展状况，及时掌握下属的工作进展情况，有助于避免小错误、小偏差的累积酿成大错或造成无法挽回的损失；发现高绩效行为，总结、推广先进工作经验；有利于绩效期末对员工进行公正、客观的考核评估。第二，员工需要管理者对工作进行评价和辅导支持，员工希望在工作中不断得到自己绩效的反馈信息，以便不断提高自己的绩效和发展自己的能力素质。肯定员工的工作成绩并给予明确赞赏，维护和进一步提高员工的工作积极性，是非常重要的。管理者应及时协调各方面资源，对下属的工作进行辅导支持。

考核很关键。绩效考核的目的是对组织、个人绩效进行准确识别和有效区分，为激励机制应用提供基础依据。因此，绩效考核应务实有效。

绩效改进是根本。企业想实现超越，一定需要改进。在以下三个方面不断改进和优化，业绩就会逐步提升。第一，通过绩效考核发现存在的问题，促进企业绩效管理提升，比如财务管理、财务核算、员工培训、员工招聘等。第二，通过绩效考核发现企业流程中存在的问题，促进管理流程和业务流程改善。第三，不断优化考核体系，使绩效考核更有效度，不断提升绩效管理水平。

绩效管理在人力资源管理中处于核心地位。

人力资源管理是站在如何激励人、开发人的角度，以提高人力资源利用效率为目标的管理决策和管理实践活动。

人力资源管理包括人力资源规划、人员招聘选拔、人员配置、工作分析与岗位评价、薪酬管理与激励、绩效管理、员工培训与开发、员工关系等几个环节（见图 7-3）。

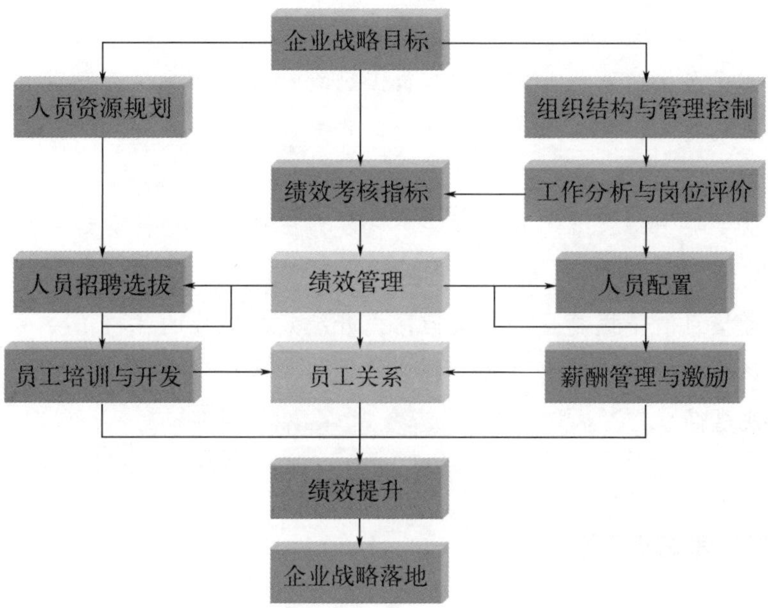

图 7-3 绩效管理是人力资源管理的核心

绩效管理在人力资源管理中处于核心地位。

首先，组织的绩效目标是由企业的发展战略决定的，绩效目标要体现企业发展战略导向，组织结构和管理控制是部门绩效管理的基础，工作分析和岗位评价是个人绩效管理的基础。其次，绩效考核结果在人员配置、培训开发、薪酬管理等方面都有非常重要的作用。如果绩效考核缺乏公平公正性，那么上述各个环节的工作都会受到影响，而绩效管理落到实处将对上述各个环节的工作起到促进作用。

绩效管理与招聘选拔工作以及员工关系管理工作也有密切联系。个人的能力素质对绩效影响很大，人员招聘选拔要根据岗位对任职者能力素质的要求来进行；如果岗位任职者绩效考核不合格，就会对员工关系管理产生影响。

通过薪酬激励激发组织和个人的主动积极性，通过培训开发提高组织和个人的技能水平，能带动组织和个人绩效的提升，进而促进企业发展目标的实现。

组织和个人绩效水平，将直接影响组织的整体运作效率和价值创造，因此衡量和提高组织、部门以及员工个人的绩效水平，是企业经营管理者的一项重要常规工作，而构建和完善绩效管理系统是人力资源管理部门的一项战略性任务。

管理小案例：这样做绩效考核会有效果吗？

水木知行一家客户，主营物业管理行业，分（子）公司很多。公司很重视绩效考核工作，也组织了很多学习，包括阿米巴经营、积分制等，各种方法都有尝试。比如一家分公司对保安的考核做得比较细，采用了积分制，其中一条考核指标为："在岗时不注意形象，站姿不符合要求，一次扣 2 分。"大家可以思考一下，这样的考核到底怎么样？会不会有效果？

该分公司严格按照积分制标准对员工进行考核。如果主管发现保安有站姿不符合要求的行为，将记录下来，并及时告知扣掉 2 分，反映在月度绩效奖金中，就是扣掉三五十元钱。

如果保安一上班，就遇到这样一个状况，该员工的心情会好吗？想必他的心里会不痛快，表情也不会好到哪里去。

绩效考核目的是提高员工积极性，提升绩效，这样的考核不会真正提升业绩，因此不是绩效考核的好办法。企业推进绩效考核没有错，关键是绩效考核的方式方法要得当。

二、如何进行绩效管理

（一）绩效管理模型

影响绩效的主要因素有员工技能、外部环境、内部条件以及激励效应（见图 7-4）。员工技能是指员工具备的核心能力，是内在的因素，经过培训和开发是可以提高的。外部环境是指组织和个人面临的不为组织所左右的因素，是客观因素，是完全不能控制的。内部条件是指组织和个人开展工作所需的各种资源，也是客观因素，在一定程度上我们能改变内部条件的制约。激励效应是指组织和个人为达成目标而工作所表现出来的主动性、积极性，激励效应是主观因素。

专家提示

在影响绩效的四个因素中，只有激励效应是最具有主动性、能动性的因素。人的主动性、积极性提高了，组织和员工就会尽力争取内部资源的支持，同时组织和员工的技能水平也将会逐渐得到提高。

绩效管理就是通过适当的激励机制激发人的主动性、积极性，激发组织和员工争取内部条件的改善，提升技能水平，进而提升个人和组织绩效。

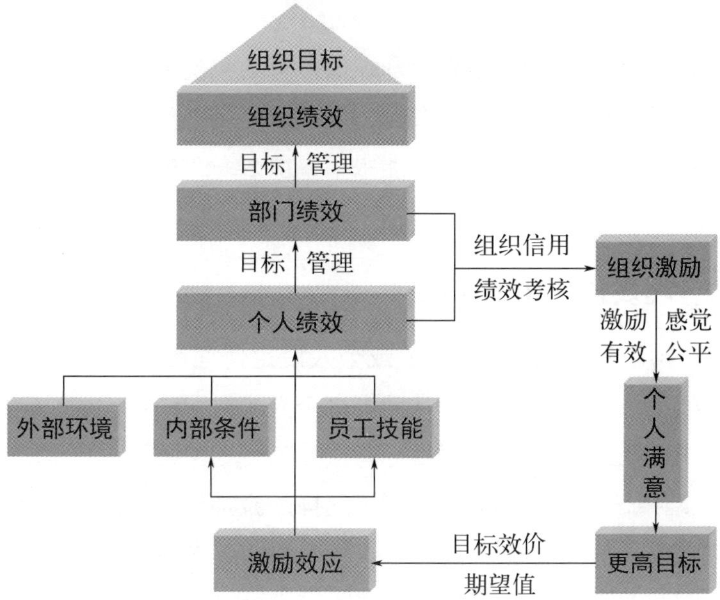

图 7-4 绩效管理模型

决定企业业绩的第一个重要因素是外部环境。如果赶上一个非常好的外部环境，行业在发展，比如赶上了房地产的十年发展黄金期，即使内部管理、激励机制存在一定问题，企业也可以得到发展。如果外部环境不好，企业业绩肯定会受到影响。这就提醒管理者，遇到好的外部环境一定要抓住发展机会，当外部环境不利时，一定要注意收缩，至少不能快速扩张，把不利变成机会，苦练内功，做好管理提升、员工能力提升等方面的工作。

决定企业业绩的第二个重要因素是员工能力。如果员工能力大大低于岗位任职资格要求，那么个人的业绩会低于预期，组织的业绩也会受到影响。应该加强员工的招聘培训以及人才梯队建设工作，使员工的能力素质满足企业发展需要。如果员工能力素质大大高于岗位任职资格要求，说明存在着巨大的人才浪费，要避免企业人工成本过高、员工不满意的情况出现。

决定企业业绩的第三个重要因素是内部条件，包括人、财、物等资源条件以及基础管理、制度流程、发展战略、企业文化等软性因素。企业的发展受到内部条件的制约。因此，应该逐步完善基础管理、加强制度流程建设、明确公司发展战略、加强企业文化建设工作；这样可以提高企业内部条件因素，促进企业竞争力的提升。

决定企业业绩的第四个因素是员工积极性。员工没有积极性，就不会有好业绩。

在这四个因素中，外部环境很关键，员工能力很重要，内部条件也很重要。然而，外部环境企业不能决定，员工能力短期不能提高，企业内部条件有限制，因此短期提升业绩或者希望超越行业发展只有通过激励效应提高员工积极性。同样的道理，在外部环境发生不利变化的情况下，如果想不被市场淘汰，一定要超越同行，这种情况下，员工的激励效应也是非常重要的。

不同的企业选择了不一样的手段来提升绩效，有的重视员工的培训，有的重视制度流程建设，有的则重视企业文化建设。而如果从提高员工积极性入手，通过员工自我激励、自我培养逐步改善内部条件，提高自身技能水平，那么绩效提升就会进入短期、中期、长期的良性循环。

（二）绩效管理发挥作用的机制

绩效管理发挥作用的机制是：对组织或个人设定合理目标，建立有效的激励约束机制，使员工向着组织期望的方向努力，从而提高个人和组织绩效；通过定期有效的绩效评估，肯定成绩，指出不足，对达成组织目标有贡献的行为和结果进行奖励，对不符合组织发展目标的行为和结果进行一定的抑制；通过这样的激励机制促使员工自我开发、提高能力素质、改进工作方法，从而达到更高的个人和组织绩效水平。

专家提示

从绩效管理循环模型中可以看出，要使绩效管理获得良性循环，三个环节是非常重要的：目标管理环节、绩效考核环节、激励控制环节。

目标管理环节的核心问题是保证组织目标、部门目标以及个人目标的一致性，保证个人绩效和组织绩效得到同步提升，这是制订绩效计划时需要解决的主要问题。绩效考核是绩效管理模型发挥效用的基础，只有建立公平、公正、有效的评估系统，对员工和组织的绩效做出准确的衡量，才能对业绩优异者进行奖励，对绩效低下者进行鞭策。如果没有绩效评估系统或者绩效评估结果不准确，将导致激励对象错位，那么整个激励系统就不可能发挥作用。

在绩效管理模型中，激励效应起着非常重要的作用。激励效应取决于目标效价和期望值的乘积。只有目标效价和期望值都较高，激励效应才会大。目标效价是指目标达成所获得的奖励对个体的激励程度或者目标未达成对个体的惩罚程度；期望值是指个体达成目标的可能性与组织承诺兑现的可能性，只有这两个可能性都足够大，期望值才会高。

（三）激励机制建设需要注意的问题

（1）激励内容和激励方式要恰当

从我国目前社会发展阶段以及人民生活水平来看，高层次的精神需求固然重要，但满足人民群众基本生活的较低层次需求仍是目前乃至将来一段时间内企业管理者最应关注的。

在激励方式上要以正激励（奖励）为主，同时不能忽视负激励（惩罚）在某些方面的作用。绩效管理提升的机制在于激励约束的平衡。以“Y 理论”假设为前提，主张员工自我管理和自我控制的管理方式，目前在很多企业还是行不通的；加强绩效考核评估工作，对业绩优异者进行奖励，对业绩低下者进行一定程度的鞭策，还是非常必要的。

只有在激励内容和激励方式都恰当的情形下，目标效价才会有较高值，才能达到激励的目的。

（2）员工绩效目标要合理可行

给员工制定的绩效目标不能过高，也不能过低。过高的绩效目标会使员工丧失信心，即使再强的激励，其效应也会大大降低。

专家提示

制定绩效目标时要对外部环境做充分的估计，对内部资源条件做详细的分析，结合员工技能水平制定合理、可行的绩效目标，这样才可能对员工有激励作用。

（3）管理者要注意维护组织信用

在对员工的奖励、惩罚方面，企业一定要注意组织信用。如果承诺的奖惩不能兑现，会使员工认为即使完成了目标也不会得到奖励，即使没有完成目标或者工作出现重大失误也不会受到惩罚。员工如果有这样的思想意识，说明企业的组织信用出现了问题。因此作为企业管理者，一定要重视组织的信用，做到“言必行，行必果”，树立良好的组织信誉，员工才会为组织目标的实现、为个人目标的实现而竭尽全力。

管理小案例：商鞅“徙木立信”的启示

ZY公司是改制企业，原来是国有建筑设计院，后改制为骨干员工持股的有限责任公司。公司改制后发展很快，员工收入得到较大增长，但公司发展也面临着隐忧，主要问题是项目质量越来越得不到保证。客户经常抱怨项目质量问题，有些设计人员屡次犯同样的错误，虽然每次会议都强调改善设计质量问题，但一直没有明显改观。公司发展一方面得益于市场的快速发展，同时得益于良好的激励机制，公司对业务骨干以及绩效突出者给予丰厚奖励，同时也制定了项目质量责任追究制度。在制度执行过程中，在奖励方面做得很到位，严格按照制度规定执行；但在质量问题处理上，从来没有真正处罚过个人，都只是提出来，没有在经济上进行处罚。造成这种现象的原因一方面是原事业单位的企业文化特点，另一方面也与现任总经理倡导的人性化管理风格有关。

这个案例是组织信用出现问题的典型例子。组织信用出现问题的后果很严重，会给组织带来严重损害，组织信用恢复也不是很容易的事情。商鞅“徙木立信”就是很好的例证。

战国时期，为改变秦国封闭、贫穷、落后的状况，秦孝公力排众议，大胆起用来秦国游学的士子卫鞅（商鞅）推行变法（废井田、开阡陌）。然而由于以往施政者留下的弊端，老百姓对施政者的言行不信任，使卫鞅的改革面临很大的困难。于是卫鞅便在栎阳城中立一长木，宣称只要将此木搬到北门，便可得到十金的重赏。由于老百姓不相信施政者的话，很久都无人问津。后来，卫鞅将赏金由十金增加到五十金。这时候一位叫山甲的青年，因老父病重无钱医治，抱着将信将疑的心态将长木搬到了北门，结果分毫不少地得到了五十金。事后，老百姓对施政者的信任度大大增强，卫鞅的变法得到较快推进。

由此可见，维护组织信用对激励机制发挥作用是非常重要的。组织信用一旦丧失，会给组织带来严重损害，因此管理者一定要“言必信，行必果”。一方面，管理者承诺的奖励事项一定要如期兑现，不能打折扣。有些企业老板在员工业绩大大超过预期的情况下，会以各种理由折减员工相应的奖励，这是非常不可取的；同样在处罚员工方面，也不能太碍于情面。经常对员工网开一面，惩罚就不会对员工起到警示作用了。

（四）卓越绩效管理体系的特点

绩效管理对于企业发展非常重要，有效的绩效管理能激发员工的工作潜能，使组织运转顺畅，促进组织长短期目标的完成；无效的绩效管理则会带来很多问题，降低组织绩效。比如，与企业发展阶段及管理现状不相适应的考核方法不仅不能提高组织绩效，还可能会成为各级管理者的负担，浪费大量时间和资源；不公平的考核结果将影响管理者的可信度，挫伤员工的积极性；缺乏绩效沟通辅导和绩效反馈的绩效管理可能带来考核者和被考核者的对立情绪，进而影响团队合作热情，降低组织绩效。

目前，以绩效管理为核心的人力资源管理普遍得到各企业的重视，一些先进的管理思想和方法不断融合到企业的管理实践中，很多优秀企业不断对绩效管理进行探索和实践，积累了适合企业发展要求的绩效管理工具和方法，绩效管理对组织和个人的绩效提升起到了重要作用。绩效管理发挥作用的机制是通过恰当的激励机制，激发员工的主动性、积极性，以充分利用组织的内部资源并提高员工的能力素质，最大限度地提升个人绩效，从而促进部门和组织绩效提升。

归纳起来，卓越的绩效体系都具备以下基本特征。

（1）体系设计：战略导向、绩效提升、激励机制

绩效管理体系是站在企业战略发展的角度来设计的。卓越的绩效管理不仅可以促进组织和个人绩效的提升，同时能实现企业发展战略导向，使个人目标、部门目标和组织目标保持高度一致。

绩效管理体系也是站在提高组织和个人绩效的角度来设计的。绩效考核工作仅仅是绩效管理工作中的一个环节，绩效计划制订、绩效辅导沟通、绩效结果应用等方面都是绩效

管理工作的重要环节。

建立激励机制要考虑企业员工的成熟度，正激励和负激励要平衡使用，不能走极端。一方面，只有负激励没有正激励是不能调动员工积极性的，而只有正激励缺乏负激励的制度安排在目前条件下也要慎重使用；另一方面，激励内容要符合员工的真正需求，在目前条件下，对大多数企业而言，以物质需求为主要内容的低层次需求对员工来说还是非常重要的，在满足员工低层次需求的同时，也不能轻视高层次需求对于某些员工的作用，因此设计激励内容时要充分考虑社会发展现状以及员工个体实际需求特征。

（2）内部管理：基础管理、执行力、辅导沟通

系统的绩效管理需要具备一定的前提条件，即企业的基础管理水平相对较高，企业文化比较健康，企业发展战略比较清晰，组织结构适应企业发展战略，岗位责权明晰，薪酬体系能实现公平目标和激励作用，企业预算核算体系完备。

系统的绩效管理需要企业具备较强的执行力，企业决策领导对绩效管理有一定的认识，注重绩效辅导和沟通环节。

（3）推进实施：结果导向、过程控制、互动共担、以人为本

绩效考核注重结果考核和过程控制的平衡，对过程控制有实质又有效的办法，用相对科学的方法来设定组织的绩效目标，能得到员工的理解和接受。

绩效管理注重管理者和员工的互动及责任共担，建立有效的激励机制，提高员工工作的积极主动性，鼓励员工自我培养、开发、提高能力素质，进而提升个人和组织绩效。

卓越绩效管理体现以人为本的思想，体现对人的尊重，鼓励创新并保持组织活力，使员工和组织得到同步成长。

三、企业绩效管理现状及分析

（一）企业绩效管理存在的主要问题

1. 绩效管理现实状况

在企业发展的早期，企业规模比较小，经营业务比较单一，管理层次少，决策权集中在老板一人手中，大部分企业没有系统的绩效管理体系，员工干得好与坏就是老板一句话，绩效管理没有受到决策者的重视。

企业进入成长期后，为了适应业务迅速发展的需要，设计合适的组织结构以及制度体系保证企业正常运转显得尤为重要，评价组织和员工的业绩表现越来越受到管理者的重视；但此时企业着眼点还是为工资奖金发放提供依据，在绩效管理的诸环节中，唯有绩效考核评价环节受到了较多的重视。

企业发展进入成熟期后，经营环境比较稳定，面临着越来越激烈的市场竞争，提升组

织和员工的工作绩效成为企业长远发展的根本保证，因此竞争环境迫使企业有意识或无意识地进行着绩效管理。

很多企业都进行过绩效管理的尝试，有些企业绩效考核推行多年，但绩效考核并没有带来业绩的提升，相反成为各级管理人员的负担，主要表现在以下几个方面。

✧ 考核不仅没有起到积极作用，相反还引起员工之间的嫉妒和不满，造成员工关系不和谐。

✧ 绩效考核成了人力资源部门自己的事情，各直线部门不能给予足够重视。

✧ 考评人不能本着对企业负责的态度公正公平地进行考核，考核成了“走过场”，最终流于形式。

✧ 无法识别和激励业绩优秀的员工，鞭策业绩低下的员工；被考核者不能正确了解考核的目的和意义，对考核产生抵触情绪。

企业在推进绩效管理过程中获得了很多经验和教训，但在很多方面还是非常困惑，不知如何下手。

✧ 绩效考核并没有将组织目标和个人发展目标建立有机联系，个人的目标和组织的目标无法保持一致，部门及个人目标分解确定非常困难。

✧ 考核指标不能全面地衡量被考核者的业绩和发展潜力，对于如何设计考核指标感到困惑；绩效考核信息不准确，绩效考核信息很难获取或者获取成本很高。

✧ 绩效考核结果不可靠，没有效度，绩效考核结果不能反映员工实际工作成效，绩效考核结果员工不信服，经常出现员工投诉事件。

✧ 企业对于选择什么样的绩效考核方式感到困惑，虽然先后采用了360度考核、末位淘汰、关键业绩指标考核、平衡计分卡等方式，但效果并不好，企业正在思考如何更好地应用这些先进的管理思想和方法。

2. 问题深层次的原因

企业在推进绩效管理的过程中出现上述问题并不是偶然的，涉及多方面原因，其深层次原因有以下诸多方面。

① 各级管理者和员工对绩效管理的认识存在误区。

② 企业基础管理水平有待提高，企业发展战略不明晰，部门职能不明确、缺少预算体系（公司经营缺少计划性）、公司核算体系不健全（核算不能反映企业真实生产经营状况）等都会对绩效管理的效果产生影响。

③ 绩效管理体系存在缺陷。绩效管理体系没能使个人目标、部门目标、组织目标保持一致，绩效管理没能最终提高个人的能力素质，绩效管理没有促进个人和组织的绩效提升。

④ 绩效考核体系存在缺陷。绩效考核者、绩效被考核者、绩效考核周期、绩效考核内容以及绩效考核结果应用等各要素制度设计存在缺陷。

⑤ 考核指标尤其是关键业绩指标存在缺陷。选择合适的绩效考核指标并确定权重、制定客观的评价标准、选择恰当的绩效考核者、明确考核信息来源是设计考核指标的关键环节。

⑥ 绩效考核指标选择有问题。没有突出战略导向，员工行为和企业预期行为不一致。

⑦ 绩效管理实施各个环节的工作不到位。绩效计划制订随意性较大，绩效目标制定缺乏有效手段和依据；忽略绩效辅导过程，主管没有对下属及时进行绩效辅导沟通，因此不能及时发现存在的问题并给予下属工作支持；绩效考核信息不准确造成绩效考核结果缺乏可信度，绩效考核环节随意性大，不能做到公平公正；绩效考核结果应用不系统，应该将绩效考核结果与绩效工资、奖金挂钩，与培训教育、个人发展计划相联系；绩效反馈处理不当，上下级之间不能充分进行绩效考核反馈沟通，绩效管理的作用发挥不出来；绩效改进工作不力，未能通过绩效考核发现问题并促进流程改善和基础管理提升。

⑧ 培训工作不到位，各级管理者和员工没有掌握绩效管理的有关工具、方法和技巧。

⑨ 企业信息化管理手段落后，缺少信息技术手段的支持。

3. 绩效管理为什么没有达到预期效果

影响企业绩效管理推行效果的因素是多方面的，企业文化、发展战略、治理结构、组织结构和部门职能、岗位管理体系、预算核算体系，以及行政后勤、生产销售、财务管理、信息系统等基础管理水平都会对绩效管理效果产生影响。

从绩效管理本身来看，水木知行认为可以归结为以下三个方面。

① 企业各级管理者和员工对绩效管理的认识存在误区，这不可避免地导致在实践中会产生各种困惑。

② 绩效管理没有取得成效的重要原因是绩效考核体系以及绩效考核指标存在缺陷。

③ 公司绩效管理变革实施工作推进不力，各级管理者和员工没有掌握实施绩效管理的有关工具、方法和技巧。

专家提示

对绩效管理的错误认识，是绩效管理推行效果不佳的最根本的原因，也是最难突破的障碍。绩效管理理念和工具要与东方人性格特征以及社会发展阶段相适应。企业绩效管理方式、方法要与企业发展战略以及企业决策领导管理风格相匹配。绩效管理需要很多工具、方法和技巧，要加强对各级管理者和员工进行绩效管理有关工具、方法、技巧的培训。

（二）绩效管理认识的常见误区

1. 绩效管理是人力资源部门的事情，与业务部门无关

现实状况：

公司领导对绩效管理工作很重视，人力资源部门也下了很大功夫推进绩效管理工作，但各部门领导和员工对绩效管理认识不够，总认为绩效管理是人力资源部或人事部门的事情。

作为直接领导不想参与对下属的业绩评价，认为自己评价有失公正，总想由人力资源部门或成立考核组来对员工进行考核。

某些部门尤其是业务部门对绩效考核消极应付，有的业务部门经理认为填写绩效考核表格会影响正常业务工作。如果公司执行力不够强的话，业务部门的绩效考核往往首先流产。

持“绩效管理是人力资源管理部门的事”这种观点的人不在少数，甚至某些企业的决策层管理者都这么认为。那么，造成这种认识的深层次原因是什么呢？其实，这和公司的发展阶段以及员工的能力素质有关。

首先，在企业规模不是很大的情况下，业务人员在企业具有举足轻重的地位，无论在收入还是地位上，业务人员往往比职能人员受到更多重视。业务人员总认为绩效管理是虚的东西，因此绩效管理得不到业务人员的重视。

其次，做业务出身的业务部门经理，往往习惯简单、粗放的管理方式，对定期搜集考核数据信息，填写绩效考核表格等工作非常厌烦，同时由于还没有看到绩效管理带来的好处，因此会极力抵制绩效考核工作。

最后，业务部门领导往往对管理职责认识不到位。事实上从本质讲，业务部门领导应该将更多精力放在管理而不是具体业务运作上，应该更好地激励、辅导下属运作业务，而不是自己亲力亲为。管理的基本职能是计划、组织、领导和控制，这在绩效管理循环各个环节中都得到了体现。

那么，如何改变员工的上述错误认识呢？

✧ 进行思想灌输，使他们改变“大业务员”的思维定式，认识到管理的重要性。

✧ 对管理者加强管理尤其是绩效管理有关工具、方法和技巧的培训，提高管理者能力素质和企业管理水平。

✧ 从企业文化建设入手，加强企业的执行力。

专家提示

人力资源部门只是绩效管理的组织、协调部门，各级管理人员才是绩效管理的主角。各级管理人员既是绩效管理的对象（被考核者），又是其下属绩效管理的责任人（考核者）。

实际上，要使绩效考核避免流于形式，获得业务经理的认可，最重要的是推进绩效管理要有正确的绩效管理理念，使用恰当的绩效管理工具，采用合适的管理方法，使绩效管理与业务管理相结合，使绩效管理真正成为业务经理管理员工的有效手段。

2. 绩效管理就是绩效考核，绩效考核就是挑员工毛病

现实状况：

很多企业在启动绩效管理项目时，对绩效管理并没有清楚的认识，认为绩效管理就是绩效考核，把绩效考核作为约束、控制员工的手段，通过绩效考核给员工增加压力，把绩效考核不合格作为辞退员工的理由。

有些企业盲目采用末位淘汰制，实际上企业文化、业务特点和管理水平并不支持采用这种方法，绩效考核自然受到员工的抵制。

事实上，绩效管理和绩效考核是不同的。

绩效管理的目的不是为了发绩效工资和奖金，也不是为了涨工资。这些都是手段，绩效管理的目的是持续提升组织和个人的绩效，从而保证企业发展目标的实现。绩效管理是一个完整的循环，由绩效计划制订、绩效辅导沟通、绩效考核评价以及绩效结果应用等几个环节构成。绩效考核是为了正确评估组织或个人的绩效，以便有效地进行激励，是绩效管理最重要的一个环节。绩效管理如果要取得成效，上述四个环节的工作都要做好，否则就不会达到绩效提升的效果。

那么，如何改变"绩效管理就是绩效考核，绩效考核就是挑毛病"的错误认识呢？

首先，要使员工认识到绩效管理和绩效考核会带来好处。无论绩效管理还是绩效考核，并不会损害各级管理者和员工的利益，相反会促进个人能力素质的提高，这在日益激烈的职场竞争中是非常关键的。其实，任何组织都不会因为没有绩效考核就不淘汰员工，没有绩效考核并不意味着是"铁饭碗"。绩效考核是一个非常有效的主管与下属交流沟通的媒介。在绩效管理过程中，员工会得到主管的辅导和支持；绩效考核结果反馈会使下属知道自己的缺点和不足，从而使个人能力素质和业务水平都得到提高。

其次，要加强绩效管理工具、方法和技巧的培训。对各级管理者加强有关绩效管理工具、方法和技巧的培训，使绩效计划制订、绩效辅导沟通、绩效考核评价以及绩效结果应用等环节的工作落到实处。

3. 重考核，忽视绩效计划制订环节的工作

在绩效管理实施过程中，很多管理者对绩效考核工作比较重视，但对绩效计划制订环节则重视不够。这是初次尝试绩效管理的企业经常遇到的问题。

绩效计划是领导和下属就考核期内应该完成哪些工作以及达到什么样的标准进行充分讨论、形成契约的过程。绩效计划有哪些作用呢？

（1）绩效计划提供了对组织和员工进行绩效考核的依据

制订切实可行的绩效计划，是绩效管理的第一步，也是最重要的一个环节。制订了绩效计划，考核期末就可以根据由员工本人参与制订并做出承诺的绩效计划进行考核。对于出色完成绩效计划的组织和个人，绩效考核会取得优异评价并会获得奖励；对于没有完成绩效计划的组织和个人，其上级领导应帮助下属分析没有完成绩效计划的原因，并帮助下

属制订绩效改进计划。

（2）科学、合理的绩效计划能保证组织、部门目标的贯彻落地

个人的绩效计划、部门的绩效计划以及组织的绩效计划之间是相互支撑和制约的关系。一方面，个人的绩效计划支撑部门的绩效计划，部门的绩效计划支撑组织整体的绩效计划；另一方面，部门绩效计划的实现制约着组织绩效计划的实现，个人绩效计划的实现制约着部门绩效计划的实现。因此在制订组织、部门和个人绩效计划的过程中，通过协调各方面资源，使资源向对组织目标的实现有制约作用的地方倾斜，促使部门和个人绩效计划的实现，从而保证组织目标的实现。

（3）绩效计划为员工提供努力的方向和目标

绩效计划包含绩效考核指标及权重、绩效目标以及评价标准等方面，对部门和个人的工作提出了具体、明确的要求和期望，同时也明确了部门和员工在哪些方面取得成就会获得组织的奖励。一般情况下，部门和员工会选择组织期望的方向去努力。

专家提示

如何科学、合理地制定绩效目标，对绩效管理的成功实施具有重要意义。科学、合理地制订绩效计划，是绩效管理能够取得成功的关键环节。

在制订绩效计划的过程中，确定绩效目标是最核心的步骤。许多公司绩效考核工作难以开展的原因就在于绩效计划制订得不合理，如有的部门、员工绩效目标定得太高，无论如何努力都无法实现；而有的部门、员工绩效目标定得比较低，很容易就达成目标。这种事实上的内部不公平，也会对部门、员工的积极性造成很大影响。另一方面，绩效目标定得过高或过低，都会降低薪酬的激励效应，达不到激发员工积极性的目的。

4. 轻视和忽略绩效辅导沟通的作用

现实状况：

在企业管理实践中，很多管理者抱怨下属能力不够，抱怨下属工作不能达到老板的期望；与此相对应，很多事情领导都亲力亲为，忙得不可开交，急于“救火”。这种情况往往是绩效辅导沟通工作不到位的表现。

专家提示

绩效管理强调管理者和员工的互动，强调管理者和员工形成利益共同体，因此管理者和员工会为绩效目标的实现而共同努力。

绩效辅导沟通是指绩效计划执行者的直接上级及其他相关人员为帮助执行者完成绩效计划，通过沟通、交流或提供机会，给执行者以指示、指导、培训、支持、监督、纠偏及鼓励等帮助行为。绩效辅导沟通的必要性在于以下几方面。

（1）管理者需要掌握员工工作进展状况，以便对员工进行公正客观评价

管理者和员工多次沟通达成绩效契约后，并不等于员工的绩效计划必定能顺利完成。作为管理者，应及时掌握下属的工作进展情况，了解员工在工作中的表现和遇到的困难，及时发现并纠正偏差，避免小错误、小偏差的累积酿成大错或造成无法挽回的损失；及时发现高绩效行为，总结、推广先进工作经验，使部门甚至整个组织所有员工的绩效都得到提高；进行绩效辅导有助于员工及时发现自己或他人工作中的优点、问题与不足，帮助员工相互促进、互助提高，也有利于加强团队内的相互沟通，避免工作中的误解或矛盾，创造良好的团队工作氛围，从而提高整体的工作效率。

绩效辅导掌握员工的工作状况，有利于绩效期末对员工进行公正、客观的考核评估。有效的绩效考核指标是结果性指标和过程控制指标的结合，管理者只有对下属的工作过程清楚了解，才能对其进行正确的考核评价。掌握、积累下属的绩效资料，可以使绩效考评更真实可信，避免偏差，同时可节省绩效评估时间，降低绩效考核的难度。

（2）员工需要管理者对工作进行评价和辅导支持

员工希望在工作中不断得到自己绩效的反馈信息，希望及时得到管理者的评价，以便不断提高自己的绩效和发展自己的能力素质。肯定员工的工作成绩并给予明确赞赏，维护和进一步提高员工的工作积极性是非常重要的。如果员工干得比较好，得到肯定评价的员工必然会更加努力期望获得更大的成绩；如果工作中存在较多问题，及时指出工作中的缺陷，也有利于员工迅速调整工作方式、方法，逐步提高绩效。

专家提示

一个称职的管理者不能总是抱怨员工的工作能力差，对下属员工进行工作指导是管理者的重要职责之一。

管理者应及时协调各方面资源，对下属的工作进行辅导支持。由于工作环境和条件的变化，在工作过程中，员工可能会遇到在制订绩效计划时没有预期到的困难和障碍。这时，管理者应该及时对员工进行帮助和资源支持。

管理者应在职权范围内合理调动各方资源，对下属的工作进行支持；如果某些事项超过自己职责权限范围，管理者应将实际情况上报有关决策者，尽快解决下属工作中遇到的问题。

（3）必要时对绩效计划进行调整

绩效计划是基于对外部环境和内部条件的判断，在管理者和员工取得共识的基础上做出的。外部环境是不断变化的，企业的内部资源是有限的，因此在绩效考核周期开始时制订的绩效计划很可能变得不切实际或无法实现。例如，市场竞争环境的变化使本企业的产品价格政策发生变化，从而导致企业产品销售量和销售额的目标发生变化；由于一个技术障碍无法有效解决，可能使企业产品不能及时上市，因此应及时调整产品开发计划；由于企业战略调整，原定的工作目标及重点可能失去意义，因此绩效目标中的相应内容应及时

进行调整。

通过绩效实施过程中管理者和员工的沟通，可以对绩效计划进行调整，使之更加适合外部环境以及内部条件的变化。

5. 过于痴迷量化考核，否认主观评价的积极作用

现实案例：

以下是某公司对行政人事部的考核指标：

服务满意率 98%，力争 100%；会议精神传达、贯彻执行率 100%；行政人事部人员都要会写公文，选拔、培养后备人员 2～3 人，选拔、培养文秘人员 3～4 人；预算内费用降低 10%，档案及时归档率 95%，完好率 100%；重大治安消防事故为 0；招聘、培训完成及时率 100%；关键岗位人员流失率低于 1%。

上述几条都有数字，可以清楚地看出，该公司进入了一个误区：痴迷量化考核，否认主观评价的积极作用。

专家提示

绩效考核不是绩效统计，一定要发挥考评人的主观能动性，根据实际情况的变化，对被考核者做出客观、公正的评价。

在企业绩效管理实践中，很多管理者希望所有考核指标结果都能按公式计算出来。实际上这是不现实的，某种意义上是管理者回避问题，也是管理者的一种偷懒行为。

要求考核指标全部量化的管理者，表明其没有正确评价下属工作状况的能力，在某种程度上是不称职的。事实上，没有人能比主管更清楚下属的工作状况，任何一个称职的领导都非常了解下属的工作绩效状况，因此用过于复杂的方法寻求绩效考核的公平、公正，是低效的、不经济的。

定量指标在绩效考核指标体系中占有重要地位，在保证绩效考核结果公正、客观方面具有重要作用。但定量指标的运用需要一定条件，定量指标考核并不意味着考核结果必然公正、公平；考核结果公正、公平不一定需要全部采用定量指标。应该充分尊重直接上级在考核中的主观评价作用，应该发挥其他指标在考核中的重要作用。

除了定量指标外，定性指标、过程指标从本质上来讲都是软性指标，都涉及考核人的主观判断，但这并不影响这些指标的使用。如果这些指标与定量指标结合使用，绩效考核会获得更高的效度。

满意度测评、能力素质测评主要是有关责任人的主观判断。增加满意度、能力素质等方面的考核内容对团队及个人的考核是非常有效的。

6. 过于追求考核全面，忽略绩效管理的导向作用

现实案例：

某企业在对司机岗位进行考核过程中遇到的困惑很有代表性。开始推行考核的时候，由于车辆基础管理工作不到位，对司机岗位只进行“出车里程”“安全行驶”两个指标的考核，“出车里程”占60分，“安全行驶”占40分。由于绝大多数司机安全意识较高，几乎从不发生安全问题，因此每次考核“安全行驶”都是40分，每次考核司机岗位分数都较高；后来对司机岗位考核进行了“改进”，增加了“油料消耗、车辆维修、车辆保养、优质服务”等指标，将“安全行驶”所占分值降为10分。这时新的问题出现了。某位司机出现责任交通事故，给公司带来巨大损失，但根据考核方案，虽然安全行驶指标得零分，但其他方面完成得很好，该司机仍然得到八九十分的“合格”甚至“优良”评价。这显然是有问题的。

在绩效管理实践中，存在一种倾向，就是尽量追求考核指标的全面和完整，考核指标涵盖了这个岗位几乎所有的工作，事无巨细都要详细说明考核的要求和标准。诚然，这种考核对提高工作效率和质量是有很大作用的，通过定期、不定期的检查考核，员工会感受到压力，自然会在工作要求及标准方面尽力按照公司的要求去做，对提高业务能力和管理水平有其积极意义。但这种模式的考核也有下面两个重大缺陷：一是绩效考核结果没有效度，也就是说考核结果好的不一定就是对组织贡献最大的，绩效水平低的不一定考核结果差，这样自然制约了公平目标和激励作用的实现；二是由于考核项目众多，缺乏重点，实现不了绩效管理的导向作用，员工会感到没有发展目标和方向，缺乏成就感。

考核没有效度以及不能实现战略导向作用大致有以下几个方面的原因。

第一，由于考核项目众多，员工感觉不到组织的发展方向和期望的行为是什么，同时由于每项指标所占权重很小，因而即使是很重要的指标，员工也不会太在意。

第二，在考核操作实施过程中，抽查检查是普遍采用的方式。对于抽查检查中发现的问题，被考核者往往不从自身工作找原因，而认为自己倒霉并坚持认为别人考核成绩好是因为别人运气好，存在的问题没有被发现，被考核者从心里就不会接受这样的考核结果。

第三，考核者对被考核者工作的认识和理解往往存在偏差，这样会导致绩效考核出现“无意识误差”；另外，考核者往往不是被考核者的直接上级，不必对被考核者的业绩负责，导致绩效考核的随意性，由此引发绩效考核出现“有意识误差”。这两种情况都会引起绩效考核者的公平公正性受到质疑。

专家提示

过分追求指标的全面、完整，必然会冲淡最核心的关键业绩指标的权重，因而使绩效考核的导向作用大大弱化。

7. 过于注重公平公正，忽视绩效管理的激励效应

现实案例：

笔者曾向某部门经理询问：“您能不能对下属的工作绩效进行有效区分，哪个绩效优秀？哪个需要改进？”对于这个问题，他感到非常困惑。他说：“有的工作很努力，但基础不是很好，工作效果一般；有的在业务方面大胆开创，但有时工作细节不到位；有的工作成绩平平，但在计算机使用方面有特长。因此，如果真要选择一个优秀的，非常困难。”

事实上，这位经理的感受颇具代表性。作为经理，他对待绩效考核的工作态度是非常认真的，但对绩效管理的认识还存在差距。绩效考核要体现战略导向，在一定期间符合公司发展战略导向的行为就应该受到奖励。如果公司本期对业务开拓创新有更高要求，那么开拓创新的行为就该受到鼓励；如果公司业务发展压力较大，那么业务出色的员工更该受到激励。因此绩效管理要考虑战略导向，绩效管理的目的是提升绩效。

要使绩效管理取得成效，最重要的一点是实现绩效考核与薪酬激励的公平、公正性。只有做到公平、公正，才能使人信服，才能促进个人和组织的绩效提升。但应注意，没有绝对的公平与公正，激励效应是绩效管理发挥作用的机制，如果只关注绝对的公平而忽视激励效应，那是得不偿失的。

公平是个体的主观感受。由于信息不对称，人们往往高估别人的报酬；由于人的本性，又往往高估自己的投入。因此，绝对的公平很难达到，应该追求的是相对公平。激励效应在绩效管理过程中发挥着重要的作用。激励是手段，激励内容和激励方式应符合员工的真正需求。

8. 对推行绩效管理的效果抱有不切实际的幻想，不能持之以恒

现实案例：

笔者遇到过这样一家企业，该企业推进绩效管理已经若干年，绩效管理也取得了一些成绩和效果，企业领导期望在绩效管理上取得更大的突破，企业年度目标也比前一年度增长 100%。通过目标分解将企业目标分解到各个部门，通过绩效考核传递压力，期望各个部门都能完成自己的目标，通过绩效管理推动各个方面的工作，最终使企业整体目标得以实现。

上述目标期望是好的，可惜事与愿违，企业目标最终还是没能达成。原因很简单，绩效管理和绩效考核解决不了企业的所有问题，绩效管理不是万能的。企业的业绩不是考核出来的，是管理出来的，而绩效管理发挥作用不是立竿见影的，是需要时间的。绩效管理能促进企业管理流程和业务流程的完善以及企业基础管理水平的提高，但能否实现改善和提高还需要其他管理手段的帮助。

绩效管理是一个逐步完善的过程，能取得多大成效与企业的基础管理水平有很大关系。企业的基础管理水平不是短期内就能快速提高的，企业推行绩效管理不可能解决所有问题，因此短期内不能对绩效管理寄予过高期望。

很多企业推行绩效管理不了了之，就是因为企业领导急功近利，希望通过绩效管理迅

速改变企业现状。这样的目的短期内是不会达到的。

绩效管理会对企业产生深远的影响，但这种影响是缓慢的。绩效管理影响着企业各级管理者和员工的经营理念，同时对促进和激励员工改进工作方法、提高绩效有很大的促进作用，但这些改变都是逐步实现的，不是一蹴而就的。

专家提示

推行绩效管理是企业发展的必然。只要正确认识绩效管理的作用，从企业的实际情况出发，扎扎实实地推进绩效管理工作，组织和个人的绩效就会逐步提升，企业竞争力最终会得到提高。

（三）企业绩效考核的几种方式

很多企业推行绩效考核多年，大都先后尝试过以下绩效考核方式：不忍下手型、考啥啥都行型、捆绑施压型、小事定输赢型、关键业绩指标型。

1. 不忍下手型

明明知道下属业绩未达要求，问题很多，但考虑到其他一些因素，不忍心进行严格管理。有以下几种情形：

✧ 明知下属干得不好，但考虑到扣分就是扣钱，尤其是在工资本身不高的情况下，想想还是算了。

✧ 知道下属业绩有待提高，但考虑到企业文化的特点只能先迁就，反正扣分也解决不了问题。

✧ 员工工作的确出了问题，但员工一直处于高强度工作状态下，工作任务难度也的确大，员工也尽了力。

不忍下手型的绩效考核注定是流于形式，一般不会带来太大的负面影响，因此一般不会引起员工太大的抵制。

2. 考啥啥都行型

老板一般不会认可流于形式的“不忍下手型”绩效考核，而经过多年的绩效管理熏陶，主管和员工也基本认可了绩效考核的必要性，开始将绩效考核作为管理员工的一个有效手段，将绩效考核结果与薪酬福利紧密联系。如果绩效工具方法选择不当，经常会陷入“部门任务明明未完成，而部门员工考啥啥都行”的困境。有以下几种情形：

✧ 过于依赖定量指标，指标本身设计不科学。

✧ 采用不恰当的绩效考核工具。

✧ 目标制定缺乏依据和手段，被考核者有很大话语权。

✧ 绩效考核数据信息不真实、不准确，流于形式。

✧ 绩效考核指标选取单一片面，不成体系。

表7-1是某年收入10亿元医药设备制造企业对招聘培训主管岗位考核指标。虽然指标库多达21个指标，但从操作实施结果来看，该部门陷入考啥啥都行的困境，到最后只用了第一个指标“招聘及时率”。这个指标的使用虽然能“考住”，将压力向招聘培训主管传递，但也带来其他严重问题。由于目标确定及内部管理的一些问题，招聘及时率常常达不到业务部门的目标要求，招聘团队员工流动率非常大，人力资源负责人的大部分精力都花在了不停地招募招聘团队成员上。

表7-1　招聘培训主管岗位考核指标库

序号	指标	指标说明	指标计算公式或评价方法
1	招聘及时率	衡量各部门于编制内提出人员增补需求的完成状况	招聘及时率＝招聘到岗人数/用人部门需求人数×100%
2	关键岗位招聘到岗率	衡量关键岗位招聘计划完成情况的指标	关键岗位招聘到岗率＝关键岗位招聘到岗人数/关键岗位计划招聘到岗人数
3	新员工达标率	衡量招聘质量的指标	新员工达标率＝试用期通过人数/新进员工人员总数×100%
4	人才引进完成率	衡量高端人才引进情况的指标	人才引进完成率＝实际引进人才数/计划引进人才数×100%
5	重点工作计划完成率		重点工作计划完成率＝考核期内重点工作按计划完成个数/考核期内重点工作总数×100% 本考核表中其他指标已考核的重点工作，不再重复纳入“重点工作计划完成率”的考核
6	关键岗位人员需求达成率	针对公司所需要的关键岗位人才到职的及时性进行考核的指标。要求配置人才可以采用外部招聘和内部培养的形式	关键岗位人员需求达成率＝实际按时招聘、培养到职关键人员数/需求关键人员总数×100%
7	违反招聘原则	指人力资源部在招聘时违反公平、公正、公开等原则，利用职务之便，任人唯亲，违背公司的招聘原则的事件。用以监督人力招聘工作的公平性，避免出现以权谋私、违背原则的事情，一旦出现，则作为一项惩处的标准	
8	人均招聘费用	指为招聘工作所支付的费用	人均招聘费用＝招聘费用/招聘人数×100% 招聘费用＝招聘会费用＋差旅费用＋猎头费用＋招聘信息发布费用＋校园招聘费用＋广告宣传费用＋其他招聘费用＋招聘人员人工成本
9	人员需求达成率	衡量考核期内，各部门于编制内提出人员增补需求的完成状况	人员需求达成率＝报到人数/需求人数×100%
10	招聘费用控制率	考核招聘费用是否按照招聘费用预算执行的指标	招聘费用控制率＝实际发生的招聘费用额/招聘费用预算总额×100% 招聘费用＝招聘会费用＋差旅费用＋猎头费用＋招聘信息发布费用＋校园招聘费用＋广告宣传费用＋其他招聘费用＋招聘人员人工成本
11	招聘工作总结分析报告提交的及时性和质量	衡量年度招聘工作总结分析报告提交的及时性和质量	招聘工作总结分析报告：对年度招聘工作的效果及存在的问题进行分析，并明确具体的改进措施 及时性：按规定时间完成 质量：直接上级评价
12	招聘计划的完成率	用于反映招聘计划执行的程度	招聘计划执行率＝已完成招聘的人数/计划招聘的人数×100%

续表

序号	指标	指标说明	指标计算公式或评价方法
13	招聘信息发布的及时性、准确性	衡量招聘信息发布的及时性和准确性	及时性：按规定时间完成 准确性：差错次数不超过（　）次
14	关键岗位培训计划达成率	衡量对关键岗位培训计划的完成情况	关键岗位培训计划达成率 = 考核期内根据培训计划对关键岗位人员实际培训总时间 / 计划内关键岗位人员培训总时间 ×100%
15	培训计划完成率	衡量培训计划执行情况的指标	培训计划完成率 = 按计划实际完成培训次数 / 计划培训次数 ×100%
16	关键岗位人均培训时间达成率	衡量考核期内对关键岗位培训时间计划的执行情况	考核期内关键岗位人员实际参加培训总时间 / 关键岗位人员计划培训时间 ×100%
17	关键人才梯队建设计划完成率	衡量关键人才队伍建设计划完成情况的指标	关键人才梯队建设计划完成率 = 已完成里程碑数 / 计划完成里程碑数 ×100%
18	人力资源需求分析报告提交及时性及质量	衡量人力资源需求分析报告提交及时性及质量	结合公司战略与业务理解，组织人力资源供需情况分析，并研究人力资源配置的基本策略。
19	新进员工入司培训完成率	衡量新员工参加入司培训的情况	新进员工入司培训完成率 = 周期内已参加入司培训的新员工人数 / 周期内新员工的总数 ×100%
20	销售人员培训计划完成率		培训计划完成率 = 按计划实际完成培训次数 / 计划培训次数 ×100%
21	课程开发计划完成率	用于衡量培训课程的开发计划完成情况	课程开发计划完成率 = 实际完成课程开发数量 / 计划完成课程开发数量 ×100%

考啥啥都行的绩效考核最终也注定会流于形式，而且还会带来一定的负面影响：主管和员工往往走向对立，引起员工工作投机主义倾向。时间久了，公司的竞争力会受到较大的影响。

3. 捆绑施压型

既然考啥啥都行，有些管理者会采取简单粗暴的捆绑施压方式：部门任务完不成，主管业绩不好，下属绩效都不好。有以下几种情形：

✧ 将利润指标加在每个员工的考核指标中。

✧ 领导的考核分数占部门员工考核一定的权重比例。

✧ 用领导负责的考核指标考核部门员工。

捆绑施压型的绩效考核员工会认为非常不公平，往往会采取搭便车措施来寻求心理平衡，因此会对团队业绩产生更严重的负面影响，严重影响员工的积极性，主管的期望往往很难达到。尤其是如果用本应该由领导负责的指标来考核员工，员工会感觉更加委屈，往往采取离职的方式来应对。

4. 小事定输赢型

有些企业推进绩效考核多年，绩效考核也取得了一定实效，因此会将方方面面都纳入绩效考核。如果考核指标设计、考核标准制定、考核实施环节存在问题，考核结果往往会由小事决定最终业绩。表 7-2 所示的某销售公司销售部绩效考核表就会导致出现小事决定业绩的问题。

表7-2　某销售公司销售部绩效考核表

考核项目	考核指标	考核标准（评分部门填写）	满分	实际完成数值（评分部门）	完成率（人资）	得分（人资）	评分部门	备注
工作业绩（77分）	销售完成率	本月任务　　万元	15分	实际销售额　　万元			财务	完成率＝实际完成销售额 ÷ 销售任务 ×100%
	销售增长率	上月销售额　　万元	10分	本月销售额　　万元			财务	增长率＝（本月销售额－上月销售额）÷ 上月销售额的绝对值 ×100%
	回款完成率	实际回款金额/计划回款金额	10分	本月回款额　　万元			财务	完成率＝实际完成回款额 ÷ 计划回款额 ×100%
	销售费用完成率	实际销售费用/计划开发费用	5分	本月费用额　　元			财务	完成率＝实际发生费用 ÷ 计划费用 ×100
	新客户开发	实际开发客户/计划开发客户	5分	人			经理	完成率＝实际新客户数 ÷ 计划开发客户数 ×100%
	团队协作	个人利益服从集体利益	5分	违规　　次			经理	因个人原因而影响整个团队工作的情况出现一次，扣5分
	销售制度执行	按公司销售制度执行	5分	违规　　次			经理	每违规一次，扣1分
	客户拜访	每两个月拜访一次客户	5分	违规　　次			经理	无论通过何种途径了解到该员工超出两个月未走访某客户，一次处罚5分
	参加培训、会议、活动	培训　　次，开会　　次，活动　　次	4分	缺席　　次			经理	公司或本部门组织的各种培训、会议、活动。每缺席一次扣2分。除出差外，无论何种原因
	出勤率	迟到次数	5分	迟到　　次			人资	出勤率达到100%（出差不计），得满分，迟到超过3次，此项不得分
	日常行为规范	公司各项规章制度	3分	违规　　次			人资	公司所有现行制度，违法一次该项不得分
	客户满意度	顾客投诉次数	2分	投诉　　次			经理	出现一次客户投诉，该项不得分
	服从安排	对领导工作安排的态度	3分	违规　　次			组长	听从领导合理安排，恶意违背此项不得分

续表

考核项目	考核指标	考核标准（评分部门填写）	满分	实际完成数值（评分部门）	完成率（人资）	得分（人资）	评分部门	备注
工作态度（7分）	周总结	1分：总结流于形式，没有价值 2分：思路基本清晰，有自己的思考在里面 4分：能对市场清晰了解，对客户有充分认识，对自己的工作充分掌握 5分：工作成果超乎想象，积极对待各项工作；对未来工作有完善的计划；至少有一条有效的市场信息	4分				总经理	
	责任感	0分：工作马虎，不能保质、保量地完成工作任务且工作态度极不认真 1分：自觉地完成工作任务，但工作中有失误 2分：自觉地完成工作任务且对自己的行为负责 3分：除了做好自己的本职工作外，还主动承担公司内部额外的工作	3分				经理	
工作能力（16分）	专业知识	0分：只了解公司产品基本知识 1分：熟悉本行业及本公司的产品 2分：熟练掌握本岗位所具备的专业知识，但对其他相关知识了解不多 4分：掌握熟练的业务知识及其他相关知识	4分				经理	
	分析判断能力	0分：较弱，不能及时做出正确的分析与判断 1分：一般，能对问题进行简单的分析和判断 2分：较强，能对复杂的问题进行分析和判断，但不能灵活地运用到实际工作中 4分：强，能迅速地对客观环境做出较为正确的分析和判断	4分				经理	
	沟通能力	0分：不能清晰地表达自己的思想和想法 1分：有一定的说服能力 2分：能有效地化解矛盾 4分：能灵活运用多种谈话技巧和他人进行沟通	4分				经理	
	灵活应变能力	0分：缺少变通能力，反应不灵活 1分：对个别问题能处理，有一定的应变能力 2分：较强，工作中遇到的突发事件基本上都可以处理，但有时也有失误 4分：很灵活，应对客观环境的变化，能灵活地采取相应的措施	4分				经理	

如果企业管理基础较差，采用小事决定业绩的考核方式在一定程度上会促进业绩改善；如果企业管理基础较好，采用这样的考核方式就会有严重问题。首先，考核没有效度，员工认可度也不会高；其次，这会导致员工关注小事不出错，减少对关键任务、关键目标达成的精力投入，因此业绩不会有大的突破。

5. 关键业绩指标型

关键业绩指标（Key Performance Indicator，简称KPI），是衡量组织、部门或岗位发展目标实现情况的绩效考核指标，其目的是建立一种机制，将企业战略目标层层分解，转化为组织、部门、岗位可衡量的业绩考核指标，通过对这些指标的监控和管理，激励员工完成这些指标，从而保证公司战略目标的实现。

关键业绩指标考核不仅能实现绩效管理的战略导向，更能使绩效考核更有效度，是卓越管理企业绩效管理的基础，因此在企业管理实践中得到了广泛应用。关键业绩考核方法是最伟大的一种绩效考核方法，关注关键业绩这一思想，能使我们聚焦战略、关注目标达成、关注卓越绩效，能将业绩卓越者与业绩优秀者区分开来，为激励机制应用提供有效依据。在互联网企业广泛应用的绩效管理工具OKR，也体现着关键业绩、关键因素这些思想。水木知行绩效考核指标体系也是以关键业绩考核为核心的，在后面的章节中将详细讲述。

专家提示

传统KPI指标被认为都是反映结果的定量指标。这是KPI受到质疑的第一个主要原因，KPI受到质疑的另外一个原因是没有激励性，达到目标后就得满分，没有更加努力的动力。其实，这两点只要稍做改进，KPI就会继续焕发强大的生命力。对于第一个方面，水木知行把定性指标也称作KPI。好的指标不在于是定量还是定性，只要目标清晰，评价标准明确，无论定量还是定性都是好的KPI指标。对于第二个方面，只要改变评价标准，明确超过目标后可以多得分，激励问题就解决了。

第八章

TP 绩效管理体系及有关工具

绩效管理体系应着眼于公司战略落地，强化管理责任，强调过程控制，促进团队和谐，管理应务实有效。卓越的绩效管理体系，要解决两个核心问题：一是绩效管理要公平、公正，能真正提高个人、部门和组织的绩效；二是绩效管理能得到切实推进，能使企业战略目标落地。

绩效管理方案在考虑系统性、完整性的同时，一定要兼顾公司企业文化特点以及公司基础管理水平，同时与公司决策领导的管理风格相匹配。

TP 绩效管理体系包括一个基础平台、两个绩效循环和三个绩效指标模型。

团队绩效管理循环由绩效契约签订、环境资源分析、绩效评估和绩效结果应用四个环节组成；个人绩效管理循环由绩效计划制订、绩效辅导沟通、绩效考核评价和绩效结果应用等环节组成。

战略驱动绩效指标分析是解决组织、部门发展目标与绩效考核指标关系的一个有效工具，其结果是组织绩效模型、能力素质模型和满意度模型。

设定绩效目标是绩效管理的第一步，目标设定的合理与否直接决定着评价结果的有效性。在给员工制定绩效目标时，一定要切合实际情况，实事求是，要充分考虑内部条件因素，适当考虑外部环境因素。

将定量指标分解为定量指标和定性指标，事实上就是在目标分解层面，考虑了达到目标的方法途径，对发展战略真正落地具有非常大的促进作用。

一、TP 绩效管理体系设计

绩效管理体系应着眼于公司战略落地，强化管理责任，强调过程控制，促进团队和谐，管理应务实有效。

（一）绩效管理体系的核心

卓越的绩效管理体系，要解决以下两个核心问题：

第一，绩效管理要公平公正，真正提高个人、部门和组织的绩效。

第二，绩效管理能得到切实推进，使企业战略目标落地。

第一个问题要保证个人、部门和组织对完成绩效目标有强烈愿望，主要手段是通过考核约束与薪酬激励解决好公平与激励问题，而其核心在于绩效考核效度问题，难点是如何确定合理的绩效目标。第二个问题要解决战略目标分解及落地问题，主要手段是保证个人目标、部门目标与组织目标的一致性，其核心是所有管理者和员工都切实深入到绩效管理的各个环节中，难点是如何对目标进行有效分解。

TP 绩效管理体系能很好地实现上述两方面要求。TP 绩效管理体系如图 8-1 所示。

图 8-1　TP 绩效管理体系

TP 绩效管理体系包括一个基础平台、两个绩效循环和三个绩效指标模型。

一个基础平台是战略驱动绩效指标分析，解决考核战略目标导向以及目标分解落地问题。

两个循环是团队绩效管理循环和个人绩效管理循环，解决如何切实推进绩效管理的问题，包括绩效目标设定、绩效辅导沟通、绩效考核和结果应用等各个环节。

三个绩效指标模型指的是组织绩效模型、能力素质模型和满意度模型，解决的是考核内容问题，使绩效考核做到公平、公正、有效。

战略驱动绩效指标分析的结果是组织绩效模型、能力素质模型和满意度模型，解决了绩效考核的内容问题。

✧ 组织绩效模型为关键业绩考核提供支持。

✧ 能力素质模型为能力素质考核提供支持。

✧ 满意度模型为满意度考核提供支持。

团队（team）绩效管理循环和个人（person）绩效管理循环是绩效管理的核心过程，也是绩效管理能否取得成效的关键。该绩效管理体系除了重视对个人的绩效管理外，还强调了对团队的绩效管理，故称之为“TP 绩效管理体系”。

专家提示

从影响绩效的主要因素分析可以看出，若要切实提高绩效，只有通过提高激励效应这个因素，进而影响技能因素和内部条件因素，最终才能提高个人绩效和组织绩效。

TP 绩效管理体系就是通过一个基础平台和三个模型解决有效激励问题，通过两个循环解决技能因素和内部条件因素问题，因此 TP 绩效管理模型可以最大限度地提升个人和组织绩效，保证组织战略目标的实现。

（二）TP 绩效管理体系的特点

（1）战略驱动目标落地，注重团队绩效、个人绩效的同步提升

① TP 绩效管理体系站在公司战略发展的高度来设计。以关键业绩考核、能力素质模型为基础，体现着 OKR、平衡计分卡等工具的思想；组织绩效模型、能力素质模型和满意度模型为团队考核、个人考核提供基础支持。TP 绩效管理体系通过战略驱动绩效指标分析，使个人目标、部门目标以及组织战略目标保持一致，实现考核的战略导向性，使公司把握外部发展机遇，促进战略目标落地。

② TP 绩效管理体系站在提高组织和个人绩效的角度来设计。通过团队绩效管理循环和个人绩效管理循环，使各级管理者和员工都切实参与到绩效管理过程中来。激发员工积极性，提升能力素质，充分发挥内部潜力，最大限度地提高组织和个人的绩效水平。

③ 团队绩效管理重视绩效评估，个人绩效管理重视辅导沟通。团队绩效管理循环由绩效契约制定、环境资源匹配分析、绩效评估和结果应用四个环节组成，绩效评估是绩效管理的核心环节，公司目标管理、核算管理等基础管理工作对团队绩效管理有非常重要的

影响。个人绩效管理由绩效计划制订、绩效辅导沟通、考核与发展目标确定以及绩效结果应用等环节组成，绩效辅导沟通是绩效管理取得成效的基础，公司各级管理者和员工对绩效管理工具和方法的理解与掌握情况，是绩效管理成功的关键。

（2）组织绩效模型反映了组织核心流程价值创造过程

该模型回答了各流程的关键控制点、高绩效行为特征以及相对应的关键业绩指标等方面的问题。

关键业绩指标考核体系是定量指标和定性指标的结合。定性指标通过对主要流程关键控制点行为特征进行分析，采用定性描述方式来说明高绩效行为的特征。

关键业绩指标分为权重指标和非权重指标。权重指标用来体现战略目标导向实现准确识别，非权重指标用来强调重要事项考核，使考核结果更有效度。

（3）关注能力素质考核及满意度考核

① 能力素质模型分为个性品质、基本技能、专业技能和管理技能四个方面。其中，个性品质、基本技能适用于对所有岗位人员的考核；管理技能适用于管理序列岗位的考核；专业技能适用于专业技术序列岗位的考核。

② 满意度模型包括客户满意度、员工满意度和部门满意度。客户满意度是分析客户对公司有关产品和服务的满意程度，公司通过对关键事项及行为的改进，提高客户对产品及服务的满意度水平。员工满意度是员工积极状态的晴雨表，是比客户满意度更超前的指标，关注员工满意度水平对企业长远发展是非常必要的。较高的部门满意度对组织的顺畅运行是非常重要的，并能为组织的长远发展提供保障。

（三）绩效管理体系设计过程

企业推进绩效管理，构建系统的绩效管理体系，一般要经过如图8-2所示的几个步骤。

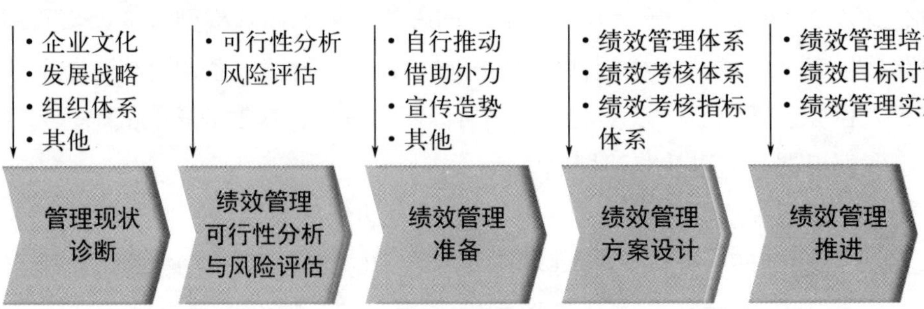

图8-2　绩效管理体系设计过程

（1）管理现状诊断

构建绩效管理体系，首先要对企业基础管理现状有清楚的认识，对企业管理现状进行系统诊断。

专家提示

企业文化、发展战略、组织结构与管控体系、预算核算体系、岗位管理体系以及薪酬管理体系等方面的基础管理水平，都会对绩效管理的实施带来影响，因此要根据企业实际管理现状提出系统的解决方案。

（2）绩效管理可行性分析与风险评估

对企业基础管理现状有了清楚认识之后，还要对绩效管理进行可行性分析和风险评估。绩效管理不能顺利推进往往是企业基础管理水平较差、公司高层意见不统一、人员素质跟不上企业发展需要、企业执行力不够等方面的原因。

专家提示

为了企业长远发展未雨绸缪，及早进行系统绩效管理尝试：通过对各级管理者和员工的思想灌输以及多层次的培训，使他们掌握绩效管理有关工具、方法和技巧；通过激励机制充分调动员工的积极性，降低绩效管理实施的阻力。只要坚持，绩效管理就会取得成效。

（3）绩效管理准备

准备绩效管理变革首先遇到的问题，是企业自己推动绩效管理还是借助外力来推动。

专家提示

借助外部智力机构的模型、工具和方法，借鉴标杆企业的成功经验，同时结合企业的实际情况，有助于绩效管理取得成功。

变革准备还包括宣传造势、变革策略和方法选择等几方面。

（4）绩效管理方案设计

绩效管理方案设计主要包括绩效管理体系设计、绩效考核体系设计以及绩效考核指标体系设计等几个环节，这几个体系是包含关系，绩效管理体系包含绩效考核体系，绩效考核体系包含绩效考核指标。

设计绩效管理方案的核心是构建绩效考核体系。绩效管理能否得到切实推进、落实，取决于绩效考核体系的系统性、科学性、合理性和可操作性。

在绩效考核体系中，最核心的内容是绩效考核指标的设立。所有绩效考核都是通过一定的指标来进行的，如果绩效考核指标不完整、不到位，绩效考核就不可能有效果。

（5）绩效管理推进

绩效管理推进主要包括绩效管理培训、绩效目标讨论和绩效管理实施等几个环节。对各级管理者和员工进行有关制度、流程、工具、模型、方法的培训，是绩效管理得以顺利推进的基本保障。组织、部门、个人绩效目标制定经过充分讨论、责任人的认可与承诺，有助于绩效管理取得实效。绩效管理实施，要破除一切阻力，加强公司执行力。

（四）绩效管理现状诊断

1. 企业文化

企业文化特征对绩效管理能否取得预期成效具有非常大的影响，非常保守、排斥竞争的企业文化对绩效管理建设是非常不利的，积极、健康的价值观是企业推进绩效管理的基本前提。企业管理者和员工应该认可多劳多得、能者上庸者下、奖勤罚懒的基本价值观。

专家提示

企业核心价值观对绩效管理体系构建具有重大的影响。崇尚团队合作的价值观与崇尚个人英雄主义的价值观，在绩效管理体系构建上会有很大的区别。

企业文化诊断主要是根据企业的发展历史、人员现状以及精神面貌等方面，判断企业有关薪酬分配的核心价值观，判断企业员工对实施绩效管理尤其是绩效考核的心理反应，判断员工的思想观念是否有利于绩效管理的推进。通过企业文化建设工作，判断决策领导对员工思想观念的把握情况，了解改变这种现状的决心；通过对企业外部环境的变化分析，初步判断企业员工思想观念的转变趋势，从而做出企业文化是否有利于开展系统绩效管理尝试的判断。

2. 发展战略

企业有明确的发展战略和经营目标，对绩效管理取得成效是非常重要的。若没有清晰的发展战略，就不会有明确的发展目标和工作思路，在面临发展机遇和挑战时，企业就会束手无策，坐失良机。

企业发展战略诊断主要是通过与高层领导的深入沟通，判断企业是否有清晰的发展战略，发展目标是否明确，这个战略在目前条件下是否可行，是否有关键实施举措支持发展战略。毫无疑问，企业有清晰的发展战略和长短期发展目标，是进行系统绩效管理的重要前提。

3. 组织结构与管控体系

组织结构是企业发展到一定阶段的产物。企业的组织结构应该适合企业的发展战略；组织结构不合理，会制约企业的发展，进而影响企业发展战略及经营目标的实现。

解决组织结构问题，首先要解决决策层职责权限问题。由于不同行业、不同发展阶段的企业管理控制模式各异，必须先明确董事会与经营层、母公司与子公司的职责和权限，这是企业组织结构能够顺畅运转的前提。

专家提示

组织结构的核心问题是如何优化组织运行效率。协调和控制是组织结构设计的核心，重点是解决人、财、物、运营如何协调控制的问题，实质是职责、权限分配问题。

对企业组织结构与管控体系的诊断，主要通过以下几个方面进行。

首先，判断公司指令的下达和贯彻是否体现效率与控制的平衡。集权式领导风格与分权式领导风格对绩效管理体系提出了不同的要求。

其次，判断组织结构能否支持公司的发展战略，组织结构是否体现了企业的核心价值创造流程，组织层级设计是否合理，部门职能是否清晰等。不同的组织结构对绩效管理提出的要求不同，如果企业组织结构不适合公司的发展战略，那么将会对绩效管理体系建设起到制约作用。

最后，要判断组织结构是否体现责权利相匹配原则。只有责权利相匹配，才能解决好绩效考核体系中涉及的被考核者、考核者、考核内容、考核结果应用等诸多要素的关系。

4. 岗位管理体系

岗位管理主要是解决岗位责权匹配问题。岗位管理体系设计包括岗位序列及层级设计、工作分析与岗位设置。岗位序列和岗位层级要与企业组织结构相适应，只有这样，企业的薪酬激励体系、绩效管理体系才能发挥作用。

工作分析对绩效管理的作用有两个方面。

第一，岗位的特点决定绩效考核体系的设计。绩效考核体系包括绩效考核周期、绩效考核内容、绩效考核者、绩效信息来源及绩效结果应用等几个方面。某些岗位工作成果在比较短的时间内就可以表现出来，如生产工人、销售人员等，考核应该选择较短的周期，比如月度考核；有些岗位工作成果在短时间内体现不出来，如中高层管理人员、技术研发人员，考核应该选择较长的周期，如季度、半年度考核。

第二，岗位职责是设定绩效指标的基础。对岗位任职者进行绩效管理，首先要确定岗位考核的关键业绩指标。由于关键业绩指标是根据企业发展战略确定的，岗位职责是为实现企业发展战略服务的，因而关键业绩指标是由岗位职责制定的，明确岗位职责是设定绩效考核指标的基础。当企业发展战略调整后，企业的组织结构、岗位设置、岗位职责、绩效指标都应随之调整，以便适应变化后的情况。

5. 薪酬管理体系

完善的薪酬管理体系对绩效管理的有效推进是非常关键的。薪酬体系和绩效体系是紧密联系的，完善的薪酬管理体系能体现内外部公平，具有激励作用。

前面几章对薪酬管理体系进行了较为详尽的论述，这里不再重复。

专家提示

薪酬体系建立起来后，应密切关注薪酬日常管理中存在的问题，及时调整公司的薪酬策略，调整薪酬水平、薪酬结构以及薪酬构成，以实现效率、公平、合法的薪酬目标，从而保证公司发展战略的实现。

6. 预算核算体系

企业应该有完备的预算体系、核算体系。

预算管理是指在企业战略目标的指导下，企业对未来的经营活动及经营成果进行充分、全面的预测和筹划，并通过对预算执行过程的监控，将实际完成情况与预算目标不断地进行对照和分析，从而及时指导经营活动的改善和调整，以帮助管理者更加有效地管理企业和最大限度地实现战略目标的过程。

✧ 预算管理是信息社会对企业管理的客观要求。市场风云变幻，能否及时把握信息、抓住机遇，是企业驾驭市场的关键。

✧ 预算的编制过程需要控股公司及分（子）公司掌握设定业绩指标的全面信息，预算执行结果是业绩考核的重要依据。

✧ 将预算与执行情况进行对比分析，是管理者重要的监控手段。

✧ 组织和个人的阶段绩效目标是根据预算目标分解而来的，预算管理和绩效考核、奖惩制度共同作用，可以激励并约束相关主体完成绩效目标。

核算是对企业生产经营活动、财务收支或预算执行过程及其结果，通过记账、算账、报账等手段，进行连续、系统、全面而综合的记录、计算、分析和反映的过程，其目的是了解和控制经济过程，挖掘增产节约、增收节支的潜力，提高经济效益。

✧ 在绩效考核中，很多绩效考核信息是来自财务部门的数据，会计核算体系的完备性对绩效管理非常重要。

✧ 收入核算和成本核算是最重要的核算项目。收入能否确认、何时确认，对企业的经营结果会产生非常大的影响；成本核算准确与否也会对企业的利润产生影响。

✧ 收入、利润、合同额等一般是业务团队绩效考核最重要的指标，核算的准确性对绩效管理的有效实施具有非常大的影响。

7. 目标管理

设定绩效目标是绩效管理的第一步，目标设定的合理与否直接决定着评价结果的有效性。很多企业绩效考核推行不下去的主要原因就在于绩效目标设定得不合理：有的员工很容易达到绩效目标；有的员工则因为受到外部环境及企业内部条件的限制，无论如何努力也达不到绩效目标。这既会挫伤员工的积极性，又会在薪酬与绩效挂钩的薪酬体系中，产生内部不公平。

那么，应该如何科学、合理地制定绩效目标，并使绩效计划得到贯彻、执行呢？目标管理就是一个非常有用的工具，它也是绩效管理的基础。

“目标管理”的概念最早是由著名管理大师德鲁克提出的。其基本方法是，企业的使命和任务必须转化为目标，企业目标分解转化为部门目标，部门目标分解为个人目标。部门和个人有了明确的目标后，在适宜的约束、激励机制下，部门和个人会朝着完成目标的方向努力，管理者根据部门和个人的目标完成情况进行考核评估与奖惩。这种机制保证了组织目标的实现，它的优越性体现在能使各级员工更加清楚地知道组织的目标，对企业的长期发展充满信心；能使各级管理者和员工清楚自己对所在部门、整个组织的价值贡献，激发员工创造更大的价值；通过长短期目标的平衡，促使部门或个人去维护企业长期利益与短期利益的平衡。

目标管理和绩效管理是两个相辅相成的工具，是站在不同角度提出的组织绩效提升解决方案。目标管理注重人的自觉性，依靠自我进行管理；绩效管理注重激励机制建设以及绩效考核，激励员工完成个人及组织目标。目标管理是站在“自我管理”的角度，充分相信员工的主动性、自觉性；绩效管理是站在“管理者和员工互动”的角度，需要管理者对员工进行绩效辅导、监控。

专家提示

目标管理在指导思想上是以“Y理论”为基础的，即认为在目标明确的条件下，人们能够对自己负责。事实上，这种假设在某些情况下存在一定的局限性，仅仅依靠员工的自我管理是远远不够的，因此在实践中还要注意与其他管理工具的结合。

（五）绩效管理可行性分析

1. 可行性分析

可行性分析主要从以下几方面进行。

第一，可行性分析要判断企业基础管理工作能否支持系统的绩效管理要求。如果企业基础管理水平较低，则应针对企业管理的不足之处，采取针对性措施，提高企业基础管理水平，这样绩效管理才能发挥最大作用。

第二，可行性分析要解决绩效管理期望达到什么目的，绩效管理能不能达到这个目的，是不是还有更好的办法达到这个目的等诸多问题。这些问题需要企业高层决策者的慎重思考，因为绩效管理涉及员工核心利益问题，这个问题处理不好，会给企业带来严重的损害。

第三，可行性分析要研究绩效管理体系构建方式是企业内部独立设计方案，还是寻求外部机构协助。如果自己独立完成，应组成项目小组并选出合适的项目负责人；如果委托外部机构合作完成，应选定项目负责人负责外部服务机构的筛选和商务洽谈工作。

2. 寻求专业服务机构支持

借助专业化的绩效管理外部智力机构来推进绩效管理的好处如下。

第一，无论在工具模型、经验积累上，还是在绩效管理策略、绩效管理体系设计以及绩效管理实施推进等方面，专业化的绩效管理服务机构都有明显的优势。

第二，借助外力可以减少甚至消除企业高层领导的顾虑，更加彻底地改变员工的思想观念，推进企业各项基础管理工作，使绩效管理深入推进并取得成效。

第三，借助外力进行绩效管理工作，能保证绩效管理的公平、公正、有效，给股东、管理层及员工带来多赢局面。作为独立机构，公平、公正地对待所有利益相关者是最基本的职业素养。

专家提示

寻求外部专业机构支持虽然有诸多好处，但也存在费用较高、方案落地难的问题。教练式咨询、微咨询、实战训练营等方式，是非常不错的选择。水木知行薪酬设计/绩效考核实战训练营，以培训的费用，可以达到咨询的效果，使薪酬设计/绩效考核不再难。

有人认为，咨询公司只是老板实现自己意图的工具。这种认识是非常片面的。

第一，在知识结构上，咨询顾问具有丰富的理论和实践经验。咨询的价值更在于改变企业目前的认知和提高企业的管理水平。如果企业领导说怎么办就怎么办，那咨询就没有意义了。

第二，在企业里，管理者和员工往往站在不同的角度看问题，管理者有时不能得到员工的真实想法，很多信息对老板是阻塞的，因此老板的判断会出现偏差。

第三，站在全体员工的角度设计方案，使员工都满意，才会保持各级管理者和员工的积极性，公司的整体绩效才能提高，老板的最终目标才会实现。

第四，在大量的沟通和交流中，外部机构会为公司带来新的观念和理念，在这个层面上对企业的贡献将是长远和持久的——观念决定思路，思路决定出路。

第五，通过外部专家对各级管理者和员工的培训，使企业管理者掌握绩效管理的有关工具、方法和技巧，能够保证绩效管理落到实处。

3. 如何选择专业服务机构及服务方式

选择外部服务机构时应权衡成本和收益。

绩效管理项目的成本包括以下几方面：

✧ 咨询费用。

✧ 在咨询过程中各级管理者和员工投入的时间和精力。

✧ 项目实施所面临的风险。如果绩效管理实施不力，绩效管理将达不到预期效果，甚至会产生严重的负面影响。

咨询费用可以用金钱来衡量，而后面两个因素是不能用金钱来衡量的。

绩效管理变革项目的收益包括：

✧ 带来了系统的解决方案。

✧ 带来了各级管理者和员工观念的更新。

✧ 给企业带来了方方面面基础管理的提升。

✧ 带来了包括领导在内的绝大多数员工的满意。

专家提示

价格固然是一个重要因素，但不应是最重要的因素，最重要的是服务机构绩效管理的专业技术水平，包括服务机构的工具、模型、案例积累以及各种数据支持，项目人员的专业素质、资历、经验等各个方面。

选择服务方式也非常重要，一般可以分为全过程管理咨询、教练式管理咨询、企业内部管理培训等几种方式。

（1）全过程管理咨询

全过程管理咨询服务由咨询顾问较长时间入驻现场为客户提供服务，对客户基础管理水平做详细诊断，运用多种模型、工具和方法设计适合企业现状的系统管理解决方案。

设计方案在客户的配合下由咨询顾问负责完成，高质量的咨询方案是客户与咨询公司多次互动讨论的结果。咨询公司协助客户制订分阶段实施计划并辅导客户实施，同时对企业各级管理人员进行有关模型、工具和方法的针对性培训。

（2）教练式管理咨询

教练式管理咨询服务由咨询公司对客户绩效管理做初步诊断，与客户共同制订薪酬激励、绩效管理方案，并对客户进行培训辅导，具体薪酬水平、考核内容由客户自己设计。

咨询公司协助客户进行绩效管理推进实施，通过持续的、教练式的咨询辅导，切实提升企业基础管理水平，保证绩效考核效度，促进组织和个人绩效的提升。

（3）企业内部管理培训

对于企业人力资源管理水平较高、推进绩效管理多年的企业，可以采取内部培训方式。对企业中高层领导进行绩效管理有关理念、工具、方法和技巧的培训，提高管理者能力素质和企业管理水平，使绩效管理更上一层台阶。

（六）绩效管理变革风险评估与策略

1. 绩效管理变革风险评估

绩效管理变革可能会给企业带来一定的冲击。首先，管理者应清楚，绩效管理变革是涉及员工核心利益的问题，因此会得到所有人的关注。人会对未知的、不可预测的事情产生恐惧感，任何人包括业绩优秀的员工对管理变革都是恐惧的，这是人的本性决定的，因此管理变革一般会受到人们的抵制。其次，绩效管理变革必然会触动一些人的利益，这些人会竭力阻止变革以维护既得利益，这也为绩效管理推进增加了难度。

对绩效管理变革进行风险评估，就是预测绩效管理可能面临的风险，设计有针对性的风险防范预案。一般情况下，应该对以下几个方面进行评估：

① 绩效管理变革将对企业各个层面产生影响，首先影响的是人的思想观念。

在新观念与旧有观念的激烈碰撞中，在企业利益的重新分配中，必然会使有的员工处于有利位置，而有的员工处于不利位置。绩效管理变革轻则对员工的积极性带来影响，严重情况下可能会产生人事震荡，在跟不上企业发展要求的员工被淘汰的同时，也可能会流失一些优秀员工，企业应该对这方面的风险有充分的认识并做出风险防范预案，在制定激励政策时，一定要考虑核心员工的利益诉求。

② 绩效管理变革可能会对企业运营产生影响，甚至会对核心业务运作带来严重影响。

如果绩效管理变革触动核心业务人员的利益导致部门工作积极性严重降低，那么可能会带来短期业绩下滑，企业应对此有充分的思想准备。企业发展是螺旋式上升的，暂时的低落可能是企业发展过程中必然经历的过程。大的变化必然会伴随着大的震荡，只要企业全体人员能共同承受，经历风雨后一定会见到彩虹，获得大的发展。

③ 绩效管理变革可能没有预期的那么好。

绩效管理变革取得巨大成效需要企业具备一定的管理基础，同时需要公司具有较强的执行力。如果这两方面存在问题，绩效管理的效果就会受到影响。

2. 绩效管理变革策略

绩效管理方案在考虑系统性、科学性的同时，一定要考虑企业文化特点以及企业基础管理水平，同时与企业决策领导的管理风格相匹配。

在推进绩效管理实施过程中，可以采取分阶段实施策略，先做部门层面考核，部门层面考核取得效果后再做岗位层面考核；也可以先做业务部门考核，再做职能部门考核等。分阶段实施是很多企业采取的比较稳妥的方法。

绩效管理最终流于形式的案例也比较多，导致这种现状的原因是复杂的。站在咨询公司的角度，往往认为是企业执行力不够；站在企业的角度，往往认为是咨询方案没有操作性。

专家提示

绩效管理一时没有取得成效是正常的，因为绩效管理是一个长期的持续过程。针对绩效管理中存在的问题，进一步优化、完善有关方案，加强对各级管理者和员工的培训工作，加大绩效管理工作各环节的工作力度，绩效管理会逐步取得成效。

二、如何将公司发展战略目标分解落地

（一）如何将战略目标分解落地

卓越的绩效管理体系，要解决战略目标分解及落地问题，保证个人目标、部门目标及组织目标的一致性，只有这样才能实现组织绩效与个人绩效同步提升的目的。

✧ 目标分解，就是将组织目标分解为部门目标，部门目标分解为各个岗位目标。岗位目标应支撑部门目标，部门目标应支撑组织目标。

✧ 目标落地，就是各个岗位、各个部门以及组织都会为了各自目标的完成而竭尽全力，通力合作达成目标。除了需要运用激励机制激发员工积极性外，绩效考核的有效性是最关键的，而绩效考核有效的前提就是绩效考核指标与目标的一致性。在实践中，如何根据组织发展目标确定组织绩效考核指标，是很多公司一直困惑的问题。

在最早的企业管理实践中，有些人认为这个环节不是非常难做的事情：一个称职的管理者应该清楚地知道自己的工作目标和工作重点，这个管理者也应该知道下属的工作目标和工作重点，因此这位管理者应该能够制定出有效的绩效考核指标及评价标准。但事实上情况并不是这样简单，很多企业绩效管理不能得到有效推进都是这个环节出了问题，考核指标出现问题使绩效考核不能做到公平、公正。

后来，有些企业实践又将绩效考核重点放在了量化考核指标上；能量化的尽量量化考核，不能量化的就不考核。但这带来了严重的负面影响。因为定量指标能反映的是量的差别，常常忽视质的差别，而决定企业长远发展的因素不是仅靠数字就能够衡量的。在这种考核导向下，出现了为工作数量的完成而降低工作质量的倾向，而工作质量降低对组织的损害是长久和深远的。

那么，应该如何解决这些问题呢？结果导向（定量指标）和过程控制（定性指标）相结合是解决这些问题的根本。

✧ 定量指标用来对工作目标是否达成进行考核；定量指标和非权重指标相结合能激励目标达成并强化绩效考核的效度。

✧ 定性指标用来对工作过程进行考核，通过分析核心业务流程关键控制点的行为特征，提出关键节点工作的标准和要求，进而为过程考核评价提供支持。

战略驱动绩效指标分析是解决组织、部门发展目标与绩效考核指标关系的一个有效工具，战略驱动绩效指标分析的结果就是组织绩效模型、能力素质模型和满意度模型。战略驱动绩效指标分析一般有以下几个步骤，如图 8-3 所示。

（1）外部环境研究

企业经营是在一定的外部环境条件下进行的，企业决策是在对外部环境充分研究的基础上进行的，具有战略导向作用的绩效考核更应加强对外部环境的研究。

外部环境包括宏观经济因素、政策法规因素、区域环境因素、产业环境因素、竞争者

因素及购买者因素等多个方面。只有对外部环境进行充分估计，才能未雨绸缪，制定和选择出合适的考核指标。外部环境对公司发展战略的影响是很大的，在制定企业发展目标时，应充分考虑外部环境可能带来的有利和不利影响。只有这样，才能制定出合理、可行的发展目标。

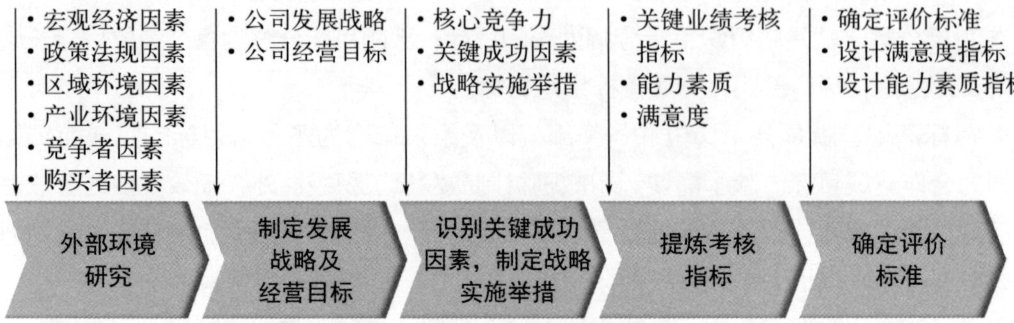

图 8-3　战略驱动绩效指标分析过程

在外部环境研究中，要特别注意，行业研究和标杆企业研究是非常关键的。行业增长率、行业毛利水平以及标杆企业成本、费用占收入比例的研究等，都能对绩效目标的制定提供支持。

（2）制定发展战略及经营目标

通过对外部环境（包括国家产业政策导向、行业发展变化趋势等方面）的详细研究分析，在企业既有发展战略指导下，结合企业内部资源条件，制定企业合适的经营目标。

（3）识别企业关键成功因素，制定战略实施举措

通过对企业核心竞争力与企业发展目标的匹配分析，提出在未来一段时间内能让企业保持竞争力、完成组织目标各个方面的关键成功因素，同时制定相应的战略实施举措。

在识别企业关键成功因素、制定战略实施举措过程中，应结合公司发展使命、愿景、价值观等因素。

（4）提炼考核指标

根据不同方面的关键成功因素及战略实施举措，找出与之密切联系的主要管理流程和业务流程。通过对主要流程关键控制点的分析，提炼出支持企业关键成功因素实现的核心行为，提炼出定性关键业绩指标；通过标杆企业研究，归纳高绩效行为特征。根据主要业务流程工作产出确定主要工作结果，提炼出定量关键业绩指标；通过标杆企业研究及行业有关绩效数据的统计研究，确定理想绩效水平。

根据不同方面的关键成功因素，提出满足企业发展要求的人力资源能力素质因子，提出保证企业长远发展的满意度因子。

（5）确定评价标准

根据不同方面的核心行为、工作结果以及对应的高绩效特征，确定定性考核指标与定

量控制指标的评价标准。

专家提示

在对部门团队考核中，经常采用关键业绩指标与满意度指标相结合的方式；在对岗位个人的考核中，往往是关键业绩指标与能力素质指标相结合。

专家提示

水木知行战略驱动绩效指标分析工具，与战略落地工具（OGSM）基本一致。战略落地工具的四个核心步骤分别是：目的（Objective，O）、目标（Goal，G）、策略（Strategy，S）、衡量（Measure，M）。差别在于水木知行考核指标体系与传统方法（平衡计分卡、OGSM）有较大差异。水木知行除了关键业绩指标外，还有能力素质指标、满意度指标。关键业绩指标有定量指标、定性指标和非权重指标。传统方法往往只是考虑定量指标，OGSM 考虑到了行动计划、重大战役等层面，一定程度上考虑到了定性指标，而平衡计分卡只考虑定量指标。

（二）组织绩效模型与关键业绩指标

组织绩效模型是战略驱动绩效指标分析的结果，是将组织发展目标与各部门关键业绩指标联系起来的纽带和桥梁，可为组织及各个部门绩效考核指标选择与确定提供支持。

✧ 随着企业发展战略、经营目标以及企业外部竞争环境、内部条件的变化，企业应定期进行战略驱动绩效指标分析，以使组织绩效模型得到及时更新，用于指导绩效管理的实施。

✧ 根据组织绩效模型设计部门关键业绩指标以及核心岗位关键业绩指标，并配置相应的权重，能保证绩效考核的战略导向作用和效度。

✧ 如果对公司业务非常熟悉，对于称职的管理者，选择和确定有效的绩效考核指标并不是非常困难的事情。

✧ 有利于公司各方达成共识，有利于制定重大战略实施举措并能得到有效落地实施。

图 8-4 是某餐饮设备制造企业组织绩效模型。

通过对国际国内经济发展趋势、餐饮设备行业发展、该公司发展规划及目标的研究，公司将在塑造品牌形象、提高营销水平、提升产品品质、加强产品研发、加强成本控制、人才培养开发、内部管理提升、信息系统建设方面加大工作力度，力争在各个方面有所突破，支撑公司发展战略的实现。

公司价值创造的核心业务是现场管理、生产管理、物料管理、研发管理和销售管理，同时还需要行政管理、后勤管理、招聘培训、薪酬激励、绩效管理、财务管理、会计核算、信息系统、质量体系、企业文化等各方面职能支持。

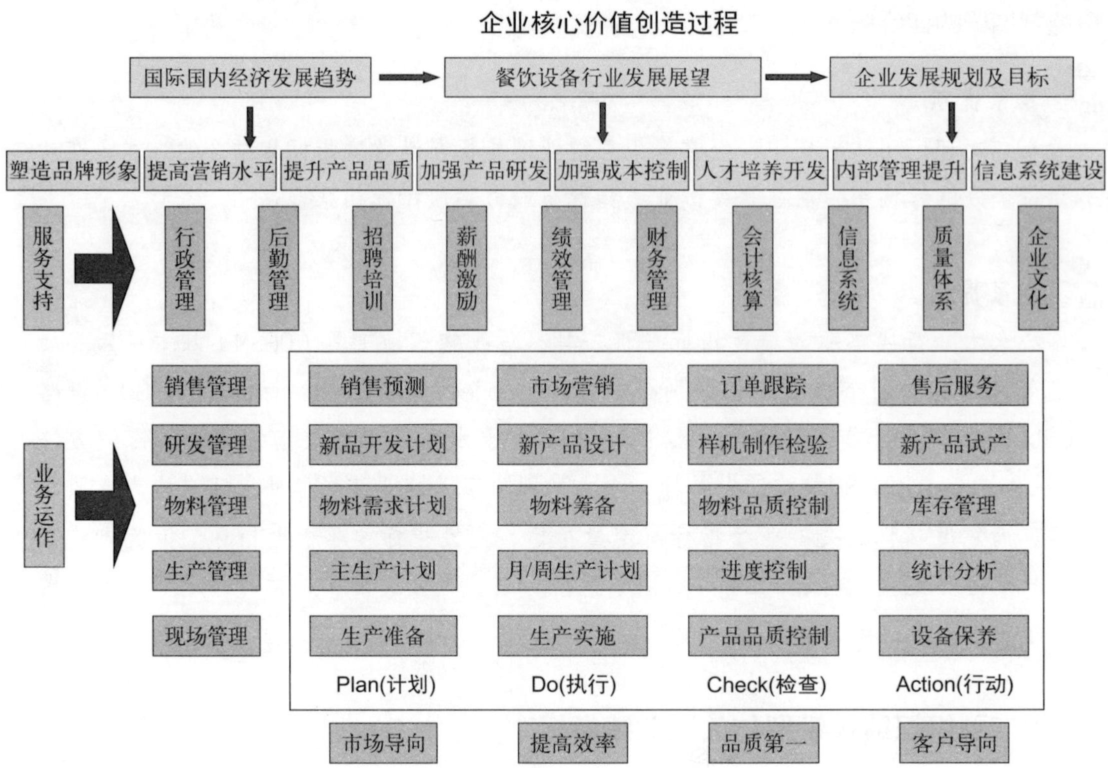

图 8-4 某餐饮设备制造企业组织绩效模型

现场管理关键成功要素体现在生产准备、生产实施、产品品质控制、设备保养等各个方面；生产管理关键成功要素体现在主生产计划、周 / 月生产计划、进度控制、统计分析等各个方面；物料管理关键成功要素体现在物料需求计划、物料筹备、物料品质控制、库存管理等各个方面；研发管理关键成功要素体现在新品开发计划、新产品设计、样机制作检验、新产品试产等各个方面；销售管理关键成功要素体现在销售预测、市场营销、订单跟踪、售后服务等各个方面。

根据上述分析可以得到各个业务部门及职能部门的职能、核心工作、高绩效特征及对应的考核指标。例如，该公司运转中枢计划物控部（PMC）的职能、核心工作、高绩效特征及对应的绩效考核指标如下。

（1）部门职能

统筹协调生产运作，保证产品满足客户要求，合理制订生产计划，合理管控物料供应及库存；在满足客户及时性要求的同时，保证产品质量，尽量降低产品成本。

（2）核心工作

生产运作统筹、生产计划编制、生产进度跟踪、生产异常协调、物料需求分析、生产信息分析、物料供应管理。

（3）高绩效特征

生产运作统筹：根据市场需求，结合库存与库容及在制品数量，结合各自产能和加工特点，整合产能，合理排产。

生产计划编制：组织编制主生产计划及周计划，并审核计划变更与调整协调。

生产进度跟踪：监控跟进各生产单位的生产计划执行情况，确保交期符合要求。

物料需求分析：及时准确地协同各生产单位，为物料采购提供需求依据；生产物料及非生产物料的合理控制。

物料供应管理：物料供应计划的制订及跟踪、安全库存对策确定。

物料套料管理：套料作业的制定及监控。

生产统计分析：生产信息的统计分析及传递，收集产能信息并进行分析、预测及促进产量提升。

（4）绩效考核指标

① 非权重指标：生产计划漏排、请购计划漏排、板材利用控制、装卸失误、PMC严重失误、仓库管理。

② 定量指标：周生产计划变更次数、产能利用率、常规产品断货率、外销订单平均交货天数、发货工作质量、原材料周转天数、成品库存周转天数、主要设备利用率、ERP数据失误次数。

③ 定性指标：生产安排、产能信息管理、生产计划执行跟踪、物料供应管理、生产信息统计分析、入库验收、库房管理、货物保管与储藏、物料出入库、物料损耗标准管理。

专家提示

并不是所有反映工作过程和工作结果的指标都是关键业绩指标，只有反映公司核心价值创造环节且能给组织战略目标实现带来增值作用的指标，才是关键业绩指标。

关键业绩指标由指标名称、指标定义、评价标准、绩效目标以及绩效考核者等一系列要素组成。选择合适的绩效考核指标，明确各指标的权重，制定客观的评价标准，确定合适的绩效考核者，是设计考核指标的关键环节。

专家提示

无论是对部门团队考核还是对岗位个人考核，关键业绩指标都是最重要的，代表岗位的核心职责。关键业绩指标一般都占有最大的权重，通常70%以上，因此科学合理地设计关键业绩指标非常关键。

（三）如何分解关键业绩考核指标

有些关键业绩考核指标不能由一个部门独自承担，这就需要分解绩效考核指标。关键业绩考核指标分解包括两个方面范畴：绩效目标值的分解以及绩效考核指标本身内涵的分解，而后者要比前者重要得多，难度也大得多。做好关键业绩考核指标的分解，需要对业务有较深刻的理解，并不是简单地靠几个技术手段就能解决的。

绩效目标值的分解包含横向和纵向两个维度，横向是指不同责任主体的绩效目标值分解，纵向是指在一个考核大周期内小周期绩效目标值的分解。绩效考核指标本身内涵的分解，包括分解为若干个定量指标、分解为定量指标和定性指标两种形式。当定量指标绩效目标值不能进一步分解的时候，关注被考核者的核心工作及重点任务就显得非常重要了，这样可以设计有针对性的定性指标来考核。只要将绩效目标描述清楚，并且评价标准事先设计得当，那定性指标的考核就更有效果。

1. 绩效目标值的横向分解

绩效目标值的横向分解在较大规模组织中是经常遇到的，比如销售收入、利润、储蓄存款、销售毛利率、生产计划完成率、用户活跃数等。根据指标性质有以下几种形式：

第一种是各个部门销售收入、销售利润、储蓄存款之和构成公司总体绩效值。在这类指标绩效目标值的横向分解过程中，各个部门绩效目标之和等于或稍超过整体绩效目标值，一般需要经过自上而下、自下而上多次讨论达成共识。

第二种是各个部门生产计划完成率、销售毛利率加权平均构成公司总体绩效值。在这类指标绩效目标值的横向分解过程中，各个部门绩效目标加权平均之和等于或稍超过整体绩效目标值，也需要经过自上而下、自下而上多次讨论达成共识。

第三种是各个部门用户活跃数之和大于公司总体绩效值。在这类指标绩效目标值的横向分解过程中，根据各个部门绩效结果重合情况，分别根据实际情况制定各个部门目标值并留有一定冗余，确保整体目标达成。

2. 绩效目标值的纵向分解

绩效目标值的纵向分解很普遍，比如销售收入、利润、储蓄存款、销售毛利率、生产计划完成率、用户活跃数。根据指标性质有以下几种形式：

第一种是销售收入、利润等随着考核周期线性增长的指标。对于这类指标，根据外部环境、内部条件以及季节性因素，将绩效目标分解到各个周期，考核评价标准有两种形式：一种是各个周期单独评价，各个周期累计总和等于或稍大于年度整体目标；另一种是每个周期末自年初累计值整体评价，这样，每个周期累计等于整体目标值即可。

第二种是销售毛利率、生产计划完成率等随考核周期小幅波动的指标。对于这类指标，考虑外部环境、内部条件以及季节性因素，将绩效目标分解到各个周期，各个周期可以稍有不同，但应保证季度目标能支撑年度目标实现。

第三种是储蓄存款额、用户活跃数等时点性质的指标。对于此类指标，根据外部环境、内部条件以及季节性因素，将绩效目标分解到各个周期，衡量方法有以下几种形式：以期间最大值或最小值来衡量；以期初、期末时点数值或平均值来衡量；以期间日均数值来衡量。

3. 绩效考核指标分解为若干个定量指标

有些指标不能由一个部门独自承担，可以分解为不同内涵定量指标由不同部门来承担。有以下几种情况：

利润等可以分解为各种收入与各种成本费用简单加减关系的情形，见图 8-5。

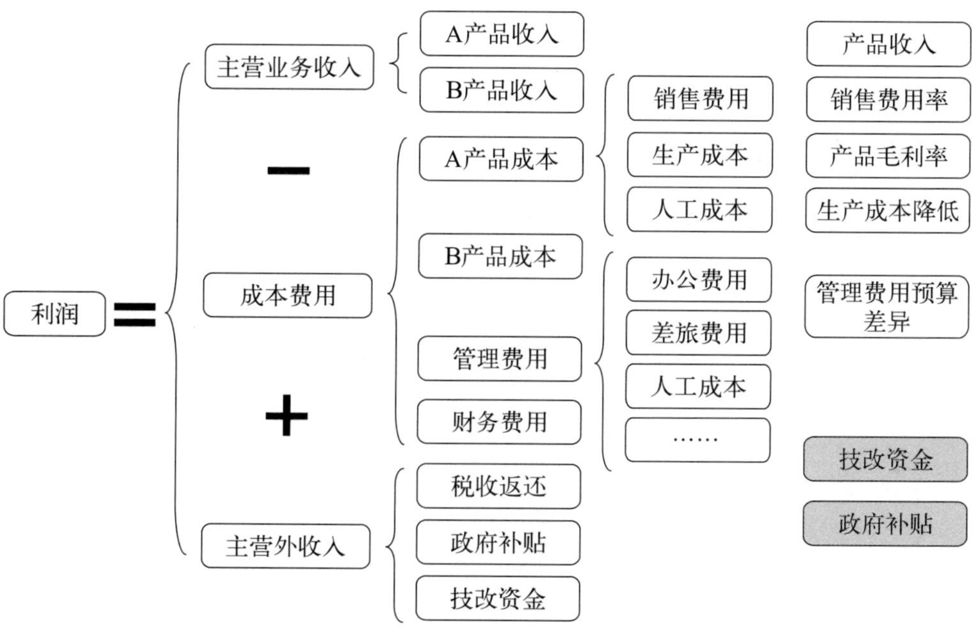

图 8-5　利润指标分解

总资产周转率与现金周转率、应收应付周转率、库存周转率等有关，但不是简单的加减关系，见图 8-6。

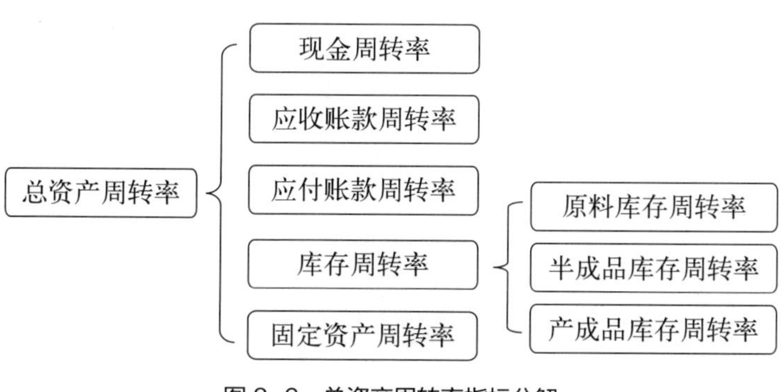

图 8-6　总资产周转率指标分解

4. 绩效考核指标分解为定量指标和定性指标

有些指标不能由一个部门独自承担，可以分解为不同内涵定量或定性指标，示例参见图 8-7 和图 8-8。

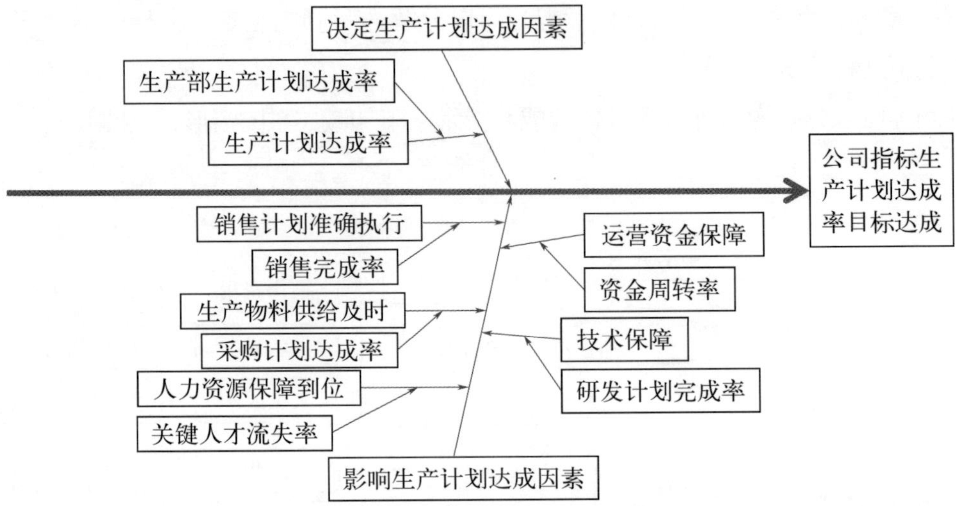

图 8-7　生产计划达成率指标分解

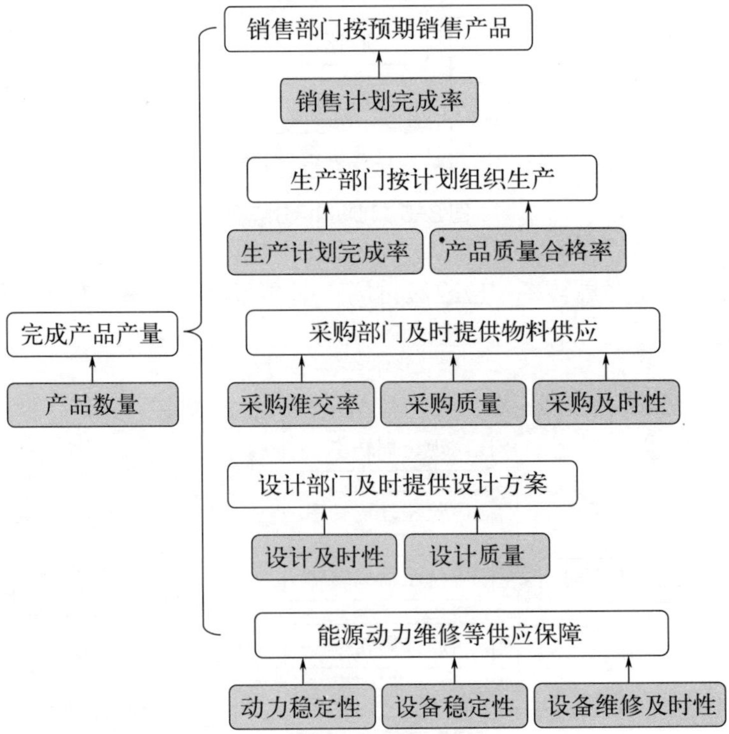

图 8-8　产品数量指标分解

专家提示

传统的目标分解制定方法，与目标执行完全两回事：目标制定者只管制定目标，不关注如何完成目标，不操心实施事情；目标执行者也只照着既定方法去实施，往往会忽略所做事情的根本目的和意义，因此很难进行纠偏。将定量指标分解为定量指标和定性指标，事实上就是在目标分解层面，考虑了达到目标的方法和途径，对发展战略真正落地具有非常大的促进作用。

（四）能力素质考核及其应用

在影响绩效的几个因素中，员工技能因素对业绩的持续提升非常关键。企业要形成核心竞争力，员工就必须具备相应的核心能力，这是公司战略目标得以实现的基础。而核心能力的识别和培养是最重要的问题，能力素质模型就是解决该问题的有效手段。

建立和发展员工的核心能力素质体系，其最终目的是支持企业经营发展需要。识别对企业战略目标实现最具支持作用的行为和能力，有计划地建立和培养这样的能力，是建立能力素质模型的关键。

对员工的能力素质进行评估，找出现有能力与要求能力之间的差距，采取针对性措施，才能形成以能力素质提升为核心的人力资源规划、招聘选拔、绩效考核、薪酬激励、员工能力发展等人力资源管理体系，为公司战略目标的最终实现提供切实保障。

能力素质模型就是用行为方式来定义和描述员工完成工作需要具备的知识、技能和品质；通过对不同层次的定义和相应层次具体行为的描述，确定不同岗位人员完成本职工作所需要的各种核心能力以及各种能力的等级。这些能力会对员工的个人绩效及企业目标的实现产生关键影响。能力素质考核即考核员工的能力素质是否与岗位要求相匹配。

从企业角度来看，能力素质模型是推进企业核心能力构建和进行组织变革、建立高绩效文化的推进器。其重要作用体现在：有利于企业进行人力资源盘点，明晰目前能力储备与未来要求之间的差距；建立一套标杆参照体系，帮助企业更好地选拔、培养、激励能为企业核心竞争优势做出贡献的员工；可以更加有效地使用人才，实现企业的经营目标；便于企业集中优势资源，对最急需或对经营影响重大的能力素质优先培训和发展；建立能力发展阶梯，便于企业内部人员的横向调动和发展，可以更有效地进行员工职业发展规划。

从员工角度来看，能力素质模型为员工指明了努力的方向，使员工认识到“如何做事”与“做什么”同样重要，为此要有针对性地提高自己的能力素质。通过有效激励，帮助员工更好地提高个人能力素质，从而提高个人和组织绩效。

专家提示

人力资源管理正在由“产供销生产时代”以岗位为基础，向“知识经济时代”

以能力为基础进行转变，构建适应招聘选拔、培训晋升、薪酬激励、绩效考核等发展需要且简单适用的能力素质模型非常重要。水木知行解决培训晋升问题的能力素质模型见本书第五章“岗位体系及工作分析”部分，水木知行解决薪酬水平问题的能力素质模型见本书第三章的“薪酬调查”部分，本节的能力素质模型是为了解决绩效考核问题的。

1. 水木知行能力素质模型介绍

水木知行能力素质模型包括四个范畴：个性品质、基本技能、管理技能和专业技能，如图 8-9 所示。

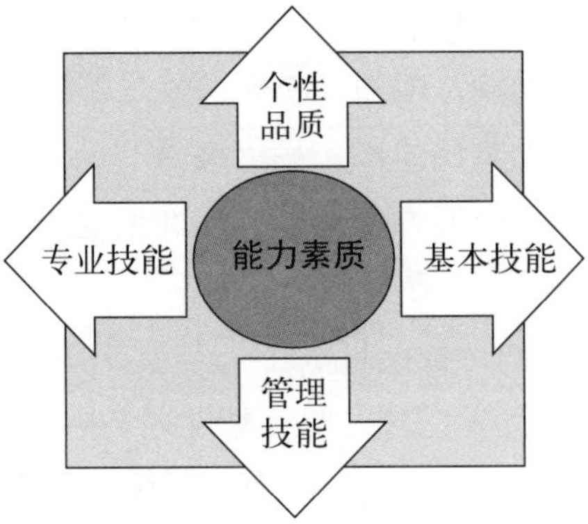

图 8-9 水木知行能力素质模型

个性品质是个人的性格特征及品格特点，应与公司倡导的核心价值观相匹配，它是公司企业文化的表现，是公司对员工行为的内在要求，体现公司认可的行为方式。

个性品质分为个人品德、职业素养和性格精神三个维度，如图 8-10 所示。

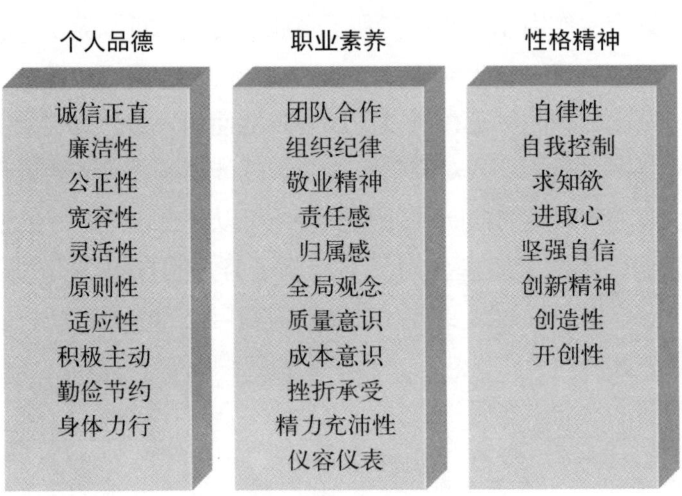

图 8-10 个性品质构成

基本技能是做好本职工作需要具备的基本能力，包括思维、表达、理解、沟通、学习、计划、执行、应变、压力反应及矛盾处理等方面。基本技能分为思维感知、沟通交流和自我精进三个维度。如图 8-11 所示。

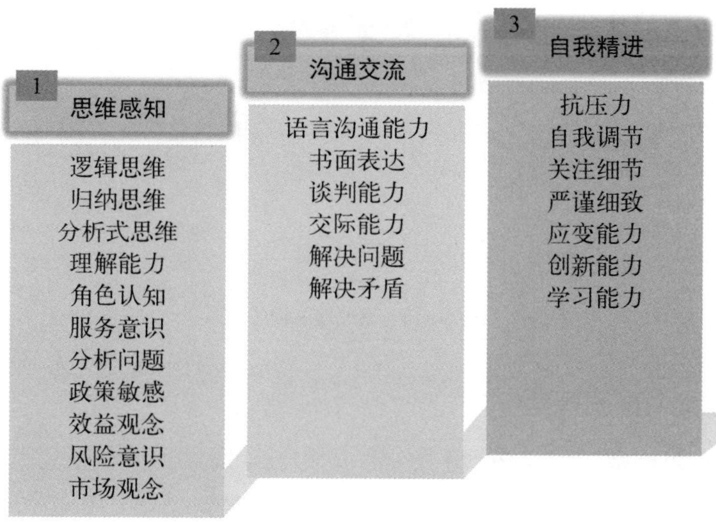

图 8-11　基本技能构成

管理技能是企业各级管理者做好计划、组织、协调、控制等工作需要具备的能力，是适用于企业各级管理人员的能力素质要求。对不同层级管理者的能力要求，等级也有所差别。管理技能分为基本管理、领导力和战略决策三个维度，如图 8-12 所示。

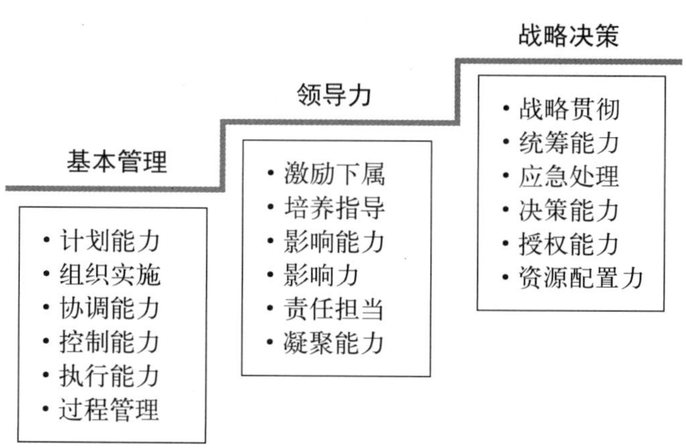

图 8-12　管理技能构成

专业技能适用于专业技术人员，是专业技术人员为完成有关工作必须具备的专业技术能力要求。对于不同等级专业技术人员，对其专业技能要求也不同。按不同性质，专业技能分为行政、财务、生产、市场、网络等范畴，如图 8-13 所示。

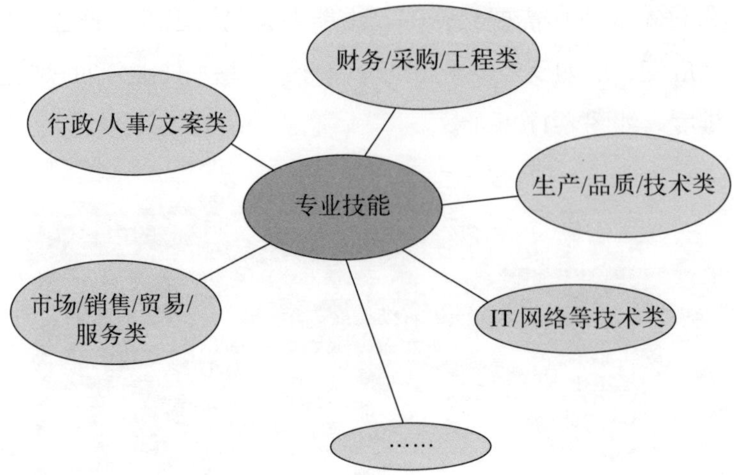

图 8-13　专业技能构成

2. 如何建立能力素质模型

要建立能力素质模型，首先必须了解组织的中长期发展目标和经营策略，分析企业的关键竞争优势，明确企业在哪些方面的核心竞争能力最终能够支持企业的市场地位。其次，企业的关键能力要靠员工来保障，因此应明确什么样的员工能够在企业内生存和发展，并且能够支持企业的生存和发展。

通过对企业文化、核心价值观、发展战略及业务策略、员工成熟度等的深入研究，提炼出个性品质、基本技能等方面的能力素质要求。

通过对企业业务特点的深入分析，提炼出有利于公司核心竞争力形成和保持的管理技能与专业技能等能力素质要求。

为了操作简便和模型有效，能力素质模型中的个性品质、基本技能、管理技能、专业技能不做分级标准，而是根据特征描述确定评价标准。基层员工侧重于个性品质和基本技能方面；专业技术人员侧重于基本技能和专业技能方面；中高层管理人员侧重于管理技能和专业技能方面。

建立能力素质模型需要把握以下关键点：

第一，能力素质要保证对企业战略的支持，并能够准确、客观地反映战略对人员能力的要求。

第二，关注企业文化和核心价值观，使得能力定义和行为描述体现企业的个性特点。

第三，更加关注“具体行为表现”而非“概念”。

第四，关注行业特点和业务流程特点，体现不同序列和岗位之间能力要求的差异。

表 8-1 至表 8-4 分别为能力素质模型个性品质“进取心”的示例、能力素质模型基本技能“学习能力”的示例、能力素质模型管理技能“决策能力”的示例、能力素质模型专业技能“客户关系管理”的示例。

表 8-1　能力素质模型个性品质“进取心”的示例

▪要素定义：也就是“上进心”，是指个体面对困难时战而胜之的心理冲动；它是个体战胜困难的动力源泉；稳定、持久的进取心，能支持主体战胜一个又一个的困难，从成功走向成功 ▪适用岗位：所有岗位		
等级	说明	评分
S	非常富有进取心，不断克服困难、追求卓越，争取更大更好的发展；为自己设定很高的工作目标，勇于迎接挑战，要求自己工作成绩十分出色	9～10
A	有较强的进取心，在工作生活中喜欢发现问题、解决问题；为自己设定较高的目标，并且积极、认真地努力完成目标	7～8
B	有一定的进取心，在工作生活中能够发现问题，并主动去解决问题；虽没有自己明确的目标，不主动寻求挑战，却能够完成基本工作要求，无突出表现	5～6
C	进取心一般，在工作生活中能够发现问题，不主动去解决问题；没有自己明确的目标，不主动寻求挑战，工作成绩平平，且会有完不成工作任务的现象发生	1～4
D	甘于现状、得过且过；不主动寻求解决问题，不追求工作成绩的出色；完不成工作任务	0

表 8-2　能力素质模型基本技能“学习能力”的示例

▪要素定义：是否能够在工作中注意发现自身的能力不足，并主动地通过自我学习或参加各类培训完善与工作有关的知识和技能，是否能够顺利地掌握各类相关的新知识、新技能，并很快运用到实际工作之中 ▪适用岗位：所有岗位		
等级	说明	评分
S	能自觉在工作中发现自身的能力不足，能非常主动地通过自我学习或参加各类培训完善各类与工作有关的知识和技能，能够非常快地吸收和学习各类相关的新知识、新技能并将所学运用到实际工作之中	9～10
A	基本不需他人提醒能够工作中发现自身的能力不足，能主动地通过自我学习或参加各类培训完善各类与工作有关的知识和技能，能较快地吸收和学习各类相关的新知识、新技能并将所学运用到实际工作之中	7～8
B	在他人提醒之下偶尔能够在工作中发现自身的能力不足，能通过自我学习或参加各类培训完善各类与工作有关的知识和技能，基本上能够吸收和学习各类相关的新知识、新技能，基本上能将所学运用到实际工作之中	5～6
C	需要他人的提醒才能发现自身的能力不足，吸收和学习各类相关的新知识、新技能的速度比较慢，能将一部分所学到的知识技能运用到实际工作之中	1～4
D	经常需要他人的提醒才能在工作中发现自身的能力不足，在各类培训中表现得十分被动，吸收和学习各类相的新知识、新技能的速度非常慢，不能将所学运用到工作实际之中	0

表 8-3　能力素质模型管理技能“决策能力”的示例

▪要素定义：工作中能否运用个人所掌握的知识以及实际经验，在客观、全面分析信息的基础上，准确把握事态发展动向，果断做出恰当的决策并及时采取行动。正确把握相关业务市场上的行业信息变动情况，果断协助领导做出恰当的决策并及时采取行动 ▪适用岗位：中高层管理岗位、中高层业务岗位		
等级	说明	评分
S	决策能力非常强，对在工作中出现的新情况和新问题，能够迅速搜集、整理以及分析各种信息和事实，准确预测各种变动情况，得出恰当结论、果断决策，采取行动	9～10
A	决策能力较强，在大多数情况下能够对在工作中出现的各种新情况和新问题进行正确分析和判断，对信息变动情况得出比较贴切的结论，及时采取相应的行动	7～8
B	决策能力基本能够达到工作的要求，对于工作中所出现的一些新情况和新问题，尽管决策略显迟缓，但仍能通过个人的分析和判断得出基本正确的结论，同时能采取适当的行动来解决问题	5～6
C	决策能力略显不足，能够较好地处理工作中的常规问题，但是对于在工作中所出现的新情况和新问题，却往往无法得出正确的结论，也不能采取及时行动	1～4
D	决策能力很差，经常无法处理工作中的常规性问题，一旦出现新情况和新问题，更是不知从何下手，采取行动非常迟缓；经常连工作中出现的一些常规性问题都处理不好	0

表 8-4　能力素质模型专业技能“客户关系管理”的示例

▪要素定义：利用科学的管理方法，对客户进行分类和管理，使公司长期价值达到最优化 ▪适用岗位：采购、营销业务岗位		
等级	说明	评分
S	始终把客户利益放在第一位，对待客户真诚热情，能够满足客户个性化需求，对客户高度负责；能使用科学方法和手段进行客户关系管理，与客户关系非常稳固	9～10
A	始终把客户利益放在第一位，对待客户真诚热情，主动了解客户现实的与潜在的需要，客户关系比较稳固	7～8
B	对客户关系进行了一些简单的管理，能够主动了解客户的需要并提供相应的服务，对待客户态度友善，基本能够维持客户关系	5～6
C	没有对客户关系进行科学管理，但是能够满足客户的基本需求，对待客户态度比较友善，基本能维持客户关系	1～4
D	没有对客户关系进行管理，无视客户要求，对待客户态度较差，客户流失严重	0

3. 能力素质模型使用

个人能力素质对工作是否称职以及实际绩效水平都会产生很大的影响，因此对个人进行考核，能力素质也是比较重要的内容。能力素质考核主要是考核员工的能力素质是否与岗位要求相匹配。

能力素质考核主要用于对个人的考核，可以广泛地应用在各级管理人员以及业务人员的考核中。根据与被考核者工作关系的紧密程度，可以采取上级、下级、同级等进行 360 度考核。表 8-5 为某集团公司部门正职、部门副职能力素质的考核者及权重。

表 8-5　某集团公司部门正职、部门副职能力素质考核者及权重

被考核者	考核者及权重				
	董事长	总裁	分管领导	执行总裁	部门正职
各部门正职	30%	30%	20%	20%	
各部门副职	15%	15%	20%	20%	30%

表 8-6 为某集团公司部门正职、部门副职能力素质考核表。

表 8-6　某集团公司部门正职、部门副职能力素质考核评价表

指标 姓名	战略执行	组织协调	应变创新	培养指导	团队建设	小计	总分

注：1. 由绩效考核办公室负责组织进行季度能力素质考核。

2. 单项打分满分为 10 分，若认为该项素质优秀打 9～10 分，良好打 7～8 分，一般打 5～6 分，较差打 1～4 分。

3. 总分 = 小计 ×2，折算为百分制。

能力素质考核分数统计计算有两种模式。

第一种，根据不同考核者与被考核者工作关系的紧密程度分配不同的权重，最后加权确定最终得分。

第二种，各考评者等同对待，去掉最高分、最低分后统计计算得分。

从理论上讲，由于任职者能力素质在短期内一般不会有太大改变，能力素质考核一般应选择比较长的周期，用于年度考核或半年度考核中。但在实际操作中，能力素质考核也可以选择比较短的周期，比如季度、月度，尤其是个性品质以及基本技能等指标。

在采取下级对上级评价的情况中，评价分数的保密是非常重要的。如果下属感到自己的评分会被领导知晓，那么下属就不会按照自己的真实意愿来进行评价，因此应该保证下属对领导评价分数的保密性。

（五）满意度模型及其应用

1. 满意度的含义

满意度是个体对现实状况和个人期望进行比较后形成的主观感觉。满意度的外在表现是情绪的流露，这种情绪的流露具有可传导性。

如果上级管理者对下级员工的满意度较低，将导致领导对下级的批评；下级会将不满情绪通过语言和表情动作传递给顾客，顾客就会对员工产生不满意；而较低的客户满意度又会影响上级对下级的满意度。如此循环往复，领导、员工、顾客的满意度都会降低，工作绩效就无法提高了；如果部门之间的满意度不高，会造成扯皮、推诿现象，这样也会造成顾客的不满。由此可见，满意度测评应该是绩效考核的一个重要组成方面。满意度包括客户满意、员工满意和部门满意三个维度。其模型如图 8-14 所示。

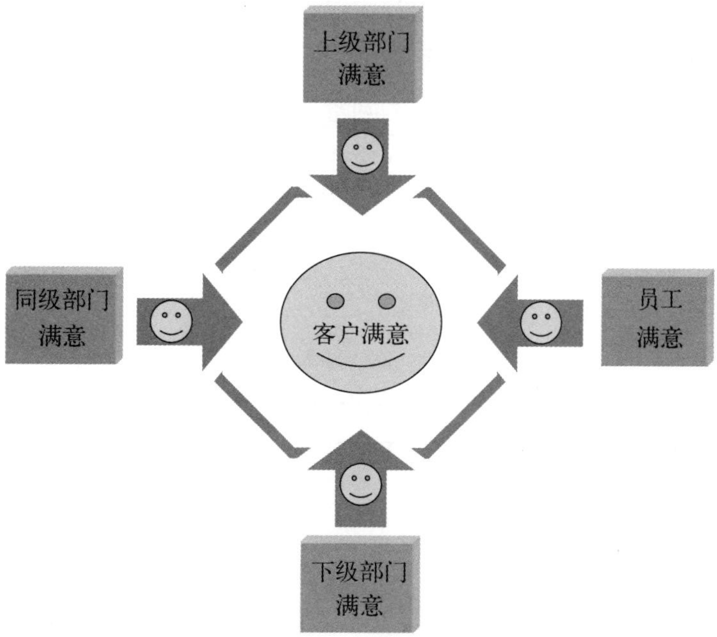

图 8-14　满意度模型

评价部门满意度可以发现部门协作中存在的问题，及时解决影响组织效率的因素，促进组织绩效的提高；同时也可以发现不同部门、上级部门和下级部门之间的利害关系，使企业决策者对企业组织现状及人际关系有更清楚的认识。

员工满意度可以体现员工在薪酬、绩效和职业发展等方面对企业有关政策和发展前景的看法。通过采取针对性措施，改进存在的问题，提高员工满意程度，可以激励员工提高绩效。

通过客户对企业提供的产品或服务的满意度感知，可以发现企业管理中存在的漏洞和问题，这样可以避免灾难性后果的发生。

专家提示

只有同级部门满意、下级部门满意、上级部门满意和员工满意，才能最终形成客户满意的结果，从而最终提高企业的竞争力。通过评价满意度水平，可以了解组织的运行状态。如果员工满意度、客户满意度以及部门满意度不高，管理者就应该知道企业管理出现了问题，应积极去探寻原因，寻求解决方法，加强、改善管理。

2. 满意度模型的建立

通过研究企业文化、发展战略、业务策略、核心价值观以及员工对此的理解和认可状况，对企业业务特点进行深入分析，提炼有利于企业核心竞争力形成和提高组织绩效的满意度影响因子。

部门满意度广泛地应用于同级部门、上级部门对下级部门、下级部门对上级部门的考核评价中。对部门满意度的评价一般是采用指标方式，由有关部门负责打分评价。

员工满意度和客户满意度通常采用测评方式，通过对一系列疑问句“是”或“否”的回答，以及判断句“同意”或“不同意”的回答，来测评员工或客户的满意程度。

客户满意度测评和员工满意度测评，可以由企业自行组织，也可以委托外部专业服务机构来进行。

建立满意度模型需要把握以下关键点：

第一，满意度模型要保证对企业战略的支持，并能够准确、客观地反映战略对满意度的要求。

第二，关注企业文化和核心价值观，关注行业特点、产品特点以及业务流程特点，根据企业实际情况以及各部门业务性质，选择客户满意度、部门满意度以及员工满意度中的一项或多项来进行测评或评价。

3. 水木知行员工满意度模型

员工满意度是员工积极状态的“晴雨表”，它不仅受员工个体因素和有关工作因素的影响，还受所在公司总体经营状态和发展前景的影响。因此，关注员工满意度水平对公司的长远发展是非常必要的。

员工满意度测评可以帮助管理者倾听员工的心声，是了解员工需求的有效方法；还可以用于诊断企业人力资源管理现状，定期的员工满意度调查相当于为企业进行定期“体检”，根据调查结果分析企业管理中存在的问题，并提出针对性的管理改善建议，提高管理水平，使员工满意度获得提升、公司竞争力得到进一步增强。

员工满意度测评通常通过员工满意度调查问卷进行，并辅之以进一步的访谈。其测评一般是在定性分析的基础上结合定量分析。各类专家学者根据各地实际情况设计出了各种测量评估模型。下面对水木知行员工满意度模型做简要介绍。

（1）员工满意度测评问卷

水木知行员工满意度问卷共64个问题，前60个问题是满意度选择，最后4个问题是属性识别。下面以某公司员工满意度测评问卷进行说明。

某公司员工满意度测评问卷

填写问卷说明

1. 本问卷共60题，题干都是对一个现象或观点的陈述，题后有“非常认可、比较认可、说不清楚、不太认可、很不认可”五个选项，请在符合您想法的位置打“√”。

2. 您的选择没有对错之分，我们只想知道您的真实想法。您的想法对公司的发展非常重要。请您根据自己的意愿如实填写。

3. 本测评问卷为匿名测评，我们会对您的填写结果进行保密。水木知行对所有有效问卷进行统计后会撰写测评报告并公布测评结果，敬请关注，非常感谢您的参与、配合。

4. 问卷填写者基本信息：

（1）您在本司工作年限：

A. 3年以内　B. 4～8年　C. 9～15年　D. 16～25年　E. 25年以上

（2）您的年龄：

A. 25岁以下　B. 26～35岁　C. 36～45岁　D. 46～55岁　E. 55岁以上

（3）您的最高学历：

A. 初中　B. 高中 / 中专 / 技校　C. 大专 / 高职

D. 本科　E. 硕士及以上

（4）您所在的层级：

A. 高层管理者　B. 中层管理人员　C. 基层管理人员

D. 业务人员及技术人员　E. 技术工及操作工

序号	测评问卷描述	非常认可	比较认可	说不清楚	不太认可	很不认可
1	公司能为客户提供良好的产品和服务。					
2	公司业务所处行业前景很好。					

续表

序号	测评问卷描述	非常认可	比较认可	说不清楚	不太认可	很不认可
3	公司是同行业中的佼佼者，我为自己能够在此工作感到自豪。					
4	公司拥有一种独特的、别人难以靠简单模仿获得的能力，在竞争中立于不败之地。					
5	公司的标识（logo）醒目清晰，员工知道它所代表的内涵。					
6	公司的管理理念与价值观为大多数员工所接受。					
7	公司有很好的管理机制和企业文化氛围，能够做到能者上，庸者下，吸引和保留优秀员工，淘汰不合格员工。					
8	公司决策领导富有人格魅力，能够吸引、激励我努力工作。					
9	员工易于接受公司组织变革，知道变革有利于公司发展。					
10	我愿意接受比目前更具挑战性的工作。					
11	公司有明确的发展方向和战略定位，大家对此有清楚的了解和认识。					
12	我了解公司的组织结构，清楚知道本部门的部门职能。					
13	各项管理制度能够经常维护、更新，不合理之处能得到及时修订。					
14	公司各项管理制度能够得到严格的执行。					
15	我没有受到多头领导指挥，直接管理者只有一个。					
16	上级对下级适当授权。					
17	在权力下授的同时，上级领导知道自己仍然担负着重要的责任，一旦出现问题不会一味责怪下属。					
18	公司经常邀请普通员工，共同参与重要经营事项讨论，听取意见。					
19	我的岗位工作职责和职权非常明确，岗位说明书能经常得到修订和完善。					
20	我清楚地知道本岗位工作任务完成对部门及组织目标实现有重大意义。					
21	我清楚地知道本职工作完不成给部门及组织带来的后果和影响。					
22	我的岗位职责和权利基本匹配，一般情况下，我能解决岗位职责范围内的问题。					
23	我清楚地知道做好本职工作的方法和步骤。					
24	我乐意接受公司安排的临时工作，这并不影响我本职工作完成。					
25	上级领导给予我适当授权，这激发了我的工作积极性。					
26	我知道任职岗位的能力素质要求，并为此而努力提高。					
27	我的能力素质和工作要求相匹配，可以发挥我的优势。					
28	上级领导安排工作时，会考虑员工的能力素质特点，对某些重要岗位，进行岗位公开竞聘。					
29	在工作过程中我经常感到一定压力，我会为工作的完成竭尽全力。					
30	我的工作内容比较丰富，工作具有一定挑战性。					
31	我的工作可以充分利用我的知识和能力。					
32	在工作中学到了很多知识，自己得到不断提高。					
33	在不影响部门目标完成的情况下，我可以根据自己的实际情况，灵活地调整个人的工作安排。					
34	与我的工作付出相比，我对我的目前收入满意。					
35	与我在其他单位工作的同学、朋友相比，我对目前的收入水平满意。					
36	与公司相同资历人员（学历、工龄、职位等）相比，我对目前的收入水平满意。					
37	部门对我的考核比较公平公正，并直接影响了我的收入。					
38	员工的薪酬会随着岗位工作的变动及个人能力的提高而有所变化。					
39	公司会根据劳动力供求状况和物价上涨对岗位薪酬进行调整。					

续表

序号	测评问卷描述	非常认可	比较认可	说不清楚	不太认可	很不认可
40	公司的绩效好坏能对我的收入产生重大影响。我的收入与公司的经营业绩有直接联系。					
41	公司对各部门进行了系统考核，部门考核结果影响了部门员工的收入。					
42	公司及时发放员工工资（基本工资、绩效工资），奖金也能按照规定基本及时发放。					
43	公司根据国家规定为员工提供的各种法定福利。					
44	除法定福利外，住房公积金等其他一些福利待遇员工也比较满意。					
45	公司比较重视员工培训，员工有比较多的培训发展机会。					
46	绩效考核良好员工会得到更多的岗位晋升机会。					
47	上级主管会对绩效水平较差员工给予辅导，帮助其提高工作技能。					
48	我的主管领导会给予我个人职业发展指导。					
49	为实现部门的同一目标，我和我的同事能紧密合作。					
50	我的主管和我经常进行正式、非正式的沟通。					
51	部门内部信息传递准确、及时，信息能及时共享。					
52	我和同事在工作中，经常交流分享工作经验以提高工作效率。					
53	公司员工能够相互信任、互相帮助。					
54	我经常能感受到同事对我工作及生活的关心关爱。					
55	公司经常组织员工团体活动，大家积极参加。					
56	员工经常一起进行业余文体活动。					
57	公司所处地理位置比较方便，周边配套生活设施较为齐全。					
58	公司员工上班较为方便，路途不会占用太多的时间。					
59	工作空间布局合理，没有感觉压抑；工作场所干净卫生，心情愉悦。					
60	工作场所环境较好，没有噪声、光、辐射等污染影响员工的健康。					

（2）员工满意度测评数量分析

每个问题都是一种描述，需要对认可程度进行判定。“非常认可”和“比较认可”认定为满意，“不太认可”和“很不认可”认定为不满意。满意度比例等于“非常认可”和“比较认可”样本占总样本的比例，不满意比例等于“不太认可”和“很不认可”样本占总样本的比例。为了量化分析满意度结果，将“非常认可”“比较认可”“说不清楚”“不太认可”“很不认可”分别赋予 5 分、4 分、3 分、2 分、1 分。满意度平均分为各个样本的平均分，满意度标准分是平均分除以相应指标所占权重，这样便于不同指标间的横向比较。通过满意度比例、不满意度比例、满意度得分、满意度标准分等来统计、分析满意度水平。

60 个问题每题 5 分，总计 300 分。其中分为企业发展、工作本身、工作回报和工作环境 4 个大类，分别有 18 题、15 题、15 题、12 题，分别占 90 分、75 分、75 分、60 分。

企业发展分为公司发展前景、企业文化建设和战略及执行三个中类，分别有 4 题、6 题、8 题，各占 20 分、30 分、40 分。

工作本身分为岗位职责、岗位配置和工作性质三个中类，分别有 6 题、4 题、5 题，对应30分、20分、25分。

工作回报分为薪酬公平、薪酬激励、福利和非经济性薪酬四个中类，分别有4题、5题、2题、4题，对应20分、25分、10分、20分。

工作环境分为团队沟通、和谐友爱、地理位置和办公环境四个中类，分别有4题、4题、2题、2题，对应20分、20分、10分、10分。

各个中类又分为若干小类。进行统计分析、撰写报告，需要知道60个问题分别属于哪个大类、中类、小类，题号顺序与表8-7顺序一致，注意若某小类分值为10分、15分或20分，则连着的2道题、3道题或4道题对应同一类别。

表8-7 水木知行员工满意度测评结构（总分300分）

大类	中类	小类
1. 企业发展（90分）	1.1 公司发展前景（20分）	1.1.1 产品及服务（5分）
		1.1.2 行业前景（5分）
		1.1.3 行业地位（5分）
		1.1.4 公司竞争力（5分）
	1.2 企业文化建设（30分）	1.2.1 核心价值观（15分）
		1.2.2 员工成熟度（15分）
	1.3 战略及执行（40分）	1.3.1 战略目标（5分）
		1.3.2 组织结构（5分）
		1.3.3 制度体系（10分）
		1.3.4 领导决策（20分）
2. 工作本身（75分）	2.1 岗位职责（30分）	2.1.1 职责明确（15分）
		2.1.2 工作完成（15分）
	2.2 岗位配置（20分）	2.2.1 员工潜能（10分）
		2.2.2 能力匹配（10分）
	2.3 工作性质（25分）	2.3.1 工作压力（5分）
		2.3.2 工作丰富性（5分）
		2.3.3 工作匹配（5分）
		2.3.4 工作成长（5分）
		2.3.5 工作灵活性（5分）
3. 工作回报（75分）	3.1 薪酬公平（20分）	3.1.1 自我公平（5分）
		3.1.2 外部公平（5分）
		3.1.3 内部公平（5分）
		3.1.4 过程公平（5分）
	3.2 薪酬激励（25分）	3.2.1 工资晋级（10分）
		3.2.2 绩效考核（10分）
		3.2.3 薪酬发放（5分）
	3.3 福利（10分）	3.3.1 法定福利（5分）
		3.3.2 其他福利（5分）
	3.4 非经济性薪酬（20分）	3.4.1 培训开发（5分）
		3.4.2 岗位晋升（5分）
		3.4.3 职业发展（10分）

续表

<table>
<tr><th>大类</th><th>中类</th><th>小类</th></tr>
<tr><td rowspan="12">4. 工作环境（60分）</td><td rowspan="4">4.1 团队沟通（20分）</td><td>4.1.1 团队合作（5分）</td></tr>
<tr><td>4.1.2 沟通交流（5分）</td></tr>
<tr><td>4.1.3 信息沟通（5分）</td></tr>
<tr><td>4.1.4 经验分享（5分）</td></tr>
<tr><td rowspan="4">4.2 和谐友爱（20分）</td><td>4.2.1 互信互助（5分）</td></tr>
<tr><td>4.2.2 关心关爱（5分）</td></tr>
<tr><td>4.2.3 团体活动（5分）</td></tr>
<tr><td>4.2.4 业余活动（5分）</td></tr>
<tr><td rowspan="2">4.3 地理位置（10分）</td><td>4.3.1 公司位置（5分）</td></tr>
<tr><td>4.3.2 交通状况（5分）</td></tr>
<tr><td rowspan="2">4.4 办公环境（10分）</td><td>4.4.1 环境卫生（5分）</td></tr>
<tr><td>4.4.2 环境健康（5分）</td></tr>
</table>

4. 客户满意度

客户满意度是衡量企业长远竞争力和企业品牌影响力的重要指标。客户满意度的上升是企业综合竞争力提高的结果，因此关注客户满意度是非常关键的。

客户满意度测评由客户对公司提供的产品或服务进行评价，从产品满意、品牌满意和服务满意等几个角度来进行测评。测评指标可以选择服务态度、交货时间、产品质量、产品性能及售后服务等指标。

（1）产品满意度可从以下方面进行测评

① 您对我公司产品质量的评价。

② 您对我公司产品功效的评价。

③ 您对我公司产品使用方便性的评价。

④ 您对我公司产品购买方便性的评价。

⑤ 您对我公司产品安全性能的评价。

⑥ 和其他品牌相比，您对我公司产品价格的评价。

⑦ 您对我公司新技术、新产品及时推广的评价。

⑧ 您对我公司产品订货便捷性的评价。

⑨ 您对我公司产品交货可靠性的评价。

⑩ 您对我公司产品交货速度的评价。

⑪ 您对我公司用户培训的整体评价。

⑫ 您对我公司产品支付方式的评价。

（2）品牌满意度可从以下方面进行测评

① 您在选择这类产品时，首选什么产品？

② 您观看了我公司广告后，是否会购买本公司产品？

③ 和其他品牌相比，您对我公司产品品牌形象的评价。
④ 您对我公司产品外观设计、包装的评价。
⑤ 您对我公司市场宣传的评价。
⑥ 您对我公司企业形象的整体评价。
⑦ 您购买过我公司的该产品吗？
⑧ 您重复购买过我公司的该产品吗？
⑨ 您购买过其他品牌的类似产品吗？
⑩ 您会把我公司的该产品推荐给其他人吗？
⑪ 对于我公司新推出的产品，您会选择尝试吗？

（3）服务满意度可从以下方面进行测评

① 您对我们的服务态度满意吗？
② 您对我们的服务水平满意吗？
③ 您对我们投诉处理的及时性满意吗？
④ 您对我们提供的咨询服务是否满意？
⑤ 您对我们服务技术水平的评价。
⑥ 您对我们处理投诉方面是否满意？
⑦ 您对我们提供服务的反应速度是否满意？
⑧ 您对我们服务人员水平的评价。
⑨ 您对我们精神面貌的综合评价。
⑩ 您对得到的咨询或解决方案是否满意？
⑪ 您对我们在服务过程中出现问题后的处理流程的评价。
⑫ 您对我们在服务现场实施前的准备工作的评价。
⑬ 您对我们人员现场服务的沟通能力的评价。
⑭ 您对我们人员解决故障的耐心程度的评价。
⑮ 您对我们人员诚实可信的评价。
⑯ 您对我们所具有的专业知识的评价。
⑰ 您对我们回答问题的质量的评价。
⑱ 对我们接待客户时的礼貌、尊敬程度的评价。
⑲ 您对我们人员倾听您的要求的评价。
⑳ 您对我们履行对您的承诺的评价。
㉑ 您对我们工作效率的评价。
㉒ 您对我们快速响应的评价。
㉓ 您对我们新品推荐的评价。
㉔ 您对我们人员的可联络性（400免费电话的可用性）的评价。

㉕ 您对我们为满足您的需求而与您接触的频度的评价。

5. 部门满意度

部门满意度对组织顺畅运行是非常重要的，较高的部门满意度为组织的长远发展提供了保障。部门满意度反映了相关部门之间的工作配合、支持和服务情况，通常包括平级部门之间的满意度、下级部门对上级部门的满意度和上级部门对下级部门的满意度等。

同级部门之间的满意度可以选择“工作服务、工作支持、工作效率、沟通效果、承诺兑现及建议采纳”等指标；上级部门对下级部门的满意度可以选择“工作响应与配合、内部管理水平、文件真实性、工作创造性、内部团结、大局观念、工作效率及地方关系”等指标；下级部门对上级部门的满意度可以选择“工作指导、制度和标准制定、工作的计划性、工作协调、信息沟通与支持、服务意识、公平公正性、业务水平、工作效率及改进提升”等指标。

部门满意度评价一般由公司内部组织进行，但应注意，由于部门满意度评价涉及各部门的利益关系，所以统计数据需要保密。如果打分信息泄露，会带来严重后果，一方面，考核者不敢按照自己的实际想法进行满意度评价，尤其是涉及下级部门对上级部门的满意度测评，这时往往会为了讨好上级部门而给予不真实的满意评价；另一方面，满意度评价可能会成为部门间互相报复的工具。

满意度测评分数一般是统计计算出来的，各绩效考核者的权重可以等同对待，也可以分配不同的权重。表 8-8 所示为某集团公司对各分子公司满意度评价。

表 8-8 某集团公司对各分子公司满意度评价

部门＼指标	制度流程遵守	工作响应与配合	内部管理水平	上报数据真实准确性	团结及协作	大局观念	工作效率及专业水平	小计	总分

注：1. 由公司绩效考核办公室负责组织分（子）公司年度满意度评价。

2. 由公司高层领导及各管理部门对各分（子）公司进行年度满意度评价。

3. 单项打分满分为 10 分，若认为该项满意度打 8～10 分，一般打 6～7 分，较差打 0～5 分。

4. 总分 = 小计 /70 × 100，折算成百分制。

5. 分（子）公司满意度评价得分 = 公司部门满意度考核评价平均得分 × 50% + 高层领导满意度考核评价平均得分 × 50%。

三、如何将绩效管理落到实处——绩效管理循环

TP 绩效管理体系包括两个循环：团队绩效管理循环和个人绩效管理循环。团队绩效管理循环是针对部门团队的绩效管理活动，可以是公司整体、分（子）公司、事业部、职

能部门、业务部门、项目部和生产厂等。个人绩效管理循环是针对个人的绩效管理提升活动，可以是总经理、副总经理、部门经理、部门主管及部门员工等。

（一）团队绩效管理循环

团队绩效管理循环（见图8-15）由绩效契约签订、环境资源分析、绩效评估和绩效结果应用四个环节组成。绩效评估是绩效管理的核心环节，公司目标管理、预算核算等基础管理水平对团队的绩效管理有非常重要的影响。

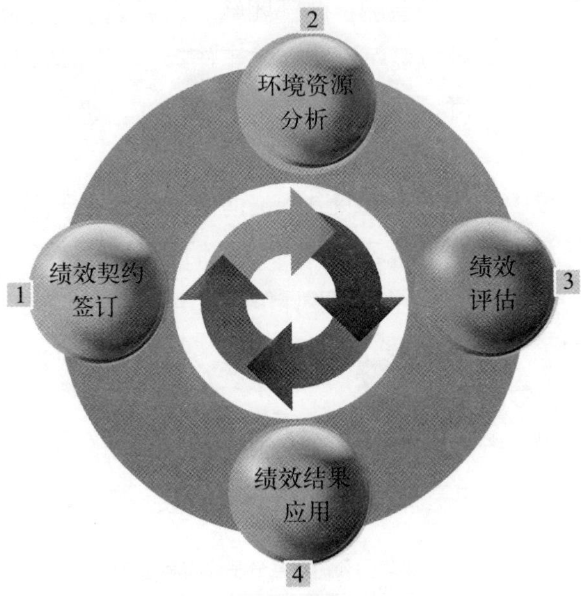

图8-15 团队绩效管理循环

1. 绩效契约签订

绩效契约签订是团队绩效管理循环的重要环节，做好这个环节的工作对团队绩效管理的成功具有非常重要的意义。

人们坚持某种认知和行为的程度以及改变这种认知和行为的可能性主要取决于两个因素：一是在形成这种认知和行为决定时卷入的程度，即是否参与或主导了认知形成和行为决定的过程；二是是否为此进行了公开表态，即做出了正式承诺。对参与或主导认知形成和行为决定并已做出公开承诺的个体来说，他会更加坚信这种认知，会更加坚持这种行为。

专家提示

在制订绩效计划时，一定要让被考核者充分发表自己的意见和建议，参与整个绩效计划的制订，以使绩效计划更加符合实际；同时，被考核者应该对自己参与制订的绩效计划进行表态，明确承诺绩效计划的完成。

绩效契约一般包括年度（项目）目标责任和阶段关键业绩绩效计划两种形式，年度（项目）考核注重结果，阶段考核坚持结果和过程控制相结合，只有年度（项目）目标责任考核及阶段关键业绩考核并重，才能实现切实提高绩效的目的。在某些情况下，绩效契约还可以加入满意度考核指标。

目标责任一般以年度为周期或按项目时间签订，可以称之为“年度目标责任”或“项目目标责任”。团队责任目标制定要有挑战性，同时还要有实现的可能，根据情况还可以制定基本目标和挑战目标。目标确定后，上级和下级应就目标实现与否达成奖惩协议，同时明确实现目标责任所需的前提或条件，并赋予下级相应的资源配置权力，以实现责权利的统一。

将年度（项目）绩效目标进行分解，就可以得到阶段关键业绩绩效目标。表 8-9 为某电子企业产品总监月度绩效计划。

2. 环境资源分析

在绩效契约签订后，管理者应密切关注外部环境和内部条件的变化，及时协调内部资源，给予部门团队足够支持，以保证目标的达成。

专家提示

如果由于内部条件、外部环境变化使目标实现难度增大，应及时进行目标资源匹配分析，对有关责任团队及时增加人、财、物等资源的支持；若由于内部条件、外部环境变化使已定绩效目标过高或过低，那么就要根据实际情况，实事求是地对原目标进行调整，制定新的目标。

3. 绩效评估

绩效评估是团队绩效管理循环中最重要的环节，这个环节决定着绩效管理工作的成败。绩效评估包括目标责任考核及阶段关键业绩考核两个方面。由于目标责任周期一般比较长，是年度或项目周期，因而在此期间进行阶段关键业绩考核是非常必要的。阶段关键业绩考核要将年度目标（项目目标）按阶段进行分解，主要目的是监控目标责任完成情况，及时发现存在的问题及隐患，避免重大损失的发生。年度（项目）考核是根据目标责任完成情况进行的考核，有关业绩数据一般要经过相关部门的审计，以保证公正公平性。

4. 绩效结果应用

根据阶段绩效考核结果发放员工绩效工资，实现过程激励约束；根据目标责任实现情况，对有关人员进行奖惩。

表 8-9 某电子企业产品总监月度绩效计划

<table>
<tr><th colspan="8">月度绩效考核单</th></tr>
<tr><td colspan="4">编号：20200510</td><td colspan="4">考核周期：2020 年 5 月 26 日～2020 年 6 月 26 日</td></tr>
<tr><td colspan="2">被考核人姓名</td><td colspan="2">赵志文</td><td>职位</td><td>产品总监</td><td>部门</td><td>技术工程部</td></tr>
<tr><td colspan="2">考核人姓名</td><td colspan="2">胡博</td><td>职位</td><td>总经理</td><td>部门</td><td>人力资源部</td></tr>
<tr><td>指标类型</td><td>序号</td><td>指标名称</td><td>权重</td><td>绩效目标值</td><td>部门测算实际值</td><td>实际数据</td><td>评分</td></tr>
<tr><td rowspan="4">关键绩效指标</td><td>1</td><td>产品利润率</td><td>35%</td><td>二极管产品：可控硅 23%，快恢复 21%，肖特基 12%，肖特基芯片 36%，放电管芯片 36%</td><td>考核周期：月度
考核标准：按各系列权重考核，每降低 1%，扣 7 分；每提高 1%，加 2 分，最多加 8 分</td><td></td><td></td></tr>
<tr><td>2</td><td>产品销售收入</td><td>30%</td><td>以月度销售计划为考核依据</td><td>考核周期：月度
考核标准：按各系列权重考核，每低于目标 1%，扣 3 分；每高于目标 1%，加 2 分，最多加 8 分</td><td></td><td></td></tr>
<tr><td>3</td><td>产品成本控制</td><td>15%</td><td>所负责产品线成本降低 10%</td><td>考核周期：月度
考核标准：每降低 1%，扣 1.5 分</td><td></td><td></td></tr>
<tr><td>4</td><td>产能利用率</td><td>20%</td><td>所负责产品线产能利用率达到 95%；二极管产品产能 13011 片</td><td>考核周期：月度
考核标准：每降低 1%，扣 5 分</td><td></td><td></td></tr>
<tr><td rowspan="6">非权重指标</td><td>1</td><td>新品研发计划</td><td colspan="3">考核目标：按新品研发计划进度完成，验收合格
考核标准：有一项研发项目未按进度完成或验收不合格，扣 5 分</td><td></td><td></td></tr>
<tr><td>2</td><td>产品整合优化</td><td colspan="3">考核目标：制订产品整合实施方案，按方案进度完成
考核标准：有一项目未按进度完成或验收不合格，扣 5 分</td><td></td><td></td></tr>
<tr><td>3</td><td>安全管理</td><td colspan="3">考核目标：安全零事故
考核标准：因不重视安全教育、安全培训、安全生产工作导致出现安全问题或安全隐患，扣 5～10 分；出现轻微安全事故，扣 10 分；出现一般安全事故，扣 20 分；出现重大安全事故，扣 30 分；出现特大安全事故，扣 40 分</td><td></td><td></td></tr>
<tr><td>4</td><td>绩效管理</td><td colspan="3">考核目标：绩效管理制度完善、工作及时、结果有效
考核标准：未及时提供部门内或相关部门绩效考核数据信息，扣 1 分；绩效考核数据不准确、不完整、不客观扣 2 分；绩效考核分值分布不合理（标准制定不合理、平均值过大、没有区分度）扣 3 分；得到有关人员或部门投诉经认定绩效考核存在过失没有做到公平公正的，扣 5 分；有关自己部门绩效考核数据信息有弄虚作假行为扣 10 分；绩效工资发放不合理，扣 10 分</td><td></td><td></td></tr>
<tr><td>5</td><td>制度流程建设</td><td colspan="3">考核目标：制度流程完备、执行有效
考核标准：未经批准擅自违反制度流程办事，扣 5 分（若经认定流程有不合理之处需要改善扣 1 分）；制度流程不完善、存在漏洞或不具备操作性的扣 2 分；制度流程屡次遭到相关部门质疑需要改进而仍未改进的扣 5 分，因制度流程存在漏洞未及时完善而给公司带来损失的，扣 15 分</td><td></td><td></td></tr>
<tr><td>6</td><td>管理责任</td><td colspan="3">考核目标：部门 / 团队各项业务正常运转，无重大工作失误或差错，无重大隐患及风险，部门 / 团队内员工无违法、违规及严重违反公司规章制度等情况
考核标准：（1）部门未能充分发挥职责、监管失控，导致业务无法正常运转或出现重大工作失误、风险隐患等，一次扣 5 分；给公司带来较大损失 1 次扣 10 分，带来重大损失 1 次扣 20 分。（2）部门员工出现严重违法、违规及违反公司规章制度情况，根据情况一次扣 5～10 分。（3）部门专项工作未按时按质完成，视情况扣 5～10 分。（4）其他未按制度规定执行的，扣 3～5 分。本项指标扣分最多不超过 20 分</td><td></td><td></td></tr>
<tr><td colspan="3">本次考核总得分</td><td colspan="5"></td></tr>
<tr><td colspan="8">主管领导评价：</td></tr>
<tr><td colspan="4">被考核人</td><td colspan="4">考核人</td></tr>
<tr><td colspan="2">签字：</td><td colspan="2">日期：</td><td colspan="2">签字：</td><td colspan="2">日期：</td></tr>
</table>

（二）个人绩效管理循环

个人绩效管理循环（见图 8-16）由绩效计划制订、绩效辅导沟通、绩效考核评价和绩效结果应用等环节组成。绩效辅导沟通是历时最长的环节，公司各级领导者和员工对绩效管理工具的理解与掌握是绩效管理成功的关键。

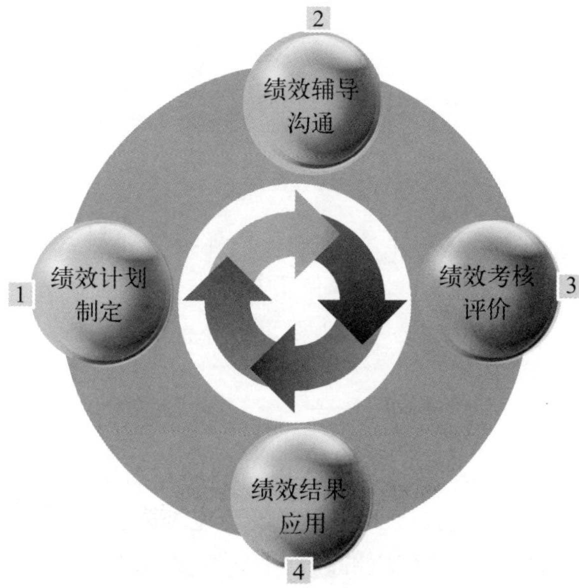

图 8-16 个人绩效管理循环

个人绩效计划中的绩效目标主要是关键业绩指标，也可以加入能力素质指标。

1. 绩效计划制订

作为名词，绩效计划是指考核期间内关于工作目标和标准的契约；作为动词，绩效计划是指领导和下属就考核期内应该完成哪些工作以及达到什么样的标准进行充分讨论，形成契约的过程。

绩效计划按时间可以分为年度绩效计划、季度绩效计划、月度绩效计划和周度绩效计划等。年度绩效计划可分解为季度绩效计划，季度绩效计划可进一步分解为月度绩效计划。季度、月度绩效计划的制订以年度、季度绩效计划为基础，同时还要考虑外部环境变化及内部条件的制约。

完整的绩效计划一般包括以下几个方面的内容。

① 关键业绩绩效指标及权重。包括本期工作的重点是什么；哪些工作应该得到加强；为了完成组织目标，应该完成哪些工作；为了表明各个工作的相互关系以及重要程度，要明确各个指标的性质及权重等。

② 绩效目标。对于定量指标，要明确绩效目标值；对于定性指标，要明确目标要求；

对于非权重指标，要明确指标含义说明。

③ 评价标准。对于定量指标，应有明确的评价标准；对于定性指标，也应该有详细的考核评价标准，明确哪些工作做到什么程度会得多少分数；对于非权重指标，明确加减分说明。

专家提示

在给员工制定绩效目标时，一定要切合实际情况，实事求是，要充分考虑内部条件因素，适当考虑外部环境因素。

专家提示

在绩效考核周期开始阶段，主管和下属要对绩效计划的有关方面做详细沟通，主管应该正式对下属下达绩效计划，以使下属非常清楚本考核期的工作重点及工作目标，而后向着完成目标的方向努力，由此也会促进绩效目标的完成。

2. 绩效辅导沟通

组织和个人的绩效目标制定后，在绩效计划的执行过程中，不可能一帆风顺。一方面，组织和个人工作目标的实现会受到外部环境变化及内部资源条件的制约；另一方面，由于现实中的人是非理性的，在受到挫折或打击后会意志消沉，影响工作的积极性，因此会降低组织和个人的绩效。在这种情况下，上下级之间及时、顺畅的沟通，就会起到非常积极的作用。在沟通过程中，上级应及时掌握下属的阶段绩效目标完成情况。在没有完成阶段目标时，上级领导应该分析是因为外部环境发生了变化，还是公司提供的资源无法满足绩效计划的完成，抑或是因为组织及个人能力素质、工作方法等导致了低绩效。

专家提示

如果是因为外部环境发生了变化，那么上级领导应该及时对绩效计划进行调整，以使绩效目标适应变化后的企业外部环境；如果是因为企业提供的资源无法支持绩效计划的完成，那么上级领导应尽快协调，给予人、财、物、信息等方面的支持，推进绩效计划的完成。如果是因为组织和个人在能力素质、工作方法上出现了问题，上级则应帮助下属减轻思想上的包袱，提高能力，转变工作方法，以尽快提高绩效。

绩效辅导沟通的重要性还体现在：通过上级的阶段性评价，使下属对自己的工作有清楚的认识，做到胜不骄、败不馁。受到表扬、激励的员工会因为得到上级的认可而更加努力提升绩效，受到较低评价的员工会感受到压力，努力寻求改善绩效的办法。

3. 绩效考核评价

绩效考核评价是绩效管理循环中最核心的环节。评价员工的绩效，上级将绩效评估结果和员工讨论面谈，肯定成绩，找出不足，协助员工制订绩效改进计划，是这个环节的主要工作内容。员工乐于接受绩效考核结果，对于绩效管理的成功来说十分关键，因而在绩效考核评价环节，充分进行反馈、沟通是非常必要的。

专家提示

许多企业在绩效管理实践中，往往忽视绩效反馈面谈这个环节，管理者凭印象给员工打分，打分结果也没有和员工进行沟通，认为填写完绩效考核表格、算出考核分数、发出绩效工资，绩效管理就结束了。事实上，这样不能完全达到提升绩效的目的。

实践中，管理者对下属的考核指标进行初步评价后，应该与下属进行充分沟通。这样做一方面可以避免管理者由于不能详细掌握实际情况而对下属做出不公平的评价，另一方面，也能让被考核者了解自己的绩效状况，明白自己的成绩及存在的不足。在绩效反馈面谈中，管理者和下属应争取对绩效考核不一致的地方达成一致意见，消除下属的抵触心理。上级应该协助下级制订绩效改进计划，同时对下一阶段的绩效目标达成共识，这样才能完成一个有效的绩效管理循环。

在绩效反馈面谈时，应该创造良好的氛围，使上下级能就下属的绩效表现达成一致意见，同时找出取得成绩或存在不足的根本原因。对此，还要进行深入的沟通，尽量使下属说出真实的想法，这对绩效改善和绩效提升是非常重要的。导致绩效下降的原因非常多，即使是能力素质等方面的原因，也应该深入了解到底是因为什么导致了工作态度发生转变，导致了工作能力低下。只有对症下药，才能从根本上解决问题。如果是思想的问题，就要做思想工作，使员工转变想法和观念；如果是行为的原因，就要有针对性地对员工进行旨在提高绩效的培训；如果是因自身知识能力的原因导致不能胜任本职工作，那么就应该加强知识技能的培训使任职者达到岗位能力素质要求，否则上级领导就应该思考如何将员工调整到更适合的岗位工作。在绩效反馈面谈时，主管需要与下属商讨下一阶段的绩效目标。主管应尽力创造良好条件，促进员工的能力发展，同时还要根据员工的实际能力状况，设定绩效目标；对于外部环境、内部条件发生变化的，应及时调整绩效目标，把绩效目标制定得更为科学、合理。

绩效反馈面谈时，主管还应协助下属制订个人发展计划（Individual Development Plan，IDP）。个人发展计划是指员工的工作能力与工作绩效在一定时期内得到改进和提高的系统计划。

✧ 个人发展计划一般是在管理者的辅导下由员工自己制订，最后经主管批准实施，主管应对员工实现个人发展计划所需的各种资源给予支持。

✧ 个人发展计划通常包括以下内容：有待发展的项目，发展这些项目的意义和可行性，这些项目目前的绩效水平以及预期达到的水平，发展这些项目的方式、途径及需要的资源支持，完成这些项目的时间、期限等。

✧ 有待发展的项目一般是关于工作能力、关键业绩指标等有待提高的方面的。这些有待发展的项目很可能是目前水平较低的，也可能是水平尚可，但对组织、部门绩效进一步提升有制约作用的项目。

✧ 一般来说，在每个绩效期间，应该选择一个最为迫切需要提高的项目，制订个人发展计划。一个人需要提高的项目虽然很多，但人的精力是有限的，一定期间内不可能将所有的地方都加以提高。

4. 绩效结果应用

绩效考核结果应该和绩效工资、奖金的计算与发放联系起来，同时绩效考核结果还可以用于岗位晋升、工资晋级、培训教育及个人发展计划制订等。

员工的历史考核记录为职务晋升和干部选拔提供了基础依据，可以对员工的历史绩效进行统计分析，选拔出业绩比较稳定和优秀的员工，将其纳入晋升后备人员名单。通过分析历史考核结果，还可以发现员工工作表现和其岗位的适应性问题，以此查找出原因并及时进行岗位调配。如果员工在某方面的绩效突出，可以让其在此方面承担更多的责任；如果员工在某方面的绩效不够好，那么可以通过岗位调整，使之从事更加适合的工作。

通过绩效考核评估，员工会清楚自己哪些方面做得好，哪些地方需要改进，这些需要改进的地方就是今后培训工作的重点，也是员工绩效能够提升的空间所在。管理者通过绩效考核，正确认识本部门员工的工作水平，可以更加合理而有针对性地组织培训、教育工作。

绩效考核的结果可以用来衡量招聘工作、培训工作的效果。如果公司招聘的优秀人才实际绩效考核结果确实很优秀，那么说明招聘选拔工作是有效的，反之则说明选拔工作存在问题。员工在接受培训之后，如果绩效提升很显著，也说明培训工作确实有成效；如果绩效没有显著变化，则说明培训工作没有达到预期效果。

四、其他常用考核工具介绍

（一）平衡计分卡

1. 什么是平衡计分卡

平衡计分卡（Balanced Score Card，BSC）是由罗伯特·卡普兰和大卫·诺顿提出的。平衡计分卡的突出特点是，将企业的愿景、使命和发展战略与企业的业绩评估系统联系起来，把企业的使命和战略转变为具体的目标和考核指标。

平衡计分卡以企业的战略为基础，将各种衡量方法整合为一个有机的整体，既包括了传统的财务指标，又通过客户、内部运营及学习成长指标来弥补财务指标的不足。平衡计分卡结构示意图如图 8-17 所示。

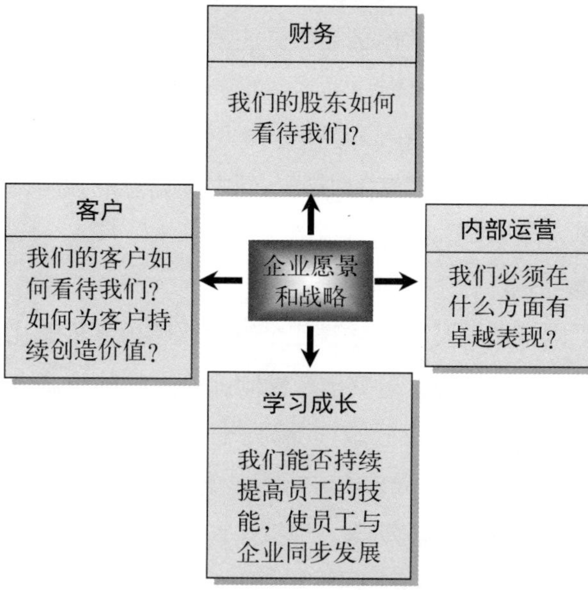

图 8-17　平衡计分卡结构示意图

① 财务角度。从财务角度来看，我们应怎样满足股东、满足投资者？如何实现股东价值的最大化？财务指标是股东、投资者最关心的指标，它能全面、综合地衡量企业经营活动的最终成果，可以衡量企业给股东创造的价值。

② 内部运营角度。为了满足顾客需求，获得市场竞争优势，应该思考：我们必须擅长什么？什么是我们的核心竞争力？一个企业不可能每个环节都做到最好，但必须在某些环节做到卓越从而获得竞争优势。因此，应将企业内部运营方面的指标提炼出来，以便改善管理流程及业务流程，使公司的运营效率和效果都得到提高。

③ 客户角度。为了满足股东、投资者的长远回报要求，必须关注我们所提供产品或服务的对象——客户。只有满足客户需要，企业才能生存和发展。因此，从客户的角度设定绩效考核指标，提高服务质量，提高产品性能，使客户满意，企业才能得到长远发展。

④ 学习成长角度。为了满足客户需求，提高运营效率，获得持久财务回报，企业必须不断成长，组织和员工不断学习是非常重要的。因此，从学习成长角度设定绩效指标，激励组织和员工自我学习和发展，能保证组织的长远发展。

2. 平衡计分卡的特点

传统财务指标以实现部门或单位职责及工作重点为目标，以财务指标为主，忽视非财务指标，注重定量指标的考核，忽视定性指标的过程控制。在这种模式下，部门（单个业务单位）的利益最大化可能导致企业整体利益的损失，为追求实现短期利益可能会产生经营风险，因此传统方法容易产生注重短期利益而忽视企业长久竞争力打造的倾向。

平衡计分卡突破了传统以财务指标作为唯一衡量指标的局限性，做到了多个方面的平衡。平衡计分卡通过对财务、客户、内部运营及学习成长等四方面指标均衡设置，使四方面指标互为支撑，过程控制与结果考核相结合，注重短期利益的同时，强调了企业长期竞争能力的培养。

平衡计分卡的四个维度指标具有因果关系：学习成长指标的实现有助于内部运营的改善，内部运营的改善有助于客户满意度的提高，而内部运营的改善以及客户满意度的提高有助于财务指标的实现。

平衡计分卡的优势在于以下几方面：

✧ 从财务、客户、内部运营及学习成长四个维度，将总体战略由公司、部门到员工逐层分解。它不仅强调了纵向的一致，更突出了横向即跨部门的协调。

✧ 平衡计分卡包含着财务衡量指标，它说明了已采取的行动所产生的结果；同时，也通过对客户满意度、内部运营及学习成长进行考核的业务性指标，来补充财务衡量指标，而业务性指标则是未来财务业绩的驱动器。也就是说，平衡计分卡一方面通过财务指标保持对组织短期业绩的关注；另一方面，通过学习、信息技术的运用与产品、服务的创新，提高客户的满意度，共同驱动组织未来的财务业绩，展示组织的发展和后劲。

✧ 依据平衡计分卡建立的关键业绩指标，同时考虑了结果和过程、内部与外部、财务指标与非财务指标的平衡。

3. 使用平衡计分卡的注意事项

事实上，平衡计分卡不仅是绩效管理工具，更是战略管理工具，它解决了长期以来困扰战略管理者的难题，即战略规划与战略实施脱节的问题，因此平衡计分卡得到了理论界和实务界的广泛关注。成功应用平衡计分卡，无疑对企业竞争力的培养，对企业的长远发展，都有巨大作用。

平衡计分卡有诸多优点，但在企业绩效管理实践中，不乏使用失败的案例。企业在引进平衡计分卡作为绩效管理工具时一定要慎重，因为若要全面实施平衡计分卡，企业必定花费大量的成本和时间，这往往是很多企业所不能承受的。另外，平衡计分卡的成功实施，也需要以下几方面前提条件。

① 企业战略管理能力非常强。企业发展战略清晰明确，具有战略实施的具体举措，能将战略转化为具体的发展目标。

② 组织内部与实施平衡计分卡相配套的其他制度是健全的。包括财务预算和核算体系运作、内部信息平台建设、岗位权责划分以及管理流程、业务流程等方面都有明确的规定。只有企业管理达到程序化、规范化和精细化，企业战略的每个层次都能有效地实施，才能达到预期效果。

③ 员工素质高。企业管理者和员工具备较高的业务能力和管理能力，员工的素质水

平影响着平衡计分卡的实施效果，特别是中高层管理者的素质水平尤为关键。组织内部每个岗位的员工都应是胜任各自工作的，在此基础上，研究一个战略业务单元的组织绩效才有意义。

有关平衡计分卡理论及操作实施方面的论述和讨论很多，有人对其操作性提出了质疑，认为西方的某些管理理论应用到中国会有“水土不服”的症状，中国的社会发展水平和现状决定了在管理上不能照搬西方模式；有人认为是因为使用者对它的应用知识和经验不足，或者对应用环境了解不足而导致的问题；还有些人认为这是企业基础管理水平不能满足成功实施平衡计分卡的前提条件的问题等。

我们认为，平衡计分卡作为对业务单元层面的考核是比较合适的，但将其作为对岗位考核尤其是基层岗位考核的工具时要慎重，如果企业因为绩效考核而引进岗位层面的平衡计分卡，那是没有必要的，因为这将耗费管理者太多的时间和精力，绩效考核应该考虑成本和收益的平衡。无论怎样，平衡计分卡这种思想对绩效管理实践的启迪意义是非常重大和深远的。平衡计分卡创始人之一罗伯特·卡普兰 2002 年访问中国时曾谈道：

“在中国，很多企业是将平衡计分卡当作一种新的业绩考核方式，而不是战略执行工具引进的。其实，平衡计分卡首先是一种战略执行工具，然后才是一种企业业绩管理工具，用它来做员工考核不是用其所长。我的经验是企业如果单纯为了对内部的人员进行考核而引进平衡计分卡，往往是要失败的。”

专家提示

从严格意义上来讲，平衡计分卡并不是一种新的考核方法，平衡计分卡只是设计关键业绩考核指标的一个手段，同时也是战略管理的工具。平衡计分卡作为对业务单元层面的考核是比较合适的，但用其作为岗位考核（尤其是基层岗位考核）的工具要慎重。

（二）OKR 考核

OKR 是英文“Objectives and Key Results”的首字母组合，中文意思即“目标与关键成果法”。OKR 最初由美国英特尔公司使用，后来包括谷歌、领英在内的许多硅谷公司都采纳了这个制度并取得良好效果。目前国内企业华为、腾讯较早引入 OKR，阿里、京东、字节跳动等也都在推进 OKR。

OKR 不是绩效考核工具，而是系统的绩效管理工具。《OKR：源于英特尔和谷歌的目标管理利器》一书，对 OKR 是这样说明的：“OKR 是一套严密的思考框架和持续的纪律要求，旨在确保员工紧密协作，把精力聚焦在能促进组织成长的、可衡量的贡献上。”其重点在以下几个方面：

严密的逻辑框架：OKR 由目标和关键成果两部分组成，因此目标和关键成果是整个体系的核心。在做一件事情的时候，首先必须有明确的目标，其次有明确的产出成果；在目标和成果之间还有一个桥梁，那就是关键实施举措。从这里可以看出，OKR 的核心是基于战略和目标，注重战略实施举措，关注核心工作成果的逻辑来进行绩效管理，因此本质是一个绩效管理的工具。

持续的纪律要求：OKR 强调不同业务团队、不同岗位之间的协同，因此特别强调不同业务、不同岗位节奏的匹配性；OKR 强调过程中要不断地评估 OKR 的进程，直到达到 KR（即关键成果）的各项关键要求。这就要求 OKR 对有关组织、有关岗位都要公开透明，OKR 倡导的是公开透明的团队氛围。

精力聚焦：确保员工紧密协作，关注促进组织成长的核心贡献，KR 一般 3～5 条即可。

根据绩效管理模型，激励机制在绩效管理过程中发挥着重要的作用。激励的目的就是提高人的积极性，也就是提高人们的动机。动机分为内在动机和外在动机。自主、胜任和关系是人类的三大基本心理需求，如果能促进个体这三个基本心理需求，个人内在动机就会增强；有助于提高员工工作自主性、员工胜任工作、良好的人际氛围的措施都会增加员工的内在动机。如果强化外部管控的手段，包括激励和惩罚，会强化个体外在动机，降低个体的内在动机水平。

OKR 的核心思想，是员工的动机着眼于内部动机，工作本身对员工的激励是最重要的激励，不主张使用奖金等物质激励方式，因此 KR 达成与否不与奖金等物质激励挂钩。

相对于传统的 KPI 方式，OKR 将工作重心从“考核”回归到了“管理”，关注目标实现的前提下，强化过程管理。OKR 有以下几个特征。

① OKR 在精不在多——核心目标和关键成果非常聚焦，因为它是用来明确工作重心的。这点与 KPI 是类似的。

② 全体公开、透明——同级、直接上级、间接上级的目标都是公开的，因此能更加充分理解目标并实现目标的导向作用。

③ OKR 由个人提出，由组织确定。但提出目标是要有野心的，非常具有挑战性。考核结果弱化与当期收入的关联，目的是让员工放下包袱敢想、敢干，创造卓越绩效。

④ OKR 实行的前提，是员工具有主观能动性、创造性，并且具有较高的职业道德素养和突出的专业技术能力。

值得说明的是，OKR 并不是一个全新的管理工具。它是在目标管理、传统 KPI 考核、传统绩效管理等工具基础上，为了适应外部环境变化迅速、工作产出结果不确定性大、产品生命周期缩短的情况，对高智力研发等岗位人员进行有效管理的工具，也是人力资源实现从以岗位为基础管理到以能力为基础管理转变的有效手段和方式。

OKR 和传统绩效考核方法的主要区别在于以下几点。

OKR 的精髓是员工激励只靠内在激励，不靠外在激励，即员工激励靠的是工作本身的兴趣、爱好等精神层面激励。因此应慎重研究公司所处行业特点以及员工成熟度水平，如果忽略这个基础，OKR 可能不会取得实效。国内有的企业在用的时候调整了，将业绩评价、收入待遇与 OKR 考核挂钩，只要挂钩就和原来的机制设计理念有差异了。

OKR 是在美国英特尔公司诞生的，其所在的是极其不确定性 VUCA 时代的高科技行业，没有办法做定量的评估，传统的 KPI 考核不适用，而又不能不去管理，所以在传统 KPI 上衍生了 OKR。

KPI 和 OKR 本质上都是使组织和个人的目标统一，大的方向是目标管理，OKR 增加了上下级之间的沟通频次，更公开透明，可以及时调整目标，是应对 VUCA 时代高科技企业更加柔性管理的机制。

（三）积分制考核

积分制管理是指把积分制度用于对人的管理，以积分来衡量人的价值，衡量被考核人的综合表现，然后再把各种物质待遇、福利与所获得的积分挂钩，并向高分人群倾斜，从而达到激励人的主观能动性，充分调动人的积极性的目的。积分制吸引人的标签很多，如结果说话、量化考核、公正客观、及时激励、奖优罚懒等，因此积分制管理在普通中小企业受到了一定的推崇。

积分制主要有两种形式。

第一种积分制，积分主要用于工资以外的薪酬福利待遇，比如达到一定积分给予工资晋级、年底奖金、发放物品、培训机会、出国旅游、发放补助、商业保险待遇等。其积分方式月度不封顶，加分维度有学历、职务、资历、工龄、才艺等，做了事就有分数积分，将所有的工作全方位量化计分，分数不清零，累计加分。由于分数不清零，容易形成大家吃老本、混资历等情况的弊端。

这种积分制往往适用于基层生产服务岗位，是调动成熟度低员工积极性的一个手段，有点近似企业文化功能。对于员工成熟度高或者专业程度要求高的岗位，这种管理方法基本是无效的。

第二种积分制，积分直接对应工资，主要用于工资发放，其实质是对服务支持岗位实行类似于生产岗位的计件工资制。

每个岗位每月赋予基础分值 1000 分，对应岗位员工月薪标准（如若员工月工资标准为 5000 元，每 1 积分代表 5 元），结合公司战略目标，从岗位说明书和工作流程将岗位工作进行量化处理，提炼关键的产值指标和价值指标，并对每个指标赋予相对应的分值。每个指标根据过往历史数据设置平衡值，月度工作成果超出平衡值给予一定的加分，低于平衡值给予一定的扣分。有些企业在实际操作过程中，提炼若干个关键指标，每个指标给予一定权重（直接对应奖励金额）并设定平衡点；达到平衡点就会得到奖励金额，超过就会多得，未达目标就会少得。这种方法其本质也是积分制。

这种积分制也得到了很多中小企业的推崇。

第一，实现了“薪酬的全绩效模式”，工资完全由其个人业绩决定，实现了利益驱动的激励模式，将每个岗位划分为战略单元，每个人关注个人目标达成情况，实现了员工的自主经营和自我管理；

第二，设置基础分值，这样既做到了薪酬保密，也实现了每月绩效得分横向和纵向的比较，有利于绩效提升。这种积分制其实质是生产单位提成工资向服务行业企业的推广应用，具有直接性、明确性、及时性等特征，员工易于接受。对于老板而言，员工挣的每一分钱都来自业绩提成，因此老板自认为不再有压力。

这种积分制在外部环境变化不大、员工努力工作就会有成果的业务岗位会取得一定效果，员工积极性和主动性都会得到提高；尤其是在市场向好前提下，员工收入会比较有保证。但这种方法做好的基础依赖于有效的绩效考核，对考核要求很高，操作复杂，管理成本大大增加；如果操作不当或者外部环境变化较快，会出现很多弊端。

其一，这种机制仅以结果说话，员工收入随业绩波动得比较大，其最大的弊端是使企业和员工关注短期行为，不利于应对不确定性。

其二，员工的产值指标和价值指标各指标积分值不一样，奖励效价也不一样，员工可能为了自己的收益忽略公司整体利益。

其三，将岗位工作进行量化，业务部门相对好量化，职能部门和高层管理岗位量化难度比较大，会增加内部管理成本；即使勉强完成量化，会造成员工关注积分指标对应事项，忽略非积分指标事项；一旦发现要增加某项工作又得给员工增加积分，额外增加了人力成本。

其四，缺乏对不确定性的应对机制，员工短期价值高或低，可能并非员工的努力和能力原因导致，有可能是外部环境使然，这种方法不利于应对外部环境的不确定性。

其五，此种激励方式对历史数据要求非常高，没有历史数据做支撑启用全绩效薪酬风险非常大，因为员工收入和绩效强相关，没有历史数据在制定平衡值和加减分规则的时候很难让员工信服，员工和管理者之间的博弈会非常激烈，加大企业制定目标的难度，不利于战略落地。

其六，此种激励方式适合生产、服务行业的基层员工，而基层岗位员工的收入更多的是其时间价值的体现，因此薪酬与绩效挂钩不应太强。

其七，这种方法会使企业老板和员工都关注短期利益，员工忠诚度不高，老板也很难从长远角度看问题，因此对公司后备干部培养以及公司长远发展是不利的。

（四）阿米巴经营

前几年国内流行阿米巴经营，很多企业纷纷仿效。阿米巴经营模式是日本著名管理学家稻盛和夫倡导并成功实践的经营哲学和管理方法。由稻盛和夫创建的京瓷公司和 KDDI（日本第二大电信运营商）都最终成长为世界 500 强。稻盛和夫接手经营陷入困境的日航公司并导入阿米巴经营后，成功地让其复活，更增加了阿米巴经营的神秘色彩。

阿米巴管理模式是量化赋权管理模式，基于牢固的经营哲学和精细的部门独立核算管理，将大公司平台拆分成若干小的单元，每个小的单元就是一个阿米巴，每个部门是一个阿米巴，甚至把大的部门拆成小组阿米巴。在国内最常见的阿米巴模式是公司将前台作战的业务部、销售部、生产部、研发部和后台服务的财务部、行政部、人力资源部、后勤保障部等都做成阿米巴。各个阿米巴的领导者以自己为核心，自主经营，自行制订计划，独立核算，持续自主成长，让每一个员工成为主角，全员参与经营，让企业与员工形成事业共同体。将整个公司的所有员工都激活、激励起来，在公司内部形成一种创业的生态，达到公司员工自下而上的激励效果，依靠全体智慧和努力完成企业经营的目标，实现创造高效益的目的。阿米巴经营哲学的核心思想是：敬天爱人，共筑企业与员工的长期美好。

单独学习阿米巴的管理办法，没有经营哲学做基础，会很难取得预期的成功。很多企业纷纷导入阿米巴，但成功的不多，并没有因此带来预期的成长及盈利的提升，人力成本也没有因此而下降。原因是多方面的，最重要的一个原因就是日本的企业与中国的企业文化环境不一样，日本的企业为终身雇佣制，员工没有生存的后顾之忧，员工流动也少。

启用阿米巴经营模式必须有以下几个前提：

第一，公司有完善的企业文化。公司需要长期坚持不懈地抓企业文化建设，企业内部员工要有一致的使命、愿景和统一的行动指南，如果没有相应的文化为纽带盲目导入阿米巴，会导致相互争夺资源，出现内耗。

第二，良好的人才培养机制。由于阿米巴模式的推行，企业面临人才快速培养的需求，所以要有系统的人才复制机制，加强职业化的团队打造，促使员工达到阿米巴所需要的员工能力素质要求。

第三，要有清晰的商业模式和具备竞争力的产品或服务。选择启用阿米巴的公司须盈利且处在上升期。如果公司不盈利就启用阿米巴，会有公司规避责任的嫌疑，员工内心会产生抵触，达不到较好的收益，注定会失败。

第四，完整公开的财务数据化体系。实施阿米巴模式必须要有完善的财务数据化体系并将数据适当公开，预算和核算体系清晰全面，有系统的数据做支撑。

第五，成熟的运营管控体系。实施阿米巴一定要在运营体系较成熟的前提下，如负责质量全面管理的质量管理体系，负责目标管理的计划管理体系，以经营机制为核心的现代化经营体系等。统一指挥和各级管理结合，有各方面专业化管控手段和方法。没有这些做基础，贸然推进将存在较大风险，甚至存在失败的可能。

第六，各个团队独立核算。启用阿米巴要实施各个团队的独立核算。对于没有直接业绩产生的服务部门无疑就会用到“内部转移价格”，这会增加企业的管理成本。同时这个价格大多是由公司确定，作战单元阿米巴享受其服务的过程中如果对服务和产品不满意，而且价格比外部价格还高，作战单元的阿米巴就可能会使用外部服务而不使用公司内部的服务，很容易造成企业内部矛盾，这样反而造成公司的整体损失。对于职能管理部门的阿米巴要慎重启用，这些部门主要职责是做好专业支持服务，其价值体现在公司整体利润增值中，应该在公司整体超额利润中给予其奖励，而不是硬要做成阿米巴。

值得说明的是，阿米巴经营作为管理方法来讲，并没有太多独特之处，只不过将公司各个单元都作为利润单元，需要核算模拟利润，其中转移价格的确定给管理增加了很大的成本，也会带来很多问题。

从管理角度来讲，无论利润单元、成本单元、费用单元，将其作为整体进行管理和激励，使用本书团队绩效管理的思想，与其签订目标责任书，明确责权利，只要考核做得好，激励做到位，员工的积极性一样能发挥出来，激励员工自我赋能，最终实现个人、团队、组织的目标。

（五）EVA 考核

1. 什么是 EVA 考核

EVA（Economic Value Added）考核，指的是经济增加值考核。经济增加值的基本含义是指，企业净经营利润减去所投入资金的机会成本后的差额。

EVA 理论认为，不包含资金成本的利润不是真正的利润，要正确评价企业的业绩，就必须把资金成本考虑进去。对一个企业来说，只有收回资金成本后的 EVA，才是真正的盈利。

EVA 激励制度所要达到的基本目标如下：

✧ 把对管理业绩的激励和股东财富的增长紧密联系起来。

✧ 为经营管理、计划、业绩度量和员工报酬制度建立一个统一的目标。

✧ 营造业绩导向的企业文化氛围。

EVA 激励制度的核心要义就是要使员工切实感受到，为企业创造更多价值是增加个人收入的唯一途径，使员工能够像股东那样思考问题、提高绩效。

2. 如何使用 EVA 考核

企业占用的资产越多，它就应该创造越多的利润，否则它的效率就不是最高的。

✧ 如果 EVA 刚好等于补偿投资风险的必要回报，则公司的剩余收入是零，即投资人所投资本的经济增加值为零。

✧ 若 EVA 是正数，说明企业创造了价值。

✧ 若是负数，说明企业发生价值损失，投资者的财富受到侵蚀。

因此，EVA 比任何传统的指标都更能体现投资者的利益和企业的运作状况。从根本意义上说，EVA 就是一套正确度量企业业绩的全新的评价体系。当一家企业真正实施了

EVA 管理后，就将改变企业的经营行为。

EVA 是目前较流行的管理工具之一。说它是一种管理工具，是因为：

第一，EVA 已被很多国外大企业所使用，尽管利用程度各异。

第二，EVA 是一种业绩评价工具，也是一种管理会计手段或财务管理手段，更是一项涉及组织内部战略定位、结构调整与流程再造、价值控制、持续改进与业绩评价、薪酬体系与管理激励的内部管理体系，是整合企业内部管理的重要手段。

（六）常用考核指标

1. 财务指标

财务指标中最重要的指标是收入指标和利润指标，除此以外，效益状况指标、运营指标、偿债能力指标、发展能力指标以及其他指标等也会经常采用。

（1）效益状况指标

净资产收益率 = 净利润 ÷ 净资产 ×100%

总资产收益率 = 净利润 ÷ 总资产 ×100%

销售利润率 = 销售利润 ÷ 销售净收入 ×100%

成本费用利润率 = 利润总额 ÷ 成本费用总额 ×100%

（2）运营指标

总资产周转率 = 销售收入 ÷ 总资产 ×100%

流动资产周转率 = 销售收入 ÷ 流动资产平均余额 ×100% 库存周转率

= 销售成本 ÷ 库存平均值 ×100%

应收账款周转率 = 赊销净销售额 ÷ 应收账款平均值 ×100%

（3）偿债能力指标

资产负债率 = 总负债 ÷ 总资产 ×100%

流动比率 = 流动资产总值 ÷ 流动负债 ×100% 速动比率

= 速动资产 ÷ 流动负债 ×100%

现金流动负债率 = 现金存款 ÷ 流动负债 ×100%

（4）发展能力指标

销售增长率 = 本年度销售额 ÷ 上年度销售额 ×100%

人均销售增长率 =（本年度销售额 ÷ 本年度员工数）÷

（上年度销售额 ÷ 上年度员工数）×100%

人均利润增长率 =（本年度利润 ÷ 本年度员工数）÷

（上年度利润 ÷ 上年度员工数）×100%

总资产增长率 = 本年度总资产 ÷ 上年度总资产 ×100%

（5）其他指标

$$投资回报率=资本周转率 \div 销售利润率 \times 100\%$$

$$资本保值增值率=期末净资本 \div 期初净资本 \times 100\%$$

$$社会贡献率=（工资+利息+福利保险+税收+净利润）\div 平均资产总额 \times 100\%$$

$$总资产贡献率=（净利润+税金+利息）\div 平均资产总额 \times 100\%$$

$$全员劳动生产率=工业增加值 \div 员工数 \times 100\%$$

$$产品销售率=销售产值 \div 总产值 \times 100\%$$

$$附加价值率=附加价值 \div 总产值 \times 100\%$$

2. 非财务指标

非财务指标包括反映客户满意程度的满意度指标，反映市场发展及市场占有率等的客户方面的指标，反映企业运作效率的运营方面的指标，反映企业发展能力的学习成长指标等。

（1）客户方面指标

客户方面指标包括反映市场份额、客户维护与开发、产品和服务属性等方面的指标。市场份额用市场占有率来考核；客户维护与开发方面可以用老客户忠诚度、新客户开发率、新客户开发成本、客户满意度等来考核；产品和服务属性方面可以用时间（服务到达时间、新产品或服务上市时间）、品质（不良品率、服务保证、产品被退回次数及比率）、价格、形象和商誉等方面的指标来考核。

（2）运营方面指标

运营方面指标可以通过以下几点进行考核：新产品推出能力（如新产品占总销售额的比例、新产品推出速度、研究开发费用占净利润的比例）、设计能力、技术水平、制造效率（原材料消耗、订单交货速度、单位成本、准时交货次数、品质标准、生产能力）、安全生产等。

（3）学习成长指标

企业为了具备核心竞争力，获得长远发展，必须不断地学习、提高。学习成长指标包括员工能力与信息系统状况两个方面。员工能力可以用员工满意度、员工流失率、员工劳动生产率、员工培训次数等指标来考核；信息系统状况可以用信息覆盖率、信息系统灵敏度（包括反应时间、周期、成本）、信息系统更新速度等指标来考核。

第九章

如何设计绩效考核体系

绩效考核体系是团队及个人有关考核事项的制度说明，由绩效考核者、绩效被考核者、绩效考核内容、绩效考核周期、绩效考核结果等方面组成。

好的绩效考核体系应该适应企业实际情况，具有可操作性、战略导向和以人为本，能提高个人和组织绩效。有三个显著特征：一是员工有明确的工作目标和要求，二是员工为任务目标的实现而努力，三是员工认可考核结果。

设计绩效考核体系时，绩效管理方式方法要与公司发展战略以及公司决策领导管理风格相匹配。绩效考核体系构建时应将中高层管理者以及业务骨干的利益与公司利益紧密联系，形成大家休戚与共、风险共担的局面。一般情况下，公司整体考核结果可以等同于企业主要负责人的考核结果，考核结果根据考核分数确定并且与高管层薪酬激励挂钩。公司整体考核结果也可以与公司中层管理者以及业务骨干的绩效工资挂钩。

关键业绩考核一般采用自上而下考核法，而满意度测评、能力素质考核一般可以采用360度考核法。关键业绩考核得分由以下几个因素决定，绩效考核指标选择和权重确定、绩效目标制定和调整、评价标准制定、绩效信息提供确认、考核结果打分及统计计算等几个方面。

本章以绩效考核体系建设实例为主线，说明绩效考核体系的建立。

一、重新认识绩效考核体系

（一）什么是绩效考核体系

绩效考核体系是由一组既独立又相互关联，并能较完整地表达评价要求的考核指标所组成的评价系统。绩效考核体系的建立，有利于评价团队及员工工作状况，是进行绩效考核工作的基础，也是保证考核结果准确、合理的重要因素。

绩效考核体系由绩效考核者、绩效被考核者、绩效考核周期、绩效考核内容、绩效考核结果等方面组成，如图 9-1 所示。绩效考核者指的是由谁负责进行考核。绩效被考核者指的是对谁进行考核。绩效考核内容指的是对哪些方面进行考核。绩效考核周期指的是多长时间进行一次绩效考核。绩效考核结果指的是绩效考核分数、绩效考核等级、绩效考核系数等各个方面。构建绩效考核体系就是明确由谁负责，对谁、在哪些方面进行考核，多长时间进行一次考核，绩效考核结果如何应用等方面的制度规定。

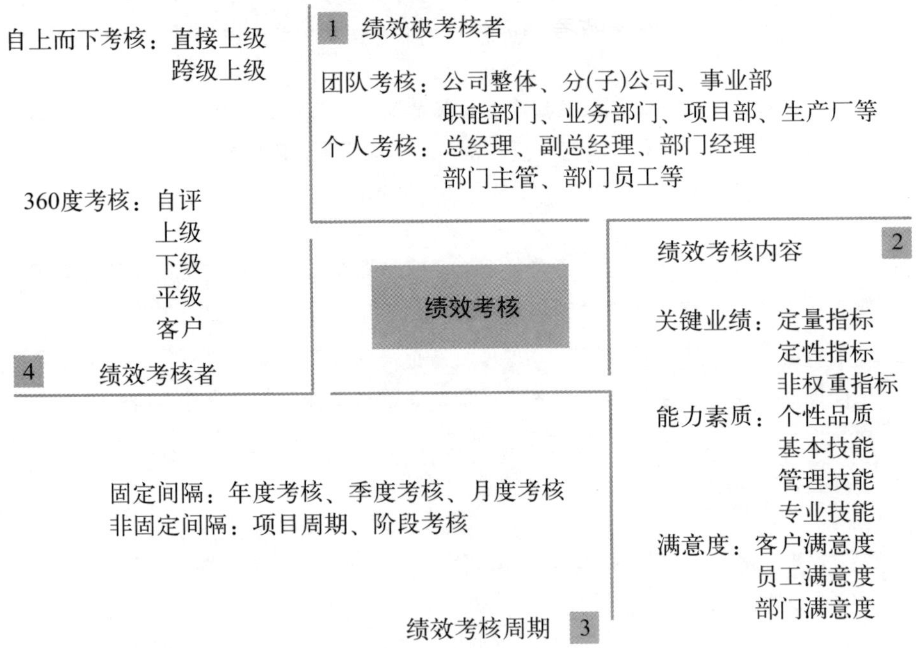

图 9-1 绩效考核体系构成

（1）绩效被考核者

绩效被考核者是绩效考核的主体。明确划分绩效被考核者是建立绩效管理体系的第一步，一般将绩效被考核者分为团队考核和个人考核两大类。团队考核可以是对公司整体、部门团队等的考核；个人考核可以是对公司高层、部门中层、部门员工的考核。

（2）绩效考核内容

绩效考核内容是绩效考核体系的核心，也是构建绩效管理体系最重要的环节。绩效考核内容包括目标责任、关键业绩、能力素质、满意度等方面，不同的内容适用不同的考核主体。目标责任指标的实质也是关键业绩，综合测评是反映关键业绩、能力素质及满意度等方面的综合指标。事实上，任何有效的考核指标体系都是关键业绩、能力素质及满意度等某一方面或某几方面的综合。

（3）绩效考核周期

绩效考核周期指的是多长时间进行一次绩效考核。考核周期有固定时间间隔和非固定时间间隔，固定时间间隔一般有年度考核、半年度考核、季度考核、月度考核，除年度考核外，其他考核可以称为阶段考核；非固定时间间隔一般是指一个任务或项目完成后进行的考核，可以称为项目考核，如果这个任务或项目时间跨度比较大，可以把这个任务或项目分为几个阶段，每个阶段结束后进行阶段考核。

需要指出的是，对于绩效考核周期而言，实践中有两种倾向。一种是考核周期短期化倾向，如日考核、周考核等。事实上，这种作为日常管理手段的考核并不是真正意义上的绩效考核。真正意义上的绩效考核除了应用于绩效工资、奖金发放外，主要用作工资晋级、职位晋升的依据。为了将绩效考核落到实处，实践中就有了另一种倾向：将绩效考核周期延长，很多生产企业将管理人员的绩效考核周期由月度改为季度。

（4）绩效考核者

绩效考核者是指由谁负责进行绩效考核。关键业绩考核一般采用自上而下考核法，而满意度测评、能力素质考核一般可以采用 360 度考核法。

在企业实际运作中，360 度考核法和自上而下考核法都是经常采用的方法，通常针对考核内容的不同，采取不同的方法或者两种方法相结合。

（5）绩效考核结果

绩效考核一般采取 100 分制，团队考核一般由关键业绩和满意度各占一定权重，个人考核一般由关键业绩和能力素质各占一定权重。

根据绩效考核分数将被考核者划定为若干等级，其主要目的是进行有效区分，考核优秀者将有更多的工资晋级、职位晋升机会，考核待改进者需要督促业绩改进，考核不合格者转岗培训；不同的考核等级对应不同的绩效考核系数，考核结果优秀者会受到奖励，考核结果较差者绩效工资会受到影响。

（二）什么是好的绩效考核体系

绩效考核体系应适应企业实际情况，具有可操作性，战略导向和以人为本，提高个人和组织绩效，同时有利于团队和谐。好的绩效考核体系有以下三个特点，见图 9-2。

第一，有明确的工作目标和要求。无论是对于团队还是对于个人，都应有明确的目标和要求。一方面主管应该给下属提出明确的挑战性的工作任务目标，同时还应明确工作底线要求。

第二，员工会为任务目标的实现而努力。要求有效的激励约束机制做保障，无论是团队还是个人目标任务达成应有奖励，目标任务不能达成将会受到一定的惩戒。

第三，考核结果员工认可。考核结果得到员工认可才能发挥绩效管理的正向激励作用，这就要求考核结果有效。明确的评价标准、规范的评价流程和反馈流程是公平公正开展绩效考核的关键。无论是定量指标、定性指标，还是非权重指标，将绩效目标描述清楚，评价标准表达清晰很重要。

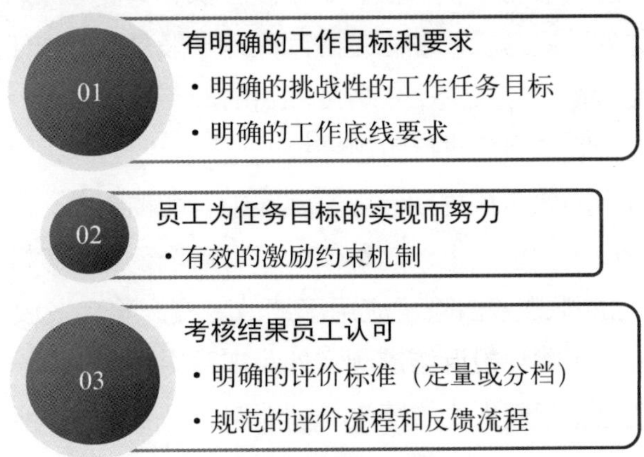

图9-2　好的绩效考核体系的特点

（三）北京 XMKJ 公司绩效考核体系案例

（1）绩效考核体系

绩效考核体系是由一组既独立又相互关联，并能较完整地表达评价要求的考核指标所组成的评价系统。绩效考核体系的建立，有利于评价员工工作状况，是进行考核工作的基础，也是保证考核结果准确、合理的重要因素。绩效考核体系由绩效考核周期、绩效考核内容、绩效考核者、绩效被考核者、绩效考核结果应用等方面组成。

绩效考核周期分为季度考核、年度考核。

绩效被考核者：各部门及各岗位员工。

绩效考核内容包括关键业绩考核、能力素质考核、年度综合测评。

（2）关键业绩考核指标

关键业绩考核指标（KPI），是衡量企业战略实施效果的关键指标，其目的是建立一种机制，将企业战略转化为关键业绩指标，通过对这些指标的监控与管理，激励员工完成这些关键业绩指标，从而保证公司发展战略的实现。选择 KPI 的原则：一是少而精；二是结果导向；三是可衡量。

关键业绩考核指标分为权重指标和非权重指标两大类，非权重指标包括否决指标、奖罚指标、奖励指标，非权重指标不占有权重，在关键业绩考核总得分基础上进行加减分处理。

关键业绩考核实行总分 100 分制，单项指标 10 分制，根据指标性质以及激励因素，设计单项指标最高分为 10 分、12 分、15 分、18 分、20 分，最低为 0 分。单项指标保留小数点后两位，总分四舍五入取整数。

否决指标用于对于一些重要前提事项的考核，如安全生产、质量事故等，根据发生事项的性质及严重程度，分别给予扣 10 分、20 分、40 分处理。

奖罚指标用于对某些需要奖励和惩罚的事项进行考核，如质量改善等，做得好给予加分，做得不好给予减分，根据事项性质及重要程度，分别加减 10 分、20 分。

奖励指标用于对某些需要奖励事项的考核，如创新等，做得好给予加分，做得不好并不会减分。根据事项性质及重要程度，分别加 10 分、20 分。

（3）各岗位员工通用非权重考核指标

发生如下事项，扣 20 分：

✧ 岗位日常工作出现较大差错，给公司造成一定损失；

✧ 相关工作屡次遭到质疑、投诉但迟迟不能改进；

✧ 未经批准擅自违反制度流程办事，给公司带来一定损失；

✧ 涉及需要岗位合作的事项，未及时协调配合，造成有关工作进展不力或带来一定损失；

✧ 工作计划、工作报告、数据报表以及其他各种专业报告重要数据不实或有较大错误；

✧ 互相拆台、工作推诿扯皮现象；

✧ 虚假汇报，虚假报销，利用公司资源为个人谋私利；

✧ 疏于保密，出现泄密事件；

✧ 违背企业文化精神以及严重违反公司行为规范。

发生如下事项，扣 40 分：

✧ 岗位日常工作出现较大差错，给公司带来较大损失；

✧ 互相拆台、工作推诿扯皮严重，并带来严重负面影响；

✧ 虚假汇报，虚假报销，利用公司资源为自己谋私利，情节严重者；

✧ 出现泄密事件给公司或客户带来损失；

✧ 存在严重违反公司规章制度等行为，如散布谣言、打架斗殴、徇私舞弊等；

✧ 违背公司企业文化精神以及严重违反公司行为规范，给公司带来负面影响或较大损失事件。

发生以下事项，加 20 分：

✧ 涉及需要岗位合作的事项，因及时有效支持配合，使有关工作进展大幅度超出预期或给公司带来直接或间接收益；

✧ 提出的建议为公司研究并正式采纳后，推动了绩效较大提升或给公司带来较大贡献。

发生以下事项，加10分：

✧ 在业务开展以及管理活动过程中，有创新性的方法和思路，促进了部门业绩较大程度提升，促进了公司发展。

（4）能力素质考核

能力素质考核是考核任职者能力素质要求是否达到岗位要求。之所以考核能力素质，是因为员工能力素质是影响绩效的一个重要因素。

绩效考核者负责对被考核者进行考核评价。绩效考核者应熟练掌握绩效考核制度、工具和方法，与被考核者及时进行沟通，从而公平、公正地完成考核工作。

（5）绩效考核结果应用

个人季度、年度绩效考核结果分为优秀、合格、待改进、不合格四个等级，除非特别说明，个人季度、年度绩效考核等级与绩效考核系数对应关系为：

绩效考核等级	优秀	合格	待改进	不合格
季度绩效考核系数	1.2	1.0	0.8	0

（四）上海JDJT公司绩效考核体系案例

（1）绩效考核体系

绩效考核体系是由一组既独立又相互关联，并能较完整地表达评价要求的考核指标所组成的评价系统。绩效考核体系的建立，有利于评价员工工作状况，是进行考核工作的基础，也是保证考核结果准确、合理的重要因素。绩效考核体系由绩效考核周期、绩效考核者、绩效考核内容、绩效被考核者、绩效考核结果应用等方面组成。

集团公司绩效考核周期分为季度考核、年度考核。

绩效被考核者：集团公司各部门及岗位员工，二级企业及部门、岗位员工，三级企业及岗位员工。

（2）关键业绩考核

关键业绩考核指标分为权重指标和非权重指标两大类，非权重指标包括否决指标、奖罚指标、奖励指标，非权重指标不占有权重，在关键业绩考核总得分基础上进行加减分处理。

关键业绩考核实行总分100分制，单项指标10分制，根据指标性质以及激励因素，设计单项指标最高分为10分、12分、15分、20分，最低0分。单项指标保留小数点后2位有效数字，总分四舍五入取整数。

否决指标用于对一些重要前提事项的考核，如岗位工作重大失误等，根据发生事项的性质及严重程度，分别给予扣10分、20分处理。

奖罚指标用于对某些需要奖励和惩罚事项的考核，如效率提升、质量改善等，做得好给予加分，做得不好给予减分，根据事项性质及重要程度，分别加减 10 分、20 分。

奖励指标用于对某些需要奖励事项的考核，如合理化建议、工作创新等，做得好给予加分，根据事项性质及重要程度，分别加 10 分、20 分。

（3）非权重指标：管理责任

奖罚指标，适用于二级企业、三级企业的经营管理岗位以及部门管理岗位；要求决策事项执行到位，企业、部门运作无重大失误，企业、部门内部管理规范有序，团队建设卓有成效。

若下述事项每出现 1 项/次，根据事件性质、后果及责任的大小，扣 10 分或 20 分（本项最多扣 20 分）：

① 违反公司制度规定，盲目决策带来损失。

② 决策失误给公司带来严重损失。

③ 在有关决策事项执行方面发生重大失误。

④ 在业务运作过程中，发生重大失误，重点工作未能及时高效完成、达到目标。

⑤ 在有关审核、审批事项中，因必要性和真实性审核疏忽或错误而给公司带来损失。

⑥ 对上级部署的有关工作推进不力，未进行有效指导、监督，给公司带来一定损失或不良影响。

⑦ 在上级单位组织的企业管理绩效考核评价中，有扣分项目产生，并对其负有责任。

⑧ 在安全生产、党风廉政建设等方面出现重大问题。

⑨ 在部门内部管理方面因工作疏忽或失误给企业带来严重损失：

➢ 员工违反制度流程办事，给公司带来一定损失或造成不良影响。

➢ 员工未能履行岗位职责，未能避免较大损失发生或影响了其他部门工作正常进展。

➢ 员工由于责任心不强、工作疏忽或错误，给公司带来一定损失或不良影响。

➢ 员工打架斗殴、玩忽职守、徇私舞弊、违法乱纪等影响恶劣，给公司带来较大损失。

➢ 部门内部管理混乱，团队凝聚力不强，重点工作出现延误或工作重大失误。

➢ 部门员工发生其他给公司带来较大损失和不良影响的事件。

若有下述事项出现，根据影响和贡献的大小，加 10 分或 20 分（本项最多加 20 分）：

➢ 在业务运作过程中，有出色表现，给集团带来较大贡献或者避免了更大损失发生。

➢ 在上级单位组织的企业管理绩效考核评价中以及在集团公司各部门对权属企业组织的考核评价中，有加分项目产生，并对其有重要贡献。

（4）非权重指标：能力素质考核

能力素质考核是考核任职者能力素质要求是否达到岗位要求。之所以考核能力素质，是因为员工能力素质是影响绩效的一个重要因素。

单项打分满分为 10 分。

（5）绩效考核结果应用

个人季度、年度绩效考核结果分为优秀、合格、待改进、不合格四个等级。除非特别说明，个人季度、年度绩效考核等级与绩效考核系数对应关系如下表。

适用对象与范围	绩效考核等级对应考核系数			
	优秀	合格	待改进	不合格
部门管理岗位人员（季度 / 年度）	1.1	1	0.9	0
职能管理岗位及专业技术岗位人员（季度 / 年度）	1.2	1	0.8	0
经营管理岗位人员（年度）	根据所在单位年度经营目标完成情况以及个人考核情况确定，最大 2，最小 0			

① 集团部门及正副职、二级企业部门及正副职、三级企业正副职季度、年度绩效考核等级划分：

➢ 考核分数达到 90 分并且位列前一定比例（20%～30%，具体根据业绩完成情况由绩效考核委员会确定），绩效考核为优秀等级；其余达到 80 分为合格等级。

➢ 考核分数达到 60 分低于 80 分，绩效考核为待改进等级；低于 60 分，绩效考核为不合格等级。

② 部门员工季度、年度绩效考核等级划分：

➢ 考核分数达到 90 分以上并位列前一定比例，绩效考核等级为优秀。

➢ 考核分数达到 80 分，绩效考核等级为合格。

➢ 考核分数达到 60 分低于 80 分，绩效考核等级为待改进。

➢ 考核分数低于 60 分，绩效考核等级为不合格。

各部门季度、年度绩效考核等级与员工绩效考核等级比例关系如下表所示：

部门考核等级	员工考核等级及比例			
	优秀	合格	待改进	不合格
优秀	不超过 30%	不限定	不限定	不限定
合格	不超过 20%	不限定	不限定	不限定
待改进	不超过 10%	不超过 70%	不低于 20%	
不合格	无	不超过 70%	不低于 20%	不低于 10%

绩效考核者负责对被考核者进行考核评价。绩效考核者应熟练掌握绩效考核制度、工具和方法，与被考核者及时进行沟通，从而公平、公正地完成考核工作。

二、如何进行绩效考核

（一）绩效考核组织管理

明确进行绩效考核的目的和原则，明确绩效考核的组织管理以及绩效考核注意事项，明确绩效考核重大事项的决策机制以及企业总经理、人力资源部的职责，是非常重要的。一般情况下，企业设立绩效评估委员会作为绩效考核的最高决策机构。

专家提示

人力资源部绩效考核的管理职责包括：体系建立、组织执行、指导监督、绩效改进。

下面通过北京 XMKJ 公司绩效考核组织管理的实际案例进行说明。

1. 绩效考核的目的、用途、原则、适用范围

（1）绩效考核的目的

为全面提升北京 XMKJ 公司的绩效管理工作，公平公正评价各部门、各岗位员工对公司的价值贡献，发挥薪酬的激励作用，促进部门和员工绩效提升，制定本制度。

（2）绩效考核用途

✧ 为员工的工资、奖金发放提供依据。

✧ 为员工岗位工资调整提供依据。

✧ 为员工岗位调整提供依据。

✧ 了解各部门以及员工对培训工作的需要。

✧ 为人力资源规划提供基础信息。

（3）绩效考核原则

✧ 公开原则：考核指标、考核标准的制定通过协商和讨论完成，考核过程公开。

✧ 公平原则：绩效目标的制定应考虑内部条件、外部环境的影响，以经过努力可以达成为原则。

✧ 公正原则：绩效考核是针对工作进行的考核，应就事论事，实事求是。

✧ 激励原则：考核的目的是激励业绩优异者，鞭策业绩低下者；以正激励为主，负激励为辅。

（4）适用范围

本制度适用于公司所有岗位常规性的绩效考核工作，不适用于临时性考核或其他非常规考核。

2. 绩效考核的职责权限

公司成立绩效考核委员会，绩效考核委员会成员如下：

✧ 主任：总裁。

✧ 副主任：各副总裁。

✧ 秘书长：人力资源总监。

✧ 委员：各高层领导、各部门总监、各部门经理。

公司成立绩效考核办公室，常设机构在人力资源部。绩效考核办公室成员如下：

✧ 主任：人力资源总监。

✧ 成员：绩效、财务、运营、研发、生产、销售等有关管理岗位人员。

（1）公司绩效考核委员会职责

✧ 负责建立、完善公司薪酬管理制度及绩效考核管理制度。

✧ 负责根据公司发展战略思路确定和调整公司年度绩效目标。

✧ 负责根据公司发展战略思路确定和调整各业务部门年度绩效目标。

✧ 负责确定各业务部门季度绩效考核指标。

✧ 负责根据公司年度业绩完成情况确定公司年度激励系数。

✧ 负责根据业务部门年度业绩完成情况确定业务部门年度激励系数。

✧ 负责确定公司各业务部门季度绩效考核系数。

✧ 商讨确定各高层管理岗位季度履职系数。

✧ 负责对绩效考核有关投诉做最终裁决。

（2）绩效考核办公室职责

✧ 负责组织拟订各业务部门目标责任考核文件。

✧ 负责组织拟订各业务部门季度绩效考核文件。

✧ 负责组织各部门负责人与公司签订目标责任书。

✧ 负责根据公司年度业绩完成拟订公司年度激励系数。

✧ 负责根据各业务部门年度业绩完成情况拟订业务部门年度激励系数。

✧ 负责根据各部门季度业绩完成情况对各业务部门进行季度考核评价。

✧ 负责收集各高层管理岗位季度履职情况信息并提交绩效考核委员会。

✧ 负责组织、指导各部门完善岗位考核指标文件。

✧ 负责审核各部门员工绩效考核结果，确保绩效考核做到公正、公平、公开。

✧ 负责组织实施中层管理岗位季度、年度绩效考核工作。

✧ 负责监督指导各部门推进绩效考核实施工作。

✧ 负责有关绩效考核表的发放、回收、数据统计处理工作。

✧ 负责各项考核数据信息的收集、统计工作，并向绩效考核委员会提交。

✧ 负责处理员工申诉事宜，确保绩效考核工作公平、公正、公开。

✧ 负责绩效考核资料的保存和备案管理工作。

（3）总裁职责

✧ 负责审批各部门季度绩效考核结果。

✧ 负责审批中层管理岗位以及部门员工季度绩效考核结果等级。

✧ 负责审批中高层管理岗位以及部门员工年度绩效考核结果等级。

✧ 负责审批绩效工资、提成工资、计件工资、奖金的计算与发放。

（4）分管领导职责

✧ 负责组织实施分管部门的绩效考核工作。

✧ 负责定期组织修订分管部门岗位绩效考核指标体系文件。

✧ 负责提供其他有关部门和岗位的绩效考核数据信息。

（5）各部门负责人职责

✧ 负责对本部门员工进行绩效考核并及时提交绩效考核结果。

✧ 负责定期修订本部门岗位绩效考核指标体系文件。

✧ 负责提供其他有关部门和岗位绩效考核数据信息。

3. 绩效考核注意事项

✧ 人力资源部门负责考核申诉事宜并将重大事项报绩效考核委员会讨论决定。

✧ 考核者需要了解考核过程中应注意的问题并掌握绩效考核所需技巧。

✧ 建立绩效考核申诉机制，绩效考核委员会对绩效考核进行全过程监督。

✧ 绩效考核结果在审核审批之前，如果认为考核结果的公平性存在一定问题，审核审批责任人可对关键业绩考核分数进行适当调整，并应说明原因，但原始考核记录、被考核者的计分，不得修正和更改，能力素质考核分数不得更改。

✧ 在绩效考核期间，如果工作目标、工作重点以及外部环境发生重大变化，绩效考核者可以修改被考核者绩效考核指标、权重、目标值，但应及时通知绩效被考核者。

（二）如何对公司及公司高层进行考核

1. 公司整体考核

对公司整体进行考核，一般由董事会负责与经营层签订年度经营目标责任书。对于独资或控股子公司，根据企业治理结构不同，由子公司董事会或者集团公司经营层与子公司签订经营目标责任书；年末由董事会或者集团公司经营层负责根据年度业绩完成情况进行考核评价。

一般情况下，为了监督检查公司战略执行以及目标完成情况，子公司经营层应该向董事会或者集团公司经营层进行半年度业绩述职，由董事会或者集团公司经营层监督、监控战略执行以及经营目标完成情况。

专家提示

将中高层管理者以及业务骨干的利益与企业利益紧密联系，形成大家休戚与共、风险共担的局面，避免出现企业业绩下滑而中层以及骨干员工收入并未降低，因此没有压力感、紧迫感的情况。

一般情况下，公司整体考核结果可以等同于企业主要负责人的考核结果，考核结果根据考核分数确定并且与高管层薪酬激励挂钩。公司整体考核结果也可以与公司中层管理者以及业务骨干的绩效工资挂钩。

2. 公司高层考核

对公司主要负责人的考核往往由上级部门或董事会组织进行，一般情况下等同于公司整体考核（目标责任考核）结果。对公司其他高层的考核，有以下几种方式。具体选择哪种情况，跟公司所有制性质、业务特点、公司规模、高管人数都有关系，要慎重选择使用。

✧ 如果公司规模不大，其他高层领导也不多，可以采取公司整体业绩与所有高层都等同对待的方式，将公司年度业绩完成情况与每个高层年度薪酬挂钩，这样能够增强凝聚力。

✧ 对于分管业务的副总，可以采取签订目标责任书的形式，与其年度薪酬挂钩；对于其他职能副总，其年度薪酬采取与公司整体业绩挂钩的方式。

✧ 由公司组织对其他高层进行季度关键业绩考核并用于季度绩效工资发放。

✧ 由公司组织对其他高层领导进行年度能力素质考核，年度考核分数由目标责任分数、季度关键业绩考核分数及年度能力素质考核分数综合确定。

3. 北京 XMKJ 公司整体年度考核案例

公司年度激励系数：

由公司绩效考核委员会负责组织制定公司整体年度绩效目标，包括收入、利润等指标，公司年度业绩分数 =（实际收入 / 目标收入）× 40 +（实际利润 / 目标利润）× 60，各指标及权重可根据公司发展战略思路进行调整。

✧ 公司年度业绩达到 125 分以上，年度激励系数为 2；

✧ 公司年度业绩达到 100 分，年度激励系数为 1 +（分数 − 100）× 4/100，就近取 1.2、1.5、2；

✧ 公司年度业绩达到 60 分低于 100 分，年度激励系数为业绩分数除以 100 就近取 0.6、0.8、1.0；

✧ 年度业绩分数低于 60 分，年度激励系数为 0。

4. 北京 ZDT 公司及公司高层绩效考核案例

（1）公司年度绩效考核分数及公司年度激励系数

公司年度绩效考核分数 = 100 ×[（利润总额 − 目标）÷ 目标 × 0.5 +（营业收入 − 目标）÷ 目标 × 0.5]。

年度绩效考核分数达到 100 分，公司年度激励系数为 2；年度绩效考核分数达到 90 分但低于 100 分，公司年度激励系数为 1；年度绩效考核分数达到低于 90 分，公司年度激励系数为 0。

（2）公司高层考核

公司董事长、总经理的绩效考核由集团公司组织进行。

公司副总经理、三总师季度绩效考核分数等于分管部门绩效考核分数平均值。

公司副总经理、三总师年度绩效考核分数 = 分管部门年度绩效考核分数 ×50% + 能力素质考核分数 ×50%。

总助、副三总师季度绩效考核分数等于总助、三总师季度关键业绩考核分数。总助、三总师关键业绩由直接领导根据公司年度工作会议部署以及公司会议决策事项，征求公司总经理、董事长意见和建议后，结合公司近期工作目标变化及工作重点的调整，选择确定绩效考核指标、权重、绩效目标及相应的评价标准。考核首先由个人进行工作自述，各有关部门负责提供相关考核指标绩效数据信息，人力资源部负责统计汇总有关数据信息并提供给有关领导，考核评价由直接领导负责提出意见建议，公司有关领导商讨确定。

总助、副三总师年度绩效考核分数 = 季度关键业绩考核分数平均值 ×70% + 能力素质考核分数 ×30%。

年末，由人力资源部负责组织对副总经理、三总师、总助、副三总师进行能力素质考核。能力素质考核评价由公司董事长、总经理、其他高层领导及各部门单独进行评价，权重比例如下表：

考核者	董事长	总经理	其他高层平均值	各部门平均值
权重比例	30%	15%	25%	30%

能力素质考核评分处理如下：其他高层领导平均值指除本人外其他副总、三总师、总助、副三总师打分的平均值；各部门平均值指各部门打分去除一个最高分和一个最低分后的平均值。

（3）其他说明

副总经理、三总师的薪酬与董事长、总经理的年薪挂钩，年度绩效考核分数达到 90 分，年薪兑现系数为董事长总经理的 0.9；低于 90 分达到 80 分为 0.8；低于 80 分，年薪兑现系数为董事长总经理的 0.75，最终薪酬兑现系数由绩效考核委员会根据公司实际情况研究确定。

总助、副三总师若季度考核结果为优秀等级、称职等级，季度绩效考核系数为 1；若季度绩效考核为待改进等级，季度绩效考核系数为 0.9；若季度绩效考核为不称职等级，绩效考核系数为 0。

总助、副三总师年度绩效考核分数前 2 名并且分数达到 90 分为优秀等级，年度绩效考核系数为 1.2；其余及考核分数达到 80 分为称职等级，年度绩效考核系数为 1；低于 80 分达到 60 分为待改进等级，年度绩效考核系数为 0.9；低于 60 分为不称职等级，绩效考核系数为 0。

5. 广州某公司及公司中高层年度绩效考核案例

（1）公司年度考核

由公司绩效考核委员会负责组织制定公司年度绩效目标，包括利润、收入和合同额。年度由绩效考核委员会负责对公司业绩进行考核评价。

（2）公司年度绩效考核分数及公司年度激励系数

$$年度绩效考核分数=(利润\div 目标值)\times 60+(实际收入\div 目标值)\times 20+(合同额\div 目标值)\times 20$$

年度激励系数确定标准如下：

✧ 分数低于60分，年度激励系数为0；

✧ 分数高于60低于100分，年度激励系数＝分数 ÷100，四舍五入保留一位小数；

✧ 分数达到100分，年度激励系数＝1＋(分数 ÷100-1)×2，并就近取0.5，最高3。

考核指标说明如下：

① 利润。根据权责发生原则对会计年度财务利润进行一定调整以便反映真实情况，有调增、调减两种情况。调增情况，一是公司垫资开发项目情况，以实际成本支出匹配相应收入，考虑资金成本后确定利润以便反映真实状况；二是项目未全部回收款项情况，以实际回收款项匹配成本确定项目利润。调减情况，一是存在大额预收款项（超过30万元）情况；二是以前年度存在调高利润项目，预期收入款项在年度内按期或未按期回款情况。

② 实际收入。以当年实际回款金额确定。

③ 合同额。有审计结果的按审定值确定，无审计结果的按合同额计算（若有较大不确定性，做一定调整）。

（3）中高层年度考核

公司对中高层管理者进行年度履职情况评定，由行政人事部根据各个岗位职责履行情况以及年度内是否出现重大问题提出意见和建议，征求决策领导意见后提交绩效考核委员会讨论确定。

✧ 无重大失误系数为1；

✧ 因能力欠缺导致工作任务未完成或出现失误0.8；

✧ 若因责任心不强或存在私心导致工作任务未完成或出现失误0.6；

✧ 若有故意损害公司利益行为为0。

（三）如何对部门团队及负责人进行考核

1. 部门团队及其负责人年度考核（项目考核）

部门团队包括公司业务管理部门、职能管理部门以及各个生产单元，生产单元包括生产企业的生产车间、工程公司的项目部、连锁经营公司的直营店、技术服务公司的业务部等。

除了工程公司项目部根据项目周期进行项目考核外，其他部门团队应该进行年度考核。年度考核（项目考核）注重结果。公司将发展战略及年度经营目标向各个部门（项目）分解后，应组织与各个部门（项目）签订经营目标责任书，年度考核（项目考核）于次年初（项目结束后）根据经营目标完成情况进行。如果公司规模比较小，职能部门没有有效的定量考核指标，职能部门年度考核结果一般根据阶段考核结果确定，不再进行年度考核。在需要多个部门协调配合的企业中，往往还会对各部门团队进行部门（项目）满意度考核，同级部门之间、上级对下级部门、下级对上级部门都可以进行满意度考核评价。

部门团队负责人同样进行年度考核（项目考核），部门团队负责人年度（项目）绩效考核以部门年度（项目）考核分数为主，同时考虑部门（项目）阶段关键业绩考核、部门（项目）满意度考核以及个人能力素质考核等因素。

2. 对部门团队及负责人进行阶段考核

根据业务性质、行业特征及公司管理风格对部门团队进行阶段考核，阶段考核可以是月度考核，也可以是季度甚至半年度考核；阶段考核注重过程控制与结果相结合。如何将目标责任考核与阶段过程考核相联系是很关键的，要将目标责任进行分解，反映在阶段考核中，阶段考核指标应支撑年度考核目标。

对部门团队的阶段绩效考核一般以关键业绩考核为主，同时加入满意度考核内容。对于部门团队的阶段绩效考核结果，可以根据关键业绩得分与满意度评价得分计算，一般情况下，满意度所占权重比较小，可以占10%～20%。

对部门团队的关键业绩指标考核，一般由公司分管领导提出相应考核指标及绩效目标，经公司总经理审定后执行。对部门关键业绩指标考核评价主要有三种主要模式：

第一，由公司总经理、分管领导及其他领导各自打分评价，最终加权确定。

第二，由分管领导提出评价意见，最终由公司总经理评定。

第三，由公司主要领导组成的绩效评估委员会评定。

三种模式各有优缺点，各有适用条件，一般根据公司的企业文化特征及决策领导风格来选择。

无论采用哪种模式，首先需要被考核部门做自我陈述，对阶段工作成果做简要说明，对考核指标逐项进行阐释，同时提供必要的绩效考核数据。

其他有关部门应该提供相关考核数据，并对有关考核指标进行评价、说明；公司分管领导要对分管部门工作进行评价、说明。

公司总经理应对绩效考核结果做最终说明，肯定取得的成绩，提出改进事项。

专家提示

团队负责人同样要进行阶段考核。阶段考核除了关键业绩考核外，一般还引入能力素质考核；关键业绩考核与部门关键业绩考核等同对待。

（四）如何对普通员工进行考核

对于普通员工的阶段绩效考核一般以关键业绩为主，可以同时考虑能力素质因素。普通员工年度绩效考核可以根据阶段绩效考核结果确定。

对于高级业务岗位员工，可以制定年度任务目标并将任务目标分解到季度。根据年度任务目标完成情况进行年度考核，根据季度工作完成情况进行季度考核；年度考核注重结果，季度考核注重过程控制。

专家提示

在实际操作中，根据企业实际情况，可以采取直接上级和跨级上级共同评价的方法，共同商定被考核者分数；也可以由直接上级和跨级上级分别评价打分，然后加权确定最终分数。

（五）绩效考核方案修订、申诉、文件使用与保存

下面以某公司绩效考核方案修订、申诉、文件使用与保存的实例进行说明。

（1）绩效考核管理方案修订

任何对考核制度有疑问的员工都可提出绩效考核管理方案修订提案。提案应以书面形式提交人力资源部；人力资源部将审核有关意见和建议，并决定是否需要向绩效考核管理委员会汇报。人力资源部应在一个月内给予书面回复。

人力资源部负责收集、整理员工关于绩效考核管理方案的意见及建议，并提交绩效考核管理委员会。

绩效考核管理方案应根据公司绩效管理推进情况，根据员工的意见和建议由绩效考核管理委员会及时进行修改完善。

（2）绩效考核申诉及处理

✧ 申诉条件：在绩效考核过程中，被考核者如认为受到不公平对待或对考核结果感到不满意，可在考核期间或考核结果公布后直接向人力资源部提出申诉，并填写绩效考核申诉表。

✧ 申诉形式：被考核者应以书面形式提交申诉报告；人力资源部负责受理、记录被考核者申诉。

✧ 申诉处理：人力资源部在与申诉人沟通后对其申诉报告进行审核。因考核者对绩效考核操作不规范所引起的申诉，人力资源部应该让考核者按照规范重新进行考核。因被考核者对考核内容有异议所引起的申诉，人力资源部应同考核者进行沟通以解决问题；如无法解决问题，人力资源部须向绩效考核管理委员会汇报有关情况，由绩效考核管理委员会进行处理。因考核过程中存在不公平现象所引起的申诉，由人力资源部负责进行调查，如

属实，由绩效考核管理委员会对绩效考核者进行处理。

✧ 申诉反馈：人力资源部应在员工提出申诉 10 个工作日内给予答复，并在申诉评审完成后 3 个工作日内将最终处理结果反馈给申诉人。如果申诉人在 5 个工作日内未向人力资源部提交要求二次评审的书面报告，人力资源部将视作申诉人接受最终处理结果。

（3）绩效考核文件使用与保存

绩效考核文件保存：绩效考核所有数据、表单、资料、文件等由人力资源部负责保存。绩效考核文件编号方法：

✧ 绩效考核袋是指用于存放员工绩效考核表的档案袋。以员工编号作为员工绩效考核袋编号，公司各员工绩效考核袋编号唯一。

✧ 部门员工绩效考核袋内考核文件按年度顺序排列，季度考核、年度考核再按时间顺序排列。

✧ 考核资料编号由两部分组成，第一部分是该员工编号，第二部分是文件编号。

✧ 文件编号由 2 个数字、1 个英文字母和 2 个数字编成，头 2 个数字表示年份，1 个英文字母表示季度、年度考核，分别以 J、N 表示，后 2 个数字表示该年度第几个考核期。例如员工在 2017 年第二季度的考核资料编号为 17J02。

绩效考核文件保存方法：

✧ 考核文件以绩效考核档案形式存档。在聘员工考核文件原则上保存两年，解聘员工的考核文件保存到被考核者离职一年后。

✧ 在季度绩效考核完成后两个月内，人力资源部应将季度绩效考核资料收集整理并进行统一编号后归档。

✧ 在年度绩效考核完成后两个月内，人力资源部应将年度绩效考核资料收集整理并进行统一编号后归档。

绩效考核文件查询权限：

✧ 绩效考核文件设定查询权限，查询权限分为查阅和复印两种。

✧ 董事长有权查阅、复印所有绩效考核文件。

✧ 分管领导有权查阅分管部门以及员工的绩效考核文件。

✧ 部门主任有权查阅本部门员工绩效考核文件。

✧ 人力资源部经理在董事长授权下有权复印部门、员工绩效考核文件。

（六）业务部门和职能部门绩效考核表案例

1. 某生产企业区域销售部季度绩效考核表

表 9-1 为 QZ 公司区域销售部 2024 季度绩效考核表。

表9-1　QZ公司区域销售部2024季度绩效考核表

	项次	类别	考核项	权重	指标说明	评分标准	目标	完成值	得分	备注
关键业绩考核	1	权重考核指标	销售收入（团队）	30	考核季度销售实现销售收入，单位万元	完成目标得10分，每超目标5%加1分，每低于目标5%减1分；最多18分，最少0分				
	2		销售毛利（团队）	30	考核季度实现销售毛利额收入，单位万元（毛利＝产品毛利润－营业费用）	完成目标得10分，每超目标5%加1分，每低于目标5%减1分；最多18分，最少0分				
	3		客户复购率	10	考核季度内客户复购情况，用半年内已经发生购买的客户季度内第二次购买的数量除以客户总数量来衡量	完成目标得10分，每低于目标0.5个百分点加1分，每高于目标0.5个百分点减1分；最多15分，最少0分				
	4		新客户开发（个人）	10	考核新客户开发订单金额，季度内新开发客户累计订单达到10万元	完成目标得10分，每超目标8%加1分，每低于目标8%减1分；最多18分，最少0分				
	5		回款及时性（团队）	10	考核季度内回款及时性。用季度内3个月回款及时率平均值表示。月度回款及时率等于月度内实际到账款项（不含预付款）除以月度内应到账款项总和表示 汇票按现金90%核算 款项逾期超过3个月视为重大收款风险	回款及时性达到80%得10分，每高于目5个百分点加1分，每低于目5个百分点减1分；逾期款超3个月，每2万扣1分；最多15分，最少0分				
	6		销售工作	10	考核办事处季度销售工作情况，包括客户开发、客户拜访、客户沟通、订单跟进、销售回款、客户关系维护、公司利益与形象维护、规章制度遵守等方面工作情况	基本达到要求得8分，较好完成得9分，非常出色有亮点得10分；该项最低0分，最多15分 发生以下事项扣分：在前述各项出现较严重问题扣1分，带来较严重影响扣2分，带来较大损失扣5分 若在前述各项工作表现出色，带来较大贡献加1分，带来突出贡献加2分				
	7	非权重考核指标	岗位工作失误	—	以下任一事项发生，给公司造成一定损失，扣10分；造成重大损失或严重影响其他部门工作，扣20分。该指标最多扣20分 • 对外透露公司客户及商业运作信息，给公司或客户造成损失； • 跟踪、解决客户反馈问题不及时导致客户问题升级或其他客户服务事件，造成客户流失或公司损失； • 协同相关部门解决产品质量问题，和提升客户满意度不积极不主动，造成公司损失； • 因管理失职、造成核心员工离职或批量员工离职； • 在人员配置和部门管理过程出现了劳动纠纷事件； • 因管理不当，造成业务员因销售问题发生客诉、给公司造成损失； • 因管理不当，出现坏账、超过一定数额，给公司造成损失					
	8		管理责任	—	• 若在下述事项中每出现1次问题，根据事件性质、后果及责任的大小，扣10分、20分。本项最多扣40分 • 加强制度建设、规范流程管理，制度流程建设方面出现重大问题 • 发生违反公司制度规定盲目决策带来损失事件 • 发生决策失误给公司带来严重损失事件 • 在有关决策事项执行方面有重大失误发生 • 在有关审核审批事项中，发生必要性和真实性审核疏忽或错误而给公司带来损失事件 • 员工发生打架斗殴、玩忽职守、徇私舞弊、违法乱纪等影响恶劣，给公司带来较大损失事件 • 在内部管理以及其他方面因工作疏忽或失误给公司带来严重损失事件					
	9		工作建议	—	因业务改善给公司带来其他直接或间接经济效益，加5～10分 提出的建议为公司研究并正式采纳后，给公司运营及管理带来良好影响的，一次奖励10分；提出的建议经采纳后，推动了公司业绩的很大提升或给公司做出重大贡献的，一次奖励20分					
					关键业绩考核得分					

续表

<table>
<tr><td rowspan="6">能力素质考核</td><td>序号</td><td>指标</td><td>满分</td><td>上级领导评分</td><td colspan="2">直接领导评分</td><td>平均分</td></tr>
<tr><td>1</td><td>沟通交流能力</td><td>25</td><td></td><td colspan="2"></td><td></td></tr>
<tr><td>2</td><td>严谨细致能力</td><td>25</td><td></td><td colspan="2"></td><td></td></tr>
<tr><td>3</td><td>培养部属能力</td><td>25</td><td></td><td colspan="2"></td><td></td></tr>
<tr><td>4</td><td>全力追求高绩效</td><td>25</td><td></td><td colspan="2"></td><td></td></tr>
<tr><td colspan="6">能力素质考核得分</td><td></td></tr>
<tr><td colspan="5">最终考核得分 = 关键业绩得分 ×80% + 能力素质最终得分 ×20%</td><td colspan="3"></td></tr>
<tr><td colspan="3">部门负责人签字</td><td colspan="2"></td><td>领导签字</td><td colspan="2"></td></tr>
<tr><td>目标及要求</td><td colspan="7">工作重点及阶段目标：

签字：　　　　日期：</td></tr>
<tr><td>个人工作自述</td><td colspan="7">岗位职责、工作过程、工作结果分项说明：

签字：　　　　日期：</td></tr>
<tr><td>部门负责人意见</td><td colspan="7">评价意见及改进建议：

签字：　　　　日期：</td></tr>
<tr><td>上级领导意见</td><td colspan="7">

签字：　　　　日期：</td></tr>
</table>

2. 某工程企业设计部季度绩效考核表

表9-2、表9-3分别为MG集团公司设计部季度绩效考核表、季度关键业绩考核指标及评价标准。

表9-2 MG集团公司设计部季度绩效考核表

考核期间		考核分数		评价等级	
类别	指标	权重	得分（10分制）	计分＝权重×得分÷10	绩效考核者
权重指标	设计方案	20			
	设计标自主投标	20			
	设计质量	25			
	设计进度	20			
	重点工作推进	15			
非权重指标	部门工作失误	否决指标			
	业务改善及有效建议	奖励指标			
	管理责任	否决指标			
关键业绩得分合计					
目标及要求	工作重点、阶段目标： 分管领导签字： 年 月 日				
工作自述	部门负责人： 年 月 日				
评价及工作改进	分管领导： 年 月 日				
部门负责人签字		分管领导签字		总经理签字	

表9-3 MG集团公司设计部季度关键业绩考核指标及评价标准

指标	考核内容及目标	衡量标准与评分说明
设计方案	考核项目方案规划设计情况	基本达到要求得8分，较好完成得9分，非常出色有亮点得10分，发生以下事项扣分，最低为0分： •现场勘探测绘失误或未与业主充分沟通扣3分，造成延误方案时间扣5分 •设计方案多次未通过内部审定扣3分，延误后续图纸设计扣5分 •设计方案多次未通过业主认可扣3分，由于个人主观原因影响业务进展、给公司带来较严重损失的扣5分

续表

指标	考核内容及目标	衡量标准与评分说明
设计标自主投标	考核设计人员自主投标工作情况 本季度设计投标3次	权重10分，评价标准： 中标次数完成目标得满分，每超过1次加2分，少1次减3分，最高12分，最低0分
设计质量	考核设计质量情况，包括设计规范、图纸错误、设计错误、材料浪费，或者重复性错误	基本达到要求得8分，较好完成得9分，非常出色有亮点得10分，发生以下事项扣分，最低为0分： •未遵循设计规范、未按照设计要求的扣3分，给公司带来较严重损失扣5分 •设计出现图面错误但不影响施工安装扣3分，影响施工安装扣5分 •设计错误造成工程返工、成本增加扣3分，给公司带来较严重损失扣5分 •设计缺陷造成材料重大浪费扣3分，个人工作失误是主要原因扣5分 •设计错误重复出现扣3分，个人工作疏忽是主要原因扣5分 •若对原有设计或者工艺进行优化改进，保证质量的同时大量节约成本加5～10分
设计进度	项目在＿月＿日前完成＿＿设计节点	基本达到要求得8分，较好完成得9分，非常出色有亮点得10分，发生以下事项扣分，最低为0分： •设计进度未按照计划如期完成扣3分，影响项目进度扣5分 •项目设计进度出现较多问题、给公司带来较严重损失扣3分，个人工作失误是主要原因扣5分 •设计过程中出现质量问题未及时修改或采取相应的纠正措施扣3分，给公司带来较严重的损失，个人工作疏忽是主要原因扣5分
重点工作推进	考核重点工作完成落实情况	•重点工作按要求，及时完成得9～10分 •若工作有延误或出现过偏差但未有较大影响，得7～8分 •若工作出现过较严重偏差并有一定影响，得5～6分 •若工作出现过严重失误并有较严重损失，得1～4分
部门工作失误	该指标考核部门工作失误情况	在以下各事项中，出现问题每项次扣10分；造成严重损失或严重影响其他部门工作，扣20分；最多扣40分： •发生违反公司制度规定给公司带来损失事件 •在公司有关事项执行方面有重大失误发生 •在项目设计过程中，发生重大失误，包括设计交底、现场勘察、设计计划安排、设计进度控制、里程碑节点完成等方面 •在有关审核审批事项中，发生必要性和真实性审核错误而给公司带来损失事件
业务改善及有效建议	奖励指标，反映了部门业务改善及推动公司经营发展工作成效。该指标最多奖励20分	•因业务改善给公司带来其他直接或间接经济效益，加5～10分 •提出的建议为公司研究并正式采纳后，给公司运营及管理带来良好影响，1次奖励10分；提出的建议经采纳后，推动了公司业绩的很大提升或给公司做出重大贡献，1次奖励20分 •若在设计交底、现场勘察、设计计划安排、设计进度控制、里程碑节点完成等方面做出重大贡献或避免了重大损失发生，可根据情况加10～20分
管理责任	（略）	若在前述考核内容事项中每出现1次问题，根据事件性质、后果及责任的大小，扣10分、20分。本项最多扣40分

3. 某小米生态链企业财务部季度绩效考核表

表9-4、表9-5分别为某小米生态链企业ZX公司财务部季度绩效考核表、季度关键业绩考核指标及评价标准。

表 9-4 ZX 公司财务部季度绩效考核表

<table>
<tr><td>考核期间</td><td></td><td>考核分数</td><td colspan="2"></td><td>评价等级</td><td></td></tr>
<tr><td>类别</td><td colspan="2">指标</td><td>权重</td><td>得分
（10 分制）</td><td>计分 = 权重 × 得分 ÷ 10</td><td>绩效
考核者</td></tr>
<tr><td rowspan="5">权重指标</td><td colspan="2">财务管理</td><td>20</td><td></td><td></td><td rowspan="8"></td></tr>
<tr><td colspan="2">预算管理</td><td>15</td><td></td><td></td></tr>
<tr><td colspan="2">核算及税务管理</td><td>20</td><td></td><td></td></tr>
<tr><td colspan="2">资金管理</td><td>20</td><td></td><td></td></tr>
<tr><td colspan="2">重点工作推进</td><td>15</td><td></td><td></td></tr>
<tr><td rowspan="3">非权重指标</td><td colspan="2">部门工作失误</td><td colspan="2">否决指标</td><td></td></tr>
<tr><td colspan="2">业务改善及有效建议</td><td colspan="2">奖励指标</td><td></td></tr>
<tr><td colspan="2">管理责任</td><td colspan="2">否决指标</td><td></td></tr>
<tr><td colspan="5">关键业绩得分合计</td><td colspan="2"></td></tr>
<tr><td>目标及要求</td><td colspan="6">工作重点、阶段目标：

分管领导签字：
年　月　日</td></tr>
<tr><td>工作自述</td><td colspan="6">部门负责人：
年　月　日</td></tr>
<tr><td>评价及改进</td><td colspan="6">分管领导：
年　月　日</td></tr>
<tr><td colspan="3">部门负责人签字</td><td colspan="3">分管领导签字</td><td>总裁签字</td></tr>
<tr><td colspan="3"></td><td colspan="3"></td><td></td></tr>
</table>

表 9-5 ZX 公司财务部季度关键业绩考核指标及评价标准

指标	考核内容及目标	衡量标准与评分说明
财务管理	•健全公司财务政策、规范财务管理流程，核算制度和管理制度等，使其符合国家各项规定，有利于公司经营管理 •构建内部控制体系、评价和内部审计考核 •对公司会计信息进行定期汇总、分析、报告，数据准确，分析到位 •及时、准确向有关部门提交有关财务报表 •及时、准确向公司决策领导及有关部门提供财务数据，并对数据进行初步分析，对管理提出建议 •财务 ERP 建设包括公司财务、供应链方面达到公司关于财务数据的战略要求	基本达到要求得 8 分，较好完成得 9 分，非常出色有亮点得 10 分，发生以下事项扣分，最低为 0 分： •未能及时完成有关工作，扣 2 分 •在完成工作过程中，出现疏忽和失误，一次扣 2 分，若给公司带来较大影响和损失，扣 5 分

续表

指标	考核内容及目标	衡量标准与评分说明
预算管理	•编制公司及各单位预决算，并指导各单位严格执行预算，对费用支出有效管理控制 •预算外支出超标及时通知有关人员，并根据领导指示进行有效管理控制	基本达到要求得8分，较好完成得9分，非常出色有亮点得10分，发生以下事项扣分，最低为0分： •未能及时完成有关工作，扣2分 •在完成工作过程中，出现疏忽和失误，一次扣2分，若给公司带来较大影响和损失，扣5分
核算及税务管理	•完善公司核算体系，按要求完成对部门、分（子）公司核算，核算数据准确 •凭证、单据、报表核算及时准确 •公司税务筹划合理、及时，跟踪相关政策法规，规避相关风险 •税务登记、变更及时准确 •税务申报、凭证审核及时准确 •税金计提与缴纳工作及时准确 •税务成本核算及时准确 •发票管理符合财务规定 •部门员工熟练使用财务信息系统，正确无误填报基础数据	基本达到要求得8分，较好完成得9分，非常出色有亮点得10分，发生以下事项扣分，最低为0分： •未按时效和质量要求完成有关工作，扣2分 •在完成工作过程中，出现疏忽和失误，一次扣2分，若给公司带来较大影响和损失，扣5分
资金管理	•准确、准时完成各项资金支付工作 •严格履行资金支付管理办法和流程，确保公司资金安全 •应收账款核算清晰准确，催收及时有效	基本达到要求得8分，较好完成得9分，非常出色有亮点得10分，发生以下事项扣分，最低为0分： •未按时效和质量要求完成有关工作，扣2分 •在完成工作过程中，出现疏忽和失误，一次扣2分，若给公司带来较大影响和损失，扣5分
重点工作推进	考核重点工作完成落实情况	•重点工作按要求，及时完成得9～10分 •若工作有延误或出现过偏差但未产生较大影响，得7～8分 •若工作出现过较严重偏差并有一定影响，得5～6分 •若工作出现过严重失误并有较严重损失，得1～4分
部门工作失误	该指标考核部门工作失误情况	在以下各事项中，出现问题每项次扣10分；造成严重损失或严重影响其他部门工作，扣20分；最多扣40分： •发生财务管理重大错误（审核疏忽、票据不合法、票据不真实、凭证遗失、账目混乱、重要数据不实等）给公司带来较大损失事件 •在税务部门检查中发现重大问题 •发生因工作失误导致公司过多纳税情况 •发生核算、付款工作拖延，造成恶劣影响事件 •因预算不准或控制不利，造成超预算费用的发生 •在融资渠道和融资方式选择方面出现财务风险给公司造成损失
业务改善及有效建议	奖励指标，反映了部门业务改善及推动公司经营发展工作成效。该指标最多奖励20分	•因业务改善给公司带来其他直接或间接经济效益，加5～10分 •提出的建议为公司研究并正式采纳后，给公司运营及管理带来良好影响的，一次奖励10分；提出的建议经采纳后，推动了公司业绩的很大提升或给公司做出重大贡献的，一次奖励20分

续表

指标	考核内容及目标	衡量标准与评分说明
管理责任	公司决策事项执行到位，部门运作无重大失误、部门内部管理规范有序、团队建设卓有成效，未出现下列情况： •部门员工违反制度流程办事，给公司带来一定损失或不良影响 •部门员工未能履行岗位职责，未能避免较大损失发生或影响了其他部门工作正常进展 •部门员工由于责任心不强，工作疏忽或错误给公司带来一定损失或不良影响 •部门内部管理混乱，团队凝聚力不强，重点工作出现延误或工作重大失误 •部门员工发生其他给公司带来较大损失和不良影响事件 •发生安全生产责任事故以及其他重大财产损失事件 •在上级单位检查过程中，发生因为工作疏忽、工作失误或者责任心不强引起的扣分项 •未按保密程序操作导致机密信息泄露，给公司带来不良影响 •部门员工违反公司廉洁高效从业管理规定，以公谋私，情节严重，给公司带来一定损失或不良影响	若在考核内容事项中每出现一次问题，根据事件性质、后果及责任的大小，扣10分、20分。本项最多扣40分

（七）四类普通岗位员工考核指标案例

1. 高级业务岗位员工

这里以杭州市LH电子商务公司天猫运营总监的考核为案例进行说明。

表9-6、表9-7、表9-8分别为LH电子商务公司天猫运营总监年度经营目标考核指标及标准、季度绩效考核表、季度关键业绩考核指标及评价标准。

表9-6　年度经营目标考核指标及标准

项目	指标	权重	考核内容及目标	衡量标准与评分说明
年度经营目标	销售收入	40	年度销售收入完成___元	•完成目标得10分 •每超目标5%，加1分 •每低于目标5%，减1分 •最多20分，最少0分
	经营利润率	10	年度毛利润率为___%（利润率等于实现毛利除以收入，毛利等于收入减去业务发生所需的各种直接成本，包括产品成本、运输成本、推广成本）	•完成目标得10分 •每高于目标1个百分点，加1分 •每低于目标1个百分点，减1分 •最高20分，最低0分
	全年退货率	10	考核店铺的成交后的退货情况，退货率控制在___%之内	•刚好完成目标得10分 •每高于目标1个百分点，加1分 •每低于目标1个百分点，减1分 •最高20分，最低0分
	推广效率	20	考核各种推广投入带来效益情况，用1元销售投入带来产量销售额来衡量，用ROI表示。下半年度 ROI目标达到<u>5元（站内站外）</u>	•完成目标得10分 •每超目标5%加1分 •每低于目标5%减1分 •最高20分，最低0分
战略推进	骨干员工培养	10	年度内考核等级为合格及以上客服员工8人（年度内因工作需要调离至其他部门员工也计算在内）	9～10分：项目实施推进与预期一致 7～8分：若因公司战略或发展思路发生变化导致该项目实施计划更改 5～6分：因客观因素或公司条件限制导致项目实施与预期有一定差距 1～4分：项目实施推进与预期相差较大
	重点项目完成	10	某产品在天猫平台Q4的品牌平均排名为<u>8</u>； 复购率___	•刚好完成目标得10分 •每高于目标1个名次，加1分 •每低于目标1个名次，减1分 •最高15分，最低0分

表 9-7 季度绩效考核表

考核期间		考核分数		评价等级	
类别	指标	权重	得分 （10 分制）	计分 = 权重 × 得分 ÷10	绩效 考核者
权重指标	季度销售收入	30			
	销售利润率	20			
	推广效率	20			
	销售预测准确性	5			
	退货率	10			
	线下客户增加数量（新增已成交数量）	10			
	重点工作推进	5			
非权重指标	业务改善及有效建议	奖惩指标			
	部门工作失误	否决指标			
	管理责任	否决指标			
关键业绩得分合计					
目标及要求	工作重点、阶段目标： 分管领导签字： 年 月 日				
工作自述	部门总监： 年 月 日				
评价及工作改进	分管领导： 年 月 日				
部门总监签字		分管领导签字		总经理签字	

表 9-8 季度关键业绩考核指标及评价标准

指标	考核内容及目标	衡量标准与评分说明
季度销售收入	本季度销售收入完成 ___ 万元	• 完成目标得 10 分 • 每超目标 5% 加 1 分 • 每低于目标 5% 减 1 分 • 最多 15 分，最少 0 分
销售利润率	本季度销售利润率在 __% 之上	• 刚好完成目标得 10 分 • 每高于目标 1 个百分点，加 1 分 • 每低于目标 1 个百分点，减 1 分 • 最高 15 分，最低 0 分
推广效率	考核各种推广投入带来效益情况，用 1 元销售投入带来产量销售额来衡量，用 ROI 表示。本季度 ROI 目标达到 6.5（站内站外）	• 刚好完成目标得 10 分 • 每高于目标 1 个百分点，加 1 分；每低于目标 1 个百分点，减 1 分 • 若发生销售预测较大失误，导致满足不了市场需求或者出现较大库存，减 2 分，若带来较大损失减 5 分 • 最高 15 分，最低 0 分

续表

指标	考核内容及目标	衡量标准与评分说明
销售预测准确性	销售偏差控制在5%以内，用月度平均值来衡量[（实际销售数量－计划销售数量）÷计划销售数量×100%]	•刚好完成目标得10分 •每低于目标1个百分点，加1分 •每高于目标1个百分点，减1分 •最高12分，最低0分
退货率	退货销售偏差控制在5%以内，用月度平均值来衡量[（实际退货数量－预计退货数量）÷预计退货数量×100%]	•刚好完成目标得10分 •每低于目标1个百分点，加1分 •每高于目标1个百分点，减1分 •最高12分，最低0分
线下客户增加数量	线下客户（已成交数）增加数量目标为＿＿＿＿	•刚好完成目标得10分 •每高于目标5%，加1分 •每低于目标5%，减1分 •最高12分，最低0分
重点工作推进	考核重点工作完成落实情况	基本达到要求得8分，较好完成得9分，非常出色有亮点得10分，发生以下事项扣分，最低为0分： •未能及时完成有关工作，扣2分 •在完成工作过程中，出现疏忽和失误，一次扣2分，若给公司带来较大影响和损失，扣5分
业务改善及有效建议	奖励指标，反映部门业务改善及推动公司经营发展工作成效。该指标最多奖励20分	•因业务改善给公司带来其他直接或间接经济效益，加5～10分 •提出的建议经公司研究并正式采纳后，给公司运营及管理带来良好影响，一次奖励10分；提出的建议经采纳后，推动了公司业绩的很大提升或给公司做出重大贡献的，一次奖励20分
部门工作失误	考核部门工作失误情况。包括销售策略、战略执行、人员配置、运营推广、客户服务、销售预算控制、重大风险规避等方面出现的失误	以下任一事项发生，给公司造成一定损失，扣10分；造成重大损失或严重影响其他部门工作，扣20分。该指标最多扣20分： •工作失误（销售策略、战略执行、人员配置、运营推广、客户服务、销售预算控制、重大风险规避）等环节出现重大失误 •战略执行过程中战术出现较大偏差 •预算分配、过程控制、控制费用流向、推广投放策略存在较大失误，给公司造成损失 •投放监控疏忽，由于操作错误、不合理或不及时等原因，影响店铺销售流量 •由于工作疏忽等原因，没有报上平台级的活动 •违反平台规则，造成店铺降权 •在客户服务过程中差评数严重，客户投诉事件或客户投诉事件升级 •在人员配置和部门管理过程中出现劳动纠纷事件 •其他方面由于部门工作失误致使公司出现重大失误
管理责任	公司决策事项执行到位，部门运作无重大失误、部门内部管理规范有序、团队建设卓有成效： •加强制度建设、规范流程管理，制度流程建设方面未出现重大问题 •未发生违反公司制度规定盲目决策带来损失事件 •未发生决策失误给公司带来严重损失事件 •在有关决策事项执行方面没有重大失误发生 •在有关审核审批事项中，未发生必要性和真实性审核疏忽或错误而给公司带来损失事件 •员工未发生打架斗殴、玩忽职守、徇私舞弊、违法乱纪等影响恶劣，给公司带来较大损失事件 •在内部管理以及其他方面没有因工作疏忽或失误给公司带来严重损失事件	若在考核内容事项中每出现1次问题，根据事件性质、后果及责任的大小，扣10分、20分。本项最多扣40分

2. 生产、销售等普通业务岗位员工

对于此类岗位，绩效管理的战略导向作用比较重要，因此以具有激励性质的定量指标

考核为主，通过分配不同权重体现战略导向作用，通过非权重指标保证考核效度。这是很多企业采用的有效方式。表 9-9、表 9-10 分别为 KT 商贸公司区域销售员岗位季度绩效考核表、关键业绩考核指标及评价标准。

表 9-9　KT 商贸公司区域销售员岗位季度绩效考核表

<table>
<tr><td colspan="2">部门</td><td>岗位</td><td colspan="2">姓名</td><td colspan="4">考核周期</td><td>评价等级</td></tr>
<tr><td colspan="2">销售部</td><td>区域销售员</td><td colspan="2"></td><td colspan="4"></td><td></td></tr>
<tr><td rowspan="13">关键业绩</td><td rowspan="8">权重指标</td><td colspan="3">指标名称</td><td>权重</td><td colspan="3">得分</td><td>备注</td></tr>
<tr><td rowspan="2">销售目标</td><td colspan="2">个人营业额</td><td>30</td><td colspan="3"></td><td></td></tr>
<tr><td colspan="2">毛利额</td><td>15</td><td colspan="3"></td><td></td></tr>
<tr><td rowspan="2">销售计划</td><td colspan="2">新客户开发</td><td>10</td><td colspan="3"></td><td></td></tr>
<tr><td colspan="2">门店拜访率
销售路线跟踪</td><td>5</td><td colspan="3"></td><td></td></tr>
<tr><td>新品推广</td><td colspan="2">重点商品营业额</td><td>20</td><td colspan="3"></td><td></td></tr>
<tr><td>品项分销</td><td colspan="2">实销商品品类数</td><td>5</td><td colspan="3"></td><td></td></tr>
<tr><td>日常工作</td><td colspan="2">商品陈列、日期管理</td><td>15</td><td colspan="3"></td><td></td></tr>
<tr><td rowspan="4">非权重指标</td><td colspan="2">指标名称</td><td colspan="3">指标性质</td><td colspan="2">加减分</td><td>备注</td></tr>
<tr><td colspan="2">岗位工作失误（回款率、退货率、订货店铺数）</td><td colspan="3">否决指标</td><td colspan="2"></td><td></td></tr>
<tr><td colspan="2">工作纪律</td><td colspan="3">否决指标</td><td colspan="2"></td><td></td></tr>
<tr><td colspan="2">工作建议</td><td colspan="3">奖励指标</td><td colspan="2"></td><td></td></tr>
<tr><td colspan="6">关键业绩得分＝权重指标 ± 非权重指标</td><td colspan="3"></td></tr>
<tr><td rowspan="6">能力素质</td><td>序号</td><td colspan="2">指标</td><td>满分</td><td colspan="3">部门负责人评分</td><td>总经理评分</td><td>平均分</td></tr>
<tr><td>1</td><td colspan="2">计划执行能力</td><td>25</td><td colspan="3"></td><td></td><td></td></tr>
<tr><td>2</td><td colspan="2">敬业精神</td><td>25</td><td colspan="3"></td><td></td><td></td></tr>
<tr><td>3</td><td colspan="2">沟通表达能力</td><td>25</td><td colspan="3"></td><td></td><td></td></tr>
<tr><td>4</td><td colspan="2">团队协作精神</td><td>25</td><td colspan="3"></td><td></td><td></td></tr>
<tr><td colspan="8">能力素质最终得分</td><td></td></tr>
<tr><td colspan="9">最终考核得分＝关键业绩得分 ×80%＋能力素质最终得分 ×20%</td><td></td></tr>
<tr><td colspan="3">部门负责人签字</td><td colspan="2"></td><td colspan="3">总经理签字</td><td colspan="2"></td></tr>
<tr><td>目标及要求</td><td colspan="9">工作重点、阶段目标：
总经理签字：
年　月　日</td></tr>
<tr><td colspan="10">部门负责人评价意见及改进建议：
签字：
年　月　日</td></tr>
<tr><td colspan="10">总经理意见：
签字：
年　月　日</td></tr>
</table>

表9-10 KT商贸公司区域销售员岗位季度关键业绩考核指标及评价标准

指标	考核内容及目标	衡量标准与评分说明
个人营业额	该指标考核该岗位员工实际销售情况 本月完成营业收入____万元	完成目标得10分，每高于目标5%加1分，每低于目标5%减1分，最高15分，最低0分
重点商品营业额	该指标考核当期重点商品销售情况，包括重点商品门店铺设数、销售额等。重点商品包括________ 完成重点商品营业收入____万元	完成目标得10分，每高于目标5%加1分，每低于目标5%减1分，最高15分最低0分。低于60%的门店未按要求完成产品销售的，此项不得分
实销商品品类数	该指标考核当期实销商品数量 实销商品品类数目标为____个	完成目标得10分，每高于目标5个加1分，每低于目标5个减1分，最高15分最低0分
毛利额	该指标考核销售毛利额目标为____万元	完成当期毛利额目标得10分，每超目标5%加1分，每低目标5%减1分，最多15分，最低0分
商品陈列 产品日期管理	该指标考核商超日常货品摆放情况及产品日期管理，陈列根据公司商品陈列考核办法考核	陈列考核得分90分以上，得12分；90～80分，为10分；80～60分，8分；60～40分，5分，40分以下为0分 因管理失职，临期产品返厂超过500元的，视情节严重扣5～10分
门店拜访率 销售路线跟踪	该指标考核业务员是否按照公司规划的销售路线、拜访周期进行客户维护	按时、按计划完成销售拜访得10分；公司考核发现业务员未按销售路线、维护周期近期维护的，发现1次扣1分；超过5次未按要求进行拜访的扣10分；门店拜访率低于80%的，此项得0分
新客户开发	该指标考核当期新客户开发情况 新增客户销售额目标____万元	完成目标得10分，每高于目标5%加1分，每低于目标5%减1分；最高15分，最低0分
岗位工作失误	市场开发、客户维护方面存在重大失误，包括回款金额、退货率、订货店铺数等方面	该指标最多扣20分 • 多次发生客户投诉现象或欠款到期未追回，超期2周及以上的或导致公司损失的，视情节严重扣5～10分 • 当月退货金额每超过500元，扣2分 • 当月订货店铺数量每低于上月1家，扣2分 • 违反公司商品价格政策进行销售的，出现一次扣2分；销量超过一定数值，提成工资扣发，按严重程度进行罚款 • 因管理失职，临期产品返厂金额每超过1000元的，扣2分 • 多次出现与相关部门合作不配合，导致公司损失。出现前述重大工作疏忽或错误1例扣5分，若给公司带来较大损失1例扣10～20分
工作纪律	该指标考核员工遵守公司规章制度，良好职业道德等方面	该指标最多扣20分 工作不严格要求自己，多次发现未按公司要求沿路线图巡店或发现长期未拜访老客户现象，扣10分；存在严重违反公司规章制度等行为，如散布谣言、打架斗殴、徇私舞弊等，扣20分
工作建议	该指标反映个人对推动部门或公司经营发展的贡献	该指标最多奖励10分 提出的建议经部门或公司研究并正式采纳后，为部门或公司运营及管理带来良好影响的，奖励5分；经采纳的建议，为部门或公司整体管理水平或业绩提升做出重大贡献的，一次奖励10分

3. 基层管理及业务支持岗位员工

此类岗位的工作性质主要是支持服务，很多工作都是常规例行工作，强调工作完成及时性以及准确性，战略导向意义并不大，定量考核项目少些，大多是工作及时性以及工作质量等方面的定性考核指标。表9-11是生产类企业NP公司仓储主管季度绩效考核表。

表 9-11　NP 公司仓储主管季度绩效考核表

<table>
<tr><th></th><th>类别</th><th>考核项</th><th>权重</th><th>指标说明</th><th>评分标准</th><th>备注</th></tr>
<tr><td rowspan="9">关键业绩考核</td><td rowspan="4">权重考核指标</td><td>物料出入库管理</td><td>30</td><td>考核货品出入库手续办理的及时性、准确性，保证物资能够及时供应，并对供应的数量、责任人做好追溯记录</td><td>基本达到要求得 8 分，较好完成得 9 分，非常出色有亮点得 10 分，发生以下事项扣分，最低为 0 分：
•物料入库验收不及时，单据核对不及时，造成物料积压或物料品种、数量、规格、型号等核对有误，1 次扣 2 分
•出入库单据录入未按时完成，1 张单据扣 1 分；出入库单据录入错误，1 张单据扣 1 分
•退料审核不及时、出现错误，1 次扣 1 分；退料未按照流程进行检验，直接进入仓库，出现 1 次扣 1 分</td><td></td></tr>
<tr><td>物资管理台账准确性</td><td>20</td><td>保证账物相符，作为成本核算的依据，能及时、完整地上报物资统计数据</td><td>基本达到要求得 8 分，较好完成得 9 分，非常出色有亮点得 10 分，发生以下事项扣分，最低为 0 分：
•发现 1 次账物不相符合的情况扣 1 分
•发现严重账物不相符合扣 2 分</td><td></td></tr>
<tr><td>仓库现场管理</td><td>20</td><td>考核库房出入库管理、现场管理、发货效率、仓库成本控制工作情况
•仓库管理流程制定合理，人员排班、原材料出入库流程安排合理，无工作失误
•仓库及发货现场管理整洁有序，物料堆积合理，物料标识的及时完备，员工按规程作业，没有发生安全生产事故
•仓库安全检查工作到位
•物料异常申报及时准确</td><td>基本达到要求得 8 分，较好完成得 9 分，非常出色有亮点得 10 分，发生以下事项扣分，最低为 0 分：
•在前述各项出现较严重问题扣 1 分，带来较严重影响扣 2 分，带来较大损失扣 5 分
•若在前述各项工作表现出色，带来较大贡献加 1 分，带来突出贡献加 2 分
•该项最低 0 分，最多 15 分</td><td></td></tr>
<tr><td>收发及时性</td><td>30</td><td>保证账物相符，作为成本核算的依据，能及时完整地上报物资统计数据</td><td>基本达到要求得 8 分，较好完成得 9 分，非常出色有亮点得 10 分，发生以下事项扣分，最低为 0 分：
•发现 1 次发货延迟的情况扣 1 分，造成客户不满或其他损失的扣 2～5 分
•收货不及时扣 1 分，造成损失扣 2 分</td><td></td></tr>
<tr><td rowspan="3">非权重考核指标</td><td>岗位工作失误</td><td>—</td><td colspan="2">•岗位日常工作出现较大差错，给公司带来较大损失，视情节轻重扣 5～10 分
•跨月补领料金额过大，给公司核算造成损失，一次扣 10 分
•报表提交不及时，影响其他部门工作，视情节轻重扣 2～5 分
•相关工作屡次受到质疑、投诉但迟迟不能改进，视情节轻重扣 5～10 分
•发生工作资料管理混乱，重要资料损毁丢失等事件，视情节轻重扣 5～10 分
•未按单核对物料件数和品种等要求收货，导致收货严重错误，扣 10 分
•重点考核账物一致性准确率，盘点出现较大差错一次扣 5 分，给公司造成损失的一次扣 10 分
•退料审核出现失误导致公司重大损失，扣 10 分
•由于不配合发货、装车不及时造成退货发生或引起客户投诉事件的；办理出库时，存在徇私舞弊现象，给公司造成重大损失的，扣 10 分
•因工作失误导致货物出现损毁、丢失价值达 500 元以上，扣 5 分，造成重大损失扣 10 分
•存在消防隐患未按要求整改的，或因危险物品管理不当造成仓储区域发生火灾，扣 10～20 分
•其他部门有效投诉一次，扣 1 分，最多扣 5 分</td><td></td></tr>
<tr><td>制度遵守</td><td>—</td><td colspan="2">考核员工对公司规章制度、流程遵守执行、工作纪律等情况：
•未穿工作服一次扣 0.5 分；多次迟到早退，视情节轻重扣 5～10 分
•临时性工作交办不配合，视情节严重扣 5～10 分</td><td></td></tr>
<tr><td>业务改善及有效建议</td><td>—</td><td colspan="2">合理化建议技术、工艺改善明显提高工作效率或品质；及时发现问题，减少公司损耗，一次加 5～10 分
涉及需要岗位合作的事项，因及时有效支持配合，使有关工作进展大幅度超过预期或给公司带来直接或间接收益的，一次加 5～10 分</td><td></td></tr>
<tr><td colspan="4">关键业绩考核得分</td><td></td><td></td></tr>
</table>

续表

<table>
<tr><td rowspan="6">能力素质考核</td><td>考核项</td><td>权重</td><td>指标说明</td><td>评分标准</td><td>备注</td></tr>
<tr><td>执行能力</td><td>25</td><td></td><td></td><td></td></tr>
<tr><td>安全与 5S</td><td>25</td><td></td><td></td><td></td></tr>
<tr><td>服务意识</td><td>25</td><td></td><td></td><td></td></tr>
<tr><td>责任心</td><td>25</td><td></td><td></td><td></td></tr>
<tr><td colspan="3">能力素质考核得分</td><td></td><td></td></tr>
<tr><td colspan="4">最终考核得分＝关键业绩得分 ×80%＋能力素质最终得分 ×20%</td><td colspan="2"></td></tr>
<tr><td colspan="2">部门负责人签字</td><td colspan="2"></td><td>上级领导签字</td><td></td></tr>
<tr><td>目标及要求</td><td colspan="5">工作重点及阶段目标：

签字：　　　　日期：</td></tr>
<tr><td>个人工作自述</td><td colspan="5">岗位职责、工作过程、工作结果分项说明：

签字：　　　　日期：</td></tr>
<tr><td>部门负责人意见</td><td colspan="5">评价意见及改进建议：

签字：　　　　日期：</td></tr>
<tr><td>上级领导意见</td><td colspan="5">
签字：　　　　日期：</td></tr>
</table>

4. 技术研发等性质的岗位

由于此类岗位的工作性质不确定性较大，工作任务、工作重点经常根据项目进行调整，因为对于这类岗位比较适合任务目标式的考核。请看表 9-12 互联网企业 DR 公司的实例资料。

表 9-12　DR 公司高级开发工程师岗位考核表

<table>
<tr><td>部门</td><td>姓名</td><td>岗位</td><td>考核期间</td><td>文件编号</td><td>考核分数</td><td>考核等级</td></tr>
<tr><td></td><td></td><td>高级开发工程师</td><td>2024 年第 1 季度</td><td></td><td></td><td></td></tr>
<tr><td colspan="7">季度重点工作及目标：
1.
2.
3.
4.
签字：</td></tr>
</table>

续表

<table>
<tr><th>类别</th><th>指标名称</th><th>权重</th><th>任务目标 / 绩效目标</th><th>评价标准</th><th>实际完成情况</th><th>考核评分</th></tr>
<tr><td rowspan="5">权重关键绩效指标</td><td>负责项目中具体功能模块开发工作</td><td>40</td><td>•承担项目组核心开发或设计工作，并能够按要求、高质量地完成开发或设计任务；各项工作需依据时间计划及要求，按时按质输出各项工作结果（30 分，A 项目 10 分，B 项目 10 分，C 项目 10 分）
•分担项目经理部分工作，控制项目开发风险及进度；安排并带领其他开发人员进行项目开发，协助项目经理对项目开发的风险及进度控制起到关键作用（10 分）</td><td rowspan="3">基本达到要求得 8 分，较好完成得 9 分，非常出色有亮点得 10 分，发生以下事项扣分，最低为 0 分：
•未能及时完成有关工作，扣 5 分；若任务未完成，扣 10 分
•在完成工作过程中，出现疏忽和错误，扣 2 分；若给团队或其他部门带来较大影响和损失，扣 5 分；带来严重的影响和损失，扣 10 分</td><td></td><td></td></tr>
<tr><td>参与系统架构设计</td><td>20</td><td>•参与系统架构分析设计，并主导概要设计、详细设计工作；系统设计方案通过评审（10 分）
•配合架构师进行技术决策及技术风险评估；输出决策方案（5 分）
•参与制定设计及实现规范，指导设计、实现及部署工作；输出设计文档及规范文档（5 分）</td><td></td><td></td></tr>
<tr><td>协助测试部门完成项目质量保障</td><td>10</td><td>•负责团队代码审查，保持团队内代码易读性、良好继承性；及时检查代码过程中影响效率或其他隐藏漏洞
•带头组织开发人员修正测试部门提出的漏洞；项目上线前遗留漏洞全部修正</td><td></td><td></td></tr>
<tr><td>项目组织管理</td><td>20</td><td>该指标考核项目组织管理情况：
•项目计划、人员安排合理性（5 分）
•项目质量控制，保证项目质量（5 分）
•项目进度控制，满足交付需要（5 分）
•里程碑节点控制情况（5 分）</td><td>基本达到要求得 8 分，较好完成得 9 分，非常出色有亮点得 10 分，发生以下事项扣分，最低为 0 分：
•项目计划、人员安排存在明显不合理情况，扣2～5分
•项目质量出现问题，扣2～5分
•项目进度与预期相差太大，满足不了需求，扣2～5分
•里程碑节点未按期完成，扣2～5分</td><td></td><td></td></tr>
<tr><td>团队建设员工培养</td><td>10</td><td>该指标考核项目团队建设、员工培养工作
•项目团队凝聚力强，战斗力强（5 分）
•项目成员成长快，培养指导工作出色（5 分）</td><td>基本达到要求得 8 分，较好完成得 9 分，非常出色有亮点得 10 分，发生以下事项扣分，最低为 0 分：
•项目团队出现问题，扣2～5分
•项目成员成长慢，满足不了发展需要，扣2～5分</td><td></td><td></td></tr>
<tr><td rowspan="3">部门非权重指标</td><td>工作重大失误</td><td>非权重</td><td colspan="2">该指标反映出现重大工作失误情况；在总分基础上扣分，最多扣 60 分：
•发生对需求理解出现偏差、工作成果严重不符合要求事项
•发生代码运行非常不稳定导致系统严重崩溃事件
•屡次发生代码逻辑混乱、不符合规范、冗余太多、重复错误等情况
•重大遗留漏洞未及时有效解决
•发生批量用户信息、核心资料、重要文件泄密事件
•发生本部门明令禁止的其他严重错误
发生以上事件，给公司造成一定损失，扣 10 分；造成重大损失或严重影响其他部门工作，扣 20 分；由于品行原因做出损害公司利益行为或由于不作为未能及时采取措施避免公司重大损失发生，扣 40 分</td><td></td><td></td></tr>
<tr><td>工作纪律</td><td>非权重</td><td colspan="2">考核遵守公司规章制度，职业道德等方面，每项扣 10 分，该指标最多扣 20 分：
•工作不严格要求自己，超过 5 次迟到或早退
•存在上班期间从事与工作无关事项，如打游戏等
•存在严重违反公司规章制度等行为如散布谣言、打架斗殴、徇私舞弊等</td><td></td><td></td></tr>
<tr><td>有效建议</td><td>非权重</td><td colspan="2">该指标反映个人对推动部门或公司经营发展的贡献。该指标最多奖励 10 分：
提出的建议经部门或公司研究并正式采纳后，为部门或公司运营及管理带来良好影响的，加 5 分；经采纳的建议，为部门或公司整体管理水平或业绩提升做出重大贡献的，加 10 分</td><td></td><td></td></tr>
<tr><td>能力素质评分</td><td>直接上级评分</td><td></td><td>跨级上级评分</td><td></td><td>关键业绩得分</td><td></td></tr>
<tr><td colspan="7">本次考核总得分 = 关键业绩 ×70% + 直接上级能力素质评分 ×15% + 跨级上级能力素质评分 ×15%</td></tr>
<tr><td>其他有关事项说明</td><td colspan="6"></td></tr>
</table>

三、绩效考核体系案例

（一）ZGJT 集团子（分）公司绩效考核管理办法

第一章 总则

第一条 为进一步适应海外业务发展需要，建立以绩效导向为核心的激励与约束机制，促进子（分）公司提高发展质量，确保 ZGJT 集团有限公司（以下简称“集团公司”）各项战略目标的实现，根据国务院国资委《中央企业负责人经营业绩考核办法》以及上级单位等有关规定，结合集团公司实际，制定本办法。

第二条 本办法适用于集团公司所属三级子（分）公司等独立核算单位（以下简称被考核单位）。

第三条 绩效考核的基本原则：

（一）业绩导向原则。坚持战略引领，以年度预算为目标，以实现企业可持续发展为主题，突出经营业绩和提升资产质量，实现价值最大化。

（二）差异化原则。按集团公司业务划分板块，全面考虑被考核单位现实情况和企业所处的生产经营发展的不同阶段，制定分板块、分发展阶段的考核指标，保证绩效考核更加公正、公平。

（三）通用规范性原则。以目标管理为手段，同一业务板块或类型的企业按照统一的绩效考核指标体系进行考核，增强考核的规范性和有效性。

（四）责权利相统一原则。建立健全科学合理、可追溯的企业经营机制。坚持子（分）公司经营绩效考核结果与负责人激励约束有效结合，实现责权利有机统一。

（五）效益中心原则。以落实国有资产保值增值责任为核心，促进子（分）公司以经济效益为中心，以资金管理为主线，通过绩效考核促进企业战略目标实现和年度工作任务完成。

（六）风险管控原则。促进子（分）公司注重对经济运行风险及资产质量的管控，防范债务风险。

第四条 绩效考核期间与年度会计期间相同。

第二章 绩效考核

第五条 绩效考核指标由基本指标和修正指标两类构成。

基本指标是衡量公司经营业绩的核心指标，包括收入、利润、新签合同额、生效合同额、利润上缴以及战略推进。

修正指标是对基本指标的修正，修正指标包括资产负债率、两金压降、母公司欠款、物资设备集中采购率、薪酬总额控制及发放、业务资质管理、重大决策失误、内控风险以及依法经营、安全生产事故、质量责任事故、违法违纪事件、合同生效重要节点完成等。

第六条 根据各个子（分）公司业务类型以及经营规模的不同，选择不同的考核指标、权重及评价标准；子（分）公司根据主营业务分为基建、投资、物贸三个业务板块，基建业务板块按照营业收入分为小规模、中等规模、大规模［具体分级标准见“ZGJT 集团有限公司子（分）公司负责人薪酬管理办法”］。不同板块及基建板块不同规模公司考核指标、权重指导意见见下表（根据实际情况指标可增减，权重可调整）。

企业类型	指标权重					
	利润上缴	收入	利润	新签合同额	生效合同额	战略推进
基建企业（大规模）	10%	20%	20%	25%	25%	
基建企业（中等规模）	10%	20%	10%	30%	30%	
基建企业（小规模）		20%	10%	35%	35%	
商贸企业	10%	10%	30%	40%		10%
投资企业	10%	10%	40%	20%		20%

第七条 绩效考核的各项基本指标依据集团公司下达的各项指标分解确定，属于全面预算管理范畴的指标以集团公司下达的预算指标为准，非全面预算管理范畴的指标另行下达。

第八条 基本指标中利润上缴、收入、利润、新签合同额、生效合同额采用十分制的计分方法，得出分数后再乘以相对应的指标权重。在超额完成目标情况下，采用激励性计分方法，但有封顶机制；在业绩低于目标一定程度时采取保底机制。

（1）利润上缴的两种计分方法，可根据情况选用：

方法 1：实际完成值 A 与考核值 B 进行对比计算得分，最多 30 分，最低 6 分；若 A≥B，得分 = 10 +（A − B）/ B × 20，若 A＜B，得分 = 10 × A/B。

方法 2：完成值 A，考核值 B，规模值 C，得分 = 10 +（A − B）÷ C，最多 30 分，最低 6 分；对于大规模企业 C = 600 万元，对于中等规模企业 C = 400 万元，对于小规模企业 C = 200 万元。

（低于目标 2400 万元 /1600 万元 /800 万元得 6 分，高于目标 12000 万元 /8000 万元 / 4000 万元得 30 分）。

（2）收入和利润的计分方法：

实际完成值 A 与考核值 B 进行对比计算得分，最多 20 分，最低 6 分；若 A≥B，得分 = 10 +（A − B）/B × 20，若 A＜B，得分 = 10 × A/B。

（3）新签合同额、生效合同额的计分方法：

实际完成值 A 与考核值 B 进行对比计算得分，最多 30 分，最低 6 分；若 A≥B，得分 = 10 +（A − B）/B × 20，若 A＜B，得分 = 10 × A/B。

第九条 基本指标中战略推进是衡量公司战略实施落地的重要指标，根据公司发展战略重点，提出关键战略实施举措若干项并赋予分值，完成即得满分，未完成不得分。

（1）根据事情重要性及难度大小，分值可以为 5 分、10 分、15 分或 20 分。战略推进可以是定量指标，比如资产负债率降低到 60% 以内，也可以是定性指标，重要目标客户开发工作取得实质进展等。

（2）投资公司战略推进可选择：通过项目可行性研究、获取土地使用权、拆迁安置办理完毕、施工许可证办理完毕、三通一平工作完毕、施工许可批文及开工手续办理完毕、工程进度符合预期、销售许可证办理完毕、竣工验收完毕、商品房权属证明书办理完毕等内容。

（3）商贸公司战略推进可选择：特定市场开发取得重大进展、特定产品品类销售取得突破、特定产品品类占比达到目标等。

第十条 修正指标不占权重，从基本指标总分基础上加减分处理，根据公司发展战略及管理现状，由绩效考核办公室选取，各主责部门提出详细评价标准并负责考核落实；单项指标加减 5 分、10 分，修正指标最多总减分 40 分。具体指标评价标准详见附件 1。

第三章 绩效考核职责与流程

第十一条 集团公司绩效考核办公室负责组织完成子（分）公司绩效考核的各项具体工作。

绩效考核办公室由企业发展部牵头组织，具体包括：企业发展部、财务部、人力资源部、市场开发部、工程管理部、工程经济部、设计技术咨询部、物资设备部、审计部、监察部、法律合约部等。

第十二条 集团公司企业发展部的职责：

（一）负责组织制定子（分）公司绩效考核管理办法。

（二）负责组织建立被考核单位年度绩效考核指标及绩效标准。

（三）负责组织对被考核单位阶段性经营业绩实现情况进行监控分析。

（四）组织对被考核单位进行年度绩效考核工作，撰写考核报告。

第十三条 集团公司人力资源部（党委干部部）的职责：

根据绩效考核结果，负责核算测定子（分）公司主要负责人年度薪酬，并按程序上报集团公司审批。

第十四条 集团公司财务部（资金管理中心）的职责：

（一）负责制定财务绩效考核指标体系和各项指标的目标值，经审定后发布。

（二）负责各项财务绩效指标考核结果的计算和复核。

第十五条 集团公司审计监察部的职责：

（一）负责对绩效考核制度执行情况进行监督。

（二）对违反绩效考核规定的行为进行查处。

第十六条 集团公司其他部门的职责：

集团公司其他部门应基于本部门职责范围提出管理要求，制定修订指标定义及评价标准，并对考核结果进行计算和复核。

各修正指标对应的主责部门：资产负债率、两金压降、母公司欠款是财务部；物资设备集中采购率是物资设备部；薪酬总额控制及发放是人力资源部；业务资质管理、合同生效重要节点是市场开发部；内控风险以及依法经营是审计部；安全生产事故、质量责任事故是安全质量环保部；违法违纪事件是纪委；重大决策失误是办公室。

第十七条 考核管理流程。

（一）绩效考核指标及绩效目标的确定。

考核年度 3 月底前，由企业发展部负责组织公司与各个子（分）公司签订年度目标责任书。

基本指标中利润上缴、收入、利润、新签合同额、生效合同额等绩效目标根据预算分解由财务部确定；战略推进指标及修正指标由各有关部门提出考核指标及评价标准，企业发展部负责统计汇总，报总经理办公会及董事会审定后正式下达。

（二）组织实施。

1. 前期准备。企业发展部负责组织子（分）公司年度目标责任考核评价工作。集团公司财务决算完成后 7 个工作日内，被考核单位向集团公司提交年度绩效考核自我评价报告。

2. 审核评价。在收到被考核单位自我评价报告后 7 个工作日内，集团公司各相关部门根据本办法对被考核单位绩效考核指标完成情况进行审核、评价和打分，并提出加强和改进被考核企业管理和绩效考核的评价意见，提交集团公司企业发展部。

3. 撰写报告。集团公司企业发展部根据各相关部门提供的审核结果，在 10 个工作日内进行汇总，撰写三级企业年度绩效考核报告。

4. 结果评审及审批。集团公司召开绩效考核办公室专题会议，对考核结果及考核报告进行评定后提请总经理办公会及董事会审议。

5. 兑现薪酬。集团公司人力资源部根据总经理办公会及董事会议审定结果，下达子（分）公司主要负责人年度薪酬结算文件。

第四章 考核结果运用

第十八条 本办法的考核结果是被考核单位主要负责人年度绩效薪酬的清算兑现依据。

第十九条 被考核单位应根据考核结果，认真总结经验教训，制定改进措施，提高管理水平，促进企业健康发展。

第二十条 考核结果作为集团公司完善下一年度绩效考核指标的重要依据。

第五章 附则

第二十一条 被考核单位年度绩效考核完成后，集团公司审计监察部、财务部、企业发展部等部门成立联合小组，对子（分）公司有关考核指标的真实性、准确性进行抽样检查，根据检查结果修正考核结果。修正考核结果低于原考核结果的，集团公司将追回子（分）公司负责人多得的绩效薪酬。子（分）公司主要负责人离任后，经离任审计发现与考核结果不符的，进行追溯考核。

第二十二条 对发生重大决策失误或重大违纪事件，给集团公司造成不良影响或造成公司资产流失的，除按照本办法绩效考核扣分外，还按照“ZGJT 集团有限公司资产损失责任追究暂行办法”有关规定予以处理。

第二十三条 因不可抗力或特殊情况导致年度绩效考核指标与实际完成情况出现重大差异，被考核单位在提交年度绩效考核自我评价报告时应详细说明情况，集团公司经研究适当予以调整。

第二十四条 本办法由集团公司企业发展部负责解释。

附件1：

项目	指标	考核内容及目标	衡量标准与评分说明
减分指标（最多扣减40分）	资产负债率	公司资产负债率不超过规定值	未达标，扣5分
	应收账款压降	完成应收账款压降目标	未完成，扣5分
	存货压降	完成存货压降目标	未完成，扣5分
	母公司欠款	及时归还母公司欠款	未及时归还，扣5分
	物资设备集中采购率	达到公司规定标准	未达标，扣5分
	项目经营评审	未按照流程进行评审或者评审发生重大失误给公司造成损失	出现1次扣5分
	薪酬总额控制及发放	遵循公司相关规定	未遵循，扣5分
	业务资质管理	资质管理出现失误，导致年检、审验不合格或被吊销	甲级（一级）资质一项，扣10分，乙级（二级）资质一项扣5分
	重大决策失误	在对外投资、对外融资、收购出售资产、资产抵押、对外担保、委托理财、关联交易、财产清查处理决策等方面违反决策程序	一项扣5分，若带来严重损失扣10分
	内控风险及法律损失	内部管理达标	内部管理未达标扣5分；发生标的额5000万元以上重大法律纠纷或造成100万元以上损失案件，每发生一起扣5分
	安全生产事故	无安全生产事故	发生一人重伤安全生产事故扣5分，发生一人死亡或者二人重伤安全生产事故扣10分
	质量责任事故	无质量责任事故	发生质量责任事故损失200万元以下扣5分，损失200万元以上扣10分
	违法违纪事件	无违法违纪事故	中层管理干部发生违法违纪事件，扣5分；经营班子发生违法违纪事件，扣10分
加分指标	生效合同重要节点完成	根据生效合同重要节点完成情况给予加分。节点包括，MOU签署、可研报告被业主接受、融资（银行评审通过，商务部备案通过）、两国政府签署贷款协议等	MOU签署、可研报告被业主接受加5分； 融资（银行评审通过，商务部备案通过）、两国政府签署贷款协议，加5分，若合同对公司业绩有较大影响（占目标50%以上）加10分 对于同一个项目同一年度内完成两个节点，以最后一个节点计分，不累计加分

（二）北京XMKJ公司部门及中高层岗位考核案例

1. 公司及业务部门年度激励系数

（1）公司年度激励系数

由公司绩效考核委员会负责组织制定公司整体年度绩效目标，包括收入、利润等指标，公司年度业绩分数=(实际收入/目标收入)×40+(实际利润/目标利润)×60，各指标及权重可根据公司发展战略思路进行调整。

✧ 公司年度业绩达到125分以上，年度激励系数为2；

✧ 公司年度业绩达到100分，年度激励系数为1+(分数-100)×4/100，就近取1.2、1.5、2；

✧ 公司年度业绩达到60分低于100分，年度激励系数为业绩分数除以100就近取0.6、0.8、1.0；

✧ 年度业绩分数低于60分，年度激励系数为0。

（2）业务部门年度激励系数

公司对销售、生产、研发序列各部门进行年度目标责任考核，由公司绩效考核办公室负责组织制定年度绩效考核指标并经绩效考核委员会讨论通过。

业务部门年度指标：权重指标及非权重指标，具体指标、权重及评价标准由年度目标责任书约定。

✧ 年度业绩达到150分以上，年度激励系数为3；

✧ 年度业绩达到100分，年度激励系数为1+(分数-100)×4/100，就近取1.2、1.5、2、2.5、3；

✧ 年度业绩达到60分低于100分，年度激励系数为业绩分数除以100就近取0.1，最小0.6，最大1；

✧ 年度业绩分数低于60分，年度激励系数为0。

2. 部门季度关键业绩考核及指标

（1）部门季度关键业绩考核

公司对各部门进行季度关键业绩考核，由绩效考核办公室负责提出季度绩效考核指标及权重，经绩效考核委员会审定后下达绩效计划；由绩效考核办公室负责组织季度绩效考核工作，绩效考核委员会负责确定绩效考核分数。

关键业绩指标包括权重指标和非权重指标，部门通用非权重指标包括管理责任、工作失误、工作创新等几个方面。

考核评价首先由各个部门进行工作自述，各有关部门和分管领导负责提供相关考核指标绩效数据信息，绩效考核办公室负责统计汇总有关数据信息，由公司绩效考核委员会负责考核评价。

部门绩效考核结果公布后，部门分管领导应及时与被考核部门负责人进行绩效反馈面谈，肯定成绩、指出不足，并协助制订部门绩效改进计划。

（2）销售部门季度绩效考核指标及考核系数

销售部门季度绩效指标包括：销售收入、经营利润、经营利润率、战略推进指标等。

各指标分别占有不同权重，具体由季度考核文件约定。

部门季度绩效考核系数：

✧ 低于80分，部门考核等级为待改进，部门绩效考核系数为分数除以100就近取0.6/0.7/0.8；

✧ 达到80分至100分，部门考核等级为合格，绩效考核系数为分数除以100就近取0.8/0.9/1.0；

✧ 绩效考核超过100分，部门考核等级为优秀，绩效考核系数为分数除以100就近取1.0/1.2/1.4/1.6/1.8/2.0。

（3）生产部门季度绩效考核指标及考核系数

生产部门（生产部、质量部、供应链部）季度绩效指标包括产量、质量、成本、及时性以及战略推进指标等。各指标分别占有不同权重，具体由季度考核文件约定。

部门季度绩效考核系数：

✧ 低于80分，部门考核等级为待改进，部门绩效考核系数为就近取0.6，0.8；

✧ 达到80分至100分，部门考核等级为合格，绩效考核系数为分数除以100就近取0.8，1.0；

✧ 绩效考核超过100分，部门考核等级为优秀，绩效考核系数为分数除以100就近取1.0、1.2。

（4）其他部门季度绩效考核指标及考核系数

其他部门季度绩效指标包括部门职责履行、部门工作计划完成质量及时性、重点工作完成情况、团队建设等方面。各指标分别占有不同权重，具体由季度考核文件约定。

部门季度绩效考核系数：

✧ 低于80分，部门考核等级为待改进，部门绩效考核系数为0.8；

✧ 达到90分并位列前一定比例（0～50%，具体根据公司季度业绩完成情况由绩效考核委员会确定），绩效考核为优秀，绩效考核系数为1.2；

✧ 其余达到80分为合格等级，绩效考核系数为1。

3. 中高层管理岗位绩效考核

公司对高层岗位进行季度履职考核评定。公司对中层管理岗位进行季度绩效考核，由绩效考核办公室负责组织推进高层季度履职评定及中层管理人员季度绩效考核工作。

（1）中层管理岗位考核

中层管理岗位考核指标为关键业绩指标和能力素质指标，考核分数＝关键业绩 ×80%＋能力素质 ×20%。关键业绩指标包括权重指标和非权重指标，关键业绩得分等同于部门关键业绩得分。

能力素质考核由绩效考核办公室负责组织进行，部门正职、部门副职绩效考核者及权重如下表所示。

被考核者	考核者及权重			
	总裁	分管副总裁	其他高层	本部门负责人
部门正职	50%	30%	20%	
部门副职	30%	30%	20%	20%

（2）中层管理岗位绩效考核结果

中层管理岗位绩效考核结果分为优秀、合格、待改进、不合格四个等级。

✧ 销售部门中层绩效考核等级划分：低于 60 分，绩效考核不合格，绩效考核系数为 0；达到 60 分低于 80 分，绩效考核等级为待改进，绩效考核系数为分数除以 100 就近取 0.6/0.7/0.8；达到 80 分低于 100 分，绩效考核等级为合格，绩效考核系数为分数除以 100 就近取 0.8/0.9/1.0；绩效考核超过 100 分，绩效考核等级为优秀，绩效考核系数为分数除以 100 就近取 1.0/1.2/1.4/1.6/1.8/2.0。

✧ 其他业务部门中层绩效考核等级划分：低于 60 分，绩效考核不合格，绩效考核系数为 0；达到 60 分低于 80 分，绩效考核等级为待改进，绩效考核系数为分数除以 100 就近取 0.6，0.8；达到 80 分低于 100，绩效考核等级为合格，绩效考核系数为分数除以 100 就近取 0.8，1.0；绩效考核超过 100 分，绩效考核等级为优秀，绩效考核系数为分数除以 100 就近取 1.0/1.2。

✧ 其他中层绩效考核等级划分：达到 90 分并位列前一定比例（0～50%，具体根据公司季度业绩完成情况由绩效考核委员会确定），绩效考核为优秀，绩效考核系数为 1.2；其余达到 80 分为合格等级，绩效考核系数为 1；业绩达到 60 分低于 80 分，绩效考核等级为待改进，绩效考核系数为 0.8；业绩分数低于 60 分，绩效考核等级为不合格，绩效考核系数为 0。

（3）高层岗位季度履职系数及中层岗位季度非权重考核

由绩效考核办公室负责收集各中高层岗位有关工作信息并提交绩效考核委员会讨论确定。

高层岗位履职系数：

✧ 无重大失误，系数为 1；

✧ 因能力欠缺导致工作任务未完成或出现失误，系数为 0.8；

✧ 若因责任心不强或存在私心导致工作任务未完成或出现失误，系数为 0.5；

✧ 若有故意损害公司利益行为，系数为 0。

中层岗位非权重考核：发生一次扣 10 分，若带来较严重影响，一次扣 20 分。

高层岗位季度履职系数及中层岗位季度非权重考核主要针对以下几个方面：

① 未发生违反公司制度规定盲目决策带来损失事件。

② 未发生决策失误给公司或部门带来严重损失事件。

③ 在有关决策事项执行方面没有重大失误发生。

④ 在业务运作过程中，没有发生重大失误，重点工作能及时高效完成，达到目标。

⑤ 在有关审核审批事项中，未发生因必要性和真实性审核疏忽或错误而给公司带来损失事件。

⑥ 对公司各部门、各分厂有关工作没有进行指导、监督，给公司带来一定损失或不良影响。

⑦ 在部门、分厂内部管理以及其他方面没有因工作疏忽或失误给公司带来严重损失事件。

✧ 所属员工违反制度流程办事，给公司带来一定损失或不良影响。

✧ 所属员工未能履行岗位职责，未能避免较大损失发生或影响了其他部门工作正常进展。

✧ 所属员工由于责任心不强，工作疏忽或错误给公司带来一定损失或不良影响。

✧ 所属员工发生打架斗殴、玩忽职守、徇私舞弊、违法乱纪等影响恶劣，给公司带来较大损失事件。

✧ 部门（分厂）内部管理混乱，团队凝聚力不强，重点工作出现延误或重大失误。

✧ 部门员工发生其他给公司带来较大损失和不良影响事件。

（4）年度综合测评

公司对中高层管理岗位（总裁除外）进行年度综合测评，由绩效考核办公室负责组织实施，年度综合测评者及权重如下表所示。

被考核者	考核者及权重			
	总裁	其他高层	部门负责人	部门副总监及其他职位等有五以上岗位员工
高层岗位（总裁除外）	30%	20%	30%	20%
部门负责人	30%	30%	20%	20%
部门副总监	10%	30%	20%	30%

（5）中高层管理岗位绩效考核等级划分

由绩效考核委员会根据负责业务年度目标完成情况、岗位季度履职情况（岗位季度绩效考核情况）以及年度综合测评情况对各中高层管理岗位进行评价，评价等级为优秀、合格、待改进、不合格。

（三）上海JDJT公司集团部门、权属企业及部门考核案例

1. 各二级、三级企业及正副职绩效考核

（1）绩效考核组织管理

由绩效考核办公室负责组织推进各二级、三级企业及正副职绩效考核工作。考核指标包括关键业绩、综合测评。

年度业绩考核：二级、三级企业业绩考核由企业管理部负责组织进行，二级、三级企业负责人年度业绩考核分数等同于该企业考核分数。

（2）二级、三级企业正副职履职系数

由绩效考核办公室负责收集二级企业、三级企业负责人岗位季度履职情况信息（针对管理岗位管理责任清单）并提交绩效考核委员会讨论确定。

✧ 在岗位履职过程中无重大失误为 1。

✧ 因能力欠缺导致工作任务未完成或出现失误为 0.8。

✧ 若因责任心不强导致工作任务未完成或出现失误为 0.5；存在无正当理由不服从工作安排事件为 0.5。

✧ 在岗位履职过程中出现重大工作失误给公司造成严重后果为 0；屡次无正当理由不服从工作安排为 0。

（3）年度综合测评

由绩效考核办公室负责按年度组织进行，各级管理者与考核者及权重见下表。

被考核者	考核者及权重							
	集团公司董事长总经理	集团公司分管领导	集团公司其他领导及部门经理	二级企业正职	二级企业分管领导	二级企业其他领导及部门经理	三级企业正职	三级企业副职及部门经理
二级企业正职	20%	30%	20%			15%	15%	
二级企业副职		20%	30%	20%		15%	15%	
三级企业正职				30%	25%	30%		15%
三级企业副职				20%	20%	20%	30%	10%

中高层管理岗位年度综合测评表详见附件 1（本书从略）。

（4）二级、三级企业及正副职年度绩效考核分数

二级、三级企业年度绩效考核得分 = 企业年度业绩考核得分。

✧ 二级、三级企业正职年度绩效考核得分 = 所属二级、三级企业年度绩效考核得分 +（个人综合测评得分一同类人员平均得分）。若企业年度得分过高或过低，对工资总额影响太大，可结合实际对二级、三级企业正职年度绩效考核得分进行适当调整。

✧ 二级、三级企业副职年度绩效考核得分 = 所属二级、三级企业年度绩效考核得分 +（个人综合测评得分一同类人员平均得分）。若企业年度得分过高或过低，个人对公司业绩贡献很大或者季度履职出现问题，可对企业副职年度绩效考核得分进行适当调整。

✧ 一般情况下，企业关键业绩与企业正职关键业绩等同对待。对于三级企业，若有副经理分管部分业务部门（团队），可将三级企业年度指标分解到业务团队，副经理年度关键业绩考核与分管业务团队业绩挂钩，不与三级企业关键业绩等同对待。

二级、三级企业及正副职年度绩效考核系数及等级划分：

✧ 绩效考核分数除以100就近取整0.1分位，最小0，最大2。

✧ 绩效考核分数达到90分并且位列前一定比例（20%～30%）为优秀等级；其余达到80分为合格等级。

✧ 对于二级企业、三级企业，达到70分低于80分为待改进等级，低于70分为不合格等级。

✧ 对于二级企业、三级企业正副职达到60分低于80分为待改进等级；低于60分为不合格等级。

2. 集团部门及集团部门正副职绩效考核

（1）绩效考核组织管理

由绩效考核办公室负责组织推进集团各部门及部门正副职季度、年度绩效考核工作，季度考核关键业绩、能力素质，年底进行综合测评。

集团部门正副职季度考核得分 = 关键业绩得分 ×80% + 能力素质 ×20%。

（2）季度关键绩效考核

由绩效考核办公室负责组织推进集团各部门及部门正副职季度绩效考核工作，部门及部门正副职季度关键业绩考核等同对待。

关键业绩考核指标由权重指标和非权重指标构成，包括具体指标、权重、绩效目标、评价标准等。

✧ 权重指标由部门核心职责、部门日常工作、重点工作推进三部分组成，分别占有40%、30%、30%权重，具体比例可根据部门特点以及实际面临的情况调整确定。部门核心职责指标可以根据部门承担的具体职责，进一步明确细化。

✧ 非权重指标包括部门工作重大失误、业务改善及有效建议、管理责任。

季度初由部门和分管领导负责填写重点工作及阶段目标要求，由董事长确定。

季度末各部门负责进行工作自述，分管领导负责提出评价及改进意见。考核分数由分管领导提出建议，绩效考核委员会审核通过。

集团各部门季度关键业绩考核表详见附件2：部门季度关键业绩考核表（本书从略）。

（3）能力素质考核

能力素质考核由绩效考核办公室负责按季度组织进行，考核者及权重划分见下表。

被考核者	考核者及权重			
	集团公司 董事长、总经理	集团公司 分管领导	集团公司 其他领导	集团公司 部门正职
集团部门正职	50%	30%	20%	
集团部门副职	30%	30%	20%	20%

集团部门正副职能力素质考核评价表详见附件3（本书从略）。

（4）综合测评

综合测评由绩效考核办公室负责按年度组织进行，考核者及权重见下表。

被考核者	考核者及权重				
	集团公司董事长、总经理	集团公司分管领导	集团公司其他领导	集团公司部门正职	集团公司部门副职
集团部门正职	25%	20%	20%	20%	15%
集团部门副职	25%	20%	20%	15%	20%

（5）年度绩效考核分数

集团部门年度绩效考核得分等于四个季度关键业绩考核平均分。

集团部门正副职年度考核得分：四个季度考核平均分 ×90%＋综合测评得分 ×10%。

3. 二级企业部门及部门正副职绩效考核

（1）绩效考核组织管理

在绩效考核办公室指导下，由各二级企业负责组织推进二级企业各部门及中层管理岗位季度、年度绩效考核工作，季度考核关键业绩、能力素质，年度进行综合测评。

二级企业部门正副职季度考核得分＝关键业绩得分 ×80%＋能力素质 ×20%。

（2）季度关键绩效考核

部门及部门正副职季度关键业绩考核等同对待。

关键业绩考核指标由权重指标和非权重指标构成，具体指标、权重、评价标准、绩效目标由分管领导提出建议，人事分管领导审核，企业主要领导确定。

✧ 权重指标由部门核心职责、部门日常工作、重点工作推进三部分组成，分别占有40%、30%、30% 权重，具体比例可根据部门特点以及实际面临情况调整确定。部门核心职责指标可以根据部门承担的具体职责进一步明确细化。

✧ 非权重指标包括部门工作失误、业务改善及有效建议、管理责任。

季度初由所属企业分管领导负责填写部门工作目标及要求，季度末由各部门负责进行工作自述，分管领导负责提出评价及改进意见，考核分数由分管领导提出建议，企业主要领导确定。

（3）能力素质考核

能力素质考核由绩效考核办公室负责组织进行，考核者及权重见下表。

被考核者	考核者及权重			
	二级企业董事长、总经理	分管领导	其他领导	部门正职
二级企业部门正职	50%	30%	20%	
二级企业部门副职	30%	30%	20%	20%

二级企业部门正副职能力素质考核评价表详见附件 4（本书从略）。

（4）综合测评

综合测评由绩效考核办公室负责按年度组织进行，考核者及权重见下表。

被考核者	考核者及权重				
	二级企业董事长、总经理	分管领导	其他领导	部门正副职	三级企业
二级企业部门正职	20%	20%	20%	20%	20%
二级企业部门副职	20%	20%	20%	20%	20%

（5）年度绩效考核分数

二级企业部门年度绩效考核得分等于四个季度关键业绩考核平均分。

二级企业部门正副职年度考核得分＝四个季度考核平均分 ×90%＋综合测评得分 ×10%。

4. 三级企业部门正副职绩效考核

（1）绩效考核组织管理

在绩效考核办公室指导下，由各二级企业负责组织推进各三级企业部门正副职岗位季度、年度绩效考核工作，季度考核关键业绩、能力素质。三级企业部门正副职季度绩效考核表详见附件 5（本书从略）。

季度绩效考核得分＝关键业绩得分 ×80%＋能力素质 ×20%。

年度绩效考核得分＝四个季度绩效考核平均分。

对于三级公司的业务部门（团队）正副职，可以实行更有针对性的激励方式。除了进行季度考核外，为团队制定年度任务目标，年底根据任务目标完成情况确定年度绩效考核系数；最低为 0，最高为 2。

（2）季度关键绩效考核

关键业绩考核指标由权重指标和非权重指标构成，具体指标、权重、绩效目标、评价标准由所属企业分管领导提出建议，三级企业负责人确定。

✧ 权重指标由岗位核心职责、部门日常工作、重点工作推进三部分组成，分别占有 40%、30%、30% 权重，具体比例可根据部门特点以及实际面临情况调整确定。岗位核心职责指标可以根据岗位承担的具体职责，进一步明确细化。

✧ 非权重指标包括岗位工作失误、业务改善及有效建议、管理责任。

季度初由所属企业分管领导负责填写部门工作目标及要求，季度末由各部门负责人进行工作自述，分管领导负责提出评价及改进意见；考核分数由分管领导提出建议，三级企业负责人确定。

（3）能力素质考核

能力素质考核由绩效考核办公室负责组织进行，考核者及权重见下表。

被考核者	考核者及权重			
	三级企业经理	分管领导	其他领导	部门正职
三级企业部门正职	50%	30%	20%	
三级企业部门副职	30%	30%	20%	20%

（四）北京 XMKJ 公司部门员工绩效考核案例

1. 季度绩效考核

（1）绩效考核内容

季度绩效考核内容为关键业绩指标、能力素质指标。

✧ 研发部门员工绩效考核得分 = 关键业绩得分 ×70% + 能力素质评分 ×30%。

✧ 其他部门员工绩效考核得分 = 关键业绩得分 ×80% + 能力素质评分 ×20%。

✧ 关键业绩包括权重指标和非权重指标，权重指标主要考核工作成果以及岗位职责及重点工作任务完成情况；非权重指标包括岗位工作失误、岗位重大贡献等，非权重指标考核由绩效考核办公室负责把关审核。

✧ 对于销售、研发等团队工作性质明显，不能进一步进行指标分解的岗位，可以以团队形式进行关键业绩考核，团队成员关键业绩等同对待。

（2）绩效考核实施

由分管领导负责组织实施分管部门员工的绩效考核工作并对绩效考核推进工作负责。

由部门负责人负责填写各个岗位工作重点及阶段目标，由部门负责人和分管领导商讨选择确定各个岗位绩效考核指标、各指标权重、绩效目标、评价标准等并组织考核。

考核评价由各岗位人员进行工作自述，详细描述本季度工作任务、目标完成情况，由部门负责人和分管领导商讨进行关键业绩评价。

部门员工绩效考核结果公布后，部门负责人及分管领导应及时与员工进行绩效反馈面谈，肯定成绩、指出不足，并协助制订绩效改进计划。

（3）销售人员能力素质考核及绩效考核等级划分

销售序列人员能力素质考核由绩效考核办公室负责组织进行，各考核者及权重如下表所示。

被考核者	考核者及权重			
	部门分管副总裁 / 总裁	部门总监	部门其他中层	小组负责人
小组负责人	30%	50%	20%	
业务单元人员		50%	20%	30%

销售序列人员季度绩效考核等级划分：

✧ 低于 60 分，绩效考核不合格，绩效考核系数为 0。

✧ 达到 60 分低于 80 分，绩效考核等级为待改进，绩效考核系数为分数除以 100 就近取 0.6/0.7/0.8。

✧ 达到 80 分低于 100 分，绩效考核等级为合格，绩效考核系数为分数除以 100 就近取 0.8/0.9/1.0。

✧ 绩效考核超过 100 分，绩效考核等级为优秀，绩效考核系数为分数除以 100 就近取

1.0/1.2/1.4/1.6/1.8/2.0。

（4）其他人员能力素质考核及绩效考核等级划分

研发人员能力素质考核由研发中心负责组织进行，考核者及权重如下表所示。

被考核者	考核者及权重		
	技术副总裁	部门负责人	本部门其他员工
高级工程师及以上	50%	20%	30%
工程师及以下	20%	50%	30%

生产人员（不含操作岗位）能力素质考核由运营中心负责组织进行，考核者及权重如下表所示。

被考核者	考核者及权重		
	生产副总裁	部门负责人	组长
经理级岗位	50%	50%	
经理级以下岗位	20%	50%	30%

职能管理人员能力素质考核由绩效考核办公室负责组织进行，考核者及权重如下表所示。

被考核者	考核者及权重			
	总裁	分管副总裁	部门负责人	相关经理级岗位
经理级岗位	50%	20%	30%	
经理级以下岗位		40%	30%	30%

生产人员（操作岗位）季度绩效考核，由各单位负责组织本单位操作岗位人员的季度绩效考核工作，考核指标为工作能力、工作纪律等方面，根据被考核者表现，由各单位负责打分评价。

季度考核（销售序列除外）等级划分：

✧ 考核分数达到 90 分以上并位列前一定比例，绩效考核等级为优秀。

✧ 考核分数达到 80 分，绩效考核等级为合格。

✧ 考核分数达到 60 分低于 80 分，绩效考核等级为待改进。

✧ 业绩分数低于 60 分，绩效考核等级为不合格。

（5）部门员工绩效考核等级划分及应用

部门季度绩效考核等级与员工绩效考核等级比例关系如下表所示。

部门考核等级	员工考核等级及比例			
	优秀	合格	待改进	不合格
优秀	不超过 30%	不限定	不限定	不限定
合格	不超过 30%	不限定	不限定	不限定
待改进	无	不超过 30%	不低于 20%	不低于 10%

季度绩效考核主要用来确定个人绩效工资，若期间考核为不合格等级或者年度内两个

期间考核为待改进等级，岗位工资下浮 1 档，接受公司培训，必要时解除岗位聘任，岗位工资下调自触发降级条件次月开始。

2. 年度绩效考核及应用

在绩效考核办公室组织下各部门负责组织部门员工年度绩效考核实施工作。

✧ 根据部门年度目标完成情况及季度绩效考核情况，由绩效考核办公室负责提出各部门员工年度绩效考核等级比例，经总裁批准。

✧ 由各部门负责根据员工季度绩效考核情况划定员工年度绩效考核等级，经绩效考核办公室审核，公司总裁批准。

部门员工年度绩效考核应用：

✧ 一般情况下，季度有不合格等级或两次及以上待改进等级者，年度考核等级不可为合格及以上等级；季度考核有待改进等级者，不可为优秀等级。

✧ 年度绩效考核结果是员工工资晋级（降级）、岗位晋升（降职）、培训的重要依据。

（五）上海 JDJT 公司普通员工考核案例

1. 季度绩效考核

（1）绩效考核内容

由各部门负责组织本部门人员季度绩效考核工作，考核指标一般由关键业绩和能力素质构成。部门员工季度绩效考核表详见附件 6（本书从略）。

考核分数 = 关键业绩 ×80% + 能力素质 ×20%。

关键业绩考核由各部门负责组织进行，充分听取有关人员意见，由部门负责人和分管领导商讨评价。

能力素质考核由分管领导、部门正副职分别对各部门员工进行员工能力素质考核。

关键业绩考核指标由权重指标和非权重指标构成。权重指标有岗位任务目标、专业技术能力、工作效率和饱满度、重点工作等几个方面。非权重指标有通用非权重指标和岗位工作重大失误。通用非权重指标包含制度遵守否决指标，团队贡献、合理化建议、工作创新等奖励指标。

（2）通用非权重考核指标

制度遵守方面发生如下事项，扣 10 分：

① 岗位日常工作出现较大差错，给公司、部门或上下级公司造成一定损失。

② 相关工作屡次遭到质疑、投诉且迟迟不能改进。

③ 未经批准擅自违反制度流程办事，给公司、部门或上下级公司带来一定损失。

④ 涉及需要岗位合作的事项，未及时协调配合，造成有关工作进展不力或带来一定损失。

⑤ 工作计划、工作报告、数据报表以及其他各种专业报告中的重要数据不实或有较大错误。

⑥ 互相拆台、工作推诿扯皮。

⑦ 虚假汇报，虚假报销，利用公司、部门或上下级公司资源为个人谋私利。

⑧ 疏于保密，出现泄密事件。

⑨ 违背企业文化精神以及严重违反公司、部门或上下级公司行为规范。

⑩ 在集团内部对所在单位考核评价过程中，工作有较大失误，对扣分有直接影响。

发生如下事项，扣 20 分：

① 岗位日常工作出现较大差错，给公司、部门或上下级公司带来较大损失。

② 互相拆台、工作推诿扯皮严重，并带来严重负面影响。

③ 虚假汇报，虚假报销，利用公司、部门或上下级公司资源为自己谋私利，情节严重。

④ 出现泄密事件给公司、部门或上下级公司或客户带来损失。

⑤ 存在严重违反公司、部门或上下级公司规章制度等行为，如散布谣言、打架斗殴、徇私舞弊等。

⑥ 违背公司、部门或上下级公司企业文化精神以及严重违反公司、部门或上下级公司行为规范，给公司、部门或上下级公司带来负面影响或较大损失事件。

⑦ 在上级单位组织的企业管理绩效考核评价过程中，工作有较大失误，对扣分有直接影响。

团队贡献、合理化建议、工作创新方面发生以下事项，加 10 分或 20 分：

① 团队贡献：涉及需要岗位合作的事项，因及时有效支持配合，使有关工作进展大幅度超过预期或给公司、部门或上下级公司带来直接或间接收益；在由集团内部对所在单位考核评价以及上级单位组织的企业管理绩效考核评价过程中，有突出贡献，对加分有直接影响。

② 合理化建议：提出的建议被公司、部门或上下级公司研究并正式采纳后，推动了业绩较大提升或带来了较大贡献。

③ 工作创新：在业务开展以及管理活动过程中，有创新性的方法和思路，使业绩较大程度提升，促进了公司发展。

（3）能力素质考核

集团公司、二级、三级企业员工能力素质考核权重分配如下表所示。

被考核者	考核者及权重		
	分管领导	部门正职	部门副职
高级主办 主办	30%	40%	30%
科员、职员	20%	40%	40%

（4）绩效考核实施

由集团公司、二级、三级企业各部门负责组织实施下属员工的绩效考核工作并对绩效考核推进工作负责。

✧ 集团公司、二级、三级企业各部门负责人，负责填写部门员工工作重点及阶段目标。

✧ 考核评价由各岗位人员进行工作自述，详细描述本考核周期工作任务、目标完成情况，由部门负责人和分管领导商讨进行考核评价。

✧ 员工绩效考核结果公布后，集团公司、二级、三级企业各部门负责人应及时与所属员工进行绩效反馈面谈，肯定成绩、指出不足，并协助制订下一考核周期的绩效改进计划。

对于某些重要的业务管理岗位，可以实行更具有激励机制的绩效工资分配激励。个人季度绩效考核系数＝绩效考核分数除以 100 取 0.1 分位，最低 0，最高 1.5。岗位绩效考核方案由二级企业提出，经集团总部人力资源部审核后实施。

2. 年度绩效考核及结果应用

（1）部门员工年度绩效考核

在绩效考核办公室组织下，由各部门负责组织部门员工年度绩效考核实施工作。

✧ 年度绩效考核得分＝年度内各季度绩效考核平均分。

✧ 各岗位员工填写个人年度考核登记表（详见附件 7，本书略），进行个人年度工作总结以及说明年度培训情况。

✧ 根据各权属企业年度目标完成情况、集团部门季度绩效考核情况，由绩效考核办公室负责提出集团公司各部门、二级、三级企业员工年度绩效考核等级比例。

✧ 部门负责人和分管领导分别对所属员工进行年度综合评价以及提出年度考核等级建议。

✧ 集团公司员工年度绩效考核等级由集团总部人力资源部审核，董事长审批；二级企业管理岗位员工年度绩效考核等级由二级企业分管领导审核，二级企业董事长审批；三级企业管理岗位员工年度绩效考核等级由三级企业负责人审核，二级企业分管领导审批。

（2）部门员工年度绩效考核结果应用

一般情况下，季度有不合格等级或两次以上待改进等级者，年度考核等级为待改进或不合格；季度考核有待改进等级者，年度不可为优秀。

年度绩效考核结果是员工岗位晋升（降职）、工资晋档（降档）、培训的重要依据。

根据绩效考核结果确定个人绩效工资。员工季度考核为不合格等级或者年度内两个期间考核结果为待改进等级，岗位工资、绩效工资下调 1 档，接受公司培训，必要时解除岗位聘任，岗位工资、绩效工资下调自触发降级条件次月开始。

四、绩效考核体系设计中的几个关键问题

（一）到底该由谁来负责考核——360度考核与自上而下考核

设计绩效考核体系，绩效考评人的确定是非常重要的。如果考评人选择不恰当，将会导致“人情分”，使绩效考核走过场，考核结果失真。

360度考核与自上而下考核是站在由谁负责进行考核的角度，对绩效考核方法所做的区分。在企业实际运作中，360度考核法和自上而下考核法是惯常采用的方法。通常针对考核内容的不同，采取不同的方法或者两种方法相结合。

1. 360度考核

360度考核法是被考核者的上级、平级、下级和服务的客户以及被考核者自己对被考核者进行评价，通过综合分析各方面意见，清楚自己的长处和短处，来达到提高绩效的目的。

这种考核方法操作复杂，成本比较高，尤其是当考核者不对被考核者业绩负责时，会出现不看重业绩而看重个人关系的倾向。

2. 自上而下考核

自上而下考核法的操作程序一般是由被考核者自评，然后由被考核者的直接上级做出评价。这种考评方法操作简单，效率高。直接上级应对下属工作业绩负责，因此考核者一般能比较公正、客观地评价被考核者的表现。当被考核者自评和上级评价差别较大时，考核者应积极与被考核者进行沟通，应在存在认识差异的地方取得一致意见。上级帮助下属分析存在的问题，有利于下属绩效水平的提高。

专家提示

在实际操作中，根据企业实际情况，可以采取直接上级和跨级上级共同评价的方法，共同商定被考核者分数；也可以由直接上级和跨级上级分别评价打分，然后加权确定最终分数。

自上而下考核法对于员工个人也要进行自我评价，或者称为“自我陈述”更恰当。一般情况下，被考核者自己不会打分，只是对自己的工作绩效水平做简要描述，被考核者的上级可以据此发现评价不一致的地方，有利于绩效考核的公平、公正性。

3. 如何确定绩效考评者

考评者的选择要根据“责任、了解、相关”的原则。

（1）“责任”原则

就是考核者对被考核者的业绩担负一定的责任，比如部门经理对部门员工工作不力应承担责任，因此部门经理对部门员工进行考核是必要的。

（2）“了解”原则

就是考核者对被考核者的工作是了解的，如果不了解，必然会导致考核“走过场”、流于形式，比如销售人员对产品售后服务是了解的，因此由销售部门提供售后部门产品售后服务方面的考核信息是必要的。

（3）“相关”原则

就是被考核者工作业绩与考核者是相关的或互相影响的，比如产品设计质量会影响产品试制工作进度，因此由产品试制人员增加对设计人员产品设计质量方面的考核是必要的。

4. 慎重选用 360 度考核法及自上而下考核法

如果进行考核的主要目的是对过去业绩的评定，并强调考核结果与工资奖金直接挂钩，那么在考核中就不宜使用 360 度考核法，最好是偏重直接上级的评价，因为直接上级是对下属的业绩负责的。采用自上而下考核法，在具体运作中，直接上级要充分听取本人和其他人的意见。

如果进行考核的主要目的是促进职业发展和业绩提高，就可以多听取周围人的意见，并强调彼此的沟通，这时可以采用 360 度考核法。应用 360 度考核法成功与否，与公司的组织模式、管理基础和企业文化有很大关系。

专家提示

在一个高度集权、人际关系紧张的企业里，实施 360 度考核的风险是很大的；而在以团队方式进行管理的企业中，实施 360 度考核则是比较合适的。对于能力素质、满意度等方面的考核内容，采用 360 度考核也是比较合适的。

对于关键业绩考核而言，如果公司管理比较规范，那么关键业绩考核是谈不上 360 度考核一说的。在整个考核体系中，结果如何应用一般在制度层面，考核指标选择和确定是根据公司发展战略确定，绩效目标是根据公司及团队绩效目标分解确定，评价标准一般是由主管和员工达成共识确定，因此最终决定考核分数的就是绩效数据信息了。因为所有利益相关者都有提供绩效考核数据信息的权利，根据这些信息，绩效考核分数自然已经确定了，虽然理论上是由直接上级负责进行评价，但实际上是综合各方因素对被考核者做出评价，因此关键业绩考核有 360 度考核的影子。

专家提示

关键业绩考核一般采用自上而下考核法，而满意度测评、能力素质考核一般可以采用 360 度考核法。关键业绩考核得分由以下几个因素决定，绩效考核指标选择和权重确定、绩效目标制定和调整、评价标准制定、绩效信息提供确认、考核结果打分及统计计算等，前三个是提前确定的，绩效信息对考核结果有决定性的影响，而绩效考核数据信息可由所有利益相关者提供，因此关键业绩考核体现着360度考核的思想。

（二）如何划分绩效考核等级

绩效考核结果包括绩效考核分数、绩效考核等级、绩效考核系数等不同范畴。绩效考核等级是将绩效考核分数转化为绩效考核系数的纽带和桥梁，合理划分绩效考核等级对绩效考核的有效性是非常关键的。划分等级主要包括两个方面的内容：一是划分等级的数目是多少；二是如何划分。

1. 该划分为多少等级

设计绩效考核体系，绩效考核等级划分多少等级是很关键的。很多企业在这方面没有过多研究，导致等级划分不合理，这会影响绩效考核的效度，进而影响绩效管理的实施效果。

绩效考核等级可以划分为不同数量，如优秀、良好、合格、待改进和不合格五个等级，优、良、可、差四个等级，好、中、差三个等级，合格、不合格两个等级。根据不同的企业文化及激励方式，采取不同的划分方法。

划分等级多，对绩效考核效度要求高，可以实现比较强的激励；划分等级少，对绩效考核效度要求较低，可以减少一些矛盾，但激励作用也会相应弱化。

2. 如何确定绩效考核等级

无论是年度绩效考核还是季度绩效考核，如何确定绩效考核等级都是令管理者头疼的一个问题。

绩效考核等级意味着绩效工资及奖金的差别以及能否得到工资晋级、岗位晋升。划分绩效考核等级主要有以下三种方式。

（1）根据分数直接确定等级

这是很多企业开始尝试绩效管理时所普遍采用的方式。比如，规定“绩效考核分数大于等于90分为‘优秀’，低于90分高于80分为‘良好’，低于80分高于70分为‘合格’，低于70分高于60分为‘待改进’，低于60分为‘不合格’”。

专家提示

这种划分方式对绩效考核的要求较高，只有大家都公平、公正、严格地对待绩效考核工作，评价标准合理、有效，绩效考核分数的分值分布基本合理，才能将绩效考核合理区分等级，否则大家都是“优秀”，最终使得绩效考核流于形式。

（2）强制排序法

强制排序法是将一定范围内的员工根据绩效考核分数从高到低排序，根据排序结果以及各等级员工规定比例划分为各个等级。

强制排序法的使用需要具备一定条件，否则会带来严重的不公平。尤其是对“待改进”和“不合格”等级做强制规定比例，会对绩效考核的实施带来严重影响，这需要部门负责人具备比较强的执行力。在实际应用中，强制排序的思想可以在绩效考核等级划分过程中灵活应用。

以下是某供电公司对县（区）局绩效考核结果的制度安排。

总分前两名的县（区）考核结果为“优秀”，其余为“合格”；考核结果为“优秀”的县（区），月度考核员工“优秀”比例不能超过40%；考核结果为第三、第四名的县（区），月度考核员工“优秀”比例不能超过30%，“基本称职”员工比例不低于5%；考核结果为最后一名的县（区），月度考核员工“优秀”比例不能超过20%，“基本称职”员工比例不低于10%。

（3）综合法

综合法就是综合以上两种方法的优点，一方面通过分数范围对考核等级进行强制规定，另一方面通过强制排序来确定各等级人员比例。

表9-13是某银行对分行/支行员工绩效考核结果的制度安排。

表9-13　某银行对分行/支行员工绩效考核结果比例

分行/支行考核分数	员工考核结果比例			
	优秀	合格	待改进	不合格
90分(含)以上	不超过30%	不限定	不限定	不限定
80分(含)~90分	不超过20%	不限定	不低于10%	不限定
60分(含)~80分	不超过15%	不限定	不低于15%	不限定
60分以下	不超过10%	不限定	不低于20%	不低于5%

（三）慎用末位淘汰法

末位淘汰法是应用绩效考核结果的一种方法，将员工考核成绩进行排序，将排在最后面一定比例的员工确定为绩效最差员工，对其进行解除岗位聘任甚至解除聘用关系的处理。

有些企业，比如保险公司对业务员绩效考核采取末位淘汰法取得了不错的效果，但企业绩效考核采用末位淘汰法时一定要慎重，不能照搬。

专家提示

末位淘汰法的使用需要具备几个前提条件：第一，企业具备非常强的业绩导向的企业文化，大家都认可“能者上、庸者下”的企业文化氛围；第二，企业绩效管理能得到切实推进，绩效考核结果能得到员工的信服、认可，绩效考核结果有效度；第三，企业业务特点适宜较高的人员流动率，公司骨干人员储备充足。

在使用末位淘汰法时，要注意的问题如下。

（1）要正确认识末位淘汰法具有积极作用和消极作用的两面性

末位淘汰法的积极作用在于：能够使企业从上至下聚焦于企业对各部门及员工所设定的工作目标，保证目标的实现；同时也创造了一种内部竞争环境，以绩效为导向，保证了全员效率，杜绝“大锅饭”“混日子”的低效率情况。

但末位淘汰法也存在其负面影响，如员工有不安全感，从而导致焦虑；员工关系紧张，对企业不忠诚；追求短期效益而忽视长期效益，关注局部而忽视全局。

（2）要正确掌握与末位淘汰法有关的工具、方法

末位淘汰的有关工具、方法包括“等级划分方法”和“淘汰方式”两个方面。等级划分方法主要包括“以分数划分”“强制排序”和“综合法”三种。这些方法各有优缺点及适用条件，应慎重采用。对于淘汰方式，也应该有正确的认识。员工合同的解聘会涉及法律问题，更应慎重。

除直接解聘员工外，调换岗位、降职或降级使用、降薪、留用考察、下岗培训等方式都是可以采用的方法。

专家提示

企业在考虑采用末位淘汰法时，应该学习、借鉴有关企业的成功操作经验，与本企业进行全面的对比、分析，评估引入末位淘汰法面临的风险。对比、分析包括所在行业、公司规模与发展阶段、行业地位、发展战略、组织机构、管理控制模式、企业文化以及人力资源战略等各个方面。

（四）如何避免绩效考核误差

一提到“误差”，大多数人认为这是个小事情。但实际上，绩效考核中的“误差”如果不及时处理，将会成为一种对企业管理、组织文化及员工关系具有腐蚀作用的“病毒”，给组织带来很多潜在的危害。

首先，绩效考核误差的存在使得绩效考核结果不能真实反映员工的绩效，会严重挫伤员工的工作积极性，导致工作满意度降低，这将对整个组织的运营产生不良影响。

其次，低效度的绩效考核结果会使绩效改进失去正确的方向，员工会变得不知所措，有时会极度挫伤员工的自信心，员工得不到成就感，这对组织的影响也是致命的。

专家提示

绩效考核是由“人”对“人和事”进行的评价，所以无论多么完美的绩效考核方案，在绩效考核实施过程中都会产生绩效考核误差。绩效考核误差会带来严重危害，因此应尽量避免绩效考核误差的发生。

在绩效考核体系比较完善的情况下，绩效考核误差分为有意识的误差和无意识的误差。

（1）有意识的误差

有意识的误差主要包括宽大误差、严格误差和居中误差等。这类误差与考核者的动机有关，即考核者有意抬高或压低被考核者的考核等级或考核分数，或者保守性地总是给出处于中间状态的平均分，避免给出高分和低分。

宽大误差和居中误差是比较常见的绩效考核误差。严格误差则是在某些特定条件下，即考核者出于教训被考核者，向被考核者传递应该尽快离开本部门的信号，或对被考核者施加压力，迫使其服从等方面的原因，而故意制造出来的考核误差。

（2）无意识的误差

无意识的误差包括由于晕轮误差、刻板印象、近因效应、首因效应、自我对比等原因而产生的考核误差。这类误差都是考核者在做评价时不知不觉产生的，往往是由于考核者根据不准确的信息来源做出了判断，或者是产生了认知偏差而造成的。

（3）如何避免绩效考核误差

无意识的误差，其根源在于人对信息进行处理时的局限性。对绩效管理者进行绩效管理有关模型、工具和方法的培训，是解决无意识误差的有效方法。

对于有意识的误差，除了需要对管理者进行培训、促进其保证绩效考核公平、公正外，还要建立有效的绩效考核申诉机制，以避免或减少有意识误差的发生。在绩效管理实践中，申诉机制的建立是非常必要的，有效的申诉机制对保证绩效考核的公平、公正性具有非常重要的意义。

第十章

如何设计关键业绩指标

选择合适的绩效考核指标，明确各指标的权重，制定客观的评价标准，确定合适的绩效考核者，是关键业绩指标设计的关键环节。

并不是所有的指标都是关键业绩指标，只有那些支持企业发展战略、对企业组织目标的实现起增值作用、代表岗位核心职责的指标，才是关键业绩指标。

权重指标和非权重指标的划分，对关键业绩指标体系的发展有重要的影响。这种划分可以解决绩效考核战略导向限制指标不能过多与绩效考核公平公正需要考核内容全面完整指标不能太少之间的矛盾，对绩效考核结果的有效性具有重要的意义，不仅能够提高绩效考核的效度，对部门员工绩效考核的切实落地实施也有很大的促进作用。

考核结果的客观公正并不在于考核指标采取的是定量指标还是定性指标。无论是定量指标还是定性指标，只要绩效目标清晰、评价标准明确，都可以实现同样的效果。

有效的定量评价指标必须满足四个前提条件，其中任何一个前提不存在，定量指标考核的公平、公正性就会受到质疑，绩效考核将失去效度。

一、水木知行关键业绩指标体系

科学合理的绩效考核指标是绩效考核结果有效的基础，绩效考核指标设计是绩效管理体系设计的一个重要环节。

根据绩效管理模型，影响绩效的因素有外部环境、内部条件、员工技能和激励效应，衡量绩效的最重要指标就是关键业绩指标。此外，衡量员工技能的能力素质指标以及影响激励效应的满意度指标也得到广泛的应用。在对部门、团队的考核中，经常将关键业绩指标与满意度指标相结合；在对岗位个人的考核中，往往是关键业绩指标与能力素质指标相结合。

专家提示

无论是对部门、团队考核还是对岗位个人考核，关键业绩指标都是最重要的，代表岗位的核心职责。关键业绩指标一般都占有最大的权重，通常在70%以上，因此科学、合理地设计关键业绩指标是非常关键的。

关键业绩指标由指标名称、指标定义、评价标准、绩效目标以及绩效考核者等一系列要素组成。选择合适的绩效考核指标，明确各指标的权重，制定客观的评价标准，确定合适的绩效考核者，是设计考核指标的关键环节。

管理小案例：供热公司的收费率指标如何设计更合理？

山西JZRY集团公司是地方国有企业，省标杆企业，盈利水平在全国处于领先水平，这主要得益于年轻的管理团队重管理、上规模、增效益的发展理念和思路。为了完善公司薪酬管理、绩效考核管理体系，由集团公司总经理带队，分管副总经理、人力资源部部长以及四个子公司总经理参加了水木知行薪酬设计/绩效考核专题特训班，旨在建立公司系统职位晋升体系、薪酬晋级体系和绩效考核体系。

在各子公司、经营部以及收费业务员考核指标中，收费率是非常重要的一个指标。在如何定义“收费率”这个问题上，水木知行咨询顾问提出了新的建议。

该公司收费率原来的计算公式为：取暖费收费率＝年度实际收费 ÷ 年度内应收数值。各个子公司年度收费率完成都在98%以上，这看起来是非常不错的业绩。

水木知行咨询顾问建议，取暖费收费率＝年度实际收费 ÷ 年度管网覆盖应收数值。看似仅仅分母稍有变化，但有实质不同，用新的指标定义，该公司取暖费收费率会降低至 90% 左右。

这个建议的提出，立刻得到了集团总经理的认可，但是子公司管理层却一致反对。经过水木知行咨询顾问的仔细解释，大家最终一致认可了新的指标定义。新的指标定义有几个好处。

第一，传递了正确的导向作用。引导收费业务员除了及时催收这个主要工作外，还要关注业主的满意程度，引导业主尽量少办理停热业务，停热后次年尽量再次开通供热业务等。

第二，有利于集团对各个子公司的考核落地。以前由于办理停热用户数据由子公司提供，数据真实性核实较困难，而这个数据对收费率的指标达成有重大影响，因此虽然子公司的指标都达成了，但实际上业绩没有想象的那么好。

第三，新指标的采用会给子公司的管理带来促进作用。无论供热数据的分类统计还是收费业务员的工作关注点，都有很大的变化，这些都会促进公司基础管理的提高，进而提升公司业绩。

除了收费率这个指标定义发生变化外，水木知行建议将收费率分解为老区域收费率和新区域收费率；老区域收费率每年目标稍有增长，新区域收费率根据实际情况确定。经过这样的区分，目标值的确定有了充分依据，制定得更加合理。

从这个案例可以看出，一个好的关键业绩指标，指标如何定义也是非常关键的。

（一）水木知行关键业绩指标分类

水木知行关键业绩指标体系如图 10-1 所示。

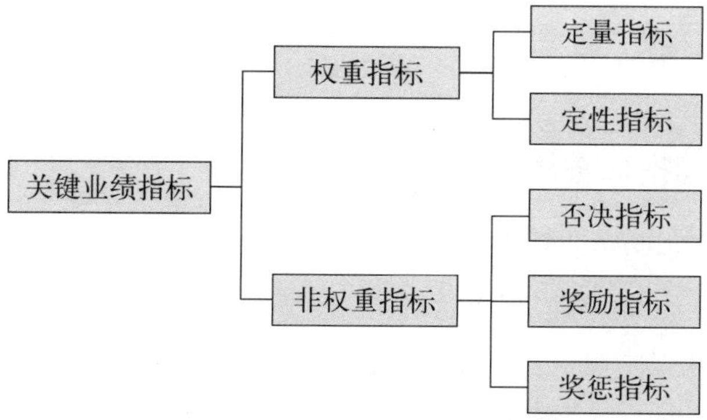

图 10-1　水木知行关键业绩指标体系

水木知行关键业绩指标体系由权重指标和非权重指标两大类组成。

权重指标反映部门或岗位的核心价值，体现企业战略导向，使部门和员工向组织期望的方向努力，完成组织或个人绩效目标，从而为组织目标达成做出贡献。

权重指标分为定性指标和定量指标。工作中关键行为以及无法设定数量化绩效目标的工作结果，设计为定性指标。

为了体现公司发展战略导向，权重指标不宜选择太多，否则会冲淡最核心指标的权重，可以将某些指标设计成不占权重形式，这样的指标称为非权重指标。

非权重指标可以不是常规工作，但事项的发生对组织和部门战略目标的实现又具有重大意义或影响，因此对这类指标的考核采取不占权重的形式。

非权重指标也可以是常规工作，将常规工作提炼出重大工作失误或屡次工作错误作为非权重考核指标。

非权重指标包括否决指标、奖励指标和奖惩指标。

专家提示

权重指标和非权重指标的划分，对关键业绩指标体系的发展有重要的影响。这种划分可以解决绩效考核战略导向限制指标不能过多与绩效考核公平公正需要考核内容全面完整指标不能太少之间的矛盾，对绩效考核结果的有效性具有重要的意义。

专家提示

权重指标和非权重指标的划分，不仅能够提高绩效考核的效度，对部门员工绩效考核的切实落地实施也有很大的促进作用，非权重考核指标是公司人力资源部门介入部门员工层面考核的一个有效手段。

（二）关键业绩指标案例

表10-1是某生产制造企业销售部月度考核表。

指标编号含义如下：前两位字母是部门编号或通用非权重考核指标，XS表示销售部；中间两位字母，DL表示定量指标，DX表示定性指标，Y表示月度考核，F表示非权重指标；后面数字表示考核指标序号。

表10-2是某互联网公司商业发展中心季度绩效考核表。

表10-3是某投资公司安全与生产管理部季度绩效考核表。

表 10-1　某生产制造企业销售部月度考核表

<table>
<tr><td colspan="2">部门</td><td>部门部长</td><td colspan="2">考核期间</td><td colspan="2">考核分数</td></tr>
<tr><td colspan="2">销售部</td><td></td><td colspan="2"></td><td colspan="2"></td></tr>
<tr><td>目标及要求</td><td colspan="6">阶段目标：
1. 销售收入：　　元
2. 销售毛利：　　元
3. 应收账款周转天数：　　天
4. 账款回收：货款及时回收
5. 销售订单管理：销售订单接单、下单、跟单、发货工作明显提高
6. 销售预测准确率：90%
7. 小量订单比例：低于 20%
8. 新开发客户：86 家
9. 老客户销售收入比例
工作重点如下：

分管领导签字：　　　　公司总经理签字：</td></tr>
<tr><td>序号</td><td>指标编号</td><td>权重考核指标</td><td>业绩表现</td><td>评分</td><td>权重</td><td>小计 = 评分 × 权重 ×10</td></tr>
<tr><td>1</td><td>XS-DL-01</td><td>销售收入</td><td></td><td></td><td>20%</td><td></td></tr>
<tr><td>2</td><td>XS-DL-02</td><td>销售毛利</td><td></td><td></td><td>20%</td><td></td></tr>
<tr><td>3</td><td>XS-DL-03</td><td>应收账款周转天数</td><td></td><td></td><td>10%</td><td></td></tr>
<tr><td>4</td><td>XS-DL-04</td><td>销售预测准确率</td><td></td><td></td><td>10%</td><td></td></tr>
<tr><td>5</td><td>XS-DL-05</td><td>小量订单比例</td><td></td><td></td><td>10%</td><td></td></tr>
<tr><td>6</td><td>XS-DL-06</td><td>新开发客户数量</td><td></td><td></td><td>10%</td><td></td></tr>
<tr><td>7</td><td>XS-DX-01</td><td>账款回收</td><td></td><td></td><td>10%</td><td></td></tr>
<tr><td>8</td><td>XS-DX-02</td><td>销售订单管理</td><td></td><td></td><td>10%</td><td></td></tr>
<tr><td colspan="7">权重指标得分总计</td></tr>
<tr><td>序号</td><td>指标编号</td><td>非权重考核指标</td><td>业绩表现</td><td colspan="2">指标性质</td><td></td></tr>
<tr><td>1</td><td>XS-YF-1</td><td>安全管理</td><td></td><td colspan="2">否决指标</td><td></td></tr>
<tr><td>2</td><td>XS-YF-2</td><td>客户投诉升级</td><td></td><td colspan="2">否决指标</td><td></td></tr>
<tr><td>3</td><td>XS-YF-3</td><td>责任客户投诉次数</td><td></td><td colspan="2">奖罚指标</td><td></td></tr>
<tr><td>4</td><td>XS-YF-4</td><td>销售管理重大错误</td><td></td><td colspan="2">否决指标</td><td></td></tr>
<tr><td>5</td><td>XS-YF-5</td><td>销售管理屡次错误</td><td></td><td colspan="2">否决指标</td><td></td></tr>
<tr><td colspan="7">非权重指标加减分小计</td></tr>
<tr><td>序号</td><td>指标编号</td><td>通用非权重考核指标</td><td>业绩表现</td><td colspan="2">指标性质</td><td>奖罚得分</td></tr>
<tr><td>1</td><td>TY-YF-1</td><td>成本意识与控制</td><td></td><td colspan="2">奖罚指标</td><td></td></tr>
<tr><td>2</td><td>TY-YF-2</td><td>质量意识与改善</td><td></td><td colspan="2">奖罚指标</td><td></td></tr>
<tr><td>3</td><td>TY-YF-3</td><td>ERP 系统建设</td><td></td><td colspan="2">奖罚指标</td><td></td></tr>
<tr><td>4</td><td>TY-YF-4</td><td>支出审核</td><td></td><td colspan="2">否决指标</td><td></td></tr>
<tr><td>5</td><td>TY-YF-5</td><td>绩效管理工作</td><td></td><td colspan="2">否决指标</td><td></td></tr>
<tr><td>6</td><td>TY-YF-6</td><td>制度流程建设</td><td></td><td colspan="2">否决指标</td><td></td></tr>
<tr><td>7</td><td>TY-YF-7</td><td>安全生产</td><td></td><td colspan="2">否决指标</td><td></td></tr>
<tr><td>8</td><td>TY-YF-8</td><td>员工模范劳动纪律</td><td></td><td colspan="2">奖罚指标</td><td></td></tr>
<tr><td colspan="7">部门通用非权重指标加减分小计</td></tr>
<tr><td colspan="6">总分 = 权重指标得分总计 ± 非权重指标加减分小计 ± 部门通用非权重指标加减分小计</td><td></td></tr>
</table>

表 10-2　某互联网公司商业发展中心季度绩效考核表

<table>
<tr><td>副总裁</td><td>被考核者</td><td>考核期间</td><td colspan="3">文件编号</td><td>考核分数</td><td colspan="2">考核等级</td></tr>
<tr><td></td><td>商业发展中心</td><td>2019 年第 1 季度</td><td colspan="3"></td><td></td><td colspan="2"></td></tr>
<tr><td colspan="9">季度重点工作及目标：
1. 完成重点客户签约数量 125 个
2. 完成重点客户铺装点数 1.5 万台
3. 其他入口铺装点数 2.1 万台
4. 完成收入 1000 万元
5. 万科天津项目落地、龙湖重庆项目取得实质进展</td></tr>
<tr><td>类型</td><td>序号</td><td>指标名称</td><td>权重</td><td>绩效目标值</td><td>考核评价标准</td><td>实际完成情况</td><td>副总裁评分</td><td>绩效考核委员会评分</td></tr>
<tr><td rowspan="5">权重指标</td><td>1</td><td>签约数量</td><td>30%</td><td>本季度重点客户入口签约 125 个</td><td>完成目标得 10 分，每多完成 5% 加 1 分，每低于目标 5% 减 1 分；最高 15 分，最低 0 分</td><td></td><td></td><td></td></tr>
<tr><td>2</td><td>重点客户铺装点数</td><td>20%</td><td>本季度重点客户铺装点数 1.5 万台</td><td>完成目标得 10 分，每多完成 10% 加 1 分，每低于目标 10% 减 1 分；最高 18 分，最低 0 分</td><td></td><td></td><td></td></tr>
<tr><td>3</td><td>其他入口铺装点数</td><td>20%</td><td>其他入口铺装点数 2.1 万台</td><td>完成目标得 10 分，每多完成 10% 加 1 分，每低于目标 10% 减 1 分；最高 15 分，最低 0 分</td><td></td><td></td><td></td></tr>
<tr><td>4</td><td>收入</td><td>20%</td><td>完成收入 1000 万元</td><td>完成目标得 10 分，每多完成 5% 加 1 分，每低于目标 5% 减 1 分；最高 20 分，最低 0 分</td><td></td><td></td><td></td></tr>
<tr><td>5</td><td>其他阶段重点任务</td><td>10%</td><td>• 万科天津项目落地
• 龙湖地产重庆项目取得实质进展</td><td>• 未能及时完成有关工作，扣 5 分；若任务未完成，扣 10 分
• 在完成工作过程中，出现疏忽和错误，扣 3 分；若给公司或其他部门带来较大影响和损失，扣 5 分；带来严重的影响和损失，扣 10 分</td><td></td><td></td><td></td></tr>
<tr><td rowspan="4">非权重指标</td><td>1</td><td>部门工作失误</td><td>非权重</td><td colspan="2">以下任一事项发生，给公司造成一定损失，扣 10 分（造成重大损失或严重影响其他部门工作，扣 20 分。该指标最多扣 20 分）：
• 公司有关政策、规定等事项执行方面消极应付或者有重大失误发生
• 客户要求未能妥善解决给公司带来较严重负面影响
• 工作疏忽或处理不当，给公司在社会上造成较大负面影响
• 发生批量用户信息、核心资料、重要文件泄密事件</td><td></td><td></td><td></td></tr>
<tr><td>2</td><td>部门工作失误（通用）</td><td>非权重</td><td colspan="2">部门内部管理规范有序、公司决策事项执行到位，团队建设卓有成效。发生以下事项每项扣 10 分（该指标最多扣 20 分）：
• 管理不规范或随意性大给公司带来较严重负面影响或较大损失
• 在有关审核、审批事项中存在信息不实、理由不充分，错误决策给公司带来损失
• 公司有关决策事项执行方面消极应付或者有重大失误发生
• 在有关员工激励、绩效考核方面违反公司制度规定，不公平不公正
• 客户投诉未能妥善解决给公司带来较严重负面影响
• 部门工作疏忽或处理不当，给公司在社会上造成较大负面影响
• 部门员工发生严重违反公司管理制度的事件
• 发生部门员工道德败坏、玩忽职守、徇私舞弊、违法乱纪等影响恶劣事件
• 发生安全生产责任事故，导致出现较大人员伤害或财产损失</td><td></td><td></td><td></td></tr>
<tr><td>3</td><td>管理责任</td><td>非权重</td><td colspan="2">该指标反映本部门业务工作中出现重大失误情况，考核由于工作存在疏忽或错误给公司带来负面影响和损失事例。以下任一事项发生，扣 10 分或 20 分（本指标最多扣 20 分）：
• 部门工作偏离公司发展战略和目标，严重影响公司年度目标和阶段性重点工作达成
• 对公司下达的文件精神、领导指示理解发生重大偏差或未及时落实督办，给公司带来影响和损失
• 部门发生重要事项未及时办理或办理不妥导致严重后果发生的
• 部门本位主义严重，为了本部门利益影响其他部门工作或目标达成
• 发生重大用户信息泄露、业务数据泄露、研发保密信息泄露情况</td><td></td><td></td><td></td></tr>
<tr><td>4</td><td>部门贡献</td><td>非权重</td><td colspan="2">发生以下任一事项加 10 分（为公司做出重大贡献加 20 分，本项最多加 20 分）：
• 部门工作思路敢于创新和突破，工作成果显著超过预期，在业务方面做出重要贡献，给公司带来较大经济效益或品牌提升
• 发现公司工作中存在的重大问题并推动解决，创造性地提出解决方案，提高公司整体工作效率或大幅度降低有关成本，为公司运营改善、管理提升以及业务发展带来重大贡献
• 部门员工成功申请专利技术成果或出版专著，给公司带来重大经济效益或品牌提升
• 对公司阶段性重点工作或年度目标达成做出重大突出贡献
• 具有强烈的成本意识，在有关人工、能源消耗、办公费用以及其他业务方面为公司成本节约做出较大贡献
• 因及时建议或提醒，使公司或相关部门及时采取措施，避免或减少了给公司带来重大损失</td><td></td><td></td><td></td></tr>
<tr><td colspan="7">本次考核总得分</td><td></td><td></td></tr>
<tr><td colspan="3">其他有关事项说明</td><td colspan="4"></td><td>签字</td><td></td></tr>
</table>

表 10-3　某投资公司安全与生产管理部季度绩效考核表

考核期间		考核分数		评价等级	
序号	指标	分值	得分（10 分制）	计分 = 分值 × 得分 ÷10	绩效考核者
1	安全管理	20			
2	电场运营管理	20			
3	电场运维支持	20			
4	生产管理	20			
5	重点工作推进	20			
非权重指标	部门工作失误	否决指标			
	业务改善及有效建议	奖励指标			
	管理责任	否决指标			
关键业绩得分合计					

表 10-4 是某集团公司安全主管岗位季度绩效考核表。

表 10-4　某集团公司安全主管岗位季度绩效考核表

考核期间			考核分数		评价等级	
关键业绩	类别	指标	分值	得分（10 分制）	计分 = 分值 × 得分 ÷10	绩效考核者
	权重指标	岗位任务目标	30			
		临时重点工作	30			
		业务能力	20			
		工作效率及工作饱满度	20			
	非权重指标	岗位工作重大错误	否决指标			
		制度遵守	奖惩指标			
		工作创新	奖励指标			
	关键业绩得分合计					
能力素质	序号	指标	满分		部门主任评分	分管领导评分
	1	计划实施能力	25			
	2	沟通表达能力	25			
	3	组织协调能力	25			
	4	服务意识	25			
	能力素质得分小计					
	能力素质最终得分 = 部门主任评分 ×50%+ 分管领导评分 ×50%					
最终考核得分 = 关键业绩得分 ×70%+ 能力素质最终得分 ×30%						

二、关键业绩指标设计过程

（一）关键业绩指标建立步骤

在战略驱动绩效指标分析及组织绩效模型部分，已经谈到了建立部门关键业绩指标的步骤，其关键点是通过对管理流程和业务流程关键控制点分析及对应的高绩效行为特征分析，提炼出定量考核指标与定性考核指标。

那么，对于岗位关键业绩指标应该如何提炼？部门和个人关键业绩指标又该如何设计？具体来说，建立关键业绩指标体系的过程如图 10-2 所示。

① 识别关键业绩指标：通过管理流程及业务流程分析，确定工作结果和核心行为；确定部门关键业绩指标，将部门关键业绩指标进行分解，得到岗位关键业绩指标。

② 设计考核评价标准：确定各个指标形式；确定各个指标的评价标准；确定绩效考核者和信息提供者。

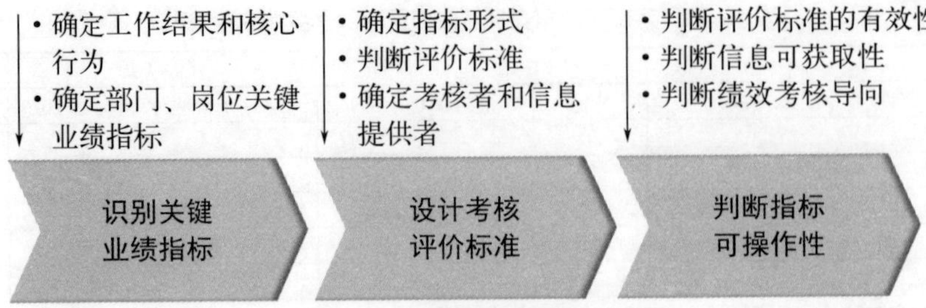

图10-2　关键业绩指标设计过程

③ 判断指标可操作性：判断评价标准是否有效；判断信息能否准确获取；判断绩效考核导向是否正确，是否会引起工作质量降低倾向。

（二）如何确定工作结果和关键行为

确定工作结果和关键行为是设计关键业绩指标的第一步，应坚持以下原则。

1. 价值增值原则

工作结果必须与组织目标相一致，工作结果的达成应有利于组织目标的实现；关键行为一定要选择主要流程关键控制点的行为，这个行为需要在组织的价值链上能够产生直接或间接的增值作用。

2. 结果优先，兼顾过程控制

如果工作结果可以直接定义和衡量，那么就应该选择工作结果作为考核指标；当工作结果难以衡量或获取成本很高时，可将工作过程中的关键行为作为考核指标。

以对研发人员的考核、激励为例：

研发工作所创造的最终价值不是当时就能准确判断的，只有产品在市场上得到检验后才知晓，这种情况下，选择结果指标就是延迟指标，这种指标可以对研发人员进行长期激励，但不能解决及时激励的问题。为了达到激励的及时效果，还要增加一些定性指标进行考核，比如技术先进性、技术可行性、技术资料的质量以及技术文档的质量等。对于一个高科技企业而言，研发工作是一项持续进行的活动，如果一个研发人员的工作能够为后续的研发带来有价值的经验或教训，那么这样的工作也是能给企业带来增值的行为。

工作结果和关键行为都确定后，每个工作结果和关键行为都对应着考核指标，需要从这些指标中选出关键业绩指标。

专家提示

并不是所有的指标都是关键业绩指标，只有那些支持企业发展战略、对企业组织目标的实现起增值作用、代表岗位核心职责的指标，才是关键业绩指标。

部门关键业绩指标应突出部门工作的重点，通过对公司整体业务价值创造流程的分析，找出对其影响较大的因素，选择对组织绩效贡献最大的方面作为关键业绩指标。

将部门关键业绩指标进行分解，同时结合各岗位工作职责，可以确定岗位关键业绩指标。

（三）如何确定指标形式、设计评价标准、确定考核者

1. 如何确定指标形式

水木知行绩效考核指标体系包括定量指标、定性指标以及非权重指标。非权重指标又分为否决指标、奖励指标、奖惩指标。

（1）定量指标

对于反映工作结果的一些指标，若这个指标可以明确定义并能精确衡量，可以确定出数量化绩效目标，绩效数据信息准确并且获得成本有限，就采用定量指标。

定量指标，除了确定绩效目标外，对设计考核评价标准也是非常关键的。要充分考虑指标性质特点、绩效目标数值以及实际可能数值的波动范围，使绩效考核分值分布基本合理，并尽可能实现在各种条件下绩效考核结果是相对公平公正的，以便实现对员工的激励作用。

（2）定性指标

对于反映工作中关键行为的考核，可以通过分析高绩效行为特征，用定性描述的方式确定绩效目标和评价标准；对于反映工作结果的一些指标，如果无法设定数量化的绩效目标，也可以用定性描述方式确定绩效目标和评价标准。

专家提示

考核结果的客观公正并不在于考核指标采取的是定量指标还是定性指标。若定量指标使用前提不存在，将会引起更多的问题。无论是定量指标还是定性指标，只要绩效目标清晰，评价标准明确，定量指标和定性指标都可以实现同样的效果。

（3）非权重指标

对于非常规工作或者对战略导向意义不大的常规工作，若事件发生对组织影响重大，可以考虑采用非权重指标形式，然后再根据工作结果对组织目标实现的正面或负面影响，设计成否决指标、奖励指标和奖惩指标。

对于否决指标，要详细研究不同结果对组织危害的程度，同时分别给予“扣分”“当期考核为‘待改进’”“当期考核为‘不合格’”“本期及余下期间‘不合格’”“年度考核‘不合格’”等处理；对于奖励指标和奖惩指标，要详细研究加分或减分幅度，这种加分或减分往往意味着任职者当期考核排在前列或末尾，也意味着绩效考核等级为“优秀”或“不合格”。

2. 设计评价标准应该注意的问题

（1）同一指标评价标准应能做到有效区分

某集团公司有华北、华东、华南、西南以及海外五个分公司。该集团公司 2010 年对分公司销售完成情况考核的评价标准如表 10-5 所示。

表 10-5　分公司销售收入评价指标

指标名称	指标定义	评价标准	信息来源
销售收入	用实际完成数值除以年初预算数值来衡量	完成 90%，得 0 分，每增加 1%，加 1 分；完成 100%，得 10 分；在完成 100% 基础上，每超出 1%，加 1 分，最多加 5 分	财务部

由于外部环境影响，2018 年上半年各个分公司都没有完成目标，大部分分公司销售收入完成比例为 70%～90%；而 2018 年下半年，销售收入增长较快，各个分公司都超额完成了月度目标，很多公司达成目标 110% 以上。

在既定的评价标准下，2018 年上半年各个分公司销售收入得分基本都是 0 分，而下半年各个分公司得分基本都是 15 分，都得到了额外的加分。事实上，无论是上半年还是下半年，各个分公司完成情况的差距还是较大的，但评价标准没能反映出这种差别，因此评价结果没能做到有效区分。该公司在 2019 年制订绩效考核方案的时候将评价标准进行了调整，如表 10-6 所示，绩效考核结果得到了有效区分。分别按照 2018 年和 2019 年评价标准计算，2018 年 3 月和 7 月绩效考核分数如表 10-7 所示。

表 10-6　完善后的分公司销售收入评价指标

指标名称	指标定义	评价标准	信息来源
销售收入	用实际完成数值除以年初预算数值来衡量	完成 80%，得 0 分，每增加 2%，加 1 分；完成 100%，得 10 分；在完成 100% 基础上，每超出 5%，加 1 分，最多加 5 分	财务部

表 10-7　2018 年 3 月和 7 月绩效考核结果对比

分公司	2018 年 3 月			2018 年 7 月		
	销售完成情况	原标准得分	新标准得分	销售完成情况	原标准得分	新标准得分
华北	83.7%	0	2	121.1%	15	14
华南	92.1%	2	6	136.2%	15	15
华东	89.5%	0	5	118.3%	15	11.5
西南	76.3%	0	0	104.5%	14.5	11
海外	72.5%	0	0	113.3%	15	12.5

从表 10-7 可以看出，修改后的评价标准具有更好的区分度。

（2）不同指标评价标准区分度应保持一致

对于不同部门以及同一部门内部不同岗位的各个关键业绩考核标准，要尽量保持一致。一方面不能出现有的考核指标标准过严使评价分数往往很低，而有的评价标准过于宽松导致评价分数往往很高的情况；另一方面也不能出现有的指标得分差距过大，而有的指标得分差距过小的情况，这样都将使区分度出现问题，导致权重失真。

表 10-8 是某市烟草公司县（区）分公司季度绩效考核案例。该市级烟草公司有 6 家县（区）分公司。

如果不细心观察，肯定认为该企业绩效考核工作做得不错，绩效考核指标及权重分配比较合理，绩效考核分数合理，考核结果等级合理。但如果仔细观察，就会发现，最终的考核排名和行政后勤业务得分排序完全一样，原因是什么呢？

表 10-8 某市烟草公司县（区）分公司季度绩效考核结果

考核排名	县（区）局	考核等级	得分总计	安全方面（20%）	行政后勤（10%）	财务管理（10%）	营销业务（30%）	专卖业务（30%）
1	双 × 区	优秀	92.95	91	98.3	93	92.6	92.8
2	丰 × 县	优秀	92.91	92.5	97.2	92.5	91.7	93.1
3	平 × 县	合格	92.88	93.5	96.3	92.3	91.8	92.6
4	围 × 县	合格	92.14	90.5	95.2	90.5	92.6	92.3
5	兴 × 县	合格	92.05	92.5	93.1	92.5	91.5	91.8
6	宽 × 县	待改进	92.02	92.5	90.1	93.1	92.1	91.9
最大最小分差			0.93	3	8.2	2.6	1.1	1.3
实际影响分数（分差 × 权重）				0.6	0.82	0.26	0.33	0.39

由表中权重可以看到，行政后勤只占有 10% 的权重。现在，最终考核结果和行政后勤考核结果一致，是偶然还是有其他原因呢？

其实，如果仔细观察分析，就能得出行政后勤得分起到最关键作用的结论。在安全方面，最高和最低分差为 3 分，权重为 20%；行政后勤最高和最低分差 8.2 分，权重为 10%；财务管理最高和最低分差为 2.6 分，权重为 10%；营销业务最高和最低分差为 1.1 分，权重为 30%；专卖业务最高和最低分差为 1.3 分，权重为 30%。因此，安全、行政、财务、营销、专卖评分对总分贡献差别分别为 0.6 分、0.82 分、0.26 分、0.33 分、0.39 分。这时就会发现，行政后勤对最终总分的影响的确是最大的，而占权重最大的营销业务的影响反而成了倒数第二位。

专家提示

造成以上现象的原因，就是不同部门负责的考核指标评价得分差异性不一致，有的指标得分差距过大，而有的指标得分差距过小，最终导致了权重失真。

3. 如何确定绩效考核者和信息提供者

确定由谁负责进行考核，一般情况下可以采取自上而下法进行，考核者可以是直接上级、跨级上级、其他职能部门等。

由谁负责提供绩效考核数据信息也是设计绩效考核指标时需要慎重考虑的因素，如果绩效考核信息不准确，绩效考核就无法进行。保证绩效考核数据的准确、公平、公正性，是绩效考核取得成效的关键。

（四）如何判断关键业绩指标的可操作性

判断一个绩效考核指标是否具有可操作性，要从指标定义、评价标准、考核结果和考核导向等方面来看。设定关键业绩指标一般须符合以下几个原则，通常称为SMART原则。

（1）明确（Specific）

绩效考核指标应该是具体、明确的，而不是抽象的。考核指标应该是具体的工作结果或工作行为；评价标准应该是具体的而非抽象的，评价标准应定义准确，不能含糊不清。

（2）可衡量（Measurable）

绩效指标是数量化或者行为化的。前者应该可以明确定义和衡量，衡量可以是精确计量，也可以是数据调查、抽查、检查等统计意义上的衡量，或是工作发生差错次数的计量；后者可以准确描述，关键控制点行为特征应该能够清晰表达。

（3）可获得（Attainable）

绩效考核数据信息可以有效获得。如果考核者无法获得绩效考核数据信息，或者获取考核数据信息要花费很大的成本，那么这样的考核指标就不具备可操作性。例如，某客户对质量主管的月度绩效考核指标是“本部门资料的保存”，评价标准是“本部门各种资料保存完整率达 95% 以上，归档率达 100%，否则此项扣 5 分”。资料保存完整率、归档率无法计算—分母无法获取，分子也很难获取，即使能获取，也要花费很大成本，因此这个考核指标也不具备可操作性。

（4）相关（Relevant）

绩效考核结果应该是被考核者的行为或结果，也就是说被考核者可以决定或者影响着绩效考核指标的达成。如果绩效考核结果与被考核者无关，或者被考核者不能控制或影响，那么就不是合理、可行的绩效考核指标。

（5）有时限（Time-bound）

绩效考核是一段时间内工作的绩效。如果工作目标没有确定的时间期限，那就不具有可操作性；要尽量避免使用“尽快”“较快”等模糊的时间概念，而应给出清晰的时间限制。

三、如何设计定量指标

（一）定量指标的含义

定量指标是能够准确定义、精确衡量并能设定绩效目标的，反映工作结果的关键业绩指标。

定量指标分为绝对量指标和相对量指标两种，绝对量指标如销售收入，相对量指标如销售收入增长率。

在表 10-1 中，销售收入、销售毛利、应收账款周转天数、销售预测准确率、小量订单比例、新开发客户数量等都是定量指标。其中，销售收入、销售毛利、应收账款周转天数、新开发客户数量是绝对量指标，销售预测准确率、小量订单比例是相对量指标。表 10-1 中各个定量指标评价标准如表 10-9 所示。

定量指标的五要素，包括指标定义、评价标准、信息来源、绩效考核者和绩效目标。

☆指标定义是对指标内涵的详细解释及如何衡量的说明。

☆评价标准是如何计算指标得分的详细条款。

☆信息来源指绩效考核信息来自何处。

☆绩效考核者指由谁负责制定绩效目标并实施考核。

☆绩效目标是在考核期间应该达到的指标数值。

表 10-9　定量指标评价标准

编号	名称	指标说明	得分标准	信息来源
XS-DL-01	销售收入	考核月度销售收入实现情况，实现销售收入用 R 表示，目标值用 R_0 表示。该指标最高 18 分，最低 0 分	得分 $=10+(R-R_0)/R_0\times 20$	财务部
XS-DL-02	销售毛利	考核月度销售毛利情况，销售毛利 = A 档产品销售收入 ×15% + B 档产品销售收入 ×10% + C 档产品销售收入 ×5%。将公司产品划分为 A 档、B 档、C 档三个类别，产品类别每季度调整一次。设实际毛利为 ML，目标值为 ML_0。该指标最高 18 分，最低 0 分	得分 $=10+(ML-ML_0)/ML_0\times 50$	财务部
XS-DL-03	应收账款周转天数	考核应收账款及时回收情况。应收账款周转天数 =（平均应收账款 ×30）÷ 当月赊销净额，平均应收账款以月初及月末平均值计算，赊销净额 = 销售收入（已考虑销售退回因素）－现销收入。设 DS 为实际天数，DS_0 为目标天数。该指标最高 15 分，最低 0 分	得分 $=10+(DS_0-DS)/5$	财务部
XS-DL-04	销售预测准确率	该指标考核销售预测准确情况，$YC=1-\sum\lvert S-S_0\rvert\div\sum S$，$\sum\lvert S-S_0\rvert$ 表示所有预测产品预测销售件数与实际销售件数差值的总和，$\sum S$ 是所有预测产品实际销售件数总和。设实际销售收入预测准确率为 YC，目标准确率为 YC_0，该项指标最高 15 分，最低得 0 分	得分 $=10+(YC-YC_0)\times 20$	PMC 部
XS-DL-05	小量订单比例	该指标考核小订单比例情况，以小订单数（单次单件产品）除以总订单数来衡量。设实际小量订单比例为 XD，目标比例用 XD_0 表示，该指标最高 12 分，最低 0 分	得分 $=10+(XD_0-XD)\times 20$	PMC 部
XS-DL-06	新开发客户数量	该指标考核新客户开发工作，以新开发客户数量来衡量。设实际新开发客户数量为 XK，目标新开发客户数量为 XK_0，该项指标最高 12 分，最低 0 分	得分 $=10+(XK-XK_0)/XK_0\times 10$	内销部

（二）定量指标有效的前提条件

定量指标是比较公正客观、评价有效的考核指标，其中绝对量指标可以是长度、质量、时间以及其他数量，相对量指标可以是任何同单位数量的比值。

专家提示

指标五个要素的合理设计对定量指标的有效性是非常关键的，尤其是评价标准和绩效目标是相互关联的，在设计指标时要尤其注意。此外，选择绩效考核标准的评价方法也很关键，要选择合适的评价方法，以使考核结果做到公正、公平，实现有效激励。

有效的定量评价指标必须满足以下四个前提条件，其中任何一个前提不存在，定量指标考核的公平、公正性就会受到质疑，绩效考核将失去效度。

第一，定量指标可以明确定义、精确衡量，数据信息准确、可靠并且获取成本有限（事实上，有众多会计准则约束的财务报告数据尚有很多“处理”空间，那么很多定量数据的可靠性、有效性的确会受到质疑）。

第二，定量考核指标一定要符合公司的发展战略导向，否则就会产生南辕北辙的后果。

第三，定量考核指标的目标值确定要科学、合理，充分考虑内部条件、外部环境等多方面因素。

第四，定量考核指标的完成不会降低工作质量，否则会有非常严重的负面效果。以工作质量的降低来满足工作数量的要求，对组织的损害是长期和深远的。

管理小案例：真的是绩效主义毁了索尼吗？

索尼曾经是20世纪最伟大的公司之一，创造了无数个辉煌的成就，索尼“随身听”产品就像目前苹果的iPad、iPhone一样令人痴迷，索尼曾经是“激情”“创新”的代名词，可如今索尼风光不再。

在探究索尼没落的种种声音中，索尼公司前常务董事土井利忠（笔名天外伺朗）于2007年1月写了一篇文章叫《绩效主义毁了索尼》。文章指出，因为要考核绩效，就必须把各种工作要素量化，其最大的弊端是搞坏了公司内原本温情而信任的气氛，上司不再把部下当有感情的人看待，而是一切都看指标，“用评价的眼光”审视部下；因为要考核绩效，在考核上花费了大量的精力和时间，而在真正的工作上却敷衍了事，出现了本末倒置的倾向；因为要考核绩效，几乎所有的人都提出容易实现的低目标；因为要考核绩效，公司内追求眼前利益的风气蔓延，一些扎实细致的工作则被忽视……总之，从1995年开始的绩效考核毁掉了索尼的传统文化，让员工失去了内在的工作激情、挑战精神和团队精神。

难道真的是因为绩效考核毁了索尼吗？其实从上文描述可以看出，索尼在绩效管理理念上存在问题，过于强调量化指标，这是最主要的原因；其次，绩效考核工具、方法上存在诸多缺陷，在考核上花费了大量的精力和时间，目标制定不合理，为了完成工作数量而降低工作质量的倾向泛滥等，都是绩效考核方式、方法不得当的证据。因此，与其说是绩效主义毁了索尼，不如说是绩效管理方式、方法出现问题，过于注重定量考核指标应用带来了严重问题，导致了索尼的没落。

（三）绝对量定量指标评价标准的制定方法

绝对量定量指标评价标准的制定方法有四种，下面以实例进行说明。熟练掌握、灵活运用这些方式就能设计合理的绝对量定量考核指标。

（1）加减分法

对于绝对量定量指标，加减分法评价标准得到了广泛的应用，在表 10-2 中的 KA 签约数量、KA 铺装点数、其他入口铺装点数、收入都是用的这种方法。表 10-10 为一个新的实例。

表 10-10 某地产公司分公司“收入”年度考核指标

名称	指标说明	评价标准	信息来源
收入	考核年度收入完成情况	完成目标得 10 分；每超目标 5% 加 1 分，最多 18 分；每低目标 2% 减 1 分，最低 0 分	财务部

对于表 10-10，有以下几点需要仔细体会：

第一，评价标准统一都是按满分 10 分来制定，这有很多好处，带来很大便利；第二，突破了满分必须为 10 分的限制，可以实现较强的激励；第三，超过目标的加分和未完成目标的减分标准不一样，这是由考核指标的性质决定的。

（2）公式法

该方法是用公式来表述评价标准，应用实例见表 10-11。

表 10-11 某国际工程施工企业“合同额”年度考核指标

名称	指标说明	评价标准	信息来源
合同额	考核年度合同额完成情况	实际完成值 A，考核值 B：若 A≥B，得分 = 10 +（A − B）÷ B × 20；若 A<B，得分 = 10 × A ÷ B 最多 20 分，最低 0 分（低于目标 40% 得 6 分，高于目标 50% 得 20 分）	合约部

表 10-1 中的销售收入、销售毛利、应收账款周转天数、新开发客户数量也是应用的这种方法。值得注意的是，该评价标准超过目标的加分和未完成目标的减分标准不一样，这是由该公司企业文化特点决定的。

专家提示

加减分法评价标准表达比较明确，易于理解，得到了广泛的应用。但这种方法有一个最大的弊端，就是用软件系统实现自动打分比较困难。因此对某些信息系统应用比较普遍的公司而言，采用公式法进行打分，有利于信息系统的实现。

（3）分类法

分类法的实例参见表 10-12。

表 10-12　某工程施工集团下属子公司“利润”年度考核指标

名称	指标说明	评价标准	信息来源
利润	考核年度利润完成情况	实际完成值 A，考核值 B：若 A≥B，得分 = 10 +（A-B）÷ C（对于大规模企业 C = 600 万元，对于中等规模企业 C = 400 万元，对于小规模企业 C = 200 万元）；若 A＜B，得分 = 10 × A ÷ B 最多 30 分，最低 0 分（低于目标 40% 得 6 分，高于目标 12000 万元 /8000 万元 /4000 万元得 30 分）	财务部

对于利润指标，如果公司盈利情况较差，处于盈亏边缘，按加减法或公式法进行评价，某些时候会有漏洞。比如甲、乙分别是一个销售收入 50 亿元和 5 亿元的公司，如果利润目标都定为 5000 万元，两个企业最终实现了 6200 万元利润，用加减法，两个公司该指标都得 14 分；但按照分类法，甲是大规模企业、乙是小规模企业，则甲得到 12 分，乙得到 16 分。很显然用分类法更合理，因为对于销售收入 5 亿元的公司，利润超目标 1200 万元是比较困难的事情，而对于销售收入 50 亿元的公司，利润超目标 1200 万元则容易得多，可能外部环境的一点变化就会导致利润这么大的波动。

（4）双目标法

在某些时候，绩效目标在考核者和被考核者之间难以达成共识，考核者往往强调的是理想状况，被考核者往往做最保守的预期。此时，分别制定基本指标和争取指标，并制定相应的评价标准是解决分歧的一个有效办法，这就是双目标法。其应用实例见表 10-13。

表 10-13　某能源投资集团分公司“利润”年度考核指标

名称	指标说明	评价标准	信息来源
利润	基本指标____万元 争取指标____万元	完成基本指标得 8 分，达到争取指标得 12 分，之间线性插值确定。每超过争取指标 5% 在 12 分基础上加 1 分，每低于基本指标 5% 在 8 分基础上减 1 分 最高 15 分，最低 0 分	财务部

（四）相对量定量指标评价标准的制定方法

相对量定量指标评价标准的制定方法有三种，熟练掌握并灵活运用这几种方法可以设计合理的相对量定量考核指标。

（1）加减分法

此方法与绝对量定量指标加减分法类似，应用实例见表 10-14。

表 10-14　某公用事业公司事业部“续费率”考核指标

名称	指标说明	评价标准	信息来源
续费率	完成季度、月度续费率目标	完成季度续费率目标得 10 分，每超目标 5 个百分点加 1 分，每低于 2 个百分点减 1 分；每一月度没完成，扣 1 分 最多 15 分，最少 0 分	财务部

值得说明的是，这个评价标准结合了季度、月度实现情况，使绩效考核周期与业务管理周期结合起来。

（2）公式法

该方法是用公式来表述评价标准，表 10-9 中的销售预测准确率、小量订单比例就是应用的这种方法。表 10-15 是另一个应用实例。

表 10-15　某金融公司事业部“投资回报率”指标

名称	指标说明	评价标准	信息来源
投资回报率	完成年度投资回报率目标	实际完成值 A 与年初下达预算指标 B 进行对比计算得分：若 A≥B，得分 = 10 +（A − B）× 50；若 A<B，得分 = 10 +（A − B）× 20 最多 20 分，最少 0 分	财务部

值得注意的是，该评价标准中超过目标的加分和未完成目标的减分标准也不一样。

（3）多目标法

多目标法应用实例参见表 10-16。

表 10-16　某生产企业设备部“设备完好率”指标

名称	指标说明	评价标准	信息来源
设备完好率	全部设备完好率≥90%，主要设备完好率≥95%，动点泄漏率≤ 2‰，静点泄漏率≤ 0.5‰	全部达标得 10 分，主要设备完好率高于目标 1 个百分点加 1 分，低于目标 1 个百分点扣 2 分；全部设备完好率、动点、静点泄漏率每有一项不达标扣 2 分 该项指标最高 12 分，最低 0 分	设备部

特别指出的是，该评价标准将很多指标综合成一个指标，这有利于实战考核的战略导向性和有效区分。

四、如何设计定性指标

（一）定性指标的含义

定性指标是相对应定量指标而言的。定量指标和定性指标的区分在于评价标准是数量化的计算还是定性的描述，但无论是定量指标还是定性指标，最后评价得分都是数量化的分数。定性指标主要应用于以下几个方面。

第一，对于反映工作中关键行为的考核，可以通过分析高绩效行为特征，用定性描述方式确定绩效目标和评价标准；第二，有些指标虽然也是某些行为的结果，可以明确定义，却不能精确衡量，也无法设定数量化的绩效目标，比如工作疏忽错误、工作完成及时性等，这时也需要采用定性指标；第三，有效的定量指标需要具备前提条件，如果前提条件不具备，一般也采用定性指标的形式。

定性指标主要可以分为重在评价标准、重在目标要求和重在完成时限三类。

定性指标的五个要素同样是指标定义、评价标准、信息来源、绩效目标和绩效考核者。定量指标五要素与定性指标五要素主要差别在于以下几点：

✧ 定量指标的评价标准是精确数量化的计算，而定性指标评价标准是定性的描述；

✧ 定量指标的绩效目标是具体数值，而定性指标的绩效目标是定性的描述；

✧ 定量指标的绩效信息往往来自财务部、销售部等某个特定部门，而定性指标的绩效信息往往来自各个利益相关部门及领导。

表 10-1 中两个定性指标评价标准如表 10-17 所示。

表 10-17　某生产制造企业销售部定性指标

编号	名称	指标说明	评价标准	信息来源
XS-DX-01	账款回收	该指标考核及时收款工作成效。该项指标最高 10 分，最低 0 分	该指标满分 10 分，月度内存在一笔未及时回收情况（以规定日期结清款项，特殊情况须经总经理批准）扣 1 分，金额每超过 10 万扣 1 分。以前期间发生次数及金额扣分标准减半	财务部
XS-DX-02	销售订单管理	考核销售订单接单、下单、跟单、发货工作情况。该指标最多 10 分，最低 0 分	该项指标满分 10 分，若出现一次报价错误扣 2 分；下单不及时扣 1 分，出现下单错误扣 2 分；跟单不及时导致订单延期交付扣 2 分；提供数据信息不及时不准确导致订单延期交付或发货错误扣 2 分。扣完为止	PMC 部 品管部生产 部财务部

表 10-3 中五个定性指标评价标准如表 10-18 所示。

表 10-18　投资公司安全与生产管理部定性指标

序号	指标	考核内容及目标	衡量标准与评分说明（10 分制）
1	安全管理	考核安全管理规章的审核及落实情况： • 安全检查活动、演练等定期策划开展 • 安全法律法规宣贯、培训、考试等 • 安全管理制度编制、督促落实 • 安全信息汇总统计、汇报分析、跟踪管理	基本达到要求得 8 分，较好完成得 9 分，非常出色有亮点得 10 分，发生以下事项扣分，最低为 0 分： • 未能及时完成有关工作，扣 2 分 • 在完成工作过程中，出现疏忽和失误，一次扣 2 分，若给公司带来较大影响和损失，扣 5 分
2	电场运营管理	考核电场运营管理工作成效： • 电场运营计划分解与落实 • 电场运营数据统计分析 • 电场安全监督检查工作 • 电场各种生产成本及费用控制 • 电场年度目标考核工作落实到位	基本达到要求得 8 分，较好完成得 9 分，非常出色有亮点得 10 分，发生以下事项扣分，最低为 0 分： • 未能及时完成有关工作，扣 2 分 • 在完成工作过程中，出现疏忽和失误，一次扣 2 分，若给公司带来较大影响和损失，扣 5 分
3	电场运维支持	考核电场运维支持工作成效： • 电场日常运维监督管理工作 • 物资计划审核及现场备品备件监督管理 • 电场突发事件应急处理 • 生产事故调查及应急救援	基本达到要求得 8 分，较好完成得 9 分，非常出色有亮点得 10 分，发生以下事项扣分，最低为 0 分： • 未能及时完成有关工作，扣 2 分 • 在完成工作过程中，出现疏忽和失误，一次扣 2 分，若给公司带来较大影响和损失，扣 5 分
4	生产管理	考核生产管理规章的审核及落实情况： • 安全生产管理制度编制、督促落实 • 生产信息汇总统计、汇报分析、跟踪管理 • 生产管理活动、检查项目的开展情况	基本达到要求得 8 分，较好完成得 9 分，非常出色有亮点得 10 分，发生以下事项扣分，最低为 0 分： • 未能及时完成有关工作，扣 2 分 • 在完成工作过程中，出现疏忽和失误，一次扣 2 分，若给公司带来较大影响和损失，扣 5 分
5	重点工作推进	考核重点工作完成落实情况	重点工作按要求，及时完成得 9～10 分 若工作有延误或出现过偏差但未有较大影响，得 7～8 分 若工作出现过较严重偏差并有一定影响，得 5～6 分 若工作出现过严重失误并有较严重损失，得 1～4 分

表 10-4 中四个定性指标的评价标准如表 10-19 所示。

表 10-19　安全主管岗位定性指标

序号	指标	考核内容及目标	衡量标准与评分说明	适用岗位
1	岗位任务目标	考核岗位职责履行，岗位工作任务、年度(季度)计划目标完成情况	9～10 分：充分履行了岗位职责，圆满地完成了任务目标，工作没有任何失误 7～8 分：比较充分地履行了岗位职责，基本完成了任务目标，但偶尔需要提醒和督促 5～6 分：基本履行了岗位职责，因客观原因没有完成任务目标 1～4 分：没有完成任务目标，除了客观因素外，个人工作失误、能力欠缺、工作不积极、不主动是主要原因	所有岗位
2	临时重点工作	考核阶段或临时安排的重点工作完成情况	9～10 分：能出色地完成重点工作任务，实现工作目标 7～8 分：基本完成了重点工作任务，基本实现工作目标 5～6 分：最低限度地完成了重点工作和工作目标，存在工作拖拉、责任心不强现象 1～4 分：没有完成重点工作任务，除了客观因素外，个人工作失误、能力欠缺、工作不积极不主动是主要原因	所有岗位
3	业务能力	考核专业领域业务知识、解决专业领域问题能力以及承担重要任务工作等方面	9～10 分：通晓本岗位专业领域业务知识，能妥善解决专业领域有关问题，能担负有关重要任务工作 7～8 分：熟悉本岗位专业领域业务知识，一般能解决专业领域有关问题，能担负有关一般任务工作 5～6 分：本岗位专业领域业务知识还有欠缺，解决专业领域有关问题能力需要进一步提高 1～4 分：本岗位专业领域业务知识与岗位要求还有较大差距，解决专业领域有关问题能力需要较大幅度提高	所有岗位
4	工作效率及工作饱满度	考核工作效率以及工作饱满度等情况	9～10 分：工作效率高，能用正确的方式方法及时完成有关工作任务，工作任务非常饱满 7～8 分：工作效率中等，一般能用正确的方式方法及时完成有关工作任务 5～6 分：工作效率有待提高，有时不能用正确的方法及时完成有关工作任务 1～4 分：工作效率低下，工作任务不饱满	所有岗位

（二）重在评价标准的定性指标评价标准的制定方法

重在评价标准的定性考核指标设计有以下三种方法。

（1）综合扣分法

综合扣分法应用实例见表 10-20。

表 10-20　某集团公司薪酬福利主管“薪酬福利计算发放和咨询”考核指标

名称	指标说明	评价标准
薪酬福利计算发放和咨询	•薪酬福利计算和发放的及时性和正确性 •员工薪酬福利咨询与解释工作耐心、细致	基本达到要求得 8 分，较好完成得 9 分，非常出色有亮点得 10 分，发生以下事项扣分，最低为 0 分： •薪酬计算不及时，一次扣 2 分 •薪酬计算错误，一处扣 2 分 •社保缴纳不及时，一次扣 2 分 •发放不及时一次扣 2 分 •薪酬福利咨询与解释不及时、不正确、缺乏耐心，造成员工误解的，一次扣 2 分

该评价标准有以下几点需要仔细体会：

第一，评价标准按满分 10 分来制定；第二，指标说明处，把两个要点合为一个指标，这有利于战略导向和有效区分；第三，如果得分 8 分以上做得比较好，主管不必为此过多解释，如果得分较低，则要对扣分给予解释；第四，评价标准都是扣分项，需要主管平时做一些简单记录。

表 10-17 某生产制造企业销售部考核指标“销售订单管理”用的也是这种方法。

（2）分项扣分法

分项扣分法应用实例见表 10-21。

表 10-21 某集团公司安全生产部“安全生产与环境保护”考核指标

名称	指标说明	评价标准
安全生产与环境保护	督导分公司安全管理、环境保护工作成效。包括： •无安全生产责任事故（15分） •无环境污染事故（5分）	未发生较大及以上安全生产责任事故得15分，出现一次较大安全生产责任事故减5分，出现一次重大及以上安全生产责任事故减10分 无环境污染事故得5分，出现环境污染事故1次减2分

该考核指标的评价标准虽然非常明确，但首先需要对事件性质做判断，表 10-21 需要对“安全生产责任事故”进行认定，所以本质仍是定性考核；表 10-17 中销售部考核指标“账款回收”用的也是这种方法，需要对“未及时回收款项事件”做认定。

（3）目标锚定法

目标锚定法应用实例见表 10-22，是某公司内销部的“物流配送”指标及其评价标准。通过制定这一标准，不仅能提高考核评价的公平性和有效性，更重要的是，它有利于实现部门及其员工在配送安排、车辆负荷、物流成本、及时性以及安全性等方面的过程管理和控制，提出了此项工作的较高要求，被考核者通过评价标准，可以清楚地知道目标工作的水平和差距，有针对性地采取措施，提升绩效水平。

表 10-22 某公司内销部“物流配送”考核指标

指标名称	指标说明	评价标准		
		差（0～3分）	中（4～7分）	好（8～10分）
物流配送	该指标反映了物流配送的成本控制、安全管理和及时性工作情况	不能够根据情况变化合理安排物流配送；选择的物流公司价格较高，信誉不好；车辆负荷不合理，车辆装载率不高，不能根据货物的体积、重量、数量、品种、目的地等情况合理组织配送；物流成本较高，配送效率低；配送不及时，经常出现物流原因导致交货延误；物流配送安全管理不到位，安全事故时有发生，有的车辆未购置保险导致公司承担较大风险	能够根据情况变化比较合理的安排物流配送；选择的物流公司价格比较优惠，信誉较好；车辆负荷合理，车辆装载率较高，能依据货物的体积、重量、数量、品种、目的地等情况组织配送；物流成本较低，配送效率较高；配送及时，很少出现物流原因导致的交货延误；物流配送安全管理到位，安全事故很少发生，基本不会出现因未购置保险导致公司承担较大风险	能够根据情况变化合理安排物流配送；选择的物流公司价格优惠，信誉很好；车辆负荷合理，车辆装载率很高，根据货物的体积、重量、数量、品种、目的地等情况合理组织配送；物流成本降低，配送效率很高；配送及时，不会出现物流原因导致交货延误；物流配送安全管理到位，很少出现安全事故，合理为车辆购买保险为公司规避风险

（三）重在目标要求的定性指标评价标准的制定方法

重在目标要求的定性考核指标的评价标准设计有以下六种方法，分别以实例进行说明。

（1）方法一

此方法具体应用见表 10-23。

表 10-23　某投资公司"电场运营管理"考核指标

名称	指标说明	评价标准
电场运营管理	考核电场运营管理工作成效： • 电场运营计划分解与落实 • 电场运营数据统计分析 • 电场安全监督检查工作 • 电场各种生产成本及费用控制 • 电场年度目标考核工作落实到位	没出现较大工作失误，各项工作都达到目标，得 10 分，任何一项工作出现疏忽或错误，带来一定损失，1 次扣 2 分

对于该考核指标，有以下几点需要仔细体会：

第一，评价标准按满分 10 分来制定；第二，考核指标说明包含五个方面，公司用完善的制度流程、管理体系对工作有明确要求，该企业绩效管理和业务管理达到有机结合；第三，从评价标准来看，各方面工作都应及时完成，达到目标，任何方面出现问题都扣 2 分，因此在评价标准上并没有详细说明，操作实施主管具有自主性、权威性。

表 10-18 投资公司安全与生产管理部对安全管理、电场运营管理、电场运维支持、生产管理等指标的评价标准也是这种方法。

（2）方法二

此方法的应用实例见表 10-24、表 10-25。

表 10-24　某集团公司人力资源副总裁考核指标

名称	指标说明	评价标准
岗位编制管理适应性	人员编制符合精减高效原则，科学合理配置。编制控制合理有效	圆满完成：质量和及时性均达到目标要求并有所超越得 9～10 分 较好完成：质量和及时性基本达到目标要求得 7～8 分 基本完成：经过数次提醒、数次反复才达到目标要求得 5～6 分 未完成：经过数次反复仍未达到目标要求，得 1～4 分
岗位编制常规管理	人员编制变动要有工作分析，要有科学论证，及时调整；岗位编制调整审核合理准确 岗位编制动态报表提交及时、准确无误	

对于该考核指标，有以下几点需要仔细体会：

第一，指标说明部分，对各个指标的工作目标做出了明确说明；第二，评价标准部分，用的是统一的标准，事实上，该公司所有指标都用了这个标准；第三，表 10-25 是水木知行咨询公司给客户提交的初稿，后在客户建议下，对评价标准部分进行了修改。

表 10-25　某集团公司人力资源副总裁考核指标（初稿）

名称	指标说明	评价标准
岗位编制管理适应性	人员编制符合精减高效原则，科学合理配置。编制控制合理有效	考核人员编制管理的适应性情况。权重 10 分，发生以下事项扣分：集团及任一产业公司岗位编制不合理或有明显漏洞而给公司带来损失，扣 2 分；公司岗位编制未得到有效控制，整体编制超过规定范围，扣 2 分 最高 10 分，最低 0 分
岗位编制常规管理	人员编制变动要有工作分析，要有科学论证，及时调整；岗位编制调整审核合理准确 岗位编制动态报表提交及时、准确无误	考核编制常规动态管理情况。权重 10 分，发生以下事项扣分： • 集团及产业公司岗位编制不能适应有关工作内容，或有关工作内容变化后未及时对岗位编制进行调整，扣 2 分；集团及任一产业公司岗位编制审核发生失误，扣 2 分 • 岗位编制动态报表提供不及时扣 2 分；重要数据错误扣 2 分 最高 10 分，最低 0 分

对比表 10-24 和表 10-25 定性考核指标，考虑到该企业是国内有影响力的企业集团，企业管理基础较强，绩效管理主要解决准确识别和目标导向问题，因此用重在目标要求的定性考核指标更适用。

（3）方法三

此方法应用实例见表 10-26。

表 10-26　某央企投资公司投资业务部“项目投资推进”考核指标

名称	指标说明	评价标准
项目投资推进	考核已获评审通过的项目投资实施情况，包括项目谈判、协议签订、项目管理、退出核算等环节工作以及与法律、会计、审计等中介机构协调工作情况；要求及时、高效完成相关环节工作，程序合规，产出高效	9～10 分：能出色地完成项目投资各个环节工作，能创造性地解决实际难题，能抓住有利时机，协调各方利益，圆满地完成项目投资各个环节工作 7～8 分：基本按照既定要求完成项目投资各个环节工作，工作积极主动，能独立与各方及时沟通，出现问题能及时恰当处理，基本保证项目投资按预期推进 5～6 分：因客观因素或公司条件限制导致项目实施与预期有一定差距，没有按照预定要求完成项目投资某些环节工作 3～4 分：项目推进实施过程中因疏忽或失误导致项目实施推进与预期相差较大 1～2 分：项目推进实施过程中因疏忽或失误导致项目实施推进与预期相差较大并带来较大损失

对于该考核指标，有以下几点需要仔细体会：

第一，指标说明部分，对项目投资的各个环节都做出了罗列，事实上该公司有完善的制度流程、管理体系对项目投资工作有明确要求，该企业绩效管理和业务管理达到了有机结合；第二，评价标准采用分 5 档对工作情况进行详细描述，9～10 分是非常出色的业绩，每一档界定都有明确的标准，但打分之前需要对各个环节工作是否出现问题，以及是什么原因导致的问题做出判断，因此存在较大的主观性。

（4）方法四

此方法应用实例见表 10-27。

表 10-27　某生物医药产业集团研发部门“重点工作”考核指标

名称	指标说明	评价标准
重点工作	考核员工重点工作任务、工作目标完成情况	9～10 分：能出色地完成重点工作任务，实现工作目标 7～8 分：基本完成了重点工作任务，实现工作目标，但偶尔需要提醒和督促 5～6 分：最低限度地完成了重点工作和工作目标，存在工作拖拉、责任心不强现象 3～4 分：没有完成预定工作任务，没有达成目标，除了客观因素外，个人工作失误以及能力欠缺是主要原因 1～2 分：没有完成预定工作任务，没有达成目标，主要原因在于个人工作不积极、不主动

对于该考核指标，有以下几点需要仔细体会：

第一，指标说明部分，对考核具体内容、具体要求都没做说明，需要业务管理支持，这对技术开发等需要多人协作性质的工作非常必要，要求公司业务管理基础比较好；第二，评价标准分 5 档，非常出色才能得高分，得分低有事实依据，令人信服。

表 10-4 中定性指标岗位任务目标、临时重点工作、业务能力、工作效率及工作饱满度都是用的这种方法。

（5）方法五

有些公司在绩效考核制度里包含类似下面的条款。这种情况一般都是管理基础比较好的公司，目标管理在公司里得到广泛应用。

评分标准：100 分，创造性地、完全超乎预期地达成目标；85～99 分，明显超越目标；75～84 分，完成目标并有所超越；60～74 分，基本达成目标；60 分以下，未达成目标。最高分值为 100 分。

评分标准：定性指标单项指标采用 5 分制，显著超乎预期的达成目标得 5 分，较好完成目标得 4 分，基本完成目标得 3 分，与目标稍有差距得 2 分，与目标有显著差距得 1 分。

（6）方法六

此方法的应用实例见表 10-28。

表 10-28　某著名互联网公司绩效打分表

<table>
<tr><th>打分</th><th>定义</th><th>说明</th><th>分布</th></tr>
<tr><td>5</td><td>杰出</td><td rowspan="8">4～5 分的人数不超过总人数的 20%，3.75～5 分的不超过 35%，3.25 分以下应不少于 50%</td><td rowspan="4">≤ 35%</td></tr>
<tr><td>4.5</td><td>持续一贯地超出预期</td></tr>
<tr><td>4</td><td>超出预期</td></tr>
<tr><td>3.75</td><td>部分超出预期</td></tr>
<tr><td>3.5</td><td>符合期望</td><td></td></tr>
<tr><td>3.25</td><td>需要提高</td><td rowspan="3">≥50%</td></tr>
<tr><td>3</td><td>需要改进</td></tr>
<tr><td>2.5</td><td>不合格</td></tr>
</table>

对于该打分表，有以下几点需要仔细体会：

第一，该表体现着强制排序思想；第二，该企业在行业内处于领导地位，业务管理水平高；第三，该公司强调绩效主义文化，员工认可这种文化，认可优胜劣汰。

（四）重在完成时限的定性指标评价标准的制定方法

重在完成时限的定性考核指标评价标准制定有两种方法，下面以实例进行说明。

（1）方法一

应用实例见表 10-29。

表 10-29　某集团公司下属子公司“重点项目完成”年度考核指标

名称	指标说明	评价标准
重点项目完成	年度内某某项目在____月底前完成	9～10 分：项目实施推进与预期一致 7～8 分：若因公司战略或发展思路发生变化导致该项目实施计划更改 5～6 分：因客观因素或公司条件限制导致项目实施与预期有一定差距 1～4 分：项目实施推进与预期相差较大

（2）方法二

应用实例见表 10-30。

表10-30　某集团公司事业部“某某项目/事项推进”考核指标

名称	指标说明	评价标准
某某项目/事项推进	12月底前通过安全生产标准化达标评审	圆满完成得满分，未完成根据情况得一半分或零分（外部环境变化导致未完成得一半分，公司战略变化引起资源配置调整导致未完成得一半分，其他情况得零分）

五、如何设计非权重指标

（一）非权重指标的含义

非权重指标包括否决指标、奖励指标和奖惩指标。

非权重指标广泛应用于对团队及个人的考核中。有些非权重指标是各个部门、各个岗位通用的，这些指标往往体现着公司的发展战略、企业文化及价值观；有些非权重指标是各个部门、各个岗位独有的，跟部门职责和岗位职责有关。表10-2中，非权重指标“部门工作失误”是该部门独有的否决指标；“部门工作失误（通用）”“管理责任”是各个部门通用的否决指标；“部门贡献”则是各个部门通用的奖励指标。

表10-1中的某生产制造企业销售部非权重指标评价标准如表10-31所示，表10-3中的部门通用非权重指标评价标准如表10-32所示，表10-4中的岗位非权重指标评价标准如表10-33所示。

表10-31　销售部非权重指标评价标准

名称	指标说明	评价标准	信息来源
安全管理	考核部门车辆安全管理及安全行驶工作成效	司机违章驾驶1次扣1分，发生交通安全事故扣减5分，发生交通安全事故给公司带来较大损失扣10分，带来重大损失扣20分	人力资源部
客户投诉升级	该指标考核客户投诉升级的情况	客户投诉处理不当，导致客户投诉升级，对公司信誉造成不良影响，视情况一次扣减10～21分	内（外）销部、企管部
责任客户投诉次数	考核部门责任客户投诉情况，以经认定存在责任过失的客户投诉次数表示。实际经认定具有责任的客户投诉次数为K，目标许可次数为K_0。该指标最多加减10分	加减分＝$(K_0-K)\times 2$	内销部、外销部、企管部
销售管理重大错误	销售管理工作中出现重大错误（搞差价、揽私活、做外单、催款失误、赊销超额、发货数量品种规格错误等）。该指标最多扣20分	出现前述重大工作疏忽或错误1例扣5分，若给公司带来较大损失，1例扣10～21分	内（外）销部及分管领导
销售管理屡次错误	考核销售管理工作中经常出现的工作疏忽或错误（下单不及时、下单不准确、报价不合理、服务态度差、发货不及时）。该指标最多扣10分	出现一例扣5分	内（外）销部及分管领导

表10-32　部门通用非权重指标评价标准

指标	考核内容及目标	衡量标准与评分说明
部门工作失误	该指标考核部门工作失误情况。在电场运营管理过程中，没有发生重大失误，包括人员配置、计划调度、配件采购、设备维护、发电并网、客户关系、环境保护和节能减排	前述任一事项发生，给公司造成一定损失，扣10分；造成重大损失或严重影响其他部门工作，扣20分。该指标最多扣20分

续表

指标	考核内容及目标	衡量标准与评分说明
业务改善及有效建议	奖励指标，反映了部门业务改善及推动公司经营发展工作成效。该指标最多奖励20分	因业务改善给公司带来其他直接或间接经济效益，加5～10分 提出的建议为公司研究并正式采纳后，给公司运营及管理带来良好影响的，一次奖励10分；提出的建议经采纳后，推动了公司业绩的很大提升或给公司做出重大贡献的，一次奖励20分
管理责任	考核期间内部管理、团队建设以及对分（子）公司指导监督等工作情况。本指标最多扣40分	在以下各事项中，出现问题每项次扣10分，若带来较大损失扣20分： •部门员工违反制度流程办事，给公司带来一定损失或不良影响 •部门员工未能履行岗位职责，未能避免较大损失发生或影响了其他部门工作正常进展 •部门员工由于责任心不强，工作疏忽或错误给公司带来一定损失或不良影响 •部门内部管理混乱，团队凝聚力不强，重点工作出现延误或工作重大失误 •部门员工其他给公司带来较大损失和不良影响事件 •对分（子）公司有关工作没有进行指导、监督，给公司带来一定损失或不良影响

表10-33　岗位非权重指标评价标准

指标	考核内容及目标	衡量标准与评分说明	适用岗位
岗位工作重大错误	该指标考核在履行岗位职责过程中，没有发生重大失误 该项指标最多扣20分	发生安全生产责任事故以及其他重大财产损失事件	安全主管
		发生设备故障检修监督整改不及时，或重大问题没有发现并上报，给公司带来较大损失	安全主管
		电场的技术支持工作不到位，不及时，导致电场运营出现较大问题，给公司带来损失	安全主管
制度遵守	考核员工对公司规章制度、流程遵守执行、工作纪律等情况。该指标最多减40分，最多加20分	发生以下事项，每项次扣10分： •未经批准擅自违反制度流程办事 •涉及需要岗位合作的事项，未及时协调配合，造成有关工作进展不力或带来一定损失 •互相拆台、工作推诿扯皮现象 •虚假汇报，虚假报销，利用公司资源为个人谋私利 •疏于保密，出现泄密事件 •违背企业文化精神以及严重违反公司行为规范事件 •工作不严格要求自己，季度内超过5次迟到或早退 存在上班期间从事与工作无关事项，如打游戏等发生以下事项，每项次扣20分： •互相拆台、工作推诿扯皮现象，并带来严重负面影响 •虚假汇报，虚假报销，利用公司资源为自己谋私利，情节严重者 •出现泄密事件给公司或客户带来损失 •存在严重违反公司规章制度等行为如散布谣言、打架斗殴、徇私舞弊等 •违背公司企业文化精神以及严重违反公司行为规范，给公司带来负面影响或较大损失事件 发生以下事项，加20分： •涉及需要岗位合作的事项，因及时有效支持配合，使有关工作进展大幅度超出预期或带来直接或间接收益 •提出的建议为公司研究并正式采纳后，推动了绩效较大提升或给公司带来较大贡献	所有岗位
工作创新	在业务开展以及管理活动过程中，鼓励员工用创新性的方法和思路解决问题，给部门和公司创造价值	在业务开展以及管理活动过程中，有创新性的方法和思路，促进部门业绩较大程度提升，促进了公司发展，加10分	所有岗位

（二）非权重指标评价标准制定

1. 否决指标及评价标准制定

否决指标用于对一些重要前提事项（必须完成的事项或不能发生的事项）的考核。如果必须完成的事项没有完成或者发生了不该发生的事项，那么其他所有工作都会变得没有意义，如质量事故、安全生产事故等。

根据事项的性质及严重程度，评价标准分别给予扣分、当期考核不合格、当期和余下期间及年度考核都不合格等处理。表10-2中的部门工作失误、部门工作失误（通用）、管理责任等都是否决指标；表10-31中的安全管理、客户投诉升级、销售管理重大错误、销售管理屡次错误等都是否决指标；表10-32中的部门工作失误、管理责任等都是否决指标；表10-33中的岗位工作重大错误是否决指标。

专家提示

否决指标扣分是直接在关键业绩指标考核总得分基础上进行扣除。

表10-34为某公司对有关部门保密工作的考核。这是一个否决指标。保密工作对任何企业都是非常重要的，如果商机泄露，竞争对手就会获知公司的重要决策，如果发生技术资料外泄的情况，会直接影响甚至摧毁企业核心竞争力，因此该公司将“保密工作”作为否决指标来进行考核。无论其他关键业绩指标得多少分，只要出现技术资料泄密情况，本期考核就不合格，其他各方面的业绩也都不再有任何意义。

表10-34　某公司有关部门保密工作考核指标

名称	指标说明	评价标准	信息来源
商务信息保密	该指标考核商务信息的保密工作情况。该指标最多扣20分	出现商务信息泄密的情况，一次扣5分；出现重要商务信息泄密的情况给公司带来损失，一次扣10分；若出现高度机密资料泄密的情况，给公司带来重大损失，一次扣20分	所有部门
技术保密工作	该指标考核相关资料的保密工作情况。该指标最多扣20分	出现技术资料泄密的情况，一次扣5分；出现重要技术资料泄密的情况给公司带来损失，一次扣10分；若出现高度机密资料泄密的情况，给公司带来重大损失，一次扣20分	所有部门

表10-35为某公司对财务部的考核指标“支出核准工作”。这是一个否决指标，其考核目的是减少或避免费用的核准、归集以及审核等错误或疏漏。如果该类情况发生，则当期考核不合格。

表10-35　某公司财务部“支出核准工作”考核指标

名称	指标说明	评价标准	信息来源
支出核准工作	考核支出核准工作情况。该指标最多扣20分	核准不及时1次扣2分，若核准出现疏忽或错误，费用性质和归集审核错误，根据情况扣5～10分，票据合法性审核疏忽或错误，扣5～10分，若给公司带来损失扣20分	财务部分管副总

表10-36为某公司对软件业务部的考核指标“软件研发工作重大失误”。若部门研发工作中出现指标定义中罗列的问题，则部门考核分数将受到影响。

表10-36　某公司软件业务部“软件研发工作重大失误”考核指标

名称	指标说明	评价标准	信息来源
软件研发工作重大失误	研发工作中出现重大错误（常规测试工作出现疏漏导致现场应用出现问题；出现功能与客户要求较大程度不符；框架及技术方案不合理导致开发成本大幅增加）。该指标最多扣20分，扣完为止	前述情况出现一次扣5分；给公司造成较大损失，一次扣10分	所有部门

2. 奖励指标及评价标准制定

奖励指标用于对某些需要奖励事项的考核，这些事项不在被考核者的岗位职责范围内，但对组织和部门的目标达成具有重大意义，因此要根据事项的性质给予加分，以对这些事项进行奖励。奖励分数是在关键业绩指标考核总得分的基础上直接进行加分。表 10-2 中的“部门贡献”、表 10-32 中的“业务改善及有效建议”、表 10-33 中的“工作创新”等都是奖励指标。表 10-37 为某公司对技术部门“研发技术创新”方面的考核。创新对软件公司非常重要，因此对员工有关创新的行为和结果给予奖励是十分必要的。

表 10-37　某公司技术部门“研发技术创新”考核指标

名称	指标说明	评价标准	信息来源
研发技术创新	该指标反映研发设计工作当中创新活动效果。该指标最多奖励 10 分	框架或设计方案有重要创新使开发成本或开发周期大幅减少，一次奖励 5 分；研发技术完善或创新使系统集成或产品制造总成本大幅降低的行为，出现一次奖励 1～5 分	产品部、市场部、软件及测试部

3. 奖惩指标及评价标准制定

奖惩指标用于对某些既需要奖励又需要惩罚的事项的考核。做得好，给予加分奖励；做得不好，则给予减分惩罚。奖励或惩罚是在关键业绩指标考核总得分的基础上直接进行加分或减分。表 10-31 中的“责任客户投诉次数”、表 10-33 中的“制度遵守”等就是奖惩指标。

表 10-38 为某公司对财务部门“涉税事项”的考核。这项考核既能增强纳税工作的规范性，又鼓励财务工作人员合理避税，降低公司财务风险、提高利润。

表 10-38　某公司财务部门“涉税事项”考核指标

名称	指标说明	评价标准	信息来源
涉税事项	反映公司依法合理纳税工作成效。该指标最多扣 40 分，最多加 10 分	在税务检查中发现问题，根据情况扣 2～5 分，若存在问题给公司带来严重负面影响，扣 10～21 分；若因工作失误没有合理运作相关政策导致公司过多纳税情况，根据情况扣 10～21 分，情节严重给公司带来重大影响和损失，扣 40 分。若在涉税事项中工作突出给公司做出较大贡献或避免了重大问题发生，根据情况加 5～10 分	财务部分管副总

表 10-39 为某制造企业对生产部门的考核指标“品质意识与改善”。产品质量是生产制造企业的根本，全员品质意识的养成非常关键，因此将“品质意识与改善”作为奖惩指标是非常合适的。

表 10-39　某制造企业生产部门“品质意识与改善”考核指标

名称	指标说明	评价标准	信息来源
品质意识与改善	考核部门在产品（研发、生产）品质，工作品质，服务品质等各个方面的质量控制、质量改善工作情况。该指标最多加 10 分，最多扣 20 分	具有强烈的品质意识，在产品研发，工作品质，服务品质方面做出较大贡献的加 5 分，做出重大贡献加 10 分。不能及时贯彻落实有关品质改善方面的决定，扣 5 分；在质量控制、质量改善等方面工作不力扣 10 分；在质量控制、质量改善等方面工作不力给公司带来一定损失，扣 10 分；带来严重损失扣 20 分	分管副总裁

（三）部门团队非权重指标案例

表10-40～表10-43是几个部门团队非权重指标设计案例。

表10-40　某国有企业资金与融资管理部非权重考核指标

名称	指标说明	评价标准
部门工作失误	该指标考核部门工作失误情况。包括资金管理等方面。该指标最多扣20分	以下任一事项发生，给公司造成一定损失，扣10分；造成重大损失或严重影响其他部门工作，扣20分： •发生资金管理问题（开空头支票、资金丢失、资金去向不明、重大资金划转错误、资金收付重大差错等） •因资金筹措、调配不力，导致公司现金流出现问题，出现重要合同支付、员工工资发放、银行本金归还利息支付问题
业务改善及有效建议	奖励指标，反映部门业务改善及推动公司经营发展工作成效。该指标最多奖励20分	因业务改善给公司带来其他直接或间接经济效益，加5～10分 提出的建议为公司研究并正式采纳后，给公司运营及管理带来良好影响的，一次奖励10分；提出的建议经采纳后，推动了公司业绩的很大提升或给公司做出重大贡献的，一次奖励20分
管理责任	考核期间内部管理、团队建设以及对分子公司指导监督等工作情况。本指标最多扣40分	在以下各事项中，出现问题每项次扣10分，若带来较大损失扣20分： •部门员工违反制度流程办事，给公司带来一定损失或不良影响 •部门员工未能履行岗位职责，未能避免较大损失发生或影响了其他部门工作正常进展 •部门员工由于责任心不强，工作疏忽或错误给公司带来一定损失或不良影响 •部门内部管理混乱，团队凝聚力不强，重点工作出现延误或工作重大失误 •部门员工其他给公司带来较大损失和不良影响事件 •对分（子）公司有关工作没有进行指导、监督，给公司带来一定损失或不良影响

表10-41　某民营企业集团总部各部门通用非权重考核指标

指标名称	指标说明	评价标准
管理责任	该指标反映中层管理岗位管理责任履行情况，包括岗位职责履行以及对下属员工管理等方面。评价标准是对主要责任人评价标准，对于其他有关责任人员以及负有领导责任者扣分标准减半处理。本指标最多减40分，最多加20分	未能按照领导指示及时对有关制度流程进行完善达到要求减10分；制度流程屡次遭到相关部门及有关人员质疑需要改进而仍未改进的减10分，因制度流程存在漏洞未及时完善而给公司带来损失的，减10或20分 对有关核决事项审核审批不及时，导致集团公司或子公司重要业务不能及时开展给公司带来损失减5分；若有关事项必要性审核审批出现疏忽或错误，减10分，若有关事项真实性审核审批出现疏忽或错误，减10分 不能及时提供有关绩效考核数据信息，减5分；绩效考核数据信息不准确、不完整、不客观，数据信息弄虚作假减5分；对下属员工绩效考核不公正、不客观，流于形式减10分 忽视团队建设，凝聚力不强，存在互相拆台、工作推诿扯皮现象，根据事件性质及后果减10分或20分 工作计划、工作报告、数据报表以及其他各种专业报告重要数据不实或错误，减10分或20分 下属员工虚假汇报，虚假报销，利用公司资源为自己谋私利，减10分；下属员工出现违法违纪、徇私舞弊、收受贿赂、作风腐化等问题减20分 下属员工严重违背公司企业文化精神以及严重违反公司行为规范，给公司带来严重负面影响或较大损失事件，减10分或20分 部门工作或重要临时工作，由于个人原因未能如期完成，而给其他部门工作带来严重影响或给公司带来损失事件，减10分 在团队建设、部门协作以及创新等方面有突出成绩，给部门以及公司带来较大利益，每项加10分

表 10-42　某互联网公司各个部门非权重考核指标

指标名称	指标说明及评价标准
管理责任	部门内部管理规范有序、公司决策事项执行到位，团队建设卓有成效。发生以下事项每项扣 10 分，该指标最多扣 20 分： • 管理不规范或随意性大给公司带来较严重负面影响或较大损失 • 在有关审核、审批事项中存在信息不实、理由不充分，错误决策给公司带来损失 • 公司有关决策事项执行方面消极应付或者有重大失误发生 • 在有关员工激励、绩效考核方面违反公司制度规定，不公平、不公正 • 客户投诉未能妥善解决给公司带来较严重负面影响 • 部门工作疏忽或处理不当，给公司在社会上造成较大负面影响 • 部门员工发生严重违反公司管理制度的事件 • 发生部门员工道德败坏、玩忽职守、徇私舞弊、违法乱纪等影响恶劣事件 • 发生安全生产责任事故，导致出现较大人员伤害或财产损失
部门工作失误	该指标反映本部门业务工作中出现重大失误的情况，考核由于工作存在疏忽或错误给公司带来负面影响和损失事例。以下任一事项发生，扣 10 分或 20 分；本指标最多扣 20 分： • 部门工作偏离公司发展战略和目标，严重影响公司年度目标和阶段性重点工作达成 • 对公司下达的文件精神、领导指示理解发生重大偏差或未及时落实督办，给公司带来影响和损失 • 部门发生重要事项未及时办理或办理不妥导致严重后果发生 • 部门本位主义严重，为了本部门利益影响其他部门工作或目标达成 • 发生重大用户信息泄露、业务数据泄露、研发保密信息泄露情况
部门贡献	发生以下任一事项加 10 分，为公司做出重大贡献加 20 分；本项最多加 20 分： • 部门工作思路敢于创新和突破，工作成果显著超出预期，在业务方面做出重要贡献，给公司带来较大经济效益或品牌提升 • 发现公司工作中存在的重大问题并推动解决，创造性地提出解决方案，提高公司整体工作效率或大幅度降低有关成本，为公司运营改善、管理提升以及业务发展带来重大贡献 • 部门员工成功申请专利技术成果或出版专著，给公司带来重大经济效益或品牌提升 • 对公司阶段性重点工作或年度目标达成做出重大突出贡献 • 具有强烈的成本意识，在有关人工、能源消耗、办公费用以及其他业务方面为公司成本节约做出较大贡献 • 因及时建议或提醒，使公司或相关部门及时采取措施，避免或减少了给公司带来的重大损失

表 10-43　某国际工程集团子公司非权重考核指标

项目	指标	考核内容及目标	衡量标准与评分说明
减分指标（最多扣 40 分）	资产负债率	公司资产负债率不超过规定值	未达标，扣 5 分
	应收账款压降	完成应收账款压降目标	未完成，扣 5 分
	存货压降	完成存货压降目标	未完成，扣 5 分
	母公司欠款	及时归还母公司欠款	未及时归还，扣 5 分
	物资设备集中采购率	达到公司规定标准	未达标，扣 5 分
	项目经营评审	未按照流程进行评审或者评审发生重大失误给公司造成损失	出现 1 次扣 5 分
	薪酬总额控制及发放	遵循公司相关规定	未遵循，扣 5 分
	业务资质管理	资质管理出现失误，导致年检、审验不合格或被吊销	甲级（一级）资质一项，扣 10 分乙级（二级）资质一项扣 5 分
	重大决策失误	在对外投资、对外融资、收购出售资产、资产抵押、对外担保、委托理财、关联交易、财产清查处理决策等方面违反决策程序	一项扣 5 分，若带来严重损失扣 10 分
	内控风险	内部管理达标	内部管理未达标扣 5 分；发生标的额 5000 万元以上重大法律纠纷或造成 100 万元以上损失案件，每发生一起扣 5 分
	安全生产事故	无安全生产事故	发生一人重伤安全生产事故扣 5 分，发生一人死亡或者二人重伤安全生产事故扣 10 分
	质量责任事故	无质量责任事故	发生质量责任事故损失 200 万元以下扣 5 分，损失 200 万元以上扣 10 分
	违法违纪事件	无违法违纪事故	中层管理干部发生违法违纪事件，扣 5 分；经营班子发生违法违纪事件，扣 10 分

续表

项目	指标	考核内容及目标	衡量标准与评分说明
加分指标	生效合同重要节点	根据生效合同重要节点情况给予加分。节点包括MOU签署、可研报告被业主接受、融资（银行评审通过，商务部备案通过）、两国政府签署贷款协议等	MOU签署、可研报告被业主接受加5分 融资（银行评审通过，商务部备案通过）、两国政府签署贷款协议，加5分，若合同对公司业绩有较大影响（占目标50%以上）加10分 对于同一个项目同一年度内完成两个节点，以最后一个节点计分，不累计加分
	国际贸易	对境外子（分）公司协助商贸公司做好国际贸易给予加分	协助商贸公司签订集团公司以外的国际贸易合同额超过5000万元，加5分；超过1亿元，加10分

（四）岗位非权重指标案例

表10-44～表10-47是几个岗位非权重指标设计案例。

表10-44　某国有企业资金与融资管理部各个岗位非权重考核指标

指标名称	考核内容及目标	衡量标准与评价说明	适用岗位
岗位工作重大错误	该指标考核在履行岗位职责过程中，没有发生重大失误。包括资金管理、融资管理、资金收支、出纳业务办理等方面 该项指标最多扣20分	发生资金管理问题（开空头支票、资金丢失、资金去向不明、重大资金划转错误、资金收付重大差错等）	资金主管
		在融资管理，融资渠道建设等方面由于工作疏忽和错误，给公司带来较大损失	高级融资经理
		发生资金收支管理重大失误事件	资金专员
		在银行事务办理、收据及往来账户、出纳档案管理方面由于工作疏忽或错误给公司带来损失	出纳
制度遵守	考核员工对公司规章制度、流程遵守执行、工作纪律等情况 该指标最多减40分，最多加20分	发生以下事项，每项次扣10分： •未经批准擅自违反制度流程办事 •涉及需要岗位合作的事项，未及时协调配合，造成有关工作进展不力或带来一定损失 •互相拆台、工作推诿扯皮现象 •虚假汇报，虚假报销，利用公司资源为个人谋私利 •疏于保密，出现泄密事件 •违背企业文化精神以及严重违反公司行为规范事件 •工作不严格要求自己，季度内超过5次迟到或早退 存在上班期间从事与工作无关事项，如打游戏等发生以下事项，每项次扣20分： •互相拆台、工作推诿扯皮现象，并带来严重负面影响 •虚假汇报，虚假报销，利用公司资源为自己谋私利，情节严重者 •出现泄密事件给公司或客户带来损失 •存在严重违反公司规章制度等行为如散布谣言、打架斗殴、徇私舞弊等 •违背公司企业文化精神以及严重违反公司行为规范，给公司带来负面影响或较大损失事件 发生以下事项，加20分： •涉及需要岗位合作的事项，因及时有效支持配合，使有关工作进展大幅度超出预期或带来直接或间接收益 •提出的建议为公司研究并正式采纳后，推动了绩效较大提升或给公司带来较大贡献	所有岗位
工作创新	在业务开展以及管理活动过程中，鼓励员工用创新性的方法和思路解决问题，给部门和公司创造价值	在业务开展以及管理活动过程中，有创新性的方法和思路，促进部门业绩较大程度提升，促进了公司发展，加10分	所有岗位

表 10-45　某民营企业集团总部部门各岗位通用非权重考核指标

指标名称	指标说明	评价标准
制度遵守	考核员工对公司规章制度、流程遵守执行情况 该指标最多减 40 分，最多加 20 分	发生以下事项，每项次扣 20 分： •未经批准擅自违反制度流程办事 •涉及需要岗位合作的事项，未及时协调配合，造成有关工作进展不力或带来一定损失 •互相拆台、工作推诿扯皮现象 •虚假汇报，虚假报销，利用公司资源为个人谋私利 •疏于保密，出现泄密事件 违背企业文化精神以及严重违反公司行为规范事件发生以下事项，每项次扣 40 分： •互相拆台、工作推诿扯皮现象，并带来严重负面影响 •虚假汇报，虚假报销，利用公司资源为自己谋私利，情节严重者 •出现泄密事件给公司或客户带来损失 •违背公司企业文化精神以及严重违反公司行为规范，给公司带来负面影响或较大损失事件 发生以下事项，加 20 分： •涉及需要岗位合作的事项，因及时有效支持配合，使有关工作进展大幅度超出预期或带来直接或间接收益 •提出的建议为公司研究并正式采纳后，推动了绩效较大提升或给公司带来较大贡献
岗位日常工作	该指标反映岗位日常工作完成情况，包括常规工作、临时工作、重点任务等。该指标最多减 40 分	发生以下事项，每项次扣 20 分： •考核期间屡次未能及时完成岗位日常工作 •考核期间岗位日常工作出现数次差错或出现较大差错 考核期间未能及时完成重点任务工作发生以下事项，每项次扣 40 分： •考核期间岗位日常工作质量一直未能达到标准要求 •考核期间岗位日常工作出现较大差错，给公司带来损失 •考核期间未能及时完成重点任务工作，给公司带来损失

表 10-46　某互联网公司技术开发序列高级研发岗位非权重考核指标

指标名称	指标说明及评价标准
工作重大失误	该指标反映出现重大工作失误情况；在总分基础上扣分，最多扣 60 分： •发生对需求理解出现偏差、工作成果严重不符合要求事项 •发生代码运行非常不稳定导致系统严重崩溃事件 •屡次发生代码逻辑混乱、不符合规范、冗余太多、重复错误等情况 •重大遗留漏洞未及时有效解决 •发生批量用户信息、核心资料、重要文件泄密事件 •发生本部门明令禁止的其他严重错误 发生以上事件，给公司造成一定损失，扣 10 分；造成重大损失或严重影响其他部门工作，扣 20 分；由于品行原因做出损害公司利益行为或由于不作为未能及时采取措施避免公司重大损失发生，扣 40 分
工作纪律	考核遵守公司规章制度，职业道德等方面，每项扣 10 分，该指标最多扣 20 分： •工作不严格要求自己，超过 5 次迟到或早退 •存在上班期间从事与工作无关事项，如打游戏等 •存在严重违反公司规章制度等行为如散布谣言、打架斗殴、徇私舞弊等
有效建议	该指标反映个人对推动部门或公司经营发展的贡献。该指标最多奖励 10 分。提出的建议经部门或公司研究并正式采纳后，为部门或公司运营及管理带来良好影响的，加 5 分；经采纳的建议，为部门或公司整体管理水平或业绩提升做出重大贡献的，加 10 分

表10-47 某工程公司工程项目岗位非权重考核指标

指标名称	考核内容及目标	衡量标准与评价说明	适用岗位
岗位工作失误	考核个人岗位职责履行情况	在组织施工过程中出现疏忽或错误，影响业务正常进行，给公司带来一定损失	项目工长
		在地方协调、后勤管理过程中存在渎职等失职行为，给公司带来不良影响的	项目办公室主任 项目后勤主管 项目后勤管理员
		在项目后勤工作（餐饮供应、车辆使用、物品采购等）实施过程中出现疏忽或错误，给公司带来一定损失	项目办公室主任 项目后勤主管 项目后勤管理员
		发生财务管理重大错误（审核疏忽、票据不合法、票据不真实、凭证遗失、账目混乱、重要数据不实等）给公司带来较大损失	项目主办会计项目出纳员
		发生现金支出、收付错误，或原始凭证的保存、统计等出现错误，给公司造成较大损失	项目主办会计项目出纳员
		在施工现场、拌合场、生活区的安全检查过程中出现疏忽或错误，造成人员伤亡或给公司带来一定损失	安全主管
		在材料的质量、使用数量、出入库等管控过程中出现疏忽或错误，给公司带来较大损失	材料主管
		在测量过程中出现误差给公司带来一定损失	测量主管
		在内业资料管理过程中出现错误给公司带来一定损失	合同计量主管
		在施工现场协调工作中出现错误给公司带来一定损失	工程主管
		在设备收发、使用、维护的过程中出现错误给公司带来一定损失	设备主管
		在安全、质检工作中出现疏忽或错误给公司带来一定损失或不良影响	质检主管
		在试验环境、试验仪器的管理中出现错误，或在现场检测、数据统计中出现误差给公司带来一定损失	试验室主任
		在施工过程中因技术失误、检验结果有误、计量结果不准确等影响项目进度或给公司带来一定损失	路基工程师 路面工程师 隧道工程师 试验工程师 计量工程师 助理工程师
		在施工过程中因本职工作不到位，造成测量误差，给公司带来一定损失或不良影响	路基测量工程师 路面测量工程师 隧道测量工程师
		在施工现场的技术工作（水稳、油面附属工程等）中出现疏忽或错误，给公司带来一定损失	技术员
		在施工过程中因本职工作不到位致使施工材料加工有误，给公司带来一定损失或不良影响	沥青站站长 水泥站站长 水稳站站长
		在施工过程中因本职工作不到位致使施工机械设备操作失误，影响业务正常运转，给公司带来一定损失或不良影响	机长 高级机手 中级机手 初级机手
		在施工机械设备维修过程中因本职工作不到位致使施工机械不能正常使用，影响业务正常运转，给公司带来一定损失或不良影响	高级维修工 中级维修工
		在施工过程中因本职工作不到位致操作失误，影响业务正常运转，给公司带来一定损失或不良影响	操作工
		在施工过程中电路安装、检修出现疏忽或错误，影响业务正常运转，给公司带来一定损失或不良影响	电工
		违反公司廉洁高效从业管理规定，情节严重，给公司带来一定损失或不良影响	所有岗位

续表

指标名称	考核内容及目标	衡量标准与评价说明	适用岗位
制度遵守	考核员工对公司规章制度、流程遵守执行、工作纪律等情况。该指标最多减40分，最多加20分	发生以下事项，每项次扣10分： •未经批准擅自违反制度流程办事 •涉及需要岗位合作的事项，未及时协调配合，造成有关工作进展不力或带来一定损失 •互相拆台、工作推诿扯皮现象 •虚假汇报，虚假报销，利用公司资源为个人谋私利 •疏于保密，出现泄密事件 •违背企业文化精神以及严重违反公司行为规范事件 •工作不严格要求自己，季度内超过5次迟到或早退 存在上班期间从事与工作无关事项，如打游戏等发生以下事项，每项次扣20分： •互相拆台、工作推诿扯皮现象，并带来严重负面影响 •虚假汇报，虚假报销，利用公司资源为自己谋私利且情节严重 •出现泄密事件给公司或客户带来损失 •存在严重违反公司规章制度等行为如散布谣言、打架斗殴、徇私舞弊等 •违背公司企业文化精神以及严重违反公司行为规范，给公司带来负面影响或较大损失事件 发生以下事项，加20分： •涉及需要岗位合作的事项，因及时有效支持配合，使有关工作进展大幅度超出预期或带来直接或间接收益 •提出的建议为公司研究并正式采纳后，推动了绩效较大提升或给公司带来较大贡献	所有岗位
工作创新	在业务开展以及管理活动过程中，鼓励员工用创新性的方法和思路解决问题，给部门和公司创造价值	在业务开展以及管理活动过程中，有创新性的方法和思路，促进部门业绩较大程度提升，促进了公司发展，加10分	所有岗位

六、关键业绩指标设计的几个关键问题

（一）选择关键业绩指标应该坚持的原则

选择关键业绩指标并赋予其一定的权重，是绩效计划制订环节的重要工作。不同指标的选择及权重配置，体现着不同的战略导向。一般情况下，根据阶段目标及工作重点，选择并确定考核指标，并分配相应的权重。

专家提示

关键业绩指标的选择和权重确定过程是考核者与被考核者双向沟通的过程。在项目的选择、权重的确定、考核指标说明等方面，双方应充分沟通。被考核者应全面参与指标的设置过程，从而加深对指标的理解并承诺绩效目标的完成。

选择关键业绩指标要坚持以下原则。

（1）关键业绩指标要少而精

既然是关键业绩指标，就应该选择对组织绩效贡献最大的方面来衡量。如果选择的指标太多，就会淹没最核心指标的重要性，因此也就失去了导向作用。

有的企业考核指标很多，每项指标3～5分，即使最重要的事项出现重大失误，可能

最终考核还是会在90分以上。试想，一个因渎职出现安全生产事故的生产厂长，安全生产项目得0分，但总分还是90多分，根据公司绩效考核制度，考核结果还是“良好”以上，绩效工资、奖金一点儿不受影响。对推行绩效管理的企业来讲，这是不应该出现的。遗憾的是，现实中这种情况并不少见。

一般情况下，对部门考核关键业绩指标（不占权重的考核指标除外）不宜超过10个，对岗位考核关键业绩指标（不占权重的考核指标除外）不应超过8个。

（2）定性指标和定量指标相结合

选择关键业绩指标应坚持定性指标和定量指标相结合的原则。

合理的考核指标体系往往是定量指标和定性指标的结合。定量指标看似科学，但如果考核数据信息不能获取或者获取成本很高，那么就不能选择，否则会带来负面影响。

（3）灵活运用否决指标、奖励指标、奖惩指标

不占权重的否决指标、奖励指标和奖惩指标的引入，对绩效考核指标体系发展起到了重要作用。这些指标不仅大大提高了绩效考核的效果，也易于使绩效考核落地，因此得到了广泛的应用。

（二）确定关键业绩指标权重的原则

确定绩效指标的权重同样是绩效考核指标设计过程中非常重要的环节。一方面，权重突出了绩效目标的重点项目，体现了管理者的引导意图和价值观念；另一方面，权重直接影响员工的工作重点，影响员工工作方向的选择。确定绩效考核指标权重，应该坚持以下原则。

（1）以战略目标和经营重点为导向的原则

既然绩效考核要突出战略导向，那么当然应该将与战略目标和经营重点相关的考核指标赋予更多的权重。

专家提示

设定考核指标权重，不能根据实际工作中占用的时间来确定。事实上，往往耗费时间最长的工作可能不是最重要、最核心的工作，耗费时间最长的工作往往是日常工作。

（2）指标权重差不超过1倍

一般情况下，各指标间权重应有所差别，各指标权重差应不超过1倍。同时，应该尽量增加不占权重的否决指标、奖励指标和奖惩指标考核项目，因为这些项目一方面对于激励、约束员工工作非常重要；另一方面，这些指标不占权重，不会冲淡绩效管理的战略导向作用。

（三）如何确定定量指标的绩效目标

如何科学、合理地制定定量指标的绩效目标，是绩效管理能够取得成效的最关键因素，也是最具挑战性的环节。很多企业在绩效管理实践中都会遇到这个难题，如果绩效目标制定得不合理，那么通过绩效考核对业绩优秀者进行激励进而提高组织整体绩效的目的就不可能达到。

专家提示

在实践中，科学、合理地制定绩效目标以及激励措施，应综合考虑被考核者的内部条件因素、外部环境因素以及目标达成后对被考核者的激励效果。

制定的绩效目标应该满足以下要求。

首先，制定的绩效目标必须是明确的，绩效目标的数字必须是确定的；同时要有灵活性，应该考虑到外部环境变化以及内部条件资源限制情况下绩效目标如何进行调整。

其次，绩效目标的制定要有挑战性，同时要有实现的可能。

制定绩效目标的过程，一般有目标分解和员工参与目标设定两种方式。

☆目标分解即目标由最高管理者制定，然后层层分解、落实到个人。

☆员工参与目标设定即加强员工的参与，在整体目标设定以及分解过程中注重员工的作用。

下面三种方法为确定绩效目标数值提供了一定的参考。

（1）历史数据法

历史数据法是很多企业普遍采用的方法，就是通过对内部历史数据以及当时内部条件、外部环境的分析，结合未来内部条件、外部环境发展趋势，对考核指标完成情况做出预测。

历史数据法是非常复杂的方法，需要有关数据模型的支持，但在现实操作中都进行了模糊分析处理，甚至很多公司不会去详细研究当时的内部条件和外部环境因素，仅仅将历史完成数据进行比较，从而对未来数据进行预测并据此建立激励机制，其实这是非常不科学的方法。

简单地以历史数据来制定绩效目标的方法最大缺点是会产生“鞭打快牛”效应，即对绩效越突出者要求会越高，如果不能维持同样的绩效增长就不会得到激励，甚至会遭到惩罚。对历史业绩越好的，会提出越高的要求，这在两个方面产生了不公平：一方面，基数在较高水平，增长会更困难；另一方面，由于历史业绩好，对被考核者提出的要求会更高。

（2）标杆比较法

另外一种制定绩效目标的方法，是和标杆企业有关指标进行比较后再制定绩效目标。

这种方法是研究标杆企业有关绩效指标数据状况，通过与标杆企业在内部条件及外部环境方面的比较研究，制定组织的绩效目标。

在企业实际操作中，由于标杆企业数据很难获得，因此往往在内部选择标杆企业作为绩效目标，事实上，就是将内部单位的有关指标互相比较，对业绩相对突出的给予激励。

（3）竞争承诺法

竞争承诺法比较适用于某些分（子）公司年度核心目标或某些项目核心目标的制定，这个过程往往和部门经理或项目经理的竞聘任命联系在一起，上级授予下级权力的同时，给下属下达核心绩效目标并要求被任命者承诺绩效目标的完成。

专家提示

无论是历史数据法还是标杆比较法，都是为目标的制定确定依据。在企业实际运作过程中，绩效目标的制定（包括竞争承诺法）其实都是博弈的结果。所有目标制定的过程都是上下级充分讨论、协商的过程，其实质就是一个博弈过程。

参考文献

[1] 马斯洛．动机与人格：第三版．许金声，等，译．北京：中国人民大学出版社，2013.

[2] 赫茨伯格．赫茨伯格的双因素理论．张湛，译．北京：中国人民大学出版社，2009.

[3] 朱飞．绩效激励与薪酬激励．北京：企业管理出版社，2011.

[4] 斯金纳．超越自由与尊严．陈维刚，王映桥，栗爱平，译．贵阳：贵州人民出版社，2006.

[5] 金占明．企业管理学．北京：清华大学出版社，2002.

[6] 王雪莉．战略人力资源管理．北京：中国发展出版社，2010.

[7] 布劳．社会生活中的交换与权力．李国武，译．北京：商务印书馆，2008.

[8] 金占明．战略管理．北京：清华大学出版社，2010.

[9] 张勉．企业文化简论．北京：清华大学出版社，2019.

[10] 陈郁．企业制度与市场组织．上海：上海人民出版社，2006.

[11] 麦格雷戈．企业的人性面．李宙，章雅倩，译．长春：北方妇女儿童出版社，2017.

[12] 诺思．制度、制度变迁与经济绩效．杭行，译．上海：格致出版社，2014.

[13] 米尔科维奇，纽曼，格哈特．薪酬管理．成得礼，董克用，译．北京：中国人民大学出版社．2014.

[14] 伯杰 L A，伯杰 R D．薪酬手册．文跃然，等，译．北京：清华大学出版社，2006.

[15] 阿吉斯．绩效管理．柴茂昌，孙瑶，刘昕，译．北京：中国人民大学出版社 2013

[16] 帕门特．关键绩效指标：KPI 的开发、实施和应用．王世权，秦锐，张丹，等，译．北京：机械工业出版社，2012.

[17] 阿吉斯．绩效管理：第 4 版．刘昕，朱冰妍，严会，译．北京：中国人民大学出版社，2021.